C.Bertelsmann

TILLMANN BENDIKOWSKI

HITLER
WETTER

Das ganz normale Leben in
der Diktatur: Die Deutschen und
das Dritte Reich 1938/39

C.Bertelsmann

Penguin Random House Verlagsgruppe FSC® N001967

1. Auflage
© 2022 C. Bertelsmann Verlag, München,
in der Penguin Random House Verlagsgruppe GmbH,
Neumarkter Str. 28, 81673 München
Umschlaggestaltung: Büro Jorge Schmidt, München
Bildredaktion: Annette Baur
Satz: Leingärtner, Nabburg
Druck und Bindung: GGP Media GmbH, Pößneck
Printed in Germany
ISBN 978-3-570-10442-2

www.cbertelsmann.de

Inhalt

Es ist typisch wenigstens für die ersten Jahre der Nazizeit, daß die ganze Façade des normalen Lebens kaum verändert stehen blieb: volle Kinos, Theater, Cafés, tanzende Paare in Gärten und Dielen, Spaziergänger harmlos flanierend auf den Straßen, junge Leute glücklich ausgestreckt an den Badestränden.

Sebastian Haffner in seinen 1939 verfassten Erinnerungen
Geschichte eines Deutschen[1]

Einleitung: Ein gutes Leben?

Können die Menschen in einer Diktatur tatsächlich glücklich an einem Badestrand liegen? Frisch verliebt durch die Straßen schlendern, in ein Café oder ins Kino gehen? Können sie ausgelassen tanzen, lachen und zufrieden sein, Fußball spielen und in den Urlaub fahren, eine Familie gründen und ihre Zukunft planen? Solche Vorstellungen scheinen auf den ersten Blick nicht zu unserem Bild vom »Dritten Reich« zu passen. Denn diese zwölf Jahre sind schließlich das finsterste Kapitel der deutschen Geschichte, geprägt von unfassbaren Verbrechen. Konnte es in dieser Zeit so etwas wie ein »normales« Leben abseits von Mord und Totschlag geben, ein Leben mit seinen alltäglichen Freuden, Nöten und Hoffnungen?

Dieser Frage will das vorliegende Buch nachgehen und einen Blick auf den Alltag in der NS-Diktatur werfen – in Reaktion auf die eigentümlich zweigeteilte Erinnerung an die Diktatur, die bis heute das Geschichtsbild der meisten Deutschen prägt: Da gibt es einerseits die immer umfangreicher werdende wissenschaftliche Forschung über die Zeit zwischen 1933 und 1945, die ein beeindruckendes *Wissen* über die Strukturen und Ereignisse zutage gefördert hat. Und andererseits gab und gibt es eine lange Tradition der Familiengeschichten, in der die individuelle *Erinnerung* der Eltern- und Großelterngeneration vorherrscht. Das Erinnern und das Wissen standen und stehen sich dabei konkurrierend gegenüber: Ist das »Album der Familiengeschichte« vor allem mit den Themen Krieg und Heldentum, mit persönlichem Leiden, Verzicht und Opferbereitschaft gefüllt, finden sich im »Lexikon des Wissens« in vielen Details die Kapitel Verbrechen, Ausgrenzung und Vernichtung. Dieses »Lexikon« bietet einen kognitiven Zugang zur NS-Zeit, das »Album« einen emotionalen.[2]

Ein Buch über das alltägliche Leben in der Diktatur kann einen Beitrag dazu liefern, diese Teilung der Erinnerung zu überwinden. Denn es verknüpft das Wissen um die Strukturen der Diktatur mit den Erlebnissen der Menschen in diesen Strukturen – Alltag und Verbrechen kommen hier gleichermaßen vor. So mag es gelingen, die Jahre zwischen 1933 und 1945 den Nachgeborenen ein wenig »näher« zu rücken und damit letztlich nachvollziehbarer zu machen, weshalb so viele Menschen in diesem Land mit der NS-Herrschaft sympathisiert und das »Dritte Reich« über so viele Jahre hinweg unterstützt haben – und andere nicht. Denn das ist bis heute die zentrale Frage in der Auseinandersetzung mit dieser Zeit: Weshalb konnte diese Diktatur funktionieren?

Damit hat das Buch zugleich ein denkbar aktuelles Motiv. Seit Jahren nehmen die Attacken auf die zivilisatorischen Errungenschaften unserer freiheitlichen Demokratie zu. Parlamentarier und Amtsträger werden diffamiert, der Staat oft genug verächtlich gemacht und seine Ansprüche an die Bürgerinnen und Bürger nicht erfüllt, Populisten erhalten für ihren Kampf gegen das Recht und die Freiheit erschreckend viel Applaus. Ist die Wertschätzung für das Leben in einer Demokratie noch groß genug? Wissen die Deutschen denn nicht mehr, wie sich ein Leben ohne Demokratie anfühlt? Die Erinnerung an die SED-Diktatur kann da augenscheinlich nicht helfen, denn längst hat eine als »Ostalgie« verniedlichte Haltung im Umgang mit der DDR-Geschichte im öffentlichen Raum die Behauptung möglich gemacht, damals sei »auch nicht alles schlecht gewesen«. Das mag als tröstende Verklärung für die eigene Biografie menschlich nachvollziehbar sein, aber für einen gesellschaftlichen Lernprozess angesichts der Katastrophen deutscher Diktaturen taugt so eine Aussage indes nicht. Kann es denn ein gutes Leben in einer Diktatur geben? Die nachwachsenden Generationen dürfen erwarten, auf diese Frage eine klare Antwort zu erhalten – und die Geschichtsschreibung trägt hier ihren Teil der politischen Verantwortung.

Wie ein Leben ohne Demokratie aussieht, davon berichtet dieses Buch, indem es eine erzählerische Reise in die NS-Diktatur unternimmt: Betrachtet wird ein Jahr im »Dritten Reich«, und zwar zwischen Dezember 1938 und November 1939. Diese Phase markiert – was die Menschen damals noch nicht wissen konnten – in zeitlicher Hinsicht zugleich die Mitte der NS-Herrschaft: 1939 dauert sie bereits sechs Jahre an, und sie hat noch sechs weitere Jahre vor sich. Während die ersten sechs Jahre von der Stabilisierung der Diktatur geprägt sind, werden die zweiten sechs Jahre mit Beginn des Zweiten Weltkriegs schließlich ganz im Zeichen des Niedergangs, des entfesselten Massenmords und der totalen Niederlage stehen.

In dem hier gewählten Zeitabschnitt von zwölf Monaten werden zwölf Themen unter die Lupe genommen, die jeweils mit einem konkreten Datum verknüpft sind: Vom Wunsch nach »Friede auf Erden« wird beispielsweise im ersten Kapitel über das Weihnachtsfest 1938 berichtet, von »Angst und Schrecken« hingegen anlässlich des 30. Januar 1939, als Adolf Hitler im Reichstag die »Vernichtung der jüdischen Rasse in Europa« ankündigt. Andere Kapitel beschreiben, wie sich der Arbeitsalltag verändert hat, wie sehr die Intellektuellen verachtet werden, welche religiösen und spirituellen Angebote diese Zeit bereithält oder weshalb die Deutschen angehalten werden, auf ihre Gesundheit zu achten und beispielsweise auf Zigaretten und Alkohol zu verzichten. Auch wird daran erinnert, dass viele Menschen Urlaub machen und nicht nur in dieser Hinsicht dem offiziellen Versprechen auf eine »gute Zeit«

vertrauen – dies zeigt beispielsweise der 21. Juli 1939, an dem Tausende zur »Kraft durch Freude«-Reichstagung nach Hamburg kommen. Dass es dann doch keine gute Zukunft gibt, wird spätestens mit dem 1. September 1939 klar, als wieder ein Krieg beginnt – gerade erst haben die Deutschen des Ausbruchs des Ersten Weltkriegs 25 Jahre zuvor gedacht …

Die Bedingungen für das alltägliche Leben dieser zwölf Monate stecken die Diktatur und ihre Strukturen ab. Was in der Schule gelehrt wird, warum Jugendliche freiwillig auf »Streife« gehen und politische Abweichler anzeigen, in welchem Maß die Deutschen Altpapier und sorgfältig gewaschene Knochen sammeln, warum ihnen hochoffiziell die Haltung von Angorakaninchen nahegelegt wird oder weshalb sich frisch verheiratete Frauen bei eigens errichteten »Gaubräuteschulen« zu Mütterkursen anmelden sollen – das geben Partei und Staat vor. Und die Menschen richten sich ein. Die historische Forschung hat längst herausgearbeitet, dass das vorherrschende Lebensgefühl der Deutschen zu dieser Zeit keineswegs die Angst vor persönlicher Verfolgung war. Ebenso wenig folgten sie einer wie auch immer gearteten Lust zur Unterwerfung unter eine Diktatur, die sie ablehnten. Vielmehr waren die meisten Deutschen mit der herrschenden Politik durchaus zufrieden, entweder in Gänze oder über weite Strecken, und sie trugen ihren Teil zum Funktionieren des Systems bei.[3]

Diese Gefolgschaft bedurfte weder permanenter Kontrolle noch der Manipulation durch die NS-Propaganda: Gerade in dem hier betrachteten Zeitabschnitt, sowohl in den letzten Monaten des Friedens als auch noch in den ersten Monaten des Weltkriegs, konnte die Diktatur in einem hohen Maß auf die Kooperation der Menschen im Land setzen. Die übergroße Mehrheit der Deutschen unterstützte weiterhin Adolf Hitler und machte ihn damit noch mächtiger. Das ist politisch von Bedeutung, denn auch ein Diktator ist auf Zustimmung angewiesen und wäre ohne Gefolgschaft letztlich ohnmächtig: »Wenn ich den Gesetzen eines Landes gehorche«, so hat mit Blick auf die NS-Zeit die Philosophin Hannah Arendt erklärt, dann »unterstütze ich in Wirklichkeit dessen Verfassung.« Wer also einer Diktatur seine Gefolgschaft verweigern wolle, dürfe nicht am öffentlichen Leben mitwirken und müsse deshalb auch all jene »Orte der Verantwortung« meiden, wo die Unterstützung des politischen Systems unter Berufung auf das Prinzip des Gehorsams gefordert wird.[4]

Dass es so wenigen Deutschen gelang, diese »Orte der Verantwortung« im Alltag auszumachen und ihnen in einem Akt des zivilen Ungehorsams fernzubleiben, ist heute nur allzu bekannt. Die Mehrheit der Deutschen organisierten während der Diktatur ihren Alltag, vermieden für sich und ihre Familien mögliche Nachteile, nutzten dafür aber nach Möglichkeit die sich bietenden Vorteile. Für die meisten von ihnen ging das Leben nach 1933 zunächst einmal in einem ganz praktischen Sinne weiter, wenngleich unter anderen politischen Vorzeichen: Es gab neue Organisationen und neue Verpflichtungen, jede Menge großer und kleiner »Führer«, und auf den Straßen begrüßten sich die Menschen mit »Heil Hitler«. Doch auch weiterhin fuhren die Straßenbahnen und Ferienzüge, die Kinder gingen zur Schule, die Väter zur Arbeit, die Mütter sorgten für den Haushalt und die Organisation des familiären Alltags. Vieles hatte sich unter den Nationalsozialisten verändert – das allermeiste im Leben der Deutschen blieb indes über lange Zeit gleich. Was war das für ein »normales Leben«, in dem längst auch das Verbrecherische zum Alltag gehörte? In dem zugleich Rechtlosigkeit und Willkür, Mord und Totschlag längst »normal« geworden waren? Lässt sich – ebenfalls in Anlehnung an Hannah Arendt – von einer bizarren »Normalität des Bösen« im Alltag sprechen, die dazu beitrug, dass das »Dritte Reich« funktionieren konnte?

Dieses vermeintlich »Normale« macht uns Nachgeborenen die NS-Zeit zugleich verstörend vertraut: So fremd ist dieses Leben dann vielleicht doch nicht, wie es auf den ersten Blick scheint – und wie wir es gerne hätten. Und so beginnt die erzählerische Zeitreise auch bewusst mit einem uns heute noch wohlvertrauten Fest: Weihnachten. Das Land liegt in diesem Dezember 1938 tief verschneit da, Glocken läuten, Kerzen brennen, Kinder schauen mit großen Augen auf ihre Geschenke …

Das alte, schöne Weihnachtslied »Friede auf Erden und den Menschen ein Wohlgefallen« zieht uns in seinen Bann und läßt uns das Glück erkennen, wie wohlgeborgen wir im deutschen Vaterland sind unter einer Führung, um die uns die Welt beneidet.

Leitartikel der Dortmunder Zeitung am 24. Dezember 1938[5]

I

Friede auf Erden

Weihnachten 1938: Ein Fest in banger Hoffnung

Deutschland ist schön: Im ganzen Land setzt vor den Festtagen ausgiebiger Schneefall ein – es wird also doch noch die ersehnten weißen Weihnachten geben! Schon seit Tagen hat es gefroren, sodass die weiße Pracht liegen bleibt und damit die idealen Voraussetzungen für jegliche Art von Wintervergnügen bietet. In den Mittelgebirgen türmt sich rasch eine Schneedecke von über 20 Zentimetern auf. Die Kinder schnappen sich ihre Schlitten, und viele Erwachsene nutzen, wo möglich, die Chance zu einem ausgedehnten Spaziergang. Gerade entlang der Flüsse bieten sich außergewöhnliche winterliche Ansichten: Auf der Donau wie auf dem Rhein treiben Eisschollen, und auf der langsam fließenden Mosel sind sie inzwischen an einigen Stellen zum Stehen gekommen und zusammengefroren. »Die Eisdecken sehen einem gepflügten Acker gleich«, heißt es dementsprechend in einem Zeitungsbericht, »und bieten ein prächtiges Winterbild.«[6]

Rund um Honnef bei Bonn freuen sich die Kinder über einen zugefrorenen Rheinarm, weil der zum Eislaufen einlädt. Wird das Vergnügen von Dauer sein? Wenn der Frost weiter anhält, so zumindest der wohlmeinende Ratschlag der örtlichen Zeitung, »weiß das Christkind, was es bringen soll: Schlittschuhe, Rodel-

schlitten, mollige Handschuhe und Shawls.«[7] Aber auch ohne
weitere Ausrüstung nutzen die meisten Kinder schon vor der Bescherung die Gunst der Stunde: Schneebälle fliegen umher, Schnee-
männer werden gebaut, und in manchen Städten kann zur Freude
der Kleinen der Schnee gar nicht so schnell weggeräumt werden,
wie neuer fällt. Auch die Brauereien im Land freuen sich übrigens
über die anhaltende Kälte: Sie schicken ihre Mitarbeiter zur »Eisgewinnung« hinaus, bei der sie aus geeigneten Weihern und Seen
größere Eisschollen herausbrechen und mit Lastwagen in die
hauseigenen Kühlkeller transportieren. Bier muss schließlich ge-
kühlt werden, und mit dieser »Ernte« vor der eigenen Haustür
sparen vor allem kleinere und mittlere Betriebe die Ausgaben für
das ansonsten benötigte Kunsteis.[8]

Teilnehmer eines 1100 Jungen
umfassenden Wintersportlagers
der »Hitler-Jugend« im Glatzer
Bergland in Niederschlesien wachsen
im Dezember 1938 ihre Skier und
freuen sich auf die Abfahrt.

Aber die Minustemperaturen und der viele Schnee führen nicht
nur zur Einstellung des Schiffsverkehrs, sondern in zahlreichen
Regionen auch zu Störungen im Eisenbahnverkehr. Für die Mitarbeiter der Deutschen Reichsbahn bedeutet dies, dass der schon
lang genehmigte Weihnachtsurlaub wieder gestrichen ist, weil jeder
verfügbare Mann zur Arbeit zurückgerufen wird. Die Bahn plant,
zumindest in größeren Bahnhöfen, an jeder Weiche einen Mann
zu postieren, der diese dann beständig von Schnee und Eis be-
freien soll.[9] Abseits der Gleise führt die Wetterlage zudem dazu,

dass die Zahl der Verkehrsunfälle zunimmt, weil immer wieder Fahrzeuge auf den glatten Straßen ins Rutschen geraten. Auch die Fährverbindungen zu den meisten Ostfriesischen Inseln sind inzwischen eingestellt. Notgedrungen lässt die Lufthansa in einer spektakulären und landesweit beachteten Aktion zwei Flugzeuge auf provisorischen Pisten am Strand von Juist landen, um Mütter und Kinder rechtzeitig zum Weihnachtsfest wieder ans Festland zu holen.[10]

Deutschland ist schön? Das denken fraglos viele im Land angesichts der winterlichen Idylle. Doch der Eindruck täuscht: Das Land hat sich massiv verändert in den vergangenen sechs Jahren, seitdem die Regierung Hitler die politischen Geschäfte führt. Mit der Ernennung Adolf Hitlers zum Reichskanzler begann am 30. Januar 1933 jene Umgestaltung des politischen Systems, die sämtliche Reste der Demokratie in Deutschland beseitigte: Gewaltenteilung und freie Wahlen sind abgeschafft, oppositionelle Parteien und freie Gewerkschaften zerschlagen, und seit dem Tod des ehemaligen Reichspräsidenten Paul von Hindenburg vor mehr als vier Jahren agiert Hitler als unumstrittener »Führer« über Deutschland. Diesen eigentümlichen Titel hat der Diktator aus seiner Partei mitgebracht – eine Bezeichnung für ein staatliches Amt war dieser bislang noch nie.

Die NSDAP und ihre Organisationen haben sich in den vergangenen Jahren fest im Alltag der Deutschen verankert: Die Kinder sind im »Jungvolk« oder dem »Jungmädelbund«, die Jugendlichen in der männlichen »Hitler-Jugend« (HJ) und dem »Bund Deutscher Mädel« (BDM) organisiert, die Berufsverbände arbeiten jetzt unter nationalsozialistischen Vorzeichen, Polizei und Justiz sind nahezu vollständig zu willfährigen Instrumenten der Diktatur verkommen. Eine viel beschworene »neue Zeit« hat begonnen, die viele Deutsche in der Wortwahl der Propaganda als eine »nationale Wiedergeburt« ihres Landes begrüßen. Denn die Niederlage von 1918, die politischen Kämpfe der Weimarer Zeit und die große wirtschaftliche Not sind ihnen noch in bester

Erinnerung. Aber geht es ihnen jetzt, in dieser »neuen Zeit«, wirklich besser?

Zum Alltag dieser Zeit gehört auch, dass seit 1933 so manche Nachbarn, Arbeitskollegen oder Freunde regelrecht »verschwunden« sind. Zunächst einmal haben Hunderttausende in den vergangenen Jahren Deutschland verlassen: viele Sozialdemokraten und Kommunisten, die schon in der Weimarer Republik die entschiedensten politischen Gegner der NS-Bewegung waren, und vor allem Deutsche mit jüdischer Religion, die mit einem fanatischen rassistischen Antisemitismus überzogen werden. Wer von ihnen im Land geblieben ist, muss erleben, wie sie zusehends ihre bürgerlichen Rechte verlieren und Mord und Totschlag fürchten müssen. Erst im vergangenen Monat ist die Gewalt unfassbar eskaliert, und die Schutzlosigkeit dieser Menschen in Deutschland wurde aller Welt dramatisch vor Augen geführt: Am 9. November 1938 provozierte die NS-Führung einen noch nie dagewesenen Pogrom gegen die jüdische Bevölkerung. Hunderttausende Deutsche, zunächst allen voran Gruppierungen der Partei, übten in den Abend- und Nachtstunden überall im Land rohe Gewalt aus: Schätzungsweise 1300 Juden starben während und in Folge der Übergriffe, rund 27 000 wurden in Konzentrationslager verschleppt.[11] Auf den deutschen Straßen bot sich ein Bild der Verwüstung: Tausende Geschäfte und Wohnhäuser wurden demoliert, und an den anschließenden Plünderungen beteiligten sich dann nicht mehr nur die organisierten Schläger, sondern viele gar nicht so ehrbare Mitbürger, die jetzt die günstige Gelegenheit zur persönlichen Bereicherung nutzten. Wie Mahnmale stehen seit diesen Pogromen Hunderte niedergebrannte Synagogen und jüdische Gebetshäuser im Land, mitten in den Städten und Dörfern: Jüdisches Leben in Deutschland ist offenem Terror ausgesetzt. Die deutsche Mehrheitsbevölkerung hat zwar nur zu einem kleineren Teil aktiv bei diesen Übergriffen mitgemacht, aber zu einem größeren Teil zu- und weggeschaut. Und nur wenige Menschen kamen ihren Mitbürgern tatsächlich zu Hilfe.

Wer das Land bereits vor dem Novemberpogrom verlassen konnte – 1938 gelingt das allein über 40 000 Juden[12] –, mag in Frankreich oder England, in der Schweiz, in Polen oder in den Vereinigten Staaten von Amerika vorerst in Sicherheit sein und die nahenden Weihnachtstage nutzen, um an die alte Heimat oder die noch zurückgebliebenen Weggefährten oder Angehörigen zu denken. Wer indes daheim geblieben ist und in diesem Deutschland verfolgt wird, verbringt die Feiertage womöglich im Gefängnis oder in einem der vielen neuen Lager. Zu den dort Eingesperrten gehören neben anderen viele Zeugen Jehovas, Sinti und Roma, Homosexuelle, Pfarrer oder jene, die ihre Kritik an diesem System öffentlich geäußert haben. Sozialdemokraten, denen die Flucht ins Ausland gelungen ist und die nun von Paris aus mit ihrer Exilorganisation auf die Vorgänge in Deutschland schauen, sorgen sich zu Weihnachten 1938 zu Recht um die Genossen, die im Land geblieben sind. Für sie, ihre Frauen und Kinder sammeln in Berlin sozialdemokratisch gesinnte Anhänger anlässlich des Weihnachtsfests im Kreise von Freunden sogar heimlich Geld für eine Unterstützung.[13] Die Exil-SPD weiß, dass in vielen deutschen Familien gerade in diesen eigentlich besinnlichen Tagen Trauer und Sorge herrschen:[14]

> »Welche Familie denkt beim Lichterglanz am Heiligenabend
> nicht an einen Verwandten, guten Freund oder lieben Bekannten,
> der in der Zelleneinsamkeit einer politischen oder in ihren
> Gründen nicht einmal erkennbaren Haft sitzt oder aus
> religiösen oder rassischen Gründen im Konzentrationslager
> schmachtet und leidet?«

Weihnachten im Konzentrationslager – das ist seit 1933 ebenfalls ein Teil deutscher Realität. Schon unmittelbar nach Beginn der NS-Herrschaft 1933 haben die Schlägertrupps der Partei in sogenannten »Sturmlokalen« der SA, in Kellern und Hinterhöfen Menschen gefangen gehalten und misshandelt. Rasch entstanden die frühen Konzentrationslager, zuweilen in stillgelegten Fabriken, in Turnhallen oder Jugendherbergen, in aufgelassenen Zuchthäusern, in Burgen und Schlössern.[15] Bis 1938 sind die großen Konzentrationslager unter nunmehriger Hoheit der gefürchteten SS eingerichtet: vor allem Dachau, das nach 1933 früh zum »Modell« für solche Lager wurde, 1936 Sachsenhausen nahe Berlin, 1937 Buchenwald bei Weimar, 1938 das oberpfälzische Flossenburg oder Mauthausen bei Linz.[16]

Die Zahl der Eingesperrten in diesen Lagern steigt nach dem Novemberpogrom 1938 kurzzeitig auf über 50000. Vor allem die neu eingelieferten jüdischen Häftlinge werden vom Wachpersonal besonders brutal behandelt. Dennoch wird ein Großteil von ihnen bis Ende des Jahres mit der Auflage entlassen, umgehend das Land zu verlassen.[17] Andere Verschleppte bleiben indes auch zu Weihnachten 1938 in den Lagern. Zu ihnen zählt Rudolf Larsch, der nach dem Machtantritt der Regierung Hitler als Mitglied der Kommunistischen Partei ebenso verfolgt wurde wie seine Ehefrau Käthe, die inzwischen aufgrund massiver Körperverletzungen, die ihr bei Verhören durch die Gestapo zugefügt wurden, gestorben ist. Der Witwer kann sich nicht um die vier gemeinsamen Kinder kümmern, weil er selbst im Konzentrationslager Buchenwald festgehalten wird. Ihm bleibt zu Weihnachten nur, einem seiner Söhne auf einem vorgedruckten Briefformular einige Zeilen mit Grüßen und der Bitte um Sorge für die Geschwister zu schicken:[18]

»Halte auch bitte ein Auge auf Deine Geschwister und bleib eingedenk, daß Euer Vater, wenn auch fern, doch stets Eurer in Liebe gedenkt. Möge das Fest Euch Freude bereiten und gute Wünsche Eures Vaters Euch begleiten.«

Der Briefbogen des Konzentrationslagers Weimar-Buchenwald bringt die Rechtlosigkeit der Häftlinge auf demonstrative Weise zum Ausdruck: »Der Tag der Entlassung«, so der entsprechende Aufdruck, »kann jetzt noch nicht angegeben werden.« Und: »Besuche im Lager sind verboten, entsprechende Anfragen grundsätzlich zwecklos.«[19]

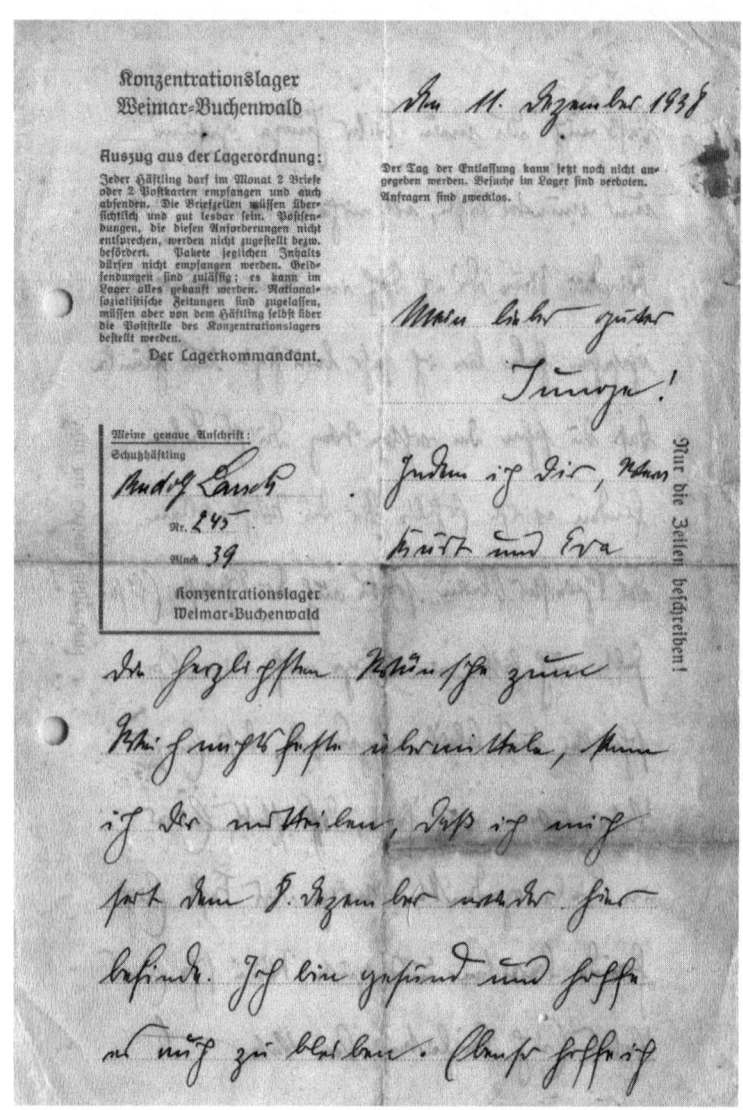

Beklemmende Weihnachtsgrüße von Rudolf Larsch an seine Kinder aus dem Konzentrationslager Buchenwald.

So erleben die Deutschen das Weihnachtsfest 1938 in vielerlei Hinsicht gespalten. Während einige diese Tage in Gefängnissen und Lagern verbringen oder sich vor drohender Verfolgung fürchten, können die allermeisten anderen das Fest weitgehend unbeschadet und durchaus glücklich im Kreise ihrer Lieben begehen. Diese Menschen haben sich mit dem Leben in der Diktatur arrangiert, sie haben einen festen Arbeitsplatz und ein geregeltes Einkommen, genießen womöglich Privilegien oder sind als kleine und große Nazis regelrecht glücklich über die Entwicklung, die ihr Land in den zurückliegenden Jahren genommen hat. Für sie steht in diesen verschneiten Dezembertagen tatsächlich Weihnachten im Vordergrund: Im ganzen Land wird gebacken und gekocht, die Verwandtschaft will eingeladen und bewirtet sein, Geschenke für die Lieben müssen her. Unmittelbar vor dem Fest sind die Innenstädte wie in Breslau »voll von Menschen, die noch die letzten Käufe zu Weihnachten machen«.[20] Wer allerdings gut vorbereitet ist und an diesen Tagen etwas Zeit hat, kann allein oder mit der Familie auch ins Kino gehen: Rechtzeitig zu den Weihnachtstagen wird der neue Film mit Heinz Rühmann gegeben: »Nanu, Sie kennen Korff noch nicht!« zeigt den beliebten Schauspieler in einer seiner großen Rollen. »Er erlebt alle 3 Minuten ein neues Abenteuer«, so preisen die Bonner Lichtspiele den Film an, »er gerät fürchterlich in Bedrängnis, aber er gewinnt das Rennen und damit uns.«[21]

Die Werbung der Geschäfte läuft derweil auf Hochtouren. In den Tageszeitungen finden sich noch kurz vor dem Fest zahlreiche Kaufempfehlungen für Schallplatten oder Mundharmonikas,[22] für Briefpapier (»ein schönes und praktisches Weihnachtsgeschenk«) oder eine ordentliche Flasche Kräuterlikör.[23] Und der *Völkische Beobachter*, das zentrale Organ der NSDAP, wünscht sich für die Volksgenossen »auf den Weihnachtstisch die Bücher der Bewegung«: allen voran den Bestseller der Nazi-Literatur, Hitlers autobiografisch eingefärbte Kampfschrift *Mein Kampf*, Reden und Aufsätze von Hermann Göring, der als Generalfeldmarschall und Beauftragter für den Vierjahresplan als der zweitmächtigste Mann

Passanten beim Weihnachtsbummel (1938) über die Königsallee
in Düsseldorf.

im Staat gilt, oder die gesammelten Leitartikel des Propagandami-
nisters Joseph Goebbels. Für die Jugend werden unter anderem
das Lesebuch *Kampf um Deutschland* oder das große HJ-Buch
Jungen – eure Welt empfohlen.[24]

Auch der Kauf eines Rundfunkgeräts zum Fest ist durchaus im
Sinne von Staat und Partei: Dank eines solchen Geräts – oft
»Volksempfänger« genannt – werde das Land »in den großen Le-
bensstrom der Nation lebendiger als bisher einbezogen und kann
am kulturellen und politischen Geschehen unserer Zeit unmittelbar teilhaben«. Deshalb lautet die Empfehlung: »Jetzt, wo die letzten Weihnachtseinkäufe gemacht werden, denkt auch an den
Rundfunk.«[25] Tatsächlich stehen bis 1939 bereits über elf Millionen Radiogeräte in deutschen Haushalten, womit ein Vielfaches
an Zuhörern erreicht wird – ein ideales Propagandainstrument,
dessen sich besonders der zuständige Reichspropagandaminister
Joseph Goebbels gern bedient.[26] Der Preis für den »Deutschen
Kleinempfänger«, der in diesen Tagen ausdrücklich als ein Gerät

»von überzeugender Leistung« angepriesen wird, beträgt im Dezember 1938 übrigens 35 Reichsmark.[27] Ein zwar kostspieliges, aber doch erschwingliches Weihnachtsgeschenk: Diese Summe entspricht etwa dem Brutto-Wochenlohn eines Industriearbeiters.[28] Zum Vergleich: Ein Kilogramm Möhren kostet auf dem Markt gut 10 Pfennige, ein Kilogramm Apfelsinen – wenn es sie denn gerade gibt – rund 50 Pfennige.[29]

So laufen die Geschäfte im Einzelhandel zu Weihnachten gut. Einer der wirtschaftlichen Gewinner gerade in diesem Jahr sind die Hersteller der traditionellen Aachener Printen. Sie freuen sich über eine Verzehnfachung des Umsatzes, weil sie von den gewaltigen Arbeiten am sogenannten »Westwall« entlang der Grenze profitieren: Für den Bau dieser Hunderte Kilometer langen Verteidigungsanlage an der deutschen Westgrenze sind Tausende Arbeitskräfte eingesetzt – und augenscheinlich haben die Männer dieses traditionsreiche Gebäck schätzen gelernt. Jedenfalls nehmen sie die Printen vor den Weihnachtstagen »jetzt in Massen mit in ihre Heimat«,[30] zur Freude der Hersteller – und hoffentlich auch der Lieben daheim.

Die Menschen schenken sich also passende – und fraglos zuweilen auch unpassende – Dinge zum Fest. Aber alle sind sich einig, dass solche Überraschungen und Aufmerksamkeiten nicht nur für die Kinder unerlässlich sind. Doch abgesehen von den Geschenken sind sich die Deutschen zunehmend uneinig über den Charakter dieses Weihnachtsfests. Denn in den zurückliegenden Jahren sieht sich das traditionelle christliche Weihnachtsfest, anlässlich dessen die Gläubigen die Menschwerdung Gottes in Gestalt der Geburt Jesu Christi und damit die Ankunft des Erlösers feiern, einer massiven Konkurrenz ausgesetzt: Das nationalsozialistische Deutschland setzt der christlich geprägten Familienweihnacht eine völkische Variante entgegen, die Staat und Partei für ihre Politik und ihre Propaganda nutzen wollen. Zu den genauen Beobachtern dieser Veränderung gehört der Romanist Victor Klemperer, der schon vor Jahren seine Stelle als Professor in Dresden verloren hat, weil er trotz seines Übertritts zum Protestantismus

Mit oder ohne Aachener Printen im Gepäck: Vergnügte Bauarbeiter vom »Westwall« feiern kurz vor den Feiertagen ihr Eintreffen am Lehrter Bahnhof in Berlin.

in diesem Land als »Jude« gilt. Der 57-Jährige notiert in seinem Tagebuch, dass nach seiner Wahrnehmung 1938 zum ersten Mal während der NS-Diktatur »die Weihnachtsbetrachtung der Zeitung gänzlich dechristianisiert« sei. Jetzt gehe es der deutschen Seele offensichtlich vor allem um die »Neugeburt des Lichts« und die »Auferstehung des deutschen Reiches«, aber nicht um den zum Juden abgestempelten Jesus oder christlich-religiöse Momente.[31]

Klemperer hat recht. Weihnachten ist inzwischen nicht mehr das, was es vor Jahren noch war. Mehr und mehr steht nicht mehr die alte biblische Geschichte im Mittelpunkt, sondern das angebliche »germanische« Erbe der »Ahnen« – was immer jeder Einzelne darunter auch verstehen mag. Auf jeden Fall werden jetzt die Vorfahren und ihre vorchristlichen Riten und Glaubensvorstellungen zum Vorbild erhoben. Ein Beispiel dafür ist eine

Weihnachtsfeier, zu der in diesen Tagen die Zivilangestellten einer Flakeinheit in einer Dortmunder Kaserne zusammenkommen. Zwischen dem gemeinsamen Gesang (»O Tannenbaum«), Kaffee, Kuchen und einem offensichtlichen humoristischen Auftritt eines »Weihnachtsmanns« hält der Betriebsobmann die offizielle Ansprache, in der er die aktuelle Bedeutung des »schönsten Festes im ganzen Jahr« unter dem Vorzeichen des Hakenkreuzes erläutert:[32]

»Weihnachten ist ein Fest, geboren im deutschen Lebensraum. Nach dunklen Wochen sehnten sich unsere Vorfahren nach helleren Tagen und kürzeren Nächten, und wenn das Jagdglück gelächelt hatte, so gab es zum Fest einen ganzen gebratenen Eber oder Hirsch. Ein sternenklarer Himmelsdom spricht zu uns in der Weihenacht und wir finden zurück zu den heiligen Sitten unserer Ahnen, die wir weder verleugnen noch entstellen lassen. Auch der Weihnachtsbaum entspricht altgermanischem Brauch und der Schmuck an ihm, die Äpfel und Nüsse, sind Symbole der Fruchtbarkeit des neuen Jahres.«

Hinter der schwülstigen Rhetorik von jagenden und Eber bratenden Vorfahren steht die politische Absicht, Weihnachten so weit wie möglich zu einem rein nationalsozialistischen Fest zu machen. Kein Jesus, keine Hirten auf dem Felde und kein Wort von der »Frohen Botschaft«. Denn Weihnachten, so behauptet eine amtliche Zeitschrift des nationalsozialistischen Lehrerbundes, »hat seinen Ursprung niemals in jenem Stall von Bethlehem«, sondern als Fest der »nordischen« Völker »allein am Firmament des nördlichen Himmels«.[33] In diesem Sinne mutiert auch der Christbaum im offiziellen Sprachgebrauch mehr und mehr zum »Lichtbaum«, und so ist bei den Männern der SS inzwischen besonders das Lied von der »Lichtbaumweihe« beliebt, in dem die »heilige Erde«, ein »freies Geschlecht« und ein angeblich aus dem Norden erstrahlender »Siegglanz« besungen werden.[34]

Diese Umdeutung des traditionellen christlichen Familienfests ist allerdings keineswegs nur eine Sache der NSDAP und einiger Ideologen. Keinen geringen Anteil daran haben auch die Volkskundler – also Wissenschaftler und solche, die sich dafür halten. Sie haben es sich zum Ziel gesetzt, vermeintlich »artfremdes«, also durch das Christentum in die »deutsche« Kultur hineingetragenes Brauchtum zu bekämpfen. Diese Suche nach dem »Germanischen« an Weihnachten gibt es schon seit Jahrzehnten, doch unter den Vorzeichen des NS-Staats fühlen sich die Vertreter dieses »germanischen« Erbes in ihrer antichristlichen Agitation jetzt am Ziel ihrer weltanschaulichen Träume angelangt.[35] In der konkreten Umsetzung heißt dies für das Weihnachtsfest 1938 auch, dass die Kinder beispielsweise möglichst »germanisches« Gebäck zubereiten sollen: sogenannte »Gebildebrote« mit den »mythischen Gestalten der zwölf heiligen Nächte«, beispielsweise mit dem Schimmelreiter oder Frau Holle (obwohl die bekanntermaßen keineswegs »germanischen« Ursprungs sind). »Der Eber aus Lebkuchen«, so heißt es in einer Backempfehlung weiter, »gemahnt an den Festbraten der Heiligen Nacht und die westfälischen ›Wowölfe‹ erinnern auch dem Namen nach an Wotan.«[36]

Das ursprüngliche Weihnachtsfest soll nach den Vorstellungen der NSDAP in Zukunft »Deutsche Weihnacht« heißen und drei Einzelfeste umfassen: das Fest der Wintersonnenwende in der Nacht vom 21. auf den 22. Dezember, die »Volksweihnacht« möglichst am 23. Dezember sowie die »Nationalsozialistische Weihnachtsfeier« an den Tagen vor Weihnachten. Vor allem die Sonnwendfeier dient dazu, Weihnachten zu einem »Fest der nordischen Völker« umzudeuten und den Kult um die Sonne und die Flammen zu beleben. In der völkischen Ideologie gibt die Sonne »Kraft zum Leben«, an diesem Tag feiern die Anhänger eines sich »germanisch« gebenden Glaubens das sogenannte »Julfest«. Dazu versammeln sich vor allem die uniformierten Einheiten von SS und SA im Freien um ein großes Feuer und huldigen zugleich der

NS-Führung. Um das Zusammengehörigkeitsgefühl der Deutschen an diesem Abend des 21. Dezember 1938 zu beschwören, wird daran erinnert, dass just in diesen Stunden an den verschiedensten Orten des Landes zeitgleich solche Feuer entzündet werden. Gesungen werden bei diesen Feiern selbstverständlich keine Advents- oder Weihnachtslieder, sondern Kampflieder der NS-Bewegung wie »Flamme empor«, das »Horst-Wessel-Lied« oder das Deutschlandlied – selbstredend alle drei Strophen.

Allerdings lassen sich augenscheinlich nicht viele Deutsche zu diesem Zweck kurz vor dem Heiligen Abend aus ihren warmen Wohnungen in den kalten Dezemberabend hinauslocken. Das öffentliche Interesse jedenfalls ist begrenzt. Aus dem ostfriesischen Jever wird etwa berichtet, dass sich zwar die Mitglieder der Parteiorganisationen zur Wintersonnwendfeier einfinden, sich aber »nur wenig Zivilbevölkerung hinausgewagt« habe. Die örtliche Zeitung entschuldigt dies mit dem strengen Winterwetter – aber offensichtlich passen solche Veranstaltungen für die meisten Familien nicht recht in die vorweihnachtliche Stimmung.[37] Aber für die Partei ist das kein großes Problem: Das stärkste Erlebnis geht nach Ansicht der Reichspropagandaleitung ohnehin gerade von solchen Sonnwendfeiern aus, »die einen nicht allzu großen Kreis von Menschen um das Feuer scharen«, wie es geradezu entschuldigend heißt. Es reiche aus, wenn sich einzelne Kameradschaften versammelten, die sich aus dem »täglichen Kampf und Dienst« kennten; manche Feier werde womöglich gerade deshalb besonders würdig gefeiert, weil sie eben keine Massenveranstaltung sei. Darum sollten sie auch nicht mehr – wie zuweilen vorgeschlagen – auf das nächstmögliche Wochenende verschoben werden, um auf diese Weise mehr Teilnehmer anzulocken.[38]

Auf möglichst zahlreiche Teilnahme ist hingegen das zweite Element der »Deutschen Weihnacht« ausgelegt, die sogenannte »Volksweihnacht«. Diese ist eine Art Leistungsschau der nationalsozialistischen Politik, weil hier die sozialen Leistungen der Diktatur

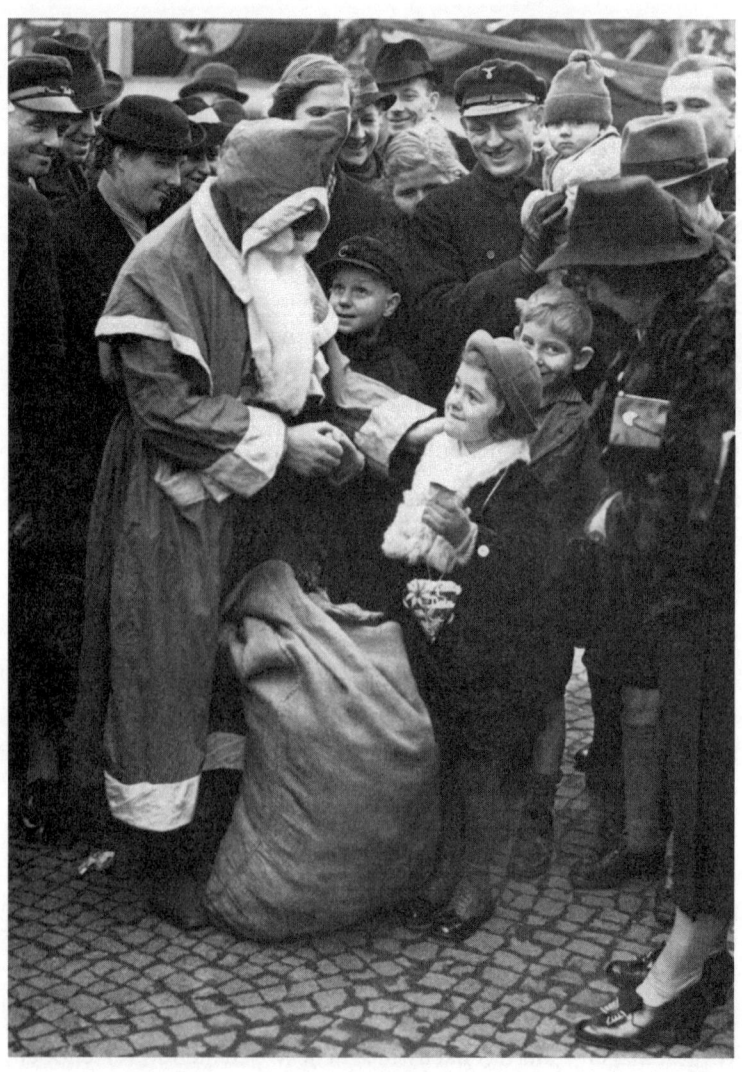

Der Weihnachtsmann ist trotz aller Umdeutung des Festes geblieben –
zumindest auf dem Berliner Weihnachtsmarkt im Dezember 1938.

für viele greifbar werden sollen: Deshalb – und nicht wegen der
Geburt eines christlichen Heilands – gibt es Geschenke! »Volksweihnacht« wird als »Fest der Gemeinschaft« bezeichnet, bei dem

die einen mit Freude materielle Hilfe empfangen, während die anderen mit frohem Herzen und aus innerer Verpflichtung diese Geschenke machen. »Umsorgt und umhegt von der Liebe und Treue der vielen Millionen« sollten sich gerade diejenigen Deutschen fühlen, die vor 1933 in wirtschaftlich so schwerer Not gelebt hätten, dass ihnen »jede Weihnachtsfreude versagt« gewesen sei.[39] Zu Weihnachten 1938 sollen alle sehen, dass sich Deutschland zum Besseren verändert hat. Die NSDAP wünscht sich deshalb bei dieser »Volksweihnacht« keine »ernst-schwere Feier«, sondern ein frohes Fest. Die »Nationalsozialistische Volkswohlfahrt« (NSV), die offizielle und an allen Orten präsente Wohlfahrtsorganisation der NSDAP, sorgt dafür, dass vor allem die Kinder beschenkt werden und dass es dazu einen passenden Rahmen aus Musik, gemeinsamem Gesang und nach Möglichkeit einem kleinen Schauspiel gibt.[40]

Allerdings wird auch bei dieser »Volksweihnacht« deutlich, dass es der Partei bis 1938 offensichtlich noch nicht gelungen ist, die christlichen Fundamente des Weihnachtsfests vollends durch eine völkische Deutung zu ersetzen. Vor allem im Hinblick auf die Lieder und die schauspielerischen Darbietungen werden die Veranstalter solcher »Volksweihnachten« deshalb vom Propagandaministerium daran erinnert, dass sich das Fest nicht »in den weltanschaulichen Bahnen kirchlicher Vereinsveranstaltungen bewegen soll«. So dürften bei den Bühnenbeiträgen nicht der Stall von Bethlehem samt Maria und Josef und selbstverständlich auch keine Schar von Engeln präsentiert werden. Stattdessen sei ein solides Märchenspiel das Gebot der Stunde, wenngleich auch hierbei nach Ansicht der Partei allergrößte Vorsicht bei der Auswahl der Stücke angebracht ist:[41]

»Eine Reihe von konfessionellen Verlegern hat nämlich in letzter Zeit Märchenspiele herausgebracht, in denen jeweils am Schluß das Schneewittchen, das Dornröschen und die Pechmarie peinlich-dumme Verbrüderungsszenen mit den immer rechtzeitig kommenden Engeln und ›heiligen Nikolausen‹ (in Bischofstracht!) feiern.«

Das fehlte noch, dass am Ende dieser NS-Bescherung ein Bischof auftritt und der ganzen Veranstaltung sozusagen seinen christlichen Segen gibt! Im Gegensatz zu den Veranstaltern und dem Reichspropagandaministerium mag es vielen Kindern allerdings letztlich gleich sein, ob es nun Engel, das Märchen vom tapferen Schneiderlein oder »König Drosselbart« geboten bekommt – das Geschenk dürfte auch hier im Mittelpunkt des Interesses stehen. Doch auch die Erwachsenen, die zu diesen Feiern geladen sind, können eine konkrete materielle Unterstützung gut gebrauchen. Tatsächlich gibt es zwar Deutsche, die sich etwas leisten und ihren Lieben besondere Dinge schenken können (auch wenn es in der Regel dann doch noch kein Radiogerät ist), aber viele andere sind zunächst einmal froh, jetzt zusätzlich etwas Kleidung oder Lebensmittel zu erhalten. Hilfsbedürftige Zeitgenossen gibt es auch fast sechs Jahre nach Beginn der NSDAP-Herrschaft noch viele: Allein im Gau Westfalen-Süd werden zu diesem Weihnachtsfest von der »Nationalsozialistischen Volkswohlfahrt« (NSV) 300000 Menschen versorgt. In den Ortgruppen des NSV-nahen »Winterhilfswerks des Deutschen Volkes« werden Tausende Pakete mit Grundnahrungsmitteln wie Mehl und Zucker, aber auch mit Gemüse- und Fleischkonserven, Margarine, Butter und weihnachtlichem Gebäck gepackt – allein diese Gaben summieren sich nach offiziellen Angaben auf einen Wert von über einer Million Reichsmark. Hinzu kommen noch Kleidungsstücke, Schuhe und materielle Spenden wie Spielzeuge für die Kinder.[42] In Berlin sind am 23. Dezember 1938 bei insgesamt 200 Veranstaltungen allein 120000 Kinder zu solchen »volksweihnachtlichen« Bescherungen eingeladen. Stolz rechnet die Propaganda vor, dass seit 1933 für die »Volksweihnachtsfeiern« 5,7 Millionen Weihnachtspakete, über 4 Millionen Kinderspielzeuge und 350000 Bücher ausgegeben wurden. Überdies seien Unmengen von Kohlegutscheinen sowie Zigarren, Zigaretten und Wein verteilt worden.[43]

Was die Partei als Zeichen der Solidarität preist, lässt sich allerdings auch als unfreiwilliger Beleg einer mangelnden Versorgungslage interpretieren. Der Sicherheitsdienst der SS dokumentiert für seinen geheimen Bericht für das Jahr 1938 »anhaltende Versorgungsschwierigkeiten« im Handel mit Lebensmitteln, Textilien und Eisenwaren. Lebensnotwendige Produkte aus Baumwolle fehlten, allein der Bedarf an Berufskleidung könne demnach zu fast 80 Prozent nicht gedeckt werden, bei Bettwäsche zu fast 70 Prozent. »Teilweise katastrophal« sei die Versorgung des Eisenwarenhandels, vor allem an Drahtmaterial oder Schrauben herrsche besonders großer Mangel. In diesem Winter träten zudem erhebliche Probleme bei der Versorgung mit Kohle auf, vor allem weil keine geeigneten Transportmittel vorhanden seien. Deshalb sähen sich »eine große Anzahl Kohleneinzelhändler gezwungen, ihre Betriebe vorübergehend zu schließen«.[44] Kurzum: Die »Volksweihnacht« im Jahr 1938 ist also eine gute Gelegenheit, persönliche Versorgungslücken mit praktischen Geschenken zu schließen.

Das dritte Element der »Deutschen Weihnacht« bilden die zahlreichen »nationalsozialistischen Weihnachtsfeiern«. Mit diesen

So kann die nationalsozialistische Weihnacht kommen: Festlich geschmückte Kantine einer Wehrmachtskaserne in Düsseldorf.

will die Partei einerseits das weit verbreitete Bedürfnis nach geselligen Zusammenkünften befriedigen, dabei aber andererseits ihren Anspruch geltend machen, das Gemeinschaftsleben in Deutschland maßgeblich zu prägen. Ideen dazu gibt es viele, doch der Partei sind diese Veranstaltungen noch viel zu wenig durchorganisiert. Vor allem dem Propagandaministerium in Berlin gefällt es so gar nicht, wie die Deutschen bisher ihre nationalsozialistischen Weihnachtsfeiern gestalten. Die Mitarbeiter von Reichspropagandaminister Goebbels haben sich deshalb einen gründlichen Einblick in zahlreiche solcher Veranstaltungen verschafft – »in viel gute und in noch mehr schlechte«, wie es anschließend aus dem Ministerium heißt. Aufgrund dieser Erfahrungen scheine es tatsächlich dringend geboten, nunmehr klarere Vorgaben zu machen, wie solche Zusammenkünfte würdevoll und im Sinne der Partei gestaltet werden sollten, damit die notwendige »nationalsozialistische Grundhaltung« auch wirklich erkennbar werde. So gelte es nicht nur die richtigen Redner, die passenden Texte und Lieder auszuwählen, sondern auch die technischen Vorbereitungen peinlich genau zu beachten: Zunächst müsse ein anständiger Saalschmuck her (vor allem eine große Hakenkreuzfahne an der Stirnseite), links und rechts des Podiums zwei Tannenbäume mit brennenden Weihnachtslichtern (»der Feuersicherheit wegen elektroinstalliert!«), auf dem Podium zudem sechs etwa 20 Zentimeter lange Wachskerzen (»keine Stearinkerzen«) sowie auf einem weiteren Podest eine flache Schale von ein bis zwei Meter Durchmesser, in der während der Veranstaltung ein Feuer entzündet werden solle. Zudem sei darauf zu achten, dass eine gute nationalsozialistische Weihnachtsfeier niemals länger als eine Stunde dauern solle und keineswegs der Unterhaltung diene: Sie solle vielmehr »Erlebnis sein und an Empfindung und Gemüt appellieren«.[45] Gelacht werden soll bitte bei anderer Gelegenheit …

In diesem Rahmen finden sich also 1938 die Menschen zu Weihnachtsfeiern der Partei zusammen: gemeinsam mit der Belegschaft, in den Kasernen oder eben im Kreise der alten und neuen

Kämpfer für diese Diktatur. So setzen sich beispielsweise die Mitglieder der SA im norddeutschen Cloppenburg an weiß gedeckte Tische, freuen sich über kleine Geschenke und die reichlich gefüllten Kuchenschüsseln, die von BDM-Mädchen hereingetragen werden. Dazu spielt eine Musikkapelle, und ein SA-Truppführer sorgt mit seinen offensichtlich selbst erdachten Liedbeiträgen für große Erheiterung. »Lachende Gesichter, fröhliche Stimmung«, so berichtet die örtliche Zeitung, »allen mundete es vorzüglich.«[46] Lachende Gesichter? Ob der Reichspropagandaminister im fernen Berlin diese Feier als zu »unterhaltsam« bezeichnen würde? Vermutlich schon.

Bei allen weihnachtlichen Veranstaltungen der Partei und ihrer Organisationen sollen selbstverständlich möglichst keine kirchlichen Weihnachtslieder angestimmt werden. Statt der so vertrauten Weisen wie »Stille Nacht, Heilige Nacht« sollen vielmehr neue Lieder gesungen werden, die seit einigen Jahren verbreitet werden und inzwischen einen beachtlichen Erfolg haben.[47] Zu diesen zählt allen voran »Hohe Nacht der klaren Sterne«, 1936 von Hans Baumann geschrieben, dem der NS-Staat auch das populäre Lied »Es zittern die morschen Knochen« verdankt. Landauf, landab singen seit Jahren vor allem die Mitglieder der »Hitler-Jugend« begeistert den darin formulierten Anspruch auf die neue Zeit – »denn heute gehört uns Deutschland, und morgen die ganze Welt!«.

»Hohe Nacht der klaren Sterne« ist im Dezember 1938 längst zu einem der populärsten Lieder geworden. In allen parteiamtlichen Veröffentlichungen zu Weihnachten und in den zahllosen Richtlinien für die Abhaltung von Weihnachtsfeiern der »Hitler-Jugend«, des NS-Lehrerbundes, der SA oder der SS wird dieses Lied propagiert. Die »Heilige Nacht« aus dem ursprünglichen christlichen Kontext wird darin zur »Hohen Nacht«, statt von der christlichen Mutter Gottes ist von den (deutschen) »Müttern« die Rede, die selbstverständlich nicht den einen Sohn Gottes zur Welt bringen, sondern möglichst viele Kinder gebären sollen –

damit sich »die Erd' erneuern« kann. Damit ist in einer völkischen Rhetorik die »Erneuerung« und »Wiedergeburt« Deutschlands in Form des NS-Staates gemeint. In diesem Sinne wird also fleißig gesungen:[48]

> »Hohe Nacht der klaren Sterne,
> die wie weite Brücken stehn
> über einer tiefen Ferne,
> drüber unsre Herzen gehen.
>
> Hohe Nacht mit großen Feuern,
> die auf allen Bergen sind,
> heut' muß sich die Erd' erneuern
> wie ein junggeboren Kind.
>
> Mütter, euch sind alle Feuer,
> alle Sterne aufgestellt;
> Mütter, tief in euren Herzen
> schlägt das Herz der weiten Welt.«

Das Lied ist gerade bei der Jugend ein selbstverständlicher Bestandteil der Weihnachtszeit. Das zeigt der Bericht eines BDM-Mädchens, das 1938 in einem Hamburger Krankenhaus mit anderen »Jungmädel« an einer Weihnachtsfeier für frisch entbundene Frauen teilnimmt. Es gibt nicht nur Tannenbäume, Blumen und kleine Geschenke – sondern eben auch die »richtigen« Lieder:[49]

> »Wir stellten uns in einem Raum auf, von dem aus wir
> am besten zu hören waren und sangen und erzählten
> vom Fest der Mütter und der Familie, vom Fest des Lichtes
> und der Freude … Bevor wir das Haus verließen, stellten wir
> uns noch einmal auf dem Flur auf und sangen das Lied,
> das wohl wie kein anderes hier paßte: Hohe Nacht der
> klaren Sterne.«

Auch die Größen von Staat und Partei laden in diesen Tagen zu nationalsozialistischen Weihnachtsfeiern – und die offizielle Propaganda ist selbstverständlich zur Stelle, um die vermeintliche Verbundenheit der Nazi-Führer mit der Bevölkerung zu dokumentieren. Vor allem, wenn sie sich dabei so volkstümlich geben wie Hermann Göring. Der 45-jährige Multifunktionär, der schon 1923 an der Seite Hitlers am gescheiterten Putsch in München beteiligt war, hat sich seit Beginn der NS-Herrschaft zum wichtigsten Mann hinter dem Diktator entwickelt. Er gilt als rücksichtslos und brutal bei der Verfolgung von Gegnern und Kritikern und sorgt als Beauftragter für den Vierjahresplan für die radikale Ausrichtung der deutschen Wirtschaft auf einen kommenden Krieg. Dass er von Hitler einige Monate zuvor zudem zum Generalfeldmarschall und damit zum ranghöchsten Offizier im Land ernannt wurde, schmeichelt Göring ohne Frage. Seine Eitelkeit und seine Prunksucht sind in ganz Deutschland bekannt: Der übergewichtige Mann, der seit Jahren morphinabhängig ist, trägt leidenschaftlich gern Uniformen mit möglichst vielen Orden und lebt bekanntermaßen auf großem Fuß. Bereits legendär ist seine luxuriöse Residenz »Carinhall« in der brandenburgischen Schorfheide.

Göring gibt sich aber gern auch volkstümlich und jovial. So auch bei seiner Weihnachtsfeier, zu der er 1938 über 400 Kinder aus Holz- und Waldarbeiterfamilien aus der Schorfheide sowie aus armen Berliner Arbeiterfamilien einlädt. Hier kann er wieder einmal den guten »Onkel Hermann« geben – wie ihn die Zeitungen gern nennen –, der die Kinder »glücklich« macht. Gemeinsam mit seiner Frau Emmy hat der brutale Nazi-Führer seinen Gästen bunt bedruckte Karten geschickt, um damit die Mädchen und Jungen »nach Rücksprache mit Knecht Ruprecht« zu einer Weihnachtsbescherung einzuladen. Nach reichlich Kuchen, verführerisch duftender Schokolade und weihnachtlicher Musik tritt der zumindest den Erwachsenen gut bekannte Filmschauspieler Albert Florath als Weihnachtsmann auf und eröffnet schließlich auch den »Sturm auf die Gabentische«.[50] Doch zuvor richtet

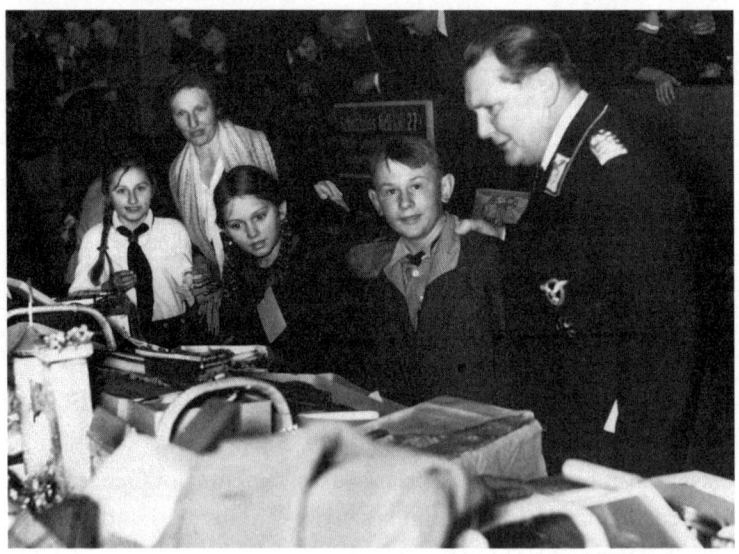

Lächeln für die Propaganda: Hermann Göring beschenkt am 23. Dezember anlässlich der »Volksweihnacht«1938 in Berlin Kinder.

Göring noch weihnachtliche Worte an die Kinder. Dabei geht es selbstverständlich nicht um das Christkind, sondern um das Glück, in diesem Deutschland, in dieser Zeit und in dieser politischen Ordnung zu leben:[51]

> »Zum Teil seid ihr schon in dem Alter, meine lieben Kinder, um zu verstehen, was um euch hier vorgeht. Später, als Erwachsene, werdet ihr gerade an diese Weihnacht 1938 zurückdenken, die wir feiern konnten in den Spannungen eines Friedens, in dem glücklichen Bewußtsein, ein starkes Vaterland zu besitzen.«

Das ist beileibe keine kindgerechte Ansprache, und viele der kleinen Besucher werden die Bedeutung der Worte kaum nachvollziehen können, sondern ihre gesamte Aufmerksamkeit eher dem Kuchen und der baldigen Bescherung als einem »starken Vaterland« schenken. Doch zumindest die anwesenden Erwachsenen werden

»Onkel Hermann« sicherlich zustimmen, dass dies in nationaler Hinsicht in der Tat ein besonderes Weihnachtsfest ist. Schließlich hat sich Deutschland in den Monaten zuvor in seinen Grenzen erheblich erweitert – oder in den Worten Hermann Görings:[52]

> »Wir haben in diesem Jahr vom Führer ein herrliches Geschenk erhalten: Deutsche Menschen aus dem gleichen Blut wie wir brauchen nicht mehr mit sehnenden Augen zu uns herüberblicken, auch sie dürfen als freie Menschen die deutsche Weihnacht feiern. Eine gewaltige Großmacht ist aus Deutschland geworden.«

Man mag Göring für ein ausgemachtes Großmaul halten – aber mit seiner Prahlerei von der Großmacht liegt er weitgehend richtig: Im März dieses Jahres 1938 hatte Adolf Hitler den Einmarsch der Wehrmacht in Österreich befohlen und damit die schon länger anhaltende innenpolitische Krise des Nachbarlands ausgenutzt. Die deutschen Soldaten wurden dabei von der Mehrheit der Österreicher nicht als Besatzer abgelehnt, sondern regelrecht bejubelt, und der gebürtige Österreicher Hitler feierte stolz und medienwirksam den »Eintritt meiner Heimat in das Deutsche Reich«. Nunmehr war vom »Anschluss« der sogenannten »Ostmark« die Rede, und in der deutschen Bevölkerung erfuhr Hitler für diesen außenpolitischen »Erfolg« große Zustimmung. Diese wurde noch gesteigert durch ein politisch sehr viel riskanteres außenpolitisches Manöver, nämlich die Zerschlagung der Tschechoslowakei: Deren Regierung musste nach einer Übereinkunft der Regierungschefs von Großbritannien, Frankreich, Italien und Deutschland das grenznahe Sudetenland abtreten – am 1. Oktober 1938 rückten deutsche Truppen dort ein. Ein europäischer Krieg war in diesen Wochen in greifbarer Nähe, wurde aber durch das Nachgeben der anderen europäischen Staaten verhindert. Die Reichsregierung stellt dies selbstverständlich anders dar, feiert demonstrativ ihre Erfolge, lobt Adolf Hitler als Wahrer des Friedens und gleichzeitig als nationalen Helden, der Deutschland wieder zu Größe und Ansehen in der Welt verholfen habe.

Dabei ist es Hitler, der seit Jahren immer wieder unverhohlen mit Krieg droht, wenn die außenpolitischen Forderungen Deutschlands nicht von den anderen europäischen Mächten erfüllt werden. Deutschland ist deshalb nicht erst 1938 nur knapp einem Krieg entgangen, sondern bereits schon 1936. Damals hatte Hitler sogar gegen die Bedenken der militärischen Führung deutsche Soldaten in das Rheinland einmarschieren lassen, das nach dem Weltkrieg entmilitarisiert worden war, um so dem Sicherheitsbedürfnis Frankreichs zur Verhinderung eines deutschen Angriffs zu entsprechen. Dass dieser Verstoß gegen den Versailler Vertrag und den Vertrag von Locarno aus dem Jahr 1925 von den anderen Staaten lediglich mit Protesten beantwortet wurde, stärkte in Deutschland die innenpolitische Position der Regierung Hitler. Zugleich erschien es jetzt plausibel, dass die Forderungen Deutschlands nach Rückgabe der nach dem Weltkrieg verlorenen Territorien nicht nur legitim, sondern dass deren Erfüllung auch möglich war. Der Einmarsch in das Rheinland macht in weiten Kreisen der Bevölkerung Appetit auf mehr, und allseits populär ist der Stolz auf das »Großdeutsche Reich«. Deshalb, so heißt es zu Weihnachten 1938 in der *Dortmunder Zeitung*, solle »manches Dankgebet« in diesen Tagen »dem Führer gewidmet sein«:[53]

>»Wenn 80 Millionen Deutsche sich jetzt dem Weihnachtsfrieden hingeben können, so verdanken wir das unserem unermüdlichen Führer, wir verdanken es aber auch unserer starken Wehrmacht – ein Werk des Führers. Deutschland ist nicht mehr ein Spielball in der Weltpolitik, nein, es wird wieder gefürchtet. Und das ist die beste Friedensgarantie, wofür wir dem Führer auch in diesen geruhsamen Weihnachtstagen danken wollen.«

Adolf Hitler, dem hier gedankt werden soll, richtet ganz nach dem Kurs der offiziellen Propaganda in diesen Tagen ebenfalls eine

Weihnachtsfeier aus. Dazu hat er in Berlin für den 22. Dezember 1938 allerdings nicht – wie Hermann Göring – die Kinder armer Waldarbeiterfamilien eingeladen, sondern eine Auswahl jener Arbeiter, die ihm die neue Reichskanzlei in der Wilhelmstraße erbauen. Das riesige Gebäude mit seinen monumentalen Räumen soll zur Schaltzentrale der Macht werden. Hitler, der sich selbst für einen begabten Architekten hält, hat schon seit der Auftragserteilung an seinen Lieblingsarchitekten Albert Speer fast zwei Jahre zuvor den Fortgang der Arbeiten stets mit größtem Interesse verfolgt. Sein Dank an die Bauarbeiter bei dieser Weihnachtsfeier dürfte deshalb durchaus ernst gemeint sein. Deshalb gibt es neben den obligatorischen Worten des Bauherrn, dem Dank für die Mitwirkung an diesem symbolträchtigen Gebäude und den besten Wünschen für ein frohes Weihnachtsfest heute für jeden ein Bild von Hitler mit dessen Unterschrift und – sehr viel praktischer – ein großzügig bemessenes Lebensmittelpaket.[54]

Konkrete Gaben gibt es auch tags darauf am 24. Dezember 1938, als Hitler sich zur Mittagszeit im Löwenbräukeller in München mit den »alten Kämpfern« aus der Frühzeit der NS-Bewegung trifft. Zwar sind die nahezu 1 300 Männer fraglos stolz, dass der Diktator heute zu ihnen spricht, sicherlich sind sie aber auch gespannt, ob sie bei der erstmals zu diesem Anlass veranstalteten Tombola etwas gewonnen haben. Die Stimmung steigt, als schon vor Hitlers Ankunft die Gewinner der Verlosung bekanntgegeben werden; ein Münchner SA-Scharführer freut sich über den Hauptgewinn, ein nagelneues Automobil aus dem Volkswagenwerk. Andere Nazi-Kämpfer erhalten als Gewinne Rundfunkgeräte, finanzielle Zuschüsse zum Kauf von Motorrädern, KdF-Fahrten oder Lebensmittel.[55]

Adolf Hitler feiert sich dann nach der Ankunft vor seinen alten Kameraden für seine vermeintlich welthistorischen Verdienste um die »Volksgenossen in der befreiten Ostmark und im Sudetenland, die nun zum erstenmal nach Jahren der Not und Unterdrückung das Weihnachtsfest im Großdeutschen Reich feiern können«.[56] Obwohl es erst früher Nachmittag ist, haben die »alten Kämpfer«

Weihnachten mit dem »Führer«: »Alte Kämpfer« (u. a. Robert Ley und
Adolf Wagner) mit Adolf Hitler am 24. Dezember 1938 im Münchner
Löwenbräukeller.

auf den mit Tannengrün geschmückten Tischen schon einige große
Bierkrüge stehen. Hitler trinkt als Antialkoholiker auch in diesem
Kreise selbstverständlich keinen Tropfen – aber sicher wird noch
reichlich getrunken, als er die Veranstaltung wieder verlässt.[57] Ein
weihnachtliches Prosit der Bewegung!

Hitler ist fraglos zufrieden: Außenpolitisch kann er das Jahr 1938
als Erfolg werten, und auch die regelrechte Treibjagd auf die Juden
samt ihrem vorläufigen Höhepunkt bei den Novemberpogromen
gefällt dem fanatischen Antisemiten. Er hat auch bei der Verfolgung
der Juden alle Fäden in der Hand und ist die entscheidende Instanz,
von der in dieser Frage alles abhängt[58] – und er kann sich aufgrund
des weit verbreiteten Antisemitismus bei diesem Vorgehen der Zustimmung der Deutschen sicher sein. Der 49-Jährige ist der unum-

strittene »Führer« und Reichskanzler eines »Großdeutschlands«, das in dieser Form bei seiner Regierungsübernahme vor fast sechs Jahren kaum jemand für möglich gehalten hatte. Eine Familie, mit der er dieses Weihnachtsfest begehen kann, hat Adolf Hitler allerdings nicht. So verbringt er nach seinem Treffen im Löwenbräukeller den Abend des 24. Dezember vermutlich wieder allein in seiner Wohnung am Münchner Prinzregentenplatz.

Während die einen möglichst miteinbezogen werden sollen in die feierliche Stimmung dieses Weihnachtsfests 1938, bleiben andere konsequent ausgeschlossen. Vor allem die Deutschen mit jüdischem Glauben empfinden diesen Tag in diesem Jahr als besonders bedrückend. Die Ausschreitungen und Morde vom November sind erst wenige Wochen her, die Angst vor weiteren Attacken ist mit Händen zu greifen. Die Erfahrung völliger Rechtlosigkeit in den Momenten entfesselter Gewalt hat das Leben für sie nochmals verändert. Seit über fünf Jahren werden die Juden nun schon ausgegrenzt, entrechtet und verfolgt. Sie dürfen ihre Arbeit nicht mehr ausüben, egal, ob sie Beamte, Wissenschaftler oder Einzelhändler sind, und auf der Grundlage des sogenannten »Reichsbürgergesetzes« wurden ihnen die Rechte, die allen anderen nichtjüdischen Deutschen zustehen, entzogen.

Zur wachsenden Rechtlosigkeit kommen für diese Menschen im Alltag Demütigungen und Verfolgungen jeder Art. Wer als Jude gilt, muss sich seit dem 5. Oktober 1938 ein »J« in seinen Pass stempeln lassen[59] und befindet sich im Grunde bereits in einem Verteidigungskrieg um Leben und Tod. Das erkennt auch die BDM-Führerin Melita Maschmann: »Wir sind im Krieg!« Diese Wahrnehmung entspricht der Politik der vergangenen Jahre, mit der die Juden offen als »Feinde« des Deutschen Reiches stigmatisiert wurden.[60] Der junge Emigrant Ulrich Alexander Boschwitz, der in seinem Pariser Exil den Roman *Der Reisende* verfasst hat, teilt diese Wahrnehmung von einem »Krieg«. Er lässt seinen Protagonisten darin über den 9. November 1938 sagen:[61]

»Mir ist der Krieg erklärt worden, mir persönlich.
Das ist es. Eben ist mir nun endgültig und wirklich
der Krieg erklärt worden, und jetzt bin ich allein –
in Feindesland.«

Für die jüdischen Gläubigen in Deutschland ist der 24. Dezember 1938 der letzte Tag des achttägigen Chanukka-Festes, mit dem an die Wiedereinweihung des Tempels in Jerusalem im Jahr 164 v. Chr. erinnert wird. In Breslau, wo die Hauptsynagoge beim Novemberpogrom in Brand gesteckt wurde und die meisten anderen jüdischen Gotteshäuser demoliert wurden, trifft sich der Historiker Willy Cohn mit anderen Gläubigen zum Gebet. In seinem Tagebuch notiert er:[62]

»Die gläubigen Christen wünschen heute das ›Friede
auf Erden‹; aber wie weit ist die Menschheit noch
davon entfernt! Täglich liest man in der Zeitung von
Vollstreckungen von Todesurteilen in Deutschland.
Friede auf Erden! Wie viele Juden sind in Buchenwald
oder an den Folgen davon gestorben. Friede auf Erden!«

Andere Gefangene haben das Glück, zum christlichen Weihnachtsfest wieder daheim zu sein. Zu ihnen zählt Ludwig Feuchtwanger (ein Bruder Lion Feuchtwangers) aus München, der nach dem Novemberpogrom in das Lager Dachau verschleppt wurde. Am 20. Dezember 1938 kehrt er zu seiner Familie zurück, die in der bayerischen Hauptstadt in der Grillparzerstraße unmittelbar am Prinzregentenplatz lebt. Zu ihren Nachbarn gehört ausgerechnet Adolf Hitler, der dort zehn Jahre zuvor eine Wohnung bezogen hat. Die jüdische Familie musste also in den vergangenen Jahren die fortschreitende und demütigende Entrechtung der deutschen Juden in permanenter Nähe zum privaten Wohnsitz des Diktators hinnehmen. Bis zu diesem Moment. Feuchtwangers Sohn Edgar, damals 14-jährig, erinnert sich, wie sein Vater wenige Tage nach seiner Rückkehr aus Dachau diese räumliche Nähe zu Hitler und die Verfolgung im Land nicht länger ertragen will und sich für die Emigration der Familie entscheidet:[63]

> »Wir werden weggehen, Bürschi, sagte er eines Abends im Schein des siebenarmigen Leuchters, der nur dieses Mal angezündet war. Du wirst sehen, wir verlassen diese Hölle, und dann werden wir nicht mehr vor den Augen dieses Dreckskerls wohnen. Nie habe ich ihn so reden hören. Es war der Weihnachtsabend.«

Weihnachten 1938 ist kein »normales« Weihnachten, Deutschland ist bei diesem Fest geteilt. Ob die Menschen nun »Deutsche Volksweihnachten« oder ein traditionelles christliches Weihnachtsfest feiern – in beiden Fällen sind zunächst einmal die jüdischen Deutschen ausgeschlossen, zudem alle Andersdenkenden und Verfolgten. Doch gleichermaßen lastet auf allen Menschen in Deutschland die Angst vor einem Krieg. Noch sind sie erleichtert, dass bislang kein Schuss gefallen ist. Aber in die Erleichterung hat sich aufgrund der Ereignisse der vergangenen Monate eine gehörige Portion Skepsis gemischt. Laut tönt die Propaganda, dass es ausgerechnet Adolf Hitler und seine Regierung gewesen seien, die den Frieden gerettet hätten. »Und das schlimmste ist«, so notiert der 53-jährige Friedrich Kellner verzweifelt in seinem Tagebuch, »das Volk betet es nach.« Kellner arbeitet als Justizinspektor an einem hessischen Amtsgericht, hat sich konsequent dem Beitritt zur NSDAP verweigert und zeigt sich privat von der Gefolgschaftstreue der Deutschen schockiert.[64] »Gegen Dummheit«, so notiert er verbittert, »kämpfen Götter selbst vergebens.«[65]

Das Weihnachtsgeschenk der Stunde ist deshalb im Grunde genommen kein spannendes Buch, keine modische Krawatte oder auch keine schmucke Kette für die Frau Gemahlin. Wer seine Familie liebt, sollte besser in die private Verteidigung seiner Lieben investieren. Nicht umsonst findet sich just in diesen Tagen folgende dringende Mahnung in den Tageszeitungen: »Der Erwerb einer Volksgasmaske ist nationale Pflicht!«[66] Eine Gasmaske unterm Weihnachtsbaum ist ein schauriges Bild, würde aber zur Erwartung des Krieges passen. In einem Bericht der verbotenen SPD, die aus dem Exil die Vorgänge in Deutschland beobachtet, heißt es:[67]

> »Das deutsche Volk lebt in Erwartung des Krieges. Nicht dass die Leute glaubten, dass dieser Krieg morgen oder übermorgen ausbrechen werde. Aber sie können sich nicht vorstellen, dass das Ganze anders als in einem Kriege enden könne.«

Tatsächlich sind die kriegerischen Vorbereitungen für jedermann deutlich zu erkennen, etwa in den Fabriken. Es sei doch offensichtlich, dass dieses Regime den Krieg wolle, heißt es Ende 1938 in einer illegalen Gewerkschaftszeitschrift: »Fünf Jahre ununterbrochene Aufrüstung, das Aus-dem-Boden-Stampfen einer starken mechanisierten Landarmee, der an Zahl von Flugzeugen mächtigsten Luftwaffe Europas und der Bau einer beachtenswerten Flotte« hätten der deutschen Arbeiterschaft dies doch wohl deutlich vor Augen geführt. Der Nationalsozialismus führe Deutschland letztlich in den Krieg, so die Schlussfolgerung. Auch wenn dieser im Jahr 1938 noch einmal verschoben worden sei, so werde die Regierung diese Atempause letztlich doch nur dazu nutzen, »um sich besser für die militärische Auseinandersetzung zu präparieren«.[68]

Tatsächlich sind die Vorzeichen eines Krieges vor allem in Form der Bemühungen um den Luftschutz für alle offensichtlich. Und ausgerechnet zu den Weihnachtstagen werden in den deutschen Städten neue und umfangreiche Luftschutzübungen angekündigt. Dabei habe sich in der Vergangenheit allerdings gezeigt, dass Verdunkelungsübungen, die nur einen einzigen Tag dauerten, keinen bleibenden Wert hätten, heißt es am 24. Dezember 1938 in der *Oberkasseler Zeitung*. Deshalb werde vom 17. bis 19. Januar im gesamten Regierungsbezirk Köln der Ernstfall geprobt, damit die

Bevölkerung lerne, es »sich so einzurichten, wie es im Kriege während einer langen Dauer tragbar ist«.[69] Die Propaganda schwört die Menschen auf eine Notgemeinschaft ein, deren Mitglieder früher oder später in einem schützenden Keller aufeinander angewiesen sein werden. Um in jeder »Not und Gefahr« in einem solchen Keller überleben zu können, scheint auch eine gewisse Behaglichkeit hilfreich zu sein. Es sei durchaus sinnvoll, eine kleine Kinderecke mit Spielzeug zur Beschäftigung der Kleinen einzurichten, wird in einer Illustrierten eine Luftschutzwartin zitiert – »denn Kinder werden leicht unruhig …«.[70]

Aus Bonn kolportiert der dort erscheinende *General-Anzeiger* eine – vermutlich fiktive – Geschichte aus einem Mietshaus, in dem sich die Parteien seit geraumer Zeit in den Haaren liegen: Mal soll eine Familie die Treppe nicht geputzt haben, mal stehen im Keller einfach liegen gelassene Gegenstände im Weg, kurzum: der ganz normale Kleinkrieg in einem Mehrfamilienhaus. Doch die Zeiten sind eben nicht normal. Weil nämlich auch der gemeinsame häusliche Luftschutz und eine Hausfeuerwehr wegen der Streitereien nicht zustande kommen wollen, wird der zuständige Reviergruppenführer persönlich in dem Haus vorstellig und erinnert an den Ernst der Lage:[71]

> »›Volksgenossen‹, sagte er, ›wenn einmal die Bomben über uns krachen, dann gibt es keinen Hader und keinen Streit, dann müssen wir alle uns für unser Leben und für das Leben der anderen einsetzen, dann heißt es wirklich ›Einer für alle und alle für einen!‹ Stellen Sie sich einmal vor, was das im Ernstfall geben soll, wenn Sie sich dann auch so wenig einig sind wie jetzt!‹«

Wenn erst einmal die Bomben fallen – das ist in den deutschen Städten eine reale Perspektive zum Jahreswechsel 1938/39. Zahlreiche Übungen sollen die Bevölkerung auf den Ernstfall vorbereiten,

»Verdunklungspapier hier zu haben« – Auslage in einem Berliner Geschäft für die bevorstehende Luftschutzwoche im September 1938.

damit sie beim Aufheulen der Sirenen umgehend die bestehenden Schutzräume oder zumindest behelfsmäßig hergerichtete Kellerräume aufsucht. Zuvor müssen beim Verlassen der Wohnung allerdings noch die Fenster geöffnet und arretiert werden, denn bei einem Bombenangriff würden die Scheiben ansonsten durch den Luftdruck leichter zerspringen. Bei einer Großübung in Dortmund Anfang Mai 1939 verzichtet der Polizeipräsident indes großzügig auf das Einhalten dieser Vorschrift. Weil es noch recht kalt ist, dürfen die Fenster diesmal geschlossen bleiben, wenn die gute Absicht der Bewohner trotzdem erkennbar wird: »Dafür ist ein Schild mit der Aufschrift ›Fenster geöffnet‹ an einem Fenster anzubringen.«[72]

Doch allen Kriegsvorbereitungen zum Trotz – viele Deutsche sind zufrieden. »Wir leben in einer großen, ja bisher wohl größten Zeit unseres Volkes«, so lässt etwa der Landesbauernführer im Rheinland, Kuno von Eltz-Rübenach, zum Jahreswechsel 1938/39 verkünden, eine Zeit, »um die unsere Nachfahren uns einst beneiden werden.«[73] Tatsächlich verbreitet sich ein regelrechtes »großdeutsches« Gefühl des Stolzes der Zugehörigkeit zu einer Nation, die territorial noch nie so groß war wie in diesen Monaten. »Großdeutschland« schlägt sich in einer eigentümlichen Haltung nieder, wonach sich jeder Deutsche ein bisschen als Sieger fühlen kann. Reichspropagandaminister Joseph Goebbels spitzt das in seiner Rundfunkrede zum Jahresende in gewohnter Weise zu:[74]

> »Dieses Volk ist seines Lebens wieder froh geworden.
> Noch niemals hat es ein so glückliches Weihnachten verlebt
> wie vor einer Woche, und niemals hat es einem anbrechenden
> Jahr so mutig und vertrauensvoll entgegengeschaut wie
> dem Jahr 1939.«

Das zu Ende gehende Jahr 1938 wird nach Ansicht der NS-Propaganda wegen der außenpolitischen Ereignisse »einst zu den bedeutungsvollsten in der ganzen deutschen Geschichte gezählt werden«. So behauptet es Wilhelm Weiß, Hauptschriftleiter des *Völkischen Beobachters*. Die gesamte deutsche Geschichte der vergangenen Jahrhunderte habe in nationaler Hinsicht erst jetzt das eigentliche Ziel erreicht, nämlich durch die »Wiedervereinigung« mit den Sudetendeutschen und den Österreichern alle Deutschen in einem Reich zu vereinen. In militärischer Hinsicht werde dieses neue Reich von der erstarkten Wehrmacht mit ihren Panzern und Flugzeugen garantiert, doch »die Stärke des politischen Großdeutschland liegt in seiner Einheit und Geschlossenheit«.[75]

Dieser Appell ist mehr als eine Propagandaformel. Er steht in der Tradition einer Denkfigur, die nun seit gut 70 Jahren die deutsche Politik durchzieht und sich in der politischen Kultur Deutschlands fest verankert hat: Die innere Einheit, das einmütige Zusammenstehen aller Deutschen, mache die nationalstaatliche Einheit erst möglich. Das meint im Umkehrschluss auch, dass in der Vergangenheit die politische oder auch religiöse Uneinigkeit der Deutschen die nationale Einheit stets unmöglich gemacht hat – dies ist ein zentraler Aspekt nicht nur in der nationalsozialistischen Sicht auf die Geschichte. Zugleich nährt diese Vorstellung die Hybris, dass ein innerlich tatsächlich geeintes Deutschland außenpolitisch nicht nur mächtig, sondern regelrecht unbesiegbar sei. Seit dem Sieg über Frankreich im Krieg von 1870/71 hatte diese Vorstellung die deutschen Köpfe so sehr verwirrt, dass Kaiser Wilhelm II. den Deutschen bei Ausbruch des Ersten Weltkriegs 1914 allen Ernstes glaubhaft zurufen konnte: »Noch nie ward Deutschland überwunden, wenn es einig war.« Dies war zwar historischer Unfug, aber für die Kriegspropaganda absolut brauchbar! Gegen alle Vernunft erschien vielen ein Kampf gegen eine Vielzahl von Gegnern, womöglich sogar gegen eine ganze Welt von Feinden, als vorstellbar und gewinnbar.[76]

Zwar hatte die Niederlage von 1918 im Grunde diese Vorstellung faktisch ad absurdum geführt – doch die bis weit ins bürgerliche Lager hinein populäre »Dolchstoßlegende« garantierte gleichwohl das Fortleben dieser Denkfigur: Weil Deutschland uneinig gewesen sei und weil politische Kräfte im eigenen Land

den im Grunde unbesiegten kämpfenden Soldaten »in den Rücken gefallen« seien, habe das Deutsche Reich diesen Krieg verloren. Deshalb wurde die Forderung nach nationaler Einheit
seitdem sogar noch vehementer vorgetragen – nur sie, so hieß es
auch nach 1918, könne Deutschland wieder zu Macht und Stärke
führen. Hitler selbst wird in wenigen Monaten ganz in diesem
Sinne behaupten, seine Regierung habe bei Amtsantritt 1933 ein
»in Einzelstaaten aufgelöstes« Deutschland vorgefunden und
das Land seither systematisch »einheitlich« organisiert und ausgerichtet.[77]

Zugleich setzt die Forderung nach »Einheit und Geschlossenheit«, wie sie auch der *Völkische Beobachter* formuliert, stets eine
massive Aggressivität nach innen frei: Alle Kritiker und Abweichler stehen damit im Verdacht, die nationale Sache infrage zu stellen, indem sie die Gemeinschaft schwächen. Die angeblichen
»Reichsfeinde«, die in Deutschland seit der Reichsgründung von
1870/71 attackiert werden, galten und gelten auch 1938 weiter als
Feinde der angeblich nationalen Sache: Sozialdemokraten und
Kommunisten, die als »Vaterlandsverräter« diffamiert werden,
ultramontane Katholiken, die angeblich eher dem Papst in Rom
als einer Regierung in Berlin gehorchen, Angehörige nationaler
Minderheiten, die nach Möglichkeit das Land verlassen sollen,
sowie jetzt vor allem die Juden. Je lauter die »Einheit« in Deutschland beschworen wird, so zeigt es schon die historische Erfahrung, desto mehr müssen sich die vermeintlichen »Reichsfeinde«
vor den übrigen Deutschen fürchten.

Diese Einigkeit der Deutschen soll in der viel beschworenen
»Volksgemeinschaft« ihren Ausdruck finden. Der vieldeutige Begriff bezieht seine Popularität und seine politische Kraft vor allem
aus dem mit ihm transportierten Versprechen, eine neue soziale
Ordnung im Land zu schaffen, die traditionelle Ungleichheiten
überwinden soll. Propagandaminister Joseph Goebbels sieht »Arbeiter und Bürger und Bauern und Studenten und Soldaten« in
einer großen Gemeinschaft, »in der man eben nicht mehr fragt, ob

einer Bürger oder Proletarier, ob er Katholik oder Protestant ist«, sondern in der lediglich das Bekenntnis zum eigenen Volk zähle.[78] So gibt sich das System beispielsweise enorme Mühe mit der symbolischen Anerkennung der Arbeiterschaft – alte Standesunterschiede zum Bürgertum sollen angeblich schwinden. Doch das ist nur eine mehr oder weniger »gefühlte Gleichheit« der Volksgenossen, wie es der Historiker Norbert Frei später nennt, denn soziale Ungleichheiten bleiben gleichwohl bestehen, und neue kommen seit Jahren sogar noch hinzu. Diese »Volksgemeinschaft« trennt jetzt schärfer denn je die Deutschen in diejenigen, die »dazugehören« – und solche, die fortan ausgeschlossen sind von der Gemeinschaft der »Volksgenossen«.[79]

Das gilt auch für das Weihnachtsfest 1938: Die Mehrheit der Deutschen kann sich über Weihnachten freuen, sie singen die alten Lieder von jener Heiligen Nacht und vom Frieden auf Erden (oder eben »Hohe Nacht der klaren Sterne«), sie erfreuen sich an ihrem »großen« Deutschland, und sie sind froh und stolz, dass Adolf Hitler ihr Land führt. Und außerdem hat es ja rechtzeitig vor den Feiertagen geschneit, was nicht nur den Kindern Winterfreuden beschert hat. Viele haben es gut in diesen Tagen, schauen womöglich behaglich auf ein wirtschaftlich oder familiär erfolgreiches Jahr 1938 zurück und teilen deshalb den Jubel der Propaganda. Aber vielleicht liegt es auch nur an dieser eigentümlichen Weihnachtsstimmung zwischen Keksen und Geschenken, dazu aufgeregte und hoffentlich glückliche Kinder, die manch einen zumindest für diese Festtage ein wenig vergessen lässt, dass dieses Deutschland eben nicht schön ist – auch wenn es malerisch verschneit daliegt.

Für die Bonnerin Marie Kahle, die während des Novemberpogroms einer befreundeten jüdischen Familie geholfen hat und seitdem von den Sicherheitsbehörden bedrängt wird, ist Weihnachten in diesem Jahr »ein ziemlich trauriger Tag«. Wegen der Verfolgungen der vergangenen Wochen glaubt die Familie, dass es »unser letztes Weihnachtsfest« sei.[80] Deutschland ist längst zu einem Land geworden, in dem das Gefühl von Angst und Schrecken zur Normalität geworden ist, in dem Menschen »abgeholt« werden,

So soll Weihnachten sein: Die Familie im Kerzenschein glücklich vereint um den Baum. Für viele ist es so auch im Jahr 1938, doch von Frieden auf Erden ist kaum etwas zu spüren.

in dem Gotteshäuser brennen und Geschäfte geplündert werden können. Nicht jeder Deutsche ist im gleichen Maß davon betroffen, und nicht jeder empfindet diese permanente Möglichkeit von Gewaltanwendung und -erfahrung in gleichem Maße. Aber jeder in Deutschland weiß: Wenn nicht er selbst, so sollte sich doch manch anderer besser fürchten. Friede auf Erden? Nicht in Deutschland.

Die Gestapo kam gewöhnlich nachts, um ihre Opfer festzunehmen, aber selten zwischen zwei und vier Uhr. Und während all dieser Monate hielt ich die ganze Nacht hindurch Wache, horchte auf jeden Schritt, jedes Auto, jedes Geräusch.

Marie Kahle, die während des Novemberpogroms 1938
einer jüdischen Geschäftsfrau in Bonn beigestanden hatte[81]

2

Begeisterung und Angst und Schrecken

30. Januar 1939: Adolf Hitler spricht vor dem Reichstag

Mit ein wenig Humor ließe sich diese Versammlung als der »teuerste Gesangverein der Welt« bezeichnen. Diesen Spottnamen jedenfalls hat der Berliner Volksmund jenen Treffen verliehen, die offiziell als Sitzungen des »Deutschen Reichstags« in Berlin veranstaltet werden.[82] Mit dem »Reichstag« aus demokratischen Zeiten hat dieser jedoch kaum etwas gemein: Hier trifft sich keine frei gewählte Volksvertretung, denn reguläre Wahlen gibt es längst nicht mehr, und alle Parteien außer der NSDAP sind verboten. Auch verdient diese Einrichtung nicht die Bezeichnung »Parlament«, denn sie bildet keineswegs den obersten Träger der Reichsgewalt als Vertretung eines souveränen Volkes. Hier wird nicht gearbeitet, hier wird nicht offen diskutiert – dieser »Reichstag« ist schlicht ein willfähriges Organ der Diktatur.

Es ist alles nur Fassade: Die 876 Männer, die an diesem 30. Januar 1939 offiziell als Mitglieder des Reichstags gelten, treffen sich in der ehemaligen Kroll-Oper nahe dem Brandenburger Tor. Das Gebäude diente in seiner fast einhundertjährigen Geschichte zunächst als beliebtes Vergnügungsetablissement, später als Königliches Opernthteater, ehe es seit seiner Schließung aus finanziellen Gründen im Jahr 1931 leer stand. Die Regierung Hitler verfiel nach dem 27. Februar 1933, als das bisherige Reichstagsgebäude vermutlich vom alleinigen Brandstifter Marinus van der Lubbe angezündet und zerstört wurde, auf die Idee, mit dem Reichstag in das Kroll-Gebäude auszuweichen. Eine Aufwertung der Versammlung bedeutet das nicht – nicht nur für ein bürgerliches Publikum ist die Kroll-Oper auch lange nach dem Einstellen des Spielbetriebs schlicht »die zweitrangige Oper Berlins«, wie Victor Klemperer in seinem Tagebuch spottet.[83]

Auch die plüschig-pompöse Ausstattung des Gebäudes mit den Insignien der neuen Herrschaft bringt keinen alten Glanz zurück. Es ist schlicht die übliche und zu erwartende Ausstaffierung mit den Symbolen des »Dritten Reichs«: Ein riesiger Reichsadler dominiert die Fläche hinter den Regierungsbänken, links und rechts »schmücken« überdimensionale Hakenkreuze die Wände. Im weiten Rund dominieren nicht gepflegte Herrenanzüge das Erscheinungsbild, deren Träger die Würde des Hauses in einer bürgerlichen parlamentarischen Tradition zum Ausdruck zu bringen trachten. Stattdessen überwiegen die braunen und schwarzen Uniformen der neuen Zeit samt zahlreichen Hakenkreuzbinden an den Oberarmen. Den Reichstagspräsidenten gibt der korpulente Hermann Göring, der die Abgeordneten auch schon mal als »Kameraden« anspricht, denn schließlich sitzen vor ihm ausschließlich NSDAP-Mitglieder und glühende Befürworter dieser Diktatur. Ihr Beitrag zu den Sitzungen besteht im Wesentlichen darin, an den richtigen Stellen zu applaudieren, in kollektive »Sieg Heil«-Rufe einzustimmen und zum Schluss das Deutschlandlied und das »Horst-Wessel-Lied« zu singen, das an einen getöteten SA-Mann erinnert und als NSDAP-Parteilied längst den Charakter einer zweiten Nationalhymne hat. Mit diesen musikalischen Bemühungen haben sich die »Kameraden« in der Kroll-Oper im Grunde den oben erwähnten Spottnamen als »teuerster Gesangverein« tatsächlich redlich verdient …

Viel zu tun haben diese »Abgeordneten« nicht: Gesetze werden hier kaum verabschiedet, denn dafür ist ohnehin keine parlamen-

Die Getreuen feiern frenetisch ihren »Führer«, der sitzend die Ovationen entgegennimmt. Mitglieder des Reichstags am 30. Januar 1939 in der Berliner Kroll-Oper.

tarische Zustimmung mehr nötig. Im Jahr zuvor traf sich der Reichstag zweimal, 1937 sogar nur einmal. Victor Klemperer tut also gut daran, in seinem Tagebuch nur in Anführungsstrichen den Begriff »Reichstag« zu verwenden.[84] An diesem 30. Januar 1939 haben sich die 876 strammen Nationalsozialisten indes in der ehemaligen Oper versammelt, um demonstrativ das sogenannte »Ermächtigungsgesetz« zu verlängern. Dieses »Gesetz zur Behebung der Not von Volk und Staat« vom 24. März 1933 war vor sechs Jahren ein zentrales Instrument zur Zerschlagung der verfassungsmäßigen Ordnung in Deutschland, indem es das Parlament vom Gesetzgebungsverfahren ausschloss und die Regierung Hitler damit die Trennung von gesetzgebender und ausführender Gewalt im Land aufheben konnte.

Dieser Selbstermächtigung musste der gewählte Reichstag damals unter massiver Gewalt und Behinderungen durch die neue

NS-Regierung mit einer Zweidrittelmehrheit zustimmen. Diese Mehrheit konnte nur zustande kommen, weil die kommunistischen und einige sozialdemokratische Abgeordnete nicht an der Sitzung teilnahmen, weil sie bereits verfolgt wurden und viele von ihnen verhaftet worden waren. Die NSDAP, die nicht über die erforderliche Zweidrittelmehrheit verfügte, war nicht nur auf die Stimmen der mitregierenden »Deutschnationalen Volkspartei« angewiesen (die als sicher galten), sondern auch auf die des bürgerlich-katholischen Lagers.

Während sich die noch verbliebenen Abgeordneten der SPD in dieser Entscheidungsstunde des deutschen Parlamentarismus entschlossen der Diktatur entgegenstellten und ihr Fraktionsvorsitzender Otto Wels eine mutige letzte Rede vor dem Reichstag hielt, ließen sich die Abgeordneten der übrigen Parteien von der Regierung Hitler mit einer Mischung aus Drohungen und politischen Zugeständnissen zu einer Zustimmung bewegen. Vor allem die Mitglieder der katholischen Zentrumspartei, die dem »Ermächtigungsgesetz« ausnahmslos zustimmten, gingen damit einen regelrechten »Teufelspakt« ein, weil ihre Führung das lang ersehnte Konkordat zwischen der Reichsregierung und dem Vatikan und die damit in Aussicht gestellten Garantien für die katholische Kirche und ihre Organisationen in Deutschland für wichtiger erachtete als die Bewahrung des ohnehin schon demolierten demokratisch-parlamentarischen Systems. Dieses »Ermächtigungsgesetz« machte das Parlament überflüssig, und es räumte Adolf Hitler die unbeschränkte Gesetzesmacht ein – aber war dies nicht hinzunehmen für die Wahrung der kirchlichen Rechte? Viele katholische Abgeordnete hatten größte Bedenken gegen diese Zustimmung zum »Ermächtigungsgesetz«, doch sie fügten sich der Fraktionsentscheidung. Der *Völkische Beobachter* konnte tags drauf jubeln:[85]

> »Das parlamentarische System kapituliert vor dem neuen Deutschland. Der Tag des Dritten Reiches ist gekommen.«

Diese parlamentarische Preisgabe war fraglos die dunkelste Stunde in der Geschichte des deutschen Parlamentarismus. Mochten einige bürgerlich-katholische Reichstagsmitglieder tatsächlich geglaubt haben, einen gerade noch tragbaren Kompromiss gefunden zu haben, so war doch allen die politische Dimension ihres Handelns klar. »Der Staat von Weimar ist begraben«, notierte Reinhold Maier von der liberalen »Deutschen Staatspartei«, und der bayerische Abgeordnete Anton Wiedemann schrieb seiner Frau: »Es ist nichts andres als sein Todesurteil selbst unterschreiben.« Er sei sich sicher, dass die neuen Machthaber das Heft des Handelns so schnell nicht mehr aus der Hand gäben »und alles beseitigen werden, was sich entgegenstellt«.[86]

Tatsächlich richtete sich die neue Macht bald auch schon gegen diejenigen, die ihr mit ihrer Zustimmung zur »Ermächtigung« parlamentarisch den Weg geebnet hatten. Der ehemalige Reichskanzler Heinrich Brüning floh 1934 aus Deutschland, Eugen Bolz verbrachte schon 1933 einige Wochen als politischer Gefangener in »Schutzhaft« und musste sich anschließend ins Privatleben zurückziehen, Friedrich Dessauer floh nach zahlreichen Verhaftungen 1934 zunächst in die Türkei, während Prälat Ludwig Kaas, der die Zentrumsfraktion entscheidend auf die Zustimmung zum »Ermächtigungsgesetz« eingeschworen hatte, sich schon wenige Tage nach dem Geschehen überraschend nach Rom begab, wo er ab 1936 als Verwalter des Petersdoms fungierte.

Deutlich härter als das bürgerliche Lager traf der neue Terror die Sozialdemokraten und die Kommunisten. Die SPD-Abgeordneten aus dem März 1933 sind sechs Jahre später sämtlich politisch Verfolgte: Sie wurden wiederholt verhaftet wie Lore Agnes oder Georg Graupe, ausgebürgert wie Arthur Arzt, sie sind vor der Verfolgung ins Ausland geflüchtet wie Kurt Heinig oder Rudolf Hilfering – oder waren längst ermordet worden: Johannes Stelling, in der Weimarer Republik nahezu durchgängig Mitglied des Reichstags, wurde bereits im Juni 1933 von Nationalsozialisten in Berlin misshandelt und anschließend erschossen, Ludwig Marum

1934 von SS-Männern im badischen Konzentrationslager Kislau erdrosselt.[87]

Die Männer, die sich an diesem 30. Januar 1939 in der Berliner Kroll-Oper treffen, haben mit diesen Abgeordneten des Deutschen Reichstags aus dem März 1933 wenig gemein. Es sind fanatische Nazis, die in der NSDAP, in der SA oder der SS führende Positionen haben und begeistert ihren Teil zur Diktatur beitragen: so beispielsweise Ludolf von Alvensleben, SS-Mitglied und Erster Adjutant von SS-Chef Heinrich Himmler, Carl Eduard Herzog von Sachsen-Coburg und Gotha, hochrangiges NSDAP-Mitglied und seit den 1920er-Jahren ein glühender Verehrer Hitlers, oder Alfred Rodenbücher, der schon vor 1933 im Rang eines SS-Standartenführers auftrat. Es sind übrigens vergleichsweise junge Männer, die da jubeln: Nach der Reichstagswahl von 1936 sind 353 der 741 Abgeordneten zwischen 30 und 40 Jahre alt, 240 zwischen 40 und 50 Jahre.[88] Die NS-Bewegung, die ihren politischen Kampf auch als Kampf der »Jungen« gegen die »Alten« deklariert hat, wirkt hier in der Tat relativ jung. In ihren SA- und SS-Uniformen erheben sich diese »Abgeordneten«, als der NSDAP-Fraktionsvorsitzende und Reichsinnenminister Wilhelm Frick sie um die Zustimmung zur Verlängerung des »Ermächtigungsgesetzes« bittet. Eine besondere inhaltliche Begründung dafür sei nicht notwendig:[89]

»Die Leistungen des Führers in den vergangenen sechs Jahren und insbesondere im Jahre 1938 sind Begründung genug für das Gesetz. Es ist nichts weiter als ein einfaches Gebot und ein Beweis unseres unerschütterlichen Vertrauens zum Führer, daß wir dieses Gesetz einstimmig annehmen.«

Millionen Deutsche wollen an diesem Montag das Geschehen in der Kroll-Oper am Radio verfolgen. Im ganzen Land hat es am Abend bereits Aufzüge der Parteiorganisationen gegeben, bei denen die größeren und kleinen Funktionäre bis hin zu den Ortsbauernführern mehr oder weniger mitreißende Ansprachen hielten und ihr persönliches Lob auf den »Führer« zum Besten gaben. Doch bis 20 Uhr müssen die Aufmärsche vorbei sein, denn dann erst beginnt schließlich die Sitzung in Berlin – und damit die Rundfunkübertragung. Ab diesem Zeitpunkt ist es aber allerorts still. Die Straßen »liegen einsam und verlassen da«, heißt es in einem Zeitungsbericht aus einem brandenburgischen Städtchen, »Lastzüge stehen im Zuge der Hindenburg-, der Adolf-Hitler-straße«.[90] Aus der rheinischen Stadt Hilden wird ebenfalls berichtet, wie es auf den Straßen still wird, dafür aber die Häuser hell erleuchtet sind – weil in den Wohnungen die Rede aus der Kroll-Oper gehört wird. Bei einer Gemeinschaftsübertragung, so zitiert die örtliche Zeitung eine Anwesende, seien die vielen Hunderte Zuhörer dann bei Beginn der Hitler-Rede regelrecht »kirchenstill« geworden: Die versammelte Gemeinschaft habe das Gefühl gehabt, einer »Weihestunde« beizuwohnen.[91]

So »informiert« die Propaganda die lauschenden »Volksgenossen«: Berliner Bürger hören am 30. Januar 1939 aus einem öffentlichen Lautsprecher die Hitler-Rede aus der Kroll-Oper.

Um dieser »Weihestunde« zu lauschen, müssen also alle Teilnehmer der Kundgebungen im Land vor die Lautsprecher gebracht werden. Dabei ist es ziemlich unsinnig, im Sinne eines gemein-

schaftlichen Genusses an öffentlichen Plätzen Lautsprecher aufzubauen. Die NSDAP in Hamburg hat dies zwar gemacht, muss
dann aber einsehen, dass niemand an einem kalten Januarabend
selbst für eine »Führer«-Rede über lange Zeit hinweg im Freien
stehen will.[92] Klüger ist es da, die Treffen nach drinnen zu verle-
gen: In der Stadt Rheinsberg beispielsweise hat die örtliche »Hitler-
Jugend« eigens eine Turnhalle dafür hergerichtet, zwei Fabriken
stellen ihren Belegschaften Räume zur Verfügung. Doch die be-
gehrtesten Plätze bieten fraglos die Parteilokale, weil sich dort am
Abend nach der Liveübertragung aus Berlin ein »kameradschaft-
liches Beisammensein« anschließt – fraglos eine politisch korrekte
Umschreibung für kollektives Biertrinken. Dicht gedrängt lauschen die dort anwesenden Männer der Übertragung; die örtliche
Zeitung beschreibt die Atmosphäre folgendermaßen:[93]

> »Lautlose Stille herrschte. Jedes Wort des Führers wurde
> aufgesogen. Der Führer sprach zu seinem Volke, und sein Volk
> hörte ihm zu. Die Reichstagssitzung ging zuende. Spontan
> standen die Zuhörer mit den Reichstagsabgeordneten auf,
> erhoben mit ihnen die Hände und grüßten den Führer.«

Allerdings müssen sich die Zuhörer mit dem begeisterten Erheben
ziemlich gedulden, denn wie so häufig ist auch in diesem Fall bei
einer Hitler-Rede Sitzfleisch gefragt. Der Diktator redet gern ausdauernd, und so spricht er auch jetzt wieder über zwei Stunden – vielleicht sind einige der Radiozuhörer hinterher einfach
froh, endlich aufstehen und sich die Beine vertreten zu können. Es
ist schon 22.30 Uhr, und ein kühles Bier ist jetzt sicher auch für
den glühendsten Anhänger eine willkommene Erfrischung. So erheben sich die in Hilden versammelten NSDAP-Mitglieder zwar
zum gemeinsamen Gesang, aber dann ist ihnen angesichts der
vorgerückten Stunde der anschließende Kameradschaftsabend
doch wichtiger als die eigentlich geplanten weltanschaulichen Vorträge. Die werden deshalb kurzerhand abgesagt, und bei Gesang

und manchem Tänzchen verbringen die Anwesenden »noch gemeinsam einige schöne Stunden, die ein Blasorchester der Feuerwehrkapelle verschönerte«.[94]

Wer am nächsten Tag nicht zu lange gefeiert hat und ausgeruht die örtliche Zeitung aufschlägt, kann die Hitler-Rede noch einmal in aller Ausführlichkeit nachlesen; offensichtlich haben die Redaktionen früh genug die offizielle Druckfassung erhalten. So kann jeder das zentrale antidemokratische Geschehen zur Kenntnis nehmen: die Verlängerung des »Ermächtigungsgesetzes«. Allerorts wird erklärt, dass dadurch die gesamte Macht auch weiterhin – offiziell zunächst einmal für weitere vier Jahre bis 1943 – auf Adolf Hitler übergeht. Der Vorgang der fortgesetzten Entmachtung des Parlaments wird damit öffentlich dokumentiert. Auch die zentralen Positionen der nationalsozialistischen Politik, die in dieser überlangen Rede zur Sprache kommen, werden der Öffentlichkeit präsentiert; seitenlang werden die wesentlichen Passagen in den Zeitungen wiedergegeben. Großen Raum nimmt das Eigenlob für die vermeintlichen Leistungen des Jahres 1938 ein, vor allem für die »Heimkehr der Ostmark« und des Sudetenlands. Dieses Ereignis wertet Hitler als Beleg für den »Triumph einer Idee«, nämlich der nationalsozialistischen Ideologie.

Zugleich zeigt die Rede Hitlers, dass der Begriff »Demokraten« in Deutschland längst zu einem Schimpfwort verkommen ist. Die »Demokraten« in Europa hätten nach seinen Worten letztlich nur einen Wunsch: »das deutsche Volk und insbesondere das heutige nationalsozialistische Deutschland möchten doch endlich zugrunde gehen«. Dabei habe die Entwicklung Deutschlands in den vergangenen Jahren doch gezeigt, dass man ohne Demokratie viel besser lebe – und dass die deutsche Bevölkerung »dem jetzigen Regime seine Zustimmung gibt und das frühere ablehnt«. Im Grunde wisse seine Regierung, dass es »99 % seiner ganzen Volksgenossen hinter sich hat«.[95] Diese Deutschen schwört Hitler auf Geschlossenheit und Disziplin ein, getreu der Vorstellung von der nationalen Stärke durch innere Einheit: Die »Kraft der

Völker im Inneren« sei entscheidend für »das Gewicht der Nationen nach außen«.

Hinter solchen Überlegungen verbirgt sich im doppelten Sinne offene Aggression. In außenpolitischer Hinsicht ist diese nicht zu überhören, auch wenn Hitler immer wieder seinen angeblichen Friedenswillen betont. Das deutsche Volk wolle »seine Ruhe und seinen Frieden«, behauptet er, und seine Regierung wolle »keine Feindschaft mit anderen Völkern«. Doch für diesen »Frieden« wolle Deutschland sich rüsten, für die Sicherung seiner Souveränität »werden für alle Zukunft die Waffen sorgen, die wir schmieden«.[96] Die offensiven Forderungen in der Rede sprechen eine deutliche Sprache: So müsse Deutschland seine nach dem Ersten Weltkrieg verlorenen Kolonien zurückerhalten – obwohl kaum einer der Zuhörer ernsthaft davon ausgeht, dass die anderen Kolonialnationen dem zustimmen und womöglich eigenen Besitz in Übersee freiwillig an Deutschland abtreten würden. Dem Publikum in der Kroll-Oper wie an den Radiogeräten muss klar sein, dass eine offizielle Forderung nach Rückgabe alter Kolonien mit der Drohung eines Krieges einhergeht.

Ähnliches gilt für das sehr viel unschärfere Schwadronieren über »die Ausweitung des Lebensraumes unseres Volkes«,[97] von der Hitler nicht nur an diesem Tag wieder spricht. Zur Rhetorik des Nationalsozialismus gehört die wiederkehrende Formel vom »Volk ohne Raum«, wonach den Deutschen zu einer ausreichenden gesamtwirtschaftlichen Entwicklung der notwendige »Lebensraum«, also Territorium, fehle. Gerade auf Polen, das seit dem Weltkrieg über ehemalige deutsche Gebiete verfügt, muss diese Rhetorik wie eine permanente Bedrohung wirken. An diesem Tag aber macht sich Hitler über die internationalen Sorgen in Bezug auf seine Außenpolitik sogar noch lustig:[98]

»Die Behauptung, daß das nationalsozialistische Deutschland demnächst Nord- oder Südamerika, Australien, China oder gar die Niederlande angreifen oder aufteilen wird, und zwar weil dort andere Regierungssysteme herrschen, könnte nur noch ergänzt werden durch die Weissagung, daß wir im Anschluß daran die Absicht hätten, sofort den Vollmond zu besetzen.«

Damit erntet Adolf Hitler Gelächter und Beifall von seinen Zuhörern in der Kroll-Oper, aber mit seinem Spott macht er im Grunde die Sorgen nur noch größer. Es ist – gerade nach den Geschehnissen von 1938 – deutlich erkennbar, dass dieses Deutschland ein Schrecken für die internationale Sicherheit und Ordnung ist – gerade die Nachbarstaaten müssen sich in diesen Tagen bedroht fühlen. »Deutschland, Deutschland über alles«, schallt es am späten Abend nach Hitlers Rede durch die Kroll-Oper – und so singen es viele Deutsche in den Kneipen, Tanzsälen oder Turnhallen begeistert mit. Und dies, obwohl sie in den mehr als zwei Stunden anhören konnten, wie offen aggressiv die Regierung Hitler auch nach innen auftritt. Ohne jegliche diplomatische Zurückhaltung.

Denn der Terror in Deutschland ist längst offenkundig – und auch in dieser Rede verkündet Hitler eine weitere Steigerung. Im Zentrum der Terror-Rhetorik stehen »die« Juden. Sie gelten inzwischen weithin als zentraler Feind dessen, was landläufig als »deutsches Volk« bezeichnet wird. Victor Klemperer als wacher Beobachter hat dies nach der Rede in der Kroll-Oper abermals erkannt: Hitler habe »wieder aus allen Gegnern Juden« gemacht.[99] Ob es um die internationale Politik geht, um den Welthandel oder die Zustände im Deutschen Reich – stets machen keineswegs nur allein Hitler, sondern auch die diversen populären Wortführer des Nationalsozialismus die Mitglieder dieser Religion für alle tatsächlichen oder vermeintlichen Probleme verantwortlich. Seit Jahren hat in Deutschland eine völlig entfesselte antisemitische Propaganda um sich gegriffen, in der die Juden wiederkehrend als das »Unglück« der Deutschen denunziert werden. »Wer sind denn eigentlich diese Elemente«, so fragte Hitler am 1. Mai 1936 bei einer Massenveranstaltung im Berliner Lustgarten, »die keine Ruhe, keinen Frieden und keine Verständigung haben wollen, die fortgesetzt hetzen und Mißtrauen säen müssen, wer sind sie eigentlich?« Und die Masse seiner Zuhörer brüllte im Chor zurück: »Die Juden!« Der zufriedene Hitler quittierte dies mit der Bemerkung: »Ich weiß!«[100]

Antisemitische Schmierereien am Möbelhaus Adolf Brünn, Berlin, Juni 1938.

Der Hass auf die Juden ist ein ganz offener, die wenigsten schämen sich in diesem Land für die Verachtung und die Verspottung der Mitmenschen, die einem anderen Glauben angehören. Die Hetze und die Ausgrenzung waren bereits unmittelbar nach der Machtergreifung 1933 staatlich legitimiert, und es fiel den neuen Machthabern nicht schwer, dafür die stillschweigende Billigung und die Unterstützung der nichtjüdischen Deutschen zu erhalten – sie haben die Deutschen keineswegs über Nacht zu Antisemiten gemacht. Nennenswerten Widerstand gegen die Ausgrenzung gibt es kaum, es herrscht ein gesellschaftlicher Konsens, wonach der Antisemitismus akzeptabel ist. Indes ist er seit 1933 radikaler, offener und schamloser geworden. Die Deutschen mit jüdischer Religion führen schon lange kein normales Leben mehr.

Früh setzten der wirtschaftliche Boykott und die Berufsverbote ein, immer wieder vor Ort auch von brutalen Gewaltakten begleitet. Im April 1933 wurden in einem Westerwälder Dorf jüdische Viehhändler nachts aus den Betten geholt und so lange misshandelt, bis sie fiktive Quittungen unterschrieben, die ihre örtlichen Schuldner entlasteten. Solche spontanen Übergriffe wiederholten sich schon in den ersten Wochen des »Dritten Reichs« zu Hunderten.[101]

Schrittweise nahm die Verfolgung nach 1933 zu. Den ersten Boykotten folgte die Vertreibung der Juden aus dem Beamtentum, aus dem öffentlichen Dienst und den freien Berufen, die sogenannten »Nürnberger Gesetze« machten 1935 schließlich die Juden rechtlich zu Menschen zweiter Klasse, die rassistischen Vorstellungen von »Ariern« und »Juden« wurden darin festgeschrieben. Nach dem Novemberpogrom von 1938 sind Juden aus dem Wirtschaftsleben völlig herausgedrängt, sie dürfen nicht einmal mehr Einzelhandelsgeschäfte betreiben, ihr Kapital wird eingezogen, Grundeigentum, Wertpapiere und Schmuck müssen veräußert werden. Bei den sogenannten »Arisierungen« des jüdischen Besitzes handelt es sich um einen gezielten staatlichen Raubzug, der zugleich von Korruption und Vetternwirtschaft geprägt ist. Die Chance, auf Kosten der Juden ein gutes Geschäft zu machen, löst seit Mitte der 1930er- Jahre ein regelrechtes Fieber aus, von dem Parteigrößen und städtische Verwaltungen ebenso ergriffen werden wie die SS oder die »Geheime Staatspolizei«. So agieren beispielsweise in der Hansestadt Hamburg längst nicht mehr ehrliche Kaufleute – vielmehr werden hier jüdische Eigentümer zuweilen mit Gewaltandrohung gezwungen, ihren Besitz zu Dumpingpreisen an NSDAP-Vertreter zu verkaufen. Man muss davon ausgehen, dass in Hamburg bei dieser »Arisierung« 40 Prozent der neuen »Eigentümer« skrupellose Profiteure sind, weitere 40 Prozent »schweigende Gewinner« und nur 20 Prozent mehr oder weniger wohlmeinende Geschäftspartner. Und den größten Gewinn machen die NSDAP und ihre Funktionäre.[102]

Die Teilhabe am öffentlichen Leben ist den Deutschen jüdischer Religions-
zugehörigkeit verwehrt, so auch in diesem Schwimmbad.

Es gibt zu Beginn des Jahres 1939 kein normales öffentliches Leben für Juden mehr. Ihnen ist der Zutritt zu Theatern und Kinos
verwehrt, sie dürfen weder Schwimmbäder noch Bibliotheken besuchen, zudem müssen sie jetzt zwangsweise zusätzlich die Vor-
namen »Sara« beziehungsweise »Israel« führen. Zum Jahresende
1938 ist ihnen sogar das Autofahren verboten worden – Victor
Klemperer notiert dazu verbittert:[103]

> »Begründung: Wegen des Grünspanmordes seien die Juden
> ›unzuverlässig‹, dürften also nicht am Steuer sitzen, auch
> beleidige ihr Fahren die deutsche Verkehrsgemeinschaft,
> zumal sie anmaßlicherweise sogar die von deutschen
> Arbeiterfäusten gebauten Reichsautostraßen benutzt
> hätten.«

Die NSDAP und ihre vielen kleinen und größeren Führer können sich bei ihrer Verfolgung der Juden auf die Bevölkerung verlassen – entweder auf Zustimmung oder ganz sicher aber auf den ausbleibenden Protest. Sie haben jegliche Scham verloren: Die Palette der alltäglichen Vergehen reicht von hämischen Judenwitzen über Benachteiligung im Beruf und spontane Gewalt auf den Straßen bis zur Verschleppung in Gefängnisse oder Lager. Juden in Deutschland sind unerwünscht und vogelfrei – und das kommt überall und jederzeit zum Ausdruck. Fröhliche »Hitler-Jungen« posieren für den Fotografen vor den Schildern an den Ortseingängen, wonach in ihrem Dorf Juden »nicht erwünscht« seien. Unverhüllte Gewaltandrohung prangt auf jenen Schildern, wonach Juden einen Ort »auf eigene Gefahr« betreten. Auf Parkbänken finden sich Hinweise wie »Nur für Arier«. Kein Spaziergang, kein Ausflug in Deutschland mehr ohne die dreiste Kennzeichnung einer menschenverachtenden Ausgrenzung, die erkennbar normal geworden ist.

Die Juden im Land kennen die Schikanen, die Gewalt und die Willkür nur zu gut. Und all jene, die nach dem sogenannten »Anschluss« Österreichs jetzt ebenfalls in der NS-Diktatur leben, holen diese Erfahrungen seit Monaten nach. Bei vielen beginnt es wie bei der Familie des Fabrikbesitzers Georg Mahler im niederösterreichischen Gmünd: Erst wollen sich nichtjüdische Freunde nur noch heimlich mit ihnen treffen, auf der Straße werden die Familienmitglieder kaum mehr gegrüßt, selbst bisher gute Bekannte blicken demonstrativ weg. Die Kinder werden in der Schule von Mitschülern beschimpft, geschlagen und mit Steinen beworfen, der Pfarrer – die Familie ist schon vor langer Zeit zum Protestantismus konvertiert – rät dazu, die Kirche besser nicht mehr zu besuchen.[104] Menschen würden denunziert und schikaniert, notiert der Jurist Friedrich Kellner deprimiert in seinem Tagebuch. Er hält darin auch folgende Beobachtung in einem Lebensmittelgeschäft fest:[105]

»Es kommt eine alte Frau an die Reihe. Wie heißen Sie? Katz. Sie sind Jüdin? Ja. Dann erhalten Sie von mir nichts.

Ich verkaufe als Nationalsozialist nichts an Juden ... Warum sind wir ein so grausames Volk geworden? Die elende Verhetzung zeigt hier ihre unmenschliche Ernte. Wie trostlos traurig, den eingeimpften Haß an einer alten wehrlosen Frau austoben zu lassen.«

Frauen, die angeblich sexuelle Beziehungen mit Juden haben, werden wie hier in Linz vor der zahlreich erschienenen Öffentlichkeit an den Pranger gestellt und müssen Schilder tragen mit der Aufschrift: »Ich bin aus der Volksgemeinschaft ausgestoßen.«

Solche Szenen gibt es alltäglich. In Breslau klagte eine alte Frau, die wie die anderen Juden ihr Radiogerät bei einer Behördenstelle angeben musste, dass ihr schlecht sei. Darauf, so notiert Willy Cohn in seinem Tagebuch, habe der anwesende Beamte erwidert: »Sie wissen ja gar nicht, wie schlecht mir ist, wenn ich Sie sehe.«[106] Schon bei dem Novemberpogrom zwei Monate zuvor war ja deutlich geworden, dass sich zwar auch der ein oder andere erschrocken oder sogar angewidert von dem Vorgehen zeigte, dass diese Reaktionen in der

Summe allerdings keinen Schutz der Opfer bewirkte. Im Umgang mit Juden ist nun fast alles erlaubt, weder moralische Bedenken noch rechtliche Einschränkungen scheinen mehr zu bestehen. Aus dem oberschlesischen Beuthen wird ein hierfür typischer Fall berichtet, in dessen Verlauf ein jüdischer Goldschmied und Juwelier am 9. November 1938 auf offener Straße totgeschlagen wird:[107]

> »Augenzeugen, die den Vorfall gesehen haben, erzählen:
> Während ein Teil der SA-Leute den Juden prügelten, nahmen sich die anderen zahlreiche Wertgegenstände mit, stopften sich die Taschen voll; der Rest ist dann von der Hitlerjugend gestohlen worden.«

Nach den Gewaltausbrüchen im November 1938 scheinen zahlreiche nichtjüdische Geschäftsinhaber der vermeintlichen Ruhe auf den Straßen nicht mehr recht zu trauen. Selbst als im Frühjahr 1939 alle Juden aus dem Wirtschaftsleben verdrängt sind, halten viele Ladenbesitzer es für angeraten, ihr Geschäft nach außen demonstrativ als »arisch« zu deklarieren. Ein buntes Sammelsurium an Schildern und Hinweistafeln findet sich zuweilen in den Schaufenstern: das rot-weiße Abzeichen »Deutsches Geschäft« oder sogar der handgeschriebene Hinweis »In arischen Händen«. Der »Deutschen Arbeitsfront«, der NS-Einheitsorganisation von Arbeiternehmern und Arbeitgebern, ist das Durcheinander unerträglich, weshalb der Verband im März 1939 verkündet, bald ein einheitliches Kennzeichen für alle Geschäfte im Sinne der »Kenntlichmachung der Gemeinschaft« zur Verfügung zu stellen.[108]

Der Antisemitismus dieser Monate zielt darauf, die Juden zu diskriminieren und auszugrenzen, ihnen ihre wirtschaftliche Lebensgrundlage zu entziehen und sie, wenn irgend möglich, aus dem Land zu treiben. Doch schon kündigt sich an, dass es womöglich bald um mehr gehen wird: Längst liegen Vernichtung und Ausrottung in der Luft.[109] Noch sind die Vorstellungen unkonkret, aber immer öfter werden solche Fantasien konkret formuliert.

Das SS-Organ *Schwarzes Korps* schreibt im November 1938 über »das tatsächliche und endgültige Ende des Judentums in Deutschland, seine restlose Vernichtung«.[110] Derweil singen Hunderttausende von Jugendlichen in der »Hitler-Jugend« an ihren Heimabenden wiederkehrend: »Wenn das Judenblut vom Messer spritzt, dann geht es uns noch mal so gut!«[111] Dass die Juden irgendwie »wegsollen«, obwohl die entsprechende Umsetzung politisch, moralisch und logistisch völlig diffus bleibt, ist im Land bekannt. Allenthalben wird in der Propaganda die »Judenfrage« als eines »der brennendsten Probleme der Gegenwart« bezeichnet – und die Frage gestellt: »Wohin mit den Juden der Welt?«[112]

Von einer dichten Kette aus Polizei und SS-Männern bewacht, werden festgenommene Juden am 10. November 1938 nach der »Reichspogromnacht« durch die Straßen von Baden-Baden geführt.

Adolf Hitler ist also beileibe nicht der einzige Antisemit in Deutschland, denn die Judenfeindschaft hat in der deutschen Gesellschaft ihren festen Platz, aber jetzt ist er ihr oberster Anführer. Dass er seit seinen frühen Jugendjahren ein glühender Judenhasser sei, behauptet er zwar bei jeder Gelegenheit, doch tatsächlich hat er sich in dieser Hinsicht wohl erst nach dem Ersten Weltkrieg in seinen Münchner Jahren radikalisiert. Mit der Gründung einer eigenen Partei wird aus dem ganz »normalen« deutschen Antisemiten, wie es sie zu Millionen gibt und wie sie mehr oder weniger offen in einer deutschen Tradition des Antisemitismus stehen, schließlich ein glühender rassistischer Judenhasser. Als solcher lebt Hitler in einem geradezu barocken Kosmos von Verschwörungstheorien: die angebliche Ausbeutung des deutschen Volkes, die Kriegsniederlage von 1918, der vermeintliche kulturelle Niedergang Deutschlands oder das Agieren der internationalen Finanzmärkte – dies alles und mehr schieben die Anhänger solcher Vorstellungen »den« Juden in die Schuhe. Für Adolf Hitler sind das alles indes keine Hirngespinste. Er nutzte von Beginn seiner politisch-demagogischen Arbeit an den grassierenden Antisemitismus nie als bloßes Vehikel seiner Politik, so wie er es zuweilen mit anderen Themen machte. Er ist tatsächlich besessen von der Wahnvorstellung, dass die Welt letztlich von Juden beherrscht ist, und diese Verschwörungstheorie ist in Abstufungen weit verbreitet. Erstaunlich viele Menschen in Deutschland hören sich solche Ausführungen an – und teilen sie. Und wer die NSDAP wählte, verlieh dieser antisemitischen Sicht auf die Welt zugleich seine Zustimmung.

Dass die Juden aus Deutschland »verschwinden« sollen, gehört dementsprechend zu den stets wiederholten Forderungen Hitlers. Und auch an diesem 30. Januar 1939 kommt er in seiner Rede vor den Reichstagsmitgliedern in Berlin wieder auf dieses Thema zu sprechen. Alle Juden müssten »abgeschoben« werden, erklärt er. Dabei spottet Hitler über die anderen Länder, die auswanderungswillige Juden nur zögerlich aufnehmen. Es sei doch ein beschämendes Beispiel, »wie die ganze Welt der Demokratie vor Mitleid trieft, dem armen gequälten jüdischen Volke gegenüber« – dann aber der angeblichen Pflicht zur Aufnahme dieser Menschen nicht nachkomme. Die Zuhörer in der Kroll-Oper reagieren mit Zustimmung und Heiterkeit, wie das Protokoll vermerkt. »Die Welt hat Siedlungsraum genügend«, behauptet Hitler, womit er den politischen Druck sowohl auf die Juden in Deutschland als auch auf die westlichen Länder erhöht, ihre bislang strenge Einwanderungspolitik zu lockern.[113] Es ist eine perfide Strategie: Ein Land setzt sich bewusst und erkennbar ins Unrecht – und verlangt nun von anderen Ländern, politisch die Folgen dieses Unrechts zu tragen.

Aber Hitler geht in dieser Rede noch weiter, indem er weitere Gewalt ankündigt. Es ist der Moment denkbar größter Entfesselung verbaler Gewalt, denn Hitler »prophezeit« nichts weniger als die »Vernichtung« der europäischen Juden:[114]

> »Ich will heute wieder ein Prophet sein: Wenn es dem internationalen Finanzjudentum inner- und außerhalb Europas gelingen sollte, die Völker noch einmal in einen Weltkrieg zu stürzen, dann wird das Ergebnis nicht die Bolschewisierung der Erde und damit der Sieg des Judentums sein, sondern die Vernichtung der jüdischen Rasse in Europa!«

Das ist mehr, als lediglich Druck auf die anderen Regierungen zur Aufnahme jüdischer Flüchtlinge aus Deutschland auszuüben – diese später als »düstere Vergeltungsdrohung« bezeichnete Passage hat vielmehr einen realen Kern: Die Juden in Europa müssen fortan mit ihrer Ermordung durch die Deutschen rechnen, wenn sie ihrer habhaft werden.[115]

Der Begriff »Vernichtung« ist ohnehin einer der Lieblingsbegriffe Hitlers, aber die Rede an diesem 30. Januar 1939 zeigt, dass die Verknüpfung von einem neuen Weltkrieg und einer solchen »Vernichtung« Gestalt annimmt. Seine Worte eröffnen einen Einblick in »seine geistige Pathologie«, wie es Hitler-Biograf Ian Kershaw später beschreiben wird, »in die Völkermordabsicht, die sich seiner zu bemächtigen begann«. Noch hat der Diktator keine konkrete Vorstellung davon, wie die Deutschen diesen Völkermord umsetzen sollen, aber in diffusen Umrissen ist ihm bewusst, dass dieser mit einem neuen Weltkrieg einhergehen wird.[116] Und da viele Menschen im Land zu Recht mit einem europäischen Krieg rechnen, muss diese Drohung sehr konkret klingen. Diese Erklärung dehnt gedanklich die Politik der Verfolgung und Ermordung der Juden in eine ganz neue, ungeheuerliche Dimension aus. Sie spricht etwas »unendlich Radikales« aus.[117] Genau das will Hitler mit diesen Worten deutlich machen, und so kann es jeder der Millionen Zuhörer an den Radiogeräten daheim oder in den Wirtshäusern zweifelsfrei verstehen. Es ist ja nicht so, dass Hitler vor dem Reichstag nur so daherredet und niemand seinen Worten Beachtung zu schenken braucht: Hier spricht der unumstrittene Diktator des Landes – und was er ankündigt, darf als offizielles politisches Ziel seiner Regierung gelten.

Diese Rede kann Angst machen. Das Protokoll des Reichstags verzeichnet just nach der Ankündigung der möglichen »Vernichtung der jüdischen Rasse in Europa« anhaltenden stürmischen Beifall der versammelten Männer. All jene in Deutschland, die nicht zur so genannten »Volksgemeinschaft« gehören, müssen um ihre Sicherheit und ihr Leben fürchten – und sie können über Einzelfälle hinaus nicht auf eine Unterstützung der Bevölkerungsmehrheit vertrauen. Während diese die neue Ordnung und die vermeintliche Sicherheit genießt, sind andere der offensichtlichen Willkür und Verfolgung ausgesetzt.

Zu den religiösen Opfern im Land gehören auch die Zeugen Jehovas, die sich konsequent der Mitwirkung an staatlichen Anforderungen entziehen. Konkret bedeutet dies, dass die »ernsten Bibelforscher« die Mitgliedschaft in Parteiorganisationen ablehnen, keinen Fahneneid ablegen, jeglichen Kriegsdienst und sogar den geforderten »Hitler-Gruß« verweigern. Rund 25 000 Menschen bekannten sich 1933 zu den Zeugen Jehovas – wohl 10 000 von ihnen werden für unterschiedlich lange Zeit inhaftiert, über 2000 in Konzentrationslager gesperrt.[118] Ihre Verfolgung ist seit Jahren offenkundig und bekannt. Doch Adolf Hitler lügt in seiner Reichstagsrede am 30. Januar 1939 frech in die Mikrofone, als er behauptet, dass das »Dritte Reich« einen Ort der religiösen Toleranz darstelle:[119]

> »In Deutschland ist niemand wegen seiner religiösen Einstellung bisher verfolgt worden, noch wird deshalb jemand verfolgt werden!«

Dem Diktator ist es nicht einmal peinlich, sich an einem rhetorischen Vergleich mit Friedrich dem Großen zu versuchen, als er hinzufügt, im nationalsozialistischen Staat »kann jeder nach seiner Fasson selig werden«.[120] Alle Anwesenden in der Kroll-Oper, und auch die Millionen Menschen draußen entweder vor den Lautsprechern der Radios oder als Leser der Tageszeitungen, wissen nur zu genau, dass dies gelogen ist. Die alltägliche Verfolgung aus religiösen Gründen ist kein Geheimnis. Von Zeugen Jehovas stammen in diesen Jahren auch zahlreiche Augenzeugenberichte über den Alltag in den Konzentrationslagern. Weil einige von ihnen nach geraumer Zeit wieder entlassen wurden, können sie ihre Erlebnisse niederschreiben, die vor allem in ausländischen Druckschriften veröffentlicht werden. Neben vielen anderen Darstellungen erscheint im Februar 1938 in der Schweiz ein Bericht über die Folter dieser Inhaftierten im Konzentrationslager Esterwegen:[121]

> »Sie mußten sich entkleiden und wurden … mit Kaltwasserduschen und Strahlen bearbeitet. Kaltes Wasser wurde mit besonderem atmosphärischem Druck an die Geschlechtsteile und in die Bauchgegend gespritzt. Bei der Mißhandlung wurden sie beständig gefragt, ob sie noch weiter ein Zeuge Jehovas bleiben wollten, und es wurde ihnen beständig gedroht, diese Verfahrensweise fortzusetzen, bis sie eingestehen würden, kein Zeuge Jehovas mehr zu sein.«

Gewalt und Entrechtung mitten in Deutschland: Häftlinge
des Konzentrationslagers Dachau bei harter körperlicher Arbeit
an den Sperranlagen, bewacht von einem SS-Mann.

Dass es diese Lager gibt, dass Menschen gefoltert und ermordet
werden, dass ihnen dort jegliche Rechte genommen sind – das
alles ist in Deutschland bekannt. Nicht in jedem Detail, aber das
Prinzip der Rechtlosigkeit ist offensichtlich. »Recht und Ordnung« in einem traditionellen Sinne gibt es in dieser Gesellschaft
nicht mehr. Schon zu Beginn des »Dritten Reichs« wissen die
meisten Deutschen bald nicht nur von der Existenz der ersten
Konzentrationslager, sondern auch vom bewusst brutalen Umgang mit den dort eingesperrten Menschen.[122] Seit Jahren können
sich die Deutschen nicht mehr vor Übergriffen sicher sein. Wer
klug ist, sagt auf offener Straße nicht, was er womöglich Uner-
laubtes denkt. Die schwäbische Formulierung »Red net z'viel,
sonscht kommscht nach Dachau« steht dafür exemplarisch[123] – sie
gibt es in anderen mundartlichen Varianten im Prinzip im ganzen
Land. Es gibt »Dachau« und andere Lager, es gibt täglichen Mord
und Totschlag, nicht nur dort. Doch nicht alle Zeitgenossen sind

erschrocken über diese Orte der Unfreiheit. Ausgerechnet eine Gruppe von Juristen, nämlich Richter des Volksgerichtshofs, besucht 1938 das Konzentrationslager Dachau und lobt anschließend beim Kommandanten die »vorbildliche und einwandfreie Einrichtung«, in der das Gegenteil von dem zu sehen sei, »was vor allem in der vom Ausland betriebenen Hetze behauptet wird«. Lagerkommandant Hans Loritz freut sich erkennbar über diese freundlichen Worte und lädt die Juristen im Gegenzug zu einem weiteren Besuch und einer kollegialen Runde Schnaps ein – »wenn Sie der Weg wieder einmal hier vorbei führen sollte«.[124]

Gewalt ist keine neue Erfahrung, nicht für Juden, nicht für Sinti und Roma oder Homosexuelle. Aber neu ist der Umstand, dass die Gewalt im Alltag der Diktatur eine neue Dimension erlangt hat: Seit 1933 machen die Menschen Erfahrungen mit einer Gewalt, die nun nicht mehr als Rechtsbruch geahndet wird. Wer zur »Volksgemeinschaft« gehört, kann jetzt ebenfalls zu (mehr) Gewalt greifen – nämlich gegenüber jenen, die nicht zu dieser Gemeinschaft gehören.[125] Alte Regeln gelten augenscheinlich nicht mehr, neue formieren sich, ohne dass sie immer ganz konkret sind. Einen Rechtsstaat, der die Menschen unterschiedslos in Schutz nimmt, gibt es nicht mehr. Es ist nach sechs Jahren NS-Herrschaft bekannt, dass es keinen Sinn ergibt, sich auf Rechte zu berufen, sich einen Rechtsanwalt zu nehmen oder auf Gerechtigkeit zu hoffen, wenn es um einen Konflikt mit dem Staat und dem Nationalsozialismus geht. Kritik an der Regierung ist in dieser Situation gefährlich. »Der Machtapparat des faschistischen Staates hält uns noch fest an der Kandare«, heißt es in einer heimlich gedruckten Gewerkschaftszeitung.[126] »Offener Widerstand ist heute noch zwecklos und Selbstmord.«

Manch kritischer Geist kann sich zuweilen zumindest beim Telefonieren sicher wähnen. So sprechen zwei Hamburger Theologen in solchen Fällen zuweilen Latein – und glauben so ihre Gespräche »abhörsicher« machen zu können.[127] Latein beherrscht bekanntermaßen nur eine Minderheit der Deutschen und nur wenige von ihnen auf einem Niveau, dass es zu einer Konversation ausreicht. Aber die meisten Menschen wollen sich auch gar nicht in das Versteck einer abhörsicheren Sprache flüchten. Sie sind entweder mit der Situation weitgehend zufrieden – oder haben sich mit diesem Leben arrangiert. Der Soziologe René König schreibt 1937 kurz vor seiner Flucht in einem Brief an den befreundeten Philosophen Karl Löwith:[128]

»Die Gedrücktheit, die Unlust, die Resignation, alles ist so allgemein geworden, daß sie glauben ersticken zu müssen. Dann allgemeine Erweichung, die sich durch den ständigen Zwang, Kompromisse zu suchen, zu einer allgemeinen Charaktereigenschaft ausgewachsen hat. Schließlich werden auch da Kompromisse gesucht, wo sie gar nicht nötig wären, und es entsteht ein Zustand fauler Verlogenheit, der auch die Besten ergreift, wenn sie nicht den Mut haben, sich zu isolieren … Es ist einfach ein allgemeines Sichgehenlassen, ein Sündigen aus dem Unterlassen des Guten.«

Die Bonnerin Marie Kahle kann die Gegenwart des Januar 1939 aus ihrer Sicht nur als »düster und traurig« bezeichnen, die Zukunft erscheint ihr als »vollkommen dunkel«.[129] Sie notiert ein bezeichnendes Gespräch, das sie zu diesem Zeitpunkt mit dem Freiburger Nervenarzt Eduard Aigner führt, der seit Jahren in einem wissenschaftlichen Austausch mit ihrem Ehemann steht und ein guter Freund der Familie ist. Seit 1933 Mitglied der NSDAP, hat sich Aigner allerdings zugleich zu einem überzeugten Nationalsozialisten entwickelt, der jetzt Marie Kahle eindringlich ins Gewissen redet: Ihr Verhalten während des Novemberpogroms – ihre Hilfe für eine befreundete jüdische Familie – sei ein schwerer Fehler gewesen, mit dem sie selbstverschuldet großes Unglück über die Familie gebracht habe. Die nun drohenden Konsequenzen, so Aigner, habe sie ganz allein zu verantworten. Marie Kahle protokolliert anschließend das Gespräch:[130]

»Was Sie bis jetzt erlebt haben, war nur der Anfang der Verfolgung. Leute wie Sie sind Kriminelle in unseren Augen. Wir können sie zwar nicht vor ein ordentliches Gericht bringen, trotzdem bestrafen wir sie. Sind nicht S.A.- und S.S.-Leute ohne bestimmten Grund bei Ihnen erschienen und haben Ihnen Angst gemacht?«

»Ja, das haben sie getan.«

»Sehen Sie, auf diese Weise gehen wir vor. Wir setzen die, die wir bestrafen wollen, unter schwere nervliche Anspannung, jede Woche ein bißchen mehr; wir arbeiten langsam, aber wir erreichen unser Ziel. Die Personen, die wir auf diese Weise verfolgen, werden zwangsläufig verrückt, so daß wir sie in die Irrenanstalt stecken können. Oder sie müssen Selbstmord begehen.«

Nicht nur bei verhörenden Polizisten, bei Richtern und Staatsanwälten, sondern allenthalben erodieren die moralischen Maßstäbe. Wenn es dem eigenen Nutzen dient, schwärzen einige Menschen einfach andere an: Jakob Werlin, Mitglied im Vorstand von Daimler Benz und als Vertrauter Hitlers eine der einflussreichen Persönlichkeiten in der deutschen Automobilindustrie, kennt »keinerlei Hemmungen, Konkurrenten und unliebsame Persönlichkeiten als ›Juden‹ zu bezichtigen und sie bei hohen Funktionsträgern des Regimes wegen mangelnder nationalsozialistischer Gesinnungsfestigkeit anzuschwärzen«.[131] Und wenn einige Herren des Landgerichts Tübingen bei einem gemeinsamen Betriebsausflug an die Ostsee feststellen, dass ein Justizassistent seine jüdische Ehefrau mitgenommen hat, melden sie das sofort an ihre Vorgesetzten, die dann eine Versetzung des jungen Kollegen in die Wege leiten.[132]

Niemand muss in diesem Land den Nachbarn oder den Arbeitskollegen denunzieren, aber viele machen genau dies. Der NS-Staat besteht eben nicht nur aus den Größen der Partei, es sind nicht nur Hitler, Heß, Göring oder Goebbels, die in Deutschland das Klima prägen. Es sind auch die vielen mittleren und kleinen Funktionäre, die es zumindest in der Partei- und Verfolgungshierarchie zu etwas gebracht haben. NSDAP-Ortsgruppenleiter sind für bis zu 1500 Haushalte zuständig, darunter amtieren noch die Zellen- und schließlich die Blockwarte.[133] In einem solchen »Block« mit 40 bis 60 Haushalten kann die Überwachung sehr effektiv sein – in der Nachbarschaft kennt schließlich jeder jeden ...

Sehr genau kennen die Menschen aber auch jene Nachbarn, die als Denunzianten bekannt und möglicherweise verschrien sind, ebenso die vielen kleinen verbissenen NS-Funktionäre, die NSDAP-Ortsgruppenleiter, die HJ-Führer oder die Blockwarte, die sehr genau hinhören und hinschauen, wenn sie unerwünschtes Verhalten wittern. Sie besitzen zwar im Einzelfall nicht viel Macht, aber sie können mit ihrer Meldung den gesamten Verfolgungsapparat des NS-Staates in Gang setzen. Die NSDAP und ihr Herrschaftsapparat kommen ohne diese Schergen vor Ort nicht aus. Das weiß die Partei sehr genau. So erklärt beispielsweise die Stuttgarter NSDAP-Kreisleitung im Mai 1939, dass sie für die »Erledigung fast aller Aufgaben« und die Lösung der meisten Probleme auf »den Einsatz des Block- und Zellensystems in der Ortsgruppe« angewiesen ist.[134]

Doch die Bedeutung des Denunziantentums liegt in dieser Zeit weniger in seinem tatsächlich messbaren Anteil an der Verfolgung durch den Unrechtsstaat. Dieses Deutschland ist ja ohnehin ein Polizeistaat, der mit seiner »Geheimen Staatspolizei« durchaus über ein eigenes und organisiertes Instrument der Gewaltausübung verfügt. Die unter physischer und psychischer Folter erzwungenen Aussagen[135] von Inhaftierten sind für sie vermutlich die ergiebigste Informationsquelle bei der Verfolgung von Sozialdemokraten und Kommunisten; Hinweise von Denunzianten liefern da oft genug nur zusätzliche Erkenntnisse.[136] Die Gestapo kommt also bei vielen Anlässen als funktionierender Verfolgungsapparat auch ohne Denunzianten aus. Letzteren kommt es ja nicht auf eine effektive Verfolgung an. In aller Regel geht es ihnen um persönliche Motive. Die meisten Menschen, und das trifft nicht nur auf die Zeit des »Dritten Reichs« zu, schwärzen Mitmenschen aus privaten Interessen und aus niederen Beweggründen bei der Obrigkeit an. Neid und Rache, Hass und Missgunst sind solche Motive.[137] Ideologische Überzeugungstäter kommen hinzu: Ein strammer Nazi meldet einen Pfarrer, der eine kritische Predigt gehalten hat, eine Ladeninhaberin, die unerlaubt einem Juden etwas verkauft hat, oder einen Arbeitskollegen, der über einen Parteifunktionär gelästert hat. Es ist zwar nicht so, dass in Deutschland jeder jeden denunziert. Aber gerade bei den Prozessen wegen angeblicher »Heimtücke« zeigt sich, dass das Denunziationsangebot des Staates von vielen bereitwillig angenommen wird. In jeder sozialen Gruppe muss mit solchen Menschen gerechnet werden.[138] Die Macht des Denunzianten in dieser Zeit lässt sich nicht nur an den tatsächlich erfolgten Anzeigen und den Statistiken der Strafverfolgung ablesen – sie basiert vielmehr auf der stets gegenwärtigen Vorstellung, dass jeder jederzeit denunzierbar ist. Die Möglichkeit der Denunziation und die Angst der anderen ist ihre Macht.

Auch der Nachwuchs stellt sich schon in den Dienst der Überwachung: Innerhalb der »Hitler-Jugend« bildet sich ein eigener »Streifendienst«, der sich bis 1939 zu einer polizeiähnlichen Instanz für alle Jugendliche entwickelt. Zusätzlich zu den ohnehin üblichen Wochenendtreffen werden die Freiwilligen, die möglichst 15 bis 16 Jahre alt sein sollen, zu regelmäßigen Schulungen geschickt, um dann innerhalb und außerhalb der »Hitler-Jugend« für »Ordnung« zu sorgen: Entweder gehen sie öffentlich Straßenstreife, kontrollieren beispielsweise Jugendherbergen und achten auf die Einhaltung der Brandschutzbestimmung auf Zeltplätzen, oder sie fungieren bei ihren »Sondereinsätzen« als Absperrdienst bei Veranstaltungen der »Hitler-Jugend«. Zusätzlich treten die Jungen dieses »Streifendienstes« im Sinne einer Zivilüberwachung auf, die vor allem gegen die inzwischen verbotenen konfessionellen Jugendverbände gerichtet ist: Tragen andere Jugendliche heimlich

ihre alten Abzeichen oder ihre traditionelle Kluft? Treffen sie sich
womöglich zu unerlaubten Wanderungen oder Märschen? Die
»Hitler-Jungen« liegen auf der Lauer und melden entsprechende
Vorkommnisse umgehend der Kripo oder der Gestapo.[139]

Straßenszene aus Berlin im April 1939: Passanten grüßen den
»Führer« auf der Rückfahrt von der Kroll-Oper zur Reichskanzlei mit
ausgestrecktem Arm.

Schon eine falsche Begrüßung kann einen Menschen in Schwierigkeiten bringen. Inzwischen gelten das »Heil Hitler« und der
»Hitler-Gruß« mit dem ausgestreckten rechten Arm als offizieller
Gruß. Er ist zugleich Beweis der Loyalität gegenüber der Regierung – und für viele Situationen des Alltags ist seine Anwendung
genau festgeschrieben. Auf diese Weise begrüßen jeden Morgen
Millionen deutsche Schülerinnen und Schüler ihre Lehrer zu Beginn einer Schulstunde, und sie beenden diese auch so. Das geschieht mal mit mehr, mal mit weniger Inbrunst – aber der Gruß
gehört unverzichtbar zum deutschen Schulalltag. Schülerinnen
und Schüler jüdischen Glaubens finden sich oft genug in einem

Dilemma wieder: Einerseits sollen auch sie Adolf Hitler mit diesem Gruß Respekt bezeugen, andererseits will man sie bei diesem Moment nationalsozialistischer Gemeinschaftsbildung nicht dabeihaben. Eine Jugendliche erlebt dies an einer Berufsschule, wo der Lehrer sich als strammer Nazi aufführt:[140]

»Wenn wir Juden (zwei von uns) grüßten, schrie er,
und wir mußten vortreten, und er sprach über die Juden,
die den Namen Hitlers entehren würden, wenn sie ›Heil Hitler‹
grüßten. Wenn wir schwiegen, mußten wir vortreten, und er
war wie vom Teufel besessen, da wir keinen Respekt für den
Führer zeigten.«

Vor allen Fahnen der NSDAP und ihrer Organisationen, der Polizei oder der Wehrmacht muss ohne jede Aufforderung der Arm erhoben werden. Und auch wenn in HJ- und BDM-Lagern die Fahne gehisst wird, grüßen die Kinder und Jugendlichen diese mit gestrecktem Arm. Diese Haltung wird mit der Zeit indes recht anstrengend, und wer zu lange grüßen muss, dem wird der Arm schließlich schwer. Das gilt übrigens auch für alle Funktionsträger der NSDAP und ihrer Organisationen, die bei den vielen kleinen und großen Veranstaltungen und Aufmärschen im Land die an ihnen vorbeiziehenden Formationen von SA, »Hitler-Jugend« oder Wehrmacht fortlaufend grüßen müssen. Sogar Adolf Hitler, fraglos der Meistgegrüßte und vermutlich wohl auch Meistgrüßende im ganzen Land, weiß um diese körperliche Anstrengung und baute schon vor geraumer Zeit vor: Viele Jahre trainierte er morgens mit einem Expander seine Armmuskulatur, um selbst bei stundenlangem Vorbeimarsch treuer Gefolgsleute diese korrekt und kraftvoll grüßen zu können.[141]

Wenngleich der »Deutsche Gruß« im öffentlichen Leben nicht offiziell vorgeschrieben ist, so ermöglicht ein loyales »Heil Hitler« eine konfliktfreie Normalität. Denn, so heißt es durchaus zutreffend in den Richtlinien des Nationalsozialistischen Studentenbundes: »Wer nicht in den Verdacht kommen will, sich bewußt abweisend zu verhalten, wird daher den Hitlergruß erweisen.«[142] Im Alltag sorgt der neue Gruß dementsprechend für Konformitätsdruck – und bei vielen Deutschen zugleich für anhaltende Umstellungsschwierigkeiten. Und doch ist, mehr für die Außenstehenden wie die ausländischen Besucher, die vergleichsweise schnelle Trennung von jahrhundertealten Formen von Gruß und Anrede verblüffend, denn es ist in sprachlicher Hinsicht eine durchaus ungewöhnliche und zudem physisch eine aufwendige und im Alltag zuweilen schlicht unpraktische Umstellung.[143]

Gut erzogene Kinder waren bislang gewohnt, etwa beim Betreten eines Postamtes freundlich »Guten Morgen« zu sagen – jetzt kommt es sicher mehr als einmal vor, dass eine Postbeamtin die Kinder barsch zurückweist und den Kindern erst einmal beibringt, »wie man beim Betreten einer Amtsstube den Führer grüßt«. Ein junger Ruderer begrüßt beim Training seine Sportskameraden noch mit dem gewohnten »Salut«, woraufhin er von einem anderen Jungen rüde gemaßregelt wird:[144]

»»Weißt du nicht, dass der deutsche Gruß ›Heil Hitler‹ ist?!‹
Ich dachte vorerst an einen faulen Witz und schaute in
die Runde, doch es blieb bei einer beklemmenden Stille,
und kein Gesicht verzog sich. Unmissverständlich:
Es war ernst gemeint.«

Wer will, kann sich in Geschwindigkeit und undeutliche Aussprache retten: Auch ein zügiges »He-itler« gilt weithin als Einhaltung der neuen Norm. Und wer eine Amtsstube betritt, kann mit einem forschen »Ist hier jemand?« womöglich den verlangten Gruß umgehen.[145] Wenn ausländische Besucher nach Deutschland kommen, sind sie irritiert von der neuen Begrüßung. »HH [Heil Hitler] ohne Unterlaß«, notiert Samuel Beckett in seinem Reisetagebuch genervt, als er im Winter 1936 in einer Braunschweiger Bierstube ein paar Würstchen verspeist. Und wenige Tage später bemerkt er,

Deutschland 1938/39: Antijüdische Propaganda am Ortsschild, Hakenkreuzfahnen, marschierende Kolonnen und Kinder mit »Deutschem
Gruß«. Szene an der Stadtgrenze von Fürth.

dass in einer Regensburger Kirche über einer Eingangstür das historische Schild »Grüss Gott« durchgestrichen und durch ein »Heil
Hitler« ersetzt worden ist.[146] Und wer eine durch die Straßen ge-
tragene SA-Fahne nicht grüßen will, wie dies Sebastian Haffner
beschrieben hat, der »flüchtet« kurzerhand rechtzeitig in einen
Hausflur und entgeht somit dem Zwang zur demonstrativen
Zustimmung.[147]

So sind dieser Gruß und der ausgestreckte rechte Arm Anfang 1939 längst ein Stück deutsche Normalität geworden. Und trotz seiner immer gleichen Form kann der »Deutsche Gruß« unterschiedliche Haltungen und Motive ausdrücken: politische Pflichterfüllung in der Gemeinschaft, Einhaltung der vorgegebenen Regeln sowie die Begeisterung für die nationalsozialistische Sache oder die Person Adolf Hitlers. Und immer ist es die Geste der Ein- und Unterordnung in das »Dritte Reich«.[148] Nach außen ist der »Hitler-Gruß« die Geste für die Zugehörigkeit zur propagierten Volksgemeinschaft. Wer nicht grüßt (wie die Zeugen Jehovas), gehört nicht dazu. Und wer nicht dazugehören soll, darf nicht grüßen, etwa die Deutschen mit jüdischer Religion – ihnen ist der »Deutsche Gruß« untersagt.

Innerhalb der »Grußgemeinschaft« herrscht Anfang 1939 aber keineswegs das, was sich als »Ruhe und Ordnung« bezeichnen ließe – »Hitler« hat ja keineswegs wieder Ordnung auf die Straßen gebracht.[149] Im öffentlichen Raum herrscht zuweilen das pure Unrecht, das wissen alle, die aus der viel beschworenen »Volksgemeinschaft« ausgestoßen sind. Juden können auf offener Straße angepöbelt und verprügelt werden – niemand braucht sich dafür ernsthaft vor einer Strafe zu fürchten. Kinder können auf dem Weg zur Schule von HJ-Horden traktiert werden – und sie erhalten keinen Schutz, wenn ihre Eltern nicht »dazugehören«. Menschen können aus ihren Wohnungen heraus verschleppt werden – und keine Justiz hilft ihnen. Neuartige Gesetze haben zudem neue »Delikte« hervorgebracht, vor allem die »Rassegesetze«. In diesem Land ist den nichtjüdischen Deutschen tatsächlich die Eheschließung mit jüdischen Deutschen verboten, und auch der außereheliche Geschlechtsverkehr zwischen ihnen steht unter Strafe. Und das sogenannte »Heimtückegesetz« ermöglicht Bestrafungen für Handlungen, die erst jetzt strafwürdig sind. So wird 1939 ein Waldarbeiter vom Sondergericht Kaiserslautern zu einem Jahr Gefängnis verurteilt, weil er folgenden Witz weitererzählt hat:[150]

»Göring und Goebbels sitzen in einem Flugzeug und steigen auf bis auf 2000 Meter Höhe. Goebbels bemerkt: ›Ich würde dem Volke gern eine Freude bereiten.‹ Daraufhin Göring: ›Die größte Freude kannst Du dem Volke machen, wenn Du jetzt aussteigst.‹«

Verstöße gegen die neuen Gesetze werden streng geahndet – aber die Strafverfolger müssen sich zugleich weiterhin mit der traditionellen Kriminalität im Land beschäftigen. Auch jetzt gibt es immer noch Beziehungstaten und Diebstahl, große und kleinere Betrügereien, Mord und Totschlag: In Koblenz wird eine 42-jährige Frau wegen des Verdachts verhaftet, gemeinsam mit ihrem Geliebten den Ehemann getötet zu haben, indem sie ihm Gift auf sein Butterbrot gestreut hat.[151] In Saarbrücken eskaliert ein Streit zwischen verschiedenen Hausbewohnern. Dabei wird die Frau des Hausbesitzers, die erst wenige Wochen zuvor ein Kind zur Welt gebracht hat, so brutal mit einem Stock verprügelt, dass sie kurze Zeit später stirbt.[152] In Halle überfallen in diesem Januar fünf Ganoven den Postwagen eines Güterzuges.[153]

Deutschland Anfang 1939? Das ist das Gegenteil von einem geordneten Land. Und auch die viel beschworene Kameradschaft und »Volksgemeinschaft« stoßen immer wieder an ihre Grenzen. Bei einigen spätestens bei der Schnäppchenjagd im Winterschlussverkauf. Auch an diesem 30. Januar 1939 ist das nicht anders, wie sich beispielsweise in Dortmund beobachten lässt. Auch wenn das nationalsozialistische Deutschland den sechsten Jahrestag des Regierungsantritts Hitlers feiert und sich auf die abendlichen Versammlungen zur Radioübertragung aus der Kroll-Oper vorbereitet, müssen tagsüber noch die notwendigen Dinge des Alltags erledigt werden. Einkaufen etwa – und dies eben im Winterschlussverkauf. Die alte Handelsstadt Dortmund lockt an diesem Montag wieder viele Kauflustige, wobei die Einheimischen schon am Vormittag nach den besten Angeboten stöbern, während die Auswärtigen eher nachmittags kommen, was angesichts des Gedränges in den Geschäften auch sinnvoll erscheint. Doch die örtliche Zeitung beklagt tags darauf trotzdem das wenig kameradschaftliche Verhalten – wohl vor allem der Frauen – in diesen Momenten:[154]

> »Es ist von allen Waren eine solche Menge vorhanden, daß niemand die Ellenbogen zum Kaufen zu gebrauchen genötigt ist. Es sollte nicht nötig sein, daß die Polizei einschreiten muß, wie es am gestrigen Vormittag an einigen Stellen geschehen mußte, um den starken Andrang nicht zu einem wilden Durcheinander werden zu lassen! Immer mit der Ruhe.«

Das Gerangel um die besten Schnäppchen ist längst vorbei, die Geschäfte schon geschlossen, als an diesem 30. Januar 1939 das abendliche Großereignis anhebt: die Übertragung aus der Kroll-Oper. Die übergroße Mehrheit der Deutschen lauscht nun ihrem »Führer«. Es sind ja nicht nur die 876 Männer in der Berliner Kroll-Oper, die nach zweieinhalbstündiger Rede aufspringen und mit »Sieg Heil«-Rufen ihre Verehrung für Hitler zum Ausdruck bringen. Hermann Göring als Reichstagspräsident stimmt die offizielle Lobrede auf Hitler an, indem er den Dank des Reichstags und der gesamten deutschen Bevölkerung an den Diktator formuliert:[155]

> »Hier sitzen Ihre ersten Mitarbeiter, mein Führer, und sie alle eint der eine Wille, Ihnen Gefolgstreue zu halten, mit Ihnen weiter in die Zukunft zu schreiten, durchdrungen zu sein von dem Willen, Ihnen blind zu folgen bis zum Höchsten, bis zum Siege unseres großen deutschen Volkes. Sie haben uns zu unvorstellbaren Erfolgen geführt. Sie haben uns das Leben wieder groß und lebenswert gemacht. Sie haben das Großdeutschland geschaffen.«

Das politische Spektakel in Berlin ist nach diesem Treuegelöbnis Görings und der begeisterten Nationalsozialisten in der Kroll-

Oper allerdings noch nicht vorbei. Tausende von Menschen sind zu diesem Zeitpunkt in der Berliner Innenstadt versammelt, um ihrerseits Teil einer großen Inszenierung zu werden, des imposanten Fackelzugs im Gedenken an den 30. Januar 1933 und den Beginn der nationalsozialistischen Regierung. Vor der Reichskanzlei warten die Schaulustigen auf den Reichskanzler und die Marschformationen des Fackelzugs, jenseits des Brandenburger Tors sammeln sich die Menschen schon seit geraumer Zeit, um sich in der richtigen Reihenfolge und zum richtigen Zeitpunkt mit ihren Fackeln auf den Weg zu machen. Sie dürfen nicht zu früh losgehen – denn dann ist Hitler noch gar nicht in der Reichskanzlei –, sie dürfen aber auch nicht zu spät starten, dann müsste der »Führer« nämlich auf sie warten, und das will ihm selbstverständlich niemand zumuten.

Die Erwartung der Menschen vor der Reichskanzlei ist groß – außerdem ist vielen von ihnen angesichts der winterlichen Temperaturen und der langen Wartezeit sicher längst kalt. Der Balkon der Reichskanzlei ist noch leer, aber von zahlreichen Scheinwerfern schon hell erleuchtet. Es ist bereits nach 23 Uhr, als sich dort schließlich Adolf Hitler gemeinsam mit Hermann Göring und Rudolf Heß zeigt, und schon setzt sich die geübte Inszenierung in Gang: Ein Spielmannszug spielt auf, und allen voran marschieren Kolonnen von SA-Männern mit Fackeln in den Händen an der Reichskanzlei und den dort versammelten Zuschauern vorbei. Es folgen unter anderem Gruppen der »Hitler-Jugend«, des Arbeitsdienstes, des nationalsozialistischen Kriegerbundes, des Luftschutzbundes und der SS. Zur Choreografie gehört, dass die Kolonnen mit den Fackeln stumm durch die ansonsten winterdunkle Stadt marschieren.[156]

Im übrigen Deutschland sitzen in diesem Moment viele Menschen noch bei einem Bier in einem der Lokale beieinander, die meisten sind indes nach 23 Uhr sicher schon wieder daheim – schließlich ist morgen wieder ein Arbeitstag. Heute war kein normaler Tag, denn der 30. Januar ist auch in diesem Jahr wieder groß gefeiert worden. Andererseits war er aber in gewisser Hinsicht doch ein normaler Tag, weil er bezeichnend ist für das Leben im Land: Während ein kleiner Teil der Bevölkerung unter Unrecht und Verfolgung leidet, hat sich der überwiegende Teil der Deutschen mit den seit sechs Jahren bestehenden Strukturen arrangiert, nicht aus Angst, zumeist auch nicht aus Resignation, sondern durchaus mit Zufriedenheit – und einige sogar mit echter Begeisterung. Die meisten Deutschen würden wohl den Stimmungsbericht teilen, den für diesen Tag ein Zeitungsreporter aus dem brandenburgischen Baruth ablieferte:[157]

> »Eine schöne, eine herrliche Zeit ist es, in der wir leben ...
> Der Führer spricht zu seinem Volke, und draußen in den
> Straßen und Gäßchen flattern im Nachtwinde die Fahnen
> einer stolzen und freien Nation.«

Freiheit und Stolz – eine schöne und herrliche Zeit. Es gibt tatsächlich diese Wahrnehmung, und das gilt sicher nicht nur für die über fünf Millionen Menschen, die inzwischen Mitglied in der NSDAP sind und mit ihrer Aufnahme in die Partei vor den Mitgliedern ihrer Ortsgruppe einen Eid auf Adolf Hitler abgelegt und ihm und allen anderen »Führern« der Partei Achtung und Gehorsam versprochen haben. Diese Mitglieder bilden einen besonders stabilen Rückhalt der Diktatur. Deutschland ist also Anfang 1939 alles gleichzeitig, wenngleich nicht zu gleichen Teilen: ein Land zunächst einmal voller Begeisterung – und dann eben auch ein Land voller Angst und Schrecken.

Der Staat kann auf keinen einzigen Mitarbeiter verzichten. Also muß jeder Staatsbürger gesund sein, um seinen Pflichten gegen den Staat nachkommen zu können.

Karl Kötschau, nationalsozialistischer Arzt und Naturheilkundler[158]

3

Die Pflicht, gesund zu sein

17. Februar 1939: Das Heilpraktikergesetz

»Mutig seinen Mann stehen«, so verspricht es die Werbung, »in der Jugend wie im Alter.« Die Berliner Firma HORMO-Pharma preist mit diesen Worten im Februar 1939 ihr Produkt »Okasa« an. Die Tabletten sollen all jenen eine Hilfe sein, die sich eine »Förderung der Lebens- und Leistungskraft« erhoffen. Denn im Alltag, so heißt es in der Werbung weiter, würden bekanntlich die Lebensanforderungen mit den Jahren nicht geringer, und »hohe und höchste Leistungen werden von Menschen zwischen dem 40. u. 60. Lebensjahre verlangt und vollbracht«.[159] Gerade die Männer müssen den Leistungsanforderungen entsprechen – und sie wollen es auch. Das hier angepriesene Präparat aus Berlin, eine Mixtur aus Lecithin, einigen Vitaminen und nicht näher bezeichneten Hormonen, passt da gut in die Zeit: Die Deutschen interessieren sich für ihre Gesundheit, und sie interessieren sich für ihre Leistungsfähigkeit. Gesund und fit zu sein ist allerdings nicht nur ein individuelles Bedürfnis, sondern auch das offizielle Ziel für die »Volksgemeinschaft«. Kraft, Gesundheit und Tatkraft gelten mehr denn je als deutsche Tugenden, die schon den Kindern und Jugendlichen in den HJ-Organisationen nahegebracht und anerzogen werden sollen – aber sie gelten fraglos auch für die

Erwachsenen. Die wollen selbstverständlich auch gesund und leistungsstark sein.

Wenn es für diese Leistungsstärke im Alltag kleine Helfer braucht, dann stellt sie die Pharmaindustrie mit ihren Produkten zur Verfügung: »Grippe und andere Schmerzen? Dann sofort Herbin-Stodin«, preist ein Magdeburger Hersteller seine rezeptfrei erhältlichen Tabletten an, eine Pharmafabrik aus Leipzig empfiehlt bei vermeintlicher Zuckerkrankheit ein hochwirksames, doch angeblich völlig unschädliches Pflanzenpräparat.[160] Andere Anbieter preisen Medikamente bei Warzenbefall, bei Bettnässen oder bei grauen Haaren an, »schwachen Männern« wird in der Werbung verschämt die diskrete Zusendung von Informationsmaterial zur Stärkung der Männlichkeit angeboten.[161] Für alle kleinen Wehwehchen und großen Handikaps scheint es die richtigen Mittel zu geben …

Der Gesundheitsmarkt ist für die Hersteller von Arzneien und Nahrungsergänzungsmitteln seit geraumer Zeit ein zunehmend lukratives Geschäft. Doch nicht nur die chemische Industrie verkauft den Menschen im Land ihre Produkte, auch Anbieter von pflanzlichen und naturheilkundlichen Verfahren haben zahlreiche Anhänger. Viele Deutsche nehmen im Krankheitsfall – und dies nicht nur bei leichten Erkältungen – keineswegs akademisch ausgebildete Ärzte in Anspruch, sondern vertrauen auf den Rat und das Wissen von naturheilkundigen Laien oder vermeintlichen »Fachleuten«, um deren Expertenwissen und Professionalität in Sachen Naturheilkunde es indes recht unterschiedlich bestellt ist: Die Palette der Heilkundigen reicht vom Arzt mit langjähriger Erfahrung in alternativen Heilmethoden bis hin zu dorfbekannten Frauen, die durch Handauflegen Krankheiten heilen …

Die Anhängerschaft dieser alternativen Heilverfahren lässt sich nur schwer schätzen, aber fraglos hat sich die sehr facettenreiche und mit diesem Begriff letztlich auch nur schwer fassbare »Naturheilkunde« in Deutschland bereits seit Jahrzehnten als stabile Größe etabliert. Schon im Kaiserreich – und dann noch verstärkt während der Weimarer Republik – entwickelte sich die Naturheilkunde zugleich auch zu einer beachtlichen medizinkritischen Bewegung. Immer mehr Naturheilvereine informierten die Öffentlichkeit über tatsächliche oder vermeintliche Ursachen von Krankheiten und die nur ihnen zur Verfügung stehenden alternativen Behandlungsmöglichkeiten. Einige Vereine eröffneten beispielsweise Licht-Luft-Bäder und eigene Heilstätten, die homöopathische Laienbewegung sorgte für die Gründung von Vereinsapotheken zur Selbstversorgung ihrer Anhänger mit homöopathischen Arzneien. Damit provozierte die Naturheilkunde den zunehmenden Widerstand der Ärzte, die sich in ihrer übergroßen Mehrheit nicht ihre Definitionsmacht über Krankheit und Gesundheit streitig machen lassen wollten. Sie reagierten mit dem durchaus wirksamen Vorwurf der »Kurpfuscherei«, um die unliebsamen Konkurrenten zu diskreditieren.[162]

Diese Konkurrenz auf dem Markt der Gesundheit – die oft genug die Form eines ideologischen Kampfes annimmt – lebt auch im »Dritten Reich« fort. Und zum Ärger der Ärzte gibt es auch in der Spitze der NS-Bewegung mächtige Fürsprecher der naturheilkundlichen Methoden. Offiziell ist jetzt sogar von einer »Neuen Deutschen Heilkunde« die Rede, die augenscheinlich in vielerlei Hinsicht zur Ideologie des Nationalsozialismus passt. Doch mit dem 17. Februar 1939 scheinen sich die Hoffnungen der Naturheilkundler in Deutschland auf mehr Einfluss zunächst einmal zu zerschlagen. Denn mit dem »Gesetz über die berufsmäßige Ausübung der Heilkunde ohne Bestallung (Heilpraktikergesetz)« greift der Staat unmittelbar in die Praxis des Heilens ein.[163]

»(1) Wer die Heilkunde, ohne als Arzt bestallt zu sein,
ausüben will, bedarf dazu der Erlaubnis.
(2) Ausübung der Heilkunde im Sinne dieses Gesetzes
ist jede berufs- oder gewerbsmäßig vorgenommene Tätigkeit
zur Feststellung, Heilung oder Linderung von Krankheiten,
Leiden oder Körperschäden bei Menschen, auch wenn sie
im Dienste von anderen ausgeübt wird.«

Die richtigen »Kügelchen«? Eine Apothekerin stellt ein homöopathisches Präparat her (Aufnahme ca. 1937).

Wer fortan Heilkunde betreiben will, also berufsmäßig Krankheiten diagnostizieren oder kurieren möchte, muss entweder Arzt sein, oder er braucht dazu eine ausdrückliche Erlaubnis. Überdies werden die Ausbildungsstätten zur Ausübung der Heilkunde verboten. Für die Naturheilkundebewegung scheint dieses Gesetz auf den ersten Blick ein enormer Rückschlag zu sein – und für die Ärzte ein Erfolg. Dabei war und ist der Kurs der NS-Bewegung in Sachen Heilkunst weiterhin unklar: Einerseits will die Regierung die einflussreiche Berufsgruppe der Ärzte hinter sich wissen und unterstützt sie in ihrer Agitation gegen vermeintliche medizinische »Scharlatane«. Andererseits gibt es weiterhin Stimmen, denen zufolge zumindest zuweilen eine von sachkundigen Laien ausgeübte Naturheilkunde der akademischen Medizin vorzuziehen sei. Das Land ist in dieser Hinsicht gespalten, und dementsprechend ist es auch die offizielle Politik.

Die »Heilpraktiker« – eine unscharfe Bezeichnung für eine Gruppe höchst unterschiedlicher Behandler – sind 1939 noch immer eine ernst zu nehmende Konkurrenz für die Ärzte. Vorsichtige Schätzungen gehen davon aus, dass 1935 mindestens 14 000 praktizierende Laien ihre Dienste anbieten – somit kämen auf zehn approbierte Ärzte immerhin etwa drei »Laienheiler«. 1936 schließt der »Reichsverband der Naturärzte« zwar gut ein Drittel seiner Mitglieder aus, um durch die Distanzierung von diesen »anstößigen Elementen« das Vertrauen in die Seriosität der Naturärzte zu stärken.[164] Doch es ist nicht anzunehmen, dass die »Heiler« ihre Tätigkeit deshalb sämtlich ruhen lassen. Zudem gab und gibt es auch weiterhin zahlreiche Laienbehandler, die nicht diesem Verband angehören. Fraglos haben die alternativen Behandlungsmethoden in Deutschland also eine feste Anhängerschaft – und es gibt eine entsprechend hohe Zahl an »Heilern«. Und diese können auch nach dem 17. Februar 1939 ihre alternativen Methoden anbieten, denn das Heilpraktikergesetz verbietet eben keineswegs jedwede nichtärztliche Heilkunst. So heißt es nämlich zugleich:[165]

> »Wer die Heilkunde bisher berufsmäßig ausgeübt hat und weiterhin ausüben will, erhält die Erlaubnis nach Maßgabe der Durchführungsbestimmungen; er führt die Berufsbezeichnung ›Heilpraktiker‹.«

Damit erhalten die Laientherapeuten mit dem nun erstmals gesetzlich anerkannten Titel »Heilpraktiker« einen professionellen Anstrich, was eine deutliche Aufwertung dieses Berufsstands bedeutet. Wer von den Betroffenen seine Fähigkeit »zur Ausübung der Heilkunde glaubhaft« machen kann, darf sich fortan sogar »Arzt für Naturheilkunde« nennen oder auch ohne Abitur zu einem verkürzten Medizinstudium zugelassen werden, um anschließend als regulärer Arzt arbeiten zu können. Für viele Ärzte, die sich ein rigoroseres Durchgreifen gegen die Konkurrenz gewünscht hatten, sind diese Zugeständnisse fraglos ein Ärgernis – aber auch die künftigen »Heilpraktiker« zeigen sich unzufrieden.[166] Ein Bericht des Sicherheitsdienstes der SS fasst die Reaktionen auf das Gesetz zusammen:[167]

»Es wird … allenthalben begrüßt, daß nunmehr endlich die Möglichkeit besteht, die rücksichtslose Ausrottung der zahlreichen Kurpfuscher durchzuführen. Von den Ärzten wird die Schaffung des Arztes für Naturheilkunde nicht begrüßt. In Heilpraktikerkreisen herrscht z. T. die Ansicht, daß durch die Abschneidung des Nachwuchses die weitere Ausbreitung der Naturheilkunde unterbunden sei.«

Für das Gebiet des ehemaligen Österreichs bringt dieses Gesetz zugleich eine wohl nicht beabsichtigte Öffnung des Heilermarkts: In der »Ostmark« war bislang jede Tätigkeit nicht approbierter Heilbehandler verboten. Jetzt können sich dort nicht nur Laien als »Heilpraktiker« registrieren lassen, sondern – so die Sorge der dort praktizierenden Ärzte – sich auch viele bereits zugelassene Heilpraktiker aus dem Altreich niederlassen.[168]

Die Hürden für einen Laienheiler, sich als einer der neuartigen Heilpraktiker anerkennen zu lassen, sind vergleichsweise niedrig: In der Durchführungsverordnung zu dem Gesetz wird festgelegt, dass der Antrag auf Zulassung als Heilpraktiker nicht an eine fachliche Prüfung gebunden ist. Der Antragsteller muss lediglich mindestens 25 Jahre alt, Deutscher und »nicht-jüdischer« Abstammung sein, mindestens eine Volksschule besucht haben, darf nicht einschlägig vorbestraft sein und keine einschneidenden körperlichen oder geistigen Schwächen aufweisen.[169] Vermutlich erhalten rund 10 000 Personen eine entsprechende Zulassung. Sie können also ihre Arbeit staatlich anerkannt fortsetzen, die approbierten Ärzte sollen sie nach Bedarf auf ihre Bitte hin sogar unterstützen.[170] Die Zahl der »Heiler« ist in der Praxis noch höher, denn nicht alle betreiben ihre Kunst gegen Honorar – und dürfen deshalb weiter ungehindert praktizieren: Das neue Gesetz gilt ja nur für alle berufsmäßig agierenden »Heiler«. Wer kein Honorar erhält, ist davon nicht betroffen. Wie viele Deutsche in dieser Zeit tatsächlich einen naturheilkundlichen Laien aufsuchen, lässt sich nicht genau sagen, doch das Potential der Naturheilkunde wird auf fünf bis sechs Millionen Sympathisanten geschätzt.[171]

Im Ringen um das richtige Heilen scheint das Heilpraktikergesetz ein gelungener Kompromiss zu sein. In der Presse ist die offizielle Reaktion dementsprechend geprägt vom Lob auf die Naturheilkunde. Die Kölner Tageszeitung *Der Neue Tag* zeigt sich zufrieden:[172]

> »Auf gesetzlichem Wege wurde sozusagen die Spreu von
> dem Weizen getrennt. In Zukunft ist der Name Heilpraktiker
> eine Berufsbezeichnung wie Arzt und Ingenieur. Das
> Laienpublikum aber ist sicher, daß es sich beim Besuch
> und Inanspruchnahme derartiger Heilpraktiker nicht
> Schwindlern und Scharlatanen ausliefert.«

Der lang anhaltende Kampf zwischen der akademischen Medizin und alternativen Heilmethoden ist nach Ansicht der Zeitung »im wesentlichen entschieden«, denn »mit großem Nachdruck hat sich der nationalsozialistische Staat für die Pflege natürlicher Heilmethoden eingesetzt«, auch weil er die Ärzte fortan verpflichtet, naturheilkundliche Überlegungen »nicht von vornherein abzulehnen«. Dieses Gesetz, so schließt der Kommentator seine Betrachtung, passe deshalb gut in die nationalsozialistische Gesellschaft, weil es alte

Gegensätze versöhne: Es setze auf »Zusammenarbeit«, wo es früher »Verketzerung und gegenseitiges Bekämpfen« gegeben habe.[173]

Ist das tatsächlich so? Gibt es in Deutschland auf dem Markt für Gesundheit produktive Kooperation zwischen Ärzten, »Heilpraktikern« und Heilern jedweder Couleur? Oder ist es schlicht Konkurrenz? Sie alle buhlen schließlich um die Gunst der Kranken – wie der Gesunden. Und das Angebot gerade der alternativen Heilmethoden ist riesig groß. Es reicht vom wohltuenden Kräutertee bis zum Einsatz von Blutegeln, dem Schröpfen, Eigenblut- und Eigenharnbehandlung, Aderlass oder dem Einspritzen von Kuhmilch oder Leitungswasser bei diversen Entzündungskrankheiten. Dazu kommen Angebote zum Fasten und Heilfasten – das gerne als »Messer des Naturheilers« bezeichnet wird – oder Anleitungen für Obst- und Saftkuren. Lebertran und Honig gelten zuweilen als »verschüttetes Erfahrungsgut früherer Generationen«, manch einer empfiehlt sogar den »natürlichen Bienenstich« als preiswertestes Mittel gegen Rheumatismus. In den Jahren 1938 und 1939 ist zudem die Nachfrage nach der sogenannten »Kaffeekohle« stark gestiegen. Dieser stark geröstete, fast verkohlte Kaffee gilt vielen als Allheilmittel etwa bei Schnupfen und Allergien, Wurmerkrankungen oder Parodontose – und kostet in einigen Apotheken schon mal 25 Reichsmark pro Pfund.[174]

Unter den Anhängern der Naturheilkunde finden sich überzeugte Nationalsozialisten – weil sich hier viele ideologische Anknüpfungspunkte finden. Die »Neue Deutsche Heilkunde«, die demonstrativ den Kampfbegriff der »Schulmedizin« verwendet und hinter ihr sogar marxistische und jüdische Verschwörungen wittert, will althergebrachte, »natürliche« Heilverfahren des deutschen Volkes, die zuweilen auf angebliche Praktiken der alten Germanen zurückgehen sollen, mit den medizinischen Kenntnissen der Gegenwart verbinden. Dabei gibt sich diese neue Heilkunst auch ganz offen antiwissenschaftlich, denn ihre Grundlage ist die politische Ideologie, wie Reichsärzteführer Gerhard Wagner 1935 erklärt hatte:[175]

Die Anwendung von Blutegeln ist nur eine von vielen alternativen Heilmethoden, die sich in der Zeit des Nationalsozialismus großer Beliebtheit erfreuen. Szene aus der Berliner »Blutegelhandlung« A. Donner (1936).

»Wenn wir heute eine neue Heilkunde aufbauen wollen, so kann das Fundament dieser Heilkunde niemals die exakte Naturwissenschaft sein, sondern das Fundament kann nur sein unsere nationalsozialistische Weltanschauung.«

Die medizinische, naturwissenschaftlich arbeitende Medizin habe sich »von den organischen Zusammenhängen des völkischen Lebens« entfernt und sei damit »dem eigenen Volk fremd« geworden, erklärt 1939 auch Georg Gustav Wegener, der Leiter der Deutschen Volksgesundheits-Bewegung. Zugleich spottet er in bester anti-intellektueller Manier über jene Wissenschaftler, »die da behaupten, naturwissenschaftliche Fragen unterliegen ganz allein der Beweisführung und haben mit Weltanschauung nichts zu tun«.[176] Diese keineswegs nur bei Nazi-Funktionären verbreitete Haltung öffnet allen nur denkbaren alternativen Behandlungspraktiken auf dem Gesundheitsmarkt Tür und Tor – es braucht schließlich nichts mehr »bewiesen«, sondern lediglich »empfunden«, »gefühlt« oder »geglaubt« zu werden.

Hauptakteur der »Neuen Deutschen Heilkunde« ist der Arzt Karl Kötschau, der in Nürnberg als Chefarzt arbeitet und die zwischenzeitlich bestehende »Reichsarbeitsgemeinschaft für eine Neue Deutsche Heilkunde« geleitet hat. Zu seinen mächtigen Förderern gehören Julius Streicher, Gauleiter von Nürnberg und Herausgeber des antisemitischen Hetzblattes *Der Stürmer*, SS-Chef Heinrich Himmler sowie Hitlers Stellvertreter Rudolf Heß, nach dem 1934 auch das Stadtkrankenhaus Johannstadt in Dresden in »Rudolf-Heß-Krankenhaus« umbenannt wurde.[177] Heß hatte schon vor 1933 dafür geworben, dass Ärzte und Heilpraktiker »im gemeinsamen Dienst an der Gesundheit der Nation« zusammenarbeiten sollten, und 1937 die Schirmherrschaft über den 12. Internationalen Homöopathischen Kongress in Berlin übernommen, um »das Interesse des nationalsozialistischen Staates an allen Heilweisen, die der Volksgesundheit dienen, zum Ausdruck zu bringen«.[178] Wohl auch wegen der nicht unerheblichen Unterstützung für dieses alternative Heilverfahren durch hohe Nazi-

Rudolf Heß als Redner auf dem 12. Internationalen Homöopathischen Kongress (1937). Im Vordergrund rechts eine Büste des deutschen Begründers der Homöopathie, Samuel Hahnemann.

Funktionäre und -politiker entscheidet im Sommer 1939 die »Internationale Homöopathische Liga«, ihre 15. Jahrestagung im Jahr 1940 in Deutschland, nämlich in Köln, ausrichten zu wollen.[179] Und erst im vorherigen Monat hat Hitler anlässlich des Jahrestags der Machtübernahme am 30. Januar 1933 den Berliner Homöopathen Hanns Rabe[180] und Ernst Bastanier[181] den Ehrentitel eines Professors verliehen – allerhöchste Anerkennung also für diese Heilmethode durch den »Führer«.

Kennzeichnend für die nationalsozialistische Gesundheitspolitik ist zugleich die Aufwertung der »deutschen Heilpflanze«. Dabei zeigt sich, in welchem Ausmaß die Naturheilkunde in vielerlei Hinsicht anschlussfähig an die rassistische Ideologie ist. Im SS-Blatt *Das Schwarze Korps* war erst wenige Monate zuvor zu lesen:[182]

> »Unsere Altvorderen wußten viel mehr als wir von der Heilkraft der Kräuter unserer Heimat. Diese wieder zu erkennen, zu erforschen und der Volksgesundheit nutzbar zu machen, erfordert große, mit wissenschaftlichem Ernst und Verantwortungsgefühl betreute Anlagen, wie die vom Reichsführer SS ins Leben gerufenen ... Es ist wirkliches Neuland, im wörtlichen wie im übertragenen Sinn, das hier durch den Einsatz der SS erschlossen wurde. Der Erfahrungsschatz unserer bäuerlichen Vorfahren vereinigt sich mit der Anwendung zeitgemäßer wissenschaftlicher Erkenntnisse zu einem Werk von großer Zukunftsbedeutung für die deutsche Volksgesundheit.«

SS-Chef Heinrich Himmler stellt als großer Anhänger der »Neuen Deutschen Heilkunde« zur praktischen Erforschung der Verfahren sogar Häftlinge der Konzentrationslager zur Verfügung – zunächst als billige Arbeitskräfte, später dann auch als Opfer medizinischer Versuche.[183] Die Ausbeutung von Häftlingen hat 1939 bereits systematischen Charakter angenommen: Im Werk Dachau der »Deutschen Versuchsanstalt für Ernährung und Verpflegung« schuften Gefangene zwischen Pfefferminzpflanzen, Thymian und Johannisbeersträuchern. Oswald Pohl, oberster Leiter aller SS-Wirtschaftsbetriebe, berichtet stolz:[184]

> »Hier wie allerorts, wo ähnliche Betriebe sich befinden, finden in reichlichem Maße Schutzhäftlinge Gelegenheit, in freier Natur sich nützlich zu betätigen. Verdanken doch gerade die Heilkräutergärten der Schutzstaffel ihre Entstehung der Notwendigkeit, Schutzhäftlinge in erheblicher Zahl beschäftigen zu müssen.«

Auch wenn hinter dem einen oder anderen Aufguss Zwangsarbeit in Konzentrationslagern steckt – die Deutschen vertrauen auf den richtigen Kräutertee bei bekannten Beschwerden. Manchem Zeitgenossen gehen dieses Vertrauen und die allgegenwärtige Begeisterung für die Wirkung der Kräutertees dann allerdings doch zu weit. So moniert ein Arzt 1939 in einer medizinischen Fachzeitschrift:[185]

> »Auffällig ist die in letzter Zeit stark hervortretende Propaganda für Heilkräuter. Zahlreiche Kräuterbücher, Taschenbücher der Heilpflanzen und Aufsätze in vielgelesenen Zeitschriften sind erschienen, in denen von Wunderkuren der Natur gesprochen wird. Man könnte fast glauben, neue Heilpflanzen seien entdeckt, wunderbare Wirkungen nach Gebrauch von Heilkräutern würden erzielt, an die man früher nicht gedacht hätte. So liegt die Sache denn doch nicht.«

Aber solche Stimmen bleiben letztlich in der Minderheit, auch weil Heilkräuter erkennbar wohltuende, wenngleich bei schweren Erkrankungen in der Regel keine heilende Wirkung haben. Allerdings kommen die großen ideologischen Auseinandersetzungen

»Bei diesem herrlichen Wetter macht das Heilkräutersammeln Freude.«
So kommentiert die nationalsozialistische Propaganda diese Aufnahme,
die BDM-Mädchen bei einer angeordneten Tee- und Heilpflanzen-
sammlung zeigt.

um die richtige »deutsche« Medizin im Alltag nur sehr begrenzt
an. Wer sich in diesen kalten Februartagen mit Temperaturen um
den Gefrierpunkt krank fühlt, dem mag es zunächst einmal egal
sein, welche Profession sein »Heiler« hat. Hauptsache, die Erkältung verschwindet rasch wieder – oder die Kopf- und Glieder-

schmerzen lassen nach. Doch gleichgültig, welcher Behandler hinzugezogen wird: Das Kranksein hat sich in Deutschland in den vergangenen Jahren verändert, da es in gewissem Maße eben nicht mehr Sache des Einzelnen ist, ob er nun gesund oder krank ist. Dieser Staat, der ganz offen seinen Anspruch auf die volle Arbeitskraft der Menschen erhebt, verlangt von allen Deutschen Gesundheit und Leistungsfähigkeit – die Parolen vom »gesunden« und »starken« Volk sind durchaus ernst gemeint. Der körperliche Zustand der Menschen fällt in die Zuständigkeit des Staates; der führende NS-Pädagoge Alfred Baeumler formuliert in diesem Sinne:[186]

> »Es bleibt dem Einzelnen nicht länger überlassen,
> ob er gesund sein will oder nicht, ob er Anforderungen
> an die Entfaltung der Kräfte seines Lebens stellen will
> oder nicht. Bis zu welcher Höhe er es bringen will in
> der Ausbildung leiblicher Gewandtheit, bleibt nicht
> seinem subjektiven Ermessen anheimgestellt.«

Wer krank wird, bringt in dieser Logik den Staat um einen tatkräftigen Mitarbeiter und schadet ihm dadurch. »Krankheit ist demnach Pflichtversäumniß«, erklärte Karl Kötschau, der Wortführer der »Neuen Deutschen Heilkunde«. Es sei sogar ein »Verbrechen gegen den Staat«, durch Krankheit in den Genuss staatlicher Fürsorge zu kommen.[187] Und Leonardo Conti, der als altgedienter Nazi im Frühjahr 1939 zum »Reichsgesundheitsführer« und damit zum obersten zivilen Mediziner im Land aufsteigt, stellt solche Forderungen beispielhaft beim Gauärztetag in Baden in den großen ideologischen Zusammenhang:[188]

> »Niemand hat heute mehr das Recht, so zu leben, wie es
> ihm gerade paßt. Gemeinsames Schicksal zwingt uns, unsere
> Gesundheit und Arbeitskraft als Bestandteil des Volks-
> vermögens zu betrachten und zu verwalten, sparsam und
> haushälterisch mit unseren Kräften umzugehen.«

Conti bedient damit das Modell einer völkischen Zwangsgemeinschaft und argumentiert zugleich klassisch rassistisch: »Wenn unser Volk für alle Zukunft stark und lebensfrisch erhalten werden soll«, müssten die Deutschen gesund sein und gesund bleiben – und übrigens obendrein noch sehr viel mehr Kinder bekommen. Denn eine größere Nachkommenschaft brächte dem deutschen Volk »seine alte Kraft zurück«.[189] Gesunde Deutsche müssen geboren und die aktuell lebenden Deutschen gesund erhalten werden: »Kämpferische Fürsorge statt karitative Fürsorge«, fordert deshalb Karl Kötschau für die medizinische Versorgung im Land.[190] Offizielles Ziel der Medizin in Deutschland ist nun nicht mehr nur eine »von Krankheit freie« Bevölkerung, wie es der stellvertretende Reichsärzteführer Fritz Bartels schon vor Jahren gefordert hatte, sondern der »auf Grund seines Erb- und Rassegutes« gesunde Mensch.[191]

Nun ist das mit den gesunden Deutschen so eine Sache – und die Propaganda hinkt auch an diesem Punkt der Realität hinterher. Denn die Menschen im Land sind in den vergangenen Jahren unter der NSDAP-Regierung ja keineswegs gesünder geworden. Stattdessen hat sich die viel beschworene »Volksgesundheit« seit 1933 sogar verschlechtert: In den ersten zwei Jahren des NS-Staates stieg der Krankenstand bei den krankenversicherten Personen um 20 Prozent an, zwischen 1935 und 1938 um fast 30 Prozent. Ursache dafür ist vor allem die hohe Arbeitsbelastung selbst bei jenen, die nach den vorhergehenden Krisenjahren noch geschwächt sind, bei Invaliden und Älteren. Auch ansteckende Krankheiten werden nicht eingedämmt; so nehmen die Fälle von Scharlach bei Kindern zwischen 1933 und 1939 um mehr als 100 Prozent zu.[192] Und die Zahl der registrierten Fälle von Diphterie beträgt im Jahr 1938 mehr als 148 000,[193] 1930 hingegen wurden rund 70 500 solcher Erkrankungen gemeldet, 1925 nur knapp 37 000.[194]

Die Gesundheitspolitiker beklagen zudem die schlechte Zahngesundheit: Bei den Untersuchungen der neuen Wehrmachtsangehörigen, so moniert ein Arzt 1939, seien »große Mängel« hinsichtlich der Zahnkrankheiten registriert worden. Um hier Abhilfe zu schaffen, sollten in Zukunft die beiden letzten Jahrgänge der »Hitler-Jugend« intensiv zahnärztlich betreut werden.[195] Ohnehin hat der deutsche Nachwuchs wohl doch mehr gesundheitliche Probleme, als die rassistischen Parolen vom deutschen Herrenmenschen und der kerngesunden deutschen Jugend vermuten lassen. 1939 räumt der Sicherheitsdienst der SS ein, dass in Untersuchungen bei der Jugend in Baden erstaunliche Ergebnisse vorgelegt worden seien:[196]

>»Bei 80 % der dortigen Landjugend wurde irgendein Fehler festgestellt (Blutarmut, Unterernährung, Kropfbildung, Senkfüße, Rückgratverkrümmung). Die untersuchenden Ärzte sind der Meinung, daß die Landjugend in Baden hinsichtlich ihrer Körperertüchtigung und gesundheitlichen Pflege und damit in ihrem allgemeinen Wert von der Stadtjugend überholt worden ist.«

Bei Lichte betrachtet ist dieser Befund für die rassistisch aufgeladene Agrarromantik fraglos ein schwerer Schlag – und erst recht für die Vorstellung vom überlegenen »germanischen« Menschentyp. Die NS-Ideologie steht doch ganz in der Tradition von der Verherrlichung eines angeblich so gesunden Landlebens, wo kerngesunde deutsche Bauern – samt ihren ebenso kerngesunden Frauen und Kindern – als Erbträger des Deutschtums ihrem »natürlichen« Werk nachgehen. Die Städte mit ihren Lebensbedingungen, vor allem aber auch mit ihren kulturellen wie zivilisatorischen Errungenschaften, bleiben hingegen ideologisch verdächtig. Wie ärgerlich, dass ausgerechnet auf dem Land – und mehr noch: vor allem bei der deutschen Jugend – augenscheinlich die Gesundheit nicht den Wünschen entspricht.

Zur Gesundheitsvorsorge gehört deshalb präventiv der Sport – vor allem bei der Jugend: In HJ und BDM wird permanent an der Leibeserziehung gearbeitet, in den Schulen ab 1939 der Ausbau des Sportunterrichts von zwei auf fünf Wochenstunden vollzogen,

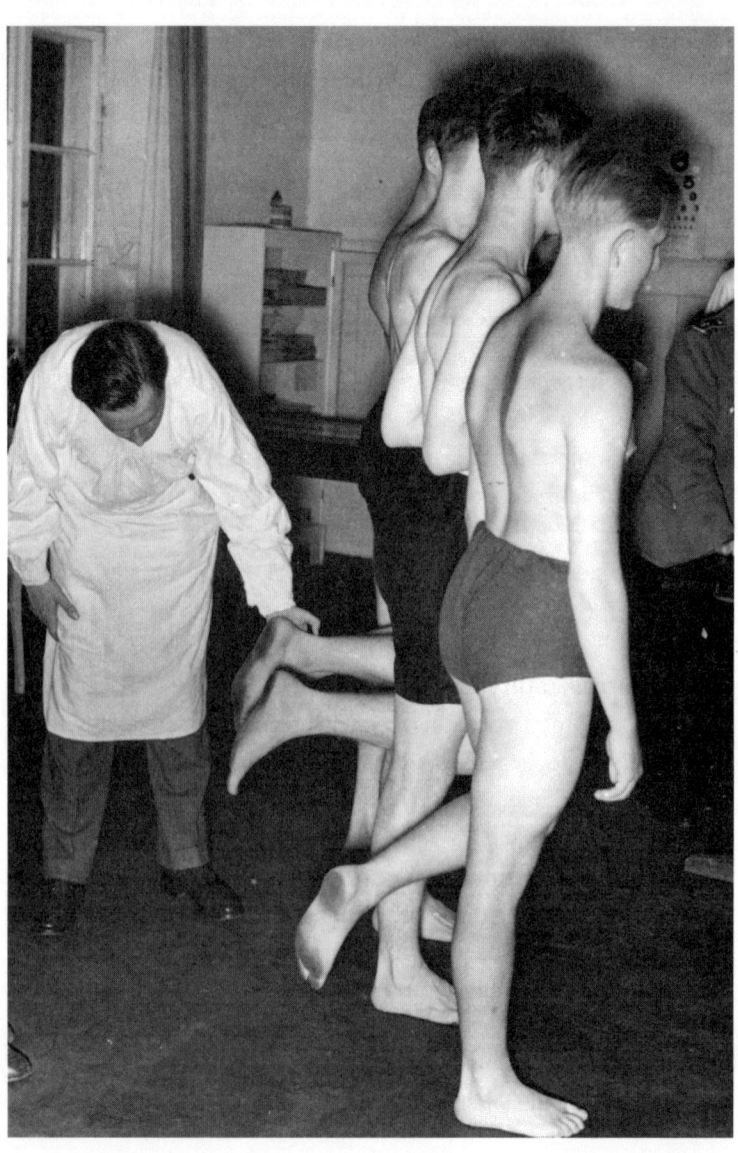

»Herz und Füsse müssen in Ordnung sein, wenn der Hitler-Junge an dem Adolf Hitler Marsch nach Nürnberg teilnehmen darf«, lautet die Bildunterschrift dieser Aufnahme von 1938. Längst mehren sich die Stimmen, dass die deutsche Jugend körperlich überlastet werde.

selbst Studierende müssen eine sportliche Grundausbildung absolvieren. Für die Erwachsenen gibt es zudem den Betriebssport, der nur offiziell freiwillig ist – denn für die Teilnahme sorgt in manchen Firmen schlicht der soziale Druck. Der schon in der Weimarer Republik in vielen großen Konzernen praktizierte betriebliche Sport wird seit Jahren ausgebaut, denn dieser kann nach Ansicht der »Deutschen Arbeitsfront« zu regelrechten »Sparkassen der Volksgesundheit« werden. Der wahre Deutsche müsse eben Sport treiben: »Menschen ohne Leibesübungen leben unhygienisch, wie ungekämmte und ungewaschene Wilde«, heißt es in diesem Sinne. Zugleich erscheint der Betriebssport nach Ansicht des stellvertretenden Reichsärzteführers Friedrich Bartels als willkommener Beitrag zur »völkischen Charakterbildung« und gleichermaßen zur Steigerung der Wehrhaftigkeit.[197]

Allerdings scheint das rechte Maß aus dem Blick geraten zu sein. Die Deutschen müssen so viel Sport treiben, dass es einigen Fachleuten inzwischen schlicht zu viel des Guten ist: 1938 warnt die Zeitschrift *Der öffentliche Gesundheitsdienst* nachdrücklich vor drohenden gesundheitlichen Schäden durch sportliche Überanstrengung. Ältere würden aus übersteigertem Ehrgeiz oft ihre Kräfte überschätzen, weil sie sich vor Jüngeren keine Blöße geben wollten – hier dürften vor allem Männer gemeint sein. Und zugleich befürchten einige Ärzte eine mögliche Gesundheitsschädigung von Jugendlichen durch die bekannten anstrengenden Geländeübungen und die oft genug praktizierten Gepäckmärsche.[198] Zu viel Gewicht, zu viele Kilometer.

Zur offiziell propagierten »Gesundheitspflicht« gehört nach Ansicht von Staat und Partei aber nicht nur ausreichend Bewegung, sondern selbstverständlich auch ein kontrollierter Umgang mit allen Arten von Genussmitteln, die gern als »Genussgifte« bezeichnet werden: Alkohol und Nikotin.[199] Baldur von Schirach, offizieller »Jugendführer des Deutschen Reiches« und Herrscher über alle HJ-Organisationen, hat zu diesem Zweck für die deutsche Jugend das Jahr 1939 sogar zum »Jahr der Gesundheitspflicht« erklärt. Durch eine »vernünftige Lebensführung der jungen Generation« werde die Leistungsfähigkeit der Deutschen erhöht, so erklärt Schirach, und damit tue sich der deutsche Nachwuchs nicht nur selbst einen Gefallen, sondern bereite zugleich Adolf Hitler persönlich eine Freude. Im Alltag folge daraus für die Jungen und Mädchen, dass sie einerseits systematisch an den Leibesübungen in Schule und Jugendverbänden teilnähmen, dass sie andererseits aber von früh an bewusst und vollständig auf den Konsum von Genussmitteln verzichteten Ein solches Verhalten sei so offenkundig richtig, dass der Reichsjugendführer glaubt, auf ein offizielles Alkohol- und Nikotinverbot in der »Hitler-Jugend« verzichten zu können. Der Nachwuchs wisse schließlich, was Hitler von ihm erwarte:[200] »Jungen und Mädels des Führers! Ihr habt die Pflicht, gesund zu sein.«

Die »Kampfbereitschaft« der deutschen Jugend soll nicht durch möglichen Alkoholkonsum geschwächt werden – in diesem Sinne kolportiert die HJ auch eine Mahnung von Adolf Hitler, wonach die Zukunft Deutschlands nur den Kämpfern gehöre, aber sicher nicht den Trinkern.[201] Die offizielle Agitation der Nationalsozialisten gegen den Konsum von Alkohol ist keine neue Erscheinung, auch wenn führende Parteigrößen – allen voran Hitler selbst – bekennende und bekannte Antialkoholiker sind. Offiziell zielt die Bekämpfung übermäßigen Alkoholkonsums vor allem auf den Schutz der »Volksgesundheit«, auch die »Erbgesundheit« wird dabei ins Feld geführt. Wer trinkt, so heißt es, schadet dem Volkskörper der Zukunft: Es sei bedauerlich, heißt es in einer entsprechenden Abhandlung, dass »ein ganz großer Prozentsatz junger Männer im zeugungsfähigen Alter durch das gewohnheitsmäßige Trinken von 2 bis 3 Maß Bier jeden Tag vor der Ehe schon Keimschädigungen davonträgt, welche in der nachfolgenden Generation zu einer verminderten Stillfähigkeit der Töchter dieser Männer führen«.[202]

Mit dem bereits 1933 erlassenen Verbot jeglicher Werbung für solche Getränke, wenn sie sich an junge Menschen richtet, wird durchaus eine traditionelle Forderung der Antialkoholiker aus Weimarer Zeiten umgesetzt. Die bereits vor 1933 bestehenden

Vereinigungen gegen den Alkoholkonsum finden sich in ihrem Kampf inzwischen auf der Seite der NSDAP wieder. Als im Juli 1939 der »Deutsche Bund zur Bekämpfung der Alkoholgefahren« in Flensburg mit knapp 2000 Mitgliedern seine Reichstagung abhält, bekräftigt der örtliche Kreisleiter die »restlose Unterstützung durch die Partei« im Sinne gemeinsamer Arbeit für die deutsche Volksgesundheit.[203]

Was bei den Jugendlichen bei strenger Erziehung und entsprechender Überwachung noch gelingen kann, scheint bei den Erwachsenen allerdings schwierig zu sein. Bier, Schnaps und Wein sind und bleiben Bestandteil des alltäglichen Lebens. Es ist schließlich nicht verboten, ein Glas zu trinken, es werden keine Kneipen geschlossen, und gerade Bier ist in geselligen Männerrunden noch immer ein erprobtes und beliebtes Getränk – und obendrein ein bewährtes soziales Schmiermittel: In der Runde der Männer dabei zu sein ist selbstverständlicher Bestandteil männlicher Identität. Und gerade die alten und neuen Kämpfer der nationalsozialistischen Sache konstituieren ihre Gemeinschaft ja nicht nur bei Paraden und Fahnenappellen, sondern auch in Vereinslokalen und Gaststätten bei einem Bier. Die gesamte NS-Bewegung ist bis zu einem gewissen Grad untrennbar mit Biertischen und Alkoholkonsum verbunden. In Münchner Bierkellern hatte sie um 1920 zu einem entscheidenden Teil ihren Ursprung, und auch bei dem heute noch immer gefeierten Hitler-Ludendorff-Putsch von 1923 samt Marsch auf die Münchner Feldherrnhalle war reichlich Bier im Spiel – die Leitung des Bürgerbräukellers stellte der jungen NSDAP damals anschließend die Zeche für wahrhaft heroische Mengen ausgeschenkten Bieres in Rechnung: Immerhin hatten die Kämpfer bei der Vorbereitung auf ein neues Deutschland dort die vorhergehende Novembernacht durchgezecht![204]

Betrunkene in Uniform sind allerdings offiziell das Gegenteil von dem, was die Parteiführer sich erwarten. Dennoch bleibt Alkohol ein ständiger Begleiter der NS-Bewegung – vor allem soweit es die Männer angeht. Am Rande von Parteiveranstaltungen ist die sogenannte »Pflege der Kameradschaft« selbstverständlicher Teil des Gemeinschaftserlebnisses, und auch nach dem gemeinsamen Anhören einer Hitler-Rede wie bei der Radioübertragung aus der Berliner Kroll-Oper schließt ein gemeinsames Bier das Zusammensein ab. Dass nicht alle Kämpfer für das neue Deutschland dabei das rechte Maß finden, ist bekannt – und immer wieder ein Ärgernis. Zuweilen sind solche Zusammenkünfte nicht viel anderes als »Saufexzesse in NS-Formationen«.[205]

Allerdings drückt selbst Hitler bei solchen Exzessen zuweilen ein Auge zu. Das hat er erst im Januar 1939 unter Beweis gestellt, als er 3600 soeben beförderte junge Offiziere in den »Mosaiksaal« der Neuen Reichskanzlei eingeladen hatte, die erst wenige Tage zuvor eröffnet worden war. Die Männer lauschen nicht nur begeistert Hitlers Rede und brechen wiederholt in Applaus aus, sondern greifen dabei augenscheinlich gern und ausgiebig nach den – auch alkoholischen – gereichten Getränken. Jedenfalls sind einige der Offiziere am Ende der Veranstaltung so betrunken, dass sie sich übergeben müssen. Da sie in dem brandneuen Gebäude allerdings nicht den Weg zu den Toiletten finden, erbrechen sie sich kurzerhand in den Ecken der glanzvollen neuen Halle.[206]

Die Offiziere haben Glück, dass Hitler dieses eklatante protokollarische Fehlverhalten ungeahndet lässt – und so ist der Vorfall in erster Linie ein Beispiel für die Allgegenwart des Alkohols vor allem in der Männerwelt der Nazis. Und es klingt wie ein wiederkehrender schlechter Scherz, wenn ausgerechnet Robert Ley, der als einer der berüchtigtsten Trinker der NS-Elite bekannt ist und weithin als »Reichstrunkenbold« verspottet wird, vor den Gefahren des Alkohols warnt. So zitiert beispielsweise eine Zeitung seine Rede auf der 2. Reichstagung »Volksgesundheit und Genußgifte« in Frankfurt am Main im März 1939:[207]

»Wer es vertragen könne, möge trinken oder rauchen. Aber in dem Augenblick, wo er seiner Aufgabe nicht mehr gewachsen sei, müsse er es lassen.«

Richtige Nazis trinken Bier? Alkohol auch bei Parteiveranstaltungen gehört weithin zum Erscheinungsbild des »Dritten Reichs«. Aufnahme von Teilnehmern des Reichsparteitags von 1938.

Der Kurs ist klar: Auch die Diktatur – selbst mit einem Abstinenzler an der Spitze – kann den Konsum von Alkohol nicht verbieten. Sie will es auch gar nicht. Aber zumindest soll der Gebrauch so eingeschränkt werden, dass das rechte Maß eingehalten wird. Trunkenheit ist eines Deutschen unwürdig, heißt es im September 1939 in einem Aufruf:[208]

> »Wohl niemand wird etwas dabei finden, wenn sich ein
> Zeitgenosse in harmloser Weise vergnügt und bei solchen
> Anlässen auch ein oder mehrere Gläschen trinkt …
> So verständlich dies auch ist, so unbegreiflich erscheint
> es jedoch, wenn auf diesem Gebiet Unmäßigkeit vorkommt.
> Es dürfte für jeden deutschen Menschen von Haltung wohl
> ein selbstverständliches Gebot der Disziplin und des
> Anstandes sein, nicht mehr zu trinken, als er verträgt.«

Die Versuche, die Deutschen vom Glas und der Flasche wegzulocken, wirken zuweilen fast verzweifelt. So ruft der erwähnte Führer der »Deutschen Arbeitsfront« (DAF), Robert Ley, 1940 die »Teeaktion« ins Leben: 120000 Kilogramm schwarzer Tee werden in Fabriken geschickt, wo die Arbeiter bei Temperaturen von über 28 Grad Celsius arbeiten müssen. Statt zum kühlen Bier sollen die Männer lieber zum Tässchen Tee greifen. Doch die Deutschen trinken weiter: Im Jahr 1938 kaufen sie fast doppelt so viel Spirituosen wie noch 1932, der Absatz von Sekt nimmt in den ersten fünf Jahren der NS-Herrschaft um das Fünffache zu.[209] Und allen voran der Konsum von Bier steigt seit Jahren unaufhörlich: Statistisch trank jeder männliche Deutsche über 15 Jahre 1933 knapp 67 Liter Bier im Jahr – 1939 sind es schon fast 97 Liter. Der Konsum von Branntwein verdoppelte sich in diesem Zeitraum.[210]

Gerade an den Wochenenden wird ordentlich gezecht. Das Resultat sind viel zu viele »blaue Montage« – jedenfalls aus Sicht der Unternehmen. 1936 zahlen viele Großbetriebe an der Ruhr die Löhne deshalb nun nicht mehr am Ende, sondern am Anfang der Woche aus.[211] Auch die Exil-SPD protokolliert in ihren »Deutschland-Berichten« einen gerade in der Arbeiterschaft weit verbreiteten Griff zur Flasche und vermutet hinter der »mit viel Lärm in Szene gesetzten Abstinenzbewegung« eine Reaktion auf die »bedrohlich angewachsene Neigung zum Alkoholmissbrauch unter der Arbeiterschaft«. Ein wenig politisch resigniert vermuten die Sozialdemokraten, dass die Arbeiter in der Heimat vor allem durch übermäßige Arbeit viel zu »müde und abgestumpft« sind, um selbst »geistige Anregung zu suchen«. Weil es die eben im NS-Deutschland nicht gebe, würden die deutschen Arbeiter zu Trinkern.[212]

Aber es greift fraglos zu kurz, die Deutschen in diesem Sinne schlicht zu Frusttrinkern zu erklären. Alkohol ist immer noch ein etablierter Bestandteil des sozialen Lebens. Das ist gerade in diesen Februartagen offensichtlich – schließlich feiern die Menschen Karneval! Am Rosenmontag, dem 20. Februar 1939, locken vor allem im Rheinland die Umzüge Tausende auf die Straßen und anschließend in die Kneipen. Das schlechte Wetter vom Wochenende hat sich gerade noch entscheidend gebessert, und so kann kräftig gefeiert – und getrunken – werden. »Die Lokale waren überfüllt«, berichtet der *General-Anzeiger* aus Bonn, bis in den frühen Morgen »wurde getanzt, gesungen, geschunkelt«.[213] Ist es Zufall, dass die Pharmaindustrie gerade zur Karnevalszeit Werbung für Kopfschmerztabletten macht?[214]

> »Gestern ein Glas zuviel – und heute Kopfschmerzen?
> Gegen die unangenehmen Folgen des Alkoholgenusses
> sind die Spalt-Tabletten ein wirksames Mittel ... Wer sofort
> beim geringsten Anzeichen eines dumpfen Gefühls im Kopfe
> eine Spalt-Tablette nimmt, wird übrigens die erfreuliche
> Feststellung treffen, daß Kopfschmerzen dann gar nicht
> erst aufkommen.«

Ob nun mit oder ohne Kopfschmerzen – wer an den »tollen Tagen« abends den Weg nach Hause einschlägt, sollte auf den Straßen unbedingt vorsichtig sein: Die Zahl der Verkehrsunfälle in Deutschland ist hoch, und zum Leidwesen der Polizei steigt sie seit Jahren. Und es ist allzu offensichtlich, dass dabei immer wieder Alkohol im Spiel ist: Mitte der 1930er-Jahre ereignen sich jährlich über eine Viertelmillion Verkehrsunfälle, bei denen mehr als 10000 Menschen sterben. Amtliche Schätzungen gehen davon aus, dass mehr als zwei Drittel der Opfer auf Trunkenheit am Steuer zurückzuführen sind. Heinrich Himmler richtet als Chef der deutschen Polizei 1937 sogar ein Schreiben an alle 1,7 Millionen Führerscheinbesitzer, um darin auf die Gefahren von Trunkenheit im Verkehr hinzuweisen.[215] Aber ob nun betrunken oder nüchtern: Autofahrer sind zu dieser Zeit ohnehin eine echte Gefahr für die Gesundheit der Deutschen. Täglich werden Fußgänger, Rad- und Motorradfahrer bei Unfällen verletzt und getötet. Offizielle Aufrufe, wie beispielsweise im Juni 1939, fordern eine »Verkehrskameradschaft, die doch eigentlich selbstverständlich sein sollte«:[216]

Die Propaganda fordert mehr Rücksicht im Straßenverkehr – zum Schutze der Volksgesundheit. Verkehrsunfall nahe des Brandenburger Tors in Berlin 1939.

»Dennoch zeigt die Beobachtung des Straßenverkehrs immer wieder traurige Bilder von Leichtsinn, Rücksichtslosigkeit, Unachtsamkeit, Mangel an guter Gesinnung oder Unkenntnis der Verkehrsvorschriften. Wer es ernst meint mit der Volksgemeinschaft, hält auch im Straßenverkehr Disziplin.«

Die Gesundheit der Deutschen ist also durchaus gefährdet – und zu diesen Gefahren zählt fraglos auch das Rauchen. Die offizielle Politik führt deshalb seit Jahren einen regelrechten Kampf gegen das Nikotin. Auch hierbei tritt der NS-Staat als selbsterklärter Sachwalter der »deutschen Gesundheit« auf und fordert den Schutz des »gesunden« Volkskörpers ein. Auch dieser Kampf gegen den Tabak als Teil der nationalsozialistischen Biopolitik steht unter dem Motto »Deine Gesundheit gehört nicht Dir!«[217] Ausführlich wird auf mögliche Erkrankungen durch das Rauchen hingewiesen, von Lungenbeschwerden über Herzinfarkt bis zu Krebserkrankungen. Vor allem die deutsche Frau sollte nicht rauchen: Im Wahn vom gesunden Nachwuchs für ein erstarkendes deutsches Volk gefährden rauchende Frauen das Ziel der nationalsozialistischen Geburtenpolitik. Fortwährend wird in Zeitungen und Zeitschriften davor gewarnt, dass Rauchen die Frauen unfruchtbar mache.[218] Zudem gilt Rauchen bei Frauen auch deshalb als »undeutsch«, weil rauchende Frauen pauschal als sexuell zügellos denunziert werden.[219]

Doch es ist wie beim Kampf gegen den Alkoholkonsum: Allen offiziellen Empfehlungen zum Trotz wird im Land weiter geraucht, die tabakfeindliche Politik bleibt in ihren Anfängen stecken. Wie illusorisch das Fernziel einer tabaklosen Gesellschaft ist, lässt sich angesichts der Allgegenwart von Zigaretten und Zigarren mühelos erkennen.[220] Wer in diesem Februar 1939 die Zeitungen aufschlägt, findet zahlreiche Anzeigen für unterschiedliche Zigarettensorten. Und der Handel mit Tabak floriert, und dies seit 1933 mehr denn je: Kamen damals rein rechnerisch im Jahr auf jeden Einwohner (einschließlich Kinder) 503 Zigaretten, sind es fünf Jahre später bereits 676; in ähnlichem Maße stieg auch der Absatz von Zigarren.[221] Die Zahlen sprechen eine deutliche Sprache: Viel zu viele Deutsche sind augenscheinlich »unvernünftig«, greifen zu Schnaps, Bier und Wein – und zum Glimmstängel.

Und Rauchen bleibt weiterhin nicht nur ein akzeptiertes soziales Verhalten – es wird auch von ganz oben vorgelebt: Auch führende Persönlichkeiten der NS-Elite zeigen sich wie selbstverständlich mit einer Zigarette in den Händen. Da bleiben der Partei und ihrem »Führer« zuweilen lediglich Verbote. Hitler verliert mit den Rauchern schließlich die Geduld und lässt Ende April 1939 in sämtlichen Diensträumen der Partei sowie ihrer Gliederungen und angeschlossenen Verbände das Rauchen verbieten.[222] Ganz offensichtlich reicht die bloße Autorität Hitlers als Vorbild nicht aus, um auf den Genuss von Tabak und Alkohol zu verzichten oder ihn zumindest erheblich einzuschränken. Trotzdem ist gerade dessen persönlicher Verzicht auf diese Genussmittel fester Bestandteil der Propaganda. Reichsjugendführer Baldur von Schirach feiert den Diktator gegenüber dem Nachwuchs als Vorbild auch in dieser Hinsicht:[223]

»Unser Führer Adolf Hitler trinkt keinen Alkohol und raucht auch nicht. Ohne andere im geringsten in dieser Richtung zu bevormunden, hält er sich eisern an das selbstauferlegte Lebensgesetz. Seine Arbeitsleistung ist ungeheuer.«

Aber das mit dem Vorbild ist bei der gesamten Gesundheitspolitik so eine Sache, wenn es um die Nazi-Größen selber geht. Denn schon auf den ersten flüchtigen Blick entsprechen einige von ihnen hinsichtlich ihres Erscheinungsbildes wie auch ihrer Lebensführung so gar nicht den selbst propagierten Ansprüchen. Hermann Göring ist für alle erkennbar übergewichtig und überdies, das wissen zumindest die engeren Mitarbeiter, seit Jahren schon morphinsüchtig. Joseph Goebbels leidet seit seiner Kindheit an der körperlichen Beeinträchtigung durch einen Klumpfuß, doch sein wohl schon im Kindesalter entwickelter Hang zur Selbstüberschätzung und zum Realitätsverlust sorgt dafür, dass er in der Lage ist, seine körperliche Missbildung weitgehend zu ignorieren.[224] Dass sie für alle Öffentlichkeit gleichwohl sichtbar bleibt, gehört zur verlogenen Normalität des »Dritten Reichs«. Auch Adolf Hitler stellt nicht das dar, was die NS-Rassenpolitik offiziell verkündet – er ist weder groß noch blond noch blauäugig, und um eine reiche Nachkommenschaft mit einer »deutschen« Frau hat er sich augenscheinlich auch nicht gekümmert. Überdies hat noch niemand im Land den »Führer« in Turnhose und Sportschuhen gesehen, wie er sich der offiziell propagierten Leibesertüchtigung hingibt. Aber das passt – schließlich sind die führenden Mitglieder der NS-Elite erkennbar keine Sportskanonen …

Wer beruflich stark in Anspruch genommen ist und womöglich keine Gelegenheit zu Sport in der Gruppe findet, kann sich zumindest vor dem »Volksempfänger« ein wenig fit halten, denn verschiedene morgendliche Radioprogramme regen zu Fitnessübungen an: So animiert beispielsweise der deutsche Hochsprungmeister Gustav Weinkötz, der zwei Jahre zuvor als erster Deutscher die 2-Meter-Marke übersprungen hat, über den Reichssender Köln morgendlich ab 6.10 Uhr seine Zuhörer mit seiner Sendung »Knie-e-beugt!« zur häuslichen Gymnastik.[225] Solche Empfehlungen richten sich in erster Linie vermutlich an die Menschen in den Städten, die eben nicht den Großteil des Tages an der frischen Luft arbeiten. Dabei haben sie das Problem, dass sie in ihren eigenen vier Wänden für solche Bewegungsübungen oft schlicht nicht genug Platz haben. Noch immer herrscht Wohnungsnot im Land, viele Familien wohnen in viel zu kleinen Wohnungen. Im Jahr 1938 fehlen in Deutschland etwa anderthalb Millionen Wohnungen. Fast eine Million weiterer Wohnungen sind überbelegt – an familiäre Morgengymnastik mit ausreichend Bewegungsfreiheit ist da nicht zu denken. Rund 400 000 Wohnungen gelten überdies als abbruchreif. Gerade junge Familien opfern deshalb in diesen Wochen und Monaten viel Zeit, um auf dem Wohnungsmarkt eine neue Bleibe zu finden. Kein Einzelfall ist der Bericht eines Vermieters aus Offenbach, wonach sich auf jede Wohnungsanzeige 50 bis 60 Bewerber melden.[226]

Zudem ist eine neue Wohnung teurer denn je. Obwohl seit Herbst 1936 ein allgemeiner Mietpreisstopp gilt, entwickelt sich ein grauer Markt, auf dem sämtliche Preisvorschriften in »raffinierter Weise umgangen« werden, wie sogar Parteistellen wissen. Die Wohnungssuchenden überbieten sich gegenseitig nicht nur in finanzieller Hinsicht. So bekräftigen die Bewerber in der Regel, dass sie nicht nur in wirtschaftlich geordneten Verhältnissen leben, sondern überdies ruhige Mieter seien, die sich bisher auch mit ihren Nachbarn immer gut verstanden hätten. Einige weisen zudem auf den Vorzug hin, dass sie kinderlos seien.[227] Kinderlosigkeit als Auszeichnung in Zeiten staatlich erwünschter Geburten? Wenn das der »Führer« wüsste …

Die Deutschen sind gesund, wenn sie sich nur gesund halten: So lässt sich die Propaganda der Gesundheitspolitik zusammenfassen. Und dafür ist wiederum das richtige Gesundheitsbewusstsein unverzichtbar. Allein der Verzicht auf Zigaretten und Schnaps reicht da nicht aus, ausreichend Bewegung wird vorausgesetzt, aber auch das persönliche Bewusstsein einer richtigen Ernährung ist gefordert.

»Reichsgesundheitsführer« Leonardo Conti nimmt hierbei alle Deutschen in die Pflicht, weil neben der Bewegung auch die richtige Ernährung die Heilungs- und Abwehrkräfte des Körpers steigere:[228]

> »Aus diesem Grunde wäre es ein Segen für das deutsche Volk, wenn eine andere Ernährungstradition befolgt werden würde. Ein ebenso bedenkliches Kapitel ist die Ausnutzung der Freizeit, die in vielen Fällen ungesund und unvernünftig verbracht wird. Auch von den zahlreichen Möglichkeiten, den Körper zu stählen oder im Spiel zu lockern, wird vonseiten des Volkes nicht immer der intensive Gebrauch gemacht, der erwünscht wäre. Der Sonntag vor allem sollte der Natur und ihren Schönheiten gehören!«

Vor allem die Anhänger der »Neuen Deutschen Heilkunde« verweisen immer wieder auf die segensreichen Effekte einer verstärkten Vorbeugung gegen Krankheiten durch ein konsequent »gesund« geführtes Leben. Von einer regelrechten »kämpferischen Vorsorge« spricht etwa Karl Kötschau,[229] denn es gehöre nicht viel dazu, »Erfolg durch vorsorgerische Behandlung zu erzielen«.[230] Wer in diesen Wochen an einer Erkältung leide, dürfe sich in dieser Hinsicht durchaus an die eigene Nase fassen. Die Ursache für diese Erkrankung sei nämlich oft genug »die eigene Verweichlichung«, so heißt es zumindest in der führenden Gesundheitszeitschrift *Gesundes Leben*. Wer erkrankt, hat sich in diesem Sinne der mangelnden Vorsorge schuldig gemacht. Dabei sei es so leicht, die eigene Widerstandskraft zu stärken: Ein morgendliches »Luftbad« am offenen Fenster samt einigen einfachen Atem- und gymnastischen Übungen nehme nur drei bis fünf Minuten in Anspruch! Auch ein »kurzes Trockenbürsten der Haut am ganzen Körper« oder »eine kurzdauernde kalte Teilwaschung im warmen Raum« sei ebenfalls zu empfehlen – von einem regelmäßigen abendlichen Spaziergang (»gleichgültig, wie das Wetter ist«) einmal abgesehen. Härte und Kampf seien im Sinne der eigenen Gesunderhaltung gefragt, »ver-

»Vollkornbrot macht Wangen rot!« Propaganda für die »Volksgesundheit«
im Schaufenster einer hauswirtschaftlichen Beratungsstelle (1941).

wöhnen und verweichlichen wir unsern Körper«, so heißt es in der
Gesundheitszeitschrift weiter, »so müssen wir eines Tages büßen«.[231]
Eine gesunde Lebensweise gilt also als »Allgemeinprophylak-
tikum« und als »Allheilmittel«,[232] und dazu zählt auch gesundes
Essen. Frisches Obst und Gemüse, nicht zu viel fettes Fleisch und
größtmögliche Umsicht bei der richtigen Zubereitung der Speisen – das ist ganz in diesem Sinne. Auch die »Deutsche Arbeitsfront« schaltet sich in die Anstrengungen ein und gibt für diesen
Februar 1939 die Parole »Warmes Essen in den Betrieben« aus.
Weil »ein schlecht ernährter Mensch nicht die Widerstandsfähig-
keit gegen Krankheit und Ermüdung besitzt wie ein gut ernährter‹«
und damit die »durch den Arbeitsvorgang verbrauchten Kräfte«
wieder hergestellt werden müssten, sei für die Arbeiter ein warmes
Essen unverzichtbar. Die Zutaten sollten aber sorgsam verarbeitet
werden. Den Küchenleitern der Betriebe wird empfohlen, sich an
den Erkenntnissen der Wissenschaftler und Ärzte zu orientieren:[233]

»Ein falsch zubereitetes Nahrungsmittel wird nicht voll aus-
gewertet und bietet zum Aufbau des menschlichen Körpers
nicht mehr die nötigen Stoffe. Es ist also in wirtschaftlicher
wie gesundheitlicher Hinsicht minderwertig geworden.«

Die Zubereitung des Essens sei immer auch ein Ringen um die Nährstoffe: Gemüse sollte gedünstet oder geschmort und Kartoffeln
durch Dämpfen gegart werden, anstatt sie zu kochen und anschließend das Wasser samt vieler Nährstoffe wegzugießen. Und zudem
sei Rohkost unverzichtbar – auch in deutschen Betriebskantinen:[234]

»Da zum Aufbau des menschlichen Körpers die Zufuhr von
Vitaminen notwendig ist und wir diese hauptsächlich in rohem
Obst und Gemüse finden, wollen wir auch in der Gemeinschafts-
verpflegung rohe Gemüseplatten als Frischkost geben.«

Solche Forderungen scheinen indes in krassem Gegensatz zu den
Essensgewohnheiten vor allem der schwer arbeitenden deutschen
Männer zu stehen, die augenscheinlich ein ordentliches Stück Braten jeder Rohkostplatte vorziehen. Entscheidend ist offensichtlich
noch immer, ob das Essen schmeckt. Eine Leserzuschrift an die
medizinische Zeitschrift *Hippokrates* bittet im Januar 1939 für die
Werkskantine eines ostpreußischen Kfz-Betriebs um Hinweise,
wie man »die ungeschulte Köchin« – und mit ihr die angestellten
80 Männer und 20 Frauen – mit der »neuzeitlichen Küche vertraut« machen könne: »Wie erzieht man den Geschmack, daß gesunde Kost (Billigkeit vorausgesetzt!) nicht fade schmeckt?«[235]
    »Richtiges« Essen für hart arbeitende Menschen ist – nicht nur
in diesem ostpreußischen Betrieb – eben eine Herausforderung.
Probleme und Defizite gibt es genug. So führt ein Bericht der SS
die vermehrten Fälle der »Überarbeitung und nervösen Erschöp-
fung der werktätigen Bevölkerung« nicht zuletzt »auf den starken
Mangel an vitaminreicher Ernährung« zurück.[236] Entweder werden dann doch nicht ausreichend »rohe Gemüseplatten« in den

Betriebskantinen angeboten – oder sie werden ignoriert. Wenn es um die Versorgung mit Vitaminen geht, würden da vielleicht auch schon ein paar Apfelsinen helfen. Doch die sind nicht schnell bei der Hand: Der Handel mit Südfrüchten ist seit 1933 starken Schwankungen unterworfen, und gerade Apfelsinen, Mandarinen und Zitronen gelangen schon seit 1937 deutlich seltener in die Geschäfte.[237] Wenn Südfrüchte zum Luxusartikel werden und die Deutschen glauben, dass es mit der Gesundheit gerade des Nachwuchses nicht weit her ist, vertrauen sie in Sachen Leistungsstärke gern auch mal der chemischen Industrie. Denn die hält entsprechende Präparate bereit, um die kindliche Entwicklung mit dem Ziel späterer Leistungsfähigkeit in Einklang zu bringen. So schaltet die Bayer AG in zahlreichen Zeitungen Annoncen wie diese:[238]

»Gesunde Kinder mit gutem Appetit und frischem Aussehen sind der Stolz der Mutter. Bei Müdigkeit und Schwäche geben Sie Ihrem Kinde zur Stärkung und zur Förderung von Wachstum und Entwicklung das blutbildende Kräftigungsmittel Bioferrin.«

Es gibt aber auch traditionellere Angebote: In einer medizinischen Fachzeitschrift wird eine Anzeige veröffentlicht, in der eine Mutter ihrem Kind (»3 mal täglich 1 Teelöffel voll«) ein Pulver aus »gemahlenen frischen Knochen mit Mark« verabreicht. Dieses Knochenmehl rege nämlich den Appetit an und bewirke eine Gewichtszunahme, unterstütze zudem den Knochenaufbau und diene zur Vorbeugung gegen Rachitis und Zahnkaries.[239]

Jede besorgte Mutter sollte bei der Betreuung der Heranwachsenden aus Gesundheitsgründen auch die Sexualität im Blick haben. Denn diese ist für die Gesundheitspolitik vor allem hinsichtlich der Verbreitung von Geschlechtskrankheiten von Belang. Um für den »Führer« und das Volk auch in dieser Hinsicht gesund zu bleiben, hält die Propaganda ein schlichtes Rezept bereit: Enthaltsamkeit. Die Deutschen, so heißt es in einer Tageszeitung, sollten sich eines möglicherweise ausschweifenden und vermeintlich gefährlichen Sexuallebens einfach so lange wie möglich enthalten:[240]

»Echte Keuschheit ist nicht Prüderie, nein, sie ist im nationalsozialistischen Sinne der eherne Wille, sich gesund zu bewahren, auf daß jeder junge deutsche Mensch rassisch wertvolle gesunde Kinder zu zeugen vermag, wenn er eine Ehe eingeht.«

Solche Appelle sind weniger einem moralischen Motiv geschuldet, sondern entspringen vielmehr den energischen Bemühungen der Behörden, den an einigen Orten inzwischen immer häufiger auftretenden Geschlechtskrankheiten entgegenzuwirken. Besonders massiv treten diese seit einigen Monaten im Westen des Landes auf – wo Tausende Männer mit den Arbeiten am so bezeichneten »Westwall« beschäftigt sind. Dort, so heißt es in einem geheimen Bericht des Sicherheitsdienstes der SS, seien Geschlechtskrankheiten in den vergangenen Monaten so weit fortgeschritten, dass »nicht nur einzelne Dörfer, sondern teilweise ganze Landstriche verseucht wurden«.[241]

Geschlechtskrankheiten stören die nationalsozialistischen Vorstellungen von einem »gesunden« Zusammenleben von Frauen und Männern. Besonders vom deutschen Nachwuchs sind die Gesundheitspolitiker regelrecht besessen, denn gerade dessen »Gesundheit« muss im Sinne einer Biopolitik für das ganze Volk im Blick gehalten werden. Sogenannten »erbkranken« Nachwuchs gelte es unbedingt zu vermeiden, heißt es jetzt allenthalben. Bringe ein Ehepartner eine Vorerkrankung mit in die Ehe, belaste das die Beziehung, bringe »Kummer und Ärger ins Haus« und nehme dem Zusammenleben damit letztlich jegliche Lebensfreude. Wie anders hingegen bei gesunden Menschen, heißt es im *Reichsbürger-Handbuch* dieser Zeit:[242]

»Gesundheit von Mann und Frau ist ein Grundpfeiler für das Glück in der Ehe. Im gesunden Menschen wohnen gesunder

Sinn, Kraft und Schaffensfreude, kurz, alle diejenigen Körper- und Geisteskräfte, die Zufriedenheit im ehelichen Leben und eine gesunde Nachkommenschaft verbürgen.«

Diese Vorstellungen von »gesunden« Menschen und »gesundem« Nachwuchs sind nicht nur anschlussfähig an rassistische Vorstellungen. Zugleich liefern sie auch die ideologische Vorlage für die Hilfeverweigerung gegenüber chronisch Kranken und letztlich für Verbrechen, die im Sinne der sogenannten »Euthanasie« verübt werden. Denn schon hat sich der Begriff vom angeblich »unwerten Leben« durchgesetzt. Das bedeutet, dass sich in Deutschland zwar freuen kann, wer gesund ist – wer aber krank ist, hat wachsenden Grund zu Sorge und Furcht. Karl Kötschau, der Fürsprecher der »Neuen Deutschen Heilkunde«, schreibt 1939:[243]

»Der Schwächling ist nicht dazu da, geschont zu werden. ...
Ich denke an den Krebskranken, den Tuberkulösen,
den Rheumakranken und andere chronische Leiden.«

Nach Ansicht dieses Arztes gelte es den Menschen selbst dann noch auf Gesundheit und Leistungsfähigkeit zu trimmen, wenn dadurch seine Krankheit womöglich einen ungünstigen Verlauf nehme. Die Patienten stünden dann mit anderen Worten vor der Wahl: »entweder Leistungsfähigkeit oder natürliche Ausmerze«.[244] Solche Gedanken werden nicht erst im Jahr 1939 in der medizinischen Fachwelt kolportiert. Schon 1934 erklärt ein Kinderarzt auf einer deutschlandweiten Fachtagung, dass seine Disziplin vielleicht nicht sofort verpflichtet wird, »wirklich lebensunwertes Leben auszumerzen«, aber dass den Kinderärzten womöglich fortan die Freiheit gegeben werden müsse, »gegebenenfalls nichts zu seiner Erhaltung zu tun«.[245]

Die Vorstellung der »Minderwertigkeit« von menschlichem Leben lag auch schon dem »Gesetz zur Verhütung erbkranken Nachwuchses« zugrunde, das die Zwangssterilisierung legalisiert und

Mit viel besuchten Ausstellungen wie »Erbgesund – Erbkrank« in Berlin (1934) bereitete der NS-Staat sein Mordprogramm an körperlich, geistig oder psychisch Kranken und Behinderten vor.

die Ärzte dazu verpflichtet, sogenannte »Erbkranke« zu melden. Seit dem 1. Januar 1934 ist dieses Gesetz offiziell in Kraft und öffnet dem Übergriff auf ganz unterschiedliche Menschen Tür und Tor, deren Leben sämtlich als »unwert« eingestuft wird. Auf Basis des nationalsozialistischen Gesundheitsbegriffs wird seither über die Unversehrtheit Tausender Deutscher entschieden – nur wer »gesund« ist, darf Kinder zeugen. Alkoholiker, blinde oder taube Menschen, Epileptiker, »Schizophrene« und vermeintlich »Schwachsinnige« werden zu Opfern. Schon wer als Kind eine Hilfsschule besucht, gilt als Träger eines angeblichen »angeborenen Schwachsinns«. Die Übergriffe sind in der Klinikwelt keineswegs umstritten, Ärzte und Krankenhäuser lassen sich durchaus bereitwillig für Zwangssterilisierungen registrieren. So freut sich 1936 der »Deutsche Evangelische Krankenhausverband«, dass mehr als 20 Prozent aller dazu ermächtigten Einrichtungen evangelische Krankenhäuser seien.[246]

Die Sterilisationen sind gedanklich wie medizinisch der Auftakt zur Tötung im Rahmen der »Euthanasie«, und der Kampf für die Gesundheit der Deutschen schlägt unmittelbar in die Aggression gegen Schwache und Kranke um. Bereits 1939 wird die Tötung von »unwertem Leben« für die Praxis geplant: Eine Runde von Medizinern und Funktionären kommt in diesem Sommer zusammen, um einerseits einen Meldebogen für Erwachsene zu diskutieren, mit dem mögliche Opfer registriert werden können, und um sich andererseits auch Gedanken um die konkreten Tötungsmittel zu machen. Spritzen und Tabletten scheinen den Teilnehmern wenig geeignet, sie entscheiden sich schließlich für das giftige Gas Kohlenstoffmonoxid – seine Wirkung solle möglichst bald an ersten Patienten »getestet« werden.[247]

An den Schwächsten unter den Kranken wird bereits seit Jahren konsequent gespart, vor allem die Patienten in den Heil- und Pflegeanstalten werden in erster Linie als Belastung der Volksgemeinschaft, nicht aber als Hilfsbedürftige gesehen. Schon seit 1933 sind die Pflegesätze für die Patienten in der Psychiatrie sowie die Zahl der darin beschäftigten Ärzte und Pfleger gesunken – während es dort gleichzeitig immer mehr Patienten gibt. In den vergangenen sechs Jahren stieg die Zahl der in solchen Anstalten untergebrachten Menschen um rund 80 000 an; dazu tragen auch die Zwangseinweisungen wegen Suchtverhaltens bei, vor allem wegen Alkoholabhängigkeit, aber auch wegen fortgesetzten Morphiumkonsums. Diese Menschen werden in aller Regel »verwahrt«, aber nicht psychiatrisch behandelt. Und nicht immer erhalten sie das Lebensnotwendige, die Tagessätze für die Verpflegung werden immer weiter gesenkt. Die Ernährung der Menschen ist so nur noch teilweise gesichert. Der Anstieg der Sterblichkeit in den Heil- und Pflegeeinrichtungen ist die Folge.[248]

Über die psychisch Kranken – und den Umgang mit ihnen – wird keineswegs geschwiegen. Vielmehr sind sie durchaus ein öffentliches Thema, weil ihr Schicksal demonstrativ zeige, dass diese Menschen nicht »leistungsfähig« und deshalb für das Volk nutzlos seien. Genau genommen: Sie kosten nur Geld. Die psychisch Kranken werden regelrecht vorgeführt; vor allem Parteiorganisationen schicken ihre Mitglieder nicht nur zu Kursen über Rassenhygiene und Propagandavorträgen, sondern auch zu sogenannten »Irrenvorführungen«. In Münster-Marienthal »besichtigten« in den vergangenen knapp vier Jahren fast 60 Besuchergruppen mit mindestens 2700 Teilnehmern die »Irren«, die Anstalt in Dortmund-Aplerbeck besuchen unter anderen Referendare des Landgerichts Bochum und Mitglieder des NS-Lehrerbundes, nach Eickelborn kommen Besucher der Bauernschule Soest, und selbst die Rüsselsheimer Adam Opel AG, Abteilung Ausbildungswesen, will Lehrlinge in die Anstalt Goddelau schicken, »um Eindrücke zu gewinnen, die unsere entsprechende Erziehungsarbeit unterstützen«.[249]

Die deutschen Ärzte tragen die Radikalisierung der »Gesundheitspolitik« weitgehend mit, verspricht diese doch eine »zielbewußte ›Gesundheitsführung‹ eines ganzes Volkes«.[250] Damit verändert sich auch das Arzt-Patienten-Verhältnis. Kann sich der Kranke noch darauf verlassen, dass seine Erkrankung anonym bleibt? Wird der Arzt einen möglichen Verdacht auf eine Erbkrankheit melden und den Amtsarzt einschalten, der als Leiter der neu eingerichteten Gesundheitsämter im Grunde Beamter einer Gesundheitspolizei ist? Die Ärzte haben jetzt eine neue, »politische« Funktion – dies aber in einer Zeit, in der sich viele um die Ausbildung des medizinischen Nachwuchses und damit um die traditionelle ärztliche Kunst Sorgen machen. Schon der Ausschluss jüdischer Lehrkräfte und Studenten aus den Universitäten hat in den vergangenen Jahren zu einem erheblichen fachlichen Substanzverlust geführt, die Qualität des gesamten Berufsstandes ist dramatisch gesunken.[251] Dies liegt auch daran, dass nach 1933 wiederholt das Medizinstudium »reformiert« wurde, um es den Erfordernissen der Diktatur anzupassen. So müssen die Studenten in den vorlesungsfreien Wochen den obligatorischen Arbeitsdienst ableisten, statt für ihre Klausuren zu lernen. Es gibt Professoren, die diese Entwicklung mit größter Sorge

Wach genug für ein Fachgespräch? Professor Ferdinand Sauerbruch im Gespräch mit Medizinstudenten an der Berliner Charité.

sehen; von Ferdinand Sauerbruch wird später berichtet, er habe sich bereits 1935 über die mangelnde Qualität der Nachwuchsärzte mokiert:[252]

»Ihr geistiges Niveau ist erschreckend. Sie werden meist auf Grund ihrer niedrigen Parteimitgliedsnummer zum Studium zugelassen. Bevorzugt werden diejenigen, deren Väter der Partei angehören. Fünfmal wöchentlich müssen sie an Marsch- und Exerzierübungen teilnehmen, ferner an Vorlesungen über Rassentheorie. Am nächsten Morgen schlafen sie dann in den Vorlesungen ein, wenn sie überhaupt erscheinen.«

Sauerbruch ist dafür bekannt, dass er jungen Ärzten persönlich viel abverlangt, doch fraglos hat er recht mit seiner Diagnose, dass wertvolle Ausbildungszeit etwa für die sogenannte »Rassenlehre« verschwendet wird. Seit der neuen Studienverordnung vom April 1939 müssen Examenskandidaten unter Beweis stellen, dass sie auf den Feldern der »Erbbiologie« und der »Rassenhygiene« bewandert sind. Zudem nimmt 1939 der Zeitdruck auf die Studierenden weiter zu. Sie sollen nun ihr Studium zwei Jahre früher abschließen, obwohl von ihnen im Examen derselbe Kenntnisstand wie früher erwartet wird. Überdies werden die Semester durch Trimester ersetzt, ein Fehler, der bereits Ende 1939 so offensichtlich wird, dass man diesen Schritt wieder rückgängig macht. So werden unter Zeitdruck junge Ärzte ausgebildet, die vor allem nach Kriegsbeginn ohne jede praktische Erfahrung an die Front geschickt werden. Viele von ihnen sind miserable Ärzte, denen dann offensichtlich nicht einmal die verwundeten Soldaten vertrauen.[253]

Geheime Berichte der Polizei vermerken, dass die Dozenten an den Hochschulen die Verkürzung des Studiums kritisch bewerten; sie verweisen demnach darauf, dass die Güte der Staatsexamina in jüngster Zeit ohnehin nachgelassen habe. Und auch in »Laienkreisen« spricht sich inzwischen herum, dass die Qualität des ärztlichen Nachwuchses nachlässt.[254] Aus dem Exil spottet der sozialdemokratische *Neue Vorwärts* über die »ungelernten« Ärzte, die ohne jegliche praktische Erfahrung auf die Kranken losgelassen würden. »Die Folge muss ein Patientensterben in Deutschland sein, wie es seit Generationen nicht erlebt wurde.«[255] Doch das Land braucht dringend Ärzte. Denn die ärztliche Versorgung in Deutschland, vor allem in den Großstädten, ist keineswegs sichergestellt. Viele Mediziner räumen ein, dass sie viel zu viele Patienten zu versorgen hätten und sich den Kranken deshalb nicht mit der angemessenen Sorgfalt zuwenden könnten. In einigen ländlichen Regionen, so muss das Sicherheitshauptamt einräumen, sind die Krankenhausverhältnisse so schlecht, dass sie eigentlich als »trostlos« zu bezeichnen sind.[256] Gerade das Berufsverbot für jüdische Ärzte ist für die medizinische Versorgung der Deutschen ein herber Rückschlag: Schätzungsweise verlieren mehr als ein Siebtel aller in Deutschland tätigen Ärztinnen und Ärzte ihre Zulassung – bis zu 9000 Fachleute mit oft jahrelanger praktischer Erfahrung, die nun nicht mehr zur Verfügung stehen.[257]

Aber die Deutschen brauchen ja nicht immer einen Arzt, sie haben längst selbst Verantwortung für ihre Gesundheit übernommen. Die langjährige Propaganda von der gesunden Lebensweise, die zu einem »gesunden« Leben und zu hoher persönlicher wie kollektiver Leistungsfähigkeit führt, scheint auf fruchtbaren Boden gefallen zu sein. Die Deutschen interessieren sich längst für die verschiedenen Aspekte der Gesunderhaltung – und sie lesen auch entsprechende Bücher. So kann sich Anfang 1939 etwa der »Deutsche Verlag Berlin« über sein Erfolgsbuch *Das Lexikon der Gesundheit* freuen, einen praktischen »Ratgeber für gute und böse Tage«, von dem bereits über 80 000 Exemplare verkauft sind. Dieser Erfolg sei im Grunde nicht verwunderlich, heißt es in der Werbung für dieses Buch:[258]

»Immer größer wird der Kreis der Menschen, die ihren Körper ›entdecken‹, ihn gesund erhalten und vor Krankheiten schützen wollen. Da hat also dieses Buch noch eine große Zukunft!«

Es ist wichtig, gesund zu sein. Aber es gibt eben viele Wege zur Gesundheit und zur Abwehr von Krankheiten, neben den anerkannten auch solche, die für die meisten Zeitgenossen eher fragwürdig erscheinen. Dazu zählen fraglos alle Versuche, sich gegen die gesundheitsschädlichen Wirkungen sogenannter »Erdstrahlen« schützen zu wollen. Tatsächlich ist die Vorstellung, dass verschiedene Krankheiten bis hin zu Krebs von solchen unsichtbaren unterirdischen »Erdstrahlen« ausgelöst werden können, 1939 noch immer populär. Gegen diesen Glauben geht schließlich die offizielle Gesundheitspolitik offensiv vor, sogar das Reichsjustizministerium schaltet sich 1937 mit dem Hinweis in die Debatte ein, wonach der Glaube an eine gesundheitsschädigende Wirkung von Erdstrahlen jeglicher Grundlage entbehre.[259] Im Sommer 1939 wird in einem Zeitungsbericht ein Urteil des Reichsgerichts zitiert, in dem ein Angeklagter zu einer Zuchthausstrafe verurteil wird, weil er Leichtgläubigen Geräte zur Abschirmung vor sogenannten »Erdstrahlen« verkauft hat. »Es wirkt doch geradezu mittelalterlich«, heißt es in dem Bericht, dass »es heute noch gewissen Leuten gelingt, Volksgenossen vor den sog. geheimnisvollen Erdstrahlen Angst zu machen.« Aber tatsächlich fänden sich immer wieder neue Anhänger dieser Vorstellung:[260]

> »Der Schwindel mit den wissenschaftlich weder
> erwiesenen, noch analysierten Erdstrahlen überträgt
> sich von einem Jahre in das andere. Einmal strahlt er
> besonders in Sachsen, dann wieder in Schlesien oder in
> Ostpreußen. Abschirmgeräte, die zu einem Wucherpreise
> verkauft werden, sollen vor den ›tödlich‹ wirkenden
> Erdstrahlen schützen.«

Der Schwindel scheint sich zu lohnen: Zwischen 25 und 150 Reichsmark zahlten demnach Leichtgläubige für »gewöhnliche Blechkästen mit Kupferdrähten, Flaschen mit Salatöl und Oelpapiereinlagen«.[261] Ein Anbieter solcher Geräte, ein Maurermeister aus

Potsdam, offerierte zugleich seine Dienste mit der Wünschelrute, um solche »Gefahren« rechtzeitig zu erkennen. Vor Gericht musste er schließlich dieses Können unter Beweis stellen, fiel aber nach Ansicht der Richter bei diesem Test durch und wurde wegen Betrugs als »gefährlicher Krimineller« zu drei Jahren Gefängnis verurteilt. Es ist allerdings bezeichnend, dass selbst im Kreise hoch rangiger Nationalsozialisten das Wünschelrutengehen zuweilen sehr beliebt war ...[262]

Der Markt der Gesundheit lässt 1939 im Alltag der Deutschen eben auch solche »abergläubischen« Praktiken zu, und das Angebot tatsächlicher oder vermeintlicher Heiler ist und bleibt groß. Im Einzelfall gilt eben immer: Wer heilt, hat recht. Damit korrespondiert die Haltung vieler Patienten, die an die spezifischen Heilverfahren ihrer Wahl »glauben«. In weiten Teilen der Bevölkerung existiert der feste Glaube an medizinische Heilmethoden – auch und gerade an jene Praktiken, die sich einer naturwissenschaftlichen Überprüfung entziehen. Damit passt die Vorstellung von Krankheit und Glauben gut in eine Zeit, die ohnehin massiv geprägt ist von alten und neuen Glaubensangeboten.

Wir glauben: Unser deutsches Volk ist nach dem Willen Gottes auf dieser Welt geschaffen. Alle Menschen, die für das Leben unseres Volkes kämpften und starben, vollendeten damit den Willen Gottes.

Treuegelöbnis von Jugendlichen während einer »Lebenswendefeier« im hessischen Eschwege 1939[263]

4

Woran die Deutschen glauben

25. März 1939: Die »Godesberger Erklärung«

Die meisten Deutschen sind Christen. Jedenfalls offiziell: Von den fast 80 Millionen Menschen im Land gehören über 70 Millionen einer evangelischen oder der römisch-katholischen Kirche an. Die überwältigende Mehrheit aller Deutschen ist getauft, sie sind in der Regel zur Erstkommunion oder zur Konfirmation gegangen, die allermeisten haben kirchlich geheiratet und besuchen nicht nur zur Weihnachtszeit ein Gotteshaus. Deutschland, das lässt sich mit Fug und Recht sagen, ist ein traditionell christliches Land: Kirchtürme prägen die Dörfer und Kleinstädte, und auch in den urbanen Zentren sind die Gotteshäuser ein selbstverständlicher Anblick. Glocken läuten werk- wie sonntags, und gerade jetzt bereiten sich die Gemeinden auf das Osterfest in gut zwei Wochen vor. Auch wenn die Nationalsozialisten das Osterfest am liebsten zu einem reinen Frühlingsfest umdeuten wollen: Noch ist Ostern in Deutschland die Erinnerung an die Auferstehung des Heilands, und Millionen Deutsche werden genau dies an den Ostertagen in den Kirchen feiern.

Die christlichen Kirchen mit ihren Bischöfen, ihrem Besitz und ihren zahllosen Verbänden, ihren karitativen Einrichtungen und den traditionell exzellenten Verbindungen in die Politik sind in

Deutschland eine feste gesellschaftliche Größe. Gegen sie kann eine Regierung auf lange Sicht nicht erfolgreich Politik machen. Das gilt auch für den Nationalsozialismus. Der hat sich – auch deshalb – früh zum Christentum bekannt und den Kirchen einen festen Platz in der Gesellschaft des »Dritten Reichs« versprochen. Zugleich hat es der Nationalsozialismus in den vergangenen Jahren geschafft, sich seinen Platz in dieser »christlichen« Welt zu erobern und ihn erfolgreich zu verteidigen und auszubauen. Das gelang beileibe nicht immer ohne Konflikte und Konfrontationen, aber nach sechs Jahren Diktatur ist zumindest dies gelungen: In Deutschland kann ein jeder nach Bedarf sowohl Mitglied einer christlichen Kirche als auch Befürworter dieser Diktatur sein.

Zugleich ist Deutschland in religiöser Hinsicht ein tief gespaltenes Land: Hierzulande leben die Christen schon seit Jahrhunderten in einem latenten Glaubenskrieg, der sich hinsichtlich bestimmter Muster und Verhaltensweisen bis in die Gegenwart fortsetzt.[264] Die Christen in Deutschland sind sich traditionell uneins, was den »richtigen« Glauben angeht, sie wähnen sich permanent in einer Welt voller Irrgläubiger und sind deshalb in besonderem Maße zum Kampf für die richtige Sache bereit – während sie erstaunlich wenig Hemmungen haben, dem vermeintlich »Andersgläubigen« in seiner Not nicht zu Hilfe zu eilen …

Auch im Jahr 1939 leben die christlichen Konfessionen weiterhin in ihren eigenen Welten. Da sind zunächst die beiden großen dominierenden christlichen Konfessionen mit den Katholiken auf der einen und den Protestanten auf der anderen Seite. Erstere können sich noch immer über Martin Luther und die ganze Reformation aufregen, Letztere verzeihen den Katholiken wiederum nicht, dass sie sich ihnen vor gut 400 Jahren nicht angeschlossen haben und stattdessen noch heute auf den ihnen verhassten Papst in Rom hören. Der Graben zwischen den beiden Konfessionen ist tief, zwischen den Kirchenleitungen ebenso wie zwischen den Gläubigen

Auch Nazis vertrauen zuweilen auf die Sakramente: Josef Terboven, Gauleiter von Essen, tritt 1934 für die kirchliche Trauung mit seiner Braut vor den katholischen Priester.

im alltäglichen Leben. Es ist wohl keine Übertreibung, dass die meisten Katholiken fest davon ausgehen, dass die Protestanten dereinst am Ende aller Tage nicht in den Himmel kommen – und umgekehrt gilt diese Annahme auch für die evangelische Seite. Und in vielen Familien kann es immer noch zu großen Streitigkeiten kommen, wenn die Tochter sich in einen Katholiken verliebt oder ein katholischer Sohn eine Protestantin heiraten will. »Katholikenfresser« und »Protestantenfresser« gibt es im deutschen Alltag seit dem 19. Jahrhundert;[265] sie sind zwar inzwischen weniger geworden, aber gerade in ländlichen und kirchlich noch tief geprägten Regionen vergällen sie ihren Mitmenschen mit ihrer Agitation noch immer das Leben.

Zugleich sind die konfessionellen Lager selbst theologisch wie organisatorisch keine wirklichen Einheiten – das trifft vor allem auf den deutschen Protestantismus zu. Freundlich gesagt beeindruckt dieser durch seine Vielfalt. Spöttisch ließe sich sagen, dass viele Protestanten die Andersgläubigen zunächst einmal in den eigenen Reihen vermuten – der interne Streit ist traditioneller Bestandteil des evangelischen Kirchenalltags in den zahlreichen Landeskirchen.

Doch jetzt ist es schlimmer als zuvor, denn die Frage nach dem Verhältnis zum Nationalsozialismus hat den deutschen Protestantismus tief gespalten. Im Alltag heißt das: Für Millionen protestantische Christen ist es 1939 kein Widerspruch, am Sonntagvormittag in der Messe mit gefalteten Händen zu Gott zu beten und am Nachmittag in der Uniform einer NS-Organisation durch den Heimatort zu marschieren und mit ausgestrecktem rechten Arm ehrfurchtsvoll die Hakenkreuzfahne zu grüßen. Für sie gehören der liebe Gott, Adolf Hitler und das deutsche Vaterland untrennbar zusammen – und allen fühlen sie sich gleichermaßen verpflichtet. Hier sind vor allem die Anhänger der »Deutschen Christen« zu nennen, die sich besonders intensiv auf den Nationalsozialismus eingelassen haben. Sie finden sich allerdings deshalb im Konflikt mit den Anhängern der »Bekennenden Kirche« wieder, die zum Teil oder – deutlich seltener – in Gänze die herrschenden Verhältnisse in dieser Diktatur ablehnen. Diese Spaltung geht durch die Landeskirchen bis hinein in die Gemeinden. Erschwerend kommt hinzu, dass sowohl »Bekennende Kirche« als auch »Deutsche Christen« keineswegs einheitliche Gruppierungen sind, sondern auch intern immer wieder mit Widersprüchen und Konflikten zu kämpfen haben. Der innerprotestantische Streit ist heftig, ein prominenter Theologe stellt 1939 fest, dass sich jede Fraktion für die »wahre« Kirche halte und deshalb »alle übrigen Gruppen als Häretiker« ansehe.[266]

Bereits vor 1933 waren evangelische Pfarrer Mitglied der NSDAP geworden. Sie reagierten damit nicht auf die Beteuerungen Hitlers, dass seine Regierung auf der Grundlage des Christentums das Land neu gestalten wolle, sondern sie teilen grundsätzlich das nationalistische und aggressive antisemitische Denken der Nazis. Sie sind gern und demonstrativ »braune« Pfarrer. Für manchen Geistlichen, wie in diesem Falle für den Coburger Ortspfarrer Adolf Siegel von Unterlauter, ist die Farbe Braun wie selbstverständlich das Symbol für eine bessere Zukunft. 1933 erklärt das NSDAP-Mitglied wiederholt seinen Dank »an unseren Führer« Adolf Hitler und schwärmt für die braune Farbe als Symbol der »Bewegung«:[267]

> »Braun ist das Sinnbild des neuen Deutschland, es ist
> das Zeichen der Verbundenheit, das Bekenntnis zum
> deutsche Volke. Braun bedeutet daher auch Zucht und
> Ordnung … Niemand denke mehr an sich, all unser
> Thun und Wollen sei beherrscht von dem Gedanken
> an Deutschland.«

Die »Deutschen Christen« haben keinerlei Schwierigkeiten, Nationalsozialismus und Protestantismus miteinander zu vereinen, zu Beginn des Jahres 1939 stellen sie noch einmal klar:[268]

> »Deutschland wird durch uns die neue Gestalt seiner Religion
> erhalten, einer Religion, die demselben Gott dient, der das
> ewige Leben unseres Volkes in der Politik durch Adolf Hitler
> hütet. Ein Gott – ein ewiges Leben unseres Volkes –, eine
> Politik und eine Religion – ein ewiges Reich –, ein Führer,
> den Gott uns sandte, uns heimzuführen aus dem Tode
> zum Leben. Ein Volk findet zu seinem Glauben.

Blickt es ins Diesseits, dann nennt es seinen Glauben nationalsozialistisch. Blickt es ins Jenseits, dann nennt es seinen Glauben deutschchristlich.«

Kreuz und Hakenkreuz: Deutschchristliche Konfirmation im württembergischen Esslingen (1940).

Das nationalsozialistische Deutschland mit Adolf Hitler an der Spitze als gottgewollte Ordnung? Gläubige in SA-Uniformen in der Kirche? Pfarrer, die im Talar den Arm zum »Hitler-Gruß« strecken? Solche Fragen zerreißen den deutschen Protestantismus tagtäglich. So verunglimpft der Bürgermeister und Kirchenvorsteher im oberfränkischen Oberwaiz, der selbst Anhänger der »Deutschen Christen« ist, den örtlichen Pfarrer, der zur »Bekennenden Kirche« gehört, kurzerhand als »Satan«.[269] Und es gibt zahlreiche Gemeinden, in denen jeweils ein Pfarrer der »Deutschen Christen« wie der Bekennenden Kirche amtiert, die sich dann in einer Mischung aus kirchenpolitischen Differenzen und persönlicher Abneigung gegenseitig befehden. Die Kirchenmitglieder wenden sich zuweilen entsetzt ab, ziehen sich aus dem gemeindlichen Leben zurück – oder greifen nach den schlechten Vorbildern ebenfalls beherzt in die Auseinandersetzungen ein. Für eine Kirchengemeinde sind das alles gleichermaßen schlechte Varianten ...

In der Kirchengemeinde Rodewisch im sächsischen Vogtland wird der Streit wie in vielen anderen deutschen Orten nicht nur offen ausgetragen, sondern er ist erkennbar auch von persönlicher Abneigung der beiden Pfarrer geprägt: Dass sich beide mit Blick auf den Nationalsozialismus zerstritten haben, ist bekannt, aber bald macht der Streit nicht einmal mehr vor dem Altar halt, und einer der beiden Geistlichen verweigert dem Amtsbruder am Adventssonntag schließlich die Mithilfe beim Abendmahl. Es wundert kaum noch, dass wegen einer Auseinandersetzung um die Kollekte sogar die Polizei eingeschaltet wird und einer der beiden Pfarrer zwischenzeitlich des Dienstes enthoben wird. Den großen Streit zwischen »Deutschen Christen« und »Bekennender Kirche« können die beiden Theologen so selbstverständlich nicht lösen – stattdessen sorgen sie mit ihrem Verhalten dafür, dass ihre Kirchengemeinde über Jahre innerlich und äußerlich gespalten ist.[270]

Diese Konflikte innerhalb des Protestantismus sind für die nationalsozialistische Regierung zunächst einmal von Vorteil: Ein zerstrittener Kontrahent ist fraglos besser als ein geeinter Gegner. Die Verfolgung Andersdenkender, die offene Gewalt gegen die Angehörigen der jüdischen Religion, die ideologische Vereinnahmung der Jugend, selbst die Inhaftierung von Pfarrern – all das sind ja Schritte, die möglicherweise auf erheblichen Widerstand des Christentums hätten stoßen können. Aber der bleibt weitgehend aus. Der Nationalsozialismus weiß weite Teile des deutschen Protestantismus hinter sich, dessen kritische Geister im kräfteraubenden internen Konflikt gebunden sind. Doch die Regierung Hitler will noch mehr: nämlich eine einheitliche evangelische Kirche, die geschlossen hinter der Diktatur steht.

Eine solche »Reichskirche«, deren Etablierung 1933 schon einmal gescheitert war, will 1939 erneut vor allem Hanns Kerrl voranbringen, der als Reichsminister für kirchliche Angelegenheiten fungiert. Der 51-Jährige, NSDAP-Mitglied seit 1923 und öffentlich als einer der vielen demonstrativen Träger eines Hitler-Schnäuzers bekannt, will zugleich Nationalsozialist und »guter« Christ sein: Er kenne die Lehre Jesu und – so erklärt er öffentlich – »bekenne mich zu ihr als evangelischer Christ«, fügt aber hinzu, dass »mir die wahre Lehre Christi erst im nationalsozialistischen Kampf« aufgegangen ist.[271] Für ihn passt das alles problemlos zusammen: Nationalsozialist, guter Protestant und Antisemit zu sein. Bei Kerrl ist der Nationalsozialismus deshalb – auch dies in bewusster Anleihe beim Christentum – geradezu ein Werk der Barmherzigkeit:[272]

»Die Liebe dem Nächsten gegenüber setzen wir
in die Tat um, als praktische Liebe zum Nächsten,
den Gott uns gegeben hat, den Volksgenossen
der deutschen Nation.«

Hanns Kerrl ist zugleich regelrecht besessen von einem »völlig vom Judentum gereinigten Christentum«. Und so nimmt er im Frühjahr 1939 einen erneuten Anlauf, doch noch eine loyale einheitliche evangelische »Reichskirche« zu schaffen, die sich zugleich öffentlich dazu bekennen soll, alle »jüdischen« Spuren in den Kirchen zu beseitigen. Und tatsächlich gibt es eine erkleckliche Anzahl von Kirchenführern, die seinem Wunsch gern entsprechen wollen. Diese machen sich am ersten Frühlingswochenende dieses Jahres auf, um gemeinsam die Einheit und die Judenfeindlichkeit des deutschen Protestantismus zu zementieren. Sie tagen in Anwesenheit von Friedrich Werner, dem 41-jährigen Präsidenten des Evangelischen Oberkirchenrats in Berlin und langjährigem NSDAP-Mitglied, und von Landgerichtsrat Erwin Albrecht aus Mönchengladbach. Unter anderem reisen an: der Pfarrer Heinrich Oberheid aus Thüringen (NSDAP-Mitglied seit 1930), der thüringische Pfarrer Julius Leutheuser (NSDAP-Mitglied seit 1929), Johannes Schomerus (Studiendirektor des Predigerseminars Wittenberg) sowie der Aachener Pfarrer Friedrich Grünagel – die meisten der Herren bei diesem Treffen sind also erklärte Anhänger der »Deutschen Christen«.[273] In Bad Godesberg vor den Toren Bonns kommen sie am 25. und 26. März 1939 zusammen. Es ist noch winterhaft kalt, entlang des Rheins liegt zuweilen noch immer etwas Schnee, doch zumindest ist es an diesem Wochenende nur teilweise bewölkt, und es bleibt trocken. Es ist kein Wetter für einen fröhlichen Ausflug an den Rhein, aber die protestantischen Kirchenvertreter kommen ja auch nicht zusammen, um gemeinsam spazieren zu gehen – sie brüten über einem Text, der nach ihrem Willen ihre Kirche in Deutschland nachhaltig verändern soll.

Dieser Text ist schon am Samstag, dem 25. März 1939, fertig. Mit der Schreibmaschine einzeilig getippt, passen die sechs Punkte, die für die Zukunft einer einheitlichen evangelischen Kirche in Deutschland maßgebend sein sollen, so gerade auf eine Seite. Das Ergebnis trägt den Titel: »Godesberger Erklärung«. Zunächst unterstreichen die Kirchenmänner ihren »unbeugsamen Willen, den Kirchenstreit einer positiv-christlichen Entscheidung entgegenzuführen«, also im Sinne des Nationalsozialismus »eine lose kameradschaftliche Zusammenarbeit« auch über die Grenzen der »Deutschen Christen« hinweg aufzunehmen. Sie verstehen ihr Positionspapier damit offiziell als Einladung an alle Protestanten außerhalb der »Deutschen Christen«, in den Schoß einer gemeinsamen evangelischen Kirche zurückzukehren. Doch schon der erste Punkt ihrer Erklärung schließt im Grunde eine Kooperation aus, weil sie ihre eigene Hitler-Treue eben auch von allen anderen Protestanten erwarten:[274]

»Mit allen Kräften des Glaubens und des tätigen Lebens dienen wir dem Manne, der unser Volk aus Knechtschaft und Not zu Freiheit und herrlicher Größe geführt hat.«

Das ist die christliche Variante des nationalsozialistischen Heils-
gedankens, nach der Adolf Hitler als Retter des deutschen Volkes
mehr oder weniger direkt von Gott gesandt sei. Dem »Führer«
und dem Nationalsozialismus hätten die deutschen Christen zu
folgen. Und wenn die Protestanten etwas für besonders richtig
halten, führen sie als Zeugen bekanntlich nicht nur Gott, sondern
auch Martin Luther ins Feld. So auch in diesem Fall:[275]

> »Indem der Nationalsozialismus jeden politischen Macht-
> anspruch der Kirchen bekämpft und die dem deutschen
> Volke artgemäße nationalsozialistische Weltanschauung
> für alle deutschen Menschen verbindlich macht, führt er
> das Werk Martin Luthers fort und verhilft uns wieder zu
> einem wahren Verständnis des christlichen Glaubens.«

Die deutsche Nation wird als »gegebene Schöpfungsordnung« in-
terpretiert, und nur in dieser nationalen Ordnung könne sich echter christlicher Glaube entfalten. Überstaatliches und internationales Kirchentum etwa römisch-katholischer Prägung sei hingegen
eine »politische Entartung des Christentums«. Zugleich positio-
nieren sich die Kirchenmänner als christlich motivierte Antisemiten und erteilen der Judenfeindlichkeit noch einmal demonstrativ
ihren kirchlichen Segen:[276] »Der christliche Glaube ist der unüber-
brückbare religiöse Gegensatz zum Judentum.«

Das ist ziemlich genau die Positionierung, die sich die NS-Regierung gewünscht hat. Es ist noch kein halbes Jahr her, dass in
Deutschland Synagogen brannten, jetzt ist ein Teil des deutschen
Protestantismus bemüht, auch in den eigenen Reihen eine »Arisierung« voranzutreiben. Als die »Godesberger Erklärung« einige Tage
später veröffentlicht wird, prangen darunter die Unterschriften von
insgesamt 20 Männern aus Kirchen und Kirchenbehörden.[277]

Die Teilnehmer des Godesberger Treffens haben zügig gearbeitet, sodass sie nach dem Beschluss der »Erklärung« schon am Samstag ihr selbst gestecktes Ziel erreicht haben. Wer von ihnen am

Sonntag nicht allzu früh die Heimreise antreten muss, könnte noch die Chance für einen Gottesdienstbesuch nutzen. Dabei müssten sie allerdings einen ziemlich großen Bogen um die vielen Katholiken machen, die hier in Bad Godesberg wie in der gesamten Region die überwältigende Mehrheit der Christen stellen. Das mag gerade von den Teilnehmern dieses Treffens besonders schmerzlich empfunden werden, schließlich haben sie doch gerade in ihrer »Erklärung« den Katholizismus wegen seiner überstaatlichen und internationalen Ausrichtung als »politische Entartung des Christentums« bezeichnet. Mit Katholiken will man nichts zu schaffen haben!

Wer von den protestantischen Kirchenführern beispielsweise aus Wittenberg zu diesem Treffen an den Rhein gereist ist, könnte beim Versuch des sonntäglichen Kirchgangs zugleich aus eigener Anschauung erleben, was es heißt, in einem konfessionell gespaltenen Land zu leben, und auch Bad Godesberg spiegelt in dieser Hinsicht die eigentümliche konfessionelle Lage Deutschlands: Es gibt Gebiete, in denen Katholiken und Protestanten nebeneinander wohnen (wenngleich häufig noch sorgsam voneinander getrennt, was die Stadtteile und das soziale Leben angeht), und es gibt Regionen, in denen eine Konfession klar dominiert – die Angehörigen der anderen Konfession befinden sich dementsprechend in der Diaspora. Das geht Katholiken etwa in Schleswig-Holstein oder in weiten Teilen Ostpreußens so, Protestanten wiederum etwa in Teilen Bayerns, im Paderborner Land oder eben rund um Bonn am Rhein.

Die Protestanten in Bad Godesberg haben am Sonntag, dem 26. März 1939, in Sachen Gottesdienst lediglich die Möglichkeit, entweder um 10 Uhr dem Konfirmationsgottesdienst beizuwohnen oder alternativ im evangelischen Gemeindehaus einen Kindergottesdienst zu besuchen. Das ist für einen Besucher aus protestantischen Stammlanden nun wahrlich kein allzu üppiges Angebot – Diaspora eben. Für die Katholiken gestalten sich die kirchlichen Möglichkeiten hingegen deutlich reichhaltiger, und die Glocken der Stadt läuten an diesem Morgen fast ausschließlich für sie: In den fünf katholischen Kirchen von Bad Godesberg werden an diesem Sonntag über 20 Gottesdienste abgehalten, hinzu kommen zahlreiche Andachten.[278]

Doch es ist ja längst nicht mehr so, dass sich die beiden großen Konfessionen die Menschen im Land einfach untereinander »aufteilen« und in »ihren« Stammlanden ein religiös unbeschwertes Leben führen. Gerade der Sonntag steht in Deutschland längst nicht mehr nur im Zeichen des Kirchgangs. Das war schon vor 1933 nicht mehr der Fall, aber nun ist der arbeitsfreie Tag für alle möglichen Veranstaltungen der NS-Organisationen fest eingeplant – gern auch an den Vormittagen, wenn doch traditionell die Kirchen zum Gottesdienst rufen. So wird auch an diesem 26. März 1939 überall in Deutschland nicht nur zur Messe gegangen, sondern zugleich auch marschiert, geübt oder weltanschaulichen Vorträgen gelauscht. In Mannheim zieht am Sonntagmorgen eine Fahnenkolonne samt Musikzug durch die Straßen zum Schloss, wo sich die politischen Leiter des Kreises treffen,[279] in Dortmund versammeln sich aus HJ und BDM rund 7000 »Jungen- und Pimpfenführer« sowie »Mädelführerinnen« aus Westfalen nach einem Marsch durch die Straßen in der Westfalenhalle,[280] und in Aachen informieren sich die Sportleiter der NSDAP-Ortsgruppen beim gemeinsamen Kreislehrgang über den Nutzen der »Leibesübungen als natürliches Mittel zur Gesunderhaltung«.[281] Der Sonntag ausschließlich als »Tag des Herrn«? Diese Zeiten sind längst vorbei!

Die Konkurrenz spüren die Kirchen in Deutschland aber nicht nur an den Sonntagen. Insgesamt verzeichnen sie einen schmerzhaften Bedeutungsverlust, der sich traditionell in der Kirchenstatistik spiegelt: Die Kirchenaustritte sind immer auch Gradmesser des Leidens der Kirchen an ihrer Zeit. Und da sieht es zuletzt nicht gut aus: 1939 treten über 370 000 Protestanten aus der Kirche aus, in den beiden Jahren zuvor waren es ebenfalls deutlich über 300 000. Diese Werte übersteigen alles, was bisher in den seit Jahrzehnten erhobenen Daten dokumentiert wurde. Und es ist ja nicht so, dass die verbliebenen Mitglieder nun besonders kirchlich sind:

Der Sonntagmorgen
in der Propaganda:
Das Familienoberhaupt
verabschiedet sich von Frau
und Kindern – geht aber nicht
in die Kirche, sondern
zum Dienst für die Partei.

Die Abendmahlsbeteiligung, die in den evangelischen Kirchen seit Jahrzehnten als Standardindikator für frommes kirchliches Verhalten gilt, fällt 1939 nach Jahren des Rückgangs ebenfalls auf ein historisches Tief.[282] Die Zahlen zeigen den evangelischen Kirchenleitungen und den Pfarren sehr deutlich, dass es sich für die »Deutschen Christen« offensichtlich nicht auszahlt, wenn sie sich als gute Nationalsozialisten geben. Denn selbst die Landeskirche in Thüringen, eine Hochburg der »Deutschen Christen«, verzeichnet 1939 einen neuen Höhepunkt der Austritte.[283]

So sind diese Jahre für die evangelischen Kirchen in Deutschland eine regelrechte Achterbahnfahrt, denn kurz nach dem Machtantritt der NS-Regierung hatten sie noch einen historischen Rekord an Kircheneintritten zu verzeichnen – umso dramatischer ist die Entwicklung jetzt. Viele Mitglieder treten aus, und von einer Einheit im Glauben sind die Zurückbleibenden weit entfernt. Keine Frage: Der deutsche Protestantismus erlebt für viele gegenwärtig die größte Krise seit den Tagen Martin Luthers.

So gesehen haben die nationalsozialistisch gesinnten Kirchenführer, die die »Godesberger Erklärung« ausarbeiten und unterzeichnen, durchaus recht, wenn sie die Formen des Kirchenstreits als »unwürdig« und die Machtkämpfe als »verwerflich« bezeichnen. Aber, auch darin tun sie es den Nationalsozialisten in Rhetorik und Ideologie gleich, sie bejahen diese Kämpfe zugleich »als Zeichen des neuwachsenden religiösen Lebens«.[284] Ob allerdings der deutsche Protestantismus aus diesem Ringen völkisch-religiös tatsächlich erneuert hervorgeht oder sich im Bruderkampf sozusagen selbst das Leben nimmt, muss zu diesem Zeitpunkt offen bleiben. Schon nach wenigen Tagen zeigt sich, dass die »Godesberger Erklärung« die Einheit des deutschen Protestantismus nicht wiederherstellen kann – ganz im Gegenteil sorgt sie für neue Auseinandersetzungen, und wieder einmal schlagen die Wellen der Empörung hoch.[285] »Der Kampf um die Kirche Jesu Christi«, so erklären einige Tage später die Landesbruderräte der »Bekennenden Kirche«, »ist damit in ein neues Stadium eingetreten.« Die »Godesberger Erklärung« stehe für Grundsätze, die letztlich nur einen »Abfall von dem allein seligmachenden Evangelium von Jesus Christus« bedeuteten.[286] Die Anhänger der »Deutschen Christen« draußen im Lande sehen das freilich anders – und freuen sich über die klare judenfeindliche Positionierung. So fordern einige dieser Kirchenvertreter umgehend die »Gründung eines Instituts zur Erforschung und Beseitigung des jüdischen Einflusses auf das kirchliche Leben des deutschen Volkes«, was tatsächlich schon wenige Wochen später geschehen sollte.[287]

Und die katholische Kirche? Zu anderen Zeiten hätte sie sicherlich die Kämpfe im Protestantismus als sicheres Zeichen für dessen Irrweg seit der Reformation gewertet und sich selbst als einzig wahre christliche Kirche gefeiert – womöglich mit einer gewissen Portion heimlicher Schadenfreude. Doch so sind die Zeiten eben nicht: Auch der Katholizismus steht unter erheblichem Druck. Zwar ist die Zahl der nationalsozialistisch gesinnten Geistlichen in keiner Weise mit der im Protestantismus zu vergleichen, und auch eine den »Deutschen Christen« ähnliche Gruppierung gibt es hier nicht. Wohl nicht mehr als 150 katholische Geistliche lassen sich als »braune Priester« bezeichnen, und diese wirken zudem vor allem in Bayern und der Erzdiözese München und Freising. Zudem sind es wohl nicht immer politische und ideologische Beweggründe, die diese Männer in die NSDAP oder andere Parteiformationen ziehen. Sie suchen zuweilen schlicht neue berufliche Perspektiven, sie haben mit ihrem Stand als Priester Schwierigkeiten oder sind mit ihren kirchlichen Vorgesetzten in Konflikt geraten.[288] Diese wenigen nationalsozialistisch gesinnten Geistlichen reichen bei Weitem nicht aus, um den Katholizismus in eine Spaltung zu treiben, die der Zerreißprobe im Protestantismus ähnelt.

Die katholische Kirche in Deutschland ist eine mächtige Institution. Aber als solche stellt sie sich 1939 der Diktatur nicht entgegen, wenngleich der Druck und zuweilen die Verfolgung durch die staatlichen Stellen zunehmen. Ein gewichtiger Grund für das offizielle Stillhalten der Kirchenführung ist sicherlich die kolossale politische Fehleinschätzung im Jahr 1933: Nach Jahren der heftigen Kritik am zunehmend erstarkenden Nationalsozialismus während der Weimarer Republik schien den Katholiken nun der Schutz des Katholizismus samt der Vereine und des Besitzes wichtiger zu sein als der Kampf gegen den rechten Extremismus. Dementsprechend stimmten die katholischen Reichstagsabgeordneten des Zentrums dem »Ermächtigungsgesetz« zu und beteiligten sich somit am Ende des demokratischen Projekts der Weimarer Republik. Die deutschen Bischöfe erklärten umgehend, dass die alten »allgemeinen Verbote und Warnungen nicht mehr als notwendig betrachtet zu werden brauchen«.[289] In einer Mischung aus Verzweiflung und politischer Blindheit wollten die Kirchenführer und der politische Katholizismus an die Versicherungen der Regierung Hitler glauben, dass die christlichen Konfessionen »die wichtigsten Faktoren zur Erhaltung unseres Volkstums« seien und das »Christentum als Basis unserer gesamten Moral« angesehen werde.[290] Als hätten die Jahre des Straßenterrors durch SA-Schläger und die offen und so oft ausgelebte antidemokratische Gesinnung des Nationalsozialismus diese Behauptung nicht demonstrativ widerlegt …

Da die Regierung Hitler obendrein schon 1933 das lang ersehnte Konkordat zwischen Berlin und dem Vatikan unterzeichnete, schienen sich zunächst die zentralen kirchlichen Wünsche zu erfüllen. In diesem Vertrag sichert die Regierung unter anderem die freie Religionsausübung zu, das Fortbestehen der kirchlichen Bekenntnisschulen und des Religionsunterrichts wie auch den Schutz der katholischen Laienorganisationen. Im Gegenzug akzeptiert die katholische Seite das Ende jeglicher politischer Betätigung von Geistlichen, und folgerichtig beschließen das katholische Zentrum und die »Bayerische Volkspartei« ihre Selbstauflösung.[291] Doch bald schon zeigt sich, dass eine freie Religionsausübung in der Diktatur nur möglich ist, wenn sie sich vollständig anpasst und sich jeder Äußerung und Tätigkeit enthält, die der politischen Herrschaft widerspricht. Das erlebt die katholische Kirche seit 1933 nunmehr kontinuierlich. Seit 1935 beginnen die ersten Prozesse gegen katholische Priester wegen vermeintlicher Devisenvergehen oder Sittlichkeitsverbrechen, die propagandistisch weidlich ausgeschlachtet werden, um den Katholizismus öffentlich zu stigmatisieren und letztlich zu destabilisieren. Diese Sittlichkeitsprozesse eskalieren, als die päpstliche Enzyklika »Mit brennender Sorge« vom März 1937 für Aufregung sorgt. In diesem Text wird der Nationalsozialismus zwar nicht politisch, aber dafür in religiöser Hinsicht heftig attackiert:[292]

> »Habet acht, Ehrwürdige Brüder, daß vor allem der Gottesglaube … in deutschen Landen rein und unverfälscht erhalten bleibe. Gottgläubig ist nicht, der das Wort Gott rednerisch gebraucht, sondern nur, wer mit diesem hehren Wort den wahren und würdigen Gott verbindet.«

Wer Volk oder Rasse »mit Götzenkult vergöttert«, handele gegen die göttliche Ordnung, schreibt der Papst. Kein Wunder, dass die

NS-Führung denkbar verärgert auf diese Enzyklika reagiert. Pius XI. hat scharfe Worte gefunden gegen Unrecht und Verfolgung – allerdings hat die Enzyklika nicht die Verfolgung von Juden oder anderen Nicht-Katholiken zum Gegenstand: Die Sorge Roms gilt zunächst einmal den Katholiken, es geht um den Schutz und den Erhalt der eigenen Kirche.[293]

Papst Pius XI. Seine Enzyklika »Mit brennender Sorge« ist eine religiöse Abrechnung mit dem Nationalsozialismus, jedoch kein politisches Fanal zum Kampf gegen die Diktatur.

Die deutschen Bischöfe versuchen weiterhin, den Bestand und die katholischen Einrichtungen zu sichern, und pochen fortgesetzt auf die Einhaltung der Zusicherungen im Reichskonkordat. Im Gegenzug sind sie bereit, dem Staat ihre Loyalität zu zollen, wenn es um die »nationale Sache« geht. Wo Zustimmung möglich ist, etwa zu den außenpolitischen Ereignissen des Jahres 1938, stellt sich die katholische Kirche demonstrativ an die Seite Hitlers und seiner Regierung. Das erleichtert allen katholischen Kirchenmitgliedern ihre

Teilhabe am gesellschaftlichen Leben – offiziell lehnt ihre Kirche die Diktatur schließlich nicht ab. Wo Kritik und Ablehnung der nationalsozialistischen Politik nötig wäre, setzt die katholische Kirche hingegen zumeist auf Schweigen – auch wenn sich in einzelnen Kirchengemeinden Unmut regt. Entsprechende Meldungen kommen etwa aus Oberösterreich, wo in einem Fall der örtlichen Feuerwehr untersagt wird, an der Fronleichnamsprozession teilzunehmen, was im Dorf umgehend zu »staatsfeindlichen Äußerungen« führt.[294] Doch dabei bleibt es. Es scheint fast so, als wundere sich die Staatsmacht selbst ein wenig darüber, dass der einst auch politisch so mächtige Katholizismus sich ruhig verhält. Für das Frühjahr 1939 kommt der Sicherheitsdienst der SS zu folgender Einschätzung:[295]

»Unter dem Eindruck der politischen Ereignisse war der römische Katholizismus im großdeutschen Reich in der Berichtszeit bestrebt, alles zu unterlassen, was ein staatliches oder polizeiliches Einschreiten zur Folge haben könnte. Alle äußeren Konfliktmöglichkeiten wurden vermieden, um alle noch vorhandenen Kräfte für den innerkirchlichen Einsatz zu aktivieren und planmäßig zu steigern.«

Die Katholiken im Lande leben mit dieser Last der kolossalen politischen Fehleinschätzung ihrer Kirche, und die katholische Infrastruktur wird zunehmend schwächer, weil viele katholische Vereine inzwischen verboten sind. Im Februar 1939 trifft es schließlich deutschlandweit die Dachorganisation »Katholischer Jungmännerverband«. Gerade um die kirchliche Jugendarbeit wird in den Kirchengemeinden seit Jahren mit den NS-Verbänden gestritten, weil die »Hitler-Jugend« verbissen gegen jeden »Konkurrenten« vorgeht. Übergriffe auf katholische Gruppen und Einzelpersonen sind keine Seltenheit, hierbei treffen oft genug gewaltbereite ältere Jungs und Jugendliche aufeinander. Für manche kleinen und großen HJ-Führer gehört es einfach dazu, zwischendurch katholische Jugendliche zu verprügeln, »die lieber zur Pfarrjugend gingen als zum HJ-Dienst«.[296] Hinzu kommen Sachbeschädigungen wie die Zerstörung von Madonnen und Heiligenstatuen, die in der Regel nicht strafrechtlich verfolgt werden.[297] Zuweilen werden auch Kirchentüren oder Altäre mit Exkrementen beschmiert. Gerade die Mitglieder der »Hitler-Jugend« tun sich mit antireligiösem Vandalismus hervor – so missbrauchen einige von ihnen in Wuppertal-Barmen ein Missionskreuz als Ziel für Schießübungen.[298]

Alltägliche Provokationen und Prügeleien zwischen Jugendlichen gehören also durchaus zum Alltag in den Kirchengemeinden, massive Übergriffe auf Geistliche bleiben allerdings die Ausnahme. Und doch gibt es sie – obwohl vor allem Repressionen gegen Pfarrer noch immer ein Risiko für die staatlichen Organe darstellen. Denn die emotionalen Bindungen der Gemeindemitglieder an ihre Geistlichen sind zuweilen sehr stark. Deshalb erfahren Pfarrer bei Konflikten mit Polizei und Justiz immer wieder Unterstützung durch die Bevölkerung. Als in Stuttgart der streitbare Stadtpfarrer Franz Weiss verhaftet wird, versammelt sich rasch eine beachtliche Menschenmenge vor dem Pfarrhaus, um seinen Abtransport zu verhindern. In einem kircheninternen Bericht heißt es anschließend:[299]

»Schließlich hat man ihn doch in das Polizeiauto gebracht.
Das Volk aber hielt es mit Händen fest, schimpfte auf
die Polizei und 10 Polizeimänner griffen zu, bis endlich
der Wagen abfahren konnte.«

Solche Zwischenfälle, bei denen die Ordnungskräfte in der Öffentlichkeit massiv behindert werden, sind in der Diktatur eine Ausnahme – und stellen für sie stets die Gefahr einer Destabilisierung dar. Für einen verhafteten Pfarrer wird gebetet, er bleibt womöglich damit in seiner Gemeinde in Erinnerung, im – aus Sicht der Nationalsozialisten – schlimmsten Fall wird er regelrecht zum Märtyrer. Der evangelische Pfarrer Martin Niemöller, früher Mitbegründer der »Bekennenden Kirche«, wurde bereits im Sommer 1937 verhaftet und schmachtet derzeit in einem Konzentrationslager.

Martin Niemöller im Frühjahr 1937 kurz vor seiner Verhaftung mit
Konfirmanden in Berlin-Dahlem.

Doch Niemöller ist nicht vergessen: Es gibt Amtsbrüder, die während einer Predigt an ihn erinnern, und auch evangelische Christen, die ihn in ihre Gebete einschließen. Noch im Herbst 1939 stecken im westfälischen Soest, nicht fern seiner Geburtsstadt Lippstadt, überzeugte Protestanten heimlich Flugblätter in Briefkästen, in denen unter anderem die Forderung zu lesen ist: »Gebt uns Niemöller frei!«[300] Und im hessischen Eschwege wird ein Pfarrer von der Polizei zumindest vernommen, weil er Martin Niemöller ins Fürbittengebet aufgenommen hat.[301] Auch die ausländischen Zeitungen berichten weiter über den inhaftierten Pfarrer. Zu seinem Geburtstag im Januar 1939 sorgt sich die *Neue Zürcher Zeitung* um seinen Gesundheitszustand,[302] die Londoner *Times* schreibt über eine Geste der Unterstützung in Niemöllers Heimatgemeinde,[303] und eine in Rotterdam erscheinende Zeitung informiert ihre Leserschaft über die Bedingungen von »Ds. Niemöller's gevangenschap«.[304]

Ob in diesem März 1939 wohl auch Katholiken für die Gesundheit und das Überleben des protestantischen Pfarrers Martin Niemöller beten? Und umgekehrt: Schließen eigentlich evangelische Christen einen inhaftierten katholischen Priester in ihr Gebet ein? Auch wenn das Gebet der innerste Ort eines Menschen ist und Informationen darüber kaum nach außen dringen – für die allermeisten Christen in Deutschland ist die Konfessionsgrenze vermutlich immer auch eine Gebetsgrenze. Zu getrennt sind die christlichen Gemeinschaften, als dass Mennoniten, Baptisten oder Zeugen Jehovas auf Fürbitte von Katholiken oder Protestanten hoffen können. Das christliche Ideal, von den Menschen umgesetzt in tätige Nächstenliebe, in Barmherzigkeit und Solidarität, wird in aller Regel nur auf die Mitglieder der eigenen Kirche und Religion bezogen. Ein jeder kann für sich das Etikett der Nächstenliebe reklamieren – auch wenn es nur für die eigene Gruppe gilt. Jede Kirche in Deutschland schaut auf sich selbst. Dass sie in Zeiten wie diesen mit sich selbst und der Sicherung der eigenen Position schon genug beschäftigt sei und sich nicht auch noch um

»die anderen« kümmern könne, ist keineswegs eine Ausrede. Schließlich ist die Zukunft für alle Kirchen 1939 völlig offen.

Einigkeit herrscht bei den Christen allerdings weitgehend darüber, dass sie den jüdischen Gläubigen nicht zu Hilfe eilen werden. Deren Entrechtung und Verfolgung ist längst deutscher Alltag geworden, und die christlichen Kirchen fühlen sich für diese Opfer der Diktatur weithin nicht zuständig. Der Grund dafür ist älter als das Jahrhundert – die Gräben zwischen Christen und Juden waren und sind tief. In der Lebenswirklichkeit der Deutschen trennen die religiösen Barrieren diese Religionsgruppen traditionell klar voneinander ab, sehr viel klarer und schärfer, als dies zwischen Katholiken und Protestanten je der Fall war. Die christliche Missbilligung des Judentums blieb ebenso eine feste Konstante des Alltags wie die jüdische Selbstbekräftigung gegen das Christentum.[305] Und die historischen Pogrome gegen Juden blieben unvergessen – mit den Ausschreitungen und Morden im November 1938 ist diese Erinnerung indes bei den Deutschen jüdischen Glaubens in einer ganz neuen Qualität wieder präsent.

Die Ablehnung des Judentums war und ist auch 1939 noch immer ein Teil des deutschen Glaubenskriegs, ist also ursprünglich religiös motiviert. Doch in den vergangenen Jahren ist es in Deutschland gelungen, das Judentum ausschließlich als eine Sache von so bezeichneter »Rasse« erscheinen zu lassen. Deshalb gilt die Konversion zu einer christlichen Kirche nichts mehr. Nun wird kein Jude mehr zum Nichtjuden, weil er in die katholische oder die evangelische Kirche eintritt. Die Konfession gilt als äußerlich, die Zugehörigkeit zu einer »Rasse« hingegen als unveränderbar. Diese Vorstellung hat die deutschen Köpfe, anknüpfend an die lang anhaltende Tradition des Antisemitismus in Deutschland, inzwischen weitgehend verwirrt. Vor allem die Jüngeren kommen angesichts der massiven Propaganda ins Wanken, wie sich rückblickend selbst der junge Egon Bahr in seinen Erinnerungen fragt: »Stimmte vielleicht wissenschaftlich etwas an der Rassentheorie, selbst wenn die Gesetze schrecklich waren?«[306]

Die Juden haben von den Christen aus religiösen Motiven keine Hilfe zu erwarten, und dies gilt auch für andere Glaubensgruppen, allen voran für die Zeugen Jehovas, von denen schließlich etwa ein Drittel der Mitglieder inhaftiert und viele ermordet werden.[307] Mit ihnen hat die Diktatur in Sachen Verfolgung also vergleichsweise leichtes Spiel, weil christliche Solidarität ausbleibt. Zu tief sind die traditionelle Ausgrenzung und Gegnerschaft zu solchen »Irrgläubigen«. Den meisten protestantischen und katholischen Kirchenmitgliedern ist es vermutlich durchaus recht, dass diese »ernsten Bibelforscher«, wie sie offiziell tituliert werden, in welcher Form auch immer aus dem Verkehr gezogen werden. Geradezu klammheimliche Zustimmung gibt es von den Kirchen fraglos auch für das Vorgehen gegen den so bezeichneten »Aberglauben«. Dieser ist kein sauber einzugrenzendes Phänomen, vielmehr werden damit alle nur denkbaren Glaubensangebote außerhalb der traditionellen kirchlichen oder politischen Weltsicht verstanden. Allerdings ist »Aberglaube« zugleich ein Distanzierungs- und spiritueller Kampfbegriff, den die christlichen Kirchen selbst mitgeprägt und ausgiebig genutzt haben. In politischer Hinsicht wird diese Bezeichnung nun aber auch zu einem Verfolgungsbegriff, denn solche freien Glaubensangebote sind weder institutionell noch programmatisch genau zu greifen. Sie erscheinen als luftig und unklar und damit zugleich stets als unberechenbar – letztlich eben auch in politischer Hinsicht …

Es liegt also in der Natur der Sache, dass alternative »abergläubische« Glaubensangebote für jedes System von totalitärer Herrschaft stets eine potentielle Bedrohung darstellen. Mit Sorge berichtet deshalb auch der Sicherheitsdienst im Herbst 1939, dass vor allem in den ländlichen Regionen »zahlreiche politische Gerüchte von Wahrsagern, Hellsehern, Zigeunerinnen« im Umlauf seien, die bei der Bevölkerung »Verwirrung stiften«.[308] Hellseher, Wahrsager, womöglich Hexen und spirituelle Seher – das sind nur einzelne Aspekte jenes »Aberglaubens«, dessen Bandbreite im deutschen Alltag noch sehr viel größer ist: spiritistische Deutungen am Rande der christlichen Lehre, Versatzstücke verschiedener

Naturreligionen, häufig noch Reste der geistigen und religiösen Aufbruchsstimmung der Lebensreformbewegung zu Beginn des 20. Jahrhunderts, als sich zahlreiche Beglückungsgemeinschaften in Deutschland bildeten und die Welt des Glaubens im Land nachhaltig vergrößert haben. Dass es mehr Dinge zwischen Himmel und Erde gibt, als sich in der Lehre der großen christlichen Kirchen finden, davon sind viele Menschen fest überzeugt.

Und diese Dinge geben manchen Deutschen spirituellen Halt, daran kann auch der Nationalsozialismus so schnell nichts ändern. Jahrhundertealte alternative Glaubensangebote leben im Land weiter, auch wenn diese immer mal wieder mit öffentlicher Erregung und Spott quittiert und die daran Beteiligten diffamiert werden. Just an diesem Märzwochenende im Jahr 1939, als die nationalsozialistischen Kirchenvertreter in Bad Godesberg an einer deutschen »Reichskirche« bauen, berichten Zeitungen beispielsweise über entsprechende Geschehnisse in dem Dörfchen Schwend in der bayerischen Oberpfalz: Dort soll ein Mann den Hexenglauben seiner Mitmenschen schamlos ausgenutzt haben. Jedenfalls kommt das örtliche Amtsgericht Sulzbach-Rosenberg zu dieser Einschätzung, als es den Fall des 48-jährigen Karl Eichinger verhandelt. Bei ihm, so kommt jetzt ans Licht, suchten Menschen Hilfe, wenn ein Angehöriger oder auch ein Tier erkrankte oder sich »sonst ein Unglücksfall« ereignete. Und Eichinger versprach zu helfen:[309]

> »Er machte nun den Leuten vor, daß es Leute gäbe, deren böser Geist Unheil über die Mitmenschen heraufbeschwöre. Er wisse jedoch sichere Mittel, um die Verwünschungen wirkungslos zu machen, deren Anwendung nur zu empfehlen sei, da es in und um Schwend nicht weniger als 65 Hexen und Hexenmeister gebe, die übrigens bereits den Tod von 40 Personen bewirkt hätten.«

Das alles sei zwar »offensichtlicher Blödsinn«, zitiert eine Tageszeitung das Gericht, aber zahlreiche »Kunden« dieses Herrn glaubten seiner Geschichte von den Hexen – und an die Wirkung seiner Heilkraft. Karl Eichinger nahm angeblich verschiedene »Handlungen zur Abwendung des Bösen« vor und reichte den Hilfesuchenden gegen gutes Geld nicht näher bezeichnete »Medikamente«, deren Anwendung nach Feststellung des Gerichts »selbstverständlich ohne Erfolg« blieb. Aber stimmt das? Es scheint, als habe der Angeklagte doch viele Menschen zufriedengestellt, was ihm allerdings nicht hilft: Er wird wegen fortgesetzten Betrugs zu einer Haftstrafe von einem Jahr und zwei Monaten verurteilt.[310]

Der Betrugsvorwurf ist zentral für die juristische Verfolgung des »Aberglaubens«. Auch im Frühjahr 1939, als der in Westdeutschland regional durchaus prominente spirituelle Leiter der ein Jahr zuvor verbotenen »Auferstehungsgemeinschaft«, Karl Großkortenhaus, verhaftet und vor Gericht gestellt wird. Der 63-Jährige hatte seine seit Langem bestehende Gemeinschaft in der Illegalität weitergeführt, wobei die Zahl seiner Anhänger unbekannt bleibt. Allerdings hat ihn der lokale NSDAP-Ortsgruppenleiter entdeckt und der Polizei gemeldet, weil er irrtümlich dachte, eine Versammlung der Zeugen Jehovas beobachtet zu haben – dabei war es Großkortenhaus mit einigen Anhängern.[311] Das Landgericht Wuppertal verhandelt den Vorwurf, »das Verbot der Sekten nicht beachtet zu haben«, sowie – was bei der juristischen Verfolgung von religiösen Gruppen durchaus ein erprobtes Verfahren ist – wegen Sittlichkeitsvergehen auch gegen minderjährige Anhänger. Der Angeklagte habe sich als »erstgeborener Sohn Gottes nach Christus« bezeichnet und nicht nur das Vertrauen seiner »Gläubigen« missbraucht, sondern mit dem Verkauf unter anderem von sogenannten »Habe-Dank-Briefen« auch ein durchaus einträgliches betrügerisches Geschäft gemacht. »Eines der größten Schwindelmanöver, das das Bergische Land je erlebt hat«, so das Landgericht Wuppertal, »findet nun seine gerichtliche Sühne.«[312] Großenkortenhaus wird schließlich zu fünf Jahren Zuchthaus sowie zu anschließender Sicherheitsverwahrung verurteilt.[313]

So mancher selbsternannte »Christus« oder »Heiland« erntet in dieser Zeit zunächst öffentliche Verachtung. So erscheint in der SS-Zeitschrift *Schwarzes Korps* 1939 ein Bericht über den religiösen Sonderling Gustav Nagel, der als selbsternannter »Wanderprediger und Tempelwächter von Gottes Gnaden« in der Tradition der Lebensreformer schon seit Jahren in der Altmark wirkt. Als langhaarige Erscheinung, barfuß und in lange Gewänder gekleidet, wird Nagel in dem Bericht als »Firlefanz« verspottet, der seinen Anhängern mit angeblichen Naturheilmittelchen das Geld aus der Tasche ziehe und ansonsten mit einer Frau zusammenlebe, die »nicht schön, aber sehr irdisch« sei. Doch das SS-Organ spottet nicht nur, sondern droht auch: Man werde sich das Treiben wohl nicht mehr lange anschauen, sondern dann eingreifen, »wenn die Dummheit polizeiwidrig wird. Dann aber gründlich!«[314]

Solche Attacken zeigen, dass abergläubische Geschichten gerade in Zeiten einer Diktatur nicht unpolitisch sein können. Mehr denn je gilt: Jegliche böse Vorahnung oder Prophezeiung, selbst Verwünschungen und Wunder bergen potentielle Kritik an den bestehenden Verhältnissen. Dafür steht auch jenes Gerücht, das Victor Klemperer in seinem Tagebuch notiert. Dieses, so schreibt er, habe ihm der Kaufmann um die Ecke als »bestimmt wahr und verbürgt« berichtet:[315]

»In Berlin bringt ein Mann seine Frau zur Entbindung. Über ihrem Bett hängt ein Christusbild. Der Mann: ›Schwester, das Bild muß weg, mein Kind soll nicht als erstes den Judenjungen sehen.‹ Die Schwester: Sie könne da von sich aus nichts tun, sie werde Meldung machen. Der Mann geht. Am Abend telegraphiert ihm der Arzt: ›Sie haben einen Sohn. Das Bild brauchte nicht entfernt zu werden, das Kind ist blind.‹«

Aber der »Aberglaube« kann auch auf der Seite der nationalsozialistischen Sache stehen. So erinnert in Baden der Lehrer und Schriftsteller Franz Hirtler an die volkstümliche Geschichte eines Krämers vom Kaiserstuhl, der im Jahr 1740 die Menschen in Freiburg

Auf alternative Glaubensvorstellungen wie die von Gustav Nagel –
hier in einer frühen Aufnahme mit seiner Familie – reagiert das
»Dritte Reich« mit Spott und Verfolgung.

als Zukunftsdeuter unterhalten hat. Dieser Mann habe vermutlich
das »Zweite Gesicht« gehabt, schreibt der Autor, also jene rätsel-
hafte Begabung, bevorstehende Ereignisse vorauszusehen – eine
Gabe, die nach Meinung des Autors übrigens »heute noch« beispielsweise in Westfalen, auf Rügen oder in Skandinavien zu finden
sein soll. Die Geschichte des Krämers aus dem 18. Jahrhundert beinhaltet jedenfalls auch eine Vision von einer glücklichen Zukunft

des deutschen Volkes durch einen unbekannten Helden mit »schlichter Herkunft«. Für den Lehrer und Schriftsteller Franz Hirtler ist klar, dass die darin sichtbare »uralte Sehnsucht des deutschen Volkes« samt einer »visionären Gestalt« eines Retters heute, 200 Jahre später, in der Person Adolf Hitler »wahr geworden« sei.[316]

Tatsächlich ist die nationalsozialistische Glaubenswelt selbst für angrenzende Glaubensversatzstücke aus dem Milieu des »Abergläubischen« anschlussfähig. Weil der Glaube an »Deutschland« und die »Germanen«, an den »Führer« und die »Vorsehung« diffus und in sich nicht wirklich konsistent ist, finden an den Rändern auch schillernde mystische Vorstellungen vergleichsweise problemlos ihren Platz. Sie müssen nicht von allen geteilt werden, sie stellen die nationalsozialistische Ideologie mit ihrer Weltsicht allerdings auch nicht infrage. So bietet allein die Vorstellung einer weihnachtlichen »Weihe-Nacht« Raum für diverse, auch regional unterschiedliche Überlieferungen. So heißt es etwa über die »12 heiligen Rauhnächte«:[317]

»Es sind die Umziehtage der guten Geister, der alten Götter. Diese besuchen jetzt die Menschen von Haus zu Haus, von Hof zu Hof; in ihrer großen Dankbarkeit dafür sind die Menschen für alles empfänglicher denn je. Daher verachte man nicht den sogenannten Aberglauben des Volkes, der diesen Tagen zugrunde liegt.«

Die Unschärfe des nationalsozialistischen Glaubensangebots macht sozusagen spirituell großzügig: Gute Geister und alte Götter finden darin ebenso ihren Platz wie der christliche Gott, die Vorsehung oder das Wunder. Der Nationalsozialismus hat sich zu einer Gemeinschaft entwickelt, mit Versatzstücken für einen eigenen »Glauben«, mit eigenen Aposteln und vor allem dem alles überstrahlenden »Führer«, der sich in vielen Reden und Auftritten als Prophet und selbst ernannter Vollstrecker des neuen Heils inszeniert. Hitler lehnt es zwar ab, offiziell als Religionsstifter in Erscheinung zu treten, doch er gefällt sich etwa bei Parteitagen oder anderen Großveranstaltungen offenkundig in der Rolle des Hohepriesters. Bewusst lässt er es zu, dass die NSDAP und seine Anhänger einen offensichtlich an religiösen Traditionen orientierten Kult um ihn zelebrieren.[318]

Ob das der Schöpfer wirklich will? Huldigung für Hitler an einem Haus in Potsdam, 1934.

Doch trotz solcher Inszenierungen: Der Nationalsozialismus ist keine Religion und auch keine »politische Religion«, auch weil der Begriff »Religion« noch viel zu sehr von den Vorstellungen der großen christlichen Kirchen geprägt ist.[319] Stattdessen ließe sich vom Nationalsozialismus als einer Beglückungsgemeinschaft sprechen, in der sehr unterschiedliche Vorstellungen von einem irdischen, weltlichen »Glück« ihren Platz haben. In der Form orientiert sich eine solche Beglückungsgemeinschaft immer an bestehenden und bekannten und vor allem deshalb überwiegend christlichen Symbolen und Ritualen: Es wird ein »Glaube« an Deutschland und das Volk propagiert, der politische Kampf als »heilig« dargestellt, die sogenannte »Blutfahne« als Relikt des gescheiterten

Putsches von 1923 zu einer Reliquie stilisiert, an der alle neuen Fahnen der SA, der SS und der NSDAP »geweiht« werden.[320] So bindet diese Beglückungsgemeinschaft ihre Mitglieder zuweilen allein durch ihren »Glauben« an sich.

Dieses Glaubensangebot tritt in offener Konkurrenz zu bisherigen kirchlichen Angeboten auf – lehnt sich aber zugleich an die christlichen Traditionen an, um sie in veränderter Form dann für sich selbst zu nutzen. Dies zeigt sich beispielsweise an den so bezeichneten »Lebenswendefeiern«, die auch im hessischen Eschwege 1939 von den Schulen und der NSDAP für die Jugendlichen zur Schulentlassung veranstaltet werden. Diese sind erkennbar als Ersatz für die Konfirmation in der weitgehend protestantischen Region konzipiert und finden zuweilen sogar bewusst an Sonntagen statt, an denen in den Kirchen traditionell die Konfirmationsfeiern angesetzt sind. Die Jugendlichen und ihre Eltern lauschen einer predigtähnlichen Ansprache des Ortsgruppenleiters, ehe sie vor der Versammlung folgendes »Gelöbnis der Treue zu Volk und Reich« ablegen:[321]

> »Wir glauben: Unser deutsches Volk ist nach dem Willen Gottes auf dieser Welt geschaffen. Alle Menschen, die für das Leben unseres Volkes kämpften und starben, vollendeten damit den Willen Gottes. Ihr Tun ist uns heiliges Vermächtnis. Wir bekennen, daß Gott all unsere Kräfte uns gab, um damit das Leben unseres Volkes zu erhalten und zu verteidigen. Es ist deshalb unsere Pflicht, jeden, der das Leben unseres Volkes bedroht, bis zur Vernichtung zu bekämpfen.«

Viele Deutsche »glauben« an die NS-Ideologie. Der Schweizer Schriftsteller und Philosoph Denis de Rougemont erhält 1938 einen Brief eines namentlich nicht bezeichneten »jungen Nationalsozialisten«, der ihm seine Begeisterung für den NS-Staat darlegt. Dass so viele Menschen Hitler folgen, will er nicht nur seiner Politik zuschreiben, sondern einem eigenständigen Glauben an die nationalsozialistische Sache:[322]

»Wir wollten an etwas glauben, wir wollten für etwas leben. Demjenigen, der uns die Möglichkeit zu glauben brachte, sind wir dankbar gewesen. Das Christentum befriedigte – wahrscheinlich durch die Schuld seiner Geistlichen – schon lange nicht mehr das Bedürfnis der Mehrheit des Volkes nach Glauben. Wir wollen an die Mission des deutschen Volkes glauben. Wir wollen an die Unsterblichkeit des Volkes glauben.«

Das zentrale Symbol dieses Glaubens ist das Hakenkreuz. Seit der Jahrhundertwende ein zentrales antisemitisches Zeichen, ist es seit 1920 das Kennzeichen der NSDAP, und seit 1935 fungiert die Hakenkreuzflagge in Deutschland als alleinige Reichs- und Nationalflagge. Schon seit Jahren ist der öffentliche Raum vom Hakenkreuz geprägt: Auf Briefmarken und Geldscheinen prangt es ebenso wie an den Gebäuden der Behörden oder den Kommandanturen der Konzentrationslager,[323] die Berufsorganisationen führen es in ihrem Emblem, auf allen Parteipapieren und auf Zeitungsköpfen taucht es ebenso auf wie an den Millionen Uniformen von der SS bis zu den »Pimpfen« der »Hitler-Jugend«. An den Festtagen sind die Häuser mit der Hakenkreuzfahne geschmückt, bei den Weihnachtsfeiern prangt sie im Saal ebenso wie drei Jahre zuvor noch bei den Olympischen Spielen 1936. Die Deutschen haben sich an die Hakenkreuzfahne gewöhnt und bringen ihr den erwünschten Respekt entgegen – es ist schließlich das unbestrittene deutsche Hoheitszeichen. Dieser Respekt gilt bei allen nur denkbaren Gelegenheiten, etwa auch für ausgewählte Mütter, die sich für einige Wochen in einem Erholungsheim in Rosenheim entspannen: Für sie beginnt der Tag stets mit dem Hissen der Hakenkreuzfahne durch eine Krankenschwester, dabei stehen die Mütter in einem großen Kreis um die Fahnenstange und grüßen mit erhobenem rechten Arm die Fahne.[324]

Doch trotz aller Hakenkreuzfahnen und »Heil Hitler«-Rufe: Es ist in Deutschland auch 1939 noch immer erstaunlich viel von Gott die Rede. Und das liegt daran, dass es auch die Nationalsozialisten sind, die Gott für sich beanspruchen. Aber dieser nationalsozialistische »Gott« ist eben nicht der Gott in der Tradition der Christen. Das ist auch ein zentraler Irrtum der protestantischen Kirchenführer, die in diesen Märztagen über der »Godesberger Erklärung« brüten, sowie aller anderen Protestanten, die sich mit den Nationalsozialisten auf einen gemeinsamen Gott einigen wollen. Sie glauben, dass die gemeinsame Wertschätzung von »Volk« oder »Nation« dazu die geeignete Brücke ist.

Dieser Irrtum zeigt sich in zahllosen kirchenoffiziellen Stellungnahmen, etwa nach der Eingliederung des Memellandes in das Deutsche Reich im März 1939: Das Territorium war nach dem Ersten Weltkrieg an Litauen gefallen; jetzt gibt die litauische Regierung dem offenen militärischen Druck aus Berlin nach und unterzeichnet am 23. März 1939 einen Vertrag, der die Rückgabe des Memelgebiets an Deutschland zusichert. Das dortige Evangelische Konsistorium erklärt umgehend, dass es »dankerfüllt zu dem gütigen Gott« schaue, »der uns durch die starke Hand des Führers aus Druck und Fremdherrschaft mit unserem seit Jahrhunderten angestammten deutschen Vaterland vereinigt hat«.[325] Und für die Deutsche Evangelische Kirche zeigt dieser außenpolitische Erfolg der Hitler-Regierung, »wie sich der Kampf für deutsches Volkstum und der evangelische Glaube ergänzen und durchdringen«.[326] Gehören nationalsozialistische Volkstumsideologie und evangelischer Glaube wirklich untrennbar zusammen? Und ist dieser NS-»Gott« tatsächlich der Gott in der Tradition eines Martin Luthers oder des Neuen Testaments?

Im Gegensatz dazu beschreibt wenige Wochen vorher im NSDAP-Organ *Völkischer Beobachter* der Schriftsteller und Journalist Hans Sponholz, ein früher Anhänger des Nationalsozialismus, den nationalsozialistischen Gott. In seinem Gedicht »Nur eine Frage« werden die erwünschte Ablösung von einem traditionellen christlichen Gott und die Hinwendung zu einem nationalen, völkischen Gott beschrieben, der in der Gestalt des deutschen Volkes wirkt:[327]

»Wir winseln nicht im Staube kriechend
um Gottes gnadenvolle Huld;

wenn wir gefehlt, wenn wir versagten,
wir treten ein für unsre Schuld!

Und bangt nicht vor der letzten Stunde,
wir fürchten nicht ein ewiges Gericht.
Nur eine Frage gilt im Sterben:
Tat ich als Deutscher meine Pflicht?

Wenn wir vor unserm Volk bestehen,
schert uns nicht Pfaffenspuk und Spott,
wenn wir vor unserm Volk bestehen,
bestehn wir auch vor unserm Gott!«

Das traditionell christliche Deutschland scheint Platz genug zu bieten für solche Vorstellungen. Zum »auserwählten Volk« der Deutschen wollen die Christen in ihrer übergroßen Mehrheit auf jeden Fall gehören, ein offizieller Aufschrei gegen diese Vereinnahmung des traditionellen christlichen Gottes für die Sache der Nationalsozialisten bleibt auch 1939 weitgehend aus. Wer nicht selbst aus religiösen Gründen verfolgt wird, passt sich an – aus unterschiedlichen, aber für sich selbst stets plausiblen Gründen. Allen voran die »Deutschen Christen« schwenken auf den NS-Kurs ein, die »Bekennende Kirche« befindet sich in der Defensive, die offizielle katholische Kirche pflegt bei allen Konflikten weiterhin den Kontakt zu den Mächtigen, und die anderen christlichen Gemeinschaften, die nicht einer der beiden »Großkirchen« angehören und deshalb weithin als »Freikirchen« bezeichnet werden, sichern sich ebenfalls ihre Existenz, indem sie der Diktatur die gewünschte Loyalität demonstrieren.[328] Nur eine Minderheit der Christen ist gegen die Diktatur wirklich resistent.[329] Die Kirchen als Institution agieren damit nicht anders als die Mehrheit der Deutschen – und enttäuschen damit womöglich eine christliche Minderheit, die Verfolgten anderer Bekenntnisse beistehen würde.[330]

Haben sich die nationalsozialistischen Führer grundlos Sorgen gemacht, weil sie den Widerstand der Christen in Deutschland befürchtet haben? »Der einzige Gegner des Regimes ist und bleibt tatsächlich die christliche Kirche«, hat der Schweizer Schriftsteller de Rougemont vor wenigen Jahren aus eigener Beobachtung in Deutschland notiert.[331] Und tatsächlich hat die NS-Führung seit Ende 1937 von einer offenen Verfolgung der Kirchen mit Ausnahme des spektakulären Prozesses gegen Martin Niemöller abgesehen. Für Hitler ist es wichtiger, zunächst außenpolitisch die Annexionen des Jahres 1938 zu realisieren, die ja nicht ohne Risiko sind. »Der Chef weiß genau, daß die Kirchenfrage sehr heikel ist«, schreibt eine seiner Sekretärinnen im April 1939, »und sich im Falle eines Krieges eventuell im Inneren sehr ungünstig auswirken könne.«[332] Der Kampf gegen die Kirchen ist nicht vergessen, er ist lediglich verschoben!

Aber wird dieser Kampf wirklich nötig sein? Die Unterstützung für die Regierung ist immens, der Glaube an die Sache des deutschen Volkes und an die Politik des »Führers« ist weit verbreitet. An diesem letzten Märzwochenende des Jahres 1939 ist das weithin zu spüren, nicht nur beim Treffen der Kirchenführer in Bad Godesberg. Am Sonntag, dem 27. März 1939, geht es auch in anderen Bereichen um die »nationale Sache« und den Beitrag des Einzelnen. So wird im nahen Bonn in der Beethovenhalle »der Wert des deutschen Männergesanges als Förderer am Aufbau einer neuen, volksgebundenen Musikkultur und als Diener der nationalen Idee« demonstriert, nämlich in Form eines Konzerts des Bonner Männergesangsvereins. Konkret wird dieses Bekenntnis am Schluss der abendlichen Darbietung mit dem »vertonten nationalen Bekenntnis ›Ein Volk, ein Reich, ein Führer, Deutschland Sieg Heil!‹«.[333] Und selbst die Mitglieder der Schützenvereine aus dem örtlichen Siegkreis, die sich an diesem Sonntag zu ihrer jährlichen Tagung treffen, schließen diese ab mit nichts weniger als dem Bekenntnis, dass selbst ihre Freizeitbeschäftigung in den Vereinen letztlich der großen nationalen Sache dient:[334]

»Abschließend legte der Kreisschützenführer allen Kameraden die Pflege des Schießsportes zur Wehrertüchtigung dringend ans Herz. Aug' und Hand fürs Vaterland, für den Führer und sein Werk zu üben, sei höchste Pflicht eines jeden deutschen Schützen.«

Was die Schützen im Siegkreis, die Sänger in Bonn oder die protestantischen Kirchenführer in Bad Godesberg an diesem Wochenende auch immer tun – sie tun es nicht für sich selbst, sondern für die Sache, an die sie glauben. So unterschiedlich ihr Engagement sein mag, stets wollen sie mit ihrem Tun auch an der Verehrung des so bezeichneten »Führers« Anteil haben.

»Ehre sei Gott in der Höhe« – und die Hakenkreuzfahne weht dazu, wie hier am Turm der Lazarus-Kirche in Berlin 1933.

Zwischen der nationalsozialistischen Diktatur und dem Christentum gibt es 1939 eine funktionierende, wenn auch zuweilen konfliktreiche Koexistenz: Mehr als zwei Drittel aller Deutschen gehören der NSDAP, ihren Gliederungen und angeschlossenen Organisationen an – einen Widerspruch zwischen der Teilnahme an kirchlichen Veranstaltungen und der Zugehörigkeit zu einer NS-Organisation scheint es für die Mehrheit nicht zu geben.[335] Die meisten Deutschen sind Christen. Sie können weiterhin an den christlichen Gott glauben – aber zugleich glauben sie in der großen Mehrheit an Adolf Hitler.

Lieber Führer, komm geschwind, Du bist doch das Geburtstagskind!

Ein Chor von 3000 Mitgliedern des Sängerkreises Berlin
und viele Schaulustige unter dem Balkon der Berliner Reichskanzlei
am 20. April 1939[336]

5

Hitler feiert 50. Geburtstag

20. April 1939: Ein Tag Sonderurlaub für die Deutschen

Adolf Hitler hat keinen Beruf gelernt. Er hat keinen ordentlichen Schulabschluss, geschweige denn eine Hochschulausbildung. Er kann nicht schwimmen und nicht Auto fahren. Er spricht auch keine Fremdsprachen. Er ist wegen Hochverrats vorbestraft, er hat keine Frau und keine Kinder. Auch einen besten Freund im engeren Sinne hat er nicht. Er ist klein und unsportlich. Er ist nicht blond. Er hat Komplexe wegen einer genitalen Verstümmelung. Und noch immer nagt tief in ihm das Minderwertigkeitsgefühl eines früh Gescheiterten, obwohl er sich ganz offen für den Auserwählten hält.[337] Was also macht diesen Mann eigentlich so attraktiv, dass ihm an diesem 20. April 1939 Millionen Deutsche geradezu enthemmt zujubeln?

Dafür gibt es zunächst einmal einen äußeren Anlass: Adolf Hitler wird heute 50 Jahre alt. Das ist für jeden Menschen ein besonderer Geburtstag, für den unumstrittenen »Führer« des »Großdeutschen Reichs« und die Elite der Diktatur darüber hinaus eine willkommene Gelegenheit, die Loyalität und Zuneigung der Deutschen zu genießen. Zugleich ist der 20. April 1939 auch Anlass zur gegenseitigen Wertschätzung: Hitler möchte zeigen, dass er stolz auf sein »Werk« und seine Gefolgschaft ist, und die Deutschen demonstrieren ihrerseits, wie stolz sie auf »ihr« Deutschland, auf die Erfolge ihres »Führers« und auch ihren eigenen Beitrag zum Gelingen des »Dritten Reichs« sind. Dieser 50. Geburtstag wird deshalb zum Fest des Jahres, mit Paraden und Aufmärschen, mit Flaggen und Fackeln, mit ganz viel Musik und noch viel mehr Geschenken für Adolf Hitler. Und der sorgt seinerseits schon im Vorfeld der Feierlichkeiten für ein großzügiges Geschenk: Er schenkt seinen Deutschen einen freien Tag, damit sie an diesem Donnerstag – eigentlich ein normaler Werktag – sein Wiegenfest auch ordentlich feiern können. Das Rechtliche regelt Reichsinnenminister Wilhelm Frick:[338]

»Auf Grund des Gesetzes über einmalige Sonderfeiertage vom 17. April 1939 (Reichsgesetzbl. I S. 763) wird im Einvernehmen mit dem Reichsarbeitsminister und dem Reichswirtschaftsminister aus Anlaß des 50. Geburtstages des Führers verordnet: Der 20. April 1939 ist in Großdeutschland nationaler Feiertag.«

Das bedeutet, dass die Geschäfte geschlossen sind – aber beispielsweise auch, dass all jene Leser des NSDAP-Organs *Völkischer Beobachter*, die das Blatt per Post erhalten, an diesem Tag auf die morgendliche Lektüre verzichten müssen: Die Post hat schließlich auch frei. Aber nun hängt das Gelingen dieses besonderen Tages für einen ordentlichen Nationalsozialisten ja nicht von der regulären Zustellung des *Völkischen Beobachters* ab, schließlich wird an diesem »Festtag der Nation« von der Partei genug anderes geboten. Dieses Jahr soll am 20. April alles noch größer und pompöser werden. Propagandaminister Goebbels ist seit Monaten mit der Vorbereitung des Geburtstages beschäftigt. »Der wird diesmal ganz groß gefeiert«, notiert er in seinem Tagebuch, stöhnt aber insgeheim zugleich, dass er »viel Arbeit mit dem Geburtstag des Führers« hat.[339] Immerhin spielt auch das Wetter im ganzen Land mit – weil es sich wohl in den Dienst der nationalsozialistischen Sache gestellt hat: »Es gibt einen Ausdruck, in dem sich die Freude des deutschen Volkes an den Feiertagen der Nation ein sinnfälliges Symbol geschaffen hat«, so schreibt erleichtert die *Niederrheinische Volkszeitung*: »Hitlerwetter«![340]

So putzte sich Berlin für die große Geburtstagsfeier am 20. April 1939 heraus. »Reichsbühnenbildner« Benno von Arent gestaltete die Dekoration und auch die Beleuchtung am Boulevard »Unter den Linden«, die hier am Vorabend des Festtages nochmals getestet wird.

Der Diktator und seine Regierung wollen Deutschland, aber auch der ganzen Welt bei schönstem »Hitlerwetter« demonstrieren, dass die Menschen hinter ihrem »Führer« stehen und dieses Deutschland stärker und mächtiger ist als je zuvor: politisch ebenso wie militärisch. So sehen die Geburtstagsfeierlichkeiten dann auch aus: Auf den Straßen gibt es keinen Jahrmarkt samt ausgelassener Stimmung, keine Karussells und Eisbuden für die Kinder, keinen Tanz und keinen Klamauk, kein Feuerwerk für die ganze Familie und erst recht kein Freibier vom Geburtstagskind – kaum zivile Angebote also. Stattdessen wird militärisch gefeiert, und also vor allem: marschiert. Das ist ja auch etwas, was die Deutschen in den vergangenen Jahren ohnehin intensiv betrieben und eingeübt haben, in der HJ, im Arbeitsdienst oder in der Wehrmacht. Also wird heute zum Hitler-Geburtstag in langen Kolonnen marschiert, über viele Stunden, in ganz Deutschland, und besonders ausgiebig in Berlin.

Die Reichshauptstadt ist an diesem Donnerstag das Zentrum des Geschehens. An und in ihr wird seit Jahren massiv gebaut, denn Berlin ist eines von Hitlers persönlichen architektonischen Steckenpferden: Nach seinem Willen soll die Stadt einst als monströses »Germania« mit riesigen Gebäuden und mächtigen Magistralen den Mittelpunkt eines deutschen Weltreichs bilden. Der Diktator hält sich schon seit Langem für eine ganz außergewöhnliche Begabung in Sachen Architektur und Städtebau, und seine Träume von monumentalen Bauten prägen seine Vorstellungen von den künftigen idealen Großstädten des Reichs. Hitler versteht sich eben nicht nur in politischer Hinsicht als »Baumeister« eines neuen Deutschlands. Zu den großen Bauvorhaben gehört etwa auch die Gestaltung des Nürnberger Reichsparteitagsgeländes. Wenngleich man dort bei der geplanten »Kongresshalle« für 50 000 Besucher und dem »Deutschen Stadion« für sage und schreibe 400 000 Zuschauer bislang über erste Arbeiten nicht hinausgekommen ist,[341] werden der Aufmarschplatz für die Reichsparteitage, das »Zeppelinfeld«, sowie die monumentale Tribüne bereits genutzt.

Auch in Berlin ist das eine oder andere Versatzstück von Hitlers architektonischen Träumen schon fertig, allen voran seine politische Residenz: die Neue Reichskanzlei. Die bisherige Wirkungsstätte der Reichskanzler in der Wilhelmstraße hatte der »Führer« schon 1933 als »würdelose Empfangsstätte« bezeichnet[342] und sich stattdessen einen regelrechten Palast der Macht gewünscht. Bei diesem wie anderen Vorhaben stützt sich der Diktator auf den ebenso ehrgeizigen wie skrupellosen jungen Architekten Albert Speer, der Adolf Hitler wie geplant schon zum Neujahrsempfang 1939 das neue Gebäude zumindest in Teilen bezugsfertig zur Verfügung stellen kann. Es ist die gewünschte bombastische Architektur, die

die Besucher gleichermaßen beeindrucken und einschüchtern soll: Über 400 Meter erstreckt sich die Fassade entlang der Voß-straße – wer bei Hitler zu einer Audienz gebeten ist, soll mit Absicht außen wie innen einen langen Weg zurücklegen und dabei riesige Räume durchschreiten müssen: Durch den großzügigen »Ehrenhof« im Inneren des Gebäudekomplexes geht es durch eine Eingangshalle, dann den »Mosaiksaal«, eine runde Kuppelhalle, die »Marmorgalerie« und schließlich in die Empfangshalle. Kolossal auch Hitlers Arbeitszimmer: Fast zehn Meter hoch, 27 Meter lang und über 14 Meter breit, gleicht dieser Raum im Grunde einem Thronsaal.[343]

Diese Neue Reichskanzlei ist am 20. April 1939 ebenso Schauplatz des Geschehens wie eine weitere architektonische Neuerung in der Hauptstadt: die »Ost-West-Achse«, die rund sieben Kilometer lange Trasse, die von der Museumsinsel durch das Brandenburger Tor und den Tiergarten vorbei an der Siegessäule bis zur Technischen Hochschule in Charlottenburg führt. Die Prachtstraße, ein erster großer Teil des neuen Verkehrskonzepts für Berlin, ist ebenfalls rechtzeitig zum 50. Geburtstag fertig geworden. Und hier beginnen auch die Feierlichkeiten zum »Führer-Geburtstag« – und zwar schon am 19. April, denn Hitler lässt es sich nicht nehmen, in seinen Geburtstag hineinzufeiern. Die feierliche Einweihung der breiten Straßenflucht ist da ein willkommener Auftakt. Joseph Goebbels fährt einige Stunden zuvor mit dem Architekten Albert Speer und dem »Reichsbühnenbildner« Benno von Arent noch einmal die neue Prachtstraße ab, macht noch die eine oder andere Lichtprobe, bis alles nach seinem Dafürhalten »märchenhaft schön« ist.[344] Jetzt fehlen nur noch die jubelnden Menschen – aber für deren Anwesenheit hat der Propagandaminister mit einem Aufruf selbst gesorgt. Und so strömen Hunderttausende an den Rand der Straße, als Hitler am Abend schließlich gemeinsam mit Albert Speer und Joseph Goebbels im offenen Wagen vorbeifährt. Goebbels ist glücklich, weil alles wie geplant klappt:[345]

»Fahrt über die Ost-West-Achse. Ein Triumphzug.
An die 2 Millionen Menschen stehen Spalier. Ein Jubel
ohnegleichen. Die Straße liegt in einem märchenhaften
Lichterglanz. Und eine Stimmung wie nie. Der Führer
strahlt vor Freude.«

Wie groß die Zahl der Menschen am Straßenrand wirklich ist, lässt
sich nur schätzen. Realistisch ist wohl, dass es mehrere Hunderttausende sind. Aber ganz sicher sind es nicht nur Berlinerinnen
und Berliner, die zwischen allerlei Festdekoration mit riesigen
Reichsadlern und Hakenkreuzen stehen und jubeln, sondern auch
viele auswärtige Gäste, die bereits für die Großveranstaltungen
des eigentlichen Geburtstages am morgigen Tag angereist sind.
Im angrenzenden Tiergarten biwakieren schließlich Tausende von
Soldaten samt abgeschirrten Pferden zwischen Panzern und Ge-
schützen, die an der für den folgenden Tag angesetzten großen
Militärparade teilnehmen werden.[346]
Womöglich finden einige dieser Männer an diesem Mittwoch
auch noch Zeit, dem zweiten Spektakel des Abends beizuwohnen,
wenn sie nicht selbst ohnehin aktiv daran beteiligt sind: Der »Große
Zapfenstreich« steht auf dem Programm, die höchste militärische
Ehrenbezeugung der Armee gegenüber ihrem Oberbefehlshaber
Adolf Hitler. Mit Fackeln und Musik marschieren die Formationen auf, dann heißt es »Helm ab zum Gebet!« – und auch die Tausende Zuschauer rund um den Wilhelmsplatz nehmen ihre Kopf-
bedeckung ab. In die nun einsetzende nächtliche Stille hinein
ertönt der traditionelle Choral »Ich bete an die Macht der Liebe«
aus dem Jahr 1750, in dem es übrigens um die Liebe Gottes zu den
Menschen geht. Mit der andächtigen Stille ist es kurz darauf allerdings vorbei, als am Ende des Zapfenstreichs das »Deutschlandlied« und das »Horst-Wessel-Lied« angestimmt werden: Da stimmen dann auch die Schaulustigen laut und leidenschaftlich ein. So
klingt das »Dritte Reich« – und alle singen mit.

Vom Balkon der Neuen Reichskanzlei nimmt Hitler am Abend vor seinem Geburtstag den Vorbeimarsch der »alten Kämpfer« ab.

Anschließend zieht nach 22 Uhr ein Fackelzug durch die Wilhelmstraße, den Hitler vom Balkon der Neuen Reichskanzlei aus genießt: Männer der »alten Garde« aus ganz Deutschland marschieren voran, die Nationalsozialisten der ersten Stunde; nicht nur für Goebbels sind das »die alten, lieben Kameraden aus den Jahren des härtesten Kampfes«.[347] Sowohl der Propagandaminister als auch Adolf Hitler selbst, der sich ohnehin inmitten der Gefährten aus der frühen »Kampfzeit« immer am wohlsten fühlt,[348] sind von deren Huldigung angetan. Hinter den »alten Kämpfern« paradieren Verbände aus allen Gauen Deutschlands: jeweils Vertreter der SA und der SS, Männer der Schutzpolizei sowie HJ-Führer und Offiziere der Wehrmacht. Den offiziellen Abschluss des Abendprogramms bildet schließlich ein kleines Konzert mit vaterländischen Liedern, das der Chor der SS-Leibstandarte »Adolf Hitler« für ihren »Führer« im Lichthof der Neuen Reichskanzlei gibt. Derweil haben sich drinnen bereits ausgesuchte 1600 Gefolgsleute im riesigen »Mosaiksaal« versammelt, um Hitler persönlich zu gratulieren. Schließlich geht es schon auf Mitternacht zu ...

Rudolf Heß als »Stellvertreter des Führers« hält vor den geladenen Gästen die Festrede auf den »Retter der deutschen Nation«, der nach seinen Worten die Verbindung »zwischen den Großen der Vergangenheit, einer lebensstarken Gegenwart und der werdenden Zukunft unseres Volkes« herstellt.[349] Dann schlägt es Mitternacht – und der Moment ist gekommen, persönlich dem »Führer« zu gratulieren. Der engste Kreis von Hitler-Vertrauten macht den Anfang und erfährt beim Geburtstagskind die größte Aufmerksamkeit; es gehört zum Wesen einer Diktatur, dass diejenigen, die zu den Mächtigsten im Land gehören, sich in solchen besonderen Momenten besonders eng um den Diktator scharen dürfen. In der abendlichen Runde in der Neuen Reichskanzlei sind das unter anderen Albert Speer, Hermann Göring oder Joseph Goebbels. »Noch lange mit dem Führer erzählt«, notiert dieser anschließend über die Zeit vor Mitternacht, bis es endlich so weit ist, dass alle Hitler persönlich gratulieren können. Jetzt ist auch der Moment gekommen, den »Führer« mit einem besonders originellen Geschenk zu beeindrucken. Architekt Albert Speer fährt ein vier Meter großes Modell des riesigen Triumphbogens für das künftige »Germania« auf, von dem nach seinen Worten Hitler geradezu »überwältigt« ist. Angeblich soll Hitler in dieser Nacht noch mehrere Male zu dem Modell zurückgekehrt sein, um sich daran und an seinen Fantasien über die geplante »Welthauptstadt Germania« zu ergötzen.[350]

Aber auch Joseph Goebbels kann seinen Diktator beeindrucken: »Er freut sich sehr« über die von ihm überreichten Geschenke, notiert der Propagandaminister anschließend zufrieden über die Reaktion seines »Führers«. Kein Wunder, denn »sie sind auch besonders originell«, allen voran »ein Überblick über das deutsche Filmschaffen mit den dazugehörigen Filmen«.[351] Tatsächlich ist Hitler seit Jugendjahren ein begeisterter Kinogänger, auch wenn er sich statt in Kinos nunmehr die Filme daheim in der Reichskanzlei oder seiner »Berghof«-Residenz auf dem Obersalzberg anschaut.[352] Mit einem ordentlichen Kinostreifen, das weiß Joseph Goebbels, liegt man beim Diktator also immer richtig. Schon zu Weihnachten 1937 hatte er ihn deshalb mit einer Sammlung von 18 Mickymaus-Filmen bedacht.[353] Ob Hitler sich in der Nacht seines 50. Geburtstags allerdings noch einen der neuen Filme vorführen lässt, die Joseph Goebbels ihm da gerade überreicht hat, ist unklar. Denn noch muss sich der Diktator um seine Gratulanten kümmern, und reingefeiert in den Geburtstag wird schließlich nicht nur im Inneren der Neuen Reichskanzlei – auch auf dem angrenzenden Wilhelmsplatz haben sich viele Menschen eingefunden, wie die offizielle Presse anschließend berichtet. Angeblich sind es Zehntausende:[354]

»Als die Uhr die Mitternachtsstunde anzeigte, da stimmte die Menge mit unerhörter Begeisterung die Rufe an: ›Heil unserm Führer! Hoch soll er leben!‹, und dieser Kanon, von Zehntausenden gesungen, hallte vielstimmig über den nächtlichen Platz. Unverwandt hängen die Blicke an der Balkontür, wo der Führer zu erwarten ist. Die Begeisterung der Menge wird bald belohnt. Bald nach Mitternacht öffnet sich die Tür, und der Führer tritt

Rudolf Heß freut sich, weil seinem »Führer« dieses Geschenk der NSDAP – 50 Originalbriefe Friedrichs des Großen – offensichtlich gefällt.

allein auf den Balkon. Da geht ein Jubelsturm über den Wilhelmplatz hin ... Mehrmals noch muß der Führer sich zeigen, und es dauert lange, bis auf dem Wilhelmsplatz Ruhe eintritt.«

Mit der Ruhe ist es am Geburtstagsmorgen dann aber recht früh wieder vorbei. Mit schmetternden Fanfarenklängen gratulieren am 20. April wieder die schwarzen Männer der SS-Leibstandarte, die um 8 Uhr im Garten der Reichskanzlei aufmarschiert sind. Lächelnd nimmt Hitler die Glückwünsche entgegen, dabei begleitet von SS-Chef Heinrich Himmler und Sepp Dietrich, dem Kommandeur der Leibstandarte. Es ist schon eine eigenartige Geburtstagskapelle, die da unter der freundlichen Frühlingssonne Berlins aufspielt. Diese fröhlich musizierenden SS-Männer haben in den vergangenen Jahren ebenso wie ihre Anführer ihre Skrupellosigkeit und Brutalität mehrfach unter Beweis gestellt – jetzt verbreiten sie gute Stimmung zu fröhlichen Klängen!

Hitler nimmt in seiner Ehrenloge den Vorbeimarsch der Soldaten ab.

Gewaltbereite und bewaffnete Männer stehen auch im Mittelpunkt der folgenden Stunden: Ab 11 Uhr paradieren geschlagene fünf Stunden lang Einheiten der Wehrmacht am »Führer« und an der politischen wie militärischen Elite des Landes vorbei. Hunderttausende Schaulustige säumen die Strecke zwischen Dom und Schloss bis zur Technischen Hochschule, die Hitler zunächst im offenen Wagen zurücklegt. Vor der Technischen Hochschule nimmt er schließlich seinen Platz unter einem Baldachin – samt Thronsessel und Führerstandarte – ein, um in den kommenden Stunden den Vorbeizug der Truppenteile abzunehmen.[355] Mehrere Geschwader der Luftwaffe fliegen über die Köpfe hinweg, dann marschieren die Soldaten: zunächst ein Fahnenbataillon mit den Feldzeichen der Wehrmacht, anschließend Regimenter der Infanterie, der Marine und der Luftwaffe sowie eine Abteilung Fallschirmjäger. Es folgen schwere Flakgeschütze, Panzer, Motorräder mit Beiwagen, Geschütz- und Geländewagen, sogar Pontons und Boote werden vorbeigekarrt. Fast scheint es, als hätten die Männer alle nur erdenkliche Ausrüstung nach Berlin geschleppt, um sie über die neue Prachtstraße zu befördern: Horchgeräte und riesige Scheinwerfer der Flugabwehr ebenso wie jede Menge Maschinengewehre. Pferdegespanne ziehen Minenwerfer hinter sich her, und sogar ein Schwadron Radfahrer paradiert am »Führer« vorbei. Allerdings schieben diese wackeren Wehrmachtssoldaten ihre Räder zu Fuß am »Führer« vorbei[356] – bei zu langsamem Tempo der Kolonne wären sie sonst womöglich aus der Balance geraten und hätten dadurch unfreiwillig komisch gewirkt …

Das stundenlange Vorzeigen von Waffen ist mehr als ein Geburtstagsspektakel: Hier geht es um die pure Demonstration militärischer Stärke. Viele Beobachter haben keinen Zweifel daran, dass »die deutsche Infanterie heute als die beste der Welt angesehen werden« muss.[357] So viele Waffen und Soldaten wie möglich werden gezeigt, weil damit »die ganze Wucht und die eherne Schlagkraft der jungen großdeutschen Wehrmacht sichtbar« werden. So jedenfalls erklärt es der Kommentator des *Völkischen Beobachters* und entwirft das Bild einer im Prinzip unbesiegbaren

Das Interesse an der Geburtstagsparade des »Führers« ist augenscheinlich groß: Wer keinen Platz auf einer Tribüne gefunden hat, klettert auf einen der Straßenbäume, um einen Blick auf die vorbeimarschierenden Soldaten zu werfen.

deutschen Armee, deren »soldatische Leidenschaft« fortan »von keiner Macht der Erde« vernichtet werden könne.[358]

Keine Frage, diese Parade ist tatsächlich »unerhört und einmalig«. So notiert es auch NSDAP-Kreisleiter Hermann Oppenländer aus Schwäbisch Gmünd, der zu den Zuschauern des Spektakels gehört. Er erträgt wie Tausende andere das lange Zuschauen geduldig: »9 Stunden stehen wir«, schreibt er in sein Diensttagebuch[359] – und das meint er keineswegs klagend, sondern bewundernd angesichts der Monumentalität der Veranstaltung. Und wie die Zuschauer, so sind auch die Organisatoren des Spektakels angetan von der Parade, Joseph Goebbels notiert in seinem Tagebuch:[360]

»Parade vor dem Führer. Sie dauert fast 5 Stunden. Ein glänzendes Bild deutscher Macht und Stärke. Unsere schwerste Artillerie wird zum ersten Male gezeigt. Alles ist maßlos erstaunt und verblüfft … So also stehen wir da. Im gleißenden Sonnenlicht leuchtet die Siegesgöttin. Ein wunderbares Vorzeichen.«

Ein wunderbares Vorzeichen für einen kommenden Sieg also – und da es zum Wesen eines militärischen Sieges gehört, dass ihm ein Krieg vorausgeht, ist diese Parade zugleich ein klares Vorzeichen für einen kommenden Krieg. Und naturgemäß sinkt die Angst vor einem Krieg bei den Menschen durch die Vorstellung, für diesen Fall wenigstens gut oder sogar bestens gerüstet zu sein. Genau diese Hoffnung bedient die stundenlange Militärparade: Seht her, diese junge und von Hitler seit Jahren gezielt aufgebaute deutsche Wehrmacht verfügt über modernste Waffen und einen ganz neuen Typus von willensstarken Soldaten, hinter denen das deutsche Volk geschlossen und einig wie nie in seiner langen Geschichte steht. Die Sorgen wegen eines eventuell drohenden Krieges werden damit zunehmend überdeckt durch ein kollektives Gefühl der Überheblichkeit, gespeist aus der Erwartung, dass bei einem möglichen Waffengang die deutsche Armee siegreich sein wird: Der

Glaube an Deutschlands Einheit und die daraus resultierende Stärke und Unbesiegbarkeit ist größer als die Angst vor einem Krieg.

Größer ist vielleicht nur noch der Glaube, dass es Adolf Hitler aber letztlich gar nicht auf einen Krieg ankommen lassen muss: Schließlich hat er seine außenpolitischen Erfolge der zurückliegenden Jahre den anderen europäischen Mächten allein durch die Drohung mit seiner militärischen Macht abgepresst. Auch diesen Erfolgen und der Wahrnehmung von Hitler als einem angeblichen »General Unblutig« gilt an diesem 20. April 1939 der schier grenzenlose Jubel der Deutschen.[361] So viele Verdienste ohne einen Krieg – die Schriftstellerin Gerda von Below preist diese »Leistung« Hitlers in ihrem Gedicht, dass sie zum 20. April 1939 veröffentlicht:[362]

»Dem Führer!

Tausend Fahnen über dir
Deines Reiches hohe Zier
An den Jubeltagen!
Gegen Feindes Mund und Faust
Hat dich, Führer, Heil-umbraust,
Sieg auf Sieg getragen.

Ohn' des Krieges rauhe Hand
Nahmst du altes deutsches Land,
Schirmend es zu leiten;
Schufst dem großen deutschen Traum
Endlich den ersehnten Raum
Seiner Wirklichkeiten!«

Selbst die SPD kann aus ihrem Exil heraus zwar beobachten, dass in Deutschland über allem »Fahnenprunk und Festeslärm« dieses Geburtstags der »lähmende Druck der Kriegsangst« liege. Aber auch die Sozialdemokraten kommen nicht umhin, einen weiterhin geradezu unerschütterlich erscheinenden »Führerglauben« in Deutschland einzuräumen – »zweifellos ist er in breiten Schichten des Volkes noch lebendig«.[363] Selbst die vielen ungelenken Glückwunschkarten, Zuschriften und Lobeshymnen »machen im ganzen einen durchaus echten Eindruck; sie vermitteln von der primitivsten Denkweise gewisser Schichten des Volkes eine zutreffende Vorstellung«.[364] Die Exil-SPD flüchtet sich – im Grunde ist dies der Ausdruck politischer Hilfslosigkeit – in den Spott über die Millionen Deutschen, die Hitler zu seinem Geburtstag ihre Verehrung demonstrieren:[365]

> »Zunächst sind es losgelassene Dichter, die in schlauer
> Wahrnehmung der Konjunktur oder auch von der
> Propaganda mitgerissen, Hitler als Gottgesandten,
> wenn nicht als neuen Gott selbst besingen. Dann sind es
> die kleinen Leute aus dem Volke, ... die ihrem neuen
> Glauben oft in kindlich naiver Weise Ausdruck geben.«

In ihrer Gesamtheit sind diese Glückwünsche aus der Bevölkerung zwar offiziell ausdrücklich erwünscht, sie sind zugleich aber auch Ausdruck echter Zuneigung und Bewunderung. Sicher, die öffentlichen Gebäude und die Privathäuser sind auch deshalb mit Fahnen, mit Girlanden und Blumen geschmückt, weil die Partei es so wünscht. Aber die große Mehrheit der Deutschen hält es schlicht für angemessen, das Land für diesen besonderen Tag herauszuputzen. Die Deutschen schmücken für Adolf Hitler, und sie schmücken sich mit Adolf Hitler. Wer schon vor Jahren dem Diktator zu Diensten war, zeigt das mit Stolz – so das Hamburger Hotel »Phönix«, dessen Leitung in der Hotelhalle den Meldezettel ausstellt, den der »Führer« bei einer seiner Übernachtungen schon lange vor seiner »Machtergreifung« 1933 mit eigener Hand ausgefüllt hat.[366]

Vor allem die Geschäftsleute im Land sind angehalten, ihre Auslagen festlich zu gestalten, wobei sie von den Parteiorganisationen vor Ort tatkräftig unterstützt werden. In vielen Teilen Deutschlands fahren Lastwagen mit Tannengrün durch die Straßen, »und jeder konnte holen, soviel er brauchte«, berichtet später die Exil-SPD.[367] Die Ergebnisse entsprechen durchaus den Erwartungen von Partei und Staat. Und je größer die Geschäfte und die Schaufenster, desto üppiger dann auch die Geburtstagsdekoration. So wie in diesem Fall in einem Hamburger Geschäft für Kinderbekleidung:[368]

»Ein großes Bild des Führers, der sich lachend zu einer Schar strahlender Kinder neigt, stand neben fetten Primeln, und dann wimmelte es da in dem Schaufenster von bestickten und gehäkelten Kinderkleidern, die alle fein säuberlich mit bunten Bändern umwickelt waren. Als wäre ein Regen von Kinderkleidern in das Schaufenster eingefallen, so sah das aus. Die NS-Frauenschaft und das Deutsche Frauenwerk ... hatten dort ihre Geburtstagsspende für den Führer ausgestellt, und es freuten sich vor diesem bunten Schaufenster die festtäglichen Spaziergänger.«

Doch allein geschmückte Schaufenster sind selbstverständlich noch keine ausreichende Gabe für einen 50. Geburtstag. Auch Adolf Hitler wünscht sich schließlich Geschenke – und davon kann er gar nicht genug haben. »Der Führer freut sich über die kleinste Spende genauso sehr wie über die größte«, vermelden die Zeitungen und berichten dann pflichtschuldig über die kaum überraschende »Riesenfülle von Geschenken«.[369] Es sind deshalb nicht nur die Größen der Partei, die Hitler Kinofilme oder ein Modell eines Triumphbogens seiner Traumstadt »Germania« schenken. Vielmehr fühlt sich das ganze Land aufgerufen, ein passendes Präsent zu finden oder es gegebenenfalls selbst zu basteln. Dabei lassen die Deutschen ihrem Einfallsreichtum freien Lauf: Von großzügigen Geldspenden über ungelenke Gedichte bis zu selbst gestrickten Socken ist am Ende alles dabei ...

Die NSDAP-Gauleitung Westfalen-Süd hat sich für eine Trompete als Geschenk entschieden, und dabei handelt es sich selbstverständlich um ein historisch bedeutsames Instrument. Sie erinnert an eine der »dunkelsten Stunden« der deutschen Geschichte: Mit dieser Trompete soll am 7. November 1918 ein Dragoner-Vizewachtmeister namens Zebrowski die Ankunft der deutschen Waffenstillstandskommission an der Westfront angekündigt haben, die das Ende des Weltkriegs ermöglichte – aber eben auch letztlich den Weg zum verhassten Friedensvertrag von Versailles frei machte. Nach dem Krieg soll Zebrowski seine Trompete dem Heimatmuseum im sauerländischen Menden überlassen haben, wo sie der stellvertretende Gauleiter von Westfalen nun entdeckt und als »Führer-Geschenk« vorgeschlagen hat.[370]

Militärisches schenken auch Vorstand und Belegschaft der Rheinmetall-Borsig-Werke aus Berlin: Sie lassen Hitler als »äußeres Zeichen« der Verehrung und Unterstützung das Modell »einer in unseren Werkstätten hergestellten Flugabwehrkanone« überreichen.[371] Der Reichsorganisationsleiter der NSDAP, Robert Ley bedenkt seinen »Führer« hingegen mit einem Volkswagen (den Hitler bekanntermaßen selbst nicht steuern kann) und dem Modell eines von Porsche konstruierten neuartigen »Volkspflugs« (das der »Führer« erwartungsgemäß ebenfalls nie persönlich manövrieren wird).[372] Die Stadt Köln hat von zahlreichen Goldschmieden einen kostbaren Schrein herstellen lassen, der wertvolle Stadtpläne der Stadt seit dem Mittelalter beinhaltet – ganz unbescheiden sind die Stadtväter der Ansicht, dass dieses Geschenk zugleich »der Bedeutung der Hansestadt Köln würdig ist«.[373]

Selbstgebasteltes steht für den heutigen Tag ohnehin hoch im Kurs: Aus Bottrop erhält Hitler ein Gruppenbild mit seinen rund 50 Patenkindern, die sich am Geburtstag auf Einladung der örtlichen NSDAP mit ihren Müttern zu Kaffee und Kuchen versammelt haben.[374] Und fleißige Mütter des Gaues Westfalen-Süd haben anlässlich des 20. April 1939 für die Soldaten des »Führers« sage und

schreibe 6000 Paar Socken gestrickt.[375] Für manche Geschenke
sind wochenlange Vorbereitungen und Bastelarbeiten nötig, fraglos auch für jene Überraschung, an der ein Hoteldiener gewerkelt
hat: eine selbst gebaute Geige mit 245 kleinen Hakenkreuzen aus
Elfenbein an Decke und Boden. Die hat eher dekorativen als praktischen Wert, denn der Diktator spielt kein Instrument, also auch
nicht Geige. Die Frage der Nutzung stellt sich auch bei dem Geschenk eines Friseurs, der seine berufliche Kunstfertigkeit genutzt
hat, um für Hitler ein »Haargemälde« anzufertigen: ein auf Seiden-
gaze geknüpftes Hakenkreuz aus Menschenhaar.[376] Ob er wirklich
glaubt, dass das dem Diktator gefällt?

All diese Gaben werden für den 20. April 1939 nach Berlin geschafft. In der monströsen Neuen Reichskanzlei ist für die Geschenke genug Platz, selbst Tausende von Socken oder die eine
oder andere Modellkanone lassen sich dort bequem unterbringen.
Dennoch ist es bei einigen Geschenken durchaus angeraten, zuvor
einmal nachzufragen, ob der »Führer« über die dafür notwendige
Logistik verfügt. So erkundigt sich die »Reichsfachgruppe Aus-
stellungsgeflügelzüchter im Reichsverband Deutscher Kleintier-
züchter e.V.« fünf Tage vor dem Festtag sicherheitshalber noch
einmal bei Martin Bormann als Reichsleiter der NSDAP, ob Adolf
Hitler überhaupt einen Hühnerstall besitze für »die Unterbringung eines Stammes Hühner, welche die Reichsfachgruppe dem
Führer als Geburtstagsgeschenk überreichen will«.[377] Geschenke

Zum guten Schluss türmen sich
Berge von Geschenken aus ganz
Deutschland in der Reichskanzlei
auf – Zeichen der Verehrung für den
Diktator.

aus der Geflügelwelt gibt es übrigens noch andere – darauf verweist ein Brief der Adjutantur Hitlers einige Tage nach dem großen Fest. Darin lässt man dem Bürgermeister der Stadt Schleswig den »besten Dank für die übersandten Möweneier übermitteln. Der Führer hat sich darüber sehr gefreut.«[378]

Wer nicht stricken kann oder keinen Zugang zu dekorativen Möweneiern hat, versucht sich womöglich als Dichter feierlicher Zeilen. Das ist allerdings auch nicht ganz einfach, weil manchem Texter bei diesen Versuchen die Grenze zwischen Verehrung des »Führers« und bloßem Kitsch ein wenig aus dem Blick gerät. In diese Gefahr kommt auch der Hitler treu ergebene Schriftsteller Herybert Menzel, der sich als SA-Mitglied schon seit Jahren mit Reimen zum Lob des Nationalsozialismus hervortut.[379] Der Bonner *General-Anzeiger* präsentiert sein Gedicht »Vorm Bild des Führers«:[380]

> »Wenn ich nur zweifle, tret' ich vor Dein Bild,
> Dein Auge sagt mir, was allein uns gilt.
> So manche Stunde sprech ich wohl mit dir,
> Als wärst du nah und wüßtest nun von mir.
> Wo immer einer still wird vor der Tat,
> Er kommt zu dir, du bester Kamerad.
>
> In deinem Antlitz steht es ernst und rein,
> Was es bedeutet, Deutschlands Sohn zu sein.«

Wer den Diktator mit seiner Gabe bedenkt, seine Zuneigung bekundet und damit um dessen Gunst buhlt, will sich von den vielen anderen Geschenken der anderen Anhänger absetzen. Um zwischen Hühnern, Kriegstrompeten und Kinofilmen aufzufallen, muss eine ausgefallene Idee her. Die hatten zweifelsohne zahlreiche Hitler-Verehrer in und um Innsbruck: Sie entzünden auf den Bergketten rund um die Stadt nicht nur Hunderte von »Freudenfeuern«, sondern arrangierten zahlreiche Holzstöße an einem Hang so geschickt, dass nach dem Entzünden eine Flammenschrift erkennbar wird und nach Einbruch der Dunkelheit »der Name Adolf Hitler weit in das Inntal hinein« zu sehen ist.[381]

Solche Aktionen zeigen zugleich, wie sehr der 20. April 1939 auch zu einem regionalen und lokalen Ereignis wird. Dabei ist die offizielle Befreiung von der Arbeitspflicht an diesem Tag selbstverständlich eine wichtige Erleichterung, denn es gibt viel vorzubereiten. Selbst kleinere Paraden und Umzüge von SA- oder HJ-Formationen in den Dörfern müssen schließlich geplant werden, Straßen von der Polizei abgesperrt und gesichert sowie Verpflegung für die Teilnehmer bereitgehalten werden. Und auch die von Tausenden Musikkapellen im ganzen Land vorgetragenen Lieder wollen schließlich noch einmal ordentlich geprobt werden – falsche Töne gilt es gerade an diesem Tag unbedingt zu vermeiden.

Die allermeisten Veranstaltungen in den Dörfern und Städten ähneln sich einander hinsichtlich der Aufmachung und des Programms: Die obligatorischen Hakenkreuzfahnen schmücken Straßen, Plätze und Häuser, bei Dunkelheit gibt es Fackelumzüge und Freudenfeuer. So treffen sich die Mitglieder der Parteiorganisationen im badischen Durlach am Vorabend des 20. April zunächst zu einem Fackelzug, ehe sie sich auf einem Berg um ein »loderndes Höhenfeuer« versammeln.[382] Ansonsten gibt es eben sehr viel Musik; es ist ein herausfordernder Tag für die örtlichen Musikzüge und Gesangsvereine in ganz Deutschland. Sie locken die Menschen zumeist schon am Vormittag zu zahlreichen öffentlichen Konzerten. Allein in einer Stadt wie Uerdingen finden gleich an drei Plätzen Konzerte statt. Zuweilen treffen sich die Menschen bei einigen Weisen der örtlichen Liedertafel zu einer Morgenfeier, die sie dann gesellig mit einem zünftigen Frühschoppen abschließen[383] – vermutlich müssen einige Teilnehmer danach erst einmal eine ausgiebige Mittagspause einlegen …

Wo immer in Deutschland Einheiten der Wehrmacht stationiert sind, ziehen mehr oder weniger lange Kolonnen durch die

Straßen. In Köln marschieren eine Stunde lang Formationen der Wehrmacht an den staunenden und jubelnden Einwohnern der »Gauhauptstadt« vorbei.[384] Einige Aufmärsche lohnen für interessierte Zuschauer offensichtlich auch eine längere Anreise: Um etwa Veteranen des Weltkriegs die Teilnahme an einer Wehrmachtsparade in Düsseldorf zu ermöglichen, werden sie von den Mitgliedern eines benachbarten Automobilclubs in einem Korso von mehr als 150 Fahrzeugen kostenlos dorthin gefahren.[385] Dass der Zeitaufwand für die Anreise oft die Dauer der Militärschau übersteigt, stört augenscheinlich nicht. Dies gilt auch für die Zuschauer der Parade auf einem Truppenübungsplatz in der sächsischen Oberlausitz, zu der die NSDAP-Kameradschaften aus der gesamten Region kommen: Nach 21 Minuten ist der Parademarsch schon wieder dabei, und die angereisten Nazis machen sich guter Dinge in der Kaserne gemeinschaftlich über »das leckere Mittagsmahl« her.[386]

An einigen Orten wird – soweit nicht ohnehin schon vorhanden – endlich eine »Hitler-Eiche« gepflanzt.[387] Und in Hamburg-Altona hat die örtliche »Kraft durch Freude«-Organisation die Betriebe dafür gewinnen können, auf den Straßen und Plätzen Musik zu machen; Betriebschöre treten ebenso auf wie Mädchen und junge Männer einer Zigarettenfabrik, die auf einem Platz Stühle im Kreis aufstellen und »die gute alte Quetschkommode« spielen.[388] In anderen Orten freuen sich die Teilnehmer der Geburtstagsfeiern über neue Radiogeräte: In dem Dorf Eichenrode in der Niederlausitz wird an diesem Tag das neue »Gemeinderundfunkgerät« eingeweiht, vor dem sich umgehend viele Zuhörer versammeln, um der Radioübertragung von den Feierlichkeiten in Berlin zu lauschen. In ausgewählten Nachbarorten wurden extra für diesen Tag sogar Radioapparate verschenkt: So wird von vier kinderreichen Familien berichtet, die aus Mitteln der »Dr.-Goebbels-Stiftung« solche Geräte erhielten.[389] Auch dort gibt es also heute die Möglichkeit, den großen Geburtstag live am Radio zu verfolgen.

»Liebe« und »Dankbarkeit« schlagen dem Diktator entgegen, und zuweilen setzen die Verantwortlichen aus Behörden und Partei ihre Dankbarkeit vor Ort konkret in soziales Handeln um. An diesem besonderen Tag, so erklärt etwa der kommissarische Dresdner Oberbürgermeister Rudolf Kluge, dürften »auch die mit wenig Glücksgütern Gesegneten nicht beiseite stehen«. Deshalb spendiert die Stadt rund 2000 Bewohnern von städtischen Altenheimen ein festliches Essen, etwa 100 Bedürftige erhalten außerdem neue Betten. Zudem lädt das Wohlfahrtsamt der Stadt wie in den Jahren zuvor an Hitlers Geburtstag ausgewählte Bürger zu einem kostenlosen Besuch in den örtlichen Zoo ein: »500 Veteranen, Kriegsteilnehmer, Sozial- und Kleinrentner« verbringen dort bei Kaffee und Kuchen sowie ausgewählten künstlerischen Darbietungen »einige frohe Stunden«, wie es später heißt. Dazu gibt es eine kostenlose Führung durch den Zoologischen Garten, wenngleich sich viele der Gäste womöglich mehr über das abschließende Geschenk freuen: ein Paket mit Lebensmitteln.[390]

Dresden hat aber auch an diesem Tag mehr zu bieten als Tiere im Zoo. Und so finden erstaunlich viele Menschen trotz Paraden und vielen Veranstaltungen noch Zeit und Kraft, die antisemitische Hetz-Ausstellung »Der Ewige Jude« zu besuchen, jene »Hass-Schau«, die nach ihrer Eröffnung 1937 jetzt auch in Dresden zu sehen ist.[391] Über 10000 Besucher strömen allein am 20. April 1939 in die Dresdner Städtische Kunsthalle, mehr als in den Wochen zuvor. Ein Museumsbesuch als Geschenk an den »Führer«, als ein Zeichen der Zustimmung zur Diktatur und dem demonstrativen Antisemitismus dieser Zeit! Die örtliche Zeitung stellt zufrieden fest:[392]

> »Wegen des ungeheuren Andranges mußte die Ausstellung
> sogar einmal vorübergehend geschlossen werden, um
> jedem Besucher zu ermöglichen, die ungemein packenden
> Darstellungen über das Treiben der jüdischen Pest ohne
> Beeinträchtigung durch Ueberfüllung der Schauplätze auf

sich wirken zu lassen. Da war kein Volksgenosse unter den Tausenden, den angesichts der Eindringlichkeit der Ausstellung nicht hätte ein heißes Gefühl des Dankes gegenüber dem Führer erfüllt, der das deutsche Volk von der Judengeißel befreite.«

Der »Führer« und immer wieder der »Führer« – das Land ist völlig beseelt von diesem Mann, der vielen Deutschen ganz nah zu sein scheint, während er sich selbst seit Jahren mit Legenden umgibt. Zu Hitlers Selbstinszenierung gehören vor allem seine vermeintliche Herkunft aus einfachsten Verhältnissen und seine angebliche Bedürfnislosigkeit, was familiäres Glück und Geld angeht. Aus ärmsten Anfängen habe sich Hitler, angetrieben von seiner »großen Vision«, erfolgreich hochgearbeitet – und jetzt wende er all seine Zeit und Energie selbstverständlich nicht für sein eigenes Glück auf, sondern nur für »Deutschland«. Das sollen die Deutschen auch weiterhin glauben, weshalb die Zeitungsredaktionen im Vorfeld der Berichte über den 50. Geburtstag genau instruiert werden, worüber sie zu berichten haben – und worüber eben nicht. Weder »über seine Kindheit noch über seine Familie noch über seine private Lebensweise« sei zu diesem Anlass Konkretes zu schreiben, weil »über diese Themen unglaublich viel Unsinn in der Vergangenheit verbreitet« worden sei.[393] Nun ja – es ließe sich mit Fug und Recht das Gegenteil behaupten: »Unglaublich viel Unsinn« über seine Person ist von Hitler und seinem engsten Umfeld selbst in die Welt gesetzt worden und wird seither sorgsam gepflegt …

Dass Adolf Hitler aus kleinsten und materiell beengten Verhältnissen stammt, tut er seit Jahren kund. Damit soll die Leistung seines Aufstiegs besonders imposant wirken – und die vielen anderen Menschen im Land, die tatsächlich ein bescheidenes Leben führen müssen, sich ihm als einem von ihnen besonders eng verbunden fühlen können. So bedient die Figur Hitler auf wunderbare Weise die kollektiven Aufstiegsfantasien von Millionen Deutschen – aus dem kleinsten Manne könne ein »Führer« werden, in persönlicher, beruflicher, politischer oder militärischer Hinsicht. Der Diktator, so ruft ein Generalleutnant der Wehrmacht an diesem 20. April 1939 in Köln den Soldaten zu, habe mit seinem Aufstieg vom »unbekannten« Gefreiten des Weltkriegs zum »Führer« des »Großdeutschen Reiches« genau dies eindrucksvoll unter Beweis gestellt: »Ein jeder trägt den Feldmarschallstab im Tornister.«[394]

Doch von einer Kindheit in bescheidenen Verhältnissen kann bei Adolf Hitler nicht die Rede sein: Sein Vater bezog als »Zollamts-Oberoffizial« in etwa das Gehalt eines Schuldirektors, und auch nach seiner Pensionierung stand er finanziell kaum schlechter da. Die Familie Hitler gehört also fraglos zum wohlsituierten Mittelstand.[395] Adolf Hitler, so die offizielle Legende um seine Person, sei bis heute bescheiden geblieben, er sei trotz seiner Macht und seiner entsprechenden Möglichkeiten an Reichtümern nicht interessiert und besitze deshalb auch keine. Noch 1936 hat er vor Arbeitern der Firma Krupp erklärt:[396]

> »Ich glaube, ich bin vielleicht der einzige Staatsmann der Welt, der kein Bankkonto besitzt. Ich habe keine Aktie, ich habe keinen Anteil an irgendeinem Unternehmen. Ich beziehe keine Dividende.«

Das ist geschickt gelogen. Hitler ist weder ein armer Mann, noch verfügt er über kein Privatvermögen. Er ist seit Langem Millionär und zieht ungeniert seinen finanziellen Nutzen aus seiner Stellung. Dazu gehört, dass der Diktator keine Steuern zahlen muss: 1934 hatte ein gewissenhafter Steuerinspektor aus München noch eine Steuernachzahlung angemahnt, doch die wurde rasch kassiert und Hitler nach Weisung des Reichsfinanzministeriums als »steuerfrei« eingestuft.[397] Brutto gleich netto fließen fortan die üppigen Einnahmen: Allein aus dem Verkauf des Buches »Mein Kampf« erhält der Diktator jährlich zwischen ein und zwei Millionen Reichsmark, und zweistellige Millionenbeträge gehen jedes Jahr bei ihm ein, weil er an dem Verkauf der Briefmarken mit seinem Konterfei prozentual beteiligt ist.[398]

An jeder Briefmarke verdient Hitler persönlich mit. So auch mit dieser Postkarte anlässlich seines 50. Geburtstags.

Zudem erhält er als Doppelverdiener zugleich das Gehalt eines Reichskanzlers (auf das er lediglich für ein Jahr verzichtete – aber das mit großer öffentlicher Geste) wie auch seit dem Tod Paul von Hindenburgs 1934 noch das Gehalt eines Reichspräsidenten. Adolf Hitler ist ein reicher Mann, der schon lange vor seiner Machtübernahme teure und schnelle Autos schätzte, sich bereits vor 1933 seine Anzüge maßschneidern ließ und sich in der Münchner Prinzregentenstraße eine teure Wohnung leistete.[399]

Die Hoffnungen und Wünsche von Millionen Menschen werden auf einen einzigen Menschen projiziert, dessen mögliche Schwachstellen von der Propaganda erfolgreich in Selbstlosigkeit und Genialität umgedeutet werden.[400] Doch es ist keine Propaganda, dass die meisten Deutschen wirklich glauben, dass Hitler wie kein Staatsmann zuvor Deutschland wieder stark und mächtig gemacht hat, dass er dem Land gleichermaßen Frieden und Wohlstand bringen wird. Es ist die Zustimmung zum »Führer«, die diese Diktatur zusammenhält. Zwar gibt es Kritik an Arbeit und Auftreten von Partei und Staat in einem ganz alltäglichen Sinn, doch die zielt vor allem auf die kleineren und mittleren Parteifunktionäre und Beamten. Über deren Verhalten mokiert man sich, wenn diese zuweilen wieder einmal die »großen Herren« mimen, dabei aber ihre Arbeit schlecht erledigen oder auch in die eigene Tasche wirtschaften. Adolf Hitler bleibt von dieser Kritik seltsam ausgenommen und ist somit nach wie vor die zentrale Figur »für den Bevölkerungskonsens mit dem Regime«: Dieser Führermythos ermöglicht es gleichermaßen, über die alltäglichen Missstände zu meckern, aber der Ordnung der Diktatur als ganzer zuzustimmen.[401] Die Exil-SPD beobachtet dies beispielsweise für den Südwesten Deutschlands:[402]

> »Was die Stellung des Volkes zu Hitler betrifft, so muss man zugeben, dass heute mehr als vor Jahren bei Missständen immer wieder gesagt wird, Hitler will das nicht, aber die vielen Kleinen machen, was sie wollen. Wenn irgend jemand etwas hat, sei es auf dem Wohlfahrtsamt, Finanzamt oder sonst bei einer Behörde, und er kommt mit dieser Behörde in Konflikt, so ist gleich das zweite Wort: ›Ich schreibe an Hitler!‹«

Selbst eklatante Widersprüche zwischen Anspruch und Wirklichkeit der Ideologie sowie die nahezu unglaubliche Korruption im Staat führen nicht zur Ablehnung des Systems, sondern zumeist lediglich zu Klagen über die Funktionäre auf verschiedenen Ebenen – der »nationale Staat« mit Hitler an der Spitze wird weiterhin bejaht.[403] Hitlers Popularität ist in diesem Frühjahr 1939 ungebrochen. »Und immer mehr glaube ich«, so notiert Victor Klemperer in seinem Tagebuch, »daß Hitler wirklich die deutsche Volksseele verkörpert, daß er wirklich ›Deutschland‹ bedeutet und daß er sich deshalb zu Recht halten wird.«[404] Klemperer nimmt die Lage im Land sehr präzise wahr – so findet sich in der Zeitschrift *Der Deutsche Volkswirt* genau diese Gleichsetzung von der Person Hitlers mit dem deutschen Volk:[405]

> »Am Geburtstag unseres Führers vereint sich das großdeutsche Volk zu dem freudigen Bekenntnis: Alles, was wir sind und was wir haben, verdanken wie der einmaligen Persönlichkeit Adolf Hitlers. Es gibt heute kein Lebensgebiet mehr ohne die

Ausstrahlung seines Willens … Sein Geist gibt unserer Arbeit und unserem Leben die Sinnerfüllung.«

Als am 20. April 1939 die große Wehrmachtsparade auf der Ost-West-Achse in Berlin beendet ist, gehen dort die Gratulationen ein. So wird Hitler anschließend vor seiner Reichskanzlei von rund 3000 Mitgliedern des Sängerkreises Berlin erwartet. Sie haben in den vergangenen Wochen zu Ehren des »Führers« zahlreiche Weisen für ein eindrucksvolles Volksliedsingen eingeübt und bringen diese nun auf dem Wilhelmplatz zum Besten. Hitler ist mit dem Wagen durch die Toreinfahrt der Alten Reichskanzlei gefahren und ruht sich womöglich ein wenig von dem stundenlangen Grüßen der Wehrmachtssoldaten aus. Aber die engagierten Sänger wollen wissen, ob der »Führer« ihre Lieder denn auch gehört hat. Also skandieren sie in den Pausen zwischen ihren Stücken immer wieder selbst ersonnene Slogans, um Hitler auf den Balkon oder zumindest ans Fenster zu locken. So erschallen neben dem eher allgemein gehaltenen »Wir gratulieren! Sieg-Heil! Sieg-Heil! Sieg-Heil« und dem wohlbekannten »Hoch soll er leben, dreimal hoch!« auch ein aufforderndes »Lieber Führer, komm geschwind, Du bist doch das Geburtstagskind!« oder »Lieber Führer, sei so nett, zeige Dich am Fensterbrett!«. Und tatsächlich erhört der Diktator das Flehen der Sänger und zeigt sich wieder und wieder der Menge – auch noch einmal nach dem abendlichen Gesang »Nach Hause, nach Hause, nach Hause gehen wir nicht, bis daß der Führer spricht!«.[406]

Von Bewunderung und gar »Liebe« ist an diesem 20. April 1939 schon viel die Rede gewesen, am Ende des Tages geht es dann vor allem um »Gefolgschaft« und »Treue«. Im Berliner Sportpalast sind die lokalen politischen Leiter, alle Berliner Gauamts- und Kreisleiter der NSDAP, Führer der SA, der SS, des NSKK (Nationalsozialistisches Kraftfahrkorps), des NS-Fliegerkorps und der »Hitler-Jugend« versammelt. Sie sollen heute Abend als »politische Soldaten des Führers« den Eid auf Adolf Hitler ablegen. Rudolf Heß als »Stellvertreter des Führers« nimmt den hier angetretenen

Parteimitgliedern den Treueschwur ab. Und dies geschieht nicht nur in Berlin, sondern in ganz Deutschland: Überall haben sich Mitglieder der Partei und ihrer Organisationen versammelt, über 100 000 sind es im »Gau Wien«,[407] 20 000 in Hamburg,[408] 1 600 im westfälischen Münster[409] und immerhin noch 750 beispielsweise im Kreis Iserlohn.[410] Zusammengenommen sind es rund eine Million Deutsche, die an diesem Abend nahezu zeitgleich ihren Eid ablegen:[411]

> »Ich schwöre Adolf Hitler unerschütterliche Treue,
> ich schwöre ihm und den Führern, die er mir bestimmt,
> unbedingten Gehorsam.«

Rudolf Heß, der der Versammlung im Berliner Sportpalast vorsteht, fügt noch ein Gebet hinzu:[412]

> »Wir wenden unsere Gedanken in feierlicher Gemeinschaft
> zum Allmächtigen, der uns den Befreier aus tiefster Not und
> den Erlöser aus tiefster Schmach gegeben hat. Wir wenden
> unsere Gedanken zu ihm mit der einzigen inbrünstigen Bitte,
> die uns beseelt: Herrgott, sei auch fernerhin mit unserem Volk.
> Wir wollen uns mühen, mit all unseren Kräften würdig zu sein
> deines Segens. Wir wollen uns mühen, mit all unseren Kräften
> würdig zu sein des Führers, den du uns gesandt.«

Dass Gott und die Vorsehung Hitler auserwählt und ihn den Deutschen als »Führer'« gegeben haben, ist schon seit Jahren fester Bestandteil der Propaganda. Und diese Vorstellung ist keineswegs auf die Führungsriege von Partei und Regierung beschränkt. Dass Hitler tatsächlich von Gott gesandt ist, um das deutsche Volk zu retten, bescheinigt ihm und damit ganz Deutschland beispielsweise auch die »Deutsche Evangelische Kirche« – und die sollte sich in solchen Dingen doch auskennen. Der Leiter der Kirchenkanzlei, Friedrich Werner, gratuliert jedenfalls Hitler zum 50. Geburtstag im Namen seiner Kirche, indem er an dessen göttliche Sendung erinnert:[413]

»In ihm hat Gott dem deutschen Volke einen wahren Wundermann geschenkt, wie Martin Luther die Großen nannte, die Gott nach seinem freien Rat und Willen je und dann aussendet, daß sie in die Weite und Tiefe der Geschichte mächtig hineinwirken, daß sie ihrem Volke und der Welt neue Ziele weisen, Bahn brechen in eine lebendige Zukunft und ein neues Zeitalter heraufführen.«

Die Bewunderung und Verehrung Hitlers hat längst religiös erscheinende Züge. Wo immer der Diktator auftritt, nehmen die Menschen langes Warten – und damit oft auch stundenlanges Stehen – in Kauf, nur um ihn zu sehen und zu hören. Und oft genug hoffen sie, ihn einmal berühren und ihm womöglich die Hand schütteln zu dürfen. Der Schweizer Denis de Rougemont ist knapp drei Jahr zuvor Zeuge dieser Hitler-Verehrung, als er in Berlin eine Großveranstaltung besucht. Die Menschen warten auch hier stundenlang geduldig auf Hitler. Zwischen Arbeitern, jungen Frauen, Jugendlichen des Arbeitsdienstes und ärmlich gekleideten Frauen harrt auch Rougemont geschlagene vier Stunden aus – bis ein Murmeln durch die wogende Menge geht und Trompeten von draußen zu hören sind. Die Lampen in der Halle verlöschen, während an der Decke Lichtpfeile aufleuchten, die auf eine Tür im ersten Rang zeigen. Dann leuchtet ein Scheinwerfer auf, und endlich erscheint der kleine braungekleidete Mann, dem sofort 40 000 Stimmen zujubeln. Sechs Minuten braucht Hitler, um durch einen schmalen Gang bis zur Bühne zu schreiten. De Rougemont beobachtet die Menschen um ihn herum und schreibt später:[414]

»Sie stehen aufrecht, unbeweglich und im Takt brüllend, während sie mit den Augen auf diesen leuchtenden Punkt starren, auf dieses Gesicht mit dem ekstatischen Lächeln, und ihnen im Dunkel Tränen über die Gesichter rinnen.«

Der Diktator und die Kinder – Propagandafoto vom 20. April 1939.

Keine Frage, Adolf Hitler schlägt die Mehrheit der Deutschen in seinen Bann. Und an seinem 50. Geburtstag wird das deutlicher denn je. Mit seiner Person wird das persönliche Glück der Menschen verknüpft – allen voran gilt dies für die Kinder und Jugendlichen in Deutschland. Für die »Hitler-Jugend« ist das Bekenntnis zum »Führer« an jedem 20. April, also immer zum »Führer-Geburtstag«, ein zentrales Ereignis. An diesem Tag versammeln auch sie sich als »Kameradschaft«, als »Schar« oder »Gefolgschaft«, sie marschieren selbstverständlich wie die Erwachsenen, sind Teil der öffentlichen Inszenierungen und singen ihre Lieder – »nur Kuchen und Saft gab es nicht wie auf einem richtigen Geburtstag«, erinnert sich später ein Mädchen. Aber wer da seinen Ehrentag feiert, das wissen selbst die Kleinsten sehr genau – schließlich haben die Kinder und Jugendlichen den Lebenslauf Hitlers selbstverständlich auswendig gelernt, »den mussten wir vor- und rückwärts kennen«.[415]

Hitler demonstriert im Gegenzug gern seine Zuneigung zu Kindern, sie ist ein wesentliches Element des Führerkults – entsprechende Fotos sind Teil der NS-Propaganda. Kinder erzeugen schließlich eine Stimmung von unbestimmten Hoffnungen auf die Zukunft und versehen auch jede noch so martialische Veranstaltung mit »dem warmen Schein des Guten«.[416] Auch in der Berichterstattung über seinen 50. Geburtstag schafft es eine Aufnahme auf die Titelseiten der Zeitungen, die ihn in der Neuen Reichskanzlei von vier kleinen Kindern umringt zeigt, von denen er zwei an die Hand genommen hat.[417]

Hier zeigt sich, wie in der öffentlichen Darstellung über diesen Tag selbst eklatante Widersprüche augenscheinlich miteinander versöhnt werden: Der Diktator, der für tausendfaches Leid, für Entrechtung und Morde verantwortlich ist, schüttelt unschuldigen Kindern lächelnd die Hände. Dieses Bild ist ebenso verstörend wie jenes aus den frühen Morgenstunden, als schwarz gekleidete SS-Männer in der Frühlingssonne zu einem unschuldig wirkenden Geburtstagsständchen aufspielen …

Vielen Heranwachsenden in HJ und BDM ist der Geburtstag Hitlers aber vor allem wegen der oft lang ersehnten »Beförderung« wichtig: die Übernahme der älteren Jahrgänge des Jungvolks (Jungen von 10 bis 14 Jahren, »Pimpfe«) in die HJ (Jungen von 14 bis 18 Jahren) sowie der Jungmädel (Mädchen von 10 bis 14 Jahren) in den BDM (Mädchen von 14 bis 18 Jahren). Ihnen folgen die Jüngeren, in diesem Jahr die Jungen und Mädchen des Jahrgangs 1928/29, die sich beim Jungvolk und den Jungmädeln angemeldet haben. Sie werden anlässlich des 20. April 1939 auf Hitler vereidigt und in die Jugendorganisation aufgenommen. Von einer solchen feierlichen Veranstaltung heißt es später in einem Zeitungsbericht:[418]

> »Wie stolz waren doch die Pimpfe und die Jungmädel, die zum ersten Male ihre neue Uniform anziehen konnten und mit den anderen in Schritt und Tritt marschierten. Noch dürfen sie nicht alle Stücke an der Uniform tragen, aber wenn sie sich dann bewährt haben, da wird das auch nicht mehr lange dauern und man wird den Unterschied zwischen den jüngsten Kämpfern des Führers und denen, die schon geraume Zeit dabei sind, nicht mehr merken.«

Der Geburtstag des »Führers« ist damit unmittelbar mit dem eigenen Fortkommen und der eigenen »kleinen« Karriere verknüpft. Hitler verstärkt diesen Zusammenhang bewusst, indem er zum 20. April großzügig ist, wenn es um die Beförderungen seiner Getreuen geht. Auf allen Ebenen kommen in Deutschland verdiente Zeitgenossen in Staat und Partei in den Genuss von Anerkennung und Belobigung. Da steigen im Berliner Reichsfinanzministerium Regierungsräte zu Oberregierungsräten auf,[419] 62 Gefolgschaftsmitglieder des Elektrizitätsverbandes im sächsischen Gröba erhalten die »silbernen Ehrenzeichen des Führers«,[420] im Kreis Bergheim werden beispielsweise NSDAP-Zellenleiter zu Ortsgruppenleitern befördert,[421] der renommierte Veterinär Robert von Ostertag bekommt als »verdienstvoller Forscher auf dem Gebiet der tierärztlichen Wissenschaft den Adlerschild des Deutschen Reiches verliehen«,[422] im schleswig-holsteinischen Itzehoe trägt der praktische Tierarzt Robert Lucht durch die von Hitler ausgehende Ernennung fortan den Titel »Veterinärrat«,[423] SS-Männer im »SS-Oberabschnitt Nordwest« erhalten an diesem Tag den »Ehrendegen« überreicht,[424] und in Hamburg wird dem bisherigen Oberst der Schutzpolizei anlässlich von Hitlers Geburtstag »der Charakter eines Generalmajors der Ordnungspolizei verliehen«.[425]

In allen Parteiorganisationen herrscht an diesem Tag eben auch Feierstimmung, weil so viele Deutsche die nächste Sprosse auf der Karriereleiter erklimmen. Die Zeitungen im Land sind voll mit den Listen der Namen und der neuen Positionen – ganz so, als handelte es sich um die traditionellen Aufzählungen von Konfirmanden oder erfolgreichen Absolventen der örtlichen höheren Schule. All diese Menschen gehören zu den Tausenden von Deutschen, die seit 1933 etwas geworden sind in dieser Diktatur – weil sie in der NSDAP aufgestiegen sind oder weil sie von Partei und Staat mit den vielen kleinen oder auch mittleren Positionen betraut worden sind, die das »Dritte Reich« so zu bieten hat. Auch dafür steht der 20. April 1939.

Niemand ist gezwungen, an diesem Tag für Hitler zur Feder zu greifen und ihn als Retter Deutschlands zu feiern. Und in der Masse sind es denn auch nicht die bekannten Meinungsführer in Partei, Staat oder Kirchen, die die Atmosphäre der Geburtstagsfeierlichkeiten prägen, sondern die vielen schriftlichen Zeugnisse aus ganz Deutschland, die von Privatpersonen jeglichen Alters stammen, von Bürgermeistern kleiner Dörfer oder mehr oder weniger talentierten Schriftstellern in Tageszeitungen oder Zeitschriften. Die Deutschen kommen an diesem Tag an solchen Lobhudeleien schlicht nicht vorbei. In Thüringen präsentiert ein Monatsblatt der evangelischen Kirche einen solchen Text:[426]

»Adolf Hitler, du Glaubender, du Liebender, du Schauender, du Wollender und zum Einsatz Bereiter in jedem Augenblick, diese höchste und entscheidendste der Kräfte gab dir Gott, und aus ihr her gabst du uns, deinen Brüdern, das neue Deutschland, dein Deutschland, Großdeutschland, das Germanische Reich Deutscher Nation!«

Victor Klemperer beobachtet eine Verehrung Hitlers, die er als »Vergottung« bezeichnet.[427] Die gewaltige Zustimmung zu seiner Politik, die eigene Beteiligung der Deutschen an diesem System durch aktive Mitgliedschaft in der Partei und ihren Organisationen lassen eine einzige Person zum Gegenstand der Bewunderung werden, auch wenn sie persönlich Widersprüche und Defizite aufweist. Diese sind bekannt – dass Hitler keine Frau hat oder eben so gar nicht dem großen und blonden »Germanen«-Typ entspricht , und es wird heimlich darüber gesprochen, manchmal gespottet. Aber öffentlich über Adolf Hitler lachen und Witze über ihn reißen, das geht schon längst nicht mehr. Beleidigungen des »Führers« werden hart bestraft.

Dabei geben die Person Hitler und sein Lebensstil doch genug Anlass für despektierliche Bemerkungen und Witze, oder? Als unverheirateter und kinderloser Mann widerspricht Hitler so offenkundig den familienpolitischen Ansprüchen der deutschen Propaganda, dass despektierliche Äußerungen geradezu vorprogrammiert sind. Der Diktator sei homosexuell oder impotent, heißt es dann hinter vorgehaltener Hand, er lebe womöglich polygam oder gar inzestuös. Einige dieser Äußerungen sind in den Prozessakten gegen jene Deutschen dokumentiert, die nach entsprechenden Äußerungen denunziert wurden. Fünf Monate Gefängnis erhält ein Mann aus Speyer für die Behauptung, Hitler sei wie der ehemalige SA-Führer Ernst Röhm durch »den Übergenuß an Frauen homosexuell geworden«. Zu anderthalb Jahren Gefängnis wird ein anderer Mann verurteilt, der über Hitler behauptete, »er treibt es nur mit Männern«. Ein weiterer Mann wird zu zwei Jahren Gefängnis verurteilt, weil er folgendes Gerücht verbreitet hat:[428]

>»Auf dem Obersalzberg halte sich ein junges Mädchen
>namens Everl auf; das beherberge der Führer bei sich nur,
>um seine Homosexualität gegenüber seiner Umgebung
>zu tarnen.«

Aber solche Gerüchte können das Bild vom »Führer« letztlich nicht trüben. Schon gar nicht an diesem 20. April 1939, der zudem noch arbeitsfrei war. Ist es so, wie es die *Hamburger Neueste Zeitung* am Tag nach den Geburtstagsfeierlichkeiten schreibt? Dass in Wahrheit »Hitler Deutschland und Deutschland Hitler ist«? Dass dieser Tag erneut Zeugnis von »dieser unzertrennlichen Verbundenheit zwischen Volk und Führer« abgelegt hat? Die Hunderttausende Menschen, die in Berlin ihrem »Führer« zugejubelt haben, seien schließlich »für die 80 Millionen im Reiche die Vertreter«.[429] Victor Klemperer erlebt an diesem Tag eine »allgemeine ›Führer, wir folgen dir!‹-Stimmung«.[430] Was Adolf Hitler am 20. April 1939 entgegenschlägt, sind überwältigende Anerkennung, politische Unterstützung und persönliche Zuneigung. Ein Autor der *NS-Frauen-Warte* erinnert an die Flut der Geschenke und der Glückwunschschreiben:[431]

> »Jedes einzelne Blatt ausnahmslos bestätigt, was Hermann Göring nach der Heimführung Österreichs dem Führer im Reichstag zurief: ›Wann ist je ein Mensch so geliebt worden wie Sie!‹ Nein, das ist keine Konvention, keine höfliche Phrase, keine aalglatte Verbeugung, was in diesen Briefen steht, das ist ungeschminkte, uneingeschränkte, ursprüngliche Volksliebe.«

Allerorts Dokumente der Verehrung – hier ein überdimensionales Hitler-Portrait an der Fassade eines Berliner Verlagshauses am Vorabend der großen Geburtstagsfeier.

Die Deutschen haben jedenfalls den arbeitsfreien Tag gern angenommen und sich eifrig an den zuweilen volksfestartigen Veranstaltungen beteiligt. Und so haben am Abend viele noch Appetit
auf ihr verdientes Feierabendbier, etwa in Aue, einem Stadtteil des
badischen Durlach:[432]

> »Nach dem Fahnenausmarsch verteilten sich die Teilnehmer
> in den versch. Wirtschaften des Stadtteils zu gemütlichen
> Kameradschaftsunterhaltungen. So war der goldene Geburtstag
> unseres großen Führers Adolf Hitler ein stolzes Bekenntnis des
> unerschütterlichen Glaubens an die Erfüllung seiner göttlichen
> Sendung für unser deutsches Volk und Vaterland. Und am
> deutschen Wesen wird einst doch die Welt genesen.«

Zufrieden und erschöpft beenden die Menschen diesen langen
Donnerstag – die einen genießen in trauter Runde ihr Bier, andere
bauen noch die Dekorationen in den Festsälen ab, wieder andere
mögen nach dem langen Marschieren und oft stundenlangem Stehen auch einfach froh sein, endlich ins Bett zu kommen. Für die
meisten, vom einfachen Parteimitglied bis zur NS-Spitze, war dies
zwar ein arbeitsfreier, aber eben kein geruhsamer Tag. Auch Reichspropagandaminister Joseph Goebbels ist erschöpft. »Ich gehe zei-
tig schlafen«, schreibt er in seinem Tagebuch, »denn ich bin sehr
müde.« Aber Goebbels ist zugleich fraglos glücklich; all die Vorbereitungen und die Arbeit haben sich aus seiner Sicht gelohnt.
Rasch notiert er noch seine Eindrücke von diesem Tag. Besonders
die große Parade der Wehrmacht sei ein Erfolg gewesen, ununter-
brochen habe es »Stürme des Beifalls« gegeben – was für eine Zustimmung der Deutschen zu ihrem »Führer«:[433]

> »Der Führer wird vom Volk gefeiert, wie nie sonst ein
> sterblicher Mensch gefeiert worden ist … Das Publikum
> rast vor Begeisterung. So sah ich unser Volk noch nie.«

Goebbels neigt – sozusagen von Berufs wegen – zu Übertreibungen und Lügen. Aber was er an diesem Tag wahrnimmt, das glaubt er fraglos selbst. Und es ist tatsächlich so: Vermutlich haben die Deutschen noch nie einen sterblichen Menschen so sehr gefeiert wie an diesem 20. April 1939.

Es bedarf nicht großer äußerer Dinge, um ein Mutterherz zu erfreuen, deshalb werden nicht Berge von kostbaren Geschenken aufgebaut, sondern ein paar Blümchen, eine selbstgearbeitete Gabe aus Kinderhand ist stets das Schönste.

Aus der Zeitschrift *NS-Frauen-Warte* für den Muttertag 1939[434]

6

Muttertag

21. Mai 1939: Frische Blumen und neue Kreuze

Gertrud Scholtz-Klink ist 37 Jahre alt. Sie ist eine ehrgeizige Frau, eine geschickte Organisatorin, fleißig und zielstrebig. Zugleich ist sie eine glühende Nationalsozialistin und mit ganzem Herzen seit Jahren am Aufbau des »Dritten Reichs« beteiligt. Während sie vier Kinder aufzieht, steigt sie zugleich zur ranghöchsten Frau im nationalsozialistischen Apparat Deutschlands auf: zur »Reichsfrauenführerin«. Jetzt zählt auch sie zu den Mächtigen der Diktatur, die ansonsten fast ausschließlich Männer sind. Aber Gertrud Scholtz-Klink lässt sich so schnell nicht einschüchtern, schließlich ist sie eine Frau, die sich früh durchbeißen musste: Ihr Vater stirbt, als sie acht Jahre alt ist, die Schule besucht sie fleißig bis zur Mittleren Reife, bleibt aber anschließend ohne Berufsausbildung und heiratet mit 19 Jahren einen älteren ehemaligen Offizier und Weltkriegsveteranen. Mit ihrem Ehemann teilt sie früh die Begeisterung für den Nationalsozialismus, 1930 tritt auch sie in die NSDAP ein. Als ihr Mann im selben Jahr stirbt, macht sie selbst NS-Karriere – aufgrund ihrer Fähigkeiten und überdies protegiert von mächtigen Männern, etwa zunächst von Robert Wagner, dem Gauleiter von Baden, und bald auch von Rudolf Heß, dem »Stellvertreter des Führers«. Mit Erfolg:

Heute führt sie die »NS-Frauenschaft« mit über zwei Millionen Mitgliedern.[435]

Reichsfrauenführerin Gertrud Scholtz-Klink spricht 1939 während einer Veranstaltung in Lüneburg – die Herren der Musikkapelle sind an den Fragen von Frauen im Nationalsozialismus offensichtlich wenig interessiert …

Gertrud Scholtz-Klink ist eine selbstbewusste Frau – und sie ist mit großer Freude Mutter. Eigene Kinder zu haben, da ist sich die NS-Frauenführerin sicher, ist für eine deutsche Frau ohnehin das größte Glück. An dieses Glück erinnert sie in einem Zeitschriftenbeitrag für den heutigen Sonntag, den 21. Mai 1939. Es ist ein besonderer Tag:[436]

> »Heute ist Muttertag – und wir grüßen alle jungen und alten
> Mütter – und wir danken alle zusammen unserem Schicksal,
> daß es uns deutsche Mütter werden ließ, weil doch Mütter
> immer dort am nötigsten sind, wo es gilt, schwere Dinge
> durchzutragen.«

Dass heute in Deutschland offiziell und in großem Stil der »Muttertag« begangen wird, ist allerdings erst seit wenigen Jahren eine
Selbstverständlichkeit. In den 1920er-Jahren hatte sich sinniger-
weise der »Verband Deutscher Blumengeschäftsinhaber« für einen
solchen zunächst in den USA zelebrierten besonderen Feiertag im
Land eingesetzt, weil ihnen ein hübscher Frühlingsstrauß als Gabe
für die Mütter eben auch geschäftlich lukrativ erschien. Und die
Idee verfing, und je bürgerlicher die Familie, desto üppiger wurde
bald auch der gekaufte Blumenstrauß, während in der Arbeiterbe-
wegung zumindest an dieser kommerziellen Form des Mutter-
kults Kritik geübt wurde.[437]

Nach 1933 münden die schon zuvor vorhandenen nationalistischen Züge dieses »Ehrentags« in die offizielle Ausrichtung des
»Deutschen Muttertags«, der zuweilen auch als »Reichsmütter-
tag« bezeichnet wird.[438] Inzwischen ist der Muttertag mehr als ein
verordneter Feiertag neben anderen, er wird bei offiziellen Veranstaltungen ebenso zelebriert wie in den Familien selbst. Dort ist an
diesem Tag viel Gefühl im Spiel, wenn der eigenen Mutter gedankt
wird. So ist es durchaus nicht übertrieben, wenn die *Niederrheinische Volkszeitung* zu diesem 21. Mai 1939 schreibt:[439]

»Der ›Muttertag‹ ist eine Angelegenheit des Volkes wie kaum
eine andere geworden. Unsere Schriftleitungen werden an diesem
Tage mit Einsendungen bedacht, die aus allen Kreisen kommen
und meist in Gedichtform ausdrücken wollen, was der Mutter zu-
gedacht ist. Da spricht der Sohn oder die Tochter, und sehr ergrei-
fend ist es, wenn selbst alte Leute noch zur Feder greifen, um der
lange verstorbenen Mutter Worte der Dankbarkeit zu widmen.«

Kleine Kinder schnappen sich für diesen Tag ihre Buntstifte, geben sich Mühe mit hübschen Bildern und versuchen sich an ein
paar netten Worten für ihre Mutter. Und auch Journalisten und
Schriftsteller im ganzen Land beteiligen sich mit feierlichen Tex-
ten an der allgemeinen Verehrung der Mutter. Der Journalist
Werner Höfer nutzt den 21. Mai für seine Lobpreisung der deutschen »Muttersprache« – allein dieses Wort versetzt ihn offen-

sichtlich in Verzückung, denn es gehört seiner Meinung nach »zu den schönsten, glücklichsten und frömmsten Erfindungen der unerschöpflich-schöpferischen Sprache«.[440] An anderer Stelle werden große Dichter und Künstler zitiert: Friedrich Schiller, Jean Paul oder Eduard Mörike. Und selbst über Leonardo da Vinci heißt es an diesem Tag in einer Zeitung: »Leonardo liebte nur seine Mutter.«[441]

Zumindest am heutigen Tag ist es leicht, eine Mutter glücklich zu machen. So heißt es jedenfalls offiziell. Von Natur aus sei diese nämlich generell nicht auf Dankbarkeit aus, sondern ausgesprochen bescheiden, wenn es um sie selbst gehe. Im Grunde sei es ihr sogar unangenehm, zu sehr im Mittelpunkt des Geschehens zu stehen. Deshalb erwarte sie am heutigen Tag auch keine »Berge von kostbaren Geschenken«, erklärt eine Frauenzeitschrift,[442] aber dennoch – und das wüssten die Kinder nur allzu gut – sollte es schon eine kleine Aufmerksamkeit geben. »Mutters Platz am Tisch wird an diesem ihrem Ehrentage besonders schön geschmückt«, so eine Empfehlung für die übrigen Familienmitglieder, »etwas frisches Grün oder ein Kränzchen von selbstgepflückten Blumen bekränzen festlich das Gedeck.«[443] Als angemessenes Geschenk reiche ein selbstgepflücktes oder gekauftes Sträußchen aus Kinderhand völlig aus, und so verzeichnen vor allem die Blumenläden an diesem und am vorherigen Tag ordentliche Umsätze. Überall in Deutschland »wanderten Blumen, Geschenkpakete und sonstige Zeichen des Gedenkens hinaus in die Häuser der Stadt und des Landes, wo treue Kindesliebe diese kleinen Gaben der Mutter auf den Ehrentisch legten«.[444] Ein gutes Geschäft ist dieser Muttertag also ohne Frage.

Und es sind nicht immer nur »kleine Aufmerksamkeiten«, die heute am Frühstückstisch verschenkt werden. Davon profitieren die Geschäfte des gehobenen Bedarfs, die ebenso wie der Blumenhandel ihre Produkte als Anerkennung für die deutsche Mutter empfehlen. Etwa ein Juwelier im badischen Freiburg, der zu diesem Tag eine entsprechende Werbung in der örtlichen Zeitung platziert:[445]

»Ihre Mutter! Ihr größter Schatz auf Erden, der Sonnenschein in Ihrem Leben. Immer erfüllt von steter Sorge um Ihr Wohl, voll aufopfernder Liebe für Ihr Glück! Sie fordert nicht Dank. Aber an ihrem Ehrentag, 21. Mai, werden Sie es sich nicht nehmen lassen, Mutter zu erfreuen mit edlem Kleinod von Juwelier Kühn.«

Ob nun ein kleiner Blumenstrauß oder doch lieber kostbarer Schmuck vom Juwelier – bedacht werden sollten am heutigen Tag aber nicht nur die jungen Mütter, mahnt eine badische Zeitung:[446]

»Die Söhne vergessen es gar zu leicht: die Mutter ist, auch mit 70 Jahren, immer noch Frau, und deshalb immer noch empfänglich und dankbar für die zarte Huldigung, die in einem Blumengruß liegen kann. Gerade weil die Mutter es nicht als selbstverständlich annimmt, wird sie über solche kleinen aus Liebe erwiesenen Aufmerksamkeiten doppelt glücklich sein.«

Der heutige Sonntag zeigt auf besondere Weise eine geradezu obsessive »Mutterliebe«, die von offizieller Seite eingefordert wird. Damit schließt das »Dritte Reich« rhetorisch wie inhaltlich an die traditionelle Wertschätzung der Mutter an, wie sie schon in der Weimarer Republik und im Kaiserreich bekannt war. Sie überhöht diese jedoch mit ihren eigenen ideologischen Vorstellungen. Dahinter steht die rassistisch motivierte Funktionalisierung der Mutter im Dienst am »Volk«, woraus sich nach offizieller Darstellung die zentrale Anforderung an die deutschen Frauen ableitet: Zuvorderst solle sie Kinder gebären, damit die Bevölkerungsverluste durch den Weltkrieg ausgeglichen werden könnten und das deutsche »Volkstum« im Wettstreit der Nationen gestärkt werde. Denn wenn es um die Zukunft Deutschlands gehe, komme es entscheidend auf die deutsche Mutter als »Hüterin der ewigen Lebensflamme« des Volkes an.[447]

So sieht die Propaganda die deutsche Frau: Themenheft der Zeitschrift
NS-Frauen-Warte zum Muttertag 1939.

Die Mutter steht also offiziell im Dienst des rassistischen Denkens. Ein Artikel in der Frauenzeitschrift *NS-Frauen-Warte*, die
in einer Auflage von 1,2 Millionen Exemplaren erscheint,[448] will
die Mütter deshalb auch zu der Einsicht bringen, dass ihre Erzie-
hungsanstrengungen nicht auf das individuelle Fortkommen und
Glück ihrer Kinder zielen sollen, sondern allein auf die »biologische

Wertigkeit« – ob also das eigene Kind als gesundes Geschöpf dazu fähig sein wird, »wieder solche hochwertigen Menschen hervorzubringen«. Nach dem rassistischen Züchtungsgedanken hängt der Wert des Deutschen insgesamt »von der Anzahl seiner biologisch hochwertigen Volksgenossen« ab.[449] Die Geburt eines Kindes ist damit keine Privatsache mehr. Und das zuweilen ganz konkret: Es kann geschehen, dass schon kurz nach der Geburt eines Sohnes zwei »Pimpfe« in HJ-Uniform am Bett der jungen Mutter auftauchen und ihr einen Blumenstrauß überreichen – wenn das Neugeborene ein Mädchen ist, könnten dementsprechend zwei »Jungmädel« am Wochenbett erscheinen. Solche Besuche jedenfalls organisiert beispielsweise das »Rassenpolitische Amt« des Gaues Köln-Aachen.[450]

Wenn eine Frau ein Kind zur Welt bringt, ist jetzt nicht mehr nur von den individuellen Perspektiven einer Familie die Rede, von persönlicher Zukunftsvorstellung oder gar Liebe. Darum geht es dem »Dritten Reich« nicht – es geht um das »Volk«. Und so ist auch der Muttertag eben nicht nur ein privater Tag, an dem es morgens ein paar bescheidene Blümchen aus Kinderhänden und ein Tässchen guten Kaffee im Kreis der Familie gibt. Er ist zugleich eine öffentliche, eine politische Angelegenheit. Und was die Frauen glücklich macht, das erklären ihnen an diesem Tag – es verwundert kaum – mit Ausnahme der NS-Frauenführerin Scholtz-Klink fast ausschließlich Männer. Ob Adolf Hitler oder Rudolf Heß, ob Reichsinnenminister Wilhelm Frick oder die lokalen NSDAP-Funktionäre: Sie finden die »richtigen« Worte zum Muttertag und erklären der deutschen Frau den Sinn ihres Lebens. So auch ein Ortsgruppenleiter der Partei in Karlsruhe:[451] »Jedes Kind, das sie zur Welt bringt, ist eine Schlacht, die sie besteht für Sein oder Nichtsein ihres Volkes.«

Der Mann hat seine nationalsozialistische Lektion fleißig gelernt: Das Kind steht als Träger des Deutschtums im großen Ringen der Völker, die deutsche Mutter hat darin die Rolle der »Kämpferin« um die Zukunft des deutschen Volkes. Auch Reichsinnenminister Frick findet entsprechende Worte, als er sich am heutigen Morgen in einer Rundfunkansprache an die Mütter wendet, um ihnen »für all ihre selbstlose, aufopfernde, stille Arbeit« im Dienst für Familie und Vaterland zu danken:[452]

> »Ich weiß, daß sich diese Arbeit meist unbemerkt
> im Innern der Familie abspielt, ich weiß aber auch,
> daß die Mutter ihr höchstes Glück, ihre größte
> Befriedigung in dem Gedeihen ihrer Kinder findet
> und in dem stolzen Bewußtsein, zur Erhaltung ihrer
> und des Volkes Art beizutragen.«

Der Dank der Nation für diese »Arterhaltung« soll sich aber fortan nicht nur in feierlichen Worten ausdrücken, sondern auch in einer ganz besonderen Ehrung: Erstmals, und dies sei ein ausdrücklicher Wunsch des »Führers«, werden an diesem 21. Mai 1939 in Deutschland die sogenannten »Ehrenkreuze der deutschen Mutter« verliehen. In symbolischer Analogie zu den Ehrenkreuzen und Orden der kämpfenden Männer sind dies Auszeichnungen, die es – je nach Zahl der Kinder – in Bronze (vier und fünf Kinder), Silber (sechs und sieben Kinder) oder Gold (acht und mehr Kinder) gibt. Überreicht werden sie an diesem Tag von den Repräsentanten der örtlichen Parteistellen: Der Muttertag 1939 ist zugleich der Tag der »Mutterkreuze«.

So manche Mutter, die sich jahrelang für ihre Familie abgerackert hat, empfindet diese Auszeichnung womöglich tatsächlich als Anerkennung ihrer Leistung. Ihre Wertschätzung ist nun eine öffentliche Angelegenheit, und das über diesen Muttertag hinaus. Wer von ihnen dieses Kreuz trägt, ist im »Dritten Reich« eine herausgehobene Persönlichkeit: Alle Mitglieder der »Hitler-Jugend« werden jetzt per Verordnung verpflichtet, die Trägerin eines Mutterkreuzes auf offener Straße grundsätzlich zu grüßen. Damit solle »die Verehrungswürdigkeit der Mutter« hervorgehoben werden, heißt es offiziell:[453]

»Der Verordnung liegt neben der Mutterehrung ein tiefer Erziehungsgedanke zugrunde. Die Achtung vor der Mutterschaft soll geweckt werden. Zugleich soll eine innigere Bindung der heranwachsenden Jugend zur Mutter hervorgerufen werden.«

Die meisten Frauen, die aus diesem Grunde vom deutschen Nachwuchs mit erhobenem rechten Arm gegrüßt werden müssen, sind indes schon fortgeschrittenen Alters, denn der Muttertag 1939 ähnelt – mit allem Respekt – eher einem »Großmuttertag«: Die größte Zahl der ausgezeichneten Frauen hat längst Enkelkinder. Einige der älteren Damen sind schon sehr gebrechlich, deshalb – so wird es ganz offen erklärt – müsse man bei der Mutterkreuz-Verleihung schnell handeln, »ehe ihre Sonne sinkt«.[454] Diese Frauen gehören zugleich zu einer Generation, die Söhne (und Ehemänner) im Weltkrieg verloren hat und die dafür auch an diesem Tag offiziellen Trost zugesprochen bekommt. »Sei nicht traurig«, ruft ihnen Reichsfrauenführerin Scholtz-Klink in ihrer heutigen Rundfunkansprache zu, »wir fühlen mit dir, weil du zu uns gehörst.«[455] Ob dieser Trost wirkt?

Rund drei Millionen Frauen wird am heutigen Muttertag das Mutterkreuz zugesprochen. Die Verteilung muss von den NSDAP-Funktionären vor Ort organisiert werden; allein in Hamburg gilt es beispielsweise, 10 000 Kreuze an die Frau zu bringen.[456] In der Hansestadt werden für die festlichen Ehrungen alle Mütter über 70 Jahre zu verschiedenen Feiern zusammengebracht, wobei sie in der Regel sogar mit dem Auto abgeholt werden. So können auch »alte Mütter, denen das Gehen beschwerlich« ist, »aus ihren Wohnungen, aus Krankenhäusern und Altersheimen« abgeholt werden.[457] In ganz Deutschland sind für diesen besonderen Service die Mitglieder des »Nationalsozialistischen Kraftfahrkorps« mit ihren Fahrzeugen unterwegs. Für ihre betagten Passagiere ist das zuweilen ein ganz besonderes Erlebnis, wenn sie vor den Augen von Angehörigen oder Nachbarn in die sicher sorgsam geputzten Autos steigen: Einige von ihnen – vor allem Frauen in

»Großmuttertag« 1939 in Berlin-Neukölln: Die produzierten Kreuze
reichen zunächst nur für die älteren Mütter.

der Provinz – sitzen an diesem 21. Mai 1939 womöglich zum ersten Mal in einem Kraftfahrzeug![458]

Für die Mütter gibt es bereits am Vormittag allenthalben zahlreiche große und kleinere Platzkonzerte, zu denen Musikkorps der Wehrmacht oder Musikzüge der Parteiorganisationen aufspielen, vor allem aber werden sie in festlich geschmückten Sälen zu den offiziellen Ehrungen erwartet.[459] Die örtliche Parteiprominenz steht herausgeputzt bereit, BDM-Mädchen und »Hitler-Jungen« überreichen brav Blumensträuße, Ortsgruppenführer und Bürgermeister halten die offiziellen Ansprachen mit den überall gleichlautenden Würdigungen der deutschen Mutter. Und selbstverständlich werden wie bei allen feierlichen Veranstaltungen im »Dritten Reich« das »Horst-Wessel-Lied« und das Deutschlandlied gesungen, in manchen Orten werden zudem unterhaltsame Theaterstücke aufgeführt oder ein paar wohlklingende Frühlingslieder vorgetragen. Eher ästhetischen Nutzen haben da die in der Regel überreichten schönen Blumensträuße, praktischen Nutzen hingegen die zuweilen zusätzlich ausgehändigten Lebensmittelgeschenke der NS-Frauenschaft.[460] Viele Teilnehmerinnen erfreut auch »der köstlich duftende Kaffee mit den großen leckeren Kuchenschnitten«, wie der *Aachener Anzeiger* von einer der vielen dörflichen Feiern berichtet. Eine Geste, die angeblich nicht ohne Wirkung bleibt, denn in diesem Moment »konnte man bei manchem schlichten Mütterchen ein Tränchen der Freude und der Dankbarkeit leise blinken sehen«.[461]

Freude und Dankbarkeit sind aber wohl nur vollkommen, wenn die älteren Damen auch wirklich ihr versprochenes Mutterkreuz erhalten. Doch genau dies ist an diesem Tag allen Ankündigungen zum Trotz leider nicht selbstverständlich: Es gibt Lieferschwierigkeiten. Aus den offiziellen Berichten zu diesem Tag ist das Bedauern herauszuhören, dass nicht »alle kinderreichen Mütter« an diesen Feiern teilnehmen können, »da die Anfertigung dieser Kreuze natürlich geraume Zeit beansprucht«.[462] Es gibt schlicht zu wenig Kreuze und zu viele Mütter, deshalb müssen viele von ihnen vertröstet werden. Etwa bei der offiziellen Feierstunde in der westfälischen Stadt Schwerte:[463]

> »Gestern wurde fünf Schwerter Müttern das Ehrenkreuz
> überreicht ... Wenn es gestern nur fünf waren, so kommt
> es daher, daß es leider nicht möglich war, die genügende
> Anzahl von Ehrenkreuzen in der kurzen zur Verfügung
> stehenden Zeit zu beschaffen. Die übrigen Schwerter Mütter,
> denen das Ehrenzeichen zusteht, erhalten es im Laufe
> des Sommers oder spätestens am Erntedankfest.«

Das ist schlicht das Eingeständnis schlechter Vorbereitung – denn wie andere Festtage im Jahr kommt schließlich auch der Muttertag keineswegs überraschend. Und für die Frauen ist es obendrein ein schwacher Trost. Das Ehrenkreuz erst im Sommer oder Herbst zu bekommen, sozusagen »zwischen Tür und Angel«, kann ähnlich

unbefriedigend sein wie ein Geburtstagsgeschenk, das höchst un-
spektakulär erst mit Monaten Verspätung eintrifft ...

Es gibt also zahlreiche Mütter, die am 21. Mai 1939 eine solche
Auszeichnung nicht bekommen – aber auch Deutsche, die darauf
keinen besonderen Wert legen. Einige Menschen finden das ganze
Tamtam um das Mutterkreuz nämlich ziemlich absurd. So berichtet
der Sicherheitsdienst der SS vom Fall eines protestantischen Pfarrers, der sich – obwohl Vater von zehn Kindern – weigert, für seine
Frau den entsprechenden Antrag auf Verleihung des Ehrenkreuzes
einzureichen. Er begründet seine Weigerung demnach mit der Bemerkung, wonach »diese Auszeichnung gleichbedeutend wäre mit
der Prämierung von Zuchtvieh«.[464] Doch ein öffentliches Lästern
über das Mutterkreuz – etwa mit der spöttischen Bezeichnung
»Karnickelorden« – ist eher selten: Einerseits ist diese Auszeichnung für die Partei von allerhöchster Bedeutung und offensichtlich
auch Adolf Hitler persönlich ein Anliegen, und zudem wird ein re-
spektvoller und ehrender Umgang mit der Mutter schlicht auch gesellschaftlich erwartet. Wer diesen Muttertag am 21. Mai 1939 mit
all seinen Veranstaltungen und Bemühungen kritisiert oder verächtlich macht, muss mit erheblichem Widerspruch rechnen.

Dabei sind die Widersprüche und die Ungerechtigkeiten im
Umgang mit Müttern auch an diesem Tag deutlich erkennbar –
aber sie sind für die allermeisten Deutschen offensichtlich kein
Anlass für Kritik. Dies betrifft vor allem den Ausschluss jener
Frauen von dieser Ehrung, die im Sinne der Rassenpolitik keine
Achtung und Verehrung verdienen. Denn Mutter ist in Deutschland
längst nicht gleich Mutter – das wird eben auch an diesem Tag
deutlich. Das gilt zunächst für alle Deutschen jüdischen Glaubens – sie erhalten wie selbstverständlich kein Mutterkreuz: Eine
Dortmunderin muss sogar erleben, wie ihre Töchter aus der Schule
heimkommen und traurig erzählen, dass sie am Muttertag nicht
im Schulchor mitsingen durften. Ihre Musiklehrerin habe ihnen
das untersagt, »weil ihr nicht arisch seid«. Auf den weinenden Protest der Kinder: »Wir wollen doch auch für unsere Mutter singen!«,

habe die Lehrerin nur geantwortet: »Ich weiß, daß ihr auch eine Mutter habt, aber sie ist ja nur eine jüdische Mutter!«[465]

Dieser Antisemitismus ist längst deutsche Normalität, und zur offiziellen Ehrung und Achtung der »deutschen Mutter« an diesem 21. Mai 1939 gehören deshalb auch die Ausgrenzung und Verfolgung aller anderen Mütter, die nicht Teil der »Volksgemeinschaft« sein sollen. Deshalb sind die Parteiorganisationen im Vorfeld des Muttertags von 1939 peinlich darauf bedacht, eine Verleihung des Mutterkreuzes an jene Frauen zu verhindern, die sie für ungeeignet halten. Schon seit Wochen wird darauf hingewiesen, dass es ein »Merkblatt für die Auslese der Mütter« gibt, die für die Auszeichnung vorgeschlagen werden können. Demnach gelten neben jüdischen Müttern auch jene Frauen als »unwürdig«, die eine Zuchthausstrafe abgesessen haben oder die aus »erbkranken und asozialen Familien« stammen. Auch in Sachen Mutterkreuz machen die Deutschen also die Erfahrung, dass jede Wertschätzung und Unterstützung der »deutschen Frau« stets mit der Denunzierung und der Aggression gegen angeblich »minderwertige« Frauen und Mütter einhergeht.[466]

Vor allem »Asoziale« ist schon lange ein Kampfbegriff für die Verfolgung aller Lebensformen und -einstellungen, die nicht dem nationalsozialistischen Familienbild entsprechen. Weil aber die Kriterien für ein so bezeichnetes »asoziales Leben« nicht klar definiert sind – und sie wohl auch bewusst nicht klar definiert werden –, ist der Denunziation von Frauen Tür und Tor geöffnet: Schon wenn ein Angehöriger ihrer Familie durch »unsittlichen Lebenswandel« auffällt oder die Mutter angeblich nicht in der Lage ist, »ihre Kinder zu brauchbaren Volksgenossen zu erziehen«, kann sie selbstverständlich nicht als »Hüterin der ewigen Lebensflamme« des Volkes mit dem Mutterkreuz ausgezeichnet werden.[467] Zudem sind Tausende deutsche Frauen schon staatlicherseits Opfer von Gewaltanwendung geworden: Sie zwang der Staat aus eugenischen Gründen zur Abtreibung, und sie wurden zwangssterilisiert. Ihnen wird die Mutterschaft verweigert, und sie sind zudem von allen ehe- und familienbezogenen Leistungen als vermeintlich »Minderwertige« und »Asoziale« ausgeschlossen.[468]

Diese drastische Ungleichbehandlung von deutschen Frauen zeigt sich gerade in diesem Mai 1939 besonders deutlich: Während sich Kinder und Ehemänner daheim auf den Muttertag vorbereiten, die Blumenhändler ausreichend frische Ware ordern, die Parteifunktionäre die feierliche Verteilung der Mutterkreuze planen und die Mitglieder des »Nationalsozialistischen Kraftfahrkorps« ihre Autos auf Hochglanz bringen, werden die ersten Häftlinge in das Frauenkonzentrationslager Ravensbrück in Brandenburg deportiert. Wenige Tage vor dem Muttertag treffen dort fast 900 Häftlinge aus dem bislang als Frauenkonzentrationslager genutzten Renaissanceschloss Lichtenburg im sächsischen Prettin an der Elbe ein. Dort war kein ausreichender Platz mehr für die zunehmende Zahl inhaftierter Frauen.[469]

Weibliche KZ-Häftlinge auf dem SS-Versuchsgut Ravensbrück beim Pflanzen von Kräutern.

Konzentrationslager statt Mutterkreuz: Vor allem so bezeichnete »asoziale« und aus »sozialhygienischen Gründen« verschleppte Frauen sind im Mai 1939 hier eingesperrt, darunter auch eine Gruppe von Österreicherinnen. Auch wenn das neue Lager in Ravensbrück fraglos eine weitere Stufe des Terrors markiert, sind Frauen in diesem Land schon seit 1933 Opfer der Verfolgung: Zunächst traf dies politisch aktive Frauen, die den Nationalsozialismus ablehnten, aber auch Ehefrauen und Angehörige von NS-Gegnern. Zudem wurden früh Frauen der Minderheit der Sinti und Roma sowie der Zeugen Jehovas verfolgt, und zunehmend all jene, die aus sogenannten »sozialhygienischen« Gründen gesellschaftlich ausgegrenzt werden. Anfangs ist Gewalt gegen Frauen eher die Ausnahme, doch der psychische Druck enorm – vor allem für Mütter: Ohne Vorwarnung aus den Wohnungen gezerrt, müssen sie ihre Kinder oft genug alleine zurücklassen und bleiben im Ungewissen, ob diese anschließend versorgt werden. In den Konzentrationslagern wie nun in Ravensbrück bestimmen schließlich Appelle, Schikanen, Misshandlungen und Zwangsarbeit den Alltag dieser deutschen Frauen.[470]

Dass Frauen und Mütter mit so großer Selbstverständlichkeit aus rassistischen Motiven ungleich behandelt werden, erzeugt bei den meisten Deutschen allerdings keinen Unmut. Sie teilen weithin die Denkvorstellungen von der Notwendigkeit einer solchen »Volksgesundheit«. Anders verhält es sich mit dem Widerspruch zwischen der Muttertagsrhetorik und der Lebenswirklichkeit der Mütter: Es ist ja nicht so, dass diese sich den lieben langen Tag liebevoll um die Kinder – und nach Feierabend auch noch um den Herrn Gemahl – kümmern können. Vielmehr ist für sie die Doppel- und Überbelastung Teil der Normalität geworden. Seit Jahren ist die Zahl der erwerbstätigen Frauen kontinuierlich gestiegen, 1939 gehen über die Hälfte der deutschen Frauen einer Arbeit außer Haus nach, gut ein Viertel von ihnen hat Kinder unter 14 Jahren. »Wir haben keine Freizeit, besonders wenn man Kinder hat«, klagt stellvertretend eine Arbeiterin, manchmal sei »die ganze Arbeit dermaßen schwer, daß ich die Flinte ins Korn werfen möchte.«[471]

Die arbeitende Frau ist in Deutschland 1939 längst Normalität geworden, der vor Jahren noch offiziell geführte Kampf gegen sogenannte »Doppelverdiener« ist längst aufgegeben. So ist auch die Vergabe von Ehestandsdarlehen jetzt nicht mehr daran gebunden, dass die heiratende Frau ihren Beruf aufgibt. Reichsfrauenführerin Gertrud Scholtz-Klink freut sich darüber, dass die Frauenerwerbstätigkeit wieder »als ein notwendiger Bestandteil des Arbeitslebens jeder Nation grundsätzlich« anerkannt ist.[472] Die daraus oft resultierende weibliche Doppelbelastung darf allerdings offiziell nicht so heißen – vielmehr ist von einer »doppelten Stellung« der Mutter die Rede. So verlautet aus dem »Mütterdienst« der NS-Frauenschaft zum Muttertag 1939:[473]

> »Wir wissen, daß wir in einer ... Notzeit nicht einmal immer
> darauf verzichten können, die Mütter unseres Volkes sogar in
> einen Erwerbsprozeß mit einzuschalten. Wir wissen aber auch,
> daß alle Voraussetzungen dafür zu schaffen sind, um sie in
> dieser doppelten Stellung ... weder in ihrer Gesundheit,
> noch in ihrer gesamten Lebenskraft zu schwächen. Ein Volk,
> das dies täte, müßte eines Tages von der Substanz leben,
> denn geschwächte Frauen können dem Staate keine gesunden
> Kinder schenken.«

Der Muttertag mag also ein besonderer Tag sein – aber er spiegelt mit seinen propagandistischen Auftritten, der Festtagsrhetorik und den großen und kleinen Geschenken eben offensichtlich nur sehr begrenzt den Alltag der Mütter im Land. Wenn der 21. Mai 1939 ein Sonntag ist, an dem für die Mutter der Frühstückstisch gedeckt und geschmückt ist und an dem sie womöglich einmal nicht in der Küche kochen und abwaschen muss, dann ist das für die deutschen Mütter tatsächlich ein echter Ausnahmetag. Denn selbst das Wochenende bietet der berufstätigen Mutter keine Gelegenheit zum Ausspannen, selbst am Sonntag kann sie kaum ruhen. In einem Zeitungsartikel wird diese sonntägliche Wirklichkeit eindrucksvoll beschrieben:[474]

»Gewiß, man kann morgens in Ruhe gemeinsam frühstücken, ohne ängstlich nach der Uhr schauen zu müssen! Aber zum ersehnten Ausschlafen kommen die Mütter meistens nicht, weil das eine oder das andere Familienmitglied vielleicht früh fort will. Und nachher, wenn Vater mit den Kindern einen Spaziergang machen will, muß Mutter dankend verzichten, das sonntägliche Mittagessen erfordert mehr Zeit und Sorgfalt, und das Durcheinander in den Schlafzimmern will schließlich auch beseitigt sein! … Aus dem ersehnten Ruhestündchen nach Tisch wird aber allzuoft nichts, sei es, daß Besuch kommt, sei es, daß Aufräumarbeiten in der Küche noch erledigt werden müssen.«

An diesen sonntäglichen Zuständen ist in deutschen Familien wenig zu ändern. Kaum ein Familienvater ist dazu in der Lage, für die Familie ein halbwegs wohlschmeckendes Sonntagsmahl zuzubereiten und anschließend die Küche in angemessener Zeit wieder in einen funktionstüchtigen Zustand zu versetzen. Doch die meisten Familien wollen auf das »Besondere« an diesem Tag nicht verzichten: das gute Essen, ein Ausflug, womöglich ein Stück selbst gebackener Kuchen – und schlicht etwas Zeit für gemeinsame Aktivitäten, die während der Woche nicht möglich sind. Das alles wäre auch möglich, wenn die doppelbelastete Mutter sich nur ein wenig cleverer anstellen würde, oder? Das meint jedenfalls der Autor eines NSDAP-Organs, der vermeintlich einfach umzusetzende Tipps für einen gelungenen Sonntag gibt. Die kluge Hausfrau sollte beispielsweise den Großputz der Wohnung nicht unbedingt auf den Samstagmorgen legen und auch den Sonntagskuchen nicht erst samstagnachmittags backen – alles eben nur eine Frage der Organisation und der klugen Einteilung. Etwa beim Sonntagsessen:[475]

»Aber warum wird der Braten nicht schon am Vortage fast gar gemacht? Geschmack und Aussehen leiden bestimmt nicht darunter. Wenn man die Kartoffeln über Nacht nicht geschält stehen lassen mag, … warum nicht eine Speisefolge

Die kluge Hausfrau legt Vorräte an, so die offizielle Empfehlung. Dazu gehört auch das rechtzeitige Einkochen von Gemüse.

mit Nudeln oder Reis? Wozu sind die appetitlichen Reihen unserer Einmachgläser eigentlich da? Sie können uns das Gemüseputzen am Sonntag gern ersparen.«

Zu diesen guten Ratschlägen zählt auch der Hinweis, dass Kinder oder Ehemänner beim Geschirrspülen gern mithelfen könnten, ansonsten sei aber auch hier die Klugheit der Mütter gefragt: So manche »tadellose Hausfrau« spüle und trockne bloß rasch die Bestecke, während sie die gebrauchten Töpfe nur unter Wasser setze »und das Geschirr bis zum Montagmorgen in einer barmherzigen Wasserschüssel verschwinden lässt«.[476] Dann habe sie auch wieder Zeit für die Familie. Dass die berufstätige Mutter an besagtem Montagmorgen aber schon wieder in die Fabrik oder in das Büro eilt und Geschirr und Töpfe dann weiter warten müssen, wird bei dieser Empfehlung offensichtlich nicht bedacht ...

Die Belastung der berufstätigen Hausfrau und Mutter findet in diesem Mai 1939 auch ihren Niederschlag in bestimmten Ernährungsempfehlungen. Während der Reichstagung der Obst- und Gemüseverwertungsindustrie wird das Anlegen eines Obst- und Gemüsevorrats in Form von Konserven gefordert. Denn damit stünden der Bevölkerung nicht nur das ganze Jahr hindurch diese Nahrungsmittel zur Verfügung, sondern zugleich werde die Hausfrau durch die zeitsparende Zubereitung spürbar entlastet – und diese zusätzliche Entlastung von der Hausarbeit gebe der Frau die Möglichkeit, in einem Betrieb arbeiten zu gehen.[477]

In der deutschen Gesellschaft gibt es 1939 eine scharfe geschlechtsspezifische Arbeitsteilung, es bestehen klare Vorstellungen darüber, was Männern und was Frauen zusteht. Auch wenn die Leistung von Hausfrauen offiziell wertgeschätzt wird und es zur Entlastung staatliche Hilfen gibt, werden dadurch die geschlechtsspezifische Arbeitsteilung und die politische und gesellschaftliche Machtstellung der Männer selbstverständlich nicht infrage gestellt.[478] Dies gilt in besonderem Maße für die Frauen außerhalb der Städte: Fast elf Millionen Deutsche gehören zu Bauernfamilien, die einen eigenen landwirtschaftlichen Hof betreiben. Auf diesen Bauernhöfen sind die erwachsenen Frauen als helfende Familienangehörige deutlich in der Mehrheit: Fast fünf

Millionen Frauen leben in diesen Familien, rund 2,1 Millionen Männer und knapp 3,8 Millionen Kinder unter 14 Jahren.[479] Familienfremde Arbeitskräfte sind zumeist Männer, doch die laufende – und nicht zusätzlich zu bezahlende – Arbeit im Haushalt und auf dem Hof muss von den Frauen bewältigt werden. Wer das Leben auf dem Land und die Realität in der Landwirtschaft kennt, weiß, dass dort eine schier endlose Vielfalt an Tätigkeiten bei schier nicht enden wollender Arbeitszeit zu verrichten sind.[480]

Gerade für die Frauen auf den Bauernhöfen musste das Wort »Doppelbelastung« gar nicht erfunden werden – dieser Zustand ist bei ihnen schon lange Normalität. Besonders drastisch war dies stets in Zeiten von (plötzlichem) Mangel an männlicher Arbeitskraft, so wie zu Beginn und im Verlauf des Ersten Weltkriegs: Ab 1914 waren es die Bäuerinnen, die nun für die Höfe verantwortlich waren, die die Angestellten anleiten oder selbst schwere Gespanne lenken mussten. Und nach dem Krieg waren es ebenso die Frauen, die die Arbeit der gefallenen Männer endgültig übernehmen mussten. Nicht Arbeit kennzeichnet den Alltag der Bäuerinnen, sondern oft genug zu viel Arbeit: »Muß der Arbeitstag der Landfrau 24 Stunden haben?«, fragt deshalb 1938 eine Bauernzeitung[481] – aber die Antwort liegt in den allermeisten Fällen auf der Hand: Ja, muss er, wenn der Betrieb rentabel bewirtschaftet werden soll.

Auch wenn sich der Nationalsozialismus mit großer Vehemenz auf das Lob des Landlebens stürzt, wenn hier von den »Urquellen« deutschen Lebens und des deutschen Volkes die Rede ist – für die allermeisten Deutschen ist ein Leben auf dem Land höchst unattraktiv, die Arbeit zu hart und die Freizeitangebote zu spärlich. So ist es kein Wunder, dass in der deutschen Landwirtschaft seit Jahren Arbeitskräftemangel herrscht: Wer irgend kann, verlässt die Dörfer und sucht in der Stadt nach einem besseren Leben, auch junge Frauen. In der NSDAP kursiert Ende 1938 die Zahl von über 330000 Frauen im Alter zwischen 17 und 34 Jahren, die auf dem Land fehlen. Deshalb fänden sich rein rechnerisch für rund zehn Prozent der Männer dort keine potentiellen Ehefrauen.

Dabei ist es selbst für die Partei offensichtlich, weshalb das Landleben den Frauen keine Perspektive bietet: Die permanente »Überanstrengung der Bauersfrau« treibe nicht nur die Frauen vom Lande weg, sondern bewirke darüber hinaus, dass »die bleibenden keine Kinder mehr haben wollen oder können«.[482] Auch von einer wachsenden Zahl von Fehlgeburten gerade auf dem Land wird berichtet.[483] Obwohl das Gebären von Kindern offiziell der Daseinszweck der deutschen Frau sein soll, gibt es überall im Lande geäußerte Bedenken »gegen den immer stärker werdenden Arbeitseinsatz von Frauen« sowie Klagen über »die Überlastung der Landarbeiterinnen und Bauernfrauen durch den Mangel an Arbeitskräften«.[484] Die offizielle Rhetorik von der Mutter, die als Dienst am Volk möglichst viele Kinder gebären will, scheitert also in der Praxis erkennbar an der sozialen Realität.

Ungeachtet dessen läuft die Propaganda von der »gesunden« deutschen Frau und Mutter weiter auf Hochtouren. An sie werden dabei auch sehr konkrete Erwartungen hinsichtlich ihres Lebenswandels gestellt. Jede Form des viel zitierten »unsittlichen Lebenswandels« wird als Verstoß gegen das angebliche Anrecht des deutschen Volkes auf die Gesundheit von Müttern und Kindern verstanden. Selbstverständlich soll sich eine deutsche Frau deshalb des regelmäßigen Konsums von Alkohol enthalten, und in den zahlreichen Kampagnen gegen die Nikotinsucht spiegelt sich auch die weit verbreitete Vorstellung wider: »Eine deutsche Frau raucht nicht!« Rauchen führe schließlich zu gesundheitlichen Schäden bei den Kindern und habe zudem negative Folgen für das Erbgut der Frauen, die damit gegen ihre Aufgabe verstießen, für die »Reinheit des deutschen Blutes« zu sorgen.[485] In diesem Sinne tourt in diesen Monaten des Jahres 1939 beispielsweise eine Wanderausstellung durch die Landkreise im Rheinland, die vom Deutschen Frauenwerk des Gaus Köln-Aachen in Kooperation mit dem »Museum für Volkshygiene der Hansestadt Köln« entstanden ist: »Gesunde Frau – Gesundes Volk« ist sie betitelt, rund 28 000 Menschen sollen sie bereits besucht haben. Ziel dieser Aufklärungsaktion ist es,

Und zwischendurch Gymnastik zu Hause – so wird es den deutschen
Frauen empfohlen. Wenn neben Arbeit und Familienpflichten dafür
Zeit bleibt …

dass auch »der letzte deutsche Mensch den gesundheitsfördernden
Maßnahmen nachkommen muß, wenn das Wort des Führers von
einem ewigen Deutschland Wahrheit werden soll«.[486]

Da erscheint es nicht nur wichtig, was die Frau zur Erhaltung ihrer Gesundheit an schädlichen Einflüssen alles vermeiden soll, sondern auch, was sie aktiv dafür tun muss. Sie hat sich nämlich grundsätzlich körperlich fit zu halten. Über die allgemeinen Empfehlungen zu ausreichenden Spaziergängen und zu kontinuierlicher sportlicher Betätigung hinaus finden sich in Parteiblättern auch detaillierte Anleitungen zu möglichst täglich zu absolvierenden Gymnastikübungen etwa »gegen das Hohlkreuz«, »gegen runden Rücken« und auch »gegen Fettansatz an den Hüften«. Vor allem die »berufstätige Frau von heute braucht die Ausarbeitung ihres Körpers in Licht, Luft und Sonne«:[487]

»Für die in den Läden stehende Verkäuferin, für die sitzende Beamtin und Schreibhilfe, für die Telephonistin, Schneiderin, Fabrikarbeiterin, für die freischaffende Künstlerin, aber auch für die Hausfrau in der Etagenwohnung ist die luftige Körperbetätigung nach einseitiger Berufsarbeit ein sehr notwendiger Ausgleich: eine Reinigung der Lungen, eine Erhöhung des Blutumlaufs und Stoffwechsels, eine Belebung der Muskeln, eine Übung und Straffung der Bauchdecken!«

Ein gesunder Körper gilt als wichtige Voraussetzung für ein Leben als Mutter – zudem sollen die Mädchen und jungen Frauen schon früh eine professionelle Unterweisung für ihre späteren Aufgaben erhalten. Auch dafür hat die NS-Frauenschaft zahlreiche Angebote, etwa mit eigens eingerichteten »Mütterkursen«. In diesem Sinne bietet beispielsweise die »Gaubräuteschule« des Gaues Düsseldorf einen sechswöchigen Mütterschulkurs an. Die Veranstalter versprechen, dass all die »Dinge, die für die kommenden Aufgaben des jungen Mädchens als Hausfrau und Mutter so wichtig sind«, hier »zur reinen Freude« werden.[488] Der Besuch solcher Kurse ist übrigens für alle Frauen, die einen SS-Mann heiraten wollen, obligatorisch – und sie müssen sich überdies dazu verpflichten, nach der Eheschließung an weiteren Schulungen teilzunehmen.

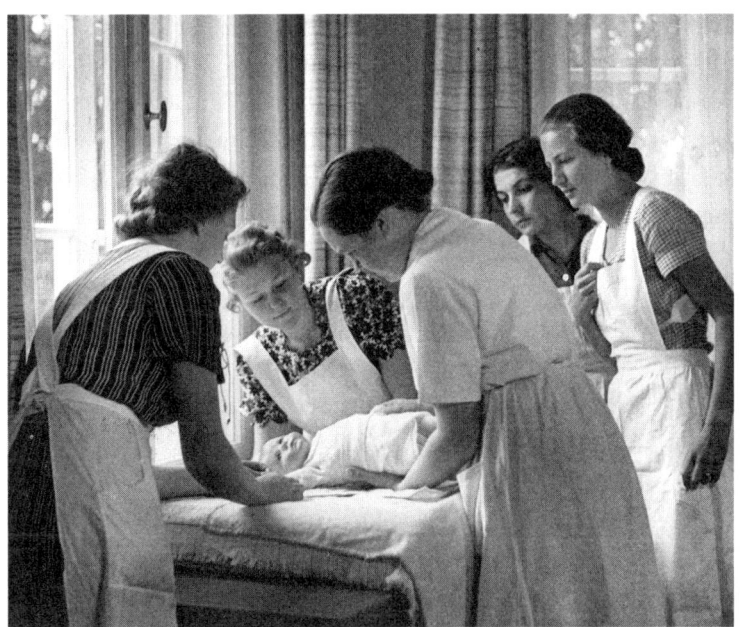

Junge Frauen lernen in der »Reichsbräuteschule« Schwanenwerder in Berlin anhand von Puppen das Wickeln von Säuglingen.

1938 vermeldet der »Reichsmütterdienst« des Deutschen Frauen-werks stolz, dass in den zurückliegenden drei Jahren mehr als 1,5 Millionen Mädchen und Frauen zwischen 25 und 50 Stunden bei einer Schulung verbracht haben, um »das wichtigste Rüstzeug für ihren Beruf als Hausfrau und Mutter« zu erlernen.[489]

Die Hausfrau gilt also keineswegs als eine Mutter zweiter Klasse: Vielmehr erfährt sie angesichts des Wunsches nach einer Professionalisierung ihrer Tätigkeit eine gewisse offizielle Wert-schätzung. Schließlich gebe es zahlreiche Anforderungen, »die unser gesamtes wirtschaftliches, soziales und kulturelles Leben an die deutsche Hausfrau als verantwortliche Leiterin des Familienhaus-haltes stellt«. Für diese Aufgaben im Dienste von Volk und Staat werden jetzt an hauswirtschaftlichen Schulen auch erstmals Lehr-gänge zur Ausbildung als »Meisterhausfrau« angeboten[490] – auch dies fraglos eine Form der Anerkennung der häuslichen Arbeit. Doch erst wenn Kinder den solchermaßen gut geführten Haushalt bereichern, so die offizielle Rhetorik, ist das Glück der deutschen Frau perfekt. Und dabei geht es dann nicht mehr um die Mutter selbst, sondern um die Kinder. Der Kult um die deutsche Mutter zielt letztlich auf die Kinder. Sie erscheinen fast wie ein Fetisch dieser Zeit: Sie werden zu den eigentlichen Zukunftsträgern der Nation erhoben, sie dienen als Beleg für rassistische Wahnvorstellungen, sie sind die eigentliche Sinngebung allen gegenwärtigen Handelns. Adolf Hitler selbst treibt diese Wahrnehmung voran. Wiederholt werden Aussagen wie diese vom Reichsparteitag 1936 wiederholt, als der Diktator sagte:[491]

»Wenn ich durch Deutschland fahre, dann sehe ich in all den Millionen Kindern nichts anderes als das, was diese ganze Zeit überhaupt erst sinnvoll werden läßt. Ich sehe in ihnen die Kinder, die den Müttern genau so gehören, wie im selben Augenblick auch mir. Ich messe den Erfolg unserer Arbeit nicht am Wachsen unserer Straßen …, sondern an der Spitze der Beurteilung des Erfolges dieser Arbeit steht das deutsche Kind, steht die deutsche Jugend. Wenn das wächst, dann weiß ich, daß unser Volk nicht zugrunde gehen und unsere Arbeit nicht umsonst gewesen sein wird.«

Die Propaganda scheint zu verfangen: Die Zahl der Geburten ist in den vergangenen Jahren tatsächlich gestiegen: von rund 970 000 im Jahr 1933 kontinuierlich auf über 1,4 Millionen im Jahr 1939.[492] Die Bevölkerungspolitiker werten dies als klares Bekenntnis: »Das deutsche Volk hat seinen Glauben an seine Zukunft wiedergewonnen und ist wieder hoffnungsfroh geworden«, urteilt im Frühjahr 1939 etwa das »Rassenpolitische Amt der NSDAP«.[493] Allerdings ist das zu einem Gutteil Wunschdenken: Die meisten jungen Eltern mögen Hitler und das »Dritte Reich« respektieren oder schätzen, womöglich sind sie auch glühende Anhänger des

Nationalsozialismus, aber keineswegs jede Gebärende daheim oder im Kreißsaal wartet nur darauf, dem »Führer« ein Kind zu schenken – die Geburt einer Tochter oder eines Sohnes ist allen parteipolitischen Bemühungen zum Trotz zunächst einmal ein persönliches Glück.

Doch schon bald gehören die Kinder nicht mehr nur den Eltern – sie werden organisatorisch rasch den Bedingungen und Bedürfnissen des »Dritten Reichs« unterworfen. Und diese Eingliederung beginnt nicht erst im Alter von zehn Jahren, wenn die Jungen in das »Deutsche Jungvolk« und die Mädchen in den »Jungmädelbund« eintreten, ehe sie mit 14 Jahren schließlich in die »Hitler-Jugend« beziehungsweise den »Bund Deutscher Mädel« übernommen werden. Schon die Vorschulkinder sollten frühe Gemeinschaftserfahrungen außerhalb der Familie machen, wird den Eltern erklärt, nicht zuletzt, weil so für ihre Schützlinge der Übergang in die Schulzeit einfacher werde. Angesichts der jüngsten Einschulungen sei dies genau zu beobachten gewesen, heißt es beispielsweise aus dem Bergischen Land:[494]

»Wer schon vorher Jahre hindurch in die Kleinkinderschule ging, der weiß schon einiges von einem geordneten Schulbetrieb. Für diejenigen, die sich aber bis zum sechsten Lebensjahr der ungebändigten Freiheit erfreuten, ist der erste Schultag meist doch eine harte Nuß gewesen. Mit heulender Miene ließ man sich von der Mutter abführen und wollte sich nicht mehr in der Schule von ihr trennen. Da half auch die Zuckertüte häufig nicht über den tränenreichen Abschiedsschmerz.«

Und auch während der Grundschulzeit sollten Kinder in den Genuss der nationalsozialistischen Betreuung außerhalb der Familie kommen: »Einmal wöchentlich sollen sich die 6-10jährigen Jungen und Mädel unter der Obhut der NS-Frauenschaft bei Spiel und Lied zusammenfinden«, fordert im April 1939 etwa der Düsseldorfer Gauleiter Friedrich Karl Florian von den Eltern. In ganz

Deutschland bietet die Organisation diese Kindergruppen an, in denen der Nachwuchs »bewußtseinsmäßig« in »die große Schicksalsgemeinschaft aller Deutschen« eingeführt wird.[495] Konkret sieht das so aus:[496]

> »Einmal die Woche kommen die Kinder in frohem Kreis zusammen, spielen, singen, turnen und scharen sich um die Kindergruppenleiterin, um den wunderschönen deutschen Märchen oder dem zu lauschen, was ihnen die mütterliche Freundin von unserem Deutschland und seinem Führer erzählt.«

Die Kleinen in diesen Kindergruppen der NS-Frauenschaft werden auch liebevoll »Heinzelmännchen des Führers« genannt, die hier spielerisch lernen, »sich ineinander zu fügen, wie es später die große Volksgemeinschaft von ihnen fordert«.[497] Mit den Jahren werden die Kinder in diesen Strukturen auf das Leben in der Diktatur vorbereitet – und längst auch schon auf den Krieg. Während die Erwachsenen sich beispielsweise in den Häusern und Wohnblocks um den Luftschutz kümmern und sich selbst und ihre Lieben womöglich schon mit einer »Volksgasmaske« ausstatten, übt die Parteijugend für den Sanitätsdienst im Kriegsfall. Und dies 1939 mehr denn je zuvor. So stellen in Hamburg an einem Sonntag im März die »Feldschere« der HJ und die »Gesundheitsmädel« des BDM ihre Kenntnisse als Ersthelfer unter Beweis, als bei einer Übung ein Luftangriff auf die Stadtteile Eimsbüttel und Lokstedt simuliert wird. Eine örtliche Zeitung beschreibt die Übung:[498]

> »Gasmasken wurden umgebunden, Tragbahren, Binden bereitgestellt. Erste Verbände halfen den Verwundeten ... Auf Bahren trug man die Schwerverletzten in das ›Krankenhaus‹, eine mit Betten und einem Operationssaal ausgerüstete Turnhalle. Gestützt auf die Arme ihrer Kameraden, brachte

man die Leichtverletzten in die Räume einer anderen
Schule … Dicke, schwarze Rauschschwaden schlugen
empor, hüllten im Nu Häuser und Menschen in einen
dichten, undurchdringlichen Schleier.«

»Hitler-Jungen« üben im Rahmen ihres Luftschutzdienstes mit aufgesetzter
Gasmaske das Weiterreichen von Wassereimern von Hand zu Hand.

Aus den Mädchen in Deutschland sollen kluge Hausfrauen, gebärfreudige Mütter, willige Arbeitskräfte und gute »Kameraden« der Männer werden – aus den Jungen in erster Linie Kämpfer für Deutschland. Die Millionen Mütter wissen nur zu gut, dass dies das Ziel der Erziehung in der »Hitler-Jugend« ist. Was dort geschieht, zielt »auf die soldatische Bestimmung des heranwachsenden jungen Deutschen«. So verlautet es bei den öffentlichen Kundgebungen, so steht es in den Zeitungen, und so wird es auf den Elternabenden der »Hitler-Jugend« erläutert: Die Jungen müssten sich letztlich »im Kampfe ihrer Haut zu wehren wissen«, heißt es bei einem dieser Treffen im März 1939 in Aachen.[499]

Die deutschen Jungen erfahren mit den Jahren eine gründliche militärische Prägung, dazu gehören das Unterordnen unter das Prinzip von Befehl und Gehorsam, das Einüben von Marschschritten und -formationen sowie die Teilnahme an allen Arten von Wehrsport einschließlich Schießausbildung. All das ist zugleich auch eine Vorbereitung für die seit 1935 bestehende allgemeine Wehrpflicht. Über Jahre hinweg werden die männlichen Kinder und Jugendlichen auf »Kampf« vorbereitet, so eine der zentralen Vokabeln dieser Erziehung. Dies meint nicht nur den »heldischen Kampf« für Deutschland, sondern auch den »harten Kampf« gegen sich selbst, gegen alle vermeintlichen Charakterfehler, gegen »Weichheit« oder »übergroße Empfindlichkeit«. Zugleich sollen die Männer der Zukunft bereit sein, »Opfer« für das Volk zu bringen und sich zugleich als Mitglied der »Gemeinschaft« zu verstehen. Kampf, Opfer, Gemeinschaft: In diesen Begriffen bündeln sich die Erwartungen der Diktatur an die deutschen Jungen und Männer.[500]

Die Heranwachsenden üben für künftige Gewalt, und sie erfahren alltäglich selbst Gewalt oder üben sie sogar aus. Gerade in »Hitler-Jugend« und BDM erfahren die Mädchen und Jungen dabei auch Chauvinismus, Sexismus und sexuelle Gewalt. Was die einen später als persönliche Befreiung von einer rigiden sexuellen bürgerlichen Moral loben werden, wird von Zeitgenossen mit großer

Sorge gesehen: die angeblich »unmoralischen Zustände« bei solchen Zusammenkünften und vor allem in den Jugendlagern. Die Jugendlichen kommen sich da zuweilen näher, als sich die Eltern dies wünschen – Gerüchte über BDM-Mädchen, die von den gemeinsamen Fahrten schwanger oder mit einer Geschlechtskrankheit heimkommen, sind weit verbreitet.[501]

Und nicht alles geschieht dabei freiwillig. Zu den harmlosen – aber entlarvenden – Sprüchen zählt die Abwandlung der Abkürzung »BDM« als Aufforderung »Bubi Drück Mich«.[502] Sexuelle Gewalt wird nicht nur gegenüber anderen Jugendlichen ausgeübt, sie droht auch den Mitgliedern der eigenen Gruppe. Diese Gewalt beinhaltet Nötigungen, Zwangsmasturbation, Beischlaferzwingung oder Vergewaltigung. Auch wenn dabei Jungen zu Opfern werden können, richtet sich diese Gewalt vor allem gegen Mädchen und junge Frauen.[503] Die Eltern wissen um die Gefahren für ihre Kinder, wenn sie diese für Tage oder Wochen ohne ihre Aufsicht und ihren Schutz in eines der vielen Freizeit- und Ferienlager fahren lassen. Viele fürchten, so hat es der britische Historiker Michael Burleigh rekonstruiert, »dass ihre Kinder einer nicht unbeträchtlichen Zahl von Pädophilen und Perversen unter den HJ-Führern ausgesetzt waren, die glaubten, hier ihren Neigungen ungestraft nachgehen zu können«.[504]

Sehr viel häufiger als die sexuelle Gewalt sind jedoch die alltäglichen Nötigungen, »Züchtigungen«, Demütigungen und Beleidigungen. Denn auch wenn viel gespielt und gelacht, wenn gewandert oder abends beim Lagerfeuer gesungen wird: Es geht grundsätzlich wenig zimperlich zu. Und so liegt es auf der Hand, dass die einen solche Lagerfahrten, die Wochen in Zeltlagern und in der Natur wie einen kollektiven Urlaub genießen können, während andere Kinder und Jugendliche gerade bei diesen Fahrten besonders leiden – seelisch und körperlich. Ein HJ-Junge erinnert sich später:[505]

»Zwölfjährige Hordenführer brüllten zehnjährige Pimpfe zusammen und jagten sie kreuz und quer über Schulhöfe,

Wiesen und Sturzäcker. Die kleinsten Aufsässigkeiten, die harmlosesten Mängel an der Uniform, die geringste Verspätung wurden gleich mit Strafexerzieren geahndet – ohnmächtige Unterführer ließen ihre Wut an uns aus … Warum haben wir unsere Tränen verschluckt, unsere Schmerzen verbissen? Warum nie den Eltern und Lehrern geklagt, was uns da Schlimmes widerfuhr?«

Nach dem vorherrschenden Männerbild dieser Zeit haben auch die Jungen schon früh Körperlichkeit und Härte unter Beweis zu stellen: Ein deutscher Junge weint nicht, er jammert nicht, er soll ein Kämpfer sein, der immer nur siegen will. Deshalb ist auch pure Gewaltanwendung ein akzeptiertes Element in der nationalsozialistischen Erziehung der späteren »Kämpfer«. Ein Junge erinnert sich:[506]

»Die körperliche Belastbarkeit wurde bis an die Grenze betrieben. Wenn wir geboxt haben, wurden häufig Jungens aus älteren Zügen herangeholt, und wir wurden regelrecht zusammengeschlagen.«

Für die jungen Deutschen nimmt in diesen Jahren die Gewalterfahrung zu. Gerade die männlichen Jugendlichen werden in der »Hitler-Jugend« in einem Umfeld von Gewaltandrohung und -anwendung »zum Mann«. Diese Sozialisierung beinhaltet nicht nur die Vorbereitung auf den wie auch immer ausgestalteten »Kampf«. Für manche notorischen Schläger ist die Mitgliedschaft in der »Hitler-Jugend« ein Freibrief, gerade wehrlose und schwache Menschen zu traktieren. Und zuweilen machen sich Jugendliche im Schutz ihrer HJ-Schar während der Sommerlager auf den Weg, um Gärten und Äcker der Bauern regelrecht zu plündern. Andere sind von den Unterweisungen an Schusswaffen so fasziniert, dass sie auch außerhalb ihrer Dienstzeiten unerlaubt mit Pistolen und Gewehren hantieren, wobei es durchaus immer mal wieder zu Unfällen kommt.[507]

Gewalterfahrungen in der Gruppe: Erwachsene leiten Kinder und Jugendliche der »Hitler-Jugend« zum Boxen an.

Zudem ist Gewalt gegen alle selbsterklärten »Feinde« eine gängige Erfahrung. Die Exil-SPD blickt deshalb auch in diesem Jahr mit Sorge auf den Zustand der deutschen Jugend. Mit Blick zurück auf die Ausschreitungen des November 1938 machen die Sozialdemokraten vor allem die nationalsozialistische Propaganda für die neue Gewaltbereitschaft verantwortlich. Im März 1939 heißt es im Deutschlandbericht der Partei:[508]

»Auf die Jugend übt dieses ständige Trommelfeuer in der Schule, in der Hitler-Jugend, auf der Strasse, in den Zeitungen, natürlich eine starke Wirkung aus. Kinder und Jugendliche haben sich auch – wie die nachfolgenden Berichte wieder bestätigen – in den Pogromtagen durch besondere Rohheit hervorgetan.«

HJ-Jugendliche fallen durch antikonfessionelle Gewalt auf, weil sie Anschläge auf Geistliche und Gotteshäuser verüben, katholische Jugendliche verprügeln oder Prozessionen und Wallfahrten stören. Jugendliche misshandeln jüdische Mitschüler, sie schänden jüdische Friedhöfe oder töten zuweilen Tiere, die in jüdischem Besitz sind.[509] Der Breslauer Willy Cohn notiert im Winter 1939, dass seine 14-jährige Tochter Ruth als Jüdin »auf dem Schulweg von einem HJ-Jungen stark gegen den Magen geboxt« wurde.[510] Ein Viertklässler aus Berlin wird nach der Schule von mehreren HJ-Mitgliedern zusammengeschlagen und bewusstlos auf der Straßen liegen gelassen.[511] Jüdische Kinder und Jugendliche erleben den Schulweg als tägliche Qual, weil sie von anderen Schülern beleidigt, geschubst, geschlagen oder mit Steinen beworfen werden. Auch auf den Schulhöfen setzen sich diese Übergriffe oft fort, wobei einige Jugendliche die Kinder attackieren, während andere einfach nur zusehen und sich möglichst passiv verhalten, um nicht als »Judenfreund« zu gelten.[512] Aus den vielen einstigen »Heinzelmännchen des Führers« sind bereits kleine »Herrenmenschen« geworden, die die Chancen eines weitgehend rechtsfreien Raums nutzen, um ungestraft Macht und Gewalt auszuüben. Das Unrechtsbewusstsein ist bei einigen HJ-Jugendlichen nicht sehr ausgeprägt, noch später erinnert sich einer von ihnen:[513]

> »Es war ein herrliches Gefühl, mit einem Zug HJ vor die jüdischen Geschäfte zu ziehen, antisemitische Lieder zu singen … Die Begeisterung, die in uns aufkam, wenn Juden in Tränen ausbrachen, wenn sie erschrocken die Geschäfte schlossen, war enorm … Wir fühlten uns nicht nur überlegen, sondern im Recht.«

Körperliche Gewalt ist auch in den Schulen durchaus an der Tagesordnung. Es gibt Lehrerinnen und Lehrer, die von der Reformpädagogik der Weimarer Zeit geprägt sind und auf körperliche Züchtigungen verzichten, aber in der Regel greifen die Lehrkräfte auf das breite Repertoire der traditionellen »Strafen« zurück, die doch immer Übergriffe sind. Ohrfeigen und Schläge auf die Hände gehören dazu, der Schulalltag ist oft rüde. Dabei müssen die Lehrer in der Regel keinerlei Konsequenzen fürchten, Schulräte wie Staatsanwaltschaften zeigen sich zurückhaltend. Ein Vater in Lübeck beschwert sich im Herbst 1939 über einen Lehrer, der seinem Sohn wegen Schwatzens mehrfach mit dem Handrücken ins Gesicht geschlagen habe, wobei auch ein Auge getroffen worden sei.[514] Solche Fälle sind nicht die Regel, aber die Kinder in Deutschland erleben Schule in dieser Zeit als einen Raum, in dem Gewalt gegen Schwächere selbstverständlich toleriert wird.

Und die Erwachsenen? Tun ihnen die Kinder und Jugendlichen eigentlich leid? Wenn sie stundenlang strammstehen oder marschieren müssen, zuweilen mit viel zu viel Gepäck auf dem Rücken? Wenn es Tränen gibt bei Schlägen in der Schule oder beim Gebrüll in den Lagern? Oder wenn sie in ihren kurzen Hosen in der Kälte stehen müssen, um bei einer Parteiveranstaltung als gewünschte Staffage zu dienen? Als Tausende Jungen und Mädchen aus dem Gau Westfalen Ende März in Dortmund versammelt werden, ist das Wetter wenig frühlingshaft, sondern kühl, und wiederholt gibt es leichtes Schneetreiben. Doch die örtliche Zeitung drückt aus, was viele Deutsche denken: Ein bisschen Abhärtung könne der Jugend nicht schaden, deshalb sei Mitleid fehl am Platz:[515]

»Wenn sie gelegentlich mal an den nackten Knien friert, so wird das von ihr selbst kaum zur Kenntnis genommen, hinter den rauschenden Fahnen marschieren weder Muttersöhnchen noch Nesthäkchen. Und wenn – dann bleiben sie mit der Zeit zurück und scheiden aus. Wer heute nicht bei Wind und Wetter marschieren kann, ist fehl am Platz.«

»Deutsche Jungen« sollen »deutsche Männer« werden, das Gegenteil der hier zitierten »Muttersöhnchen« oder »Nesthäkchen«: gesund und stark, als Deutsche den Angehörigen der anderen Nationen und sogenannten »Rassen« überlegen. Diese Männer sollen für den »Kampf« da sein, und ihre Söhne sollen in diesem Geist erzogen werden. Geradezu panisch wirkt in der öffentlichen Darstellung die wiederkehrende Polemik gegen jede Form von »Schwäche« und »Verweichlichung«. Zuweilen entsteht rückblickend der Eindruck, die überbordende Leidenschaft für »Stärke« sei die Kehrseite einer starken persönlichen und kollektiven Angst vor Schwäche. Es ist für einen Mann in dieser Zeit sozial kaum möglich, sich »schwach« zu geben, womöglich »weibisch« zu erscheinen (nicht zuletzt, weil er in Verdacht geraten könnte, als homosexuell zu gelten). Deutsche Männer gehören deshalb auch ausschließlich in »Männerberufe«. Hitler selbst hat erst wenige Wochen zuvor Weisung gegeben, so weit wie möglich die Bedienung durch Kellner in allen Gaststätten abzuschaffen. »Die Tätigkeit eines Kellners«, so gibt Martin Bormann als Leiter der Parteikanzlei die Weisung an den »Arbeitsfront«-Führer Robert Ley weiter, »ist nach der Auffassung des Führers nicht die richtige Arbeit für einen Mann, sondern vielmehr die gegebene Arbeit für Frauen und Mädchen.«[516]

Was tut ein »richtiger« deutscher Mann in diesen Wochen, wenn er also nicht Kaffee und Kuchen an den Tisch bringt? Er arbeitet nicht nur in einem »ordentlichen« Männerberuf, er trägt zumindest in seiner Freizeit eine schneidige Uniform und nimmt an Veranstaltungen der Partei und ihrer Organisationen teil, er geht mit seinen Kameraden auch gern einmal ein Bier trinken – und demonstriert mit Gleichgesinnten, was ein »ganzer Kerl« ist. Dafür schnallt er sich sogar in aller Öffentlichkeit schweres Gepäck um und marschiert sonntags durch eine Großstadt. So geschehen erst vor wenigen Wochen beispielsweise während des »Hanseatengepäckmarschs« in Hamburg. Fast 1000 Männer gehen dabei an den Start, marschieren rund vier Stunden in festen Kolonnen um die Wette, legen zwischendurch Prüfungen wie »Ballons abschießen« in einem Park ab, um dann unter dem Jubel der Schaulustigen auf dem zentralen Platz vor dem Rathaus durchs Ziel zu gehen.[517]

Woran deutsche Männer so ihre Freude haben: Teilnehmer des
Gepäckmarsches durch Hamburg – hier Mitglieder der siegreichen
SA-Brigade aus Leipzig – kämpfen sich vor den Augen vieler
Schaulustiger durch Hamburg.

Die Marschierenden aus Hamburg sind die idealen Männer dieser
Diktatur. Und ihre Ehefrauen sollen ihnen als »Kameradinnen« zur
Seite stehen und ihnen dienen. »Wie erhalte ich meinen Mann bei
guter Laune?« So fragt die Frauenzeitschrift *NS-Frauen-Warte*
dann auch in ihrer Ausgabe zum Muttertag 1939 und gibt gute
Ratschläge zur alltäglichen Unterordnung der Frauen unter den
Ehemann, damit dieser auch wirklich zufrieden ist. Schon wäh-
rend dieser bei der Arbeit weile, müsse sich die Frau um die Haus-
arbeit sorgen und habe sich nicht mit »stundenlangem Klatsche
beim Krämer oder mit Hausbewohnern« aufzuhalten. Wenn der
Gemahl dann nach Hause kommt, konzentriert sich die Ehefrau
nicht mehr auf den Haushalt – denn »wohl jeder Mann sieht seine
Frau lieber nett angezogen im Wohnzimmer, als schwitzend in der
Küche«. Wenn dafür etwas Hausarbeit liegen bleibe, könne die

gute Frau doch morgens »ein Stündchen früher lautlos« aufstehen, um das Versäumte nachzuholen. Sollte dem Herrn Gemahl allerdings der Sinn nach einem Ausflug stehen, nimmt sich seine Frau auch dafür Zeit:[518]

> »Äußert mein Mann am Abend oder an irgendeinem freien Nachmittag oder am Sonntag den Wunsch, einen Spaziergang zu machen mit mir allein oder mit den Kindern, so bin ich hierzu sofort bereit, und nie hört mein Mann ›Ich habe jetzt keine Zeit, ich muß Geschirr spülen, waschen, sauber machen, plätten‹ … Ohne erst groß hierüber zu reden, mache ich mich und eventuell die Kinder fertig, und ab geht's.«

Und wenn der Herr Gemahl mit seinen Freunden abends losziehen will? Auch das sollte für eine deutsche Frau kein Problem sein – auch hier muss sein Wille geschehen:[519]

> »Will mein Mann einmal mit Kameraden oder Kollegen ausgehen, so sage ich hiergegen kein Wort, im Gegenteil, ich rede ihm noch zu. Es wird auch kein mürrisches Gesicht gezogen, wenn's mal etwas spät wird abends, denn wir wissen ja alle, wie schnell in lieber Gesellschaft die Zeit verfliegt.«

Aber auch das ist Feiertagsrhetorik: Diesen Alltag, der hier so idealisiert beschrieben wird, gibt es in Deutschland im Grunde nicht mehr. So wie auf dem Land die Mütter längst unter der Last der übergroßen Arbeitsbelastung leiden, so haben auch die Mütter in den Städten oft genug die Doppelbelastung von Familie und Beruf zu stemmen. Aber sollen sich die Deutschen darüber beklagen? Es gibt eben viel zu tun im »Dritten Reich«, aber das soll nicht als unangenehme Pflicht oder gar Zumutung erscheinen. Wenn NS-Frauenführerin Gertrud Scholtz-Klink über den Platz der Frauen in der Diktatur spricht – und dafür hält sie immerhin fünf bis zehn

Reden pro Monat im ganzen Land –, dann stellt sie wie die übrigen Führungskader der Diktatur die Forderung nach Leistung und Anstrengung heraus:[520]

> »Die nationalsozialistische Bewegung sieht in Mann und Frau gleichwertige Träger der Zukunft unseres Volkes. Sie fordert allerdings mehr, als das jemals in unserem Volk herausgestellt wurde, dass hier jeder von beiden seine naturgegebenen Aufgaben zuerst restlos und ganz erfüllt.«

An diesem Punkt werden grundsätzlich zwischen Frauen und Männern tatsächlich wenige Unterschiede gemacht: Von allen wird erwartet, dass sie viel arbeiten und sich mit ihrer ganzen Arbeitskraft in den Dienst dieser Diktatur stellen. Auf die Deutschen wartet im Alltag viel Arbeit – sie können sie freiwillig leisten, oder sie werden dazu verpflichtet. Und die Arbeit selbst hat in Deutschland traditionell einen guten Ruf …

Arbeit adelt und macht Deutschland frei.

Die *Mittelrheinische Landeszeitung* über den deutschlandweiten Berufswettkampf
der Fachgruppe »Steine und Erde« in Bonn im Frühjahr 1939[521]

7

»Arbeit adelt«

19. Juni 1939: Aufruf zum »Ernteeinsatz« der »Hitler-Jugend«

Es gibt viel zu tun in Deutschland: Jetzt, im Frühsommer, gilt das besonders für die Landwirtschaft. Die Wiesen sind bereits zum ersten Mal gemäht worden, das Gras wird getrocknet, gewendet und auf großen Wagen als Heu in die Scheunen gefahren – wertvolles und nahrhaftes Futter für die Tiere. Und in wenigen Wochen kann auch das Getreide auf den Feldern geerntet werden, dann prägen Schnitter- und Binderkolonnen das Bild – die arbeitsreichste Zeit auf dem Land beginnt. Und Landarbeit, das lässt sich überall im Land beobachten, ist eben Handarbeit: Auf den meisten Höfen und Feldern ist maschinelle Hilfe weitgehend unbekannt. Aus diesem Grund wird dort jede Hand gebraucht. Doch genau da liegt das Problem: Es gibt nicht genug Arbeitskräfte in der Landwirtschaft, auch weil die Arbeit schwer und obendrein auch noch schlecht bezahlt ist. Saisonarbeiter erhalten dafür Löhne, die in manchen Regionen sogar um die Hälfte niedriger sind als in der Industrie. Immer weniger Deutsche tun sich dementsprechend die Plackerei auf den Feldern freiwillig an – und deshalb sollen auch in diesem Sommer wieder zusätzliche Helfer ran. Dabei fällt der Blick nicht zum ersten Mal auf die Jugendlichen.

Baldur von Schirach ruft am 19. Juni 1939 »seine« deutsche Jugend wieder einmal zum »Ernteeinsatz« auf. Der »Reichsjugendführer«, im vergangenen Monat selbst erst 32 Jahre alt geworden, ist einer der mächtigsten und bestens vernetzten Männer in der politischen Führung, und als Verantwortlicher für die gesamte organisierte Jugend ist er eine der Säulen dieser Diktatur. Baldur von Schirach bewundert Adolf Hitler seit Langem, und es passt zu seiner Verehrung des Diktators, wenn er an diesem Tag der Jugend zuruft: »Wir wollen unserem Führer Freude machen!« Dafür sollen die Mädchen und Jungen in den kommenden Wochen in der Landwirtschaft mit Hand anlegen:[522]

»Das deutsche Volk braucht Arbeitskräfte, um die Ernte unter Dach und Fach zu bringen. Deshalb erwartet unser Führer von seiner Jugend, daß sie sich einsetzt, um die Ernte dieses Jahres zu bergen.«

Dafür, so Schirach, soll die »Hitler-Jugend« einerseits eigene »Ernteeinsatzlager« aufbauen, andererseits sollen die Teilnehmer aller sonstigen für den Sommer geplanten Jugendlager »von ihren Lagerplätzen aus nach Vereinbarung mit der Kreisbauernschaft bei den Erntearbeiten« helfen – Sommerarbeit inmitten von Sommerfreizeit also. Die HJ-Mitglieder in den Städten, die nicht zu sommerlichen Fahrten aufs Land aufbrechen, »werden zum Wochenende eingesetzt«. Wo und wie auch immer, so der »Reichsjugendführer«, zu tun gebe es überall im Land genug:[523]

»Der Ernteeinsatz erstreckt sich auf die Grünfutterernte, die Pilzernte, die Heu-, Getreide- und Flachsernte, auf die Fallobst- und Beerenernte, die Hackfrucht- und Gemüseernte, sowie auf das Einsammeln von Bucheckern, Eicheln und Kastanien.«

Wie diese Anweisung Schirachs umgesetzt wird, steht zu einem großen Teil im Ermessen der Funktionsträger vor Ort, der Bauern-

Mitglieder der »Hitler-Jugend« habe ihre Uniform gegen Arbeitskleidung eingetauscht und ernten Kartoffeln für die »Volksgemeinschaft«.

führer und der jeweiligen HJ-Leitungen. Entsprechend unterschiedlich fallen diese Arbeitseinsätze aus. So werden in den Gauen Tirol-Vorarlberg und Salzburg ab dem 15. beziehungsweise 25. Juli rund 1500 »Hitler-Jungen« und BDM-Mädchen dazu verpflichtet, für sechs Wochen eben nicht wie geplant der Schule zu entfliehen, sondern gerade dorthin zurückzukehren: Zahlreiche Klassenzimmer werden zu Schlafsälen umgebaut, in denen jeweils zehn Jugendliche untergebracht werden. Ausgesucht werden Jungen und Mädchen von mindestens 15 Jahren, »die auch körperlich geeignet sind«. Die Landesbauernschaft stellt Betten und Matratzen zur Verfügung, Decken und Leintücher sollen die Bauern beisteuern, bei denen die Hilfskräfte arbeiten. Die Landwirte sind zudem verpflichtet, für jeden Jugendlichen pro Tag 10 Pfennig als Sozialversicherungsbeitrag abzuführen und zudem für die Verpflegung Sorge zu tragen. Es wartet ein langer Tag auf die Jugendlichen:

»Die Jungen und Mädel beginnen um 6 Uhr morgens mit der Arbeit und kehren nach dem Abendessen etwa um 19 Uhr in die Schule zurück.«[524] Eine Stunde Pause abgerechnet, ergibt dies für die jungen Leute einen strammen 12-Stunden-Arbeitstag!

Verständlicherweise sorgen sich viele Eltern, ob diese Einberufung zum Ernteeinsatz für ihre Kinder nicht eine zu große Belastung darstellt. Schon wenige Tage nach Schirachs Ankündigung müssen die Zeitungen deshalb aufgrund besorgter Reaktionen klarstellen, dass es sich bei dem Vorhaben keineswegs um einen Zwang zur Arbeit handle. Angeblich würden aus dem Ausland »Greuelmärchen über den Ernteeinsatz der deutschen Jugend« erfunden, die aber leider – ein selten offenes Eingeständnis in den gleichgeschalteten Zeitungen – »auf fruchtbaren Boden gefallen« seien. Deshalb rudert die Jugendführung zurück: Die Schulferien blieben im Prinzip unangetastet, so heißt es, kein Kind werde in diesem Sommer daran gehindert, mit seinen Eltern zu verreisen:[525]

»Der Fahrten- und Lagerbetrieb der HJ wird in die Erntearbeit einspannt. Beides sei Dienst der Jugend und bleibe auch beim Ernteeinsatz Dienst, der sowohl der Entspannung, der Bewegung in der frischen Luft wie der körperlichen Kräftigung der Jugend diene. Dazu werde niemand kommandiert, denn jeder deutsche Junge werde es als eine Freude und einen Stolz empfinden, einmal mit dem Heurechen oder beim Garbenbinden helfen zu können.«

Nun ja – in solchen Propagandazeilen schwingt einerseits eine Menge Hoffnung mit, dass deutsche Jugendliche sich wirklich für diese handfeste Plackerei für Deutschland begeistern werden, andererseits auch der bekannte stille Hinweis auf den sozialen Druck der Gemeinschaft, sich dieser Aufgabe nicht zu entziehen. Wer nicht mitmacht, empfindet in dieser Logik weder Freude noch Stolz auf das große nationale Werk, sondern gilt womöglich als »Drückeberger«. Außerdem, so die offizielle Behauptung weiter, habe die deutsche Jugend in der Sommerzeit »schon immer gern bei der Ernte geholfen«. Was früher »halbes Spiel« gewesen sei, werde in diesem Jahr erneut »zum fröhlichen Dienst«.[526]

Den Sorgen der Eltern begegnet die Jugendführung also mit dem Hinweis, dass doch gerade 1939 die »Hitler-Jugend« im sogenannten »Jahr der Gesundheitspflicht« stehe und deshalb kein Schaden durch fehlenden Urlaub oder übermäßige Arbeitsbelastung entstehe. In diesem Sinne verkünden die Zeitungen offiziell, dass schon im Vorjahr »viele Jungarbeiter … in den Sommerlagern der HJ die Zeit ihrer Erholung von schwerer gewerblicher Arbeit zur Hilfe für die Ernte« genutzt und damit zugleich ein Zeichen für die »Einheit von Stadt und Land« gesetzt hätten.[527]

Erholung durch Landarbeit also – wer das Leben auf dem Land kennt, kann diesen Widerspruch leicht erkennen. Dennoch stellen sich Tausende HJ-Mitglieder zumindest auch in den kommenden Wochen für einige Tage als Helfer zur Verfügung, und dies bereits im dritten Sommer hintereinander. Auf die Ergebnisse der Jahre 1937 und 1938 schaut die NS-Jugendführung zufrieden zurück: »Von Jahr zu Jahr nimmt der HJ-Einsatz den Charakter einer totalen Mobilmachung an«, und für die Teilnehmer von Zeltlagern, Lehrgängen oder Gruppenfahrten sei es eine Selbstverständlichkeit geworden, »mehrere Tage Landarbeit in ihren Dienstplan einzuschalten«. Der Erfolg sei beeindruckend – und messbar: In Franken halfen demnach 11 000 Jungen zehn Tage lang bei der Hopfenernte, in Sachsen sammelten fast 6000 Jungen insgesamt vier Millionen Falter und Puppen eines Schädlings ein – auf ganz Deutschland hochgerechnet leisteten die Jugendlichen im Jahr zuvor nach offiziellen Angaben Landarbeit im Umfang von insgesamt fast zwei Millionen Tagwerken.[528]

Auch wenn diese Erntehilfe als Ausdruck eines »revolutionären Erziehungsprinzips« gepriesen und als Chance für die Jugend verstanden wird, damit diese »sich gegenseitig kennenlernen, verstehen und sich ergänzen« kann, und zwar »über die Erntezeit hinaus für den großen Lebenskampf der ganzen Nation«,[529] ist den Deutschen

Die Arbeit in der Landwirtschaft ist kein Freizeitausflug, sondern eine harte körperliche und oft auch seelische Belastung für die Jugendlichen. Selbst auf Propagandafotos wie diesem ist zuweilen die Mühsal der »Hitler-Jungen« nicht zu übersehen.

der eigentliche Grund für diesen erneuten Ernteeinsatz nur zu bekannt: Die Jugendlichen schlagen notgedrungen »Seite an Seite mit dem deutschen Bauern« die so bezeichnete »Ernährungsschlacht«, weil es einen eklatanten Arbeitskräftemangel auf dem Land gibt. Baldur von Schirach gibt offen zu, dass die aktuelle Wirtschafts- und Rüstungspolitik die bestehenden Probleme noch weiter verschärft hat:[530]

> »Tausende fleißiger Hände bauen unser Reich zu einer
> uneinnehmbaren Festung aus. Millionen ehemaliger
> Arbeitsloser schaffen und werken an unseren Autobahnen
> und unseren neuen Fabriken. Das deutsche Volk braucht
> Arbeitskräfte, um die Ernte unter Dach und Fach zu bringen.«

Es ist also nicht nur die »Fortschreitung der Industrialisierung«, die seit Jahrzehnten die Arbeitskräfte vom Land abzieht, sondern auch, so berichtet in diesem Jahr etwa der Bonner *General-Anzeiger*, »die Durchführung der gewaltigen Bauvorhaben«.[531] Damit sind fraglos auch die Großprojekte dieser Zeit gemeint: der sogenannte »Westwall«, die Bauvorhaben in der Hauptstadt Berlin oder in Nürnberg, industrielle Neugründungen wie die »Reichswerke Hermann Göring« oder das Volkswagenwerk in der »Stadt des KdF-Wagens bei Fallersleben« (dem späteren Wolfsburg). Dabei können diese Projekte nicht darüber hinwegtäuschen, dass Deutschland wirtschaftlich unter Zugzwang steht: »Kanonen statt Butter« ist seit Jahren ein geflügeltes Wort, das gleichermaßen den Anspruch wie das Scheitern nationalsozialistischer Wirtschaftspolitik markiert.

Nicht nur, dass durch die 1935 eingeführte Wehrpflicht dem Arbeitsmarkt zusätzlich Männer in großer Zahl entzogen werden, insgesamt geht die gewaltige Förderung der Rüstungsindustrie ebenso auf Kosten der Versorgung der Bevölkerung mit Lebensmitteln und Konsumgütern wie der offizielle Kurs einer wirtschaftlichen Autarkie Deutschlands. Dieser führt obendrein zur Produktion von zahlreichen »Ersatzstoffen«, die in der Bevölkerung erwartungsgemäß wenig beliebt sind. So ist beispielsweise – nicht nur zum Leidwesen der Schuster – schon seit 1937 die Verwendung von Rindsleder für die Schuhherstellung drastisch eingeschränkt, und auch die Qualität von Gruben- und Arbeitshandschuhen geht offensichtlich zurück, »weil das gute Leder für Militärhandschuhe verwendet wird«. Und in der Textilherstellung wird 1938 schon ein Viertel der verarbeiteten Textilfasern synthetisch hergestellt, um importierte Wolle oder Baumwolle so weit wie möglich zu ersetzen.[532]

Um von Importen aus dem Ausland unabhängiger zu sein, ist vor allem die deutsche Landwirtschaft zu neuen Höchstleistungen aufgefordert. Doch die leidet unter der anhaltenden Landflucht. Auch in diesem Jahr wird in den kleinen Gemeinden wieder die Zahl der Familien gezählt, die ihre Heimat verlassen – für kleine Dörfer oder Bauernschaften wird diese Entwicklung schnell bedrohlich. Wenn der Ratsschreiber im badischen Gochsheim im März 1939 schreibt, dass im Jahr zuvor »aus hiesiger Gemeinde nicht weniger als 6 Familien in verschiedene Städte zur Industrie abgewandert« seien,[533] so bedeutet das vor Ort einen deutlich spürbaren Verlust. Auch die benachbarte Gemeinde Kürnbach verliert zur gleichen Zeit weitere Einwohner und liefert die Begründung in ihrem Fall gleich mit: »Ursache ist zum großen Teil das Fehlen jeglicher Industrie und Bahnverbindung.«[534]

Es sind vor allem junge Menschen, die die Provinz verlassen. Dass die offizielle Propaganda ihnen das karge Landleben schmackhaft machen will, kann da nicht recht überzeugen. Schon den Jungen und Mädchen müsse die »Schönheit der Landarbeit erschlossen« werden, so die offiziellen Forderungen. Auch sollten sie schätzen lernen, dass sie auf dem Land tagtäglich die »Schönheit der Natur« erlebten, während der städtische Fabrikarbeiter diese nur an Sonn- und Feiertagen genießen könne.[535] Aber solche Argumente wirken letztlich hilflos – das Leben auf dem Land bleibt für viele Menschen unattraktiv. Damit steht die Lebensrealität auch in diesem Sommer 1939 im krassen Widerspruch zur offiziellen Ideologie, die in der Parole von »Blut und Boden« zum Ausdruck kommt.

1939 arbeiten nur noch 18 Prozent der Beschäftigten in der Landwirtschaft, Mitte der 1920er-Jahre waren es noch knapp 27 Prozent. Gegen diesen Trend kann sich die Regierung nicht erfolgreich stemmen, obwohl sie es mit einer Mischung aus Zuckerbrot und Peitsche[536] versucht: Arbeiter und Handwerker auf dem Land erhalten beispielsweise zinsgünstige Darlehen für den Hausbau, und Landarbeitern winkt eine Prämie, wenn sie einen langjährigen Arbeitsvertrag unterzeichnen. Zugleich ist Industriebetrieben die Neueinstellung von Arbeitern verboten, die in den drei Jahren zuvor in der Landwirtschaft beschäftigt waren. Auch darf ein Landarbeiter grundsätzlich nur mit Genehmigung des Arbeitsamtes den Arbeitsplatz wechseln.[537]

Überall fehlen im Alltag die Arbeitskräfte. »Es ist komisch, wie sich der Leutemangel an allen Ecken und Enden auswirkt«, schreibt der Schriftsteller Hans Fallada im Sommer 1939 in einem Brief an seine Schwester Elisabeth. Auf seinem mecklenburgischen Anwesen bleibe seine Frau auf »ungeheuren Massen« von Erbsenschoten sitzen, »weil die Hotels nicht genug Kräfte zum Auspahlen haben und lieber leichter zuzurichtende Gemüse geben«.[538] Die Zeitungen loben verzweifelt die kreativen Bemühungen, die so entstandenen Lücken zu schließen. Vorbildlich sei etwa der von Feuerwehrmännern aus dem rheinischen Goch unter Beweis gestellte »Gemeinschaftsgeist«: Sie bestellen die Gärten ihrer Kameraden, die zur Dienstleistung am »Westwall« herangezogen worden sind und deren Frauen diese Arbeit nicht allein besorgen können. Zugleich sorgen sie dafür, dass »auch nicht die geringste Fläche wertvollen Bodens für die Ernährung des deutschen Volkes verloren geht«.[539]

Nicht jeder findet indes nach Feierabend noch die Zeit und die Kraft, im Garten von Freunden und Kollegen die Hacke zu schwingen. Denn der Mangel an Arbeitskräften hat im ganzen Land längst auch zu einer spürbaren Verdichtung des Arbeitstags geführt. Es wird immer mehr und immer härter gearbeitet. Und dies eben nicht nur in der Landwirtschaft, sondern ebenso in Handwerk und Industrie. Eine heimlich verfasste Gewerkschaftszeitung berichtet:[540]

»Der Druck auf die Arbeiterschaft nimmt zu, die Arbeitszeit wird verlängert, der Lohn verliert an Kaufkraft, der Festungsbau im Westen, Süden, Osten und Norden wird weiter forciert. Immer mehr Frauen werden in die Rüstungsindustrie hineingepresst, immer schneller und immer umfassender werden die Kriegsvorbereitungen.«

Tatsächlich stößt die Intensivierung des Arbeitsalltags inzwischen an ihre Grenzen: Die Arbeiter sind immer häufiger krank, es kommt vermehrt zu Unfällen. Und während der Überstunden verzeichnet der Staat ein »Absinken der Produktionsleistungen« – sofern sich

Belegschaften überhaupt noch zu Überstunden bereit erklären: Sie lehnen diese zunehmend wegen Übermüdung ab. In überfüllten Werkshallen wird es zuweilen gefährlich eng, weil sich dort inzwischen viele unerfahrene Arbeitskräfte aus der Landwirtschaft und dem Dienstleistungsgewerbe tummeln, die wegen der höheren Löhne in der Industrie angeheuert haben.[541]

Selbst auf den Baustellen für die »Straßen des Führers«, wie offiziell die Autobahnen bezeichnet werden, müssen sich die Tausende von Arbeitern oft genug bei denkbar schlechten Arbeitsbedingungen abplagen: Die Männer sind während der Woche oft in heruntergekommenen Baubuden abseits der größeren Ansiedlungen untergebracht, sie werden schlecht bezahlt, und bei ungünstigem Wetter erhalten sie überhaupt keinen Lohn, weil dann die Arbeit unterbrochen wird. Aber es soll beim Bau der Autobahnen auf ausdrücklichen Wunsch des »Führers« immer schneller vorangehen, zuweilen müssen deshalb 12- bis 16-Stunden-Schichten eingelegt werden. Dabei ist die Arbeit nicht nur körperlich anstrengend, sondern auch gefährlich: Im Durchschnitt kommt auf sechs Kilometer fertiggestellte Strecke ein Todesfall.[542] Ein hoher Preis für harte Arbeit unter erheblichem Zeitdruck!

Für die meisten Deutschen bedeuten Aufrüstung, Intensivierung der Industrieproduktion und hohe Erwartungen an die Landwirtschaft persönlich vor allem eine Zunahme von Arbeit. Doch dieser Begriff ist weiterhin positiv besetzt: Wer arbeitet, hat ein sicheres Einkommen, kann für sich und seine Familie das Lebensnotwendige kaufen, vielleicht sogar zu bescheidenem Wohlstand kommen. Auch wenn die allermeisten Arbeiter von den wirtschaftlichen Ergebnissen der Aufrüstung nur in bescheidenem Umfang profitieren, hat bei der überwiegenden Mehrheit der Deutschen die Erfahrung der Weltwirtschaftskrise einige Jahre zuvor die Sehnsucht nach Arbeit weiter wachsen lassen. Und für den Nationalsozialismus ist der Arbeitsbegriff zentral: Deutschland könne sich nur als »schaffendes Volk« eine bessere Zukunft bauen, und es laufe gut im Land, wenn sich »fleißige Hände« regten, wenn »Leistung«

Großer Zeitdruck, harte Arbeit: Baustelle für die Reichsautobahn in der Nähe des Chiemsees.

gezeigt und »Taten« vollbracht würden. Denn letztlich mache nur eine gemeinschaftliche Arbeitsanstrengung Deutschland »frei«. Solche Vorstellungen decken sich mit dem Arbeitsethos der allermeisten Deutschen.

Längst ist es selbstverständlich, dass die Begriffe rund um die Arbeit militärisch geprägt sind: »Arbeitsfront« ist nicht zuletzt durch die Organisation »Deutsche Arbeitsfront« (DAF) mit Robert Ley an der Spitze zu einem vertrauten Begriff geworden, von »Arbeitsschlacht« und »Erzeugungsschlacht« ist die Rede, der »Arbeitsdienst« ist zwar schon seit der Weimarer Republik als freiwillige Leistung bekannt, ist nun aber verpflichtend geworden.[543] »Arbeitsdienst«, so »Reichsarbeitsdienst«-Leiter Konstantin Hierl, »bedeutet Arbeit am deutschen Heimatboden zur Verbesserung der Lebensbedingungen unseres Volkes.«[544] Die Überhöhung der Arbeit ist nicht mehr zu steigern: Arbeit gilt als das »sittliche Fundament des Lebens«, der Mensch sei zur Arbeit geboren. Dabei geht es gar nicht um das Einkommen: »Sie muß getan werden, auch wenn sie materiell wenig abwirft, einfach nur um des zur Arbeit geborenen Menschen willen«, heißt es in einer programmatischen Schrift des »Reichsarbeitsdienstes«: »Arbeit ist kein Fluch, sondern gereicht dem Menschen zum Segen, der sie treu und redlichen Sinns erfüllt.«[545]

Die Überhöhung der Arbeit ist keine Erfindung dieser Tage. Traditionell hat Arbeit in Deutschland einen guten Ruf, nicht nur weil sie den Menschen und Familien ein Einkommen und ein sicheres Leben ermöglicht, sondern auch weil sie als Legitimation für die Existenz von Volk und Nation gilt. Der Begriff der »nationalen Arbeit« wurde in Deutschland schon in den Revolutionstagen von 1848/49 im Zuge der Sehnsucht nach einem geeinten Vaterland verwendet. Geblieben war die Vorstellung, alle Arbeitskräfte im Land zu einer Gesamtleistung zu bündeln, um so die Nation stark und unabhängig zu machen. Nicht zuletzt im Weltkrieg und in den ersten Jahren nach dem Versailler Friedensvertrag war diese Vorstellung weit verbreitet. Der Nationalsozialismus greift sie auf, doch wird hier die »nationale Arbeit« stets als Bestandteil der rassistischen Weltsicht aufgefasst. Es wird fortan unterschieden zwischen einer positiven, der »eigentlichen« und »sozialen« Form der Arbeit, durch die der »arische Mensch« im Sinne des Gemeinwohls und der »Mitmenschlichkeit« handelt – und einer »entarteten« Arbeit, bei der die Juden angeblich nur aus Eigennutz und purem Egoismus agieren.[546] Arbeit wird in rassistischer Perspektive zu einem »Moralbegriff des arischen Menschen«, zur »Erlösungsformel der germanischen Arierreligion«.[547]

Damit hat der Arbeitsbegriff immer auch eine aggressive Seite: Wer sich dieser »Moral« nicht verschreibt, wer seinen Beitrag zur »nationalen Arbeit« nicht leisten will oder kann, wird aus der Gemeinschaft ausgestoßen und verfolgt. Als »arbeitsscheu« gelten jetzt all jene, die nicht in diese Vorstellung vom geregelt und hart arbeitenden Deutschen passen oder deren Beruf und Lebenswandel ohnehin mit Vorurteilen belegt sind. »Vagabunden«, »fahrendes Volk«, »umherziehende Personen«, »Bettler«, »Zigeuner«, »Müßiggänger« – was auch immer für konkrete Vorstellungen und kollektive Zerrbilder sich hinter solchen Begriffen verbergen mögen: Diese Menschen gelten für viele Deutsche weithin als so bezeichnete »Arbeitsscheue« oder Arbeitsverweigerer.

Die Aggression im Namen der Arbeit kulminiert Anfang 1938, als Heinrich Himmler als Chef der deutschen Polizei die Verhaftung von »Arbeitsscheuen« anordnet. Als solche werden all jene diffamiert, die angeblich ohne einen triftigen Grund zweimal einen Arbeitsplatz ausschlagen oder eine angenommene Arbeit nach kurzer Zeit ohne akzeptierten Grund wieder aufgeben. Allein im April 1938 werden rund 1500 Menschen wegen solcher »nachgewiesener Arbeitsunwilligkeit« von den Mitarbeitern der Gestapo festgenommen, insgesamt während der Aktion rund 9000 Deutsche verhaftet.[548] Dabei zeigt sich, in welchem Umfang dieses Vorgehen auch rassistisch motiviert ist: Die zwangsweise eingerichteten »Zigeunerlager« im Land zählen zu den ersten Adressen, die von den für die Deportationen zuständigen Kriminalbeamten angesteuert werden. Mehrere Hundert Sinti und Roma werden als vermeintlich »Arbeitsscheue« und »Asoziale« in die Konzentrationslager verschleppt, selbst wenn sie berufstätig sind.[549]

»Asozial« ist eines der Modewörter dieser Jahre, ein Verfolgungsbegriff, der unmittelbar an die angebliche Verweigerung von Arbeit anschließt. »Arbeit« ist hingegen einer der zentralen positiven Begriffe des »Dritten Reichs«. Dafür stehen auch die jährlichen Veranstaltungen zum 1. Mai, der inzwischen zum »Nationalfeiertag des deutschen Volkes« erhoben worden ist. Auch dieses

Jahr folgen die Feierlichkeiten den üblichen Riten der bekannten Festkultur: In Berlin gibt es eine zentrale Veranstaltung, über Radio werden die Ansprachen (diesmal neben der von Adolf Hitler auch die von Propagandaminister Goebbels und NSDAP-Reichsorganisationsleiter Ley) übertragen, dann schließen sich in den Städten und Dörfern die wohlorganisierten Umzüge der Parteiorganisationen an. Es wird marschiert und gesungen, lokale Funktionäre der »Deutschen Arbeitsfront« und Ortsgruppenführer der NSDAP singen in ihren Reden das hohe Lied auf die vermeintlichen politischen und sozialen Errungenschaften des »Dritten Reichs«, bis alle Beteiligten angemessen erschöpft sind und dann am Abend zum gemütlichen Teil des Maifeiertags übergehen – in so mancher Stadt »fanden sich die Kameraden der verschiedenen Gefolgschaften in den Sälen der Gastwirtschaft« ein, »und so klang der Tag in froher Gemeinschaft aus, wie er in stolzer Gemeinschaft begonnen hatte«.[550]

Sind die Deutschen stolz auf das Erreichte – auf das, was sie mit ihrer Arbeitsleistung geschaffen haben? Robert Ley will das so sehen und hinter der kollektiven Arbeitsleistung auch die politische Zustimmung der Deutschen zur Diktatur erkennen. Am 1. Mai 1939 erklärt er auf der zentralen Kundgebung in Berlin:[551]

»Man sagt in der Welt, ihr Arbeiter würdet unterdrückt, man hätte euch die Freiheit genommen, Despoten regierten über euch. Sie kennen uns nicht und nicht das Volk, aber eines sollte ihnen die Klugheit sagen: Ein Volk, das unterdrückt ist, wie sie es glauben, würde niemals solche Leistungen vollbringen, denn mit Bajonetten kann man keinen Westwall, keine gigantischen Fabriken und keine Wirtschaft neu aufbauen, sondern dazu muß man freiwillige Menschen haben.«

Das mit der Freiwilligkeit ist indes so eine Sache – viele Deutsche müssen schließlich auch gezwungenermaßen arbeiten. Zu diesem inzwischen alltäglich gewordenen Arbeitszwang gehört vor allem der »Reichsarbeitsdienst«, zu dem Jugendliche ab 18 Jahren für sechs Monate herangezogen werden. Hier geht es ebenfalls ausdrücklich um die »Arbeit« selbst, volkswirtschaftliche Motive werden im Grunde gar nicht erst ins Feld geführt. Die Aufgabe des Dienstes, so heißt es offiziell, liege vielmehr »auf erzieherischem Gebiete«:[552]

> »Der Satz: Arbeit adelt! soll wieder Geltung erlangen. Ohne Ansehen der Person oder Herkunft muß jeder junge Deutsche den Spaten auf die Schulter nehmen. ›Der Spaten ist ein Symbol einer neuen Gemeinschaft geworden‹, sagte der Führer.«

»Arbeit adelt« – diese Behauptung ziert inzwischen schon so manches Lagertor des »Reichsarbeitsdienstes«,[553] und die Vorstellung, dass ein geschulterter Spaten einen deutschen Mann zu einem wertvollen Vorkämpfer für Deutschlands Wohlergehen macht, ist weit verbreitet. In den Arbeitsdienstlagern gleicht das Leben nicht zufällig dem in Kasernen: In Gemeinschaftsunterkünften untergebracht, erleben die jungen Männer einen militärisch geprägten Alltag, Fahnen- und Stubenappelle gehören dazu ebenso wie der Drill der Vorgesetzten. Hier konkretisiert sich die völkische Ideologisierung von Arbeit, und die Lager erscheinen als idealer Ort, sich in die Volksgemeinschaft des »Dritten Reichs« einzufügen. Beispielhaft dafür steht eine Beschreibung der Lager, in denen die Arbeiter für den Bau des »Westwalls« leben. Angeblich zeigen sich hier alle positiven Seiten des gemeinschaftlichen deutschen Arbeitsalltags:[554]

> »In diesem Lager, dessen oberste Gebote Ordnung und Sauberkeit sind, haben sozial angehauchte Sentimentalitäten keinen Platz, hier gilt nur ein Sozialismus, der ohne viele Worte zur Tat wird.«

Kein Platz für Sentimentalitäten – das meint fraglos auch den vorherrschenden Kasernenton. In einem Lager am »Westwall« beschreibt ein Arbeitsdienstpflichtiger während der ersten Tage die Kommandos des zuständigen »Ausbilders«:[555]

»Da paßt auf, ich werd's euch gleich zeigen! – nach hinten
weg marsch, marsch! Achtung! – Kehrt marsch! Achtung!
Kehrt marsch! Achtung! Nach links marsch, marsch! Hinlegen!
Auf! Deckung! Auf! Deckung! Robben bis auf meine Höhe!
Achtung! – Spaten vorhalten! In die Hocke gehen u. hüpfen bis
auf die Böschung! – Ja seid ihr noch nicht oben! Ich hab euch
schon schneller gesehen meine Herrn! Achtung! So und nun
geht's weiter mit Spatengriffen!«

Der Dienst am »Westwall« dient zugleich der Vorbereitung auf
einen Krieg. Dementsprechend sind die Aufgaben:[556]

»Unsere Arbeit ist ausschließlich der Ausbau des Westwalls …:
Bau von Drahthindernissen d. h. setzen von Plattenpfählen u.
Schlagpfählen, Schußfeldbereinigungen, Grundnetze ziehen,
Spiralen legen, Stacheldraht einlegen, u. verbinden, Rodung
der Hecken u. Anpflanzung.«

Aber es kommt ja nicht in erster Linie auf das Ergebnis an, die jungen Leute sollen schlicht »richtig arbeiten«. Von der Gewöhnung
an die »wahre Arbeitsauffassung« spricht das Gesetz zur Einführung des Arbeitsdienstes:[557]

»Der Reichsarbeitsdienst soll die deutsche Jugend im Geiste
des Nationalsozialismus zur Volksgemeinschaft und zur wahren
Arbeitsauffassung, vor allem zur gebührenden Achtung der
Handarbeit erziehen.«

Dementsprechend sind die Aufgaben im Arbeitsdienst: Die so bezeichneten »Arbeitsmänner« müssen bei Erd- und Forstarbeiten
helfen, bei der Trockenlegung von Mooren oder dem Bau von

Straßen, allesamt anstrengende körperliche Tätigkeiten, die dem offiziellen Symbol des »Reichsarbeitsdienstes«, dem Spaten, alle Ehre machen. Die als »Arbeitsmaiden« bezeichneten weiblichen Dienstpflichtigen sollen hingegen zumeist zur Unterstützung der Landfrauen in der Landwirtschaft helfen. Anfangs werden allerdings fast nur männliche Jugendliche eingezogen, im Jahr 1939 sind es insgesamt 300 000. Für den weiblichen Arbeitsdienst sind im Jahr zuvor rund 30 000 junge Frauen einberufen worden.[558]

So hätte es die Propaganda gern: Zahlreiche junge Frauen melden sich bei einer Meldestelle des weiblichen »Reichsarbeitsdienstes« in Berlin, um »ihre Kraft dem Vaterland« zur Verfügung zu stellen. Tatsächlich hält sich die Begeisterung jedoch in Grenzen …

So hält der Sommer 1939 für die jungen Leute viel körperliche Arbeit bereit. Warum auch nicht? Die allermeisten Deutschen sind fest davon überzeugt, dass auch harte Arbeit einem Menschen gut tut – und gerade den jungen Leuten. Sie kämen dann nicht auf »dumme Gedanken« (was immer die Älteren zu allen Zeiten dafür halten), sie würden auf den angeblichen »Ernst des Lebens« vorbereitet und nach ihrer Schulzeit etwas »fürs Leben« lernen. Die Förderung von Arbeitseifer, Leistungsbereitschaft und Dienst am Vaterland in Verbindung mit einer »Kameradschaft« im Sinne der nationalsozialistischen Ideologie lassen einen zum Zwang erhobenen Arbeitsdienst dann letztlich sinnvoll erscheinen. Zugleich wird hier für die männlichen Jugendlichen ein wichtiger Schritt im Sinne einer »Mannbarkeitserziehung« vollzogen: Der Junge soll zum »Mann« erzogen werden, der anschließend als Soldat oder Arbeiter dem Staat dienen kann. Und auch so mancher Dienstpflichtige selbst, wie etwa ein junger Mann aus Süddeutschland, der am 1. April 1939 eingezogen wird, strebt genau dieses Ziel an: Er wolle »ein richtiger Kerl werden in dem halben Jahr im Arbeitsdienst«.[559]

Für die jungen Männer ist die Pflicht zum Arbeitsdienst nur der erste Schritt in den zwangsweisen Wehrdienst. Die jungen Frauen sollen hingegen in erster Linie eine zeitlich befristete Hilfe in Haus- und Landwirtschaft sein. Zu den verschiedenen, oft genug miteinander konkurrierenden staatlichen Maßnahmen gehört neben dem sechsmonatigen »Reichsarbeitsdienst« oder »Landjahr« vor allem das einjährige »Pflichtjahr«. Seit 1938 müssen dieses alle unverheirateten weiblichen Jugendlichen unter 25 Jahren ableisten, wenn sie nicht ohnehin in der Haus- oder Landwirtschaft arbeiten. Die jungen Frauen sollen als Hausgehilfin in der Regel neun Stunden am Tag arbeiten, wobei sie Anspruch auf einen freien Nachmittag in der Woche sowie einen freien Sonntagnachmittag alle zwei Wochen haben.[560] Die wöchentliche Arbeitszeit liegt demnach bei rund 56 Stunden! Für manche junge Frauen mag diese Aussicht ein Grund für eine womöglich ohnehin in nächster Zeit geplante Hochzeit sein – das befreit sie zumindest von dieser Pflicht …

Aber eine Hochzeit löst bekanntlich nicht alle Probleme, und für viele Jugendliche wäre dieser Preis dann doch wohl zu hoch, auch wenn die staatlich eingeforderte Arbeit ihnen denkbar ungelegen kommt. Schließlich befinden sie sich in einem Lebensabschnitt, in dem die Jugendlichen in der Regel ganz andere Dinge im Kopf haben als stundenlange harte körperliche Arbeit: Orientierung in der Berufswelt, womöglich das erste selbst verdiente Gehalt, sicher auch Freizeit im Kreis von Gleichaltrigen, vielleicht eine erste Liebe. Keine Frage: So ein Pflichtjahr kann die Planungen der jungen Menschen erheblich durcheinanderbringen oder gar zerstören. In einem Zeitschriftenbeitrag gibt ein solches 16-jähriges Pflichtjahrmädchen zu Protokoll, dass es zunächst über die staatlich verordnete Zwischenstation enttäuscht war:[561]

> »Zuerst, als ich die Verordnung in der Zeitung las, war ich recht ärgerlich. Ich stand kurz vor der Beendigung meiner Schulzeit und wollte anschließend gleich in die kaufmännische Lehre.
> Ich hatte mir sogar schon ausgerechnet, wann ich das erste Gehalt bekommen würde, auch was ich damit kaufen wollte.«

Die Geschichte dieser 16-Jährigen mag von der Propaganda erfunden worden sein – aber sie wäre immerhin gut erfunden. Denn ein solcher Einschnitt im Leben wird fraglos von vielen anderen ähnlich empfunden. Es ist ja nicht so, dass die jungen Frauen sämtlich begeistert sind, wenn sie sich plötzlich mit vielen anderen »Arbeitsmaiden« in einer Gemeinschaftsunterkunft irgendwo auf dem Land wiederfinden. Nicht nur, dass hier soziale Unterschiede aufeinandertreffen – manche Abiturientinnen fühlen sich zuweilen wohl als »nationalsozialistische Elite« und schauen auf die anderen Mädchen herab. Und andere, die aus den Städten in Westdeutschland stammen und urbanes Leben gewöhnt sind, fühlen sich bei einem Arbeitseinsatz im tiefsten Ostpreußen oder in Oberschlesien schlicht fremd oder gar fehl am Platz. Eine Teilnehmerin erinnert sich später:[562]

> »Diese Mädchen hatten sich nicht für den Osten gemeldet. Im Gegenteil, sie waren empört, so weit von ihrer Heimat fortgeschickt worden zu sein … Nun sollten sie für ein tägliches Taschengeld … eine Arbeit leisten, zu der sie nicht die geringste

Lust verspürten … Unsere Volkstänze und die Lieder, die wir mit ihnen sangen, fanden die meisten von ihnen lächerlich.«

Viele Jugendliche werden in den kommenden Jahren von den Erfahrungen in diesem Pflichtjahr geprägt. Für einige ist das ein Abenteuer, für andere eine Qual. Für sie steht das Landjahr auch noch Jahrzehnte später in der Erinnerung für harte Arbeit und Heimweh. So wie für Florentine Brendecke, die 1943 mit 14 Jahren diesen Dienst versieht:[563]

»Die Arbeit beim Bauern war schwer. Kühe melken, Stall ausmisten, Rüben hacken, deren Reihen bis zum Horizont reichten, beim Heuen helfen, der Bäuerin bei der Hausarbeit zur Hand gehen. Der Tag war pausenlos ausgefüllt mit Arbeit. Ich bekam Heimweh. Entsetzliches Heimweh … Um endlich nach Hause zu dürfen, beschloss ich, krank zu werden, schwerkrank natürlich. Eine Blutvergiftung erschien mir gerade richtig. Jede Wunde, die ich mir zuzog, beschmierte ich mit Erde, aber eine Blutvergiftung bekam ich nicht. Meine Wunden eiterten und taten bisweilen sehr weh, mehr geschah nicht.«

Ob Schülerinnen oder Schüler beim Ernteeinsatz, ob junge Frauen und Männer im Pflichtjahr oder im Arbeitsdienst – die deutsche Jugend muss mit anpacken. Und Baldur von Schirach teilt »seine« Jugend weiterhin großzügig für zusätzliche Arbeiten ein. Mit Heinrich Himmler als »Reichsführer SS« und Chef der deutschen Polizei vereinbart er beispielsweise gut zehn Tage nach seinem Appell zum Ernteeinsatz die Aufstellung von 300 Jugendfeuerwehren, in denen künftig »Hitler-Jungen« ab 15 Jahren zum Feuerlöschdienst ausgebildet werden.[564] Dafür muss die Zeit der Jungen dann auch noch reichen …

Und noch eine wichtige Aufgabe hält der Staat für die Jugend bereit: als Helfer beim Sammeln von wiederverwertbaren Rohstoffen, auf die Deutschland angesichts der selbst verordneten

Als Tuben verkleidete »Pimpfe« sammeln in Worms wiederverwertbare Verpackungen.

Autarkie der Wirtschaft nun mehr denn je angewiesen ist. Organisiert werden die entsprechenden Sammlungen von den Parteiorganisationen, gern eben auch von der »Hitler-Jugend«. Schon seit 1934 werden im Land möglichst sortenrein Materialien wie Gummi und Leder, Altöl, Altpapier, Metall, Glas oder Textilien gesammelt.[565] Dieser »Abfall« gilt jetzt als wertvolle heimische Ressource. Zuweilen inszenieren BDM-Mädchen und »Hitler-Jungen« solche Sammlungen als großen Spaß: In Worms haben sich Mitglieder des örtlichen Jungvolks regelrecht verkleidet, sind in übergroße, selbst gebastelte »Verpackungen« geschlüpft und ziehen nun als »Odol-Flasche« oder »Clorodont-Tube« durch die Stadt. »Helft uns Deutschland unabhängig machen!«, heißt es auf einem dieser nachgebauten »Kartons«.[566] Offensiver gehen da ehrenamtliche Helfer der NS-Volkswohlfahrt vor, die direkt an den

Wohnungstüren klingeln, um Lumpen zu erbitten. Dabei begeben sie sich in einen ökonomischen Wettstreit mit den bisherigen Lumpensammlern, die mit ihrer Arbeit bislang immerhin kleine Gewinne gemacht haben. Die oft jungen Sammler der Parteiorganisationen machen ihnen ihr Geschäft streitig und treten ihnen durchaus lautstark, rüde und zuweilen aggressiv entgegen.[567] Gesammelt wird zudem unter entsprechendem sozialen Druck; so findet sich in zahlreichen Mietshäusern ein Aushang mit solchen und ähnlichen Ankündigungen:[568]

> »Am … Juli werden in diesem Hause seitens der N.S.-Volkswohlfahrt Lumpen gesammelt. Wir bitten alle Hausfrauen, sämtliche Lumpen aufzuheben und abzugeben. Hausfrauen! Seid Euch bewußt, daß Ihr durch diese Abgaben der N.S.-Volkswohlfahrt mithelft. Die NSV wird dadurch in die Lage versetzt, daß hilfsbedürftige Volksgenossen Kleidung und andere Gegenstände erhalten.«

Sogar Knochen werden im großen Stil aussortiert, längst werden sogar die Schulkinder dazu angehalten, die Abfallknochen aus den Privathaushalten in der Schule abzugeben.[569] Zufrieden konstatiert der Reichskommissar für Altmaterialverwertung 1939, dass im zurückliegenden Jahr 120 000 Tonnen Knochen gesammelt wurden – gemeinsam mit den anderen gesammelten Rohstoffen habe das zu einer spürbaren Erleichterung der Volkswirtschaft geführt:[570]

> »Auf allen Altstoffgebieten ist die Einfuhr aus dem Auslande infolge der verbesserten Eigenversorgung merklich zurückgegangen. So wurden allein bei der Knocheneinfuhr in diesem Jahr rund 200 000 RM. gegenüber dem Vorjahre gespart.«

Es ist keine Privatangelegenheit, ob jemand seine alten Kleider spendet, Knochen oder Altpapier sammelt – es geht um das Wohl des Volkes. Weil die Volkswirtschaft laut Propaganda auf diese

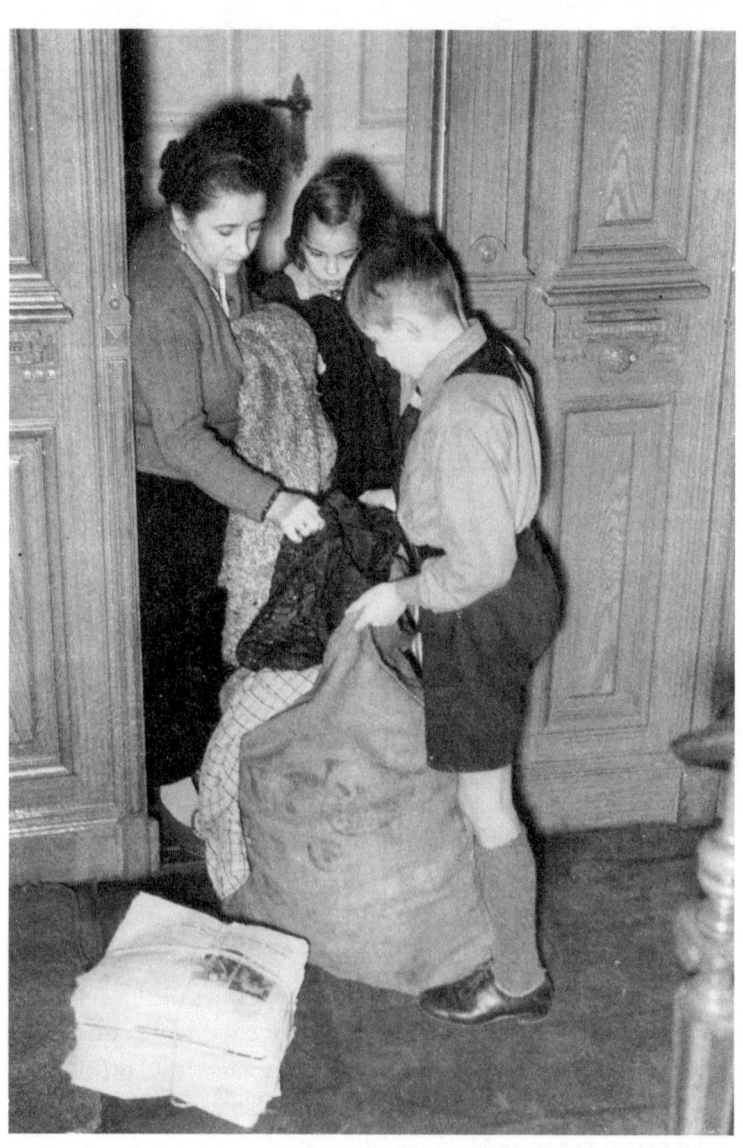

Ein »Hitler-Junge« sammelt Alttextilien an der Wohnungstür.

Rohstoffe angewiesen ist, darf kein »Volksgenosse« ausscheren, denn er schadet damit Deutschland. Das fängt schon beim unachtsamen Umgang mit Abfällen an, die sich doch eigentlich noch an Schweine verfüttern lassen: »Jede Hausfrau begeht heute mehr denn je ein Verbrechen an ihrem Volke, wenn sie auch nur ein ¼ Pfund Küchenabfall in den Mülleimer wirft«, heißt es in einem dementsprechenden Aufruf.[571] Und »Reichsforstmeister« Hermann Göring fordert zugleich in seiner Funktion als Beauftragter für den Vierjahresplan die deutsche Hausfrau dringend dazu auf, »kein Holz mehr in den Öfen und Herden zu verbrennen«. Denn brauchbares Holz sei derzeit auf den Baustellen des Reiches und in der chemischen Industrie wichtiger denn je.[572]

Die Sammlung von tatsächlichem oder vermeintlichem »Altmaterial« hat 1939 auch das Straßenbild nachhaltig verändert: In ganz Deutschland werden seit Monaten beispielsweise Eisenzäune abmontiert, die bislang Vorgärten, Parkanlagen, Kirchengrundstücke oder die Eingänge von Friedhöfen zierten. »Jetzt müssen die letzten Vorgartengitter« dran glauben, heißt es bald, denn aus diesem »Schrott« werde nun Eisen und Stahl – und die »sind notwendig für die Freiheit der Nation!«.[573] Nahe des oberschlesischen Hindenburg fordert die örtliche NSDAP sogar die Demontage und Herausgabe von jenen Eisengittern, mit denen auf dem Friedhof die Grabmäler versehen sind.[574] Die Exil-SPD berichtet über den Alltag dieser »Sammelwut«:[575]

»Auf den Dörfern sammeln Hitlerjungen und Pimpfe Öfen, Ofenrohre, alte Schüsseln, Blechteller, wie überhaupt alles, was noch irgendwie zu verwenden ist. Die Jungen durchsuchen selber Keller, Ställe, Böden usw. und sehen in Schränken und Truhen nach und holen den letzten verrosteten Nagel heraus.«

Der Staat fördert nun alles, was wirtschaftlichen Nutzen verspricht. Selbst die Kaninchenzucht kann in dieser »Erzeugungsschlacht« von großem Nutzen sein. Deshalb unterstützt das

Angorakaninchen sollen der deutschen Textilindustrie die dringend
benötigte Wolle liefern. Die nationalsozialistische Propaganda
schrieb dazu: »Besuch bei unseren Arbeitsmaiden – Auf die Zucht
der Angora-Kaninchen wird großer Wert gelegt.«

Reichsministerium für Ernährung und Landwirtschaft auch die private Haltung von Angorakaninchen. »Innerhalb der deutschen Kleintierzucht findet die Haltung von Angorawollkaninchen eine immer stärkere Verbreitung«, heißt es. Jedes dieser kleinen Tiere, so klärt ein Zeitungsartikel auf, liefere jährlich 800 Gramm Wolle, jedes einzelne sei also hinsichtlich seines Wertes für den volkswirtschaftlichen Nutzen von Bedeutung:[576]

> »Den teuersten und wertvollsten Spinnstoff, den die Textilindustrie überhaupt verarbeitet, den gewinnen wir nur vom Angorakaninchen. Viel zu wenig dieser wertvollen Wolle wird heute erzeugt, der Bedarf der deutschen Industrie ist etwa zehnmal so groß, wie die jetzige Erzeugung.«

Deshalb werden ab sofort Zuschüsse für den Kauf dieser Kaninchen sowie für den Bau entsprechender Ställe gewährt. Selbst kleine Steigerungsraten bei der Haltung dieser Tiere werden inzwischen als Erfolg gewertet.

Deshalb wurde bei der letzten deutschlandweiten »allgemeinen Viehzählung« vor allem auf diese Tiere geachtet – und ein erster Erfolg der Förderung scheint sich abzuzeichnen: Zwar gibt es in Deutschland Ende 1938 nur noch knapp über acht Millionen zahme Kaninchen (gegenüber fast zehn Millionen zwei Jahre zuvor), aber der Anteil der Angorakaninchen stieg immerhin von rund 63 000 auf fast 230 000.[577] Die »Erzeugungsschlacht« wird auch im Sommer 1939 in den heimischen Tierställen geschlagen – jedes Nutztier scheint wertvoll für das Wohl Deutschlands zu sein. So könne etwa an alle Volksgenossen, die ein Nutztier halten könnten, »nicht oft genug der Mahnruf ergehen, sich 1 oder 2 Ziegen zu halten, um damit auch zu ihrem Teil zur Sicherung der deutschen Fettversorgung beizutragen«. Jeder Deutsche, der jetzt Platz für eine Ziege schaffe, könne dem »Führer« damit »seinen bescheidenen Dank abstatten und ihm helfen«.[578]

Der Staat braucht aber nicht nur Rohstoffe, sondern auch Geld. Viel Geld. Die Gründe dafür sind hausgemacht und öffentlich bekannt. Zunächst einmal müssen die Deutschen den Preis für die expansive Außen- und Rüstungspolitik zahlen. Das Land habe nun mal einen »außergewöhnlichen Finanzbedarf, der durch die großen Befestigungswerke zur Sicherung des deutschen Bodens, durch die Einbeziehung der Ostmark, des Sudetengaues, des Protektorats und des Memelgebietes laufend entstanden« ist«.[579] Es reicht angesichts der riesigen Ausgaben längst nicht mehr aus, dass der Staat neue Kredite aufnimmt. Jetzt müssen mehr denn je auch Spenden aus dem Land her, vor allem die durchaus üppigen Großspenden aus der Industrie: So erhält das »Winterhilfswerk« im März 1939 angesichts des Finanzbedarfs für das »Protektorat Böhmen und Mähren« sowie für das Memelland zwar 250 000 Reichsmark vom »Rheinisch-Westfälischen Kohlensyndikat« und noch einmal 500 000 Reichsmark vom »Stahlwerksverband« – aber selbst solche Summen entlasten den Staat nicht entscheidend.[580]

Die Spenden werden in Deutschland auf breiter Front eingetrieben, die Sammelbüchse ist geradezu ein Signum dieser Jahre. Sie wird den Deutschen im ganzen Land bei allen nur erdenklichen Anlässen entgegengestreckt – und wer klug ist, macht gute Miene zum lästigen Spiel und lässt die Münze in der Dose klingen. Allenthalben wird gesammelt: »Schaffende sammeln, Schaffende geben fürs Memelland«[581], heißt es etwa, Schützenvereine veranstalten sogenannte »Opferschießen« zugunsten des »Winterhilfswerks«,[582] für das auch beim »Tag der Wehrmacht« die Soldaten in den Kasernen bei den Besuchern sammeln.[583] Und einmal im Jahr organisiert die »Hitler-Jugend« eine landesweite Straßensammlung zugunsten des Jugendherbergswerks.[584] Der Kreativität sind hierbei kaum Grenzen gesetzt, wenn nur der Anlass angemessen erscheint und der Spendenaufruf mit der nötigen Entschlossenheit vorgetragen wird. In der westfälischen Stadt Lünen wird beispielsweise der »Tag der Deutschen Polizei« genutzt, um Geld zu sammeln. Drei Tschakos werden von den Besuchern mit Nägeln beschlagen, wobei für jeden einzelnen Nagel eine Spende fällig wird. Geradezu spielerisch wird bei dieser Gelegenheit das Geldsammeln betrieben: Bei nachgestellten »Verkehrskontrollen« werden die Autofahrer gestoppt und müssen zugunsten des »Winterhilfswerks« ihren Obolus entrichten.[585]

Keine Veranstaltung ohne »freiwillige« Abgabe. Und wer nicht mitmacht oder aus Sicht der anderen zu wenig spendet, findet sich möglicherweise am Pranger wieder. So druckt nicht nur der *Lübecker Volksbote* anlässlich der Sammlungen für das »Winterhilfswerk« Spendenlisten mit präziser Angabe der geleisteten Beiträge ab.[586] Wer gibt besonders viel – und wessen Name fehlt auf solchen Listen? Bei den großen »Reichsstraßensammlungen« lässt sich besonders leicht erkennen, wer schon etwas gegeben hat. Denn bei diesen Aktionen bieten die Sammler, darunter gestandene SA- und

Gesammelt wird an jeder Ecke. Im Bild ein »Hitler-Junge« im Einsatz für die »3. Reichsstraßensammlung« für das »Winterhilfswerk« 1938 in Berlin.

SS-Männer in Uniformen, zugleich »lustige Tierabzeichen« an: kleine Vögelchen, Fische oder auch Eichhörnchen.[587] Der praktische Gebrauchswert dieser kleinen Abzeichen ist eher gering, womöglich erfreuen sich daheim wenigstens die Kinder eine Weile daran. Die Erwachsenen können sie zumindest an diesem Tag hingegen als »Ausweis« nutzen, dass sie schon »gespendet« haben, wenn sie der nächste SA-Mann mit der Sammelbüchse anspricht. Der soziale Druck ist in solchen Momenten fraglos groß.

Wer bei dieser »Reichsstraßensammlung« wirklich nichts geben will, bleibt an so einem Tag also sicherheitshalber einfach daheim. Das gilt vor allem für diejenigen Deutschen, die am Monatsende den Rest ihres Haushaltseinkommens lieber zusammenhalten wollen als ihn in die nächstbeste Sammelbüchse zu stecken. Zu einem solchen Zeitpunkt ist schlecht sammeln, weiß auch das »Winterhilfswerk« nach seinen Versuchen am letzten Märzsonntag des Jahres 1939. »Der weit vorgeschrittene Monat«, so heißt es anschließend in einer Zeitung entschuldigend, »hemmte natürlich ein so vielfaches Bekunden des Opferwillens für die Volksgemeinschaft ein wenig.«[588]

Tatsächlich wächst zuweilen der Unmut über das permanente Schnorren im großen Stil. Etwa über die zuweilen recht hohen Eintrittspreise, die bei mancher »Kraft durch Freude«-Abendveranstaltung verlangt werden.[589] Und auch die seit 1933 veranstalteten »Eintopfsonntage« sind keineswegs immer beliebt. Einmal im Monat sollen während des Herbstes und des Winters die Deutschen an einem solchen Tag mittags einen preiswerten Eintopf essen und dafür eine »Eintopfspende« an das »Winterhilfswerk« entrichten. Führende Nationalsozialisten lassen sich werbewirksam beim Löffeln eines Eintopfes ablichten, viele dieser Mahlzeiten werden öffentlich vorgenommen, selbst unter freiem Himmel bei zuweilen niedrigen Temperaturen. Dann sitzen Erwachsene schon einmal mit Mantel, Hut und Mütze an groben Holztischen, um ein Zeichen für das Funktionieren der »Volksgemeinschaft« zu setzen. »Ist doch der Eintopf ein Symbol des Winterhilfswerks und der deutschen Volksgemeinschaft, der wir alle angehören und verpflichtet sind«, verlautet es offiziell.[590] Doch so ein wenig scheint den Deutschen mit den Jahren der Appetit auf das Einerlei im großen Topf vergangen zu sein. Jedenfalls fordert das »Winterhilfswerk« kurz vor dem letzten »Eintopfsonntag« des Winters 1938/39 am 12. März 1939, dass dieser Tag ein »überragendes Endergebnis« bringen müsse:[591]

> »Wer in gesicherten und günstigen wirtschaftlichen und sozialen Verhältnissen lebt, erhöhe seine Spende, damit die bisherigen Ergebnisse noch übertroffen werden. Leider mußten am letzten Eintopfsonntag noch einige Volksgenossen belehrende Hinweise über ihre völkische Pflicht erhalten. Sie haben am Sonntag Gelegenheit, ihr Konto in der Spendenkiste durch ein wirkliches Abschlußopfer auszugleichen.«

Die Deutschen arbeiten viel, und sie spenden (oft notgedrungen) auch viel. Aber ihre Alltagsprobleme in wirtschaftlicher Hinsicht bleiben. Dass sie Arbeit haben, rechnen die Deutschen ihrer Regierung durchaus an. Die Überwindung der wirtschaftlichen Krise am Ende der Weimarer Republik wird noch immer kollektiv als Erleichterung empfunden; es dominiert das Gefühl, dass es nach so schwierigen Jahren endlich wieder »aufwärts« geht. Doch dieses Gefühl macht schließlich nicht satt, und der Lebensstandard der Deutschen bleibt auch im wirtschaftlichen Aufschwung relativ niedrig. Als sich die durch die Autarkie- und Rüstungspolitik verursachten Versorgungsprobleme weiter verschärfen, schlägt dies auf die Stimmung der Bevölkerung durch.[592] Die Exil-SPD berichtet Anfang des Jahres aus dem Ruhrgebiet von den alltäglichen Sorgen der Menschen:[593]

> »Es gibt z. B. keine Butter, oder viel weniger und viel schlechtere als selbst noch im vorigen Jahre. Es gibt schlechtes Brot, das immer klebt und mit dem sich viele Menschen den Magen verderben. Es gibt schlechte und teure Stoffe, ebensolche Wolle zum Stricken und vieles andere, das die Menschen viel mehr interessiert als alle grossartigen ›Erfolge‹ des Führers.«

Was kostet was in Deutschland? Eine Preistabelle für das Jahr 1939:

20 Pf.: 125 Gramm Kümmel-Schmelzkäse[596]

20 Pf.: eine Ausgabe der antisemitischen Wochenschrift *Der Stürmer*[597]

25 Pf.: eine kleine Tube »Nivea Zahnpasta«[598]

38 Pf.: eine Dose Heringe in Tomaten[599]

50 Pf.: zwölf Zigaretten der Marke »Overstolz«[600]

85 Pf.: eine Felge für ein Fahrrad[601]

1,24 RM: eine Packung Schmerztabletten der Marke »Togal«[602]

1,95 RM: durchschnittlicher Monatsbeitrag für die »Deutsche Arbeitsfront«[603]

3 RM: ein Achtellos für die erste »Deutsche Reichs-lotterie«[604]

3,86 RM: ein gemustertes Nachthemd in einem Wiener Damenmodehaus[605]

5,70 RM: kartonierte Ausgabe *Mein Kampf* von Adolf Hitler (Ausgabe in Leinen: 7,20 RM)[606]

5,90 RM: ein Liegestuhl »in besonders kräftiger Aus-führung«[607]

6,25 RM: eine Übernachtung im vornehmen Hamburger »Hotel Alsterhof« inkl. Frühstück[608]

16,80 RM: eine dreitägige Schiffswallfahrt zu Pfingsten von Köln nach Bornhofen, Eltville und Linz[609]

35 RM: ein Radiogerät »Deutscher Kleinempfänger«

45,50 RM: ein elektrischer Hausbackofen »Ideal« der Firma Schürfeld aus Bergneustadt[610]

73 RM: eine achttägige Ferienreise mit dem Autobus von Köln in den Schwarzwald[611]

ab 437 RM: Schiffspassage mit einem Schiff der »Norddeut-schen Lloyd Bremen« in die USA (Hin- und Rückfahrt)[612]

Und für einen wirklich zufriedenstellenden Konsum haben die meisten Deutschen einfach nicht genug Geld im Portemonnaie. Im Jahr 1937 hat das Arbeitswissenschaftliche Institut der »Deutschen Arbeitsfront« errechnet, dass im Haushalt eines gewerblichen Arbeiters im Monat vom Durchschnittseinkommen 85 Prozent für Miete, Heizung, Lebensmittel und Bekleidung ausgegeben werden. Abzüglich weiterer Ausgaben für Hausrat oder Transportkosten blieben beispielsweise nur 80 Pfennig für Ausflüge und Ferienreisen.[594] Große Sprünge lassen sich mit dem durchschnittlichen Lohn eines Industriearbeiters nicht machen. Dieser verdient in der Woche netto etwa 33 Reichsmark.[595] Da heißt es, sehr genau zu überlegen, was sich eine Familie leisten kann …

Es gibt aber auch Deutsche, die in dieser Zeit genug Geld haben. »Die Geschäfte gehen gewiss gut und wir verdienen alle«, wird ein deutscher Industrieller aus der Elektrobranche im Exilblatt *Pariser Tageszeitung* zitiert. Das Problem: Niemand weiß vor lauter Gewinnen sein Geld sicher anzulegen. Viele Wohlhabende flüchteten deshalb in Sachwerte – »meine Freunde kaufen jetzt wieder Juwelen oder suchen Grundstücke« –, und die Angst vor einem drohenden Krieg verstärke diese Tendenz noch. Doch Besitz oder gar Reichtum zu zeigen, so berichtet die Exilzeitung weiter, sei angesichts der ständigen Propaganda von der »Volksgemeinschaft«, in der offiziell alle sozial gleichgestellt sein sollen, schwer geworden. Zudem sei in einem Land voller Spitzel der Neid untereinander groß. Wenn ohnehin alle schikaniert würden, so die Stimmung, »so soll es keinem besser gehen – das ist die Einstellung der Leute«.[613] Tatsächlich wissen die Menschen in Deutschland nur zu gut, dass es mit der angeblichen »Volksgemeinschaft« vor allem hinsichtlich der Einkommen nicht weit her ist: Da gibt es Mädchen, die sich an ihrem Geburtstag zu Recht über ein neues Kleidchen freuen würden – aber eben auch eine Unternehmerstochter in Südwestdeutschland, die zu ihrem 18. Geburtstag vom Herrn Papa ein eigenes Mercedes-Cabriolet geschenkt bekommt,[614] während die

Manche können es sich noch leisten: Zwei elegant gekleidete Damen
beim Schaufensterbummel in Berlin (1937).

meisten anderen Deutschen selbst von einem schlichten »Volkswagen« nur träumen können …

Es ist wie so oft: Es führen eben nicht nur Fleiß und ehrliche
Arbeit zum Erfolg. Wenn Arbeit tatsächlich »adelt«, wie so gern
verkündet wird, so macht sie zumindest nicht automatisch reich.
Dafür braucht es im »Dritten Reich« noch etwas anderes, nämlich gute Beziehungen – oder schlicht Korruption. Diese ist so

verbreitet, dass sie längst eines der auffälligsten Merkmale dieser Diktatur ist.[615] Obwohl die Nationalsozialisten offiziell stets gegen angebliche »Cliquenwirtschaft« wettern, gehört es seit 1933 zum deutschen Alltag, sich persönlich auf Kosten anderer zu bereichern. Das tun die »Großen« ebenso wie die vermeintlich »Kleinen«. In vielen deutschen Gemeinden ist nach 1933 an der Tagesordnung, was beispielsweise im württembergischen Trossingen auf Kosten der Kommune geschieht: Die NSDAP greift beherzt in die Stadtkasse und sichert sich Zuschüsse für ihre Uniformen und ihre Feste, zur Deckung von Reisekosten, für einen neuen Geräteschuppen der SA oder neue Büroräume für den Kreisleiter der Partei. Und bei Neuanstellungen in der Stadt werden nun konsequent »alte Kämpfer« bevorzugt.[616] So kommen auch »kleine« NSDAP-Mitglieder systematisch in den Genuss von Protektion und Vetternwirtschaft.

Wer allerdings nicht dazugehört, wird offen benachteiligt. Im eben erwähnten Trossingen erweist sich der Unternehmer und NSDAP-Funktionär Fritz Kiehn als Meister der Günstlingswirtschaft: Vor der Vergabe von städtischen Aufträgen lässt er dem Bürgermeister eine Liste mit den ortsansässigen Handwerkern zukommen, auf der er zugleich deren politische Einstellung und ihre tatsächliche oder vermeintliche handwerkliche Expertise kommentiert. So sei ein Gipsermeister »bei der Zuteilung städt. Arbeiten nicht mehr zu berücksichtigen, da er in der sogen. Krisenzeit aus der NSDAP ausgetreten sei«. Ein anderer Handwerker habe »am 1. Mai schwer gesündigt« und »gehört zu den Nörglern« – auch dieser wird fortan ohne kommunale Aufträge auskommen müssen.[617]

In diesem Wirtschaftsalltag zwischen harter Arbeit und Korruption verfolgt jeder angesichts weiter expandierender Rüstungspolitik und kargen Konsums sowie einer fortgesetzt existierenden Kluft zwischen Arm und Reich seine eigenen Ziele. Je nach persönlichen Möglichkeiten soll eine neue Wohnung bezogen oder auf einen der so lautstark beworbenen »KdF-Wagen« gespart werden, während andere ihr angewachsenes Vermögen in Sachwerten anlegen. Dass man sich für ein – wenn auch bescheidenes – wirtschaftliches Fortkommen anstrengen muss, ist allerdings Konsens in Deutschland. Ebenso die Annahme, dass »Fleiß«, »Arbeit« und »Leistung« letztlich im Leben zum Erfolg führen. Aber auch in diesem Fall ist dieser nur den Mitgliedern der selbsternannten »Volksgemeinschaft« vorbehalten – wer nicht zu dieser gerechnet wird, hat keinen Anspruch darauf, durch freiwillige Arbeit, durch eigenes Geschick oder Können sein Leben angenehmer zu gestalten. Wer nicht arbeiten kann oder nicht arbeiten darf, soll an der Zukunft des »Dritten Reichs« keinen Anteil haben.

Und arbeiten sollen die Deutschen möglichst so lang wie irgend möglich: Es gehe im »Dritten Reich« nicht mehr darum, »nach einem bestimmten Alter eine Rente zu haben«, so wird DAF-Leiter Robert Ley zitiert, »sondern das Streben eines jeden müsse dahin gehen, auch im Alter noch schaffen zu können«.[618] Ein Blick ins Land zeigt indes, dass dieses Ziel entweder von einigen nie erreicht werden kann, weil sie etwa im Bergbau oder in der Stahlindustrie schlicht froh sein können, überhaupt bei einigermaßen körperlicher Gesundheit die Rente zu erreichen. Und andere – vor allem in der Landwirtschaft – können ohnehin mit einem klar vom Arbeitsleben getrennten »Ruhestand« nicht rechnen. Worum es Robert Ley hier geht, ist die Wertschätzung und Überhöhung der Arbeit an sich: Die Arbeit macht das Leben schön, so die Parole. Da passt es nur zu gut, dass der Führer der »Deutschen Arbeitsfront« in diesem Jahr seinen Aufruf zum 1. Mai tatsächlich unter das Motto »Freut euch des Lebens!« gestellt hat:[619]

»Wir Nationalsozialisten sind Lebensfanatiker. Dieser unbändige Lebenswille ist die Grundlage unserer Erfolge. Aus ihm erwächst unsere Gemeinschaft, durch ihn wächst unsere Leistung, dieser Wille zum Leben steigert unsere Energien und hält sie in straffen Bahnen. Das ist ein Leben, schöner und herrlicher, als sich der kühnste Optimist jemals erhofft.«

In der Realität des »Dritten Reichs« sollen die Menschen viel und hart arbeiten – freiwillig oder gezwungen. Aber dafür, so wollen sie es glauben, wird ihr Leben besser. Und die Regierung verspricht genau dies: ein besseres, vielleicht sogar ein glückliches Leben …

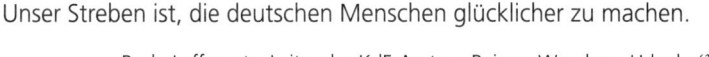

Unser Streben ist, die deutschen Menschen glücklicher zu machen.

Bodo Lafferentz, Leiter des KdF-Amtes »Reisen, Wandern, Urlaub«[620]

8

Das Versprechen einer guten Zeit

21. Juli 1939: »Kraft durch Freude«-Reichstagung in Hamburg

Auch Nazis brauchen mal eine Pause. Das denkt sich jedenfalls Martin Bormann, der mächtige Leiter der NSDAP-Parteikanzlei. Die hauptamtlichen Mitarbeiter seiner Partei hätten sich in diesem Sommer unbedingt eine Auszeit verdient. Deshalb sollten in der Zeit vom 1. Juli bis zum 15. August in ganz Deutschland die Dienststellen der Partei nicht mit grundsätzlichen Anliegen belästigt werden, »um den hauptamtlich tätigen Parteigenossen die notwendige Erholungsmöglichkeit zu gewährleisten«. Nur notwendige laufende Dienstgeschäfte, so die entsprechende Anweisung von Bormann, sollten jetzt noch erledigt werden.[621]

»Erholungsmöglichkeit« hört sich gut an, das Wort klingt nach freien Tagen und Urlaub, womöglich denkt der eine oder andere dabei an einen fröhlichen Ausflug ins Grüne, vielleicht an eine kleine Reise ans Meer oder in die Berge, um sich dort mit der Familie eine schöne Zeit zu machen. Einfach faul am Strand herumliegen also, bei Sonne und viel frischer Luft nach persönlichem Gutdünken die Seele baumeln lassen? Das ist allerdings nicht im Sinne der Regierung. Denn auch die Ferienzeit dient einem kollektiven Zweck. Dies erklärt den Deutschen auch in diesem Sommer wieder einmal Robert Ley, der Führer der »Deutschen

Arbeitsfront«, welcher wiederum die offizielle Freizeitorgani-sation »Kraft durch Freude« (KdF) angeschlossen ist. Ley fühlt sich also nicht nur für die Leistungssteigerung der deutschen Ar-beiter zuständig, sondern zugleich für ihre Regeneration – und damit für das Wohlergehen des Volkes auch in der arbeitsfreien Zeit:[622]

> »Was aber heißt Urlaub machen? Es kann für ein Volk nichts anderes bedeuten, als im Urlaub den Menschen die Kraft zu geben, daß sie wieder ihre Gesundheit zurückholen, um für das gesamte Volk mehr leisten zu können.«

Urlaub und Freizeit sind in Deutschland also Mittel zum Zweck. Die eigentlich »freie Zeit« soll ebenso wie die Arbeitszeit dem Land dienen, die »Volksgenossen« sollen auch in diesen Phasen mit gezielten Angeboten in die große »Volksgemeinschaft« ein-gegliedert werden. Dafür steht die Organisation »Kraft durch Freude«, die aus dem Alltag der Deutschen längst nicht mehr weg-zudenken ist und die für die – organisierte – Freizeit der Men-schen zuständig ist. Ob erbauliche Vorträge oder Theaterauffüh-rungen, abendliche Bildungs- oder Unterhaltungsveranstaltungen, ob »Bunte Abende« mit Musik und Tanz, ein mehrteiliges Semi-nar unter dem Titel »Holsteinische Industriewerke im 18. Jahr-hundert«[623] oder ein Treffen der örtlichen »Briefmarkengilde«, bei dem den Briefmarkenfreunden ein Vortrag über praktische Fragen bei der Aufdeckung von gefälschten Marken geboten wird:[624] »Kraft durch Freude« prägt mit seinen Aktivitäten das Leben der Deutschen.

Unter den fünf Ämtern der Organisation, die sich etwa um »Feierabend« oder »Schönheit der Arbeit« kümmern, ist das Amt »Reisen, Wandern, Urlaub« längst das sowohl propagandistisch als auch wirtschaftlich erfolgreichste. Mit seinen Urlaubsangebo-ten wird der größte Umsatz der Organisation gemacht[625] – und gerade diese organisierten Reisen, und hierbei vor allem die mit großem Aufwand öffentlich gefeierten Seereisen, sind das Vehikel für eines der zentralen Versprechen dieser Diktatur: Den Deutschen soll es gut gehen, es soll ihnen besser gehen als in der Vergangenheit. Auch die deutschen Arbeiter sollen nicht nur in den Genuss von Kunst und Unterhaltung kommen, sondern ihnen sollen auch organisierte Urlaubsreisen angeboten werden, die Durchschnittsverdienern geradezu luxuriös erscheinen müssen. Das »Dritte Reich«, so wird in diesem Zusammenhang gern Adolf Hitler höchstpersönlich zitiert, wolle in Sachen Urlaub »unseren Volksgenossen alles das zugänglich machen, was früher Vorrecht einer begrenzten Lebens- und Volksschicht war«.[626]

Was also einst zu den Privilegien des Bürgertums gehörte, soll nun allen zugänglich sein: Konzerte und Theateraufführungen ebenso wie ausgedehnte Sommerreisen. Vor allem der organisierte Tourismus ist in der deutschen Öffentlichkeit geradezu omnipräsent. Mit Broschüren und Plakaten werden die Angebote beworben, im Rundfunk wird regelmäßig von Reisen berichtet, und auch in den Kinos sind in den »Wochenschauen« wiederholt Beiträge aus deutschen Hafenstädten zu sehen, wenn die großen KdF-Schiffe zu ihrer nächsten großen Fahrt in See stechen oder von der großen Reise zurückkehren.[627]

Doch so großartig die Versprechungen im Hinblick auf eine völlig neue Urlaubszeit sind, so begrenzt sind bei Lichte betrachtet die Ergebnisse der »Kraft durch Freude«-Urlaube: Diese Reisen machen tatsächlich seit Jahren nur einen Bruchteil des gesamten deutschen Tourismus aus. 1938 liegt der Anteil der KdF-organisierten Übernachtungen bei sieben Prozent sämtlicher vom Fremdenverkehrsgewerbe registrierten Übernachtungen. Dieser Anteil ist auch deshalb so gering, weil zugleich seit Jahren das private Tourismuswesen einen ungemeinen Aufschwung erlebt. So verdoppelt sich zwischen 1933 und 1939 die Zahl der kommerziellen Reisebüros. Das größte deutsche Reiseunternehmen weist für das Jahr 1938 einen Umsatz von 217 Millionen RM aus – das KdF-Amt »Reisen, Wandern, Urlaub« setzt im selben Jahr lediglich

Die beiden Flaggschiffe der KdF-Flotte in ihrem Hamburger Heimathafen: »Wilhelm Gustloff« und »Robert Ley«.

99,8 Millionen RM um.[628] Der ökonomische Erfolg von »Kraft durch Freude« in der Tourismusbranche muss umso geringer erscheinen, da die Organisation erhebliche Zuschüsse von der »Deutschen Arbeitsfront« erhält, die rund ein Viertel der gesamten KdF-Umsätze ausmachen.[629]

Aber die Zahlen zeigen auch: Urlaub lässt sich in Deutschland gut machen. Es gibt viele Orte und Regionen in Deutschland, die eine Reise lohnen. Die langen Strände der Ostsee von Schleswig-Holstein und Mecklenburg bis hinauf zur Kurischen Nehrung locken Urlauber ebenso wie die Alpen. Und auch einige Städte sind traditionell ein Magnet für Touristen. So ist beispielsweise Hamburg immer eine Reise wert. Die traditionsreiche Hansestadt, die als Handels- und Hafenstadt reich und einflussreich geworden ist, lockt vor allem an den Wochenenden die Ausflügler an. Der zentral gelegene Jungfernstieg mit dem Alsterpavillon ist eine begehrte Flaniermeile für Hamburger wie für Gäste, im Park »Planten un Blomen« wird Gartenkunst gezeigt und zugleich täglich zum Tanz aufgespielt, der Hamburger »Dom« lockt sein Massenpublikum mit allen Attraktionen eines zeitgemäßen Jahrmarkts, und das Hafenviertel samt den Vergnügungslokalen von St. Pauli zieht Millionen von Besuchern an.[630]

Hamburg geht es gut, die stolze und traditionsbewusste Hansestadt hat es sich in der Diktatur bestens eingerichtet. Die Stimmung in der Bevölkerung ist ruhig, und die Arbeit läuft normal – so empfindet es jedenfalls der polnische Generalkonsul Władysław Ryszanek, der im Juli 1939 seiner Botschaft über die Atmosphäre in der zweitgrößten deutschen Stadt berichtet. Das Verhältnis der Hamburger Bevölkerung zur Regierung Hitler habe sich nach den Annexionen der Jahre 1938 und 1939 sogar noch verbessert, weil man sich weitere Handelsvorteile erhoffe, so schreibt er. Das ist gerade hier ein bekanntes Phänomen: Wenn die Geschäfte gut laufen, ist die Hansestadt traditionell zufrieden mit der Obrigkeit. Die meisten Menschen in Hamburg, so der Generalkonsul, hätten keinerlei Kritik an der Außenpolitik, selbst bislang »zurückhaltende Kreise der hiesigen Gesellschaft« könnten ihre Freude über die außenpolitischen Gebietsgewinne kaum verhehlen:[631]

»Im Gegenteil, der Appetit auf neue Annexionen wächst sogar, und es macht sich allgemein Eroberungslust bemerkbar. In den Köpfen hat sich die Idee von weiteren Gewinnen festgesetzt, aber ohne Krieg.«

Das Prestige der Regierung sei in den Augen der Hamburger sichtlich gewachsen, »und man glaubt allgemein an den guten Stern Hitlers«.[632] Das offizielle Hamburg hat sich mit der Diktatur arrangiert, und Staats- und Parteiführung zeigen ihrerseits im Gegenzug immer wieder gern ihre demonstrative Wertschätzung der Stadt. Hamburg darf sich auch weiterhin als etwas Besonderes fühlen, große nationale Feierlichkeiten werden seit Jahren hier ausgerichtet: etwa die »Reichstheaterwoche«, der bombastische

»Weltkongress für Freizeit und Erholung« oder jährlich auch Reichstagungen von »Kraft durch Freude«, deren »Weiße Flotte« zudem hier ihren Heimathafen hat. Die selbstbewussten Hanseaten schätzen das und begehen ihrerseits beispielsweise die Besuche des »Führers« in ihrer Stadt mit großer Begeisterung.[633] Und viele sind höchst angetan von den überbordenden Plänen, aus Hamburg eine so bezeichnete »Führerstadt« zu machen. Dieses Vorhaben wäre mit monströsen Neubauten verbunden: einer Hängebrücke über die Elbe mit zwei 180 Meter hohen Pfeilern, einem 250 Meter hohen »Gauhochhaus« und einer »Volkshalle« für bis zu 150000 Besucher.[634] Adolf Hitler lässt sich auch bei diesen prestigeträchtigen Vorhaben persönlich wiederholt Pläne und Modelle vorlegen – aber realisiert ist von all dem im Sommer 1939 noch nichts.

Aber auch ohne solche Großprojekte ist Hamburg ein imposantes Ziel für Besucher, und am dritten Juliwochenende des Jahres 1939 kommen wieder Tausende in die Stadt, weil die Organisation »Kraft durch Freude« zu ihrer nunmehr fünften »Reichstagung« in die Stadt geladen hat. Als »gewaltige Kundgebung des sozialen Fortschritts und friedlichen Aufbaues« ist dieses Treffen geplant, es soll inmitten der seit Monaten anhaltenden Besorgnis wegen eines drohenden Krieges die vermeintlich friedliebende Politik der Regierung zum Ausdruck bringen und die oft zitierten sozialen Errungenschaften des »Dritten Reichs« unter Beweis stellen. Harte Arbeit und soziale Wohltaten machten das Leben in Deutschland zu einem guten Leben – so die offizielle Botschaft. Und so erwartet Hamburg an diesem Wochenende rund 20000 Besucher aus dem In- und Ausland,[635] und die örtlichen Kaufleute wissen sehr genau, dass sich mit Tourismus im Allgemeinen und mit solchen Massenveranstaltungen im Besonderen gutes Geld verdienen lässt. Dementsprechend schalten sie in der örtlichen Presse Anzeigen etwa für »Strandhosen und -jacken« oder für Reisekoffer, mit dem Slogan »Der Urlaub winkt – die Ferne lockt« auch für den Kauf eines Fotoapparats. Selbst anspruchsvolle Feldstecher der Marke »Zeiss« werden beworben, nicht nur für die Ferien, sondern ausdrücklich auch »für besondere Anlässe wie zur K.d.F.-Reichstagung«.[636] Und die große Karstadt-Filiale an der vornehmen Mönckebergstraße gibt sich angesichts der erwarteten ausländischen Gäste bewusst international und wirbt mit der Vielsprachigkeit des Verkaufspersonals: »English spoken« oder »On parle français« heißt es in einer Zeitungsannonce ebenso wie »Fala se portugues«, »Man talar svensk« oder »Mowią po polsku«.[637]

Hamburg schmückt sich, Gauleiter Karl Kaufmann hat selbstredend die Beflaggung aller öffentlichen Gebäude und Flaggenmasten sowie aller kommunalen Fahrzeuge angeordnet, die Bevölkerung ist aufgerufen, am Wochenende ebenfalls die Fahnen herauszuhängen.[638] Die Hansestadt wolle sich an diesen drei Tagen besonders demonstrativ in den Dienst einer funktionierenden »Volksgemeinschaft« stellen, heißt es in der offiziellen Grußadresse an die Teilnehmer. Den Gästen solle gezeigt werden, wie eine »sinnvolle Freizeitgestaltung« aussehe und wie erfolgreich »Kraft durch Freude« inzwischen sei. Und:[639]

»Sie werden bei uns in diesen Tagen, in denen die mitreißende Melodie ›Freut Euch des Lebens ...‹ durch die Stadt schwingt, ein Hamburg kennenlernen, das sich mit Ehrgeiz und hinreißendem Einsatz festlich geschmückt hat. Ein Singen und Klingen wird die große Stadt erfüllen, Freue und Glück und Frieden.«

Für das Wochenende vom 21. bis 23. Juli 1939 treffen vor allem organisierte Gruppen aus ganz Deutschland, aber auch Formationen aus dem Ausland ein. Für sie sind unter anderem Musik, Tanz und Theater geplant, ein großes Volksfest in der zentral gelegenen Parkanlage »Planten un Blomen«, abendliche Konzerte der Wehrmacht und des Arbeitsdienstes an der Binnenalster, ein riesiger Straßenumzug und ein pompöses Feuerwerk auf der Alster mit der Front zum Jungfernstieg. Die Organisatoren von »Kraft durch Freude« sind von der Kulisse für die Riesenveranstaltung begeistert – so schwärmt der Pressereferent von Robert Ley:[640]

> »Wenn an diesem Vormittag der Eröffnung der
> 5. Hamburger ›Kraft-durch-Freude‹-Reichstagung
> der Blick vom Hauptquartier des Reichsleiters Dr. Ley
> im Hotel ›Vier Jahreszeiten‹ über dieses, ebenso feierlich
> wie festlich erregte Hamburg schweift, öffnet sich dem
> Auge eine ergreifende Schau in deutsches Friedensland.«

Die Unterbringung für den Führer der »Deutschen Arbeitsfront« ist also denkbar standesgemäß – wenn auch das vornehme Hotel »Vier Jahreszeiten« an der Binnenalster ja nicht gerade als Symbol für eine »Volksgemeinschaft« ohne soziale Schranken steht. Robert Ley ist an diesem Wochenende die große Führungsfigur in Hamburg, auch wenn zwischenzeitlich Hermann Göring vorbeischaut und das Fest mit seiner Anwesenheit schmückt. Noch aber ist der Generalfeldmarschall mit seiner Jacht »Karin II« auf dem Rhein unterwegs, um sich in durchaus entspannter Atmosphäre ein Bild von den Arbeiten am »Westwall« und dem Zustand der Ufer- und Hafenanlagen zu machen.[641] Robert Ley kann dafür derweil in Hamburg ein nach ihm selbst benanntes Schiff betreten: die »Robert Ley«, die an der Überseebrücke festgemacht hat. Dass das neue Flaggschiff der KdF-Flotte seinen Namen trägt, darf der Führer der »Arbeitsfront« durchaus auch als persönliche Auszeichnung durch Adolf Hitler verstehen, denn dieser hatte ihn beim Stapellauf des Schiffes vor mehr als einem Jahr als einen verdienten »alten Mitkämpfer« und als den »größten Idealisten in der deutschen Arbeiterschaft« bezeichnet.[642] Seit Monaten ist das Schiff als Stolz der KdF-Flotte in den Zeitungen präsent – erst mit der Probefahrt im März 1939, bei der das Schiff offiziell übergeben wird,[643] dann mit der Jungfernfahrt im April.[644] Für dieses Juliwochenende sind auf der »Robert Ley« Mitglieder ausländischer

Trachtengruppen sowie ausländische Ehrengäste ebenso untergebracht wie ausgewählte Vertreter deutscher Volksgruppen im
Ausland – insgesamt rund 1000 Gäste.[645]

Tanzvorführung einer slowakischen Trachtengruppe an Bord der
»Robert Ley« im Hamburger Hafen.

»Freut euch des Lebens« – dieses Motto ist an diesem Wochenende in Hamburg allenthalben präsent. Die Besucherinnen und
Besucher streifen durch die Stadt, gehen auch schon einmal in
eine der offiziell als Attraktion angepriesenen Hafenkneipen. Das
Wetter spielt zumindest weitgehend mit – bei für Norddeutschland
durchaus sommerlichen Temperaturen gibt es jedoch immer mal
wieder auch kräftige Regenfälle, sodass beispielsweise die an-
beraumten Sportwettkämpfe unterbrochen werden müssen. Wer
indes in diesen Momenten gerade eine der beliebten Kellerkneipen
im Hafen besucht hat, kann anschließend wieder trockenen Fußes
weiter durch die Stadt ziehen …

Robert Ley persönlich kann sich jedenfalls bei der Eröffnung der Reichstagung am 21. Juli 1939 tatsächlich seines Lebens freuen. Für ihn ist das deutsche Volk derzeit ein glückliches Volk. Den Menschen gehe es nicht zuletzt dank der Verdienste von »Kraft durch Freude« gut, vor allem aber habe der »Führer« mit seiner Arbeit im Allgemeinen und seinen außenpolitischen Erfolgen der jüngsten Zeit im Besonderen für dieses kollektive Glück gesorgt:[646]

> »Die Glücksgöttin schenkte unserem Führer die Ostmark, sie gab ihm das Sudetenland, gab uns Böhmen und Mähren und das Memelland! Und Adolf Hitler hält die Glücksgöttin fest und er läßt sie nicht los!«

Diese Worte von Robert Ley, so berichtet eine örtliche Tageszeitung, »gingen fast in einem grenzenlosen Sturm der Begeisterung und des Jubels« unter. Dann wendet sich Ley direkt an seine Zuhörer:[647]

> »›Und du und ich‹, so schloß Dr. Ley unter dem brausenden Jubel des Hauses seine Ausführungen, ›wir können ein klein wenig daran mithelfen, uns dieses Glück vom Schicksal zu ertrotzen!‹«

Diese Propaganda geht durchs Land: In zahlreichen Tageszeitungen dominiert die Berichterstattung über das Hamburger Treffen unter den Titeln »KdF schafft glückliche Menschen«[648] oder auch »Triumph der deutschen Lebensfreude«.[649] Die *Hamburger Neueste Zeitung* berichtet von der Stimmung in der Stadt am Samstagabend:[650]

> »Das Zentrum der Stadt, vor allem der Jungfernstieg, ist von einem bunten Menschengewühl erfüllt. Die Gaststätten sind überfüllt, die Menschen haben auch schon wieder die Plätze vor den Gaststätten eingenommen. Freude auf alten und jungen

Gesichtern. Ein Wochenende der Freude, der Gemeinschaft, der Welt, vereint in Deutschlands größter Hafenstadt!«

Allen voran die KdF-Reisen werden für dieses »Glück« der Deutschen verantwortlich gemacht. Bodo Lafferentz, Leiter des für die organisierten Urlaubsfahrten zuständigen KdF-Amtes »Reisen, Wandern, Urlaub«, ist bei der feierlichen Eröffnung der Reichstagung in der vornehmen Hamburger Musikhalle sichtbar zufrieden: Stolz verkündet er, dass seine Organisation so vielen Deutschen wie nie zuvor einen Urlaub ermöglicht hat. Wenn man die Teilnehmer an den Kurzfahrten, den Wanderungen und den Seefahrten zusammenzähle, so sei die Zahl der Urlauber »gegenüber dem Vorjahr sogar um eine weitere halbe Million angestiegen, so daß die Zahl von zehn Millionen Urlaubern« überschritten worden sei. Die größte Anerkennung habe seine Organisation im vergangenen Jahr durch den »Führer« höchstpersönlich erhalten, als dieser für einige Zeit an der Jungfernfahrt der »Robert Ley« teilgenommen habe. Anschließend, so berichtet Lafferentz den Gästen der Eröffnungsveranstaltung, habe Hitler erklärt, »diese Fahrt gehöre zu den schönsten Erinnerungen seines Lebens«. Die Organisation »Kraft durch Freude« dürfe diese Erklärung als »Bestätigung für die Richtigkeit des von uns eingeschlagenen Weges und für die beispiellose Disziplin des deutschen Arbeiters« werten.[651]

Ley, der sich auch an diesen Tagen wieder ausgiebig als »Schöpfer des KdF-Werkes« feiern lässt, sieht die Deutschen bereits in einer glücklichen Zeit angekommen, nur sechs Jahre nach dem Regierungsantritt der NSDAP. In dieser kurzen Zeit, so erklärt er, sei eine völlige »Umwandlung des deutschen Menschen« gelungen:[652]

> »Der einzelne Mensch hat ein neues Gesicht, einen anderen
> Blick, eine andere Haltung bekommen. Ein völlig neues
> Leben und völlig neue Grundsätze wurden aufgestellt ...
> Nicht nur die Freizeit und der Urlaub, sondern auch der
> Alltag wurde veredelt durch Schönheit der Arbeit. Es ist falsch,

Robert Ley bei der Eröffnung der Reichstagung »Kraft durch Freude« am 21. Juli 1939 in der vornehmen Hamburger Musikhalle.

das Leben in Werktage und Sonntage zu trennen. Man muß das Leben lebenswert machen.«

Ley ist sichtbar zufrieden: Im großen Saal der Musikhalle jubeln ihm die Zuhörer zuweilen minutenlang zu, sie unterbrechen ihn mit gewünschtem Gelächter oder Jubel an den richtigen Stellen, und in seiner leuchtend weißen Uniform lässt er sich allenthalben fröhlich lächelnd abbilden, gern auch im Kreis der ausländischen Gäste und inmitten »fröhlicher weiblicher Jugend«.[653]

So nimmt das Fest seinen gewünschten Lauf – ausgelassen und voller Attraktionen. Das große Volksfest in »Planten un Blomen« bietet Sport- und Musikdarbietungen, Kasperletheater oder Schieß-buden und viel Spaß auf einer Rollschuhbahn für Kinder und Jugendliche. Rund 6000 Teilnehmer treffen sich zudem zu einer Sportveranstaltung unter dem Motto »Schaffendes Volk treibt

Kinder begrüßen als Ehrengast der Hamburger Reichstagung »Kraft durch Freude« Hermann Göring, rechts neben ihm der sichtlich zufriedene Hamburger Gauleiter Karl Kaufmann.

Leibesübungen«, wobei übrigens auch 900 Frauen aus Hamburger Betrieben »einfache Bewegungsformen im Gehen, Laufen und Hüpfen« zeigen.[654] Am Sonntagvormittag treffen sich die Gäste zum Höhepunkt der Reichstagung: dem Festumzug »Schönheit und Freude«, der um 11 Uhr auf dem Adolf-Hitler-Platz am Rathaus eintrifft. An der Ehrentribüne, auf der allen voran Hermann Göring und Robert Ley sowie örtliche Parteiprominenz Platz genommen haben, ziehen die ausländischen und deutschen Volkstumsgruppen vorbei. Die Teilnehmer musizieren, schwenken Fahnen, sie tragen bunte Trachten und Kostüme, spielen auf Geigen, Trompeten oder Dudelsäcken, eine Ballettgruppe in rosa Kostümen zieht ebenso an der Ehrentribüne vorbei wie die »diszipliniert eng geschlossen« schreitenden Männer der volksdeutschen Auslandsgruppen. Kurzum: Alles erinnert ein wenig an einen – norddeutschen – Karnevalsumzug. Den Abschluss bildet dann noch ein riesiger Motivwagen, der die Umrisse des »Großdeutschen Reichs« zeigt, von einem überdimensionalen Adler beschirmt wird und die Aufschrift »Ein Volk, ein Reich, ein Führer« trägt. Begleitet wird der Wagen von kräftigen und energisch dreinschauenden jungen »Rittern« in weißen, mittelalterlich anmutenden Fantasieuniformen, auf denen jeweils ein großes Hakenkreuz prangt.

Karnevalesker Umzug durch die Hamburger Innenstadt – Männer in »Ordenstracht« samt Schwertern und Hakenkreuzen.

Im großen Stil wird auch das Ende des Reichstreffens inszeniert: mit einem gewaltigen Feuerwerk auf der Alster. Im abendlichen Hamburg klingt das allerdings nach drei fröhlichen Tagen verdächtig nach Krieg. So heißt es in der Beschreibung des Spektakels:[655]

»Es wird ein Feuerwerk mit Funken und Farben, ein Feuerwerk, das aber auch Mumm hat, Murr in den Knochen, in dem die Böller einen Höllenlärm in den Himmel speien, so daß das

Pflaster zittert und die Laternenpfähle weich in den Knien werden. Das Feuerwerksschauspiel beginnt mit einem Salut von schweren Knallgranaten, der mit rollenden Knallschlägen und einem Schrapnellfeuer endet. Kaum ist der letzte Schuß verhallt, da steigen unzählige Feuersirenen auf, die einen Höllenlärm verursachen.«

Zum guten Schluss »steigen Bomben auf, aus denen an Fallschirmen unzählige Hakenkreuzflaggen niederfallen«, die von der Alster aus angestrahlt werden. Ob nun ein Nachthimmel mit Hakenkreuzfahnen an Fallschirmen wirklich ein Symbol für eine glückliche und friedliche Zukunft ist, mag nun doch dahingestellt sein …

Das Feuerwerk ist auch vom Hamburger Hafen aus gut zu sehen, wo die Ehrengäste der »Robert Ley« an diesem Abend fraglos erschöpft und müde in ihre Kabinen zurückkehren. Das Schiff selbst ist eine Attraktion an der Überseebrücke, viele Hamburger und Besucher werfen an diesem Wochenende einen Blick auf das Flaggschiff der sogenannten »Weißen Flotte«. Diese ist das KdF-Werbemittel schlechthin: Der »deutsche Arbeiter«, so wird in den Berichten vermittelt, kann sich endlich eine Reise über die Weltmeere leisten. Die meisten dafür anfangs gecharterten Schiffe sind zwar ältere, kleinere und wenig komfortable Dampfer, aber im Mittelpunkt der Berichterstattung stehen schließlich die vier angekauften Schiffe und allen voran die beiden großen Neubauten: die »Wilhelm Gustloff« und die »Robert Ley«. Diese beiden KdF-Schiffe kennen baulich keine unterschiedlichen Fahrgastklassen, alle Passagiere sollen gleichermaßen in den Genuss eines gewissen Luxus samt Theater- und Musiksaal, Sonnendecks, Leseräumen, Fotoatelier und Frisiersalon kommen. Es gibt Animation und Musik, notfalls auch einen Arzt und Zahnarzt an Bord.[656] Aber auch bei diesen Schiffen müssen sich immerhin bis zu 1 600 Passagiere 40 Badezimmer und 100 Duschen teilen.[657]
Der Tagesablauf an Bord ist während der Fahrten sorgsam geregelt, während einer Italien-Fahrt im Frühjahr 1939 bedeutet dies

beispielsweise: »Wecken« um 6.20 Uhr, anschließend »Frühsport auf dem Sportdeck«. Die Essenszeiten sind festgelegt, ebenso die »allgemeine Schiffsruhe« zwischen 13.30 und 15.30 Uhr sowie der »Musikschluss« um 23.15 Uhr und die verordnete »Ruhe an Bord« um Mitternacht. Zudem stehen Vorträge und Ausflüge auf dem Programm.[658] Das ist der Rahmen für einen Urlaub in der »Gemeinschaft«, und »Gemeinschaft« heißt eben auf so einem Schiff, dass der Reisende im Prinzip nie allein ist, also nicht einfach die Tür hinter sich zumachen kann, um seine Ruhe und seinen Frieden zu genießen. »Volksgenossen individualistischer Prägung«, so räumt ganz in diesem Sinne eine Zeitung freimütig ein, zwingen die vollends durchgeplanten Tage an Bord fraglos zu einer persönlichen Umstellung ihrer Gewohnheiten, denn sie »sollen aufstehen nach Signal« und auch »nicht mehr essen, wann es ihnen passt«, sondern wenn die Bordgemeinschaft es von ihnen verlangt.[659] Aber daran, so der offizielle Trost, gewöhne man sich schnell – und das sei ja auch gut so.

Mehr oder weniger diszipliniertes kollektives Vergnügen an Deck der »Wilhelm Gustloff« – Propagandafoto aus dem Jahr 1938.

Die Annehmlichkeiten an Bord – etwa das gemeinsame Essen auf gutbürgerlichem Niveau in gediegener Atmosphäre[660] – erstrecken sich allerdings in erster Linie auf die beiden neuen Schiffe »Wilhelm Gustloff« und »Robert Ley«. Bei den älteren Dampfern ist von einem einheitlichen Luxusleben an Bord wenig zu spüren. Ein Teilnehmer berichtet 1939 gegenüber der Exil-SPD von seinen Erlebnissen während einer siebentägigen Seereise nach Norwegen. Schon bei der Zuteilung der Kabinen habe es lange Gesichter gegeben:[661]

> »Ich war mit 18 anderen im Vorderschiff in einem viel zu kleinen Raum, der deutlich die Rundung des Bugs zeigte, untergebracht. Eiserne Wände, eiserne Militärbetten, übereinander, keine Spinde ... Ich konnte trotzdem froh sein, einen so günstigen Schlafraum erwischt zu haben. Hier war wenigstens Luft. Schlimm waren die Leute dran, die im Mittel- oder Hinterschiff in den untersten Decks mit 20 Mann in engen, luftlosen, heissen Räumen zusammengepfercht waren.«

Auch dieses KdF-Schiff ist wieder einmal überbelegt, was sich vor allem in den Kabinen bemerkbar macht. Und so berichtet der sozialdemokratische Gewährsmann weiter, dass wegen der Hitze und der schlechten Luft in den Quartieren an ausreichend Schlaf nicht zu denken sei. Deshalb kämen auch alle Teilnehmer solcher Norwegenfahrten »erschöpft nach Hause«. Die Verpflegung an Bord sei übrigens »primitiv, aber ausreichend«. Auch wenn die kunstvoll gestalteten Speisekarten stets eine reichhaltige Auswahl an Köstlichkeiten versprächen, komme in der Realität nur ein Essen auf den Tisch, das »in Art und Qualität die Küchenleistung einer nur mittelmässigen Pension« erreiche.[662]

Einige Passagiere können sich auf solchen Reisen augenscheinlich etwas trickreich eine bessere Kabine sichern – indem sie nämlich den Steward mit einem entsprechenden Trinkgeld »überreden«. Ein solches Vorgehen macht deutlich, dass selbst auf überbelegten

Schiffen die Ungleichheit entlang bestehender sozialer Gegensätze durchaus Bestand hat.[663] Wer es sich erlauben kann, so heißt es in einem anderen kritischen Bericht, »wohnt in Einzelkabinen, während in den notdürftig umgebauten Lagerräumen des Dampfers die Arbeiter und kleinen Angestellten zu 24 bis 30 Personen in einem kleinen Raum untergebracht sind«. Dort sei der Raum zuweilen so knapp bemessen, dass »beim Auskleiden der eine auf den anderen warten« muss.[664]

Bei diesen wie anderen Angeboten wird sehr schnell sichtbar, dass es eben nicht ausschließlich der viel zitierte »deutsche Arbeiter« ist, der hier dank »Kraft durch Freude« in den Urlaub fährt. Auch wenn in den Reiseprospekten zu lesen ist: »Nicht Äußerlichkeiten sind das Wichtigste, sondern das gemeinsame Erlebnis!«,[665] so zeigen doch schon genau diese Äußerlichkeiten, dass der KdF-Seetourismus weiterhin eine überwiegend mittelständisch-bürgerliche Angelegenheit ist.[666] Auch der in dem SPD-Bericht zitierte Mitreisende einer Norwegenfahrt will dies beobachtet haben – an Bord habe sich eben nicht eine Gruppe deutscher Arbeiter und kleiner Angestellter getummelt:[667]

»Das drückte sich auch im Auftreten aus. Elegant angezogene Frauen, teure Pelzjacken. Fast kein Bauch, den nicht ein teurer Photoapparat zierte. Dass die kostspielige Leica sehr oft vertreten war, spricht eine Sprache für sich. Wenige, die nicht einen hochwertigen Fernstecher bei sich hatten.«

Zuweilen spiegelt sich in solchen Darstellungen auch schlicht der Neid: In der sogenannten »Volksgemeinschaft« gibt es nämlich weiterhin erkennbar die Bessergestellten mit Pelzjacken und Leica, während den meisten Arbeitern zumeist nur die Klage bleibt, dass für sie auch eine subventionierte KdF-Seereise noch immer einen schwer finanzierbaren Luxus darstellt: »Uns Bergarbeiter fordert man wiederholt auf, uns an KdF-Fahrten zu beteiligen«, heißt es in einem Bericht der Exil-SPD, aber rasch seien schon für Bahnreisen samt Besuchsprogramm rund 60 Reichsmark fällig. Ein anderer Arbeiter wird mit dem Hinweis zitiert, sein Lohn reiche für die Familie gerade zum Nötigsten, »bis zu einer Madeirafahrt – 150,- RMk pro Person, mit der Frau 300,-RMk – bringt es keiner«.[668]

Für 150 Reichsmark gibt es tatsächlich eine Kreuzfahrt »Rund um Italien« mit Landungen in Venedig oder Neapel, von wo aus Ausflüge etwa nach Pompeji oder auf die Vulkaninsel Ischia unternommen werden. Besuche bekannter Touristenziele wie des Dogenpalasts oder des Markusplatzes in Venedig stehen ebenfalls auf dem Programm. Ob die KdF-Urlauber sich allerdings in erster Linie für kulturhistorische Angebote interessieren, ist schwer zu beurteilen. Zumindest fehlt bei einigen von ihnen offensichtlich die Bereitschaft, sich an solchen Orten angemessen zu verhalten: KdF-Urlauber verunzieren den Markusplatz in Venedig ebenso wie den Bahnhofsvorplatz in Pompeji mit Butterbrotpapier sowie Apfelsinenschalen, und in einem Luxushotel sollen einige von ihnen sogar randaliert haben. Selbst die deutsche Botschaft in Rom muss Nachrichten entgegennehmen, wonach sich die Deutschen in Italien zuweilen so aufführten, »als seien sie die Herren im Land«.[669]

Nun ja, die KdF-Reisenden wollen es sich schließlich gut gehen lassen – auch wenn eben die üblichen Regeln des zwischenmenschlichen Umgangs dabei außer Kraft gesetzt werden.[670] Und viele von ihnen wollen bei einer Reise nach Italien, wenn möglich, ein wenig »La dolce vita« genießen – oder was sie dafür halten. Offensichtlich haben viele Urlauber dabei erotische Vorstellungen im Sinn. Mitreisenden Männern steigt zuweilen die mediterrane Hitze oder der Alkohol so sehr zu Kopf, dass sie den Damen an Bord immer näher kommen, um sich, so heißt es in einem Bericht für die Exil-SPD, »außer Reichweite ihrer Ehefrauen von den Strapazen ihrer schweren Amtstätigkeit zu erholen«. Doch einige der so bedrängten Urlauberinnen suchen selbst ein kleines Abenteuer. »Die Italiener«, so heißt es in einem Spitzelbericht, »scheinen es den deutschen Urlauberinnen angetan zu haben, sie wurden einzeln oder rudelweise auf der Straße oder im Wald mit ihnen angetroffen.«[671]

Was an Bord der Schiffe und während der Reisen passiert, spricht sich in Deutschland schnell herum – gerade wenn es um angebliche oder tatsächliche amouröse Abenteuer geht. Schon 1936 berichtete die Exil-SPD:[672]

»Es ist allgemein bekannt, daß an diesen Fahrten zum Großteil Frauen teilnehmen, die auf einer solchen Reise Anschluß suchen. Ein Teilnehmer, der auf St. Louis nach Madeira fuhr, berichtete uns, daß auf der ganzen Fahrt die Erotik wahre Triumphe feierte ... Jeder kann ein kleines intimes Erlebnis mit nach Hause bringen und all dies verdankt er dem Führer, der auch die Sexualwünsche seiner Getreuen auf diese Art befriedigt.«

Die Deutschen kommen: KdF-Urlauber 1937 in Florenz.

Welches Vergnügen die deutschen Urlauber nun auch immer mit einer solchen Reise verbinden, fraglos sorgt die »Weiße Flotte« von »Kraft durch Freude« in Deutschland zu einem ganz erheblichen Teil für den »schönen Schein« des »Dritten Reichs«.[673] Hier erhält auch die viel beschworene »Volksgemeinschaft« zu Unrecht ihren guten Ruf. Denn tatsächlich liegt dieser Gemeinschaft überhaupt keine sozialstaatliche Grundmotivation zugrunde,[674] und sie ist auch entgegen der donnernden Rhetorik von der »Gleichheit aller Deutscher« überhaupt nicht egalitär: Es gibt weiter Reiche und Arme, es gibt Menschen mit Zugang zu Macht und politischen und wirtschaftlichen Privilegien – und eben auch die Deutschen, die einen KdF-Urlaub genießen (wenn es ihnen in der Einheitskabine nicht gerade zu eng und stickig ist). Diese »Volksgemeinschaft« hat exklusive Züge, weil sie alle ausschließt, die sie nicht dabeihaben will. Deshalb ist es auch kennzeichnend für das »Dritte Reich«, dass selbstverständlich nicht allen Deutschen eine glückliche Zeit bereitet werden soll – Urlaub soll es vor allem für die Deutschen mit jüdischer Religion nicht geben, und gemeinsam mit ihnen wollen viele nichtjüdische Deutsche auch keine Ferien machen. Dieser Antisemitismus in deutschen Urlaubsorten ist indes keine Erfindung des »Dritten Reichs«, sondern reicht bis ins 19. Jahrhundert zurück. Ein regelrechter »Bäder-Antisemitismus« hatte sich bereits vor 1933 an der Nord- und Ostsee ebenso wie in den Alpen in Bade- und Kurorten etabliert, schon in dieser Zeit prangte oft genug in schönster Lage das Schild »Unser Hotel ist judenfrei«.[675]

Längst ist der Hass auf die Juden auch in den Urlaubsorten eine soziale Praxis, ehe die nationalsozialistische Regierung an die Macht kommt, diese »Volksstimmung« aufnimmt und schließlich radikalisiert.[676] Am 16. Juni 1939, gut einen Monat vor der KdF-Reichstagung in Hamburg, untersagt der Reichsinnenminister Juden offiziell den Zugang zum Kur- und Badebetrieb.[677] Dementsprechend sieht die Urlaubsrealität der »Volksgemeinschaft« im Sommer 1939 aus: Kein Deutscher jüdischen Glaubens darf an der Ostsee ein Kurbad nutzen, kein Kind mit geistiger Beeinträchtigung darf sich auf dem Sonnendeck der »Robert Ley« tummeln, kein »Zigeuner« an einer organisierten Wanderung durch den Harz teilnehmen, kein erklärter Sozialdemokrat oder Kommunist bei der KdF-Reichstagung mitfeiern. Die »Volksgemeinschaft« ist eine aggressive Gruppierung, die ein schönes und glückliches Leben nur ihren willkürlich festgelegten eigenen Mitgliedern verspricht.

Die propagandistisch gefeierten Seereisen machen nur den kleineren Teil der KdF-Fahrten aus. Von den knapp 8,5 Millionen deutschen Urlaubern im Jahr 1938 haben rund 130 000 an einer Seefahrt teilgenommen,[678] rund sechs Millionen hingegen an den ein- bis zweitägigen sogenannten KdF-»Kurzfahrten«.[679] Dafür chartert »Kraft durch Freude« zahlreiche Feriensonderzüge der Deutschen Reichsbahn, die der Organisation dafür bei Fahrten mit mindestens 1000 Teilnehmern einen Rabatt von 75 Prozent einräumen muss.[680] Davon profitieren die Kurzurlauber, weil ihre Fahrkarten gegenüber den herkömmlichen Tickets erheblich günstiger sind.[681] Und auch in den Ferienorten selbst drückt »Kraft durch Freude« die Preise. So kosten die KdF-Gymnastikkurse dort für die Urlauber zuweilen nur halb so viel wie bei den etablierten Gymnastiklehrern. Nicht nur die privaten Reiseveranstalter sind also durch solche Fahrten einem harten Preiswettbewerb ausgesetzt.[682]

Im Sommer 1939 steuern diese Züge übrigens auch erstmals die Kur- und Erholungsgebiete des Memellands und des Sudetenlands an, wo allerdings »seit der Grenzänderung« nach Erfahrung mancher Besucher der frühere »Reiz der Billigkeit« leider restlos verloren gegangen sei – »es ist eher teurer als bei uns«.[683] Solche Überraschungen erwarten die Kurzurlauber nicht an den anderen angefahrenen traditionellen Zielen wie Norddeich oder Stralsund, Sassnitz, Königsberg, Beuthen oder Innsbruck. Zuweilen werden auch Tagesausflüge angeboten: So startet beispielsweise im westfälischen Rheine ein KdF-Sonderzug zu einer Fahrt nach Norderney: In den frühen Morgenstunden geht es los, nach der Überfahrt von

Norddeich aus bleibt auf der Nordseeinsel Zeit für ein »gutes Mittagsmahl« und ein Badevergnügen am Strand, ehe die Teilnehmer am späten Abend wieder daheim eintreffen.[684]

Diese KdF-Sonderzüge sind nicht gerade für ihren Komfort bekannt. Dies verwundert nicht, denn angesichts der großen Zahl der Urlauber fehlen der Reichsbahn zuweilen Waggons und freie Strecken, um die vielen Züge planmäßig abzufertigen. Verspätungen und damit verpasste Anschlusszüge sind die Folge. Auch wer mit einer KdF-Fahrt innerhalb Deutschlands unterwegs ist, tut also gut daran, ausreichend Proviant einzupacken: Ganztägige Fahrtzeiten, mehrstündige Verspätungen oder auch schon einmal eine außerplanmäßige Übernachtung auf einem Bahnhof sind keine Seltenheit.[685] Ein Teilnehmer klagt gegenüber der Exil-SPD über solche nächtlichen Eisenbahnfahrten:[686]

> »Einige liegen in den Gepäcknetzen, andere haben sich aufblasbare Luftmatratzen mitgebracht und liegen in den Gängen auf dem Fussboden. Dort wieder hat einer eine Hängematte im Durchgang aufgespannt. Ein heilloses Wirrwarr, dicke verrauchte und verbrauchte Luft ...
> Die hygienischen Verhältnisse in diesen KdF-Zügen sind katastrophal: kein Klosettpapier, kein Spülwasser, manchmal Waschwasser, aber Handtücher nie.«

Vor Ort werden die Reisenden zwar gern von den lokalen Honoratioren begrüßt – und die örtliche Presse berichtet ausgiebig über die Ankunft –, doch für die meisten Gäste entscheidet sich jetzt erst, wer in welchem Quartier zu welchen Bedingungen untergebracht ist. Der Zielort ist den Urlaubern zwar bei der Abfahrt bekannt, aber sie haben zuweilen keine konkreten Informationen über das Hotel, die Pension oder das Privatquartier, in dem sie untergebracht sein werden. Überhaupt haben sie Glück, wenn sie nicht das Opfer von Buchungspannen werden oder von Falsch- oder gar Doppelbelegungen der Zimmer betroffen sind. Ein Quartierswechsel kann sich sogar als unfreiwilliger Glücksfall herausstellen, wenn man dadurch möglicherweise der Unterbringung in der untersten Kategorie entgehen konnte. Zu dieser zählen manchmal sogar so bezeichnete »Schmutzbetriebe«, denen bereits wegen hygienischer Mängel für einen Urlaubsaufenthalt eigentlich die Konzession entzogen worden war.[687]

So zeigt sich in der Praxis, dass die KdF-Inlandsreisen in der Regel weitgehend komfortfrei und beschwerlich sind und in Sachen Service und Professionalität hinter den kommerziellen Reiseanbietern zurückbleiben.[688] In Berchtesgaden beklagen sich die Einheimischen bald über die Massen der KdF-Touristen; diese brächten viel Unruhe, aber wenig Geld – »früher seien ruhige Leute gekommen, die Geld dagelassen hätten«.[689] Aber solche Klagen können sich nur die etablierten Kur- und Ferienorte leisten. Strukturschwache Regionen, die etwa wie die Eifel bislang nicht vom großen Tourismusgeschäft profitieren, freuen sich selbst über die KdF-Urlauber. Es gibt Gemeinden, die auf das Geld dieser Kurzurlauber regelrecht angewiesen sind – und »Kraft durch Freude« setzt die wirtschaftliche Bedeutung dieser Fahrten zuweilen als politisches Druckmittel ein. Nachdem sich eine bayerische Kommune geweigert hat, noch mehr als die bereits untergebrachten Arbeiter für den Bau der Reichsautobahn auf ihrem Gebiet einzuquartieren, stoppt »Kraft durch Freude« im Gau Rosenheim umgehend die Zuteilung von Urlaubern dorthin.[690]

Das besser situierte Bürgertum orientiert sich bei der Wahl der Urlaubsorte an Hinweisen wie »nicht vom KdF besucht«[691] – das scheint einen ungestörten Urlaub auf entsprechendem Niveau zu ermöglichen. In einem bayerischen Beherbergungsbetrieb werden zwei Sorten Kaffee angeboten: »guter Kaffee« und »KdF-Kaffee«.[692] Orte mit KdF-Besuchern werden zuweilen gezielt gemieden; wahre Schauergeschichten machen die Runde vom angeblich »ungezogenen Benehmen« der KdF-Reisenden, die wie Heuschrecken über Ferienorte herfielen, »die sich sinnlos besöffen und die nachts einen greulichen Lärm machten«.[693]

Längst muss »Kraft durch Freude« gegen solche Erzählungen angehen und hebt demonstrativ die vorbildliche Disziplin der KdF-Reisenden hervor, die damit im besten Sinne Vertreter einer funktionierenden »Volksgemeinschaft« seien. KdF-Amtsleiter Bodo Lafferentz muss selbst bei der Reichstagung in Hamburg auf dieses Thema zu sprechen kommen. Dabei bemüht er mit Adolf Hitler die höchste Instanz der Ordnung, indem er an die Jungfernfahrt der »Robert Ley« erinnert. Auf der habe sich der »Führer« schließlich selbst ein Bild von der tadellosen Haltung der Urlauber gemacht und sei auch deshalb ganz begeistert wieder von Bord gegangen:[694]

> »Was haben uns neunmalkluge Pessimisten gerade vor der Inangriffnahme unserer Seereisen gewarnt, was haben sie uns für Schreckgemälde von Disziplinlosigkeit und schlechtem Benehmen entworfen! Ich glaube nicht, daß irgendein Luxusdampfer jemals Gäste beherbergt hat, die mehr Disziplin und vornehmen Anstand bewiesen hätten als die deutschen Arbeiter und Arbeiterinnen, die den Führer auf seiner Fahrt auf der ›Robert Ley‹ umgaben.«

Nun ja, wenn der »Führer« mit an Bord weilt, ist ordentliches Benehmen für alle Passagiere zunächst einmal ein Akt der politischen Klugheit. Aber was, wenn italienischer Wein und die mediterrane Abendsonne nah und der »Führer« weit ist? Fraglos haben sich die KdF-Fahrten hinsichtlich des Verhaltens ihrer Teilnehmer einen gewissen Ruf erarbeitet. Aber das schreckt die Urlauber keineswegs ab. Und auch wenn die KdF-Inlandsreisen stets ein wenig wie Tourismus zweiter Klasse erscheinen, sind sie halt preiswert für die Teilnehmer. Das erklärt das anhaltende Interesse. Viele Deutsche wissen zwar von den Mängeln, wollen aber vor allem das Positive an diesen Unternehmungen sehen – dass nämlich das »Dritte Reich« sich zumindest redlich Mühe gibt, es den Menschen »gut« gehen zu lassen, sich also auch um ihre Freizeit und ihren Urlaub sorgt. Aus einem kritischen Bericht für die Exil-SPD ist deshalb durchaus Resignation herauszuhören, dass die Werbung für »Kraft durch Freude« augenscheinlich funktioniert:[695]

»Wie weit die Wirkung immer wieder eingetrommelter Schlagworte geht, habe ich in der Diskussion mit Arbeitern festgestellt, die mir u. a. entgegneten, Hitler habe doch die großartige Einrichtung der KdF-Fahrten geschaffen. Ich stellte dann fest, dass sie bisher noch nie in der Lage gewesen sind, in all den Jahren an einer einzigen KdF-Fahrt teilzunehmen. Sie meinten, aber sie läsen doch immer und immer wieder, dass soviele Arbeiter an den KdF-Fahrten teilnähmen.«

Viele Deutsche sind empfänglich für die großen Versprechungen, die »Kraft durch Freude« transportiert. Dazu gehört im Hinblick auf den Urlaub der Zukunft auch der Bau riesiger Ferienanlagen. Fünf davon sind geplant, Seebäder mit Kapazitäten für jeweils mehrere Tausend Urlauber in Ostpreußen, in Kolberg, auf Rügen, am Timmendorfer Strand und bei Kiel werden ins Auge gefasst.[696] Mit dem Bau der Anlage Prora bei Binz auf Rügen ist bereits im vergangenen Jahr begonnen worden, hier sollen direkt am Strand in einer eigenständigen Infrastruktur 20000 Deutsche gleichzeitig ihren Ostseeurlaub genießen können. Noch ist zwar kein einziger Urlauber gekommen, aber zeitweise schuften bereits mehrere Tausend Bauarbeiter an der Ferienanlage. Offiziell läuft alles nach Plan, und KdF-Amtsleiter Bodo Lafferentz kann bei der KdF-Reichstagung in Hamburg stolz verkünden:[697]

»Der Bau des gigantischen KdF.-Seebades auf Rügen ist so weit vorangeschritten, daß im nächsten Sommer der Teilbetrieb programmgemäß aufgenommen wird.«

»Kraft durch Freude« bietet eben keinen Individualtourismus, das macht auch diese riesige Ferienanlage auf Rügen deutlich. Die

Allen Versprechungen zum Trotz wird im KdF-Seebad Prora während des »Dritten Reichs« Urlaub machen.

»Gemeinschaft«, von der in Deutschland seit Jahren als der gewünschten Ordnung allen Zusammenlebens die Rede ist, soll auch den Urlaub planen. Persönliche Wünsche haben da zurückzustehen. »Freude und Erholung«, so heißt es offiziell, »findet der am besten, der nicht von anderen alles erwartet, sondern selbst zur Gemeinschaft das beste beiträgt.«[698] Den Erwachsenen soll es auch im Sommer 1939 also nicht anders gehen als den Kindern und Jugendlichen, denn auch die machen in ihrer großen Mehrzahl Urlaub in einer Gemeinschaft: »Hitler-Jugend« und BDM veranstalten in diesen Wochen ihre großen Lager, und es trifft durchaus zu, wenn der *Völkische Beobachter* just an dem Wochenende, als die KdF-Reichstagung in Hamburg begangen wird, vermeldet: »Im ganzen Reich Sommerlager!«[699]

Überall in Deutschland sind Kinder und Jugendliche zur Sommerfreizeit aufgebrochen, jetzt ist gerade »Halbzeit« – die ersten kehren schon zurück und machen damit Platz für die nächsten. In Hamburg-Altona ist das auch an diesem 21. Juli 1939 der Fall: Auf dem Bahnhof begegnen sich die Teilnehmer des zweiten Transports mit »Hitler-Jungen«, die zum Sommerlager in die Eckernförder Bucht an der Ostsee aufbrechen, mit den Kindern des ersten Transports, die nach dreiwöchigem Aufenthalt zurückkehren. »Braungebrannte Jungen entstiegen dem Zuge« und werden von ihren Eltern empfangen, berichtet eine örtliche Zeitung. Doch bevor die Familien ihr Wiedersehen daheim feiern können, weist der zuständige »Jugendbannführer« die Anwesenden noch »auf den großen Erziehungsfaktor hin, den die Lager der ›Hitler-Jugend‹ bedeuten«.[700] Auch für den Nachwuchs geht es in diesem Sommer in den Ferien angeblich nicht um individuelle Erholung, sondern wie auch für die Urlauber der KdF-Fahrten um die »Verwirklichung des Gedankens der nationalsozialistischen Volksgemeinschaft«.[701]

Wer nicht in der Gemeinschaft Urlaub machen will, muss sich selbst eine Urlaubsmöglichkeit suchen. So lautet auch die Empfehlung, die im Juli 1939 ein Reisender aus Sachsen erhält, als er sich bei einer KdF-Fahrt ins Allgäu über die seiner Meinung nach wenig schmackhafte Kost beschwert. Daraufhin wird er von anderen Reisenden zurechtgewiesen: Wenn ihm die Verpflegung nicht behage, solle er doch privat verreisen![702] Tatsächlich bietet eine solche »private« Reise, die bei einem eigenständigen Reiseunternehmer gebucht wird, deutlich mehr Annehmlichkeiten für den Urlauber: Zunächst muss der Reisende weniger Rücksicht auf die »Gemeinschaft« nehmen – er kann den Urlaub nach seinem Geschmack gestalten. Er braucht nicht an irgendwelchen Unterhaltungsangeboten oder Ausflügen teilzunehmen, wie es bei KdF-Fahrten erwartet wird, er kann vorab ein bestimmtes Hotel für die Unterbringung auswählen, während bei KdF-Fahrten lediglich die Zielregion gebucht wird. Zudem kann sich der Reisende schon bei der Hinfahrt mit der Reichsbahn je nach Bedarf und Geldbeutel eine Klasse seiner Wahl aussuchen. Und wenn der Ferienort tatsächlich gefällt, kann der privat Reisende seinen Aufenthalt auch vergleichsweise einfach verlängern. Doch der zentrale Nachteil liegt auf der Hand: Solche privaten Reisen sind eben zum Teil erheblich teurer.[703]

Ein probates Mittel, um sozusagen in einem Akt des Individualtourismus der Urlaubsgemeinschaft zu entfliehen, könnte ein eigenes Automobil sein. Doch sich einfach ins Auto setzen und in die Ferne reisen ist auch in diesem Sommer nur wenigen Deutschen möglich. Auch wenn der ADAC für 1938 in seinem »Zeltplatznachweis für Kraftfahrer« immerhin bereits 200 Campingplätze für Übernachtungen ausweist, ist dies nur eine Alternative für die wenigen Autobesitzer. 1939 sind in ganz Deutschland nur etwas über 1,4 Millionen Personenwagen zugelassen. Allerdings sind sie sehr unterschiedlich übers Land verteilt. In Berlin gibt es mit über 125 000 Autos mit Abstand die meisten Fahrzeuge, mehr als in ganz Sachsen, doppelt so viele wie in ganz Württemberg.[704]

Aber auch in Sachen Automobilität hält das »Dritte Reich« nur vollmundige Versprechungen für die Zukunft bereit: nämlich den »KdF-Wagen«. Dieser »Volkswagen« soll ein zwar kleines, aber leistungsstarkes Auto sein, das sich im Prinzip jeder Deutsche leisten kann. Wie bei den Reisen mit »Kraft durch Freude« soll ein klassenloses, einfaches Modell her, ganz offensichtlich ohne allzu großen Luxus – dafür aber für die gesamte »Volksgemeinschaft« (selbstverständlich auch in diesem Fall nicht für diejenigen Deutschen, die man aus dieser Gemeinschaft verstoßen hat).

Mit dem »Volkswagen« trägt »Kraft durch Freude« die Träume vom Urlaub durch Mobilität in die Gesellschaft hinein, dereinst soll jeder arbeitende Deutsche mit dem eigenen Auto unterwegs sein können. Im niedersächsischen Fallersleben ist bereits mit dem Bau einer riesigen Autofabrik begonnen worden, erste Modelle des »Volkswagens« werden öffentlichkeitswirksam im Reich herumgezeigt. Und so verwundert es nicht, dass dieses Auto auch auf der KdF-Reichstagung in Hamburg vorgestellt und gelobt wird. Der »KdF-Wagen« sei fester Bestandteil »einer vollkommenen

Revolutionierung der Freizeit- und Urlaubsbetreuung«, verkündet KdF-Amtsleiter Lafferentz während des Hamburger Treffens. Zugleich malt er die automobile Zukunft in schönsten Farben. Das neue Auto werde schon bald kommen, zitiert er aus dem KdF-Leistungsbericht:[705]

»Die Produktion des KdF.-Wagens beginnt in Fallersleben bereits Ende dieses Jahres, so daß 1940 die ersten 100000 KdF.-Wagen ausgeliefert werden können. 1941 werden es 200000 und 1942 250000 Wagen sein. In den folgenden Jahren kann die Produktion beliebig gesteigert werden.«

Noch aber ist kein einziges Fahrzeug für den privaten Gebrauch ausgeliefert – doch bezahlt sind schon sehr viele, nämlich annähernd die gesamte geplante Jahresproduktion des kommenden Jahres. Obwohl die Deutschen erst seit gut zehn Monaten die Möglichkeit haben, sich an dem Sparsystem für so ein Auto zu beteiligen, sind nach Angaben von Lafferentz schon fast 100000 Fahrzeuge ganz oder zum größten Teil bezahlt.[706] Auch wenn in Anbetracht der Gesamtfinanzierung des riesigen Automobilwerks und der geplanten Produktion diese Spargroschen der Möchtegern-Autobesitzer zu vernachlässigen sind, ist diese Form der Vorfinanzierung durchaus von vornherein eingeplant.[707] Der – übrigens künstlich herabgedrückte – Preis für einen »Volkswagen« beträgt 990 Reichsmark, die Cabrio-Limousine kostet 1050 Reichsmark. Der Automobilbegeisterte muss dafür jede Woche mindestens fünf Reichsmark für eine Sparmarke aufbringen, die er vor allem bei den Dienststellen der »Deutschen Arbeitsfront« erhält, und in eine Sparkarte einkleben. Drei Sparkarten im Wert von je 250 Reichsmark begründen schließlich den Anspruch, bei der Verteilung der neuen KdF-Wagen berücksichtigt zu werden. Immerhin mehr als 250000 Deutsche sind schließlich Ende 1939 bereits »Volkswagensparer«.[708] Was in diesem Sommer noch keiner der Autofreunde weiß: Niemand von ihnen wird für sein Geld je einen »Volkswagen« erhalten – und die eingezahlten Prämien wird er auch nicht zurückerhalten …

Dieses Geld ist weg: Mit dieser Sparkarte hofft so mancher den ersten Schritt zum Erwerb eines »KdF-Wagens« gemacht zu haben – doch es sollte ein Traum bleiben.

In Hamburg können die Menschen während der KdF-Reichsta-gung die ersten Exemplare dieses »Volkswagens« bestaunen: Ein Ausstellungsexemplar ist während der gesamten Veranstaltung zu bewundern, außerdem fahren bei dem großen Festumzug am Sonn-tag erstmals auch zehn »KdF-Wagen« mit.[709] Zu Werbezwecken steigen übrigens bei anderen Gelegenheiten auch die Großen der Diktatur gern in einen »Volkswagen«. Sogar der beleibte Hermann Göring hat für einen Fototermin Platz darin gefunden, und Adolf Hitler selbst lässt sich zuweilen bei offiziellen Anlässen in einem »Volkswagen«-Cabrio chauffieren. Das ist allerdings für die deut-sche Öffentlichkeit ein ungewohnter Anblick, denn der führer-scheinlose, gleichwohl autoverrückte Diktator bevorzugt schon seit Jahren für seine Auftritte viel lieber eine prestigeträchtige of-fene Mercedes-Limousine.[710] Und auch weniger Prominente wer-den mit dem »KdF-Wagen« auf Werbetour geschickt. So beginnt im August 1939 eine Dresdner Filmproduktionsfirma mit Unterstützung des Mineralölunternehmens Shell-Rhenania-Ossag mit Aufnahmen von einem jungen Schauspielerpaar (Liselotte Schaak und Erik Ode als Ilse und Fritz), das mit einem solchen Auto auf den Spuren Johann Wolfgang von Goethes durch Thüringen, Oberfranken und das Sudetenland fährt (»Karlsbader Reise. Im Volkswagen auf Goethes Spuren von Weimar nach Karlsbad«) – populäre Geschichtserzählung aus dem »Volkswagen« heraus ...[711]

Aber einige Deutsche wollen nicht darauf warten, bis solche motorisierten Ausflüge dereinst auf der Kinoleinwand zu sehen sind. Und sie wollen sich auch nicht gedulden, bis die »Volkswagen« irgendwann ausgeliefert werden – sondern schon jetzt einen sommerlichen Ausflug machen, und zwar mit dem Motorrad. Die Deutschen sind schließlich seit Jahren ein Volk der Motoradliebhaber – 1938 ist immerhin die Hälfte aller weltweit gefahrenen Motorräder auf deutschen Straßen unterwegs. Dieser immer stärker werdende Individualverkehr sorgt auch für einen zunehmenden Aufschwung des Individualtourismus. Das Motorrad – zuweilen handelt es sich mehr oder weniger um ein Fahrrad mit Hilfsmotor – ist deutlich preiswerter als ein Auto, und dementsprechend ist auch das »Motorradwandern« als Ausflug ins Grüne eher ein Synonym für ein proletarisches Vergnügen. Die Beliebtheit des Motorrads lässt sich auch an der Nutzung der Autobahnen ablesen: In der Urlaubssaison werden die Strecken für Reisen in die Alpen oder auch auf den Abschnitten zwischen den Großstädten und der Ostsee zu rund 80 Prozent von Motorrädern genutzt. Fraglos ist das Motorrad auch in diesem Sommer ein »touristischer Trendsetter«.[712]

Ob nun mit dem Motorrad oder dereinst mit dem eigenen »Volkswagen«, ob in einem HJ-Sommerlager oder bei einer KdF-Fahrt nach Norderney: Die Deutschen sollen den Sommer genießen. »Kraft durch Freude« will bei allen bekannten Schwierigkeiten und Unzulänglichkeiten mit seinen Urlaubsangeboten einen Beitrag dazu liefern, dass das Leben in Deutschland »schön« wird. Dass es keine politischen Freiheiten mehr gibt, keine Wahlen, keine Parteien, keine Gewerkschaften, dass kein öffentlicher Widerspruch zum Machtanspruch der Diktatur geduldet wird, dass all jene entrechtet und verfolgt werden, die aus Sicht des »Dritten Reichs« keinen Platz in diesem Land haben – das alles soll hingenommen werden (und wird es weitgehend auch) im Tausch für die angeblichen sozialen Wohltaten, für die »Kraft durch Freude« steht. Für dieses Versprechen spielt auch der Begriff der »Schönheit« eine zentrale Rolle. Wie versprach doch die NS-Frauenführerin Gertrud Scholtz-Klink erst wenige Wochen zuvor: »Wir wollen das Leben immer schöner werden lassen«[713], so wie eben KdF-Amtsleiter Bodo Lafferentz das Ziel propagiert, »die deutschen Menschen glücklicher zu machen«[714]

Gerade um die »Schönheit« soll es nach den Vorstellungen von »Kraft durch Freude« schon in naher Zukunft ganz konkret gehen. Robert Ley verkündet auf dem Reichstreffen in Hamburg, dass das kommende Jahr 1940 von den Begriffen »Schönheit« und »Kraft« geprägt sein soll. Das offiziell ausgegebene Motto heißt deshalb »Kraftvolle Männer und schöne, anmutige Frauen«. Selbstverständlich, so erklärt Ley, sollten die Männer zu Soldaten erzogen werden, aber das Ziel des ganzen Volkes müsse auch »die schöne deutsche Frau« sein. Die deutschen Frauen müssten lernen, anmutig und gepflegt zu sein, und sie müssten sich auch mit der richtigen Mode »schön machen« können. Dazu werde »Kraft durch Freude« in Zukunft eigene »Akademien der Schönheit und der Mode« in Wien, Berlin und München aufbauen.[715]

Doch solche »Akademien der Schönheit« sind, wie die Ferienanlage auf Rügen, der »Volkswagen« für alle oder auch die großen Bauprojekte für die Hansestadt Hamburg, vorerst sämtlich Zukunftsgebilde. Es sind Versprechen auf eine bessere Zeit, die ihrer Einlösung harren. Ein Urlaub in diesem Sommer ist für die Deutschen indes schon einmal ein Anfang – und wo die einen reisen, verdienen die anderen ja auch Geld. Zu Letzteren gehören übrigens auch viele Hamburger, die sich nach Abschluss der KdF-Reichstagung über ein gutes Geschäft freuen: In der ganzen Stadt blühte an diesem Wochenende das Andenkengeschäft, und »in den Gaststätten, sowohl in der Innenstadt als auch in den Vergnügungsvierteln, besonders auf St. Pauli, herrschte ein Riesenbetrieb«, zieht das *Hamburger Fremdenblatt* nach dem KdF-Reichstreffen zufrieden Bilanz. »Köche und Kellner mußten die letzten Kräfte hergeben, um den ungeheuer gesteigerten Anforderungen durch den Gästestrom gerecht werden zu können«, denn ganz offensichtlich brauchten die Gäste der Reichstagung anders als noch vor einem Jahr »den Groschen nicht mehr so oft umzudrehen«. Auch die Privathaushalte haben ihr Geschäft mit der Unterbringung der Besucher gemacht: 2,50 Reichsmark pro Besucher und Nacht (inklusive Morgenkaffee) zahlt »Kraft durch Freude« den Gastgebern anschließend bar aus, »einige zehntausend Mark« gehen dabei nach Angaben der Zeitung über den Tisch:[716]

»Die Hausfrauen, die sich ihren willkommenen Nebenverdienst gestern auszahlen ließen, hatten alle frohe Gesichter. Der Zuschuß zur Haushaltskasse wird gut angelegt. Die eine wollte sich einen neuen Hut kaufen, die andere ihrem Töchterchen ein Kleid machen, die dritte will ihren Mann mit einem größeren Geburtstagsgeschenk überraschen, die vierte will Farbe kaufen und die Küche streichen.«

Während die geschäftstüchtigen Hamburgerinnen und Hamburger ihr Geld zählen, sind die Teilnehmer der KdF-Reichstagung wieder nach Hause zurückgekehrt. Wie sie sind im Juli 1939 Tausende Deutsche unterwegs, die meisten von ihnen auf einer zumeist bescheidenen oder auch größeren Ferienreise, doch viele andere auch unfreiwillig: Sie müssen Deutschland verlassen, um sich und ihre Familie in Sicherheit zu bringen. Für sie geht es in diesem Sommer deshalb nicht nach Berchtesgaden oder an die Ostsee, sondern nach Skandinavien, nach England, in die USA – oder gleich nach Schanghai. Und das Lied »Freut Euch des Lebens«, das an diesem Wochenende im Juli 1939 in Hamburg so oft angestimmt wird, kommt ihnen dabei sicherlich nicht über die Lippen. Denn sie fahren nicht in den Urlaub, sondern sind auf dem Weg ins Exil …

Die Zeiten ändern sich

Die Zeiten ändern sich – – –
Früher hat man vom Reisen geträumt,
von sehr blauen Meeren mit Palmen umsäumt.
Heut ist der Blickpunkt ein völlig andrer:
Wir reisen nicht mehr, wir sind bestenfalls Wandrer.

Wer sich früher so manche Reise gönnte,
wünscht jetzt, dass er ruhig hierbleiben könnte
ohne Listen, Lifts und Sprachenlernen;
Und wenn er schon reist – nur nach Baedecker-Sternen.

Schrankkoffer, die einst nach Biarritz fuhren,
die machen jetzt andre Touren
in Länder, die kaum erst entdeckt
und somit völlig unbeleckt
von übertünchter Höflichkeit,
die zwar nicht vornehm, aber weit.

Um das gelobte Land zu suchen,
muss man zunächst mal vorher buchen.
Und fährt, das ist das Ende vom Spiel,
auf Luxusdampfern ins Exil!

Gedicht der 17-jährigen Felice Schragenheim aus Berlin,
verfasst im Sommer 1939[717]

9

Verzweiflung im Exil

14. August 1939: Schanghai schränkt die Einwanderung ein

Die *Pariser Tageszeitung*, die von deutschen Exilanten in der französischen Hauptstadt herausgegeben wird, vermeldet das Ereignis als eines der ersten Blätter: »Schanghai für Emigranten gesperrt«, so lautet schon am Tag nach der offiziellen Ankündigung die Schlagzeile auf der ersten Seite. Für alle Deutschen, die sich auf der Flucht aus Deutschland befinden oder die in diesen Tagen planen, sich noch irgendwo auf der Welt in Sicherheit zu bringen, ist das ein Schock: Schanghai bietet nach Beschlüssen der örtlichen Behörden vom 14. August 1939 an für deutsche Flüchtlinge offensichtlich keine Zuflucht mehr, denn Schutzsuchende aus Europa dürfen nun nicht mehr einreisen.[718] Dabei war bis zu diesem Tag die Stadt am anderen Ende der Welt für verfolgte Deutsche seit Monaten ein ganz besonderer Sehnsuchtsort, erklärt auch die *Pariser Tageszeitung*:[719]

> »Der einzige Platz der Welt, für den der Auswanderer aus
> Deutschland kein Visum brauchte und den zu erreichen er
> ›nur‹ des Geldes für eine Schiffskarte – in der billigsten
> Schiffsklasse immerhin noch 7000 Francs – bedurfte.
> Nun ist diese Sehnsucht unerreichbar geworden. Das Tor
> Schanghai ist geschlossen – und kein anderes Tor öffnet sich.«

Es sei nachvollziehbar, dass dieser Schritt »von Tausenden und Zehntausenden Menschen als schwerste Katastrophe empfunden« werden müsse. Besonders dramatische Folgen habe die Entscheidung für die vermutlich rund 4000 Menschen, die bereits auf Schiffen aus Europa unterwegs in die ferne Stadt seien. Dass sie überhaupt die über 10 000 Kilometer weite Reise nach China angetreten hätten, um gerade dort ein neues Leben anzufangen, zeige im Grunde das ganze Elend der verfolgten Deutschen, so die *Pariser Tageszeitung*:[720]

> »Schanghai war nämlich durchaus kein ideales Reiseziel. Die Möglichkeit, sich dort eine neue Existenz aufzubauen, war für die meisten Auswanderer bitter gering. Das Leben in Schanghai bedeutete für die mittellosen Emigranten aus Berlin, Wien und Prag nicht viel mehr als ein Leben auf dem Lebensniveau chinesischer Kulis.«

Dokument der Verzweiflung: In einem Auffanglager für geflüchtete jüdische Deutsche werden im Juli 1939 die Neuankömmlinge verzeichnet.

Jetzt ist also auch Schanghai ein »geschlossenes Tor«, auch wenn die restriktiven Vorschriften vom August 1939 vor Ort immer wieder umgangen werden.[721] Tausende Deutsche sind auf der Suche nach einem sicheren Ort zum Leben – oder zumindest erst mal: zum Überleben. Seit Jahren verlassen sie Deutschland: kritische Frauen und Männer aus der Wissenschaft, aus Kunst und Journalismus, aus der Rechtsprechung wie der Politik. Der Verlust für Deutschland ist enorm: Rund 500000 Menschen fliehen während der Diktatur aus dem Land.[722] Und vor allem die Deutschen mit jüdischer Religion bringen sich in Sicherheit, denn ihnen ist längst die Lebensgrundlage entzogen, sie sind entrechtet und fürchten nach dem Pogrom des vergangenen Jahres aus gutem Grund um ihr Leben. Rund 80000 von ihnen verlassen allein 1939 das Land.[723] Dabei sind Flüchtlinge, das ist keine neue Erkenntnis, in den meisten Ländern nicht willkommen …

Nach 1933 flüchten viele Deutsche zunächst über die nächste Grenze. Damit wurde sogar das sogenannte »Saargebiet«, das nach dem Ersten Weltkrieg zunächst vom Deutschen Reich abgetrennt ist, ein solcher Fluchtort. Dorthin zieht es vor allem Sozialdemokraten oder Kommunisten, die hier zwar vor der Verfolgung durch deutsche Behörden sicher sind – aber keineswegs immer auf uneingeschränkte Solidarität der Bevölkerung treffen. So sieht sich die im Saargebiet erscheinende Zeitung *Das Reich* schon früh genötigt, öffentlich eine Lanze für die politischen Flüchtlinge zu brechen und sie auch gegen die Diffamierung in Schutz zu nehmen, die aus dem Deutschen Reich an die Saar dringt. »Deutsch ist, der frei ist«, so heißt es in der entsprechenden Betrachtung über die »Weltbedeutung der Emigration«:[724]

»Politische Emigranten hat es zu allen Zeiten gegeben, und es war immer nur ein persönliches Unglück und nicht eine Schande, ein Emigrant zu sein. Durch die Weltgeschichte zieht sich ein endloser Zug von Vertriebenen, Verbannten, Opfern von jeglicher Unterdrückung, von Land zu Land gejagt durch jegliche Tyrannei – es waren oft die Besten und Edelsten aller Nationen unter ihnen.«

Zugleich attestiert die Zeitung allen Emigranten, dass sie gute, womöglich sogar die besseren Deutschen sind: Es sei ja nicht so, dass diese Flüchtlinge ihr Vaterland aufgegeben oder gar verraten hätten – vielmehr hätten es die Nationalsozialisten und ihre Anhänger getan, »jene, die groß und schwer und breit darauf sitzen«. Die jetzt ihr Land verließen, seien anständige, brave Leute mit vorbildlichen Idealen:[725]

> »Ein Emigrant ist morgen dein alter Nachbar; er hat das
> Verbrechen begangen, weder ein Barbar, noch ein Heide,
> noch ein Folterknecht, noch ein Anbeter brutaler Gewalt
> sein zu wollen, er hat an ein friedliches, ein geistiges, hat an
> ein deutsches Deutschland geglaubt, deswegen wird er sein
> Bündel schnüren müssen, wie so viele vor ihm.«

Doch das Saargebiet ist schon bald kein sicherer Ort mehr für diese Flüchtlinge. Denn die Menschen an der Saar entschließen sich 1935 in einer Volksabstimmung mit einer überwältigenden Mehrheit von 90 Prozent für die Rückangliederung ihrer Heimat an das Deutsche Reich und damit für einen Beitritt zur Diktatur. Im vorhergehenden Wahlkampf hat eine Einheitsfront von Kommunisten, Sozialdemokraten und Kreisen des katholischen Zentrums ebenso verzweifelt wie erfolglos für eine andere Entscheidung agitiert. Das Votum für Deutschland und das »Dritte Reich« bedeutet, dass sich wieder Menschen vor der nun einsetzenden Verfolgung in Sicherheit bringen müssen. Unter ihnen sind eben auch jene, die erst zuvor aus Deutschland geflohen sind – ihre Flucht geht jetzt weiter.

Es sind nicht nur die Erfahrungen im Saargebiet, die zeigen, dass sich letztlich kein Flüchtling in den angrenzenden Nachbarländern Deutschlands sicher fühlen kann. Wie andere auch muss dies etwa der junge deutsche Sozialdemokrat Peter Forster erleben, dem es nach Jahren der Verfolgung schließlich gelingt, im Mai 1938 mit einem Mitgefangenen aus dem Konzentrationslager

Buchenwald auszubrechen, wobei sie einen SS-Mann töten. Während sein Gefährte bald wieder gefangen und umgehend zum Tode verurteilt wird, erreicht der 28-jährige Forster schließlich die Tschechoslowakei. Doch Deutschland übt daraufhin auf die Regierung in Prag massiven Druck aus, den Flüchtling auszuliefern. Verzweifelt lässt Peter Forster daraufhin öffentlich verlauten, dass er und der ebenfalls geflohene Gefangene aus Notwehr gehandelt hätten, als sie den SS-Mann töteten. Schließlich schwebten sie als Insassen eines Konzentrationslagers selbst in permanenter Gefahr, getötet zu werden. »Ich bitte alle Sozialisten, ihr Bestes zu tun, meine Auslieferung nach Deutschland zu verhindern«, so wird Forster in einer deutschsprachigen Exilzeitung zitiert.[726] Doch der Appell kann ihm nicht mehr helfen, und Prag gibt dem Druck aus Berlin schließlich nach: Forster wird ausgeliefert, vier Tage vor dem Weihnachtsfest 1938 wird er in Weimar zum Tode verurteilt und anschließend im Lager Buchenwald hingerichtet. Der sozialdemokratische *Neue Vorwärts* aus dem Exil schreibt anschließend:[727]

>»Peter Forster war kein Mörder … Er hat um seine Freiheit
>gekämpft, die man ihm ohne Grund und ohne Recht geraubt
>hatte, er hat den widerrechtlichen Widerstand gebrochen, der
>sich ihm entgegenstellte. Er hat getan, was das ganze deutsche
>Volk einmal wird tun müssen, wenn es seine Freiheit und die
>Welt ihren Frieden wiederfinden soll.«

Eine Flucht ins Ausland bietet also nicht in jedem Fall absolute Sicherheit. Es kursieren in Exilkreisen auch Gerüchte, dass immer wieder in Grenznähe zu Deutschland Kritiker der NS-Regierung kurzerhand gekidnappt und in das Reich verschleppt werden.[728] Vor allem angesichts der außenpolitischen Krisen des Jahres 1938 reist auch die Kriegsangst mit ins Exil – und damit die Sorge, angreifenden deutschen Soldaten in die Hände zu fallen. Der Sozialdemokrat und Journalist Erich Brost hält sich im Frühjahr 1939 in Warschau auf, und angesichts eines möglichen Angriffs der

Wo auf der Welt ist noch ein sicherer Zufluchtsort zu finden? Ein jüdisches Mädchen sucht den Globus ab. Aufnahme aus dem Jahr 1938.

Deutschen auf Polen ist er unschlüssig, »ob es angängig ist, für den Fall eines Krieges hier zu bleiben, weil man leicht in eine Mausefalle geraten könne«.[729]

Wer also irgend kann, bringt zwischen sich und das »Dritte Reich« einen möglichst großen Abstand. Und je verzweifelter die Lage in Deutschland ist, desto entfernter sind jetzt die Ziele. In deutschen Wohnzimmern wird der Globus neu betrachtet: An welchen Orten der Welt ist ein Neuanfang möglich, wohin jetzt noch fliehen?

Nach Großbritannien oder zunächst nach Frankreich, oder doch lieber gleich in die USA oder nach Kanada, Mexiko, Bolivien, Venezuela, Paraguay oder Neuseeland? Die Wahl eines möglichen Exillandes hängt dabei entscheidend von den eigenen finanziellen Möglichkeiten und davon ab, was sich organisieren lässt. Wer nur für sich alleine sorgen muss, hat es da noch vergleichsweise einfach, wer allerdings mit der gesamten Familie ausreisen will, muss ein solches Unterfangen in der Regel lange und mühselig planen.

Vor allem müssen Pässe und Visa beantragt und Geld für die Reise und für die Gründung einer neuen Existenz im Ausland beschafft und deponiert werden. In Deutschland gleicht die Vorbereitung einer Auswanderung oft genug einem bürokratischen Hindernislauf: So muss ein Fragebogen mit der Vermögensaufstellung bei der örtlichen Devisenstelle eingereicht werden, die wiederum für jüdische Flüchtlinge eine Bescheinigung der Ankaufsstelle über die Ablieferung von Wertgegenständen verlangt, detaillierte Listen über das Reisegepäck müssen angelegt werden und vieles mehr.[730] Gleichzeitig werden viele Verfolgte gerade jetzt im Sommer 1939 zu einer überstürzten Ausreise gezwungen, nämlich wenn sie sich im Gefängnis befinden und jetzt mit der Auflage entlassen werden, umgehend ins Ausland zu gehen. So wie der 23-jährige Norbert Arendt aus Hamburg, dem der Oberstaatsanwalt der Hansestadt am 17. August 1939 die Haftentlassung und die Aussetzung der Haftverbüßung unter der Auflage in Aussicht stellt, »dass der Verurteilte das Reichsgebiet innerhalb einer Woche verlässt und nicht mehr zurückkehrt«.[731]

In Breslau bereitet sich in diesem Monat der 49-jährige Walter Tausk auf seine Ausreise vor. Er hat einen Reisepass beantragt, und vom britischen Konsul in Berlin ist ihm ein Visum zugesagt worden. Dann muss er seine sogenannten »Packlisten« offiziell anmelden, wozu er wiederum eine »Stempelkarte« vom örtlichen Arbeitsamt vorlegen muss. Doch mit viel Ausdauer scheint Tausk alles zusammenzuhaben. Am 17. August 1939 notiert er in seinem Tagebuch:[732]

>»Heute kam das englische Visum und die Nachricht vom holländischen Generalkonsul, daß ich mit diesem Visum und Karte nach London ohne weiteres durch Holland fahren kann, eventuell sogar bis zu acht Tagen dort bleiben kann! Es ›könnte‹ also losgehen, zumal der Krieg immer näherrückt. Aber es ist noch zu erledigen: die ›Prüfung‹ meines ›Umzugsgutes‹ durch einen Obergerichtsvollzieher und das Einpacken. Darüber können gut drei Wochen vergehen. Meine Packlisten, die bereits im Februar vorlagen, sind abgelaufen.«

Vielleicht hätte Walter Tausk einen Rat befolgen sollen, den er schon einige Wochen zuvor – in diesem Fall direkt von Mitarbeitern der Gestapo – erhalten hat: Er möge sich nicht mehr auf die Chance versteifen, ein Visum für Großbritannien oder die USA zu bekommen (um das er sich seit Langem erfolglos bemüht), sondern »vielmehr dahin zu gehen, wohin ich eine Passage bekäme (ihrer Ansicht nach also Shanghai!)«.[733]

Also lieber die nächste sich bietende Gelegenheit zur Flucht nutzen, als auf eine Genehmigung für das Wunschziel zu warten? Dieser Hinweis entspringt keineswegs einer ausgeprägten Fürsorge oder gar Menschenfreundlichkeit eines Gestapo-Mitarbeiters, sondern vielmehr dem generellen Wunsch des »Dritten Reiches«, möglichst viele Deutsche mit jüdischem Glauben rasch aus dem Land zu treiben. Der Auswanderungsdruck ist allgegenwärtig; die wirtschaftliche Ausplünderung, die Ausgrenzung aus den bisherigen Berufen und Gewerben und der alltägliche Terror lassen selbst jene über eine Flucht aus ihrer Heimat nachdenken, die bislang lieber geblieben wären. Und die zurückbleibenden Deutschen werden mit »Erfolgsmeldungen« über die jüdische Auswanderung versorgt. So jubelt eine Tageszeitung im März 1939 unter dem Titel »Der letzte Jude abgewandert« über das neue Leben in einem kleinen badischen Dörfchen:[734]

>»Das vor 1933 36 Hebräer zählende Eubigheim ist durch
>Abwanderung des letzten Juden in der vergangenen Woche
>judenfrei geworden.«

Die Juden, die jetzt noch ihre Heimat verlassen können, werden in den letzten Stunden von ungehemmtem Antisemitismus begleitet. Im Hamburger Hotel »Reichshof«, in dem so mancher Ausreisende vor Antritt seiner Schiffspassage noch eine Nacht in Deutschland verbringt, heißt es Anfang 1939 in einer Begrüßungskarte, dass sich »Gäste jüdischer Rasse« nicht in der Hotelhalle aufhalten sollen und ihr Frühstück nur auf dem Zimmer einnehmen dürfen.[735] Und der Kaufmann Oscar Schloss erlebt bei seiner Ausreise nach Frankreich trotz eines gültigen Visums noch vor dem Grenzübertritt eine letzte, für das gegenwärtige Deutschland so kennzeichnende Demütigung:[736]

>»In der Zwischenzeit hatte man mich in eine Zelle gebracht,
>in der ich mich vollständig entkleiden musste. Der Beamte
>durchsuchte meine Taschen, den Saum meiner Kleidung,
>meine Schuhe und alles, wo man womöglich irgendetwas
>hätte verstecken können. Danach untersuchte er mein
>spärliches Haar, bohrte zwischen meinen Zehen (vermutlich
>nach Juwelen!) und ließe keine Stelle meines Körpers
>unerforscht. Ich musste mich zusammenreißen, um diesen
>Bengel nicht zusammenzuschlagen.«

Aber solche Prozeduren muss zuweilen eben hinnehmen, wer jetzt noch die Chance zur Flucht wahrnehmen kann. Viele haben dazu keine Gelegenheit mehr: Die jüdischen Deutschen, die im Land verbleiben, sind zu einer Gemeinschaft älterer Menschen geworden, die außerdem – um ihren Besitz und Arbeitsmöglichkeiten gebracht – hoffnungslos verarmt sind.[737] Wer es als Jude hingegen schafft, sein Land zu verlassen, hat den alltäglichen Hass, der sich auch in Parolen niederschlägt, noch lange in schlechter Erinnerung. Etwa die Momente, in denen SA-Männer auf den Straßen grölen:[738]

»Auf nach Jerusalem,
Matze fressen, Matze fressen
Matze fressen, Matze fressen.«

Nach Jerusalem? Diese Aufforderung entspricht einem gängigen antisemitischen Stereotyp, doch das »gelobte Land« ist für die meisten versperrt. Das unter britischem Mandat stehende Gebiet »Palästina« ist zwar seit Jahren eines der großen Fluchtziele, doch Großbritannien versucht mit allen Mitteln, eine weitere jüdische Einwanderung dorthin zu verhindern. So werden vor den Küsten Palästinas immer wieder Schiffe mit Flüchtlingen aufgebracht und zurückgeschickt. Britische Patrouillenboote kreuzen vor der Küste, um die illegale Einreise zu verhindern, was ihr allerdings nie ganz gelingt.

Während in Deutschland der Auswanderungsdruck 1939 weiter steigt, ist die Einreise in andere Länder kontinuierlich erschwert worden. Die europäischen Nachbarländer zeigen keine große Bereitschaft, Juden aufzunehmen, und auch die USA sowie die Länder Mittel- und Südamerikas verweigern immer restriktiver deutschen Flüchtlingen die Aufnahme. Das ist erst ein Jahr zuvor deutlich geworden, als sich Vertreter von 32 Staaten im Juli 1938 im französischen Évian-les-Bains trafen, um über die weitere Aufnahme der Flüchtlinge aus Deutschland zu diskutieren. Die meisten Delegierten schilderten ihre Schwierigkeiten, weitere Menschen aufzunehmen, die USA lehnten es ab, ihre Einwanderungsquoten zu erhöhen, und Großbritannien weigerte sich, das Thema »Palästina« überhaupt zuzulassen.[739] Einzig die Dominikanische Republik erklärte sich auf der Konferenz von Évian bereit, in Zukunft mehr Flüchtlinge aufzunehmen. Ansonsten sind die Hürden für eine Flucht nach Lateinamerika hoch: Dort werden zuweilen erhebliche Landungsgelder und der Nachweis über vorhandenes Kapital verlangt, ältere Menschen ohne Familienangehörige oder Flüchtlinge ohne Geld sind unerwünscht.[740]

Statt sich auf mehr internationale Hilfe zu verständigen, verschärfen mehrere Staaten 1938/39 ihre Einreisebestimmungen. Das hat für die Menschen, die bereits auf dem Weg sind, zuweilen unmittelbare Folgen. Als im Mai 1939 die Regierung von Kuba, das als eines der Haupttransitländer für eine Weiterreise in die USA gilt, ihre Visabestimmungen ändert, sind Hunderte Flüchtlinge bereits auf dem Weg zur Karibikinsel. So auch über 900 Menschen an Bord des HAPAG-Schiffes »St. Louis«, das im Mai 1939 von Hamburg Richtung Havanna in See gestochen ist. Doch bei ihrer Ankunft wird ihnen aufgrund der neuen Bestimmungen die Einreise verwehrt, als »Schiff ohne Hafen« irrt die »St. Louis« zunächst umher und muss schließlich sogar nach Europa zurückkehren. Dort genehmigt schließlich die belgische Regierung, sie im Hafen von Antwerpen einlaufen zu lassen, von wo aus die Flüchtlinge auf andere Länder verteilt werden. Die Hoffnung, zwischen sich und die Verfolger in Deutschland die sichere Distanz des Atlantiks zu bringen, ist für diese Menschen gescheitert.

Die Irrfahrt der »St. Louis« und das Schicksal dieser Flüchtlinge sorgen weltweit für Aufsehen. Es braucht wenig Fantasie, sich die Verzweiflung an Bord vorzustellen. Später schreibt einer der Flüchtlinge, der 17-jährige Fritz Buff, in seinem Reisebericht, wie nach Tagen des zermürbenden Wartens in der Bucht von Havanna die Nerven der Flüchtlinge bloß liegen – »ein Mann war

Die »St. Louis« vor Kuba: Entsetzt müssen die Flüchtlinge registrieren, dass ihnen die erhoffte Landung auf der Karibikinsel verwehrt wird.

diesen Nervenanspannungen nicht gewachsen, er öffnete sich die Pulsadern und sprang am hellen Tage ins Wasser«.[741] Als die Passagiere bei der erzwungenen Rückkehr nach Europa fürchten, wieder in Hamburg anzulanden, scheint alle Hoffnung dahin. Fritz Buff notiert:[742]

»Das Schiff hatte Nordostkurs eingeschlagen und war bereits einige Stunden in voller Fahrt Richtung Hamburg gelaufen. Das wirkte auf die sowieso schon angespannten Nerven wie eine Bombe, das Deck glich einem Hexenkessel, das war denn doch zu viel, alles konnte mit uns geschehen, jeder Hafen konnte für uns zur Landung ausgesucht werden, doch bei dem Worte Hamburg stiegen alte Erinnerungen in einem auf und es war der feste Wille der Mehrzahl lieber zu sterben als diesen Hafen je wiederzusehen.«

Gerade in Exilkreisen wird das Schicksal dieser Menschen mit großer Erschütterung wahrgenommen. Der österreichische Schriftsteller und Dramaturg Berthold Viertel, selbst schon seit Jahren im Exil, veröffentlicht in New York ein Gedicht über die Tragödie der »St. Louis«. Darin heißt es:[743]

> »Wir sehen euch in Traum und Wachen, kennen
> Wir euch doch alle, Männer, Frauen, Kinder,
> Die nun das gleichgültige Meer berennen,
> Fliehende aus dem Reich der Menschenschinder.«

Und die »St. Louis« ist nur eines der vielen »Totenschiffe« auf den Weltmeeren – ähnliche Schicksale erleben die Menschen an Bord der »Flandre«, der »Assimi«, der »Ossian« oder anderer Schiffe. Viele Menschen können bei solchen Passagen der Verzweiflung nicht mehr standhalten und nehmen sich das Leben. »Die Selbstmorde mehren sich«, berichtet die Exil-SPD im Sommer 1939, weil Lebensmittel und Trinkwasser während der Überfahrt oft knapp werden und sich zudem ansteckende Krankheiten ausbreiten.[744] Auf vielen Schiffen eskaliert die Lage; als der »Patria« mit 600 tschechoslowakischen Flüchtlingen an Bord von der Türkei die Anlegeerlaubnis verweigert wird, drohen die Passagiere angeblich damit, den Kapitän zu ermorden und das Schiff anzustecken.[745]

Wer in Deutschland ein Schiff besteigt, ist also noch lange nicht in Sicherheit. Das hat sich besonders drastisch erst wenige Wochen zuvor wieder gezeigt, als über 200 Flüchtlinge auf der »Orinoco« zunächst den Hamburger Hafen Richtung Kuba und Mexiko verlassen hatten, dann aber nach Deutschland zurückkehren mussten. In Deutschland macht sich die Presse über die umherirrenden Menschen noch lustig. Als die »Orinoco« Anfang Juni 1939 zwangsweise in Cuxhaven anlegt, spottet die *Cuxhavener Zeitung* in aggressivster antisemitischer Manier:[746]

> »Was ist das? Juden kommen nach Deutschland? Jawohl, rund
> 200 plattfüßige, edelrassige Hebräer stiegen Sonnabendnachmittag

auf dem Steubenhöft an Land. Zahlreiche Zuschauer
betrachteten diese Fracht mit recht gemischten Gefühlen ...
Sie sind ausgewandert oder waren im Begriff dazu. Aber
niemand will sie haben. So sind sie gereist und gereist,
bis man sie ... wieder zu den bösen Nazis schickte. Nun
haben wir die ›Herrschaften‹ wieder.«

Die erzwungene Rückkehr nach Deutschland ist der Albtraum
aller Flüchtlinge. Wie weit müssen sie denn fliehen, um wirklich
in Sicherheit zu sein? Seit dem Pogrom von 1938 und angesichts
eines drohenden Krieges, der dann eine Auswanderung fraglos
unmöglich machen wird, ist es im Grunde längst egal geworden,
wohin die Menschen flüchten – nur schnell weg, so das weit verbreitete Gefühl. Damit rückt das andere Ende der Welt als Alternative in den Blick: Schanghai. So fällt auch bei der Familie Bettink
in Hamburg die Entscheidung, den weiten Weg nach China anzu-
treten. Tochter Irene erinnert sich später:[747]

»Dann riefen meine Eltern uns eines Tages ins Wohnzimmer
und sagten, wir wandern aus, wir gehen nach Schanghai.
Schanghai! Von Schanghai habe ich nur in Märchenbüchern
gelesen. Da waren nur Chinesen mit langen Zöpfen, so habe
ich mir das vorgestellt.«

Doch Schanghai ist kein Märchenland – es ist der einzige Ort, an
den selbst Flüchtlinge aus Deutschland bis zum 14. August 1939
noch ohne ein Visum gelangen können. Mehr als 20000 Kilometer
müssen sie dafür allerdings zurücklegen – Schanghai ist weit weg,
nicht nur geografisch. Selbstverständlich war kaum einer der Menschen, die sich im Sommer 1939 etwa von Hamburg auf den weiten Weg machen wollen, zuvor schon einmal in China. Die meisten von ihnen haben vermutlich auch noch nie eine Fernreise
gemacht, einige noch nicht einmal das Land verlassen. Damit geht
es ihnen wie Heinz Kronheim aus Berlin, der nach dem Pogrom

von 1938 in das Lager Buchenwald verschleppt wurde und mit der Auflage entlassen wird, Deutschland rasch zu verlassen. Nach einer Empfehlung der jüdischen Gemeinde beschließt das Ehepaar Kronheim für sich und seine beiden kleinen Kinder die Flucht nach Schanghai – dabei ist die Familie bislang noch nie über den Spreewald und die deutsche Ostseeküste hinausgekommen. Um sich nun für das große Vorhaben einen ersten Überblick zu verschaffen, greifen die Kronheims auf den Schulatlas der elfjährigen Tochter zurück: Wo liegt denn dieses Schanghai genau? Und auf welcher Route gelangt man dorthin? Der Vater versucht den Kindern die lange Schiffsreise schmackhaft zu machen, doch es bleibt ein ungutes Gefühl. Nach China?[748]

Nach China! Das ist fraglos ein Abenteuer, eine Reise ins Ungewisse – in keiner Weise zu vergleichen mit einem Exil in Schweden oder den Niederlanden. Aber was wissen die Deutschen eigentlich von dieser Stadt auf der anderen Seite der Erdkugel? Wer zur schnelleren Orientierung das *Handbuch für die jüdische Auswanderung* aufschlägt, den *Philo-Atlas* aus dem Jahr 1938, findet schon einmal erste Informationen:[749]

»Schanghai: Größter u. wichtigster [Hafen] in N-China.
3,5 Mill. Ew. (meist Chinesen), 7000 J[uden] = 0,2 %,
3 Synagogen. Besteht aus: a) Chinesenstadt, b) franz.
Konzession, c) internationaler Niederlassung. Seit 1938 v.
Japanern besetzt.«

Wer sich jetzt auf den Weg nach Schanghai macht, ist in aller Regel nicht reich und berühmt – die bekannten Größen aus Wissenschaft, Kultur oder Politik haben sich bereits früher in andere Länder geflüchtet – wer irgend konnte: in die USA. Die Schanghai-Flüchtlinge des Jahres 1939 waren aber auch nicht bettelarm, jedenfalls nicht, bevor ihnen die anderen Deutschen ihren Besitz geraubt haben. Diese Menschen trauen sich einen Neuanfang zu und nehmen deshalb, soweit es möglich ist, ihre Angehörigen

Schanghai, die pulsierende Millionenstadt am anderen Ende
der Welt, wird jetzt zu einem deutschen Sehnsuchtsort. Aufnahme
aus dem Jahr 1936.

gleich mit.[750] Und ganz sicher sind unter ihnen viele, die eigentlich
in ein anderes Land ausreisen wollten, aber keines der begehrten
Visa bekommen haben. Jetzt muss es eben ohne Visum gehen –
und zwar nach Schanghai!

Die meisten dieser Menschen haben keine Erfahrung mit Fern-
reisen. Was muss unbedingt mit auf die weite Reise? Nur mit
einem Koffer voller Hoffnung will sich kaum einer aufmachen,
zumindest für den Neustart im Exil sollen ausreichend Mittel vorhanden sein. An den Umzugslisten, die jeder Auswanderer aus-
füllen muss, lässt sich erkennen, dass vor allem die jüdischen
Schanghai-Flüchtlinge nur noch über das Allernötigste an Besitz
verfügen – es ist vor allem Kleidung. Viele von ihnen erhalten vom
jüdischen Hilfsverein sogar noch eine Ausstattung zur Auswanderung.[751] Wer noch wertvollen Besitz haben sollte, muss ihn zurücklassen. Denn diese Flüchtlinge dürfen offiziell nur noch zehn
Reichsmark (oder Wertgegenstände von diesem Wert) mitnehmen.
»Mit zehn Mark«, so gesteht sich mancher Fluchtwillige deprimiert ein, »bin ich im Ausland noch mehr Bettler« als daheim.[752]
Wer es irgend schafft, kann bei Freunden oder Verwandten entlang der Reiseroute – etwa in den italienischen Hafenstädten –

Geld deponieren und sich damit den Neuanfang in Schanghai deutlich erleichtern.

Niemand will im Exil ein Bettler sein, abgeschnitten von Freunden und familiärem Netzwerk. Deshalb ist es sinnvoll, sich vorab über die Arbeitsmöglichkeiten im Zielland zu informieren. In Schanghai, so lässt sich nachlesen, gibt es berufliche Chancen für »sprachkundige Kaufleute mit Kapital«, auch für Stenotypistinnen mit Sprachkenntnissen, für Techniker und Ingenieure verschiedener Sparten und übrigens auch für »Musiker (als geschlossene Kapellen)«. »Vor Einreise muß dringend gewarnt werden«, heißt es im *Handbuch für die jüdische Auswanderung* allerdings weiter, »wenn nicht vorher Möglichkeit d. Existenzgründung geprüft ist.«[753] Vor diesem Hintergrund lässt sich verstehen, weshalb Auswanderer mit dem Ziel Schanghai häufig Schreibmaschinen mitnehmen: Für die Erstausstattung eines Büros erscheint dies absolut sinnvoll, und dabei befürchten viele, im fernen China keine Maschinen mit lateinischen Buchstaben zu finden.[754]

Die lange Reise nach Schanghai führt die meisten Flüchtlinge zunächst mit dem Zug nach Italien, wo in Genua, Triest oder Neapel die Schiffe in See stechen. Der 13-jährige Werner Michael Blumenthal aus Berlin bricht mit seiner Familie im Frühjahr 1939 auf. Später erinnert er sich:[755]

»Unsere Reise dauerte etwas mehr als 30 Tage, von Berlin aus über den Brennerpaß nach Neapel, von dort aus mit einem japanischen Schiff, der Haruna Maru, durch den Suezkanal, über den Jemen, Indien, Hongkong, Taiwan bis nach Shanghai.«

Die einmonatige Reise ist oft genug eine merkwürdige Mischung aus Urlaubsfahrt und immerwährender Strapaze. An Bord sind die Menschen ein wenig aus der Zeit gefallen, weil sie nun für viele Tage plötzlich von der direkten Bedrohung befreit sind. Es

entstehen Fotografien von Menschen, die sich an Bord auf Liege-
stühlen bei herrlichem Sonnenschein entspannen oder sich im
schiffseigenen Swimmingpool erfrischen.[756] Einige haben – weil sie
offiziell ohnehin kein Geld mitnehmen konnten – vorher in Erste-
Klasse-Tickets investiert, die jetzt entsprechende Annehmlichkeiten ermöglichen. Viele Kinder an Bord genießen so ein Abenteuer
auf hohem Niveau und erinnern sich später an eine »lustige
Reise«.[757] Aber auch die Erwachsenen reiben sich die Augen: Was
für ein Kontrast zu der Verfolgung noch wenige Tage zuvor! Harry
Lipstadt ist gerade erst vorzeitig aus dem berüchtigten Hamburger Untersuchungsgefängnis Holstenglacis entlassen worden, weil
seine Angehörigen eine Passage nach Schanghai für ihn erwerben
konnten. Jetzt, im August 1939, fährt er 1. Klasse auf dem italienischen Dampfer »Giulio Cesare« seinem Exil entgegen. Von Bord
schreibt er seiner Schwester:[758]

»Wie soll ich die Gefühle eines Menschen beschreiben,
welcher sich noch vor einigen Tagen im Zuchthaus befand,
mit der Aussicht auf Beendigung dieser Haft am 12. Oktober
[1939] und mit der Möglichkeit einer sich unmittelbar
anschließenden Polizeihaft (K.Z.) von unbestimmter
Dauer, … und welcher plötzlich nicht nur die Freiheit
erlangt hat, sondern augenblicklich auf einem der schönsten
Luxusschiffe ein Schlemmer- und Faulenzer-Leben führt?«

Und doch ist die Reise ins ferne China keine Ferienreise. So macht
etwa der Klimawechsel nicht nur den Älteren zu schaffen, mancher hat bereits entlang der Route etwa durch den Suez-Kanal mit
der Hitze zu kämpfen – »wir liegen wie tote Fliegen in unseren
Bordstühlen«, schreibt später eine junge Frau. An anderen Tagen – und Tausende Kilometer weiter – ist es dagegen wieder kalt
und stürmisch, und die allermeisten Passagiere haben erkennbar
mit der Seekrankheit zu kämpfen.[759]

Nach einmonatiger Reise endlich
die Ankunft in Schanghai:
Flüchtlinge aus Europa verlassen
das Schiff.

Nach einem Monat Reisezeit liegt dann Schanghai vor ihnen: eine
chinesische Stadt, die allerdings seit fast einhundert Jahren von
Europäern geprägt wird. Die repräsentativen Bauten entlang der
Uferpromenade des Huangpu-Flusses zeugen von der Macht und
dem Anspruch der europäischen Unternehmen und Banken, die
hier residieren. Ein Gebäude verfügt in seinem Turm über eine
Glockenuhr, die derjenigen im Londoner Westminster-Turm
nachempfunden ist – auch ein Zeichen des Machtanspruchs der
Briten, die Schanghai 1842 erobert und anschließend dessen Öffnung für die Europäer erzwungen haben.

Inzwischen ist die Stadt geteilt in eine »Internationale Niederlassung«, die von Briten und Amerikanern kontrolliert wird, eine
»Französische Niederlassung« sowie einen ursprünglich chine-
sisch regierten Teil, der allerdings Ende 1937 nach dem Angriff
japanischer Einheiten im japanisch-chinesischen Krieg von den
Japanern besetzt wird. Schanghai ist also einerseits eine Weltstadt
mit über drei Millionen Einwohnern und fraglos ein bedeutendes

Drehkreuz des Handels – aber es ist zugleich auch ein Ort, der vom Krieg gezeichnet ist. Das Elend der Menschen resultiert auch aus der Tatsache, dass die chinesische Bevölkerung seit Jahrzehnten an den Gewinnen des florierenden Handels nicht beteiligt ist. Wer sich ein wenig mit den Verhältnissen hier im Osten Chinas auskennt, weiß also nur allzu gut, dass Schanghai für die Flüchtlinge aus Deutschland keineswegs ein Traumziel ist.

Die Flüchtlinge haben zunächst Schwierigkeiten mit den sanitären und hygienischen Bedingungen vor Ort. Der zu diesem Zeitpunkt 13-jährige Werner Michael Blumenthal erinnert sich, wie die Mitglieder seiner Familie gleich in den ersten Tagen »die Bekanntschaft der berüchtigten Shanghaier Kakerlaken, Ratten und Wanzen machten – für jemanden, der aus den geordneten hygienischen Verhältnissen Berlins kam, etwas Schreckliches«.[760] Schon bald leiden viele Flüchtlinge unter Krankheiten, darunter auch Malaria, Typhus oder Tuberkulose.[761] Und sie müssen sich in einem ganz anderen Klima zurechtfinden, vor allem die Hitze macht vielen Deutschen zu schaffen – »sie können wirklich buchstäblich den Schweiß aus den Poren rinnen sehen«, berichtet eine junge Exilantin. Abends werde es etwas besser, aber »die Nächte sind ebenfalls nicht zum Aushalten«.[762]

Vor allem jüdische Hilfsorganisationen versuchen, den Neuankömmlingen das Leben etwas zu erleichtern. Viele von ihnen wissen diese Unterstützung zu schätzen. »Das hiesige jüdische Komitee arbeitet fabelhaft«, berichtet die aus Berlin geflüchtete 20-jährige Edith Becker in einem Brief in die alte Heimat. Ihre Familie habe Essen, Geld und sogar eine ausreichend große Wohnung erhalten. Zugleich sei es aber völlig ungewiss, wie lange diese Unterstützung noch gewährt werde – schließlich »werden noch sehr, sehr viele Auswanderer erwartet«.[763] Es scheint angeraten, diese möglichst frühzeitig darüber aufzuklären, wie man in Schanghai überlebt. Die *Gelbe Post*, eine deutschsprachige Exilzeitschrift, bereitet die Neuankömmlinge mit dem Abdruck der wichtigsten Verhaltensregeln auf die neue Heimat vor:[764]

»Tragen Sie Sonnenbrille, sonst bekommen Sie einen
Sonnenstich!

Trinken Sie keine eiskalten Getränke, essen Sie kein
Gefrorenes, insbesondere, wenn Sie erhitzt sind, sonst
werden Sie ein Marathonläufer.

Essen Sie nicht, was nicht frisch gekocht ist, insbesondere nicht
Salate, Gurken, ungeschältes Obst!

Trinken Sie kein unfiltriertes Wasser, insbesondere trinken
Sie kein Wasser, wenn Sie nicht bestimmt wissen, dass für
Desinfektion gesorgt worden ist!

Schlafen Sie nicht mit unbedecktem Bauch, tragen Sie
lieber nachts eine Bauchbinde!«

Viele der Ankömmlinge erleiden nach ihrer Ankunft einen regelrecht Kulturschock. Schon vom Schiff aus können sie nicht nur
die Kulisse der riesigen Stadt bewundern, sichtbar sind ebenso die
vielen Zerstörungen durch die jüngsten Kämpfe zwischen Chinesen und Japanern sowie die in vielen Gegenden herrschende Armut.[765] Armselig sind für viele auch die ersten Quartiere. Die in
New York erscheinende Zeitung *Aufbau* zitiert aus einem Brief
einer Frau, die nach Schanghai flüchten konnte. Sie ist in einem
privat finanzierten Flüchtlingsheim untergekommen, sodass sie
zwar wenigstens ein Dach über dem Kopf hat. Ansonsten jedoch
sei die Situation denkbar dramatisch:[766]

> »In unserem Zimmer, in dem fünf Ehepaare hausen, sind
> einige Doppelbetten, sonst nichts. Schränke gibt es nicht;
> unsere Kleider sind in den Koffern. Manchmal glaube ich,
> ich werde wahnsinnig, wenn ich an mein Heim zurückdenke.«

Selbst im fernen Europa nehmen die Menschen die Nachrichten
von den sozialen Unruhen in der chinesischen Stadt wahr: »In
Schanghai ereigneten sich Lebensmittelunruhen«, so ist in deutschsprachigen Zeitungen zu lesen, »wobei 500 Chinesen eine Mehl-

handlung erstürmten.« Auch von Schießereien und Toten wird berichtet.[767] Die Menschen, denen nicht die Flucht nach Schanghai gelungen ist, machen sich dementsprechend Sorgen um die dortigen Exilanten. Und selbst viele jener Deutschen, die in Schanghai Zuflucht gefunden haben, wollen möglichst weiterziehen – das Traumziel der meisten sind auch weiterhin die USA. »Den Willen zur Auswanderung von hier haben wir«, schreibt eine junge deutsche Exilantin, »aber die Hoffnung ist nur very, very small.«[768]

Wer irgend kann, versucht sich in Schanghai eine neue Existenz aufzubauen – wie hier mit einem kleinen Restaurant.

Ohne Unterstützung vor Ort ist das Leben im Exil in der Regel kaum zu bewerkstelligen. Das ist in Schanghai ebenso wie in den vielen anderen Ländern der Welt, in denen Deutsche jetzt Zuflucht suchen oder schon gefunden haben. Häufig sind es jüdische Hilfsorganisationen, die nicht nur wie in Schanghai zunächst einmal das Überleben der Neuankömmlinge sichern, sondern anschließend beispielsweise auch für notwendige Kontakte sorgen. Wer in den Vereinigten Staaten Glück hat, kann dort etwa die Hilfe des »German-Jewish Club« in New York in Anspruch nehmen, der es sich zur Aufgabe gemacht hat, den jüdischen Einwanderern aus Deutschland den Start in das neue Leben zu erleichtern. Es gibt Tipps für das Berufsleben, Kontakte zu Behörden und Verbänden, überdies lädt der Club zu Vorträgen ein, bietet juristische Sprechstunden an, richtet kulturelle Abende, sogar Quizabende, Tanzturniere oder Sportveranstaltungen aus. Eine »Sozialdemokratische Flüchtlingshilfe« arbeitet hingegen von London aus. Sie informiert beispielsweise über außereuropäische Fluchtziele wie Bolivien, Mexiko, Kanada oder auch Neufundland (damals noch nicht zu Kanada gehörig). Letzteres habe zwar nur sehr eng begrenzte Möglichkeiten als Einwanderungsland – aber für manche könnte es dennoch ein Ziel sein, wenn die Regularien erfüllt seien Dann müsse man sich in englischer oder französischer Sprache an den dortigen »Chiefcommissioner for Emigration« richten und nachweisen, dass man als Einwanderer »über mindestens 50 englische Pfund verfügt«.[769]

Auf der ganzen Welt leben inzwischen deutsche Flüchtlinge. Ihr Alltag ist gekennzeichnet von Existenzängsten, von Sorge um zurückgebliebene oder in anderen Ländern lebende Familienangehörige und Freunde sowie von der permanenten Unsicherheit, wie es für sie selbst in den nächsten Jahren weitergehen soll. Der Schriftsteller Erich Maria Remarque, der 1932 Deutschland verlassen hat, nennt einen seiner Protagonisten in seinem großen Exilroman *Arc de Triomphe* zutreffend einen »verlorenen Menschen«, dessen Alltag davon geprägt war, »jeden Tag aufbrechen« zu können, um erneut zu flüchten.[770] Die verlorenen Wurzeln der Flüchtlinge sind bei Remarque wie bei vielen anderen Schriftstellern ein durchgängiges Motiv. Gerade wenn diese Emigranten über keine gültigen Papiere verfügen, kreisen ihre Gedanken vor allem um Geld, ein gültiges Visum, einen Pass und eine Aufenthaltserlaubnis. »Fremd sind sie im fremden Land, ohne Sicherheit, verfolgt von einer kalten Bürokratie«, so hat es der Remarque-Biograf Wilhelm von Sternburg später einmal beschrieben. Über ihr Schicksal entscheidet »die Macht des kleinen Grenz- oder Paßbeamten, des kontrollierenden Polizisten oder der nie aussterbenden Denunzianten«.[771]

Erich Maria Remarque, der vor allem aufgrund seines Welter-
folgs mit dem Buch *Im Westen nichts Neues* auch im Exil ein ausgesprochen wohlhabender Mann mit durchaus luxuriösem Lebensstil ist, hält sich bis zu diesem Sommer 1939 häufig in Paris
auf, wohin viele deutsche Intellektuelle geflüchtet sind. Aber die
französische Hauptstadt liegt in ihrer Wahrnehmung eben nicht
weit genug weg von Deutschland – sie führen auch hier ein Leben »im Schatten des Grauens«, wie es in einem Gedicht heißt,
das 1939 in der dort erscheinenden sozialdemokratischen Exilzeitung *Neuer Vorwärts* abgedruckt wird. Das Entsetzen über
den Terror in ihrer Heimat verlässt die Exilanten auch in der
Fremde nicht:[772]

> »Wir sitzen zusammen in der fremden Stadt
> und reden von dem was war,
> von Freunden, die man gemordet hat,
> von Hunger und Angst ums tägliche Brot,
> von unser Vaterländer Not.
>
> Du bist im K.Z. gewesen, und dich hat man halb tot geschlagen,
> und wir alle tragen
> das Mal der Verbannten in die Seele gebrannt.
> Wir sind nirgends und überall zu Haus.
> Wir sind fremd unter den Sicheren, Satten.
> Wir leben im Schatten
> des Grauens, dem wir entronnen.«

Die Mehrzahl der geflüchteten Deutschen ist seelisch, oft auch
körperlich verletzt im Exil angekommen. Sind sie Juden, so sind
ihnen das bürgerliche Leben, die wirtschaftliche Existenz und
schließlich das Recht auf Leben genommen worden. Diese Menschen mussten unter unwürdigen Bedingungen ihre Heimat verlassen, sie wurden ausgeplündert, verhöhnt und gedemütigt. In den
vergangenen Jahren haben sie in Deutschland schlimme Erfahrungen

mit ihren Bekannten, mit Arbeitskollegen und Nachbarn machen müssen, einige von ihnen sind in ihrer Heimat Opfer von Gewalt durch andere Deutsche geworden. Und je später jemandem die Flucht aus Deutschland gelungen ist, desto größer sind jetzt die psychischen Lasten, die im Gepäck mitreisen.[773]

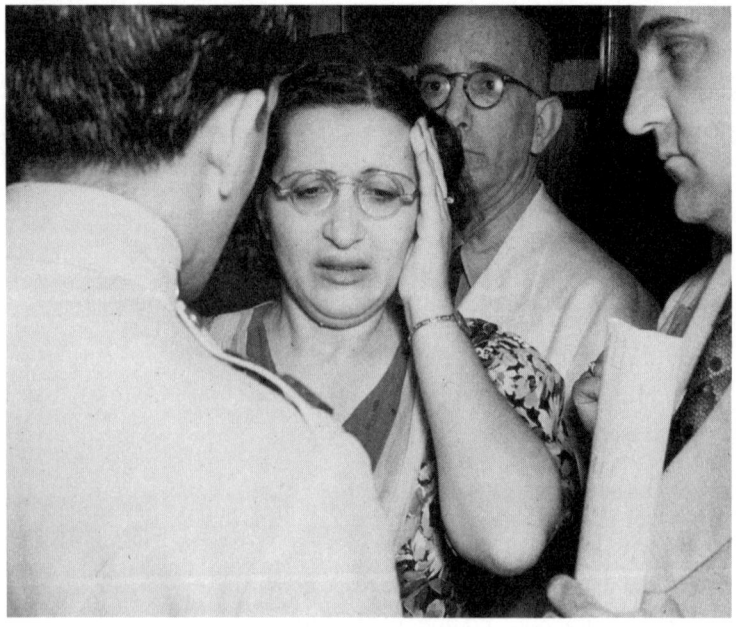

Pure Verzweiflung: Eine Deutsche erfährt im Hafen von Havanna, dass ihr die eigentlich in Aussicht gestellte Einreise nach Kuba verweigert wird.

Auch die Schriftstellerin Irmgard Keun, die in den Niederlanden an ihrem Exilroman *Kind aller Länder* arbeitet, kennt neben der materiellen die psychische Not der Exilanten. Sie selbst schildert ihre finanzielle Situation als so desolat, dass sie nicht wisse, »ob und wie ich diesen Roman noch zu Ende schreiben werde«.[774] Das gelingt ihr dann schließlich doch, und der Roman erscheint 1938 in den Niederlanden – und wird zu einem eindrucksvollen Dokument der Alltagserfahrungen von Exilanten. Beschrieben wird die Wahrnehmung der Flucht durch verschiedene europäische Länder aus der Perspektive eines Kindes. Dazu gehört auch der Blick auf die Eltern:[775]

»Mein Vater weint nie. Es ist warm, aber wir haben Hunger. Wir können nicht abreisen, weil wir das Hotel nicht bezahlen können und weil wir in kein anderes Land können, aber wir dürfen auch nicht mehr hierbleiben. Vielleicht kommen wir ins Gefängnis, dann werden wir verpflegt.«

Erwachsene trösten Kinder – auch in diesem Roman. So verspricht ein Kellner, auch weiterhin für die Exilantenfamilie zu sorgen, wenn es zum Krieg käme und diese dann in ein Lager gesperrt würde – selbst dann, so versichert er dem Kind, »würde er uns immer Essen bringen«.[776] Doch auch aus kindlicher Perspektive werden die Verzweiflung und die Ausweglosigkeit der Erwachsenen immer deutlicher, über einen möglichen Selbstmord wird immer wieder gesprochen:[777]

»Viele Emigranten wollen sterben, und mein Vater sagt auch oft, es sei das beste und einzig Wahre, aber sie sind alle etwas unschlüssig und wissen nicht recht, wie sie es anfangen sollen, denn es genügt nicht, wenn man einfach betet: lieber Gott, lass mich bitte morgen tot sein.«

Und auch die Mutter in diesem Roman macht aus ihrer Verzweiflung über dieses Leben kein Geheimnis:[778]

»Meine Mutter will manchmal sterben, dann hat sie Ruhe und keine Angst mehr. Aber sie weiss nicht, was dann aus mir werden soll. Ich soll noch nicht sterben, weil ich noch ein Kind bin.«

Selbstmord ist ein immer präsentes Thema bei den Flüchtlingen in aller Welt. »Selbstmorde sind Blitze, die die Situation schlagartig beleuchten«, heißt es in einem Beitrag der New Yorker Zeitschrift *Aufbau*, »und uns zeigen, dass sich mehr und mehr Unwetter zusammenziehen.«[779] In manchen Tagebüchern werden sie zuweilen nur noch knapp dokumentiert. »Bernstein Silvesternacht Basel Selbstmord«, notiert etwa Erich Maria Remarque, »wußte nicht mehr wohin. Jüdin.«[780] Solche Schritte sind längst ein Stück Exilnormalität. Aber jeder Fall macht die Überlebenden traurig, und oft genug steht die Frage im Raum, ob den Verzweifelten denn nicht rechtzeitig geholfen werden könnte. Der Autor einer Exilzeitung fragt nach der Irrfahrt der »St. Louis« und den bekannt gewordenen Selbstmorden an Bord:[781]

> »Was können wir denen sagen, die beiseite schleichen und sich selbst das Tor öffnen in jene letzte Freiheit, die ihnen keiner mehr streitig macht?! Was haben wir getan, dass sie noch im letzten Augenblick vielleicht Mut schöpfen und zurücktauchen aus dem Dunkel, das sie schon umrauscht?«

Die Verzweiflung über ihr Schicksal nehmen die Flüchtlinge aus Deutschland mit in alle Welt. Nie können sie wirklich sicher sein, dass ein neues Leben gelingt, dass eines Tages womöglich eine Rückkehr in die Heimat möglich ist oder dass sie zumindest für die nächsten Jahre für sich und ihre Familie eine Existenz finden. Die Angst vor wirtschaftlicher Not in der Fremde haben die Flüchtlinge immer im Gepäck. Wer jetzt noch keine Fremdsprache beherrscht, eignet sich zu Hause noch Grundlagen an oder frischt bestehendes Wissen auf. Auch praktische handwerkliche Fähigkeiten könnten womöglich hilfreich sein – dementsprechend besuchen viele Frauen noch in Deutschland Handarbeitskurse, um sich für entsprechende Arbeiten im Exil zu qualifizieren.[782] Wer weiß, ob sich mit diesen Fähigkeiten dereinst nicht ein Beitrag zum Überleben der Familie leisten lässt …

Tatsächlich ist dann im Exil viel Fantasie gefragt, um Geld zu verdienen, die wenigsten Flüchtlinge können schließlich in ihren erlernten Berufen arbeiten. Anuta Sakheim, die bereits 1933 nach Palästina fliehen konnte, berichtet Anfang 1939 in Tel Aviv von »tausend und tausend Emigranten, die Fensterputzer werden, und Rechtsanwälten und Ärzten, die studiert haben – und heute den Boden pflügen und die Hühnerställe sauberhalten«.[783] In Paris schaltet ein Deutscher im Februar 1939 eine Kleinanzeige in einer Exilzeitung:[784]

»Emigrant, der sich durch BRIEFMARKEN-HANDEL kl. Existenz schaffen will, erbittet Zusendung gebrauchter Marken gegen Portoerstattung.«

Vielleicht sind aber auch die Exilanten selbst eine lukrative Kundschaft. Das denken sich ebenfalls in Paris zumindest die Betreiber des »Restaurant Austro-Hongrois«. Sie umwerben die Freunde des österreichisch-ungarischen Essens mit dem nach Sehnsucht klingenden Slogan: »Wie esse ich wie zu Hause?«[785] Doch auch so ein Restaurant gilt den einheimischen Geschäftsleuten fraglos als unliebsame Konkurrenz, so wie die Immigranten in den meisten Zufluchtsländern in hohem Maß als Belastung für den Arbeitsmarkt wahrgenommen werden. Da kommen für die Flüchtlinge etwa in Großbritannien Meldungen wie die aus dem britischen Unterhaus Ende 1938 ganz recht, wonach angeblich die bislang registrierten 11 000 Einwanderer immerhin Arbeitsplätze für insgesamt 15 000 zuvor stellungslose Arbeiter geschaffen hätten.[786] Aber solche Fakten helfen bekanntlich wenig, wenn eine fremdenfeindliche Stimmung erst einmal um sich gegriffen hat …

Einen ungewohnten Weg ist in Berufsdingen auch die erwähne Anuta Sakheim gegangen, die sich in Palästina ein neues Leben aufgebaut hat. Inmitten eines unruhigen Landes, in dem Auseinandersetzungen zwischen Juden und Arabern sowie britischen Soldaten auch im Sommer 1939 an der Tagesordnung sind, arbeitet

die inzwischen 43-Jährige in Tel Aviv als erste Taxifahrerin Palästinas. Sie hatte sich vom letzten Geld ein Auto gekauft und damit
in den zurückliegenden fünf Jahren rund 400 000 Kilometer zu-
rückgelegt, wie sie selbst errechnet. Doch ihre Einkünfte bleiben schmal, und die Aussicht auf ein Leben in einem durch Gewalt und Unsicherheit zerrissenen Land führt schließlich dazu,
dass sie ihren 14-jährigen Sohn sicherheitshalber zu ihrer Schwester in die USA schickt. Dieser schildert sie zugleich ihr eigenes
Schicksal – auf sich allein gestellt in Palästina, ohne Ersparnisse
und Perspektive:[787]

>»Ich komme hier um. Ich bin wirklich nicht mehr unglücklich
und deprimiert, sondern lebensmüde geworden. So drückt
einen hier das alles zu Boden und das Alleinsein mehr als alles
andere.«

Als Anuta Sakheim schwer erkrankt, verlässt sie die Kraft zum
Weiterleben. Sie nimmt sich im Sommer 1939 das Leben.[788] Nachrichten von deutschen Flüchtlingen, die im Exil nur noch den
Suizid wählen können, kommen aus der Schweiz ebenso wie aus
Palästina, von Bord der Flüchtlingsschiffe oder auch aus Schweden. Dort begeht in diesem Sommer die lange in Berlin praktizierende Frauenärztin Clara Poll-Cords Selbstmord. »Sie hatte durch
die Judenverfolgungen zu sehr gelitten«, notiert eine Hamburger
Bekannte kurz darauf in einem Brief, »deren Opfer, eines von un-
zähligen, auch ihr Mann gewesen war.« Der Ehemann der Ärztin
war kurz nach der Ankunft in Schweden gestorben.[789]

Besonders bedrückende Erfahrungen machen Deutsche im Exil
in der Sowjetunion, wohin sich vor allem deutsche Kommunisten
vor der Verfolgung geflüchtet haben. Jetzt zahlen sie dafür zuweilen einen hohen Preis: Sie sind dort der Überwachung durch
Polizei und Geheimdienst ausgesetzt und leben nicht selten in
ständiger Angst, verhaftet, zu Lagerstrafen verurteilt oder sogar hingerichtet zu werden. Tausende – meist kommunistische –

Emigranten wurden so zwischen 1936 und 1938 Opfer des »Großen Terrors«. Die ideologische Enttäuschung über die Sowjetunion und das große menschliche Leid dieser Flüchtlinge ist groß. Zu den Verzweifelten gehört die Medizinerin Martha Ruben-Wolf, die mit ihrem Mann und zwei Kindern 1934 nach Moskau geflohen war. Sie ist politisch in Ungnade gefallen, verliert dann ihre Arbeit und damit ihr Einkommen – sicher auch, weil sie offiziell das »Massenelend der deutschen Emigranten« beklagt hat. Schließlich wird 1937 ihr Mann Lothar Wolf verhaftet und in ein Lager deportiert. Verzweifelt schreibt sie Briefe an Parteistellen und alle einflussreichen Freunde, versucht Wilhelm Pieck davon zu überzeugen, dass ihr Mann und sie Opfer von Verleumdungen geworden seien – »zweifellos wurden wir immer wieder neu … denunziert und verfolgt«. Aber das bleibt ohne Erfolg. Schließlich verliert die Familie fast ihren gesamten Besitz, die Tochter muss die Schule verlassen und als Sekretärin arbeiten. Im Kampf um die Rehabilitierung und Freilassung ihres Mannes und die Sicherung des Lebensunterhalts für ihre Familie verlassen Martha Ruben-Wolf schließlich die Kräfte, auch sie begeht in Moskau Selbstmord.[790] Die zu diesem Zeitpunkt 15-jährige Tochter Sonja erinnert sich später an den 16. August 1939, an dem sie mit ihrem kleinen Bruder Walter am Bett der Mutter sitzt, die offensichtlich nach der Einnahme einer Überdosis Schlafmittel noch lange im Todeskampf liegt.[791]

Die Schriftstellerin Anna Seghers, seit 1928 Mitglied der KPD, lebt zu diesem Zeitpunkt nicht in Moskau, sondern im Exil in Paris, wo sie eine direkte Verfolgung durch den sowjetischen Polizeiapparat nicht zu fürchten braucht. Allerdings muss sie sich wie die allermeisten Flüchtlinge mit finanziellen Sorgen herumschlagen. Für den von KPD-Mitstreitern betriebenen »Schutzverband deutscher Schriftsteller im Ausland« will sie Geld beschaffen; so wendet sie sich beispielsweise an den im Londoner Exil lebenden Jürgen Kuczynski mit der Frage, ob er »uns Schriftstellern irgendwie irgendwoher 1000 francs verschaffen« könne.[792] Auch für sich selbst ist Seghers permanent auf der Suche nach finanzieller Absicherung. Ihren Literaturagenten in den USA bittet sie um Zusendung eines zugesagten Vorschusses, »denn ich kann die Menschen, denen ich schulde, nicht monatelang warten lassen«, außerdem »müssen jetzt meine Kinder, die krank waren, in Erholung«.[793]

Währenddessen gibt es nur wenige deutsche Schriftsteller, die auch im Exil aufgrund ihrer Bekanntheit und ihrer Auflagenzahlen im Ausland gut leben können. Hermann Kesten sprach rückblickend von einigen erfolgreichen »Literaturmillionären«. Sie lebten neben »literarischen Exilbettlern« durchaus komfortabel, vor allem im südfranzösischen Fischerdorf Sanary.[794] Der Ort wurde nach 1933 zuweilen als Hauptstadt der deutschen Exilliteratur beschrieben; »hier ist man eben Kurgast und nicht Emigrant«, schreibt Marta Feuchtwanger, die dort mit ihrem Mann Lion lebt. Dieser kann, obwohl er in Deutschland nahezu alles verloren hat – sein Haus in Berlin samt der Bibliothek, sein Geld und seine Manuskripte –, im Exil von seinen Tantiemen gut leben. Denn seine Werke werden, wie die von Thomas Mann, Franz Werfel oder Erich Maria Remarque, auch weiterhin in zahlreiche Sprachen übersetzt und in vielen Ländern gedruckt.[795] Doch auch in diesen Kreisen ist die Erschütterung groß, wenn einer der Kollegen die Verzweiflung nicht mehr aushält, weil das Exil sein Leben zerstört. So etwa bei Joseph Roth, der über die Jahre an dem ungesicherten und aussichtslosen Leben in der Fremde verzweifelt. Seiner wachsenden Lebensunlust begegnet er mit ausuferndem Alkoholkonsum und betreibt damit in seinem Pariser Exil eine Art Selbstmord. Er stirbt im Mai 1939.[796]

Die Flüchtlinge im Exil erfahren zugleich, dass auch in Deutschland viele bedrängte Menschen nur noch den Selbstmord als Ausweg sehen. Die 84-jährige Anna Hess aus Hamburg schreibt in diesem Sinne ihrer Tochter, die sich nach Buenos Aires retten konnte, vom Suizid eines befreundeten jüdischen Ehepaares – »sie konnten das Leben mit seinen Ungerechtigkeiten, Beschimpfungen und Demütigungen nicht mehr ertragen«.[797] Was in Deutsch-

land vor sich geht, ist auch für die Führung der im Exil arbeitenden SPD und KPD wichtig. Dabei sind die Informationen und die
darauf fußenden Berichte und Einschätzungen augenscheinlich
von sehr unterschiedlicher Qualität. Während die regelmäßig er-
stellten »Deutschland-Berichte« der Exil-SPD inzwischen vergleichsweise verlässlich Fakten und zahlreiche Einzelberichte aus
Deutschland bündeln, muss sich die Exil-KPD – gefangen in den
politischen Vorgaben Moskaus – selbst aus ihren eigenen Reihen
den Vorwurf machen lassen, sie lebe im Ausland in Sachen Lebensrealität der Deutschen regelrecht »hinter dem Mond«. Denn
als die KPD im Januar 1939 in Frankreich mit einer Konferenz den
20. Jahrestag ihrer Gründung feiert, werden von dort aus die Genossen in Deutschland allen Ernstes ermahnt, in den Betrieben
und auf regionaler Ebene wieder feste Basen für eine erfolgreiche
kommunistische Arbeit zu schaffen. Dass die meisten aktiven
Kommunisten daheim indes längst eingesperrt oder ermordet sind
oder sich schlicht von jeglicher politischen Arbeit fernhalten müssen und dass eine geordnete Agitation unter den Bedingungen der
Verfolgung kaum möglich ist – das alles scheint die KP-Führung
nicht allzu sehr zu beeindrucken. Und so ruft ein Konferenzteil-
nehmer bei dem Treffen in Frankreich auch wütend dazwischen,
dass »die Redner völlige Ignoranz Deutschland betreffend an den
Tag legten«.[798]

Vergleichsweise zuverlässig und regelmäßig informieren die
Flüchtlinge auch die deutschsprachigen Exilzeitungen über die
Lage in Deutschland. Im Sommer 1939 berichten sie von einer zunehmend schlechteren Versorgungslage angesichts der unver-
kennbaren Kriegsvorbereitungen. Das lasse sich auch an Details
ausmachen; so weiß die *Pariser Tageszeitung* von einem für die
Nationalsozialisten peinlichen Zwischenfall Ende Juli zu berichten: Am Rande des propagandistisch so wichtigen Galopprennens
in München – dem »Braunen Band von Deutschland«– hätten die
Zuschauer, die mit dem Auto angereist waren, eine unangenehme
Überraschung erlebt. Denn in ganz München sei den Tankstellen

das Benzin ausgegangen; unvorsichtige Betreiber hätten sogar ganz offen zugegeben, »dass das Militär Benzin requiriert« habe. Das passe zu der allgemeinen Beobachtung, dass in den Tagen zuvor zahlreiche schwere Armeefahrzeuge in der Region unterwegs gewesen seien.[799] Unverkennbar liefen in Deutschland die Kriegsvorbereitungen!

Die Angst vor dem sich abzeichnenden Krieg setzt die Menschen, die jetzt im August 1939 noch aus Deutschland fliehen wollen oder müssen, unter zusätzlichen Zeitdruck. Viele Familien haben sich deshalb längst von der Vorstellung verabschiedet, gemeinsam zu flüchten. Schweren Herzens haben sich bereits Tausende von Eltern von ihren Kindern getrennt, um wenigstens sie schon einmal in Sicherheit zu bringen. Unter der Bezeichnung »Kindertransporte« wird die Rettung von Kindern und Jugendlichen bekannt, die nach dem Pogrom vom November 1938 organisiert wird und die noch immer läuft. Mehr als 9000 unbegleitete Kinder und Jugendliche werden dabei vor allem nach Großbritannien in Sicherheit gebracht.[800] Insgesamt sind es schließlich über 18 000 Töchter und Söhne deutscher Juden, die seit 1934 Deutschland allein, ohne ihre Eltern, verlassen. »Aus Kindern werden Briefe und aus Enkeln Bilder«, heißt es jetzt für die zurückbleibenden Eltern und Großeltern,[801] deren Schmerz über die Trennung und deren Sorge um das Wohlergehen der Kinder allein von der Hoffnung auf ein baldiges Wiedersehen gelindert werden.

Der Breslauer Historiker Willy Cohn sieht im September 1939 seine 15-jährige Tochter Ruth zum letzten Mal. Sie nutzt die Chance, nach Dänemark zu flüchten – »wer weiß, ob man sich noch einmal wiedersehen wird«, notiert ihr Vater in sein Tagebuch. Seine zwei großen Söhne sind bereits im Exil, in Frankreich und in Palästina, er bleibt mit seiner Frau und den beiden jüngsten Töchtern in Breslau, weil er die ursprünglichen Fluchtpläne verwerfen musste. Der letzte Besuch der Tochter Ruth ist für die Eltern denkbar schwer, in der Wohnung der Familie spielt sich ab, was seit Jahren und Monaten in vielen deutschen Wohnungen im

Ein deutsches jüdisches Mädchen, mit einem der »Kindertransporte« nach
Großbritannien ins Exil verbracht, kann sich nach der Ankunft stärken,
ehe es wie die anderen Kinder in britischen Familien untergebracht wird.

Dilemma zwischen Gehen und Bleiben trauriger Alltag ist.[802] Bei
den Cohns daheim nimmt der Vater die jugendliche Tochter noch
einmal beiseite und bespricht mit ihr die »wichtigsten Sachen«,
»die ich ihr in den Briefen nicht schreiben konnte«. Der Post will
Willy Cohn nicht anvertrauen, wie die Lage der Familie wirklich
ist, welche Gefahren seiner Einschätzung nach auf ein Mädchen

draußen in der Welt warten. Und ganz sicher, auch wenn sich in dem Tagebuch darüber nichts findet, wird der Vater seinem Kind in diesem Moment alle guten Wünsche und einige väterliche Ratschläge für das weitere Leben mit auf den Weg geben. »So eine letzte Aussprache mit einem Kind ist eine furchtbar schwere Angelegenheit.«[803]

Und die Kinder? Sie kommen zuweilen allein im Exil an. »Kleine Kinder ohne Eltern« landen beispielsweise in Palästina, so berichtet Anuta Sakheim 1939 aus Tel Aviv, und ihre Eltern in Deutschland hätten »keine Ahnung, ob sie sich wiedersehen.«[804] Die Trennung der Familien bedeutet aber auch, dass sich Elternteile bereits im Ausland befinden und sich ihre Kinder noch in Deutschland bedroht wissen. Der Kaufmann Sigmund Geller lebt schon seit zwei Jahren in Paris, während sich seine Frau und die beiden Söhne noch in Wien aufhalten. Verzweifelt versucht er seither, eine Ausreise zu organisieren.[805] Getrennte Familien bedeuten immer doppeltes Leid. Dem Sozialwissenschaftler Johannes Höber ist im November 1938 schon die Flucht gelungen, nun versucht er, seine Frau Elfriede und die neunjährige Tochter Susanne in die USA nachzuholen. Im Juni 1939 ist Elfriede Höber erschöpft von den noch immer erfolglosen Bemühungen, ebenfalls Deutschland verlassen zu können. Sie schreibt ihrem Mann:[806]

> »Ich fange an, schwer an den Dingen zu tragen. Vorgestern, am Sonntag, bin ich zum ersten Mal in diesen 7 Monaten so ganz ins tiefe dunkle Loch gefallen, alle Verzweiflung ist über mich gekommen. Und mir ists geschienen, als ob es nie einen Ausweg aus den Dingen gäbe … Ich möchte mich ins Bett legen und krank sein und die Decke über den Kopf ziehen, dass keiner mehr was von mir wollen kann. Oder ich möchte die Augen zu machen und dann sollte ein Wagen kommen und wenn ich die Augen aufmachte, wär ich bei Dir.«

Der August 1939 zerstört immer mehr Hoffnungen. Und die Versuche, Deutschland noch schnell zu verlassen, werden immer verzweifelter. In den Tagebüchern und Briefen häufen sich Ende des Monats allenthalben Hinweise auf einen bald beginnenden Krieg. »Alles ist schon vorbereitet«, notiert der Chemiker Klaus Jakob Langer in Essen in sein Tagebuch, verbunden mit dem Wunsch: »wenn nur kein Krieg dazwischenkommt.«[807] In Berlin greift Max Lichtwitz zum Füller, um seinem Sohn zu schreiben, den er vor zwei Jahren als damals Sechsjährigen mit einem »Kindertransport« nach England bringen lassen konnte. Inzwischen schreibt der Vater ihm auf Englisch, weil Henry seine Muttersprache nahezu vergessen hat: Er sei froh, dass sein Sohn wohlauf und glücklich sei. »I hope, war will not come« – er hoffe, dass es nicht zum Krieg kommen werde. Und wenn doch, so möge Gott ihn segnen.[808] Und in Breslau notiert Walter Tausk in seinem Tagebuch:[809]

»An Auswanderung ist natürlich nicht zu denken. Holland hat alle Häfen für fremde Kriegsschiffe – und alle Gewässer für jedes fremde Schiff gesperrt. Die Grenze soll angeblich auch schon gesperrt sein. Ich und manch andere, der heute auf den Schiffahrtsstellen nachfragte, bekam ein Achselzucken und nervöse Stimmen als Antwort. Niemand wußte Bescheid. Auf dem amtlichen Reisebüro der Reichsbahn kam ich gerade dazu, wie ein Beamter die Weisung gab: ›Alle Urlauber, auch befristete Urlaubskarteninhaber, sind fahren zu lassen. Von morgen an gelten andere Bestimmungen.‹ Von morgen an ist nämlich Krieg!«

Es ist der 26. August 1939, an dem Tausk diese Zeilen niederschreibt. Seine Einschätzung ist richtig, für eine Ausreise aus Deutschland ist es nun zu spät. Was so lange erwartet wurde, tritt nun ein: Nur vier Tage später zieht Deutschland wieder in den Krieg.

Alles in allem: Nachrichten und Maßnahmen ernst, Volksstimmung absolut siegesgewiß, zehntausendmal überheblicher als [19]14.

Victor Klemperer in seinem Tagebuch über den Kriegsbeginn
am 1. September 1939[810]

10

Wieder in den Krieg

1. September 1939: Deutsche Soldaten überfallen Polen

Offiziell ist er einer der ersten Toten dieses Krieges: der Gefreite Robert Rasche. Der 23-Jährige ist gelernter Friseur, wurde im sauerländischen Olpe geboren und dient seit fast genau zwei Jahren als Soldat in der Wehrmacht. Jetzt heißt es in dem ehrenden Nachruf der *Heimatblätter für den Kreis Olpe* über ihn:[811]

> »Schon am 1. Kriegstage, dem 1. Sept. 1939, mußte er bei Mokra fürs Vaterland sein junges Leben lassen.«

Die *Heimatblätter* schreiben wie andere Publikationen im ganzen Land vergleichsweise ausführlich über die ersten toten deutschen Soldaten, in diesem Fall druckt das Blatt in seiner Herbstausgabe eine aufwendig gestaltete »Ehrentafel der im Kriege gegen Polen 1939 gefallenen Söhne des Kreises Olpe«. Die Menschen in Deutschland müssen sich dabei erst mit polnischen Ortsnamen vertraut machen, auch um die offiziellen Verlautbarungen über die ersten raschen Erfolge der Wehrmacht verfolgen zu können. Mokra oder Mikołłów (Nikolei), Kadłubiec (Kadlubietz) oder Łaziska (Laziska): Es sind zugleich die Namen der Dörfer und Städte, wo Söhne, Ehemänner und Väter sterben –

und die damit in das Gedächtnis vieler deutscher Familien eingehen.

In den ersten Septembertagen ist die Zahl der Getöteten wie zu Beginn eines jeden Krieges noch vergleichsweise überschaubar, und daheim ist bei den Nachrufen – wie eben in den *Heimatblättern für den Kreis Olpe* – oft genug ausreichend Platz für ein Foto und einen kurzen Text über jeden Toten: über Norbert Hengstebeck, den vor Warschau »das feindliche Blei« erreichte, über Josef Decher, den seine Kameraden am 2. September in Oberschlesien »in einem Einzelgrab im Schloßpark bei Nikolei beigesetzt« haben, oder über Ludwig Wilmes, der als Träger des Goldenen Ehrenzeichens der HJ am 10. September »für seinen von ihm so sehr verehrten Führer und das Deutsche Reich« gefallen ist.[812]

Doch tatsächlich sind die ersten Toten dieses Krieges nicht Robert Rasche oder die anderen Soldaten aus dem Sauerland, es sind überhaupt keine deutschen Soldaten, sondern die Opfer von dreisten Propagandacoups in der Nacht zum 1. September 1939. Dabei werden auch Häftlinge aus deutschen Konzentrationslagern ermordet, um angebliche Überfälle polnischer Soldaten auf deutsches Gebiet zu »dokumentieren«. Sie sind Opfer des besonders ausgefallenen Scheinangriffs dieser Nacht bei dem oberschlesischen Ort Hochlinden. Angehörige eines deutschen Sonderkommandos haben sich seit Wochen vorbereitet, tragen nun Bärte und Koteletten, um »polnisch« auszusehen, und können sogar polnische Lieder singen. In dieser Nacht tragen sie polnische Armeeuniformen und greifen zum Schein das deutsche Zollhaus an, ehe sie von anderen »Kämpfern« – verkleidet als deutsche Grenzpolizisten – »überwältigt« werden. Von den Darstellern kommt selbstverständlich niemand zu Schaden, doch um den Vorfall echt erscheinen zu lassen, sollen für die Propaganda auch die Leichen einiger vermeintlicher »polnischer« Angreifer präsentiert werden. Dafür werden ausgewählte KZ-Häftlinge, die zuvor unter anderem aus den Lagern Sachsenhausen und Flossenbürg ins Polizeigefängnis nach Breslau gebracht worden waren, in polnische

Uniformen gekleidet und rasch nach Hochlinden transportiert. Dort werden sie erschossen und ihre Gesichter brutal entstellt, um ihre Identitäten endgültig zu verschleiern. Die Mörder machen noch Fotos von den Toten und schicken diese Aufnahmen dann als »Beweis« für den angeblichen polnischen Angriff nach Berlin.[813]

Zusammen mit dem Material aus anderen fingierten Überfällen, so auch auf den Rundfunksender der oberschlesischen Grenzstadt Gleiwitz, hat die deutsche Führung nun die gewünschten »Informationen« für die große Lüge dieses Tages. Es bleibt Adolf Hitler höchstpersönlich vorbehalten, sie vor der deutschen und internationalen Öffentlichkeit zu präsentieren. Das geschieht kurz nach 10 Uhr, als der »Führer« in Berlin vor den eilig zusammengerufenen Reichstag tritt, in dem übrigens mehr als 100 Mitglieder nicht anwesend sind, weil sie bereits zum Kriegsdienst eingezogen sind. Wieder sei es entlang der Grenze zu Polen zu Zwischenfällen gekommen, behauptet Hitler, in dieser Nacht allein seien es 14 gewesen, »darunter drei ganz schwere« – die inszenierten Morde von Hochlinden zählen hier fraglos dazu. Deshalb gebe es jetzt Krieg, ruft der »Führer« in die Mikrofone. Die anwesenden Nazi-Funktionäre sind begeistert, und die Stimmung gleicht in diesem Moment eher der einer Wirtshausversammlung als der einer staatspolitisch hochbrisanten Parlamentsansprache:[814]

> »Polen hat nun heute nacht zum erstenmal auf unserem
> eigenen Territorium auch durch reguläre Soldaten geschossen.
> (Pfuirufe.) Seit 5 Uhr 45 wird jetzt zurückgeschossen!
> (Lebhafter Beifall.) Und von jetzt ab wird Bombe mit Bombe
> vergolten! Wer mit Giftgas kämpft, wird mit Giftgas bekämpft.
> (Erneuter Beifall.)

Dass Hitler fälschlicherweise behauptet, es werde erst seit 5.45 Uhr geschossen, obwohl schon eine Stunde zuvor deutsche Flugzeuge ein polnisches Dorf angegriffen haben, ist dabei eher zu vernachlässigen. Zentral ist seine Behauptung, wonach Deutschland von Polen angegriffen worden sei und sich jetzt lediglich zur Wehr setze. Es braucht diese Lüge für die Öffentlichkeit um jeden Preis. Hitler selbst hat ja erst vor wenigen Tagen vor Wehrmachtsführern unverblümt erklärt, dass den Sieger eines Krieges später ohnehin niemand fragen werde, »ob er die Wahrheit gesagt hat oder nicht«.[815]

Offensichtlich gut gelaunt zeigen sich deutsche Soldaten auf diesem Foto beim Einmarsch in Polen am 1. September 1939.

Als die Deutschen an diesem 1. September 1939 erwachen, sind die Morgenausgaben der Zeitungen schon mit den Nachrichten über angebliche Überfälle entlang der Ostgrenze versorgt worden. »Polen überfällt Gleiwitzer Sender«, lauten die Schlagzeilen, und in überall gleichlautenden Meldungen wird von weiteren Zwischenfällen berichtet, von »schwerbewaffneten Abteilungen, die anscheinend von regulären polnischen Truppeneinheiten unterstützt werden«.[816] »Insbesondere bei dem Angriff auf Hochlinden«, so heißt es in einer Kölner Tageszeitung, »scheint einwandfrei festzustehen, daß es sich um polnische Truppenteile handelt.«[817] Die schaurige Inszenierung eines »Überfalls« und die Ermordung von Häftlingen allein für diesen Zweck ist also erfolgreich Teil der Propaganda geworden. Noch während die Deutschen zu den Zeitungen greifen, verbreitet der Rundfunk aktuelle Nachrichten von den begonnenen Kämpfen – und schließlich wird am Vormittag dann die Rundfunkansprache Hitlers vor dem Reichstag übertragen. Deutschland befindet sich tatsächlich im Krieg!

Schon wieder ein Krieg – das dürfte den meisten Deutschen durch den Kopf gehen, wenngleich mit ganz unterschiedlicher Wahrnehmung. Sicherlich gibt es ein kollektives nationalistisches Verlangen, die Deutschen im Osten »heim ins Reich« zu holen und den durch den so verhassten Versailler Vertrag von 1919 festgeschriebenen Verlust der deutschen Ostgebiete auch gewaltsam rückgängig zu machen. Und sicher sind viele von der aggressiven antipolnischen Propaganda der vergangenen Wochen und Monate geprägt und glauben die Lüge von der »Notwehr« Deutschlands, was den Krieg ausgelöst habe. Aber so ein Kriegsausbruch wird von den Menschen ja nicht nur als politisches Ereignis wahrgenommen, er berührt sie zugleich ganz persönlich mit ihren Erfahrungen und ihrer Familiengeschichte. Der Schatten des Völkerschlachtens zwischen 1914 und 1918 liegt noch immer über dem Land. Wer älter als 40 Jahre ist, hat als junger Erwachsener diese Zeit miterlebt, die Männer unter ihnen zumeist als Soldaten. Und die Erinnerung an diese Zeit, sowohl an die Schlachten an der Front als auch an die Not in der Heimat, ist gerade in diesem Sommer wieder sehr präsent. Denn erst vor wenigen Wochen hat sich Deutschland an den Ausbruch des Weltkriegs 25 Jahre zuvor erinnert, der über das Land millionenfachen Tod und anschließend eine bislang ungekannte politische und wirtschaftliche Not gebracht hatte.

Bei aller unterschiedlichen Beurteilung des damaligen Krieges sind sich die Deutschen weitgehend einig darin, dass sie an dem Weltkrieg von 1914 keine Schuld trifft. Bei dem reichsweiten Gedenken an die damalige Mobilmachung wird deutlich, wie übermächtig der Mythos vom »aufgezwungenen« Weltkrieg ist und wie ungerecht sich die Deutschen nach der militärischen Katastrophe von 1918 von den Siegerstaaten behandelt fühlen. »Schuld« an diesem Krieg und an seinen Folgen hatten in dieser Wahrnehmung die anderen europäischen Staaten. Und zumindest in diesem Punkt, so die Propaganda, wiederhole sich die Geschichte; dementsprechend heißt es beispielsweise in einem Artikel in der *Münsterländischen Volkszeitung* 25 Jahre nach Kriegsbeginn:[818]

> »Einkreisung, Lüge, Hetze zwangen vor 25 Jahren dem friedliebenden deutschen Volke den Weltkrieg auf. Heute erleben wir das gleiche frevelhafte Spiel unserer demokratischen Gegner.«

Auch wenn diese Einschätzung mit historischen Fakten nicht zu belegen ist, zeigen solche Behauptungen zumindest, dass »1914« fester Bestandteil der kollektiven Erinnerung ist. Ein neuer Krieg muss immer vor dem Hintergrund dieser Erinnerung geführt werden. Es gibt in Deutschland auch Millionen Menschen, die ihre Angehörigen nicht in den Kampf schicken wollen, weil sie Angst um sie haben. Deshalb schrecken einige regelrecht auf, wenn in diesen Tagen im Radio so auffallend häufig Kriegsmärsche gespielt werden – »es erinnert zu sehr an 1914«, notiert eine Berlinerin in diesen Tagen.[819]

Doch es haben sich längst konkurrierende Geschichtsbilder etabliert, in denen der Weltkrieg unterschiedlich beurteilt wird. Was den einen purer Horror und Sinnlosigkeit ist, erscheint anderen rückblickend als ehrenvoller, heldenhafter und vorbildlicher Kampf deutscher Männer für Deutschland. Doch eines verbindet alle Menschen im Land: Dieser Krieg von 1914 bis 1918 und die

Aufmarsch eines Infanterieregiments zum Großen Zapfenstreich in Berlin anlässlich des 25. Jahrestags der Mobilmachung von 1914 am 3. August 1939. Auch solche Inszenierungen erinnern viele an den Ausbruch des Ersten Weltkriegs.

erlittene Niederlage markieren eine noch immer vorhandene tiefe mentale Verwundung der Deutschen. Die Deutschen sind ein Volk der Kriegsverlierer. Und sie sind schlechte Verlierer, die die Schuld für die Niederlage auch jetzt noch ausschließlich bei den anderen suchen. Nationalistische Kreise haben es in den vergangenen zwei Jahrzehnten erfolgreich geschafft, alle ihre selbsterwählten Feinde für die Katastrophe verantwortlich zu machen: wahlweise die Juden, die Intellektuellen, die Sozialisten oder die Jesuiten – oder gleich alle zusammen. Gerade für den politischen Aufstieg des Nationalsozialismus ist die strikte Weigerung maßgeblich, die Niederlage von 1918 mental zu akzeptieren. Deshalb sind für die NS-Führung der 1. September 1939 und der Angriff auf Polen fraglos die Stunde der Revanche. Das macht Hitler an diesem Vormittag auch in seiner Rede vor dem Reichstag deutlich. Er weiß zugleich um die tiefsitzende Angst der Deutschen, die sich mit der katastrophalen Niederlage des letzten Krieges verbindet. Deshalb verweist er ausdrücklich auf die vermeintliche Stärke der Wehrmacht, die heute »weit über jedem Vergleich mit der des Jahres 1914« stehe,[820] und verspricht den Deutschen:[821]

»Ein November 1918 wird sich niemals in der deutschen Geschichte wiederholen!«

Das ist zunächst lediglich ein Versprechen – wie dieser Krieg ausgehen wird, kann nämlich niemand letztlich verlässlich voraussagen …

Dass es überhaupt zum Krieg kommen würde, ist den Deutschen in den zurückliegenden Tagen und Wochen indes immer deutlicher geworden. Sie leben schon lange in der Erwartung eines kommenden Krieges. Und es gehört zur Propaganda der NSDAP, die permanente Kriegsbereitschaft der Deutschen zu beschwören, so wie es Joseph Goebbels noch im Mai dieses Jahes getan hat: Das deutsche Volk stehe »Gewehr bei Fuß« und »schläft sozusagen mit dem Tornister unter dem Kopf«.[822] Die

Vorzeichen eines Krieges sind gerade im Sommer allzu offensichtlich; Victor Klemperer notiert in seinem Tagebuch bereits Anfang Juni 1939:[823]

>Jeden Tag eine Rede und eine Parade oder Gefechtsübung zum Beweis unserer Unbesiegbarkeit und unseres ›Friedenswillens‹. Und bei der Straßenbahn werden Schaffnerinnen eingestellt. Und in den Fleischläden und bei den Gemüsehändlern größte Knappheit, weil alles fürs Heer aufgespeichert wird.«

Die NS-Führung sorgt dafür, dass es vergleichsweise still im Lande bleibt. Es gibt im August keine Massenveranstaltungen, keine direkten Ansprachen an das Volk, in denen Hitler oder sein Propagandaminister die Stimmung aufheizen, und aus den Volksempfängern erklingt in den letzten Augusttagen auffallend häufig Musik statt mobilisierender Ansprachen. Ende des Monats werden sogar die Kirchen, die traditionell einen wichtigen Beitrag zur kollektiven Kriegsbereitschaft zu leisten imstande sind, aufgefordert, keine Versammlung abzuhalten, »in denen zur gegenwärtigen Lage Stellung genommen wird«.[824] Wer kann, erkennt den Ernst der Lage an dieser ungewohnten Zurückhaltung: »In den Straßen herrscht eine unheimliche Stille«, notiert eine Österreicherin am 28. August 1939 in ihr Tagebuch.[825] Es läuft bereits eine »offene Mobilisierung ohne Ankündigung der Mobilisation«, wie Victor Klemperer notiert.[826] Sicher ist: Der Krieg wird bald kommen.

Militär prägt das Bild. Die zwölfjährige Sigrid Bogdan ist am 31. August 1939 mit dem Zug auf der Rückfahrt aus dem Urlaub im Weserbergland ins Ruhrgebiet und notiert in ihrem Tagebuch, dass an den Bahnhöfen »so viel Militär« steht. Die Militärtransporte gehen »nach Süden, Osten und Westen«, hält das Mädchen fest, »und alles munkelte von einem vor der Tür stehenden Kriege«.[827] Auf den Autobahnen ereignen sich seit Tagen mehr Unfälle als gewöhnlich, weil immer wieder Armeefahrzeuge gewollt oder ungewollt auf der Fahrbahn halten und dabei für die nachfolgenden Autos zum Hindernis werden. Das Oberkommando der Wehrmacht verbietet deshalb im August ausdrücklich dieses »freiwillige Halten« auf der Reichsautobahn.[828]

Viele Deutsche durchleben Ende August Tage »ungeheurer Spannung«, wie Friedrich Kellner in seinem Tagebuch notiert. In der Nacht auf den 26. August 1939 erhalten viele Männer in seinem hessischen Wohnort Laubach den Gestellungsbefehl. Diese »untrüglichen Zeichen einer geheimen Mobilmachung« machten jetzt auch »den größten Optimisten« stutzig.[829] Im ganzen Land werden nachts »Reservisten aus den Betten geholt«, wie auch Walter Tausk in Breslau notiert.[830] Tatsächlich sind Postboten in diesen Tagen auch nachts unterwegs, um die schlechten Nachrichten zuzustellen. Der 26-jährige Schriftsteller Hermann Lenz beschreibt einen solchen »Besuch« in einem Brief an seine Freundin:[831]

»Wir lagen in der Nacht von Freitag auf Samstag im Bett, ich konnte aber nicht schlafen, weil eine Schnake um mein Ohr summte und so wälzte ich mich in den heißen Kissen hin und her. Plötzlich hörte ich unten die Glocke läuten. Ich fahre gleich heraus und denke das ist ein Gestellungsbefehl aus München. Unten sind meine Schwester und die Mutter auch bereits lebendig, ich ziehe mich an und laufe an's Gartentor hinunter. Dort übergibt mir der Postbote den sofortigen Einberufungsbefehl für meinen Vater.«

Bei einigen Reservisten, die jetzt mobilisiert werden, um die aktiven Einheiten zu unterstützen, ist in diesen Stunden und Tagen reichlich Alkohol im Spiel. Hermann Lenz begleitet seinen Vater in den frühen Morgenstunden zum Bahnhof, wo er manche der abreisenden Reservisten betrunken erlebt.[832] Und Walter Tausk will in Breslau mehr betrunkene Soldaten gesehen haben »als im mitgemachten Krieg durch alle seine Jahre«; alle Kneipen und Kaschemmen liegen »mit besoffenen Soldaten voll«, notiert er in

seinem Tagebuch.[833] Auch in der Stadt sieht er bei seinen abendlichen Spaziergängen »betrunkene Aktive und Reservisten«, die
sich »um jedes ›kleine Mädchen‹ und jede andere hübsche Weibs-
person, die ohne Mann spazierte, kümmerten«. Selbst die Prosti-
tuierten, die »Mädchen der Straße«, wie Tausk sie nennt, schrecken vor den angetrunkenen Soldaten zurück, »wichen zur Seite,
gingen in die Häuser, schlossen die Tore!«.[834] Hilflos wirken da
die offiziellen Versuche, solchem Treiben Einhalt zu gebieten und
auch in Sachen Alkoholkonsum an das Nationalgefühl zu appellieren: »Trunkenheit ist jetzt eines Deutschen unwürdig«.[835] Das
ist erstens selbstverständlich Ansichtssache – und zweitens vielen
Soldaten in diesem Moment schlicht egal …

Der Kriegsbeginn verändert umgehend das Leben in den Dörfern und Städten, auch wenn die Propaganda in den kommenden
Wochen wiederkehrend von einem Land spricht, das angeblich in
tiefstem Frieden lebt. Vor allem die kurz zuvor eingeführten Bezugsscheine für die Versorgung der Bevölkerung markieren nun
den neuen Alltag. Wichtige Lebensmittel können in den Geschäften nur noch gegen die Vorlage eines amtlichen Bezugsscheins erworben werden. Offiziell hat die Regierung damit die Versorgung
der Bevölkerung gesichert, denn »nicht weil unsere Ernährungslage schlecht ist, sind die Bezugsscheine eingeführt worden«, heißt
es, vielmehr wurden sie »vorsorglich ausgegeben, um zu verhindern, daß die Ernährungslage schlecht wird«.[836] Ob das die Menschen wirklich beruhigt? Es ist doch bekannt, dass Kriegszeiten
immer auch Zeiten der Versorgungskrisen sind und Lebensmittelkarten ihr verhasstes Symbol.

Komplizierter wird der Alltag allemal: So müssen Bezugsscheine
zunächst bei den offiziellen Ausgabestellen abgeholt werden. Da
gibt es solche für Lebensmittel, dann diejenigen für Stoffe und
Schuhe, bei Bedarf auch noch Zusatzbezugsscheine für Milch, auf
die werdende oder stillende Mütter ebenso ein Anrecht haben wie
Kinder unter sechs Jahren.[837] Und es gilt offene Fragen zu klären.
»Vielfach glauben die Kunden, naturseidene Strümpfe ohne Bezugs-

A 1	A 2	B 1	Kartoffeln 1	Kartoffeln 2	Hülsenfrüchte 1	Hülsenfrüchte 2	Fleisch oder Fleischwaren 5	Fleisch oder Fleischwaren 4	Fleisch oder Fleischwaren 3	Fleisch oder Fleischwaren 2	Fleisch oder Fleischwaren 1
A 3	A 4	B 2	Kartoffeln 3	Kartoffeln 4	Hülsenfrüchte 3	Hülsenfrüchte 4	Fleisch oder Fleischwaren 10	Fleisch oder Fleischwaren 9	Fleisch oder Fleischwaren 8	Fleisch oder Fleischwaren 7	Fleisch oder Fleischwaren 6
Kohle 1	Kohle 3	B 3	**Ausweiskarte**						Fleisch oder Fleischwaren 11	Brot oder Mehl 4	Brot oder Mehl 1
Kohle 2	Kohle 4	B 4	Herrn für Frau Fräulein Lebensalter: Jahre Beruf. Wohnort: (Platz) Straße: Nr. Gebäudeteil: Rückseite beachten!						Fleisch oder Fleischwaren 12	Brot oder Mehl 5	Brot oder Mehl 2
Seife 1	Seife 3	Zucker und Marmelade 4							Brot oder Mehl 7	Brot oder Mehl 6	Brot oder Mehl 3
Seife 2	Seife 4	Zucker und Marmelade 3							Brot oder Mehl 8	Milcherzeugnisse Öle und Fette 6	Milcherzeugnisse Öle und Fette 3
Eier 1	Eier 3	Zucker und Marmelade 2	Nährmittel 4	Nährmittel 3	Kaffee, Tee oder Kaffee-Ersatz 4	Kaffee, Tee oder Kaffee-Ersatz 3	Milch 4	Milch 3	Milcherzeugnisse Öle und Fette 8	Milcherzeugnisse Öle und Fette 5	Milcherzeugnisse Öle und Fette 2
Eier 2	Eier 4	Zucker und Marmelade 1	Nährmittel 2	Nährmittel 1	Kaffee, Tee oder Kaffee-Ersatz 2	Kaffee, Tee oder Kaffee-Ersatz 1	Milch 2	Milch 1	Milcherzeugnisse Öle und Fette 7	Milcherzeugnisse Öle und Fette 4	Milcherzeugnisse Öle und Fette 1

Symbol der Krise bereits wenige Tage vor Kriegsbeginn: Viele Lebensmittel sind nur noch mit einem Bezugsschein erhältlich (August 1939).

schein erhalten zu können«, heißt es mahnend in einer Tageszeitung. Es folgt der erklärende Hinweis, dass sämtliche Strümpfe für Kinder ab drei Jahren, für Damen und Herren bezugsscheinpflichtig seien; und »von den bei der Arbeit getragenen Strümpfen ist lediglich die Maurersocke frei«.[838] Das mit der Maurersocke und den vielen anderen Details der Versorgung müssen die Deutschen aber erst einmal lernen …

Die Dinge des täglichen Bedarfs sind oder werden knapp. Ganz offensichtlich fehlen in Deutschland beispielsweise essentielle Materialien des Sanitätswesens, denn das Deutsche Rote Kreuz ruft umgehend dazu auf, alte und neue »Wäschestoffe aller Art« und »auch Gardinenstoffe aus Baumwolle« für »die Herstellung von Verbandmaterial« zu spenden – und auch Geldspenden zum Ankauf von professionell hergestelltem Verbandstoff seien willkommen.[839] Zudem werden Schülerinnen und Schüler zur zusätzlichen Sammlung von wildwachsenden Heilpflanzen aufgerufen, weil »in der augenblicklichen Lage … die Arzneiversorgung Deutschlands unter allen Umständen sichergestellt werden« muss.[840] Auch dieser Appell kann getrost als Krisensymptom bewertet werden.

In langen Kolonnen trotten zuweilen Pferde durch die Städte – sie sind ebenfalls zum Kriegsdienst eingezogen. Auch private Autos werden beschlagnahmt, ihre bisherigen zivilen Nummernschilder übermalt und durch die Kennzeichnung »WH« für Wehrmacht ersetzt.[841] Benzin für private Zwecke ist streng rationiert, wer »aus Bequemlichkeit oder zum Vergnügen fährt«, so heißt es in einer amtlichen Verfügung vom 1. September, entziehe der Allgemeinheit ein lebenswichtiges Gut: »Sein Tun ist verwerflich.«[842] Währenddessen wird schon nach wenigen Tagen ein erheblicher Kriegszuschlag unter anderem auf den Bierausschank erhoben: Für ein halbes Glas Bier werden fast im gesamten Altreich zusätzliche sieben Pfennige verlangt, es kostet jetzt 25 Pfennige,[843] im rechtsrheinischen Bayern, in der »Ostmark« und im »Sudetengau« beträgt dieser Zuschlag hingegen lediglich fünf Pfennige.[844] Zugleich wird mit dem 1. September Radiohören zur Gefahr:[845]

»Das absichtliche Abhören ausländischer Sender ist verboten. Zuwiderhandlungen werden mit Zuchthaus bestraft. In leichteren Fällen kann auf Gefängnis erkannt werden. Die benutzten Empfangsanlagen werden eingezogen.«

Zugleich müssen alle, die nach Ansicht des NS-Staates Meldungen ausländischer Rundfunksender weitererzählen und so »die Widerstandskraft des deutschen Volkes« gefährden, ab sofort mit der Todesstrafe rechnen.[846] Ansonsten ist das Radiohören bei der Wahl des »richtigen« Senders selbstverständlich höchst erwünscht – etwa wenn es um die Übertragung von Hitlers Rede am heutigen Vormittag geht. Die Juden in Deutschland dürfen übrigens zu diesem Zeitpunkt schon kein Radio mehr besitzen. Wer von ihnen in diesen Tagen von den Übertragungen etwas mitbekommen will, muss sich etwas einfallen lassen – so wie Willy Cohn in Breslau: Der versucht, durch die offenbar dünne Wand zur Wohnung »arischer« Nachbarn einer Hitler-Rede zu folgen, kann allerdings nicht alles verstehen.[847] Die Tageszeitungen verzichten nach dem 1. September übrigens zunächst einmal darauf, das Rundfunkprogramm abzudrucken, weil es jeweils »den Bedürfnissen des Tages angepaßt« werden muss.[848] Was immer über den Ausbruch des Krieges bekannt werden soll, wird jetzt sofort über die Sender geschickt, feste Sendeformate sind da nur hinderlich.

Die meisten Veränderungen, die der Kriegsausbruch ab diesem Donnerstag den Menschen in der Heimat bringt, betreffen die Frauen. Wieder sind sie es – und hier ist die Parallele zum Kriegsbeginn 1914 mehr als deutlich –, die im ganzen Land einspringen müssen, weil die Männer in den Kampf ziehen: Sie organisieren den Luftschutz, indem sie Sandsäcke befüllen oder aus alten Besen Feuerpatschen herstellen, sie fahren jetzt die Straßenbahnen oder tragen die Post aus. Das Rote Kreuz ruft alle Mädchen und Frauen mit Kenntnissen in der Krankenpflege zur Mitarbeit in ihren Ortsgruppen auf. Auf dem Land, wo es in der Landwirtschaft ohnehin an Arbeitskräften mangelt, schlägt der Wegfall der Männer im Alltag besonders schnell durch. Die offizielle Propaganda preist deshalb besonders die zusätzliche Arbeitsleistung der Frauen: »Muttchen hat die Zügel wieder fest in die Hand genommen«, heißt es etwa in der Zeitschrift *Die Wehrmacht,* die ein Bild von einer Frau auf einem einfachen Pferdewagen abdruckt.[849] Dass »Muttchen« auf diesem Foto alles andere als glücklich in die Kamera schaut, sind dem Texter und der Redaktion dabei aber offensichtlich nicht aufgefallen …

Es kann nicht verwundern, dass die Zeitungen in diesen Tagen die deutsche Frau, und dabei vor allem die Hausfrauen, besonders laut loben. »Auf unsere Frauen kommt es an« – unter solchen Titeln erscheinen entsprechende Würdigungen in deutschen Zeitungen:[850]

> »Immer, wenn das Vaterland rief, hat die deutsche Frau ihre Pflicht erfüllt … Unsere Hausfrauen beweisen durch ihre

Deutsche Frauen sollen den Krieg durch Dienst beim Luftschutz unterstützen. Im Bild Frauen des Reichsluftschutzbunds bei einer Übung in Essen.

Haltung, daß sie auch wirklich als Hausfrauen zu haushalten imstande sind. Sie können so einteilen, daß nicht das Geringste umkommt, daß vor allem die Reste auch zweckmäßig verwertet werden.«

Was die Familien entbehren können, wollen sie häufig per Paket auch an die eingezogenen Soldaten schicken. Die Sendungen sind dabei fraglos gut gemeint, aber für die Feldpost offensichtlich nicht immer geeignet. Vielfach, so wird nach wenigen Wochen bekanntgegeben, bestehe der Inhalt von Feldpostsendungen »aus verderblichen Gegenständen, zum Beispiel frischen Früchten (Weintrauben, Pflaumen, Birnen, Tomaten usw.) oder auch aus feuchtem Obstkuchen«. Solche lieb gemeinten Sendungen hätten indes leider zur Folge, dass »die Briefe sich schon bald nach Beginn der Beförderung auflösen« und dass zudem etwa durch zerquetschtes Obst »andere Sendungen durchnäßt werden«.[851]

Doch zu Beginn des Krieges sind Briefwechsel mit den Soldaten ohnehin nicht möglich, da eine Postsperre für Wehrmachtsan-
gehörige verhängt worden ist. Diese wird erst am 3. September
aufgehoben.[852] Auch in den Tagen danach muss offiziell verlaut-
bart werden, dass Angehörige sich »nicht zu beunruhigen« brauchen, wenn sie einmal einige Tage ohne Nachrichten von den Soldaten bleiben: Die Feldpost könne wegen des besonders raschen
Vormarsches der Truppen nur verzögert die Briefe zustellen. Außerdem hielten sich bei dem Feldzug in Polen die Verluste ohnehin
»in mäßigen Grenzen«.[853] Aber selbstverständlich sind die Angehörigen daheim beunruhigt – schließlich wissen sie trotz aller Jubel-
meldungen in Radio und Zeitungen, dass zu diesem Zeitpunkt
sehr wohl deutsche Soldaten an der Front sterben. Zugleich sorgen sich viele Eltern um ihre Kinder, die in diesen Tagen im Landdienst der »Hitler-Jugend« in der Landwirtschaft arbeiten. Viele
von ihnen sollen jetzt umgehend nach Hause kommen. Offiziell
wird von »unnötiger Besorgnis« gesprochen und daran erinnert,
dass die Hilfe der Kinder und Jugendlichen bei der Sicherung der
Ernte gerade jetzt für das ganze deutsche Volk – und damit letztlich auch für ihre Eltern und alle im Krieg stehenden Soldaten –
von allergrößter Bedeutung ist.[854] Aber der Wunsch, nach dem
Ausbruch des Krieges das eigene Kind möglichst daheim in Sicherheit zu wissen, ist damit bei vielen Familien noch lange nicht aus
der Welt geschafft.

Manche öffentlichen Verlautbarungen lassen die Menschen wohl
eher erschrecken, obwohl sie eigentlich zur Beruhigung gedacht
sind. So werden einige Schlachthöfe schon am 1. September davon
unterrichtet, dass ab sofort »lebende Schlachttiere, die mit Kampf-
stoffen in Berührung gekommen sind« – etwa mit dem aus dem
Weltkrieg noch bekannten und gefürchteten »Gelbkreuz« –, vor
der Tötung unter Aufsicht von Sachverständigen entgiftet werden.[855] Diese Nachricht findet sich beispielsweise in einer in Bielefeld erscheinenden Zeitung, also geografisch weit weg von
den Kämpfen entlang der deutsch-polnischen Grenze. Und doch

transportiert die bloße Erwähnung eines möglichen Einsatzes von Giftgas die Erinnerung an den Schrecken des Weltkriegs in alle Städte hinein. Auch zu Hause sind die Menschen also bedroht. Und hat Adolf Hitler nicht selbst an diesem Vormittag vom möglichen Einsatz von Giftgas gesprochen, und wird nicht seit Monaten schon den Deutschen der Kauf einer »Volksgasmaske« ans Herz gelegt? Die Bedrohung auch mit Gas ist jetzt greifbar!

In den vergangenen Wochen und Monaten haben die Deutschen für den Kriegsfall immer wieder Luftschutzübungen absolvieren müssen. In einigen Städten werden für den heutigen 1. September erneut Übungen angesetzt und im ganzen Land der Bevölkerung noch einmal eindringlich die wichtigsten Sirenensignale erklärt. Sandsäcke liegen in den Fensteröffnungen von Kellern, die zu Luftschutzräumen umgewandelt sind, die vorgeschriebenen Löschmittel werden bereitgehalten. Auch die vorschriftsmäßige Verdunkelung zum Schutz vor feindlichen Angriffen ist ab sofort streng einzuhalten. Wer jetzt tagsüber aus dem Haus geht, muss ab sofort daran denken, bereits morgens die Scheiben zu verdunkeln. Kommt man nämlich erst abends wieder nach Hause, kann schon das unbedachte Anschalten des Flur- oder eines Wohnungslichts kurzzeitig gegen die Vorschriften verstoßen.[856] Und ungewollten Lichtschein gibt es jetzt immer wieder. So beklagt die Reichsbahndirektion, dass angeblich mehrfach Reisende während der Verdunkelungszeit in den Zügen die Vorhänge öffneten oder sogar an Bahnhöfen sich den Weg mithilfe von Taschenlampen bahnten. Wer sich da in Zukunft nicht discipliniere, so die Drohung, müsse mit dem Einschreiten der Bahnpolizei und entsprechenden Geldstrafen rechnen.[857]

Dunkelheit über Deutschland: »Die Stadt ist total finster«, beschreibt ein Besucher Berlins am 1. September 1939 das Ergebnis dieser Bemühungen. »Man muß sich erst allmählich damit vertraut machen«, nunmehr durch pechschwarze Straßen zu gehen.[858] Um rechtzeitig Hindernisse auszumachen, wird nun sogar – nicht unähnlich einem Blindenstock – die Verwendung eines Spazierstocks

Krieg in Sicht: Schon im August 1939 sind wie hier in Essen die öffentlichen Luftschutzbunker ausgeschildert.

angeraten. Mit dem könnten Fußgänger jetzt feststellen, »ob man nicht zu nah an Häuser, Gartengitter oder Gebüsch« geraten sei.[859] Ohne Frage ist die Verdunkelung für den Alltag zunächst einmal denkbar unpraktisch. Auf dem Land können die Bauern abends ihren Stall nicht beleuchten, wenn sie dort bei den Tieren sind – oder sie müssen ganze Gebäude aufwendig verdunkeln, was zuweilen kaum zu leisten ist. Nicht nur auf dem Land kommt mit der Dämmerung jeglicher Verkehr zum Erliegen. »Abends herrscht Friedhofsstille in ganzen Städten«, notiert Friedrich Kellner in seinem Tagebuch, und »die alten Leute wagen sich wegen der Dunkelheit nicht auf die Straße«.[860] Vielleicht haben sie auch von einigen finsteren Gestalten gehört, die jetzt im Schutz der ungewohnten Dunkelheit ihr Unwesen treiben. So wie ein 19-Jähriger, der in der Uniform eines SA-Mannes und in Begleitung eines 17-jährigen »Hitler-Jungen« abends durch die Stadt Siegen patrouilliert, um die Einhaltung der Verdunkelungsvorschriften zu »kontrollieren«. In zwei Fällen kassieren die beiden fingierte »Geldstrafen« von drei und fünf Reichsmark, zudem »beschlagnahmen« sie neun Taschenlampen. Das Landgericht Dortmund verurteilt den wegen Diebstahls vorbestraften jungen Mann einige Tage darauf zu einer Zuchthausstrafe von vier Jahren.[861]

In den Städten müssen Fußgänger zudem jetzt mehr denn je darauf bedacht sein, nicht unter die Räder zu kommen. Denn die Autos und Lastwagen fahren mit minimalstem Scheinwerferlicht, die Straßenlaternen sind ausgeschaltet, und selbst die ebenfalls verdunkelten Straßenbahnen sind zuweilen nur schwer auszumachen. An vielen Haltestellen wird den Fahrgästen nun zugerufen, in welche Richtung die Bahnen fahren, weil die Zielorte ohne Beleuchtung nicht zu lesen sind.[862] Übrigens haben jetzt auch die Fahrer von Krankenfahrzeugen und Polizeiwagen abends und nachts kaum eine Chance, die Hausnummer zu erkennen, wenn sie zu einem Einsatz gerufen werden. Wer also in Not ist und auf Hilfe wartet, sollte bei einem Anruf nicht nur die Örtlichkeit des Einsatzes denkbar genau beschreiben, sondern die Ankunft des

Wagens draußen auf der Straße abwarten, um die Retter persönlich einzuweisen.[863]

In der Reichshauptstadt heulen am 1. September um 19 Uhr erstmals in diesem Krieg die Sirenen, und die Menschen fliehen in die Schutzräume. Auch wenn dann doch kein feindliches Flugzeug über Berlin auftaucht, die Sorge vor Bombenangriffen ist und bleibt präsent. Der amerikanische Journalist William Shirer erlebt diesen Tag in Berlin, und er fragt sich, was auf die Bewohner der Stadt in Zukunft noch alles zukommen wird:[864]

»Das schreckliche Geheul der Sirenen, die Flucht in den Keller mit der Gasmaske (wenn man eine hat), die absolute Dunkelheit der Nacht: Wie werden die menschlichen Nerven das für längere Zeit aushalten?«

Aber die Menschen in Berlin, so notiert Shirer später durchaus überrascht, sind durch den Fliegeralarm »nur wenig beunruhigt«. Und nach der Entwarnung setzt das gewohnte Treiben rasch wieder ein: »Die Cafés, Restaurants und Bierlokale waren überfüllt.«[865] Das Leben geht weiter, an diesem Donnerstag ebenso wie am bevorstehenden Wochenende. Über den Sonntag, 3. September 1939, berichtet das *Rheinische Volksblatt* aus der Stadt Hilden, dass die Einwohner an den Lautsprechern den Reden Adolf Hitlers lauschten und anschließend »das Leben trotz der Ereignisse seinen ruhigen Verlauf nahm«:[866]

»Es war Sonntag, und so waren auf den Straßen und Plätzen, in den Lokalen und Vergnügungsstätten viele zu sehen, die die Stunden sonntäglicher Erholung kosteten. Spaziergänger in sommerlich hellen Kleidern waren unterwegs. Kinder spielten im warmen Schein einer heiteren Septembersonne. Im Naturbad gab es Hochbetrieb.«

In der gut besuchten Dresdener Staatsoper lauscht das bürgerliche Publikum der Aufführung von Richard Wagners Oper »Lohengrin«, und nicht nur der lokale Theaterkritiker will sich in Zeiten des Krieges »zur herrlichen deutschen Kunst bekennen« und preist deshalb besonders die Werke Wagners, weil diese »unsere seelischen Kräfte stärken«. Schließlich heiße es im »Lohengrin« auch: »Was deutsches Land heißt, stelle Kampfesscharen« – und »der Wille zum ›Durchhalten‹ auch in der Kunst konnte nicht machtvoller bekundet werden«.[867] Durchhalten wollen auch die Freizeitsportler im Land. So gelingt es durch Zusammenlegen von Spielklassen etwa in den Kreisen Bonn und Siegburg, dass dort »das schöne Fußballspiel nicht ruhen wird«. Allerdings kann über die Teilnahme der Vereine nur spekuliert werden, da auch diese nicht wissen, »welche Spieler noch zur Verfügung stehen« und welche an die Front müssen.[868]

Später wird behauptet, die Deutschen hätten in ihrer übergroßen Mehrheit diesen Krieg nicht gewollt, sondern lediglich eine »widerwillige Loyalität« aufgebracht. Tatsächlich sind die Reaktionen der Menschen im Land aber vielfältiger – sie reichen von Angst und Entsetzen über Fatalismus bis zu Zustimmung und begeisterter Unterstützung.[869] Die – verglichen mit den vielen öffentlichen Veranstaltungen und Kundgebungen von 1914 – auffallend ruhige Stimmung ist allerdings nicht in erster Linie ein Zeichen von Kriegsunwilligkeit, denn diese Atmosphäre wird von Partei und Regierung bewusst hergestellt. »Feierlicher Ernst« und »Entschlossenheit« sollen demonstriert werden, nicht aber fanatischer Jubel. Deshalb wird auch der für Anfang September angesetzte Reichsparteitag in Nürnberg ebenso abgesagt wie zuvor die für Ende August geplante Feier zum 25-jährigen Jubiläum der Schlacht von Tannenberg – beide Großveranstaltungen hätten bei Bedarf fraglos Bilder von einem kriegsbereiten Volk gezeigt, das seiner Führung vorbehaltlos zujubelt.[870] Dass es diese Bilder nicht gibt, liegt also nicht an der mangelnden Kriegsbereitschaft, sondern an der Regie der NS-Führung.

Gespannte Stimmung in den letzten sommerlichen Augusttagen 1939: Frauen bei der Zeitungslektüre im Strandbad Berlin-Wannsee.

Der Krieg ist von der Mehrheit der Deutschen vielleicht nicht gewollt, aber deshalb mangelt es nicht an Unterstützung für den »Führer« und den Krieg. Eine Fürsorgerin der Sozialbehörde Hamburg notiert im September 1939:[871]

> »Die Allgemeinstimmung der Bevölkerung, namentlich der Frauen, hält sich ebenso fern von lautem Siegesjubel wie von ängstlichem Bangen um die Zukunft … Aussprüche wie im letzten Krieg: ›Oh, wie grässlich! Wie schrecklich! Was gibt es jetzt schon wieder?‹ sind verschwunden. Umso häufiger hört man jetzt die Worte wie: ›Ja, das muss ja alles so sein. Wir müssen durchhalten. Wer jetzt noch meckert, der weiß wohl gar nicht, um was es in diesem Krieg geht!‹«

Das ist die Unterstützung der Stunde: Die wenigsten Deutschen jubeln, aber wenn es um »Deutschland« und das »deutsche Volk«

geht, so die allgemeine Vorstellung, sei dieser Krieg wohl nötig. Aber es gibt auch Deutsche, die können es gar nicht abwarten, in den Krieg zu ziehen. »Obwohl ich noch nicht gedient habe«, so schreibt der Schriftsteller und Bibliothekar Erhart Kästner am 26. August 1939 in einem Brief, »möchte ich mich im Ernstfall sofort freiwillig melden.«[872] Allerdings muss sich der 35-Jährige gedulden, mehrfach versucht er in Dresden, als Kriegsfreiwilliger angenommen zu werden, was ihm erst später gelingt. Dem Schriftsteller Gerhart Hauptmann und dessen Frau Margarete schreibt er über sein Motiv:[873]

> »Obwohl ich, wie Sie wissen, nicht gerade ungewöhnlich militant gesinnt bin, habe ich doch nur einen Wunsch: das allgemeine Schicksal zu teilen und unter solchen Verhältnissen Soldat zu sein.«

Ein junger Mann, der den Kriegsbeginn beim »Reichsarbeitsdienst« miterlebt, notiert in seinem Tagebuch Ende August 1939 zwar, dass die Stimmung in der Bevölkerung »stark erregt« sei, aber dass bei der Wehrmacht und innerhalb des »Reichsarbeitsdienstes« eine »gefaßte Stimmung« herrsche. Auf den Kriegsbeginn am 1. September reagiert er entschlossen. Nachdem er mit seinen Kameraden die Reichstagsrede Hitlers im Radio angehört hat, notiert er in sein Tagebuch: »Führer befiehl, wir folgen!«[874] Genau diese Gefolgschaft fordert Hitler an diesem Vormittag vor dem Reichstag, wenn er – in feldgrauer Uniform – sich selbst als ehemaliger Soldat des Weltkriegs an die aktiven Soldaten der Wehrmacht wendet und erklärt, dass er von jedem Mann das erwarte, »was ich selber über 4 Jahre bereit war, jederzeit zu tun«.[875]

Der Unteroffizier Paul Stöcker hat in einer Bielefelder Kaserne ebenfalls am Radio gesessen und notiert anschließend: »Ich bin selten von einer Führerrede so beeindruckt worden wie heute.«[876] Adolf Hitler hat ihn überzeugt – vermutlich nicht zum ersten Mal. Zustimmung zur Rede findet sich auch in einem Brief einer jungen Frau an ihren Freund, der als Soldat in Polen in den Kampf zieht: »Unser lieber Führer hat wieder einmal prima gesprochen«, attestiert sie Hitler. Den feindlichen Staaten werde »tatsächlich Hören und Sehen vergehen, wie unser Führer sagte«.[877] Manche Soldaten sind in diesen Tagen sogar regelrecht verärgert, dass sie nicht von Beginn an dabei sind. »Wo bleibt unser Einsatz?«, fragt sich der 19-jährige Marineoffiziersanwärter Alexander Walter Glauche. Weil er fest mit einem siegreichen und offensichtlich raschen Ende des Krieges rechnet, sorgt er sich in seinem Tagebuch um sein Image als deutscher Soldat: »Wie soll man später auftreten?« Wie beschämend wäre es schließlich, wenn er nur sagen könnte, »ich war leider nicht mit vorn«.[878]

Die Siegeszuversicht ist also groß. Dabei geht aus Hitlers Rede vom Vormittag des 1. September doch auch hervor, dass Deutschland ohne Verbündete in den Krieg zieht: Seine Regierung werde »für die Durchführung dieses Kampfes nicht an eine fremde Hilfe appellieren wollen«, erklärt der Diktator, man werde »diese Aufgabe selber lösen«.[879] Dem faschistischen Bündnispartner Italien dankt Hitler zwar für die Unterstützung in der zurückliegenden Zeit – aber mehr auch nicht. Tatsächlich ist der »Führer« verärgert, weil Rom den Angriff auf Polen militärisch nicht unterstützt. Der italienische Diktator Benito Mussolini hat sich erst vor wenigen Tagen durchaus geschickt einem gemeinsamen Kampf verweigert, zu dem ihn Hitler ausdrücklich aufgefordert hat. Sein Land, so antwortet der »Duce«, brauche dafür unter anderem Unterstützung in Form von sechs Millionen Tonnen Kohle und zwei Millionen Tonnen Stahl. Das sind Forderungen, die Deutschland für alle ersichtlich unmöglich erfüllen kann – und Mussolini hat nach Ablehnung dieser Bedingungen nun einen Vorwand, sich aus dem Krieg gegen Polen herauszuhalten.[880]

Immerhin kann Hitler am 1. September auf den erst eine Woche zuvor nicht nur für die deutsche Öffentlichkeit überraschend mit Moskau abgeschlossenen deutsch-sowjetischen Nichtangriffspakt verweisen. Dieser garantiert Berlin bei einem Angriff auf Polen

und auch einem möglichen Krieg mit den Westmächten die sowjetische Neutralität.

Neue Verbündete: Freundlicher Handschlag zwischen Josef Stalin und dem deutschen Außenminister Joachim von Ribbentrop anlässlich der Unterzeichnung des deutsch-sowjetischen Nichtangriffspakts am 24. August 1939 in Moskau.

Zwischen Deutschland und Russland werde es keinen Krieg mehr geben, verkündet Hitler in seiner Reichstagsrede, der geschlossene Vertrag schließe »zwischen uns beiden für alle Zukunft jede Gewaltanwendung« aus. Dass Berlin und Moskau sich in einem ge-
heimen Zusatzprotokoll auch auf eine baldige Aufteilung Polens geeinigt haben, verschweigt der »Führer« bei dieser Gelegenheit indes.

Aber zunächst einmal zieht Deutschland allein in diesen Krieg. »Hoffentlich mischt sich nun England und Frankreich nicht aktiv in den Kampf«, heißt es in einem privaten Brief in diesen Tagen, aber dann müsse Deutschland eben notgedrungen auch den Kampf gegen diese Länder aufnehmen – und »auch ihnen wird, wie der Führer heute sagte, Hören und Sehen vergehen«.[881] Die Sorge wegen eines Zweifrontenkriegs ist mehr als berechtigt, denn Groß-
britannien und Frankreich haben im Frühjahr 1939 Polen gegenüber eine Garantieerklärung abgegeben und im Falle eines Angriffs

durch Deutschland ihrerseits mit dem Eintritt in den Krieg gedroht. Vor diesem Hintergrund stellen London und Paris dem »Dritten Reich« nach dem Angriff vom 1. September umgehend das Ultimatum, unverzüglich die Truppen wieder abzuziehen. Da dies nicht geschieht, erklären Großbritannien und Frankreich ihren Bündniszusagen entsprechend tatsächlich zwei Tage später Deutschland den Krieg. Die deutsche Propaganda ereifert sich daraufhin über den angeblichen »Kriegshetzer« Großbritannien, dem in demonstrativer Leugnung des tatsächlichen Geschehens unterstellt wird, schuld am Krieg gegen Deutschland zu sein. Und letztlich, so wird weiter behauptet, stehe hinter aller Politik ein antideutscher »jüdisch-demokratischer Weltfeind«, der nun die Staaten in den Krieg gegen Deutschland hetze.[882]

Ob die skurrile Lüge tatsächlich verfängt? Dass Deutschland jetzt also vor einem Zweifrontenkrieg steht, den das Land nach 1914 stets vermeiden wollte, beunruhigt fraglos die Menschen im Land, auch wenn die meisten nicht so resigniert sind wie der Breslauer Historiker Willy Cohn:[883]

»Bin aufs tiefste erschüttert: Frankreich und England haben in den Krieg gegen Deutschland eingegriffen, das Verhängnis nimmt aufs neue seinen Lauf. Wer wird das Ende dieses Krieges erleben?«

Und so soll es nur drei Tage später wie eine gute Nachricht klingen, wenn die Zeitungen titeln: »Im Westen bisher keine Kampfhandlungen«.[884] Die schlechte Nachricht ist, dass mit solchen allerdings in Zukunft gerechnet werden muss. Gerade weil die Erinnerung an 1914 so allgegenwärtig ist, greift die Sorge um sich, dass aus dem Krieg gegen Polen durch das Eingreifen Großbritanniens und Frankreichs nun tatsächlich ein neuer Weltkrieg wird. Es ist ein wenig das sprichwörtliche Pfeifen im dunklen Wald, wenn sogar Hitler in seiner Reichstagsrede immer wieder die Unterschiede zu 1914 herausstellt – es ist die verzweifelte

Beschwörung, wonach sich die Katastrophe des Weltkriegs nicht wiederhole dürfe.

Dabei ist im Prinzip offensichtlich, dass Politik und Militär eben doch nicht genug aus der Niederlage vor zwei Jahrzehnten gelernt haben. Sonst wären sie rasch zu der Einsicht gelangt, dass ein Land, militärisch mehr oder weniger auf sich allein gestellt, einen erneuten möglichen Weltkrieg selbstverständlich niemals über lange Zeit durchstehen, geschweige denn gewinnen kann. Auch im September 1939 muss jedem Deutschen bewusst sein, dass sein Land für einen jahrelangen Krieg zu wenige Soldaten und übrigens auch viel zu wenige zivile Arbeitskräfte hat, um die Wirtschaft daheim stabil zu halten. Und dass Lebensmittel bereits jetzt auf Bezugsschein erworben werden müssen, können im Grunde doch nur ausgesprochene Optimisten als kluge organisatorische Antwort auf den Kriegsausbruch interpretieren. Victor Klemperer notiert in seinem Tagebuch die Äußerung seines Briefträgers, der noch im Weltkrieg gedient hat: Hätten die Deutschen etwa 1914 »mit Knappheit der Lebensmittel begonnen?«, fragt er und deutet die Aussichten entsprechend pessimistisch: »Wir müssen unterliegen, es kann nicht wieder vier Jahre dauern.«[885]

Wer den Ersten Weltkrieg – der jetzt noch nicht so heißt, weil es bislang ja nur einen Weltkrieg gab – miterlebt hat, mag den Schrecken des Moments noch größer empfinden als die übrigen Zeitgenossen. »Das war 1914 ein Puppenspiel gegen jetzt und dabei sind wir erst jetzt am Anfang«, schreibt die 84-jährige Hamburgerin Anna Hess an ihre Tochter in Argentinien schon in der ersten Kriegswoche. Mit Grausen und Bangen müsse man an das denken, was Deutschland bevorstehe – und damit meint sie vor allem die Not der Menschen in der Heimat. Denn »was wir im vorigen Krieg erst am Ende bekommen haben, haben wir jetzt schon gleich am Anfang erhalten«: Lebensmittelkarten und Bezugsscheine.[886]

Im Überfluss hingegen gibt es im Land die wilde antisemitische Propaganda, die nicht davor zurückschreckt, vor dem Hintergrund absurder Verschwörungsfantasien den Juden die Schuld am

Krieg zu geben. In Deutschland ist das Ergebnis der jahrelangen antisemitischen Hetze schon lange auf den Straßen spürbar, aber mit dem 1. September fürchten deutsche Juden mehr denn je um ihr Leben. Setzt der Krieg ihnen gegenüber eine neue Radikalisierung von Verfolgung und Gewalt in Gang? Diese Angst ist weit verbreitet. Victor Klemperer empfiehlt bei einem möglichen deutschen Sieg für seine Frau und sich »eine Morphiumspritze oder etwas Entsprechendes« als das Beste, denn ihr Leben sei »zu Ende«.[887] »Die Stimmung unter der arischen Bevölkerung ist uns gegenüber sicher nicht günstig«, notiert in Breslau auch Willy Cohn. Wenn Deutschland in Polen einen Misserfolg erleiden sollte, so fürchtet er, »kann man sicherlich mit pogromartigen Ausschreitungen rechnen«:[888]

> »Heute hörte ich auf der Straße zum ersten Male von zwei älteren Männern eine antisemitische Bemerkung: ›Die Juden müssen raus.‹ Es war nicht auf mich gemünzt; aber um so charakteristischer.«

Und schon eine Woche später notiert Cohn nach einem sonntäglichen Spaziergang:[889]

> »Ein Weib rief uns nach ›Judenpack‹. Ich rechne sehr mit einem weiteren Ansteigen der antisemitischen Stimmung in dem Maße, wie die Kriegsnot treffen wird und die Verluste zunehmen. Man wird sich auf allerhand gefaßt machen müssen. Gestern sind sechs jüdische Frauen, die auf der Hohenzollernstraße auf einer Bank gesessen haben, verhaftet worden; jemand hatte behauptet, sie hätten angesichts des Krankenhauses, wo die verwundeten Soldaten liegen, gelacht.«

Während die Schuld an dem Krieg auf andere abgewälzt werden soll, staunen die Deutschen über die raschen militärischen Erfolge in Polen. Von Schlesien und Ostpreußen aus greift die Wehrmacht mit zwei Heeresgruppen die zahlenmäßig unterlegenen polnischen Einheiten an. Schon nach einer Woche stehen deutsche Truppen vor Warschau, die polnische Hauptstadt bietet nach schweren Angriffen am 27. September die Kapitulation an.

Die polnische Regierung hat zu diesem Zeitpunkt das Land bereits verlassen, als entsprechend dem deutsch-sowjetischen Abkommen nun auch sowjetische Truppen im Osten Polens einmarschieren. Am 6. Oktober kapitulieren die verbliebenen polnischen Einheiten. Nach fünf Wochen ist die Eroberung Polens abgeschlossen, rund 8000 deutsche Soldaten sind dabei getötet worden, auf polnischer Seite wohl 70000 Soldaten und 25000 Zivilisten.[890]

Jeder Krieg ist brutal, weil jeder Krieg die planmäßige Entfesselung von Gewalt darstellt – zugleich aber auch immer den Versuch, diese Gewalt möglichst in vorgegebenen Bahnen zu halten. Doch die Realität des Kampfes nach dem Angriff deutscher Soldaten auf Polen stellt eine neue Erfahrung dar, weil von Beginn an gezielte Massenmorde auch an Zivilisten zur Realität gehören. Adolf Hitler fordert wenige Tage vor dem 1. September die »Vernichtung« Polens in diesem Krieg,[891] vor Beginn der Kämpfe einigen sich Wehrmacht und Reinhard Heydrich als Chef des Sicherheitsdienstes auf eine riesige Verhaftungswelle. Heydrich selbst spricht am 7. September von der systematischen Ermordung des polnischen Adels, des Klerus und des Judentums. Der Spitze der Wehrmacht sind diese Vernichtungsabsichten bekannt, insbesondere das Vorgehen der Einsatztruppen der Sicherheitspolizei und des Sicherheitsdienstes, die nach Absprache mit der Heeresführung die »Bekämpfung aller Reichs- und deutschfeindlichen Elemente im Feindesland rückwärts der fechtenden Truppe« übernehmen sollen.[892] Damit ist dem Morden auch an Zivilisten abseits von Kampfhandlungen Tür und Tor geöffnet. Es ist bezeichnend, wenn auf Eisenbahnwagen, mit denen deutsche Soldaten nach Osten fahren, mit Kreide geschriebene Parolen stehen wie »Wir fahren nach Polen, um Juden zu versohlen«.[893]

Die von deutschen Bombenangriffen schwer getroffene polnische
Hauptstadt Warschau im Herbst 1939.

Tatsächlich ist das Vorgehen der deutschen Soldaten in Polen schon
in den ersten Tagen rücksichtslos und unverhältnismäßig brutal,
früh schon ist die Zivilbevölkerung das Opfer. Der Offizier Friedrich Spemann schreibt am 13. September an seine Frau von seinem
Marsch durch brennende Dörfer und Städte – »zum Teil grausig
schöne Bilder«:[894]

> »Überall wo geschossen wird, werden die Häuser angezündet ...
> Waffenbesitz wird mit dem Tode bestraft, für jeden ermordeten
> Soldaten 3 Zivilisten erschossen. Aber das wichtigste: Alle
> Männer zwischen 18 und 45 werden jetzt als Kriegsgefangene
> festgesetzt ... Eben brachten mir meine Leute zwei Burschen,

»Wir fahren nach Polen, um Juden zu versohlen.« Die Aufschrift auf einem deutschen Truppentransport lässt keinen Zweifel daran, was deutsche Soldaten in Polen vorhaben.

18 und 19. Ich wollte sie festhalten lassen nach Durchsuchung, da kamen die Eltern. Ich fand natürlich keine Verständigungsmöglichkeit. Die Frau fiel in die Knie, der Mann, ein alter Bauer, fing an zu weinen, ich habe lange mit ihnen verhandelt – aber es ging nicht. Nun haben sie wenigstens verstanden, daß wir alles anzünden, wenn wir belästigt werden.«

In diesen Tagen begehen deutsche Einheiten in Polen die ersten Massenmorde des Zweiten Weltkriegs, dabei kooperieren Wehrmacht und Einsatztruppen auch bei der Ermordung der Zivilbevölkerung.[895]

Auch wenn sich zuweilen kritische Stimmen erheben, so wird im Wesentlichen über das brutale Vorgehen der deutschen Soldaten stillschweigend hinweggegangen.[896] Die entfesselte Gewaltanwendung erstreckt sich von Beginn an auch auf die Menschen in den psychiatrischen Anstalten. Allein in der Anstalt Świecie im Bezirk Bromberg werden im September und Oktober 1939 etwa

Deutsche Soldaten entscheiden über Leben und Tod polnischer Zivilisten.
Hier führen sie Anfang September 1939 Zivilisten ab, die angeblich auf
deutsche Einheiten geschossen haben.

1350 Insassen erschossen, die Zahl der in wenigen Monaten er-
mordeten Patienten geht in die Tausende.[897]

Vor allem gegenüber den als Juden ausgemachten Zivilisten unterscheiden sich in diesem September die Soldaten der Wehrmacht
in ihrem Verhalten nicht wesentlich von Polizisten und SS-Männern. Am 18. September werden in Przemyśl über 500 jüdische
Frauen und Männer erschossen, bei der dort eingesetzten 14. Armee
wird notiert:[898]

»Es mehren sich in den letzten Tagen die Meldungen über
Disziplinlosigkeiten, Übergriffe und Willkürmaßnahmen
gegen die Zivilbevölkerung, … willkürliche Erschießungen
ohne vorheriges kriegsrechtliches bzw. standrechtliches Urteil,
Misshandlung Wehrloser, Vergewaltigungen und Notzucht-
verbrechen, Niederbrennen von Synagogen.«

Die antisemitische Stimmung, die diese Soldaten in den vergangenen Jahren daheim erlebt haben, prägt die Wahrnehmung vieler von ihnen: »Die Juden mit ihrem Anhang«, schreibt ein Offizier in diesen Tagen seiner Frau, »hätten aus dem Stürmer entsprungen sein können!« Aber »wir haben welche geknipst – fürchterlich!« Man werde nun mit Gewalt gegen sie vorgehen: »Die Säuberungsaktion ist natürlich noch nicht überall durchgeführt«, vermerkt der Offizier geradezu entschuldigend, »das können erst die ›rückwärtigen Dienste‹ machen«.[899] Die Städte von Krakau bis Lemberg seien »alles Drecknester mit Juden«, schreibt der Soldat Günther Schriever-Abeln am 29. September 1939 seinen Eltern und ergänzt:[900]

> »Juden müssen bei uns schwer arbeiten, Straßen und Brücken bauen, Fahrzeuge reinigen und Wasserschleppen. Ihr ›Jahve‹ Geschrei und Gezeter hört man überall.«

Die deutsche Absicht, diesen Krieg als einen Vernichtungskrieg zu führen, zeichnet sich schon in diesem September deutlich ab. Es gelten jetzt und fortan keine »normalen« Gesetze mehr im Umgang mit den Menschen in den besetzten Gebieten. Hitler amnestiert am 4. Oktober 1939 mit einem so bezeichneten »Gnadenerlass« rückwirkend alle Verbrechen, die seit Kriegsbeginn an Polen begangen wurden:[901]

> »Taten, die in der Zeit vom 1. September 1939 bis zum heutigen Tage in den besetzten polnischen Gebieten aus Erbitterung wegen der von den Polen verübten Greuel begangen worden sind, werden strafgerichtlich nicht verfolgt.«

Damit vollzieht er nur nach, was er schon zuvor immer wieder erklärt hat: dass dieser Krieg einen »harten Volkstumskampf« darstelle, »der keine gesetzlichen Bindungen gestattet«. An Gesetze brauchen sich die Deutschen immer weniger zu halten, und für die Angehörigen der SS und der Polizei wird der rechtsfreie Raum

Scheinbar unaufhaltsam marschieren die deutschen Truppen gegen
Polen – und die Deutschen in der Heimat staunen über den Frontverlauf,
wie hier an einem Schaufenster in Bremen.

noch größer: Hitler stellt sie von der Wehrmachts- wie der ordentlichen Gerichtsbarkeit frei und unterstellt sie einer eigenen Sonder-
gerichtsbarkeit in Strafsachen. Jegliche Kontrolle dieser morden-
den Männer in Polen entfällt damit, kein reguläres Kriegsgericht
der Wehrmacht kann sie mehr kontrollieren.[902]

In der deutschen Öffentlichkeit entsteht in diesem September
das Gefühl, dass »Deutschland« alles gelingt. Die Meldungen von
der Front, vom raschen Vormarsch, der »Wiederkehr« der Stadt
Danzig in das Reich und der nahen Kapitulation Warschaus gehen
einher mit der offiziellen Rhetorik von der »besten Wehrmacht«
aller Zeiten und dem vermeintlich unbezähmbaren Siegeswillen der
Deutschen. In den Tageszeitungen werden die Wehrmachtskämpfer
als »die besten Soldaten der Welt« bezeichnet.[903]

Selbstverständlich glauben auch Kinder und Jugendliche, einen
Krieg mitzuerleben, der schnell und siegreich verlaufen werde. Sie

vertrauen fest Adolf Hitler, und so manche Eltern halten ihre Kinder nicht davon ab, dem »Führer« zu schreiben und ihn für seine Taten zu loben. So greift auch eine Woche nach Kriegsbeginn ein Mädchen aus dem Memelland zu Papier und Stift und schreibt an seinen »lieben Führer Adolf Hitler«:[904]

> »Weil Sie nun auch im Krieg sind, wünsche ich Ihnen einen recht frohen Sonntag und schicke Ihnen diese Schokolade. Mutti hat sie mir geschenkt, aber, ich denke Sie werden sich sehr freuen und darum will ich sie Ihnen so gerne geben. Als ich hörte, daß Sie nach Polen gehen, mußte ich so weinen weil ich Angst hatte, daß Sie tot geschossen werden. Aber Mutti sagt der liebe Gott wird Sie beschützen wenn ich weiter jeden Abend für Sie bete und das will ich immer gerne tun, weil ich Sie lieb habe!«

Wenn man so will, fühlt sich dieses Deutschland so stark wie nie zuvor. Die Macht dieses Reiches erscheint größer denn je, historische Vergleiche mit dem Deutschen Reich des 19. Jahrhunderts reichen zuweilen nicht mehr aus, um die Außergewöhnlichkeit der Gegenwart zu beschreiben. Deutschland hat sich seinen Platz als Weltreich »wiedererobert«! Die meisten Menschen sind nach der großen Anspannung der letzten Augusttage zwar keineswegs begeistert darüber, dass jetzt der erwartete Krieg tatsächlich gekommen ist, aber die ersten Siegesmeldungen schlagen sich umgehend positiv auf die Stimmung nieder. Friedrich Kellner notiert in seinem Tagebuch:[905]

> »Es verdient … festgehalten zu werden, daß die übergroße Mehrzahl der Menschen an die durch Zeitungsnachrichten und sonstwie genährte Anschauung glaubt, daß unser Heer von einer geradezu märchenhaften Stärke und Schlagkraft sei und blitzartig ganz Polen einstecken würde.«

Tatsächlich scheinen die deutschen Soldaten die Hybris von der deutschen Unbesiegbarkeit zu weiten Teilen verinnerlicht zu haben. »Die englische Weltmacht ist zu Ende«, frohlockt der 20-jährige Marineoffiziersanwärter Alexander Glauche am 27. September 1939 in seinem Tagebuch, und: »Der Deutsche wird an ihre Stelle treten.«[906] Die Wehrmacht wird bereits seit Monaten in der Propaganda etwa von Joseph Goebbels öffentlich als die »stärkste Militärmacht der Welt« bezeichnet.[907] Friedrich Kellner schreibt in diesen Tagen in seinem Tagebuch von den »großspurigen, großmäuligen, brutalen Deutschen«, denen jeglicher Zweifel an der militärischen Unbesiegbarkeit fremd sei.[908] Und in Gesprächen fällt ihm immer wieder »der Glaube an die Unbesiegbarkeit u. Unüberwindlichkeit der Deutschen« auf.[909]

Diese »Überlegenheit«, so die weit verbreitete Vorstellung, resultiere maßgeblich aus der vermeintlichen Wiederherstellung einer inneren deutschen Einheit. Seit der Reichsgründung von 1870/71 hat der Mythos der deutschen Einheit nicht nur die Köpfe in Politik und Militär verwirrt. Demnach könne Deutschland alles, auch das unmöglich Erscheinende, gelingen, wenn es nur geeint sei.

Diese Einheitsrhetorik gehört auch zum festen Repertoire des Nationalsozialismus. Der gesamte »Wiederaufstieg« des Volkes, wie es Propagandaminister Joseph Goebbels nennt, »die nationale Freiheit und die Wiederherstellung unserer nationalen Ehre« seien doch nur »auf der Grundlage der Einheit« geschaffen worden.[910] Der Appell an diese Einheit ist für das »Dritte Reich« unverzichtbar. Und jetzt, mit Beginn des neuen Krieges, könnten die Deutschen angeblich auf diese Einheit bauen, aus der die eigentliche Stärke des Landes resultiere – die fixe Idee von der Unbesiegbarkeit der geeint kämpfenden Deutschen erreicht damit 1939 eine neue Popularität. Auch Adolf Hitler greift auf diese Vorstellung zurück, als er am 3. September einen Aufruf an die Mitglieder der NSDAP veröffentlichen lässt:[911]

»Geschlagen sind wir bisher in der Geschichte nur dann
worden, wenn wir uneinig waren. Daß das Deutsche Reich
in diesem Kriege mit unzerstörbarer Einigkeit hinein- und
herausgehen soll, sei unser aller Schwur. Darin liegt die
höchste Aufgabe für die nationalsozialistische Bewegung.«

Der »Führer« lügt sich die Geschichte damit ebenso zurecht, wie es
Kaiser Wilhelm II. vor 25 Jahren bereits getan hat – tatsächlich gibt es
keine historische Gesetzmäßigkeit, wonach ein einiges Deutschland
stets unbesiegbar war. 1939 wie 1914 gilt die »deutsche Einheit« offiziell als Garant für einen deutschen Sieg, und in beiden Jahren werden alle vermeintlichen Gegner dieser Einheitskonzeptionen zu
»Feinden« und »Verrätern«. 1871 war die Gründung des Kaiserreichs
auch die Geburtsstunde der Vorstellung von den »Reichsfeinden« im
Inneren, und diese Aggression lebt nun wieder auf, wobei sie unter
den Vorzeichen des NS-Staates nun noch deutlich schärfer ist:[912]

»Wer sich den Gemeinschaftsanforderungen widersetzt,
aus der Gemeinschaftsleistung sich entfernt, oder wer glaubt,
sie sogar sabotieren zu können, wird dieses Mal unbarmherzig
vernichtet.«

Und wieder, wie schon 1914 und wie übrigens auch im Krieg gegen Frankreich 1870/71, ist angeblich Gott auf der Seite der Deutschen. Sowohl von den protestantischen Kirchen als auch der katholischen Kirche kommt nach dem 1. September kein Einspruch
gegen den Krieg, sondern sie ermutigen vielmehr die Soldaten, den
ihnen auferlegten Dienst für ihr Land und – hier unterscheiden
sich die Kirchenoffiziellen in ihrem öffentlichen Bekenntnis lediglich hinsichtlich ihres Begeisterungsgrads – für Adolf Hitler zu
tun. So heißt es durchaus stellvertretend für die offizielle kirchliche Haltung im »Hirtenwort zur Lage« des Bischofs von Würzburg, das am Sonntag nach dem Überfall auf Polen von den Kan-
zeln der Diözese verlesen wird:[913]

Wer soll diese Deutschen schon niederringen? Die Vorstellung von der
eigenen Unbesiegbarkeit verstellt vielen Deutschen den Blick auf die
Realität des Kriegs. Hier jubeln deutsche Soldaten über die Kapitulation
von Warschau.

»Die Soldaten erfüllen ihre Pflicht gegen Führer und Vaterland
opferwilligst mit dem Einsatz ihrer ganzen Persönlichkeit
gemäß den Mahnungen der Hl. Schrift. Mögen Sie hinausziehen
ins Feld im Vertrauen auf Gott und unseren Erlöser Jesus
Christus, in jenem festen Glauben, der in den schwersten
Stunden des Lebens und des Kampfes Mut und Kraft verleiht!«

Nicht nur der Würzburger Bischof ruft die Gläubigen zum Gebet
für den »segensreichen Erfolg« der Kämpfe auf, vielmehr ist die
Vorstellung von einem »Freiheitskampf« der Deutschen für die
Zukunft ihres Volkes weit verbreitet. Und dieser Kampf erscheint
gerecht, weshalb die deutschen Kämpfer eben auch auf Gott vertrauen dürfen. Dies spiegelt sich in kirchlichen Verlautbarungen
ebenso wie in Briefen von der Front. So zitiert ein evangelisches
Monatsblatt aus Thüringen aus den Zeilen eines Soldaten, der am
Krieg in Polen teilnimmt:[914]

»Die deutschen Soldaten tun in Feindesland nichts als ihre von Gott gebotene Pflicht: sie stehen da für heiliges Recht des Volkes und schützen ihre Heimat. Gott hat nach seiner Schöpfungsordnung uns in unser Volk gestellt. Er will, daß wir ihm dienen, er will, daß aller Dienst selbstloses Opfer sei, und wenn er Schwerstes, Letztes fordert – es ist sein Wille, der geschieht.«

Und der junge Infanterist Hans Simon schreibt von der Front an seine Eltern:[915]

»Hoffentlich können wir unseren Freiheitskampf, der soviel Blut gekostet hat, zu einem siegreichen Ende führen. Koste es, was es wolle. Einmal müssen wir der Welt zeigen, daß wir uns nicht alles bieten lassen. Gott schenk uns das! Jetzt können wir den Engländern und Franzosen zeigen, wer wir seit 1933 geworden sind.«

Die Deutschen wollen zeigen, dass sie wieder »wer« sind. Und sie sind weiterhin stolz auf das Erreichte – und in der großen Mehrheit auch auf ihren »Führer«. Die raschen Erfolge gegen Polen führen dazu, dass die Zustimmung zu Hitler in weiten Kreisen der Bevölkerung noch einmal auf hohem Niveau zunimmt. Erst vor gut fünf Monaten haben ihm zu seinem 50. Geburtstag Millionen Menschen zugejubelt und Funktionsträger aus allen gesellschaftlichen Bereichen ihm ihren Respekt gezollt – jetzt schlägt ihm blanke Bewunderung für die vermeintlich so große Tat entgegen. Der Landesbischof der evangelisch-lutherischen Kirche in Hamburg, Franz Tügel, kann wie andere gar nicht laut genug jubeln. Kaum ist der Feldzug gegen Polen siegreich beendet, erinnert er sich dankbar an den 1. September, als auch er wie so viele im Land am Radio die Rede des von ihm verehrten Adolf Hitler aus dem Reichstag gehört hat. In der *Hamburgischen Kirchenzeitung* schildert er seine Empfindungen:[916]

»Als wir in denkwürdiger Mittagsstunde dieser weltgeschicht-
lichen Rede zwischen Krieg und Frieden lauschten, ... da
spürten wir Satz um Satz wieder einmal, wofür wir Gott gar
nicht genug danken können: Dieser Mann, wahrhaft groß und
weise, tapfer und maßvoll auf der Höhe ungebrochener Macht
und nach einem beispiellosen Sieg der Welt die Friedenshand
hinstreckend, hat aus der Tiefe seines Herzens aufs neue
den Weg zum Herzen aller gefunden, die guten Willens
sind ... Zugleich weiß nun die lügenverwirrte Welt, daß
dieser Mann und sein Volk eins sind.«

Es ist nicht ausschließlich Begeisterung für den Krieg, die diesen
September 1939 prägt. Aber geprägt ist die Stimmung im Land
trotz aller Sorgen, die sich die Familienmitglieder jetzt um die
Männer im Feld machen, von einer kollektiven Siegesgewissheit.
Seit Jahren taumelt das Land von Superlativ zu Superlativ, wenn es
um Deutschland und das »Volk« geht. Angeblich stellt dieses
Land die stärkste Militärmacht Europas dar, verfügt über die »besten Soldaten«, ist eine weltweit geachtete Kulturnation mit einer
glorreichen Vergangenheit seit den frühen Germanen – und wird
gelenkt von dem größten »Führer« aller Zeiten, den wahlweise das
Schicksal, die Vorsehung oder Gott selbst den Deutschen geschenkt hat. Ende September 1939 finden sich die allermeisten
Deutschen in einem Taumel des nationalen Größenwahns wieder.
Sie sind stolz, Deutsche zu sein. Dieser Stolz hat allerdings eine
höchst aggressive Seite. Denn zugleich hassen und verachten die
allermeisten Deutschen jene, die sie im Verdacht haben, ihnen den
Stolz und die Größe madig machen zu wollen ...

Der Intellektuelle ist jener geistig arbeitende Mensch, bei dem
der Verstand den Charakter überwuchert hat.

Reichspropagandaminister Joseph Goebbels[917]

11

Kluge Deutsche – dumme Deutsche

10. Oktober 1939: Sorge über den Rückgang der Bildung

Hans Frießner war immer schon Soldat: Der 47-Jährige trat 1911 mit 19 Jahren direkt nach dem Abitur an einem humanistischen Gymnasium in Dresden in ein »königlich-sächsisches« Infanterieregiment ein, machte den Ersten Weltkrieg mit, wurde nach Kriegsende in die Reichswehr übernommen und dient seit 1933 in der Wehrmacht. Gute Soldaten, so mag Frießner heute zufrieden denken, werden halt immer gebraucht – ob als Untertanen eines sächsischen Königs, als Diener einer Republik oder als Vollstrecker einer Diktatur. So hat der inzwischen zum Oberst aufgestiegene Frießner in nunmehr fast drei Jahrzehnten zahlreiche Erfahrungen und Beförderungen gesammelt, wobei sein Steckenpferd schon seit Langem die Ausbildung des militärischen Nachwuchses ist. Diese Leidenschaft hat ihm mit Kriegsausbruch im September 1939 die Position des »Inspekteurs der Offizier-Anwärter-Lehrgänge« eingebracht.[918] Frießner ist somit für den Offiziersnachwuchs des Heeres zuständig und zählt in dieser Funktion fraglos zur militärischen Elite im »Dritten Reich«.

Doch Hans Frießner macht sich Sorgen. Ganz sicher nicht um den Krieg im Osten – der ist schließlich nach der Kapitulation der letzten polnischen Einheiten wenige Tage zuvor siegreich beendet.

Und vermutlich sorgt er sich auch nicht wegen des anstehenden Krieges im Westen. Ihn beunruhigt vielmehr die Zukunft seines Berufsstands. Frießner ist ein standesbewusster Offizier, und ein deutscher Offizier, so die nicht nur in der Armee weit verbreitete Vorstellung, ist schließlich nicht irgendwer: Ein Militär von solchem Rang soll demnach eine außergewöhnliche Persönlichkeit sein. Der Charakter eines Mannes, seine fundierte intellektuelle und militärische Ausbildung, seine tadellose moralische Haltung als Träger so hoch geschätzter Tugenden wie Mut, Fleiß oder Pünktlichkeit, sein Wille zum Führen und zur Übernahme von Verantwortung – das alles macht einen guten deutschen Offizier aus. Soweit die Theorie und die althergebrachte Vorstellung. Doch bringt die deutsche Jugend gegenwärtig noch die notwendigen Fähigkeiten für eine Offizierslaufbahn mit? Genau daran zweifelt Oberst Frießner und diktiert am 10. Oktober 1939 eine Denkschrift, in der er den »Rückgang der höheren Schul- und Hochschulbildung« beim Nachwuchs beklagt, den auch das Militär nun nicht mehr länger hinnehmen könne. In der Praxis seien die Defizite nicht zu übersehen:[919]

> »Wenn es nötig ist, daß die Wehrmacht auf den Kriegs-
> schulen ihrem Führernachwuchs, der sich in der
> Hauptsache aus Abiturienten zusammensetzt, Hilfs-
> unterricht für deutschen Sprachgebrauch, Anleitung
> zu logischem Denken und Ausdruck, zu vernünftiger
> Schreibweise und zu sachlicher Arbeitsmethode geben
> muß, damit sich die jungen Offiziere heute im Zeitalter
> der allgemeinen Wehrpflicht ihrem ganz verschiedenartig
> zusammengesetzten Untergebenenkreis gegenüber nicht
> blamieren, … dürfte sich genügend erwiesen haben,
> daß hier etwas nicht stimmt.«

Erbarmungslos listet Frießner das vermeintliche Unvermögen der deutschen Jugend auf: Generell habe die Schulbildung »sehr stark nachgelassen«, und seiner Meinung nach müsse in den Klassen unbedingt wieder »fleißiger und intensiver gearbeitet werden«:[920]

»Unsere heutige Jugend kann aber weder sich konzentrieren, noch hat sie richtig geistig arbeiten gelernt.«

Das ist schon ein massiver Vorwurf. Aber die Schuld an der Misere gibt der Oberst keineswegs in erster Linie den Kindern und Jugendlichen selbst.

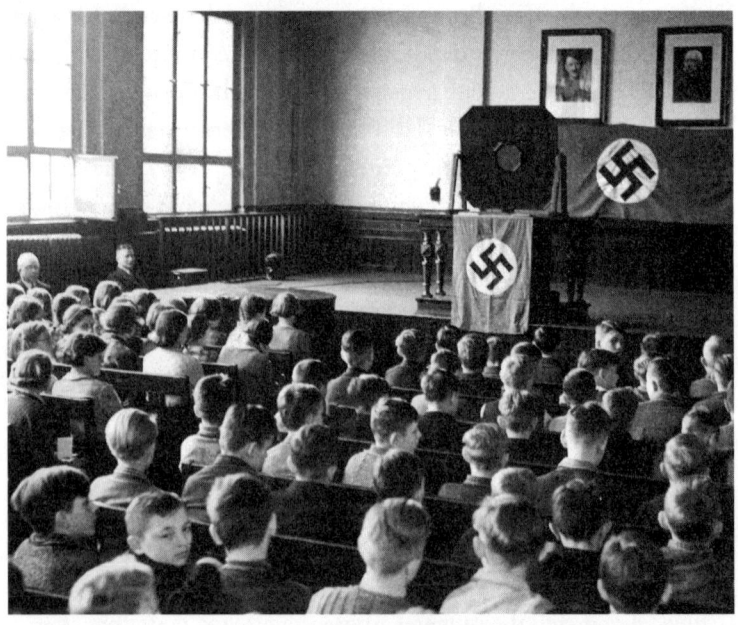

Propaganda statt Vokabeln: Schüler lauschen 1939 in der Aula einer Berliner Schule während der Unterrichtszeit einer Radiosendung zum »Tag der Luftwaffe«.

Vielmehr macht er die bildungspolitischen Rahmenbedingungen dafür verantwortlich, die ihnen keine ausreichende Zeit für das Lernen ließen. Ausdrücklich geht er beispielsweise auf die Verkürzung der Oberschulzeit ein, durch die das Abitur seit dem Jahr 1937 jetzt nicht mehr nach 13, sondern bereits nach 12 Jahren abgelegt wird. Dass Frießner diese Regelung jetzt nachträglich kritisiert, fällt allerdings auch auf das Militär selbst zurück. Denn diesen Schritt hatte damals Reichserziehungsminister Bernhard Rust ausdrücklich mit dem »Nachwuchsbedarf der Wehrmacht und akademischer Berufe« begründet.[921] Zudem hatte die Führung der Wehrmacht zuvor massiven Druck zugunsten einer Schulzeitverkürzung gemacht, weil sie für die laufende und weiter geplante Aufrüstung einen erheblichen Offiziersmangel ausgemacht hatte.[922]

In der Praxis, so muss Oberst Frießner nun zwei Jahre später allerdings konstatieren, sei diese Verkürzung kontraproduktiv gewesen: Sie habe zu einer Verdichtung des Lernstoffs geführt, und in den Klassen mit 30 bis 40 Schülerinnen und Schülern sei das notwendige Pensum an Stoff während des Unterrichts kaum zu schaffen. Deshalb müsse mehr denn je zuvor auch an den Nachmittagen daheim gearbeitet werden, damit »der Lehrstoff wirklich zum geistigen Eigentum wird«. Das allerdings vertrage sich nicht immer mit den familiären Realitäten; zuhause könnten viele Kinder nicht erfolgreich lernen: Vater und Mutter seien angesichts des aktuellen Arbeitskräftemangels häufig beide berufstätig, in den Wohnungen mangele es zudem oft an ruhigen Arbeitsplätzen, es fehlten Bücher und Lernmaterialien sowie überdies die Kenntnisse geeigneter Methoden, sich notfalls das notwendige Wissen auch selbsttätig anzueignen.[923]

Diese von Frießner vorgelegte Kritik am mangelnden Niveau der Schul- und Hochschulabsolventen ist nicht neu, es gibt sie schon seit Beginn des »Dritten Reichs«. Erste Warnungen kamen bereits in Zeiten der Weimarer Republik auf, aber der Nationalsozialismus hat die Situation nach 1933 fraglos entscheidend verschärft. Die Praxis der NS-Jugendpolitik und der ideologisch eingefärbten Erziehung hat sich nachteilig auf den intellektuellen Leistungsstand der Jugend ausgewirkt.[924] Dass diese einfach zu wenig Zeit für die häusliche Schularbeit findet, so Frießner in seiner Denkschrift, habe letztlich auch die »Hitler-Jugend« mit zu verantworten, weil sie den Kindern und Jugendlichen viel zu viele Pflichten und Dienste abverlange. Zwar haben sich HJ-Führung und Schulen auch immer wieder vor Ort über diese Belastung der Schülerinnen und Schüler ausgetauscht und sich auf eine Begrenzung geeinigt, doch die Einhaltung dieser vereinbarten Regelungen ist im Alltag offensichtlich keineswegs selbstverständlich.[925] Überdies gibt es auch Lehrerinnen und Lehrer sowie Schulleitungen, die diese außerschulischen Dienste und Verpflichtungen als »Ehrensache eines jeden Schülers« wertschätzen und deshalb die Teilnahme daran für wichtiger erachten als die Rücksicht auf mögliche Leistungseinbußen in den Schulen.[926]

So ist im »Dritten Reich« die Jugend auch weiterhin mehrmals in der Woche sowie an den Wochenenden in außerschulische Veranstaltungen eingebunden – und dafür muss immer wieder Unterricht ausfallen: Selbstverständlich haben die Schülerinnen und Schüler an Hitlers Geburtstag auf den Straßen und Plätzen ihren Dienst zu tun, das gilt auch für den Muttertag oder den Tag der Arbeit am 1. Mai, und stets auch bei wichtigen Proklamationen des »Führers«. Hinzu kommen Ausflüge zu Kasernen oder Parteiveranstaltungen, der Einsatz bei Haus- und Straßensammlungen oder bei Luftschutzübungen. Berechnungen zufolge ist der Unterricht aus solchen Gründen an 25 bis 30 Tagen pro Schuljahr ausgefallen.[927]

Der Offiziersausbilder Hans Frießner fordert vor diesem Hintergrund die unbedingte Beachtung dienstfreier Nachmittage für die Schulkinder. Und auch die abendlichen Termine für die Älteren sollten begrenzt werden, schließlich müssten Schülerinnen und Schüler der oberen Klassen auch an Abenden lernen – denn, so kann er sich die spöttische Bemerkung nicht verkneifen, »so viel hochbegabte Schüler haben wir, glaube ich, nicht, um darauf verzichten zu können«.[928]

Eine Begrenzung der Dienstverpflichtungen sei übrigens auch

Statt für die Schule zu lernen, müssen »Pimpfe« 1939 auf dem Schulhof
bereits eine vormilitärische Ausbildung absolvieren.

bei den Studenten nötig. Sie würden nämlich derzeit etwa von der
SA, der SS oder dem NS-Studentenbund ebenfalls zeitlich stark in
Anspruch genommen. Allerdings versteht Frießner seine Denkschrift ausdrücklich nicht als Kritik an der »Hitler-Jugend« und
anderen NS-Verbänden. Er wünscht sich vielmehr eine vernünftige Kooperation zwischen der schulischen und politischen Erziehungsarbeit angesichts gemeinsamer Ziele. Doch eine Klärung
müsse sehr bald her, denn es stehe nicht weniger auf dem Spiel als
das Wohl Deutschlands:[929]

> »Jeder, der sich mit der Schulfrage der Jugend unserer Zeit
> befaßt, weiß, daß es so nicht weiter gehen kann. Schweigen
> und Stillhalten sind nur ein Zeichen von Schwäche. Es ist
> höchste Zeit, daß gehandelt wird, um den Wert unserer
> Schulen wieder zu verbessern und unserer Jugend und damit

der Nation den Bildungserfolg zu sichern, den sie zur Lösung ihrer Lebensaufgaben brauchen.«

Sicher: Der Herr Oberst gibt ein wenig den älteren Herrn mit Standesdünkel, der sich vermutlich immer noch den Besuch eines humanistischen Gymnasiums zugutehält, wenngleich er selbst in seiner Biografie keine akademische Ausbildung vorweisen kann. Und es ist ja auch nichts Neues, dass Ältere der nachwachsenden Generation unterstellen, dass diese in der Schule nichts Vernünftiges lerne und dass sie auch nicht so fleißig und leistungsfähig sei, wie es die eigene Generation (angeblich) einst war. Diese Haltung existierte schon vor 1939, und der entsprechende Vorwurf gegenüber den Jüngeren wird auch in Zukunft noch gebräuchlich sein. Doch im Oktober 1939 ist die Situation eine andere: Der Niveauverlust hat solche Ausmaße angenommen, dass die Kritik an der schulischen Praxis nicht mit solchen Verweisen auf das übliche Jammern der Älteren über die Jüngeren abgetan werden kann.[930] Da hat der Oberst recht: Bei der Bildung gibt es in Deutschland Handlungsbedarf.

Allerdings fällt die Denkschrift Frießners zugleich in eine Zeit, in der sich das intellektuelle und geistige Leben in Deutschland im Allgemeinen und die deutschen Schulen im Besonderen in einer gesellschaftlichen Ausnahmesituation befinden. Die Diktatur hat mit ihrer der nationalsozialistischen Bewegung innewohnenden Verachtung der Intellektuellen seit Jahren das gesellschaftliche Klima vergiftet und damit auch den Bildungsstandort Deutschland aufs Spiel gesetzt, zudem sind die Schulen im Land schon nach wenigen Wochen von den Auswirkungen des Krieges in ihrer Arbeit massiv beeinträchtigt. Eine schulische Normalität gibt es im Oktober 1939 nicht mehr: Viele Einrichtungen sind wegen mangelnder Luftschutzmöglichkeiten geschlossen, vor allem aber fällt überall ein erheblicher Teil des Unterrichts aus, weil viele Lehrer zum Kriegsdienst eingezogen sind. Einen Tag, bevor Oberst Frießner seine Denkschrift verfasst, muss der Sicherheitsdienst der SS deshalb in seinen geheimen Berichten zur innenpolitischen Lage konstatieren:[931]

>>Wie im Altreich der Lehrerbestand aussieht, dafür ein Beispiel: Von den etwa 7500 Volksschullehrern in Württemberg sind 2300 zum Heeresdienst eingezogen. 70 % stehen also noch zur Verfügung. Bei den Fachschulen sind von 850 Lehrern 230 eingezogen.<<

Vor allem auf dem Land ist der Schulalltag beeinträchtigt, weil kleine Schulen schon beim Wegfall eines Lehrers zuweilen keinen regulären Unterricht mehr garantieren können. Andere Kollegen müssen dann die Ausfälle durch zusätzliche Stunden kompensieren, haben also gleich mehrere Ortschaften zu betreuen. Die Wege zur Schule sind für diese Lehrer zuweilen weit, die Straßen auf dem Land sind längst nicht alle gepflastert oder gar asphaltiert, und die Nutzung von Autos zur Verkürzung der Fahrtzeit wird ihnen von den Behörden in der Regel verweigert.[932] So fällt viel Unterricht aus oder wird von rasch reaktivierten Pensionären oder auch von pädagogisch nicht ausgebildeten Laien übernommen. Das Ergebnis dieses Mangels zeigt sich schon wenige Wochen nach Kriegsbeginn: >>Bezüglich des Volksschul-, Mittelschul- und höheren Schulwesens<<, so berichtet der Sicherheitsdienst weiter, >>werden aus dem gesamten Reichsgebiet Besorgnisse über das verminderte Leistungsniveau der Schulen gemeldet.<<[933]

Kinder, die nicht regelmäßig und geordnet in der Schule unterrichtet werden, kommen bekanntlich auf dumme Ideen. Es ist wohl überzogen, gleich von drohender Verwahrlosung der Jugend zu sprechen, doch die Sicherheitsbehörden registrieren in diesen Wochen sehr genau, was der Nachwuchs so treibt. Ganz offensichtlich schwindet zumindest die Begeisterung für einen geregelten Unterricht – es mehren sich die Meldungen, dass ein Teil der deutschen Jugend davon ausgeht, dass sich in Kriegszeiten >>eine angestrengte und ernste Schularbeit erübrige<<. Es gebe sogar Eltern,

So wünscht sich die Propaganda den Nachwuchs – doch die Begeisterung und die Zeit für das Lesen und die konzentrierte Schularbeit nehmen drastisch ab.

die ihre Kinder einfach nicht zum Unterricht schickten. Auf dem Land halten einige von ihnen den Weg zur nächsten Schule für ihre Kinder einfach für zu weit, andere »entschuldigen« das Fernbleiben mit dem Hinweis, dass »die Bezugsscheinstellen die Schuhbeschaffung oder Schuhbesohlung für die Kinder abgelehnt hätten«.[934]

Solche und ähnliche Bemerkungen sind ein Indiz dafür, wie offenkundig in den vergangenen Jahren Schule und Lehrerschaft bei vielen Deutschen an Ansehen und Autorität eingebüßt haben. Der Anspruch der »Hitler-Jugend« auf Erziehung der Kinder und Jugendlichen, die fortgesetzten Angriffe gegen das angeblich »bürgerliche« und »spießige« Schulsystem und ihre »Schulmeister« haben in der jungen Generation zuweilen das Gefühl erweckt, eine konzentrierte Schularbeit sei im Grunde überflüssig. Geht es im »Dritten Reich« denn nicht eher um die körperliche und vermeintlich »charakterliche« Erziehung – und eben weniger um intellektuelle Bildung?[935]

Wenn die Kinder in diesen Tagen aber in die Schule kommen, bestimmt der Krieg sowohl einen Teil des Unterrichts als auch das

Spielen in den Pausen – denn darin spiegelt sich die Wahrnehmung der Welt. Ein Lehrer berichtet, wie die Jungen bald schon in Geländespielen »gegen England kämpfen« und in sandigem Gelände Unterstände und Bunker für »ihren Westwall zu bauen versuchen«. Derweil spielen sechs- und siebenjährige Mädchen auf dem Schulhof ein selbsterfundenes »Chamberlain-Spiel«: Sie tanzen spottend einen Reigen um ein Kind in der Mitte, das sich »auf den anekdotisch gewordenen Regenschirm« stützt – und damit den britischen Premierminister darstellen soll.[936]

Die älteren Schüler und Jugendlichen nehmen die neue Kriegswirklichkeit offensichtlich nicht so spielerisch. Die Sicherheitsbehörden müssen nicht nur Klagen hören, denen zufolge »Jugendliche, die sich zur Erntehilfe zur Verfügung stellen, von den Bauern zum Teil in einer ungebührlichen Weise ausgenutzt, schlecht ernährt und gesundheitlich unzureichend untergebracht seien«.[937] Viel gravierender sei es, dass in den Städten die Jugendlichen geradezu »verwahrlosten«. So heißt es im Bericht des Sicherheitsdienstes im Herbst 1939 vor allem mit Blick auf die Großstädte und Industriezentren:[938]

»Es wird immer wieder berichtet, daß bei Anbrechen der Dunkelheit sich Jugendliche herumtreiben, um gemeinsam Passanten, insbesondere weibliche Personen, zu belästigen. Die wieder erlaubten öffentlichen Tanzveranstaltungen werden sehr stark von Jugendlichen beiderlei Geschlechts besucht. In den Gasthäusern, vor allem auch auf dem Lande und in den Kleinstädten, lassen sie durch übermäßigen Alkoholgenuß, Zigarettenrauchen und Kartenspiel jedes Gefühl für die Gegenwartslage vermissen.«

Solche Beschreibungen decken sich sicherlich nicht mit den Vorstellungen, die ein Oberst Hans Frießner vom Nachwuchs für die deutschen Offiziere hat. Und auch, was an den Hochschulen zu hören ist, dürfte seine Sorgen eher bestätigen: Generell klagen die

Hochschullehrer über »einen spürbaren Abfall der wissenschaftlichen Leistungen«.[939] Als ein Grund dafür wird auch intern die »lernfeindliche Inanspruchnahme« der Studenten durch studienfremde Dienste und Veranstaltungen genannt; selbst der »Nationalsozialistische Deutsche Studentenbund« muss inzwischen einräumen, dass seine Funktionäre mit den veranstalteten Schulungen oder den Einladungen zu Fachschaftslagern von den Studenten eher als Belästigung wahrgenommen werden.[940] Ob solche Veranstaltungen nun als Ausrede von leistungsschwachen Studenten genutzt werden oder nicht – im Oktober 1939 sind die studentischen Leistungen alles andere als zufriedenstellend: Am 25. Oktober konstatiert der Sicherheitsdienst, dass »der Leistungsstand bei den *Notprüfungen* außerordentlich gering gewesen ist und die Prüfungsanforderungen erheblich zurückgeschraubt werden mußten, damit die Prüfungen bestanden werden konnten«.[941]

Der akademische Nachwuchs an den Universitäten leidet unter den Bedingungen der neuen Zeit – aber die Hochschulen haben im Oktober 1939 eben auch die Folgen der Politik zu verkraften. Vor allem der Antisemitismus mit seinen Berufsverboten und die Verfolgung vieler Hochschullehrer, die ihr Amt aus politischen Gründen verloren haben oder aus dem Land flüchten mussten, bedeuten für Deutschland einen ganz erheblichen und vollständig selbstverschuldeten intellektuellen Aderlass, der auch für die Ausbildung des akademischen Nachwuchses nicht ohne Folgen bleiben kann. Diese Vertreibungen fallen von Universität zu Universität unterschiedlich aus, landesweit werden bis 1938 in der Summe wohl zwischen 20 und 25 Prozent aller deutschen Hochschullehrer aus politischen oder »rassischen« Gründen entlassen. Dabei wird grundsätzlich keine Rücksicht auf die Folgen für den Lehrbetrieb der betroffenen Disziplinen genommen.[942]

Wirkliche Solidarität mit den Vertriebenen gibt es an den Universitäten schon lange nicht mehr. Auch ein »großer Name« und eine entsprechende wissenschaftliche Reputation nützen da nichts. Das erfährt neben anderen der Bonner Professor Paul Kahle, der als Orientalist und Theologe seit Langem internationales Ansehen genießt. Nachdem seine Frau und sein ältester Sohn einer jüdischen Geschäftsfrau beim Novemberpogrom 1938 Beistand geleistet haben, wird Letzterer der Universität verwiesen, Kahle selbst verliert seine Professur und wird als Hochschullehrer entlassen. Zu dieser Reaktion des NS-Systems gesellt sich die soziale Ausgrenzung der bisherigen Kollegen: »Nur drei Professoren trauten sich noch, meinen Mann zu besuchen«, notiert später Kahles Ehefrau Marie.[943]

Von der Vertreibung der Hochschullehrer sind neben Fächern wie der Mathematik oder Physik vor allem die moderneren Wissenschaften betroffen, etwa Sozialwissenschaften, Biochemie oder Atomphysik. In solchen Fächern arbeiteten bis zu ihrer Verfolgung deutlich häufiger demokratisch gesinnte sowie auch jüdische Wissenschaftler als in den von national-konservativen Professoren dominierten Fächern wie der Germanistik oder der Geschichtswissenschaft. Die meisten dieser Wissenschaftsflüchtlinge konnten sich in den vergangenen Jahren in die USA in Sicherheit bringen, insgesamt rund 1300 Menschen, die dort übrigens in der Regel schneller beruflichen Anschluss finden als in den europäischen Zufluchtsländern.[944]

Die verbliebenen Wissenschaftler pflegen aber weiterhin ihren Stolz auf den Wissenschaftsstandort Deutschland – und dies gilt auch für den Beginn des Krieges 1939, der angesichts des zusätzlichen Bedarfs an Rohstoffen wie Versorgungsgütern neue Expertisen und Erfindergeist erfordert. Gerade die chemische Industrie ist in diesen Tagen gefragt – und sie verweist selbstbewusst auf ihren Beitrag dazu, dass Deutschland im Krieg leistungsfähig bleibe und sich von ausländischen Einfuhren unabhängig mache. So schaltet die Bayer AG im Oktober 1939 in Tageszeitungen großformatige Anzeigen mit dem Hinweis, dass Deutschland auch weiterhin auf die »Erfindungen einer genialen Wissenschaft« bauen könne, um beispielsweise die Versorgung mit Arzneimitteln – »um die uns die Welt beneidet« – zu garantieren:[945]

Uniformen prägen jetzt auch das Bild an den deutschen Universitäten: Studenten der Technischen Hochschule Darmstadt, aufgenommen im Jahr 1936.

»Auf diesem Gebiete besaßen wir seit jeher eine an Qualität und Menge überlegene Leistung: In der Herstellung von Heilmitteln. Hier besteht ein solcher Reichtum an Erfindungen und eine solche Unabhängigkeit der Erzeugung, daß keine Blockade uns anzutasten vermag. Die Gesundheit des Volkes steht in der sicheren Hut der deutschen Ärzte und der pharmazeutischen Wissenschaft.«

Das ist keine Überheblichkeit, die der Werbeabteilung des Chemiekonzerns entspringt – tatsächlich ist Deutschland noch immer eine der führenden Nationen in bestimmten Bereichen von Wissenschaft und Forschung. Die Regierung erkennt das an, gewährt auch finanzielle Förderung, nutzt die Ergebnisse gern für ihre Kriegsplanungen – doch bleibt diese Anerkennung eingeschränkt auf den selbstgesteckten politischen Rahmen. Das müssen in diesem Oktober 1939 zwei führende deutsche Forscher erfahren, denen der

Nobelpreis für Medizin beziehungsweise für Chemie zugesprochen wird: Der Biochemiker Adolf Butenandt soll für seine Arbeiten über Sexualhormone ausgezeichnet werden, der Pathologe und Bakteriologe Gerhard Domagk als Labormediziner in der I.G.-Farben-Industrie für die Entwicklung eines Sulfonamidpräparats mit antibakterieller Wirkung, das auch als Chemotherapeutikum eingesetzt wird.[946]

Die internationale Anerkennung für deutsche Forschungsleistungen bleibt allerdings der Öffentlichkeit in Deutschland verborgen, und als Gerhard Domagk in der Nacht zum 27. Oktober 1939 ein Telegramm aus Stockholm zugestellt wird, in dem ihm die Entscheidung des Nobelpreis-Komitees mitgeteilt wird, kann er sich wohl nicht recht freuen. In Wissenschaftskreisen ist nämlich längst bekannt, dass dieser Preis in Deutschland unerwünscht ist. »Da zur Zeit noch das Verbot Hitlers besteht, daß deutsche Staatsangehörige den Nobelpreis annehmen dürfen«, so bestätigt ihm wenige Tage später der Rektor der Universität Münster,[947] müssen sowohl Domagk als auch Butenandt mit offiziell vorgefertigten Schreiben die Annahme dieser Aufzeichnung ablehnen. Hintergrund dieser offiziellen Intervention ist die noch immer anhaltende Verärgerung Hitlers und der NS-Führung über die Ende 1936 rückwirkend vorgenommen Auszeichnung des Pazifisten und prominenten NS-Gegners Carl von Ossietzky mit dem Friedensnobelpreis für das Jahr 1935. Ossietzky, durch die Folgen seiner langen Haft bereits schwer erkrankt, durfte nicht zur Entgegennahme des Preises nach Oslo reisen. Kein Deutscher sollte fortan mehr einen Nobelpreis annehmen dürfen. So verfügte es Hitler 1937 – und präsentierte damals zugleich eine nationale Alternative, um deutsche Wissenschaftler zukünftig damit auszuzeichnen:[948]

»Um für alle Zukunft beschämenden Vorgängen vorzubeugen, verfüge ich mit dem heutigen Tage die Stiftung eines Deutschen Nationalpreises für Kunst und Wissenschaft. Dieser Nationalpreis wird jährlich an drei verdiente Deutsche in der Höhe von je 100 000 Reichsmark zur Verteilung gelangen. Die Annahme des Nobelpreises wird damit für alle Zukunft Deutschen untersagt.«

Beim neu geschaffenen »Deutschen Nationalpreis für Kunst und Wissenschaft«, der 1937 und 1938 vergeben wird, ist die wissenschaftliche Leistung allerdings zuweilen zweitrangig. Stattdessen stehen politische und zunehmend militärische Erwägungen im Vordergrund. 1938 erhalten die Flugzeugkonstrukteure Willy Messerschmitt und Ernst Heinkel den Preis, ebenso der von Hitler so geschätzte Autokonstrukteur Ferdinand Porsche sowie der altgediente Nationalsozialist Fritz Todt, Generalinspekteur für das deutsche Straßenwesen. Hier geht es wohl mehr um die viel beschworene »deutsche Ingenieurskunst« denn um weltweit anzuerkennende wissenschaftliche Leistung. Kein Wunder, denn diese Preisträger wählt ja kein Expertengremium aus, sondern ein einziger Mann, nämlich Adolf Hitler.

Der Diktator als Mann ohne solide Schul- und ohne Berufsausbildung kann sich für Autos, für Panzer, für die neuen Reichsautobahnen oder Albert Speers bombastische Bauten begeistern. Das Verständnis für wissenschaftliches Arbeiten, die Wertschätzung theoretischen Rüstzeugs oder hermeneutischer Methoden, die Leidenschaft für akademische Debatten und die Einsicht in die Gesetze der Logik sind ihm hingegen völlig fremd. Stattdessen verachtet Hitler die Intellektuellen, und hinter ihm scharen sich seit Jahren längst all jene, die diese Feindschaft teilen. Diese Haltung äußert sich zunächst einmal in der Verunglimpfung aller Intellektuellen, die in Wirklichkeit gar nicht die Klugen im Lande seien, sondern mehr oder weniger unbrauchbare Zeitgenossen, die vom wirklichen Leben im Grunde nichts wüssten und deshalb auch zur Lösung der Gegenwartsprobleme nichts beizutragen hätten. »Die grosse Masse derer, die sich die ›Gebildeten‹ nennen«, so hat Adolf Hitler schon Jahre zuvor einem Vertrauten gegenüber erklärt,

Höchste wissenschaftliche Auszeichnung aus der Hand eines Intellek-
tuellenverächters: Adolf Hitler überreicht den »Deutschen Nationalpreis«
am sechsten Jahrestag der »Machtergreifung« am 30. Januar 1939
an Ernst Heinkel, Willy Messerschmitt, Ferdinand Porsche und Fritz Todt
(stehend von links).

»sind oberflächliche geistige Halbwelt, eingebildete und überheb-
liche Nichtskönner, die sich des Lächerlichen ihrer Stümperei
nicht einmal bewußt sind.«[949]

Hitlers Hass auf die »gebildeten Schichten« sitzt tief, er bezeichnet sie als »volksfremd« und unterstellt ihnen einen generellen
Mangel an »Willenskraft«, die er für einen »richtigen« Deutschen
als unerlässliches Merkmal ansieht. In seinem Buch *Mein Kampf*
geht er sogar so weit, die Ursache für den verlorenen Weltkrieg –
eines seiner Lieblingsthemen – diesen »Intelligenzkreisen« in die
Schuhe zu schieben:[950]

»Je ›geistvoller‹ zum Beispiel unsere Staatsmänner waren, um so schwächer war meistens ihre wirkliche Leistung. Die politische Vorbereitung sowohl als die technische Rüstung für den Weltkrieg war nicht deswegen ungenügend, weil etwa zu wenig gebildete Köpfe unser Volk regierten, sondern vielmehr, weil die Regierenden überbildete Menschen waren, vollgestopft von Wissen und Geist, aber bar jedes gesunden Instinkts und ledig jeder Energie und Kühnheit.«

Der intellektuelle, der hier so genannte »überbildete« Mensch ist, so diese Logik, in der praktischen Arbeit für das Volk wie im alltäglichen Leben im Grunde ein Nichtsnutz. Hitler schwingt sich in dieser Verachtung zu einer Arroganz gegenüber den Wissenschaftlern auf, wie sie für Bildungsverlierer und Autodidakten allerdings durchaus üblich ist: Er wisse im Grunde einfach mehr als sie, kenne sich mit dem »wirklichen« Leben und den eigentlich wichtigen Fragen des Lebens schlicht besser aus. Diese Haltung Hitlers ist fraglos die Kehrseite seiner Befangenheit und seiner mangelnden Ausbildung.[951] Er fühle sich dem »einfachen Volk« verbunden, wie Hitler es nennt:[952]

> »Ich kenne dieses breite Volk und möchte unseren Intellektuellen immer nur eins sagen; jedes Reich, das ihr nur auf den Schichten des intellektuellen Verstandes aufbaut, ist schwach gebaut! Ich kenne diesen Verstand: ewig klügelnd, ewig forschend, aber auch ewig unsicher, ewig schwankend, beweglich, nie fest!«

Das »Dritte Reich« kann nach eigener Einschätzung auf diese Geistesmenschen sehr gut verzichten. Und dies nicht nur, weil sie im Verdacht stehen, die Diktatur und ihren totalen Anspruch, die Gewalt und den Rassismus abzulehnen. Tatsächlich teilen die meisten Menschen in Deutschland die von den Nationalsozialisten schon lange propagierte Einschätzung, dass in Deutschland grundsätzlich weniger debattiert und diskutiert werden sollte, sondern dass tendenziell »gehandelt« werden müsse: Die »Tat« soll hierzulande in Zukunft im Vordergrund stehen, nicht die Diskussion.[953]

Diese Vorstellung hat sich längst weithin durchgesetzt. Ohne Scham können sechs Jahre nach Beginn der NS-Diktatur die traditionelle Gelehrsamkeit und die Wertschätzung von Denken und Wissen verunglimpft werden. Baldur von Schirach, der sich als »Reichsjugendführer« auch für die Erziehung des Nachwuchses zuständig fühlt, bezeichnet die nationalsozialistische Herrschaft »als die Erhebung des deutschen Gemüts gegen die Willkür des kalten Intellekts«.[954] Und der »Nationalsozialistische Deutsche Studentenbund« will junge stramme Nazis an den Hochschulen etablieren, um den »früheren waschlappigen Intellektualismus« zu beseitigen.[955] Allen voran Propagandaminister Joseph Goebbels agitiert gegen die Intellektuellen und heizt die Stimmung permanent an.[956] In seiner Rundfunkansprache zum Jahreswechsel 1938/39 rechnet er wieder einmal mit ihnen ab:[957]

»Sie wissen so viel, daß sie am Ende vor lauter Wissen nichts Rechtes mehr mit ihrem Wissen anzufangen wissen. Sie sehen meistens nur die Vergangenheit, weniger die Gegenwart und fast gar nichts von der Zukunft.«

Deshalb würden die Intellektuellen auch weiterhin am »Dritten Reich« herumkritisieren und sich über »die lächerlichsten Kleinigkeiten« aufregen, statt tatkräftig mit an der Zukunft des Landes zu bauen. Mit solchen »wankelmütigen Elementen«, so Goebbels, könne man allerdings »keine Geschichte machen«. Im Grunde handle es sich um »intellektuelle Spießer«, die Feinde des Staates seien:[958]

»Jene Spießer stellen nur den 0,8 Prozentsatz der deutschen Nation dar, der immer Nein gesagt hat, immer Nein sagt und immer Nein sagen wird ... Er sagt Nein, wenn das deutsche Österreich dem Reich angeschlossen wird; er sagt Nein, wenn das Sudetenland zu Deutschland zurückkehrt. Er sagt überhaupt und immer Nein, und zwar aus Grundsatz.«

Die Konstruktion des »Neinsagers« ist Teil einer von Goebbels zu diesem Zeitpunkt gezielt lancierten Agitation. Der Propaganda-minister will damit möglicher Kritik an den deutschen Einverlei-bungen zunächst des Sudetenlands und dann der »Rest-Tsche-chei« begegnen. Die übergroße Mehrheit der Deutschen wolle mit diesen »intellektuellen Nörglern« nichts mehr zu tun haben. Denn während die kleine Gruppe von Intellektuellen das Leben mit dem »Verstand« verstehen und bewältigen wolle, setze das deutsche Volk unter der Führung der NSDAP auf die Kräfte »eines glühen-den, idealistischen Herzens«. Die Zeit der Ratio sei vorbei, so lässt sich Goebbels verstehen, stattdessen sei eine Zeit des Glaubens angebrochen:[959]

»Das Volk in seinen breiten Massen besitzt noch jene primitive, unverdorbene Glaubensfähigkeit, die alles für möglich und erreichbar hält, dem man sich mit voller Seele hingibt und worum man mit starkem und mutigem Herzen kämpft.«

Goebbels spricht von »Glauben« und »Wärme«, vom »Fühlen« und dem »Empfinden« als den wahren deutschen Tugenden. Diese Begriffe stehen im scharfen Kontrast zu der angeblichen »Ge-fühlskälte« und »Seelenlosigkeit« der deutschen Intellektuellen.[960] Damit schließt diese Diffamierung des »Geistesmenschen« pro-blemlos an die ideologische Überhöhung des Landlebens an: Die im »Dritten Reich« massiv propagierte und weit verbreitete Agrar-romantik lässt es plausibel erscheinen, dass die wie auch immer geartete »Gesundung« des deutschen Volkes maßgeblich durch dessen Verwurzelung mit dem Land und dem Landleben gelingen soll. Die Großstadt hingegen schwäche die »Lebenskräfte« eines

Volkes. Da der »Intellektuelle« vor allem als eine (groß-)städtische Erscheinung wahrgenommen wird, trägt er aus agrarromantischer Perspektive auch in dieser Hinsicht eine Mitschuld an der Schwächung des deutschen Volkes. In diesem Sinne erklärt Joseph Goebbels, dass es sich bei den »intellektuellen Nichtskönnern« um jenes »parasitäre Geschmeiß« handle, das die Luxusstraßen der großen Städte bevölkere.[961]

Wie sehr im Alltag der Anti-Intellektualismus bereits verankert ist und wie selbstverständlich zuweilen der »Glauben« gegen den »Intellekt« ausgespielt wird, nimmt auch der aufmerksame Beobachter Victor Klemperer wahr. In seinen Aufzeichnungen dokumentiert er ein Gespräch mit einer jungen Mitarbeiterin seiner Universität, die nach 1933 rasch zu einer glühenden Anhängerin des Nationalsozialismus geworden war. Sie berichtet Klemperer ganz begeistert von ihrem neuen »Glauben« an Hitler und seine Politik, von dem »Gefühl«, dass jetzt in Deutschland alles gut werde. Auf die Frage, woher sie diese Gewissheit nehme, antwortet sie:[962]

> »Wo alle Gewissheit herstammt: aus dem Glauben. Und wenn Ihnen das nichts sagt, dann – ja, dann hat ja unser Führer doch recht, wenn er sich gegen die … (sie schluckte die Juden noch gerade herunter und fuhr fort) … gegen die sterile Intelligenz wendet.«

Der Glaube ist wichtiger als die Intelligenz, und Diskussionen sind mit der jungen Dame nicht möglich. Dem langjährigen Professor Klemperer will sie auf seine Nachfragen nach ihrer Unterstützung für Hitler und das »Dritte Reich« nicht mehr antworten:[963]

> »Es scheint zwecklos, denn alles, was Sie mich fragen, kommt doch aus dem Verstand.«

Antisemitismus und der Hass auf Intellektuelle sind eng
miteinander verbunden. Mit »Sogenannte jüdische Intellektuelle«
überschreibt die nationalsozialistische Propaganda diese Straßen-
aufnahme von 1935.

Hat der Verstand also ausgedient? Diese junge Nationalsozialistin
entspricht in ihrer Begeisterung und ihrem Glauben an das »Dritte
Reich« damit ziemlich genau einem schon zu Zeiten der Weimarer
Republik weit verbreiteten Urteil über den Nationalsozialismus.
Bereits damals sahen viele Kritiker die NS-Bewegung vor allem als
Entfesselung niederer politischer Instinkte – und damit schlicht
als Ausdruck von individueller wie politischer Dummheit. Dieser
Dummheitsvorwurf war vor 1933 (und sollte es auch nach 1945
nicht zuletzt als Mittel der nachträglichen Distanzierung vom Nationalsozialismus bleiben) ein etabliertes »Argument« in der Auseinandersetzung mit dem Rechtsextremismus. Stellvertretend für
diese Wahrnehmung des Nationalsozialismus ist eine Rede des
Sozialdemokraten Kurt Schumacher im Deutschen Reichstag am
23. Februar 1932, in der er mit der wachsenden nationalsozialisti-

schen Gefahr abrechnet und dabei auch auf die »intellektuelle Ver-
lumpung und Verlausung« der Nazis eingeht:[964]

> »Die ganze nationalsozialistische Agitation ist ein dauernder
> Appell an den inneren Schweinehund im Menschen. Wenn wir
> irgendetwas beim Nationalsozialismus anerkennen, dann ist
> es die Anerkennung, daß ihm zum ersten Mal in der deutschen
> Politik die restlose Mobilisierung der menschlichen Dummheit
> gelungen ist.«

Kurt Schumacher unterscheidet zwischen den dummen Nationalsozialisten und den klugen Nicht-Nationalsozialisten, womit
er die demokratischen Kräfte im Land meint. Und er teilt die
landläufige Meinung, dass sich mit »Dummen« eben nicht diskutieren lasse – weshalb sich seiner Meinung nach auch jede Debatte
erübrige:[965]

> »Eine Auseinandersetzung ist schon darum nicht möglich,
> weil wir in dem Nationalsozialisten nicht das gleiche Niveau
> achten können. Wir sehen keinen Gegner, mit dem wir die
> Klinge kreuzen können.«

Schumacher geht es in seiner Denunzierung der Nationalsozialisten als dumme Menschen vor allem um die Gelegenheit, diesen
»den Grad unserer Verachtung« deutlich zu machen, sie also vor
der Öffentlichkeit als Dumme bloßzustellen. Das mag menschlich und moralisch verständlich sein, politisch ist das allerdings
schon zu diesem Zeitpunkt augenscheinlich keine besonders wirk-
same Strategie. Denn die NSDAP ist ja im Reichstag die zweit-
stärkste Fraktion und hat auch in den Ländern schon beträcht-
liche Wahlerfolge eingefahren. Bereits im Frühjahr 1932 hat sich
also erkennbar gezeigt, dass sich allein mit der Denunzierung
der Nationalsozialisten wie ihrer Anhänger als »dumm« politisch
wenig ausrichten lässt – der deutsche Rechtsextremismus ist und

bleibt gegen den Dummheitsvorwurf in dieser Hinsicht weitgehend immun.

Und doch hat sich diese Vorstellung von den »dummen« Nationalsozialisten über 1933 hinaus in einigen Kreisen gehalten. Gerade viele ältere Bildungsbürger, die Wert auf traditionelle Schul- und Universitätsausbildung legen, fremdeln zuweilen noch immer mit der NS-Bewegung und mit ihrer traditionellen Nähe zu den Bierkellern und Stammlokalen der Partei, zum »Pöbel« der Straße und zu den Schlägern der SA. Das reicht zwar in der Summe nicht für eine ausgeprägte Opposition, aber es stabilisiert weiterhin einen gewissen Dünkel gegenüber vielen Akteuren des NS-Regimes. Der Justizinspektor Friedrich Kellner, noch immer ein überzeugter Sozialdemokrat, notiert in seinen Tagebüchern wiederholt seine tiefe Verachtung gegenüber der an die Macht gekommenen »Dummheit«. Er lebe in einem Land, in dem »jede Regung freiheitlichen Denkens vollkommen verschwunden zu sein scheint«,[966] und wertet mehr als einmal Äußerungen von lokalen Parteifunktionären als »geistige Armut«.[967] Am 14. Oktober 1939 schreibt er seine Gedanken über den Zustand des deutschen Volkes nieder. Auch hier ist der Dummheitsvorwurf wieder zentral:[968]

> »Auf die Wenigen, die über einen eigenen gut funktionierenden Denkapparat verfügen, kommt es wahrlich nicht an. Die Dummen sterben nicht aus. Das ist maßgebend. Die Dummheit ist der Felsengrund für den [Bau des] Nationalsozialismus.«

Kellners Verachtung der »saudummen Volksgenossen«, die die Politik der Regierung unterstützen und für ihn allzu offensichtlich auf ihre Propaganda hereinfallen, kennt keine Grenzen:[969]

> »Aus Menschen sind Tiere geworden. Die Masse ›Volk‹ ist ein schauderhafter Scheißhaufen.«

Aus solchen Zeilen sprechen Wut und Empörung – aber sie sind zugleich auch Zeichen purer Verzweiflung. Deutschland ist in die Hände von Dummköpfen gefallen. Aber stimmt das wirklich? Regiert die von Kellner so bezeichnete »geistige Armut« im Land? Für eine Analyse greift das sicherlich zu kurz, denn was »dumm« ist, liegt ja stets im Auge des Betrachters. Der Nationalsozialismus und seine Anhänger würden sich ja niemals selber als »dumm« bezeichnen, nur weil sie die Werte einer bildungsbürgerlichen Welt nicht teilen. Sie haben sich selbstbewusst von einem traditionellen Bildungsbegriff gelöst, sie setzen für die Gestaltung der Zukunft auf andere Techniken als auf das herkömmliche intellektuelle Rüstzeug. Sie haben ihren Glauben und fixieren sich auf die Tat – auf Kritik, auf Zweifel und intellektuelle Diskussion wollen sie bewusst verzichten.

Und so präsentiert sich der offizielle Anti-Intellektualismus nach sechs Jahren Diktatur demonstrativ selbstbewusst: Deutschland, so heißt es, komme sehr gut ohne die traditionellen Intellektuellen und ihre Beiträge zu Gesellschaft und Politik aus! Diese Haltung zeigt sich beispielsweise, als sich Adolf Hitler am 1. Mai 1939 vor Tausenden Zuhörern im Berliner Lustgarten zum »Tag der Arbeit« über die ausländischen Regierungen lustig macht, die ihn seiner Meinung nach als »Führer« doch so offenkundig unterschätzt hätten. Sein Publikum reagiert auf seine Worte mit Beifall und Heiterkeit:[970]

»Im übrigen wird in keinem Staat die geistige Leistung
mehr geschätzt als bei uns. Ich glaube, das sieht man
schon an der Führung. (Beifall und Heiterkeit erneuern
sich minutenlang.) Wir bilden uns ein, daß in Deutschland
immerhin Leute an der Spitze des Staates stehen, die es
geistig mit den Vertretern der anderen Staaten schon
aufnehmen können. (Wieder stimmen die Massen mit
brausender Heiterkeit dem Führer zu.)«

Hinter dem Spott lauern Aggression und Gewalt. In diesem Sinne hat Adolf Hitler vor einem Jahr vor Journalisten und Verlegern sogar über eine »Ausrottung« – fraglos einer von Hitlers Lieblingsbegriffen – von Intellektuellen schwadroniert:[971]

> »Wenn ich die intellektuellen Schichten bei uns ansehe, leider, man braucht sie ja, sonst könnte man sie eines Tages ja, ich weiß nicht, ausrotten oder so was.«

Eine solche gewalttätige Rhetorik fragt nicht danach, ob jemand wirklich ein »Intellektueller«, ein so verhasster »Geistesarbeiter« ist. Diese Bezeichnung ist ein Kampfbegriff geworden, mit dem das belegt werden kann, was die Nationalsozialisten beseitigen wollen,[972] sie ist im »Dritten Reich« längst zu einer universellen »Waffe gegen jedermann« geworden. Jeder vermeintliche oder tatsächliche Widersacher, jeder unerwünschte Kritiker oder Bedenkenträger kann als »Intellektueller« denunziert und damit gesellschaftlich geächtet werden.[973] Traditionelle Klugheit ist keine gesellschaftliche Auszeichnung mehr, sondern eine potentielle Gefahr für den Einzelnen.

In der Verfolgungslogik des »Dritten Reichs« ist diese Aggression zudem eng mit dem Hass auf Juden verknüpft: Das »Intellektuelle« wird weithin als »jüdisch« denunziert, der »jüdische Intellektuelle« stehe demnach in einem unüberbrückbaren Gegensatz zu »Volk« und »Führer«.[974] Victor Klemperer verweist in seinen Tagebuchaufzeichnungen auf den öffentlich immer wieder verwendeten Begriff des »krummnasigen Intellektualismus«,[975] der schon lange ein fester Bestandteil der antisemitischen Propaganda ist. Je aggressiver und offener der Antisemitismus in Deutschland um sich greift, desto offener wird auch die Verachtung des Intellektuellen ausgelebt. Und »Juden« und »Intellektuelle« werden gleichermaßen zu Nicht-Deutschen erklärt. In einem Spottvers heißt es:[976]

Keine Intellektuellen, dafür lauter Menschen der Tat: Aufmarsch der Massen zum 1. Mai 1939 im Berliner Lustgarten.

»Hinweg mit diesem Wort, dem bösen,
Mit seinem jüdisch grellen Schein!
Wie kann ein Mann von deutschem Wesen
Ein Intellektueller sein!«

Indem der Intellektuelle für »undeutsch« erklärt wird, rückt eine eigentümliche Konstruktion vom »Charakter« eines Menschen in den Vordergrund. Dieser bilde sich angeblich innerhalb der neuen »Volksgemeinschaft« heraus. Die Nation und das »Volk« stehen inzwischen offiziell im Mittelpunkt, und von jedem Deutschen werden nun unbändige Kraft und unbeugsamer Wille erwartet, treu und gehorsam gegenüber dem »Führer« (was seit dem 1. September und dem Beginn des Krieges auch das Opfer des eigenen Lebens mit einschließen kann). Solche Vorstellungen münden in die Vorstellung eines spezifisch deutschen »Charakters«. Bei der Erziehung der Jugend ist der »Charakter« ein politischer Schlüsselbegriff. Er umschreibt all jene Eigenschaften, die dem »Intellektuellen« angeblich fehlen. Hermann Göring fordert »Schafft Charaktere! Schafft anständige Kerle!«, und NSDAP-Reichsleiter Alfred Rosenberg will keine »intellektuelle, sondern eine Charaktererziehung«.[977] Damit folgen sie der von Hitler selbst immer wieder vorgetragenen Lobpreisung des »Charakters«, der in seiner Weltsicht das Gegenteil zum Besitz »reinen Wissens« ist, wie er es in *Mein Kampf* beschrieben hat.[978] Und er forderte früh von einem »völkischen Staat« die »Kürzung des Lehrplans und der Stundenzahl«, um stattdessen die »Ausbildung des Körpers, des Charakters, der Willens- und Entschlußkraft« zu fördern.[979] Hitlers Menschenbild ist an diesem Punkt 1939 tatsächlich schon zu einem guten Teil Realität geworden, denn die nationalsozialistische Erziehung ist inzwischen weitgehend identisch mit einer »Gegen-Intellektuellen-Pädagogik«.[980]

In der Praxis heißt dies in Deutschland längst auch, dass nicht unbedingt der Klügere, der besser Ausgebildete oder eben der Intelligentere bei der Besetzung einer Stelle oder der Übernahme von Verantwortung die besseren Chancen hat. Die Mitgliedschaft in der Partei, ein gutes Netzwerk von regimetreuen Freunden oder eben ein vorbildlicher nationalsozialistischer »Charakter« – was immer das im Einzelfall heißen soll – helfen zuweilen mehr als gute Noten, Diplome und Abschlüsse. Hitler selbst hat dem Nachwuchs der nationalsozialistischen Bewegung erklärt, welche Fähigkeiten die von ihm so bezeichneten »Führer« in der Diktatur haben müssten – die traditionellen Werte der bürgerlichen Erziehung gehören nicht dazu. Am 30. Januar 1939 hatte er bei der Verlängerung des »Ermächtigungsgesetzes« klargestellt:[981]

> »Für die Besetzung von führenden Stellen in Staat und Partei ist die charakterliche Haltung höher zu werten als die sogen. nur wissenschaftliche oder vermeintliche geistige Eignung.«

Hitler macht mit diesen Worten nur allzu deutlich, wie sehr in Deutschland das intellektuelle Leistungsprinzip ausgehöhlt worden ist. Und dies auch auf allen Ebenen des Bildungssystems. Karrieren von Schülern, von Studenten und Hochschullehrern sind längst auch ein Teil des Korruptionssystems in Deutschland geworden. An den Universitäten soll, vor allem nach Ansicht des »Nationalsozialistischen Deutschen Dozentenbundes«, bei der Besetzung von Mitarbeiterstellen und Professuren die wissenschaftliche Qualifikation gern auch einmal gegenüber der politischen Zuverlässigkeit zurücktreten. Wie diese nun genau zu bewerten ist, lässt sich kaum verbindlich definieren, und geradezu zwangsläufig kommt es darüber zwischen den örtlichen Führern des NS-Dozentenbundes, den Rektoren der Universitäten und dem zuständigen Reichserziehungsministerium hundertfach zu Auseinandersetzungen über die Besetzung von Universitätsstellen. Längst ist es an deutschen Hochschulen traurige Realität, dass die politische Beurteilung eines Bewerbers den Ausschlag gibt.[982] Frustriert notiert Carl Friedrich Goerdeler, der 1936 zurückgetretene Oberbürgermeister von Leipzig, dass an deutschen Universitäten oft genug »den lippenbekennenden Ignoranten und Lumpen die Lehrstühle übergeben und die stolzen, aufrechten und wertvollen Menschen verjagt, gedemütigt, eingeengt« worden seien; das Ergebnis sei »die Herrschaft der Minderwertigen«.[983]

Schon die Jüngsten profitieren von dem neuen Geist. Bereits 1933 zeigte sich dies beispielsweise in einem Erlass des damaligen preußischen Wissenschafts- und Volksbildungsministers Bernhard Rust, der auf Hitlers Geburtstag datiert ist, den 20. April 1933. Damit schenkte der oberste Schulherr den kleinen Braunhemden mit schlechten Schulleistungen im Lande sozusagen eine zweite Chance:[984]

»Eine ganze Reihe von Jungen, und das waren nicht die schlechtesten, haben sich mit der ganzen Leidenschaftlichkeit der Jugend in ihren Verbänden der Aufgabe der nationalen

Erhebung zur Verfügung gestellt. Wo erkennbar ist, daß nur diese Tätigkeit die schlechten Leistungen eines Schülers verschuldet hat, ersuche ich, auf Antrag eine Nachprüfung vorzunehmen, ob die Versetzung nicht doch noch ausgesprochen werden kann.«

Der Minister legt alle Zweifelsfragen in »die Hand der Klassenkonferenz, der ich dringend ans Herz lege, der Größe und der Not der Zeit Rechnung zu tragen und weitherzig zu urteilen«.[985] Damit ist einer politischen Beurteilung der Schüler Tür und Tor geöffnet, und in den Folgejahren kommt fraglos der soziale Druck gerade in kleinen Gemeinden hinzu, sodass die Lehrer im Zweifelsfall den Sohn oder die Tochter des Bürgermeisters oder des Ortsbauernführers lieber doch versetzen, als mit der NS-Obrigkeit vor Ort in Konflikt zu geraten. Es geht doch schließlich nicht um das »Wissen«, sondern um den »Charakter« …

Aber bei aller Verachtung der klassischen Intellektuellen, trotz Schulzeitverkürzung und Verdichtung des Hochschulstudiums durch Umstellung auf Trimester – Deutschland kann auf fachliche Expertise nicht verzichten. »Leider, man braucht sie ja«, muss Hitler selbst einräumen. Seine persönliche Abneigung gegen Intellektuelle, Lehrer und Professoren ist bekannt,[986] doch die meisten deutschen Professoren lassen sich von dieser Haltung des Diktators wie von der anti-intellektuellen Stimmungsmache im Land nicht wirklich verschrecken. Vielmehr setzen sie ihre Arbeit auch in der Diktatur mit bekannter – und zuweilen sogar gesteigerter – Leidenschaft und Gründlichkeit fort. Die allermeisten von ihnen fühlen sich auch von den ideologischen Vorzeichen der Zeit und den politischen Wünschen der Regierung nicht in ihrer Wissenschaftlichkeit berührt – Arbeiten über »Judenstämmlinge und ererbtes Verbrechertum«, über das angeblich angestammte Recht der Deutschen auf Siedlungsgebiete im Osten oder die »Ausmerzung« von Geisteskranken müssen ihnen gar nicht erst abgezwungen werden. »Vielmehr«, so urteilt der Historiker Ulrich Herbert zutreffend, »ermöglichte das NS-Regime den Wissenschaftlern, das zu tun, was sie seit Langem tun wollten und taten, nun aber intensiviert und frei von humanistischen oder liberalen Einwänden und Beschränkungen.«[987]

Und so gibt es fraglos wissenschaftliche Profiteure der neuen Zeit. Zu ihnen gehören die Vertreter jener Fächer, die für die Wirtschafts- und Kriegspolitik des »Dritten Reichs« von Bedeutung sind. Dazu zählen etwa die Agrarwissenschaft, die Chemie und die Metallforschung, zudem alle Bereiche der militärtechnischen Forschung. Deutschland ist für den Krieg eben auch auf modernste Forschung angewiesen, und so arbeitet die Deutsche Chemische Gesellschaft schon seit 1935 mit dem Heereswaffenamt zusammen. Und der für den Forschungs- und Wissenschaftsbetrieb maßgeblichen Kaiser-Wilhelm-Gesellschaft gelingt es nicht zuletzt durch die Einbindung politischer Entscheidungsträger in ihre Führungsspitze, geschickt »die Geldquellen der Diktatur anzuzapfen«.[988] Aber auch in den Geisteswissenschaften geben sich Historiker, Theologen oder Volkskundler alle Mühe, dem neuen Geist der Zeit zu entsprechen und dafür offizielle Anerkennung zu ernten. Sie nehmen die angebliche »Judenfrage« zum Ausgangspunkt ihrer Forschungen und stürzen sich mit großer Leidenschaft auf die nun so populäre »Volkstumsforschung«, um die völkischen Wahnvorstellungen vom »deutschen Lebensraum« vor allem im Osten Europas wissenschaftlich zu legitimieren.[989] Gerhard Ritter, einer der bekanntesten deutschen Neuzeithistoriker, spricht anerkennend von der »zielbewussten staatsmännischen Leitung unseres Führers« und wird bald in seinen Vorträgen vor deutschen Soldaten den Krieg und die Praxis der deutschen Kriegsführung preisen.[990]

Den Rassismus tragen die deutschen Universitäten dabei übrigens weitgehend mit. Dafür werden im gerade begonnenen Wintersemester 1939/40 überall Vorlesungen und Seminare angeboten, die nicht der Wissenschaftlichkeit verpflichtet sind, sondern dem unwissenschaftlichen rassistischen Unfug und den nationalistischen

Stimmungen der Zeit entsprechen. An der rechts- und staatswissenschaftlichen Fakultät der Universität Berlin werden Veranstaltungen über »Die Judengesetzgebung Großdeutschlands«[991] oder »Rasse und Recht, eine kämpferische Rechtsgestaltung« angeboten,[992] an der medizinischen Fakultät gibt es zahlreiche Angebote zur »Rassenkunde«, darunter Veranstaltungen wie »Menschliche Erblehre als Grundlage der Rassenhygiene« von Professor Fritz Lenz oder ein »Erbkundliches Kolloquium für Fortgeschrittene« von Professorin Paula Hertwig.[993]

Vor allem junge Akademiker machen sich in diesen Jahren auf den Weg, die Ideologie des Nationalsozialismus und den völkischen Radikalismus besonders entschlossen in die Praxis umzusetzen. In der SS und im Sicherheitsdienst ist ihr Anteil besonders hoch: Dort haben knapp 80 Prozent der Amts- und Abteilungsleiter eine akademische Ausbildung genossen, etwa die Hälfte von ihnen ist promoviert.[994] Gerade am Beispiel des im September 1939 gegründeten Reichssicherheitshauptamtes zeigt sich, dass

Der neue Geist in deutschen Universitäten. Auch bei der Feier zum 550-jährigen Bestehen der altehrwürdigen Universität Heidelberg 1936 weht die Hakenkreuzfahne über allem.

dort eine Generation von jungen Männern an die Macht kommt, die sich als eine neue Elite von Führern versteht. Sie wollen nicht in einem traditionellen Sinne *Bürger* sein, sondern *Führer*. Und dieses Führer-Prinzip, das prägend für die gesamte deutsche Gesellschaft dieser Jahre ist, verleiht dem Einzelnen Macht nicht durch das bessere Argument und eine traditionelle intellektuelle Praxis von Diskussion und Dialog, sondern allein durch die Tat: Was richtig ist, entscheidet allein der jeweilige »Führer« – ausgestattet mit dem entsprechenden »Charakter« –, und zwar durch seine »Tat«. Was er tut, ist allein schon durch diese Umsetzung richtig und darf selbstverständlich nicht diskutiert werden. Die Beweisführung einer Idee, so hat es der Historiker Michael Wildt formuliert, findet auf diesem »Schlachtfeld« der Praxis statt. Das heißt zugleich, dass in dieser Logik jeder Einspruch und Widerspruch »nicht als Gedanke, sondern als Gegner ausgemacht« wird.[995] So denkt und handelt eine neue »geistige« Elite des »Dritten Reichs« – und das ist das Gegenteil von allen bislang in Deutschland praktizierten intellektuellen und akademischen Gepflogenheiten.

So ist in Deutschland ein Klima entstanden, in dem sich die Menschen frei fühlen dürfen, ihre Verachtung gegenüber den »Intellektuellen«, den »angeblich so Gebildeten«, den »Professoren« und »Gelehrten« auszuleben. Adolf Hitler gibt es vor, Joseph Goebbels liefert die Propaganda, und die vielen mittleren und kleinen Parteiführer vor Ort legen nach und dürfen sich auch bei mangelnder formaler Ausbildung den traditionellen Eliten an Schulen und Hochschulen nun letztlich überlegen fühlen. Das gibt so manchem sicher ein warmes Gefühl, doch etwas darzustellen …

Im Oktober 1939 ist der deutsche Alltag geprägt von der geistigen Demolierung der deutschen Schulen, der Geringschätzung konzentrierten Lernens und des planmäßigen Erwerbs von Wissen, der Verachtung des klassischen Intellektuellen bei einer gleichzeitigen Überhöhung von körperlicher und vermeintlich »charakterlicher« Erziehung der deutschen Jugend. Die Konstruktion des »Tat-Menschen« hat Konjunktur, der »Geistes-Mensch« hat offiziell abgedankt. Abseits der politisch müßigen Frage, ob es sich beim Nationalsozialismus letztlich um eine ungewöhnliche Ansammlung von »Dummen« handelt, ist die Verachtung der Intellektuellen auch deshalb ein zentrales und wirkmächtiges Merkmal dieser Diktatur, weil sie eben auf so bereitwillige Unterstützung vieler Deutscher trifft. Die Zustimmung breiter Bevölkerungskreise zu dieser aggressiven Haltung ist und bleibt in Deutschland fest verankert – und »das hohe Maß an Feindschaft gegenüber der Intelligenz« wird die deutsche Gesellschaft noch Jahrzehnte später prägen.[996]

Die von mir angestellten Betrachtungen zeitigten das Ergebnis, dass die Verhältnisse in Deutschland nur durch eine Beseitigung der augenblicklichen Führung geändert werden könnten. Unter der Führung verstand ich die »Obersten«, ich meine damit Hitler, Göring und Goebbels.

Georg Elser nach seinem gescheiterten Attentat auf die NS-Führung
vom 8. November 1939[997]

12

Jeder Einzelne

8. November 1939: Das Attentat in München

Der November ist ein stiller und dunkler Monat, und nicht zuletzt wegen der seit einigen Tagen deutlich gesunkenen Temperaturen ist der Blick auf den kommenden Winter gerichtet. In diesem Jahr müssen sich die Deutschen auf einen Kriegswinter einrichten, vermutlich wird es weitere Einschränkungen bei der Versorgung mit Lebensmitteln und Heizmaterial geben. Der Alltag fernab der Front wird schwieriger, auch wenn derzeit die Entwicklung des Krieges vor allem an der Westfront nicht absehbar ist. Dort steht die Wehrmacht zahlreichen französischen und britischen Divisionen gegenüber, doch von einzelnen Zwischenfällen abgesehen ist der Krieg dort noch nicht vollends entbrannt – das ist aber zu erwarten. Angesichts dieser Aussichten und des nahen Winters ist vielen ein warmes und sicheres Zuhause in diesem November ein hohes Gut – und womöglich denkt mancher an die Zeilen aus dem Gedicht »Herbsttag« von Rainer Maria Rilke: »Wer jetzt kein Haus hat, baut sich keines mehr«, so heißt es dort, und: »Wer jetzt allein ist, wird es lange bleiben.«

Diese Sorge vor drohender Heimatlosigkeit und vor Einsamkeit gehört traditionell zum November, doch für dieses Jahr gilt das ganz besonders. Viele Tausende mussten auch 1939 aus

Deutschland fliehen, haben Verwandte und Freunde zurücklassen müssen, die nun – um bei Rilke zu bleiben – »wachen, lesen, lange Briefe schreiben« oder »in den Alleen hin und her unruhig wandern«. Und ihnen obliegt das Gedenken an die Toten, das untrennbar mit dem Monat November verbunden ist: Am 1. November begehen die katholischen Deutschen Allerheiligen, und sie besuchen an diesem Tag die Gräber ihrer Verstorbenen und schmücken sie beispielsweise mit Kränzen oder Gestecken aus Tannenzweigen oder – weil sie in dieser Jahreszeit zu den letzten blühenden Pflanzen gehören – mit roten und weißen Erikasträußen. Diese religiöse Tradition beschert vielen Gärtnereien in Deutschland ein willkommenes Zusatzgeschäft, wie eine Zeitung beispielhaft für die Stadt Duisburg notiert. Das gesamte Stadtbild, so heißt es in dem Bericht, sei geprägt von Menschen, die mit dem dekorativen Grabschmuck auf dem Weg zu den Friedhöfen seien:[998]

>Wir sehen, wie die Friedhofsbesucher einer nach dem anderen nachdenklich Kränze oder Blumen für das Grab ihrer verstorbenen Angehörigen aussuchen und damit auf den nahegelegenen Friedhof wandern. Überall beugen sich Frauen und Männer in dunklen Kleidern über die Grabhügel, um noch etwas zu ordnen, eine Grabvase wieder zurechtzurücken oder sie neu mit Wasser zu füllen. Manche stehen auch im ernsten Vorüberwandern hier und da still, lesen die Namen auf den zahllosen Kreuzen und verharren auf einige Minuten im Gebet.«

Die christliche Hoffnung auf das ewige Leben prägt das Allerheiligen-Ritual, und das Symbol dafür sind die Kerzen, die auf den Gräbern entzündet werden. Doch die symbolischen ewigen Lichter flackern auf den deutschen Friedhöfen dieses Jahr nicht wie in den Jahren zuvor bis in die Nacht hinein. Denn seit zwei Monaten ist Krieg, und die Verdunkelungsvorschriften lassen es nicht zu, dass auf Gräbern die Kerzen »auffällig leuchten«. Deshalb, so die offizielle Empfehlung, sollen sie möglichst frühzeitig angezündet werden, damit sie bei Einbruch der Dunkelheit auch tatsächlich abgebrannt sind.[999] Andernfalls müssen sie rechtzeitig gelöscht werden. Im fränkischen Schweinfurt beschreibt die Drittklässlerin Traudl Mayr in ihrem Schulheft den Besuch am Grab des Urgroßvaters, den sie gemeinsam mit ihrer Mutter unternimmt:[1000]

> »Die Leute auf dem Friedhof waren still, andächtig und traurig. Die Gräber waren mit Erika und Efeu geschmückt. Die Lichter mußten um 5 Uhr ausgelöscht sein. Nun sind die Toten wieder allein.«

Die Toten sind wieder allein. Und die Lebenden? Sie richten sich für den Winter ein; im Grunde muss jeder Einzelne und jede einzelne Familie zusehen, wie sie durch die kommenden Wochen und Monate kommen. Dabei sind sie zumindest offiziell ja nicht »allein«, denn seit über sechs Jahren preist die Propaganda die »Volksgemeinschaft«, in der es eben keine sozialen Privilegien mehr geben soll, sondern in der alle Deutschen auch den Schutz und die Unterstützung der Gemeinschaft genießen. So weit die Theorie. In der Praxis ist es mit dieser »Volksgemeinschaft« erkennbar nicht weit her: So wenig sich die sozialen Hierarchien in Deutschland seit 1933 letztlich verändert haben, so begrenzt sind auch der Schutz und die Unterstützung des Einzelnen. Wer nicht dazugehört, als jemand, der das politische System kritisiert, oder als geistig Behinderter, als Intellektueller oder als Homosexueller, als Zeuge Jehovas, als Jude oder als Mitglied der Bekennenden Kirche, der findet sich außerhalb der »Volksgemeinschaft« wieder und ist der kollektiven Verfolgung ausgesetzt.

Womöglich ist in Deutschland nie so viel von Gemeinschaft gesprochen worden wie in diesen Jahren. Ganz sicher gilt das in besonderem Maße für die Wochen seit Kriegsbeginn, denn das Beschwören kollektiver Kraftanstrengungen gehört traditionell zur Rhetorik einer Krise und erst recht eines Krieges. So erinnert die Propaganda mehr denn je jeden Einzelnen an seine vermeintliche

Pflicht gegenüber der »Gemeinschaft«, nämlich gegenüber »Volk«
und »Vaterland«, gerade im herbstlichen November:[1001]

> »Der große Abschied in der Natur lenkt die Gedanken
> des Menschen auf die großen Ziele, die jenseits unseres
> eigenen kleinen Erdenschicksals liegen, er läßt in uns die
> Frage nach Zweck und Ziel des eigenen Lebens lebendig
> werden. Und es ist gut, wenn wir gelernt haben, daß wir
> alle nur ein Glied in einer großen Kette sind, die aus früheren
> Zeiten in ferne Zukunft reicht, und daß unsere Aufgabe im
> Leben lautet, in die Zukunft zu bauen für die, die nach uns
> kommen, und unser Leben einzusetzen, damit in unseren
> Enkeln die unzerreißbare Kette fortlaufe in alle Ewigkeit.«

»Du bist nichts, dein Volk ist alles« – diese Parole ist den Deutschen seit Jahren vertraut.

»Du bist nichts, dein Volk ist alles«: Unter dieser einschüchternden Parole der
Idee der »Volksgemeinschaft« werden bereits 1933 NS-Gegner vorgeführt.

So haben es vor allem die Mädchen und Jungen beim BDM und in der »Hitler-Jugend« seit Jahren eingetrichtert bekommen, und Anfang November 1939 beschreibt der *Völkische Beobachter* erneut die »Kriegsziele«. Gerade die Jungen, die jetzt möglicherweise ganz konkret den Dienst eines Soldaten im Krieg vor Augen haben, werden dabei noch einmal an ihre Pflicht gegenüber der »Gemeinschaft« erinnert:[1002]

> »In der Schule wird der Junge nicht für irgend ein Leben, sondern für s e i n Leben in u n s e r e m Staat mit dem notwendigen Wissen versehen.«

Ob alt oder jung: Es geht in Deutschland schon lange nicht mehr um den Einzelnen und sein Leben. Die Frage des individuellen Glücks soll zurücktreten hinter die Belange des Kollektivs. »Individualismus« ist zu einem Kampfbegriff geworden, um ein Verhalten zu diffamieren, mit dem sich ein Mensch dem Anspruch der »Gemeinschaft« angeblich oder tatsächlich verweigert. Hingegen sollen Begriffe wie »Kameradschaft« oder »Schicksalsgemeinschaft« an das Gemeinschaftsgefühl appellieren, das den Einzelnen auf das Wohl des »Volkes« verpflichtet. Dies gilt nach Beginn des Krieges mehr denn je. Jetzt verlautet in den Zeitungen und im Radio, dass das deutsche Volk nur »als Ganzes leben kann oder als Ganzes sterben« müsse. Die Bereitschaft jedes Einzelnen, füreinander einzustehen und in jedem Zeitgenossen einen »Schicksalsgenossen« zu sehen, entscheide über nicht weniger als die Zukunft Deutschlands.[1003]

Hermann Göring mahnt Anfang November 1939 in seiner Funktion als Vorsitzender des Ministerrates für die Reichsverteidigung das Zurücktreten individueller Bedürfnisse angesichts der Interessen des Volkes an, und sein Aufruf trägt den Titel »Jeder Einzelne hält Selbstdisziplin«. Ausdrücklich fordert Göring »die Mithilfe jedes einzelnen Volksgenossen«:[1004]

»Ich erwarte … von jedem einzelnen Volksgenossen, daß er die Größe und Schwere der Zeit versteht, daß er Haltung wahrt und Selbstdisziplin übt … Die Forderung, die ich an jeden Deutschen richte, heißt: Ordne Dich ein in das Ganze! Frage nicht zuerst nach Deinem Recht, sondern handle nach der Pflicht, die die Kriegszeit Dir auferlegt.«

Hier tritt sogar ganz offiziell das »Recht« des Einzelnen in den Hintergrund – was allerdings angesichts der Tatsache, dass Deutschland ohnehin kein funktionierender Rechtsstaat mehr ist, faktisch auch nicht mehr viel verändert. »Haltung wahren«, »Selbstdisziplin üben« und die »Pflicht erfüllen« sind allesamt Forderungen, die sich an den Einzelnen und sein individuelles Verhalten richten. Die Verstöße gegen diese Pflichten können im Alltag sehr verschieden sein – dazu zählen in diesen Tagen etwa auch die verweigerte Spende für die Sammelbüchse in den Händen des SA-Mannes, das nicht korrekte Einhalten der Verdunkelungsvorschriften oder der Versuch, in Zeiten rationierter Waren doch noch an begehrte Lebensmittel, Kleider oder dringend benötigte Schuhe zu kommen. Denn auch wenn von jedem Einzelnen laut Hermann Göring nun erwartet wird, dass er »die Größe und Schwere der Zeit versteht«, so dürfte er zunächst erst einmal an sich und seine Familie denken. Schließlich ist Krieg – und den heißt es zu allererst überstehen, an der Front ebenso wie zu Hause.

Oberste Priorität hat im Alltag der Deutschen in diesem November die individuelle Versorgung mit Lebensmitteln und Gütern des täglichen Bedarfs. Für die NS-Führung ist das längst die zentrale innenpolitische Herausforderung. Joseph Goebbels notiert in seinem Tagebuch, dass er und die Medien die Öffentlichkeit »auf die bald kommende Textilkarte« vorbereiten wollen, damit »nun nicht ein Sturm auf die Textilwaren einsetzt und gleich alle Lager leergekauft werden«.[1005] Der Propagandaminister weiß nur zu gut, dass Versorgungssicherheit eine wichtige Grundlage für weitere Loyalität der Deutschen ist. Denn der Krieg selbst hat bislang nicht dazu geführt, dass die Menschen die Diktatur kritisch sehen. Es herrscht weiterhin erkennbare Zustimmung zur Politik der Regierung und zuweilen regelrechte Begeisterung angesichts der Erfolge im Krieg gegen Polen.[1006] Da soll die Stimmung doch nicht wegen der Verteilung von Textilien oder Lebensmitteln getrübt werden ...

Deshalb möchten auch die Zeitungen im Land den Eindruck erwecken, als gäbe es von allem im Grunde genug. Zugleich, so die Drohung, werde gegen Verstöße bei der Warenverteilung energisch eingeschritten. Dementsprechend wird öffentlich über Strafzahlungen wegen unerlaubter Preissteigerungen angesichts vorgegebener Preisbestimmungen berichtet. So müssen im November 1939 verschiedene Fischgroßhändler und Fischräuchereien an Nord- und Ostsee bis zu 120 000 Reichsmark Strafe zahlen.[1007] Immer mehr Berichte werden publiziert über harte Strafen für Verstöße gegen die Kriegswirtschaftsverordnung und die einschlägigen Preisgesetze. So steht in Berlin eine 39-jährige Frau vor Gericht, die über mehrere Wochen hindurch größere Mengen Fleisch und Wurst ohne Bezugskarten erstehen konnte und diese dann gewinnbringend wieder verkaufte. Nur weil sie nicht vorbestraft ist, verurteilt ein Sondergericht sie nicht zum Tod, sondern zu zehn Jahren Zuchthaus.[1008] Solche Urteile sollen fraglos abschrecken.

Mehr denn je ist jede Familie darauf angewiesen, noch sparsamer mit den Gütern des täglichen Lebens umzugehen. Aber zuweilen sind Neuanschaffungen eben doch nötig. So wachsen etwa auch in diesen Wochen Kinderfüße, wie sie wollen, und nicht, wie es die Versorgungslage gerade erlaubt. Abhilfe kann da eine Tauschbörse für Kinderschuhe leisten, die in Halle erprobt wird und zur Nachahmung in ganz Deutschland empfohlen wird.[1009] Und immer wieder gibt es den Appell, beim Heizen der Wohnungen und Häuser so wenig wie möglich Holz zu verbrennen, denn daraus »machen wir Zucker, Spinnstoffe und andere wichtige Dinge«, heißt es offiziell. »Zwar wird unsere Versorgungslage durch die eroberten Waldgebiete Polens entlastet werden«, so das Versprechen, aber diese Entlastung werde noch ein wenig auf sich warten lassen. Bis dahin heiße es: Holz sparen und die Öfen möglichst mit Kohlen befeuern.[1010]

Im Dienst für die Volkswirtschaft: Kinder sollen im Herbst 1939 Kastanien sammeln.

Und wer jetzt keinen ordentlichen Fahrradreifen mehr besitzt, muss womöglich in der kalten Jahreszeit gleich zu Fuß gehen: Für einen neuen Reifen benötigt man nämlich einen entsprechenden Bezugsschein, für den das örtliche Wirtschaftsamt »den beruflichen und geschäftlichen Bedarf« feststellen muss – und »selbstverständlich wird bei jedem Antrag eingehend geprüft, ob sich die alten Reifen nicht doch noch benutzen lassen«. Überdies sei der Verzicht aufs Radfahren womöglich ein Akt der vaterländischen Klugheit:[1011]

»Wer Straßenbahnfahrten bezahlen kann, wird schon von sich aus durch Verzicht auf das Fahrrad dazu helfen wollen, daß der wertvolle Rohstoff Gummi gespart wird.«

Vielleicht gerade angesichts der Knappheit ganz alltäglicher Güter versuchen viele Deutsche, sich auch in diesen Wochen noch zu amüsieren. Die bürgerliche Welt bemüht sich um die Fortführung eines angemessenen Lebensstils. So lässt sich etwa der 26-jährige Hermann Lenz einen schwarzen Abendanzug schneidern, »für's Theater oder einen hübschen Abend im [Hotel] Carlton« in München, und mit seiner Freundin möchte er in den nächsten Wochen nach Möglichkeit einige Klavierkonzerte und Opernaufführungen besuchen.[1012] Andere erfreuen sich an den neuen Ufa-Filmen, etwa an dem Melodram »Es war eine rauschende Ballnacht«, in dem die beliebten Schauspielerinnen Marika Rökk und Zarah Leander erstmals gemeinsam auf der Leinwand zu sehen sind – und in dem Leander mit ihrem Lied »Nur nicht aus Liebe weinen« die Herzen der Zuschauer rührt. Kinos, Theater, Kneipen – nach dem ersten Moment der Verunsicherung und Anspannung bei Kriegsbeginn ist der Freizeit- und Amüsierbetrieb wieder angelaufen. Der US-Vizekonsul in Hamburg beschreibt in einem Bericht aus der Hansestadt, dass man den Unterschied zwischen dem ersten Schrecken über den Kriegsbeginn am 1. September und dem Zustand zwei Monate später wohl am besten am Hamburger Nachtleben ablesen kann:[1013]

»In den ersten Kriegswochen waren die großen Bierhallen auf St. Pauli, die kleinen teuren Cafés und die einfachen Bars verlassen und einsam, und der Besuch der Oper und der Theater mager. Heute steht die Kundschaft wieder an den Tischen und singt in den Kneipen entlang der Reeperbahn, die Kabarett-Vorstellungen, in denen die deutschen Versionen des amerikanischen Swings gespielt werden, sind gefüllt von Zivilisten und Soldaten, und die Opern und Theater sind gut besucht.«

Mancher amüsiert sich unter den neuen Bedingungen allerdings auf unerwünschte Weise, so etwa der »falsche« U-Boot-Held, vermutlich ein gewisser Horst Schmidt aus Berlin. Über ihn berichtet der *Völkische Beobachter* am 8. November 1939 und bezeichnet ihn ausdrücklich als »Berufsverbrecher«– womit das NSDAP-Organ die besondere Verwerflichkeit seines Tuns noch unterstreichen will. Jedenfalls soll sich dieser Mann die Uniform eines Marineoffiziers beschafft haben und sich »als Angehöriger eines siegreichen U-Bootes« ausgegeben haben. Offensichtlich sind die von der Propaganda so gefeierten U-Boot-Mannschaften in der Bevölkerung recht beliebt – immerhin kann der Aufschneider aus Berlin »zahlreiche Schwindeleien« begehen und Vergünstigungen für sich in Anspruch nehmen, die ihm nicht zustehen. Aber sein Erfolg währt nicht lang: »Wegen tätlichen Widerstandes gegen die Staatsgewalt«, so lässt Heinrich Himmler offiziell mitteilen, wird Horst Schmidt erschossen.[1014]

Wer trotz aller Einschränkungen der Kriegswirtschaft etwas zu entbehren hat, soll zumindest einen Teil davon spenden. Wiederverwendbare Stoffe werden ja ohnehin schon lange gesammelt, und die regelmäßigen Sammlungen beispielsweise für das »Winterhilfswerk« gehen ebenfalls weiter. Am ersten Novemberwochenende waren die Bemühungen der Sammler wieder besonders intensiv, weil die »Kampforganisationen« für das »Kriegswinterhilfswerk« sammeln. Die altgedienten Parteimitglieder oder Kämpfer von SA und SS ziehen durch die Straßen und erinnern daran, dass die Heimat jetzt ebensolche Opfer zu bringen habe wie die Soldaten an der Front. Ein örtlicher Standartenführer in Westfalen macht die hohe Erwartungshaltung an jeden Einzelnen deutlich:[1015]

»Die Männer tun ihre Pflicht, und du belohnst ihren Einsatz, wenn du ihnen immer noch ein kleines Geldstück in die Büchse wirfst. Das Schlagwort ›Ich habe schon‹ darf in den Straßen nicht mehr zu hören sein.«

Spendenverweigerung erfordert jetzt Fantasie: So gibt es schon Bahnreisende, die beim Kauf der Fahrkarte am Schalter für zehn Pfennig auch die offizielle erwünschte »Spendenkarte« des »Winterhilfswerks« kaufen – und sie dann demonstrativ hinter das Hutband stecken.[1016] Womöglich hält das am Ankunftsort den nächsten Sammler auf Distanz – und macht das unerwünschte »Ich habe schon« überflüssig.

Doch der Krieg hat das Spendensystem noch einmal intensiviert: Jetzt geht es um zusätzliche Unterstützung der Soldaten an der Front. Die Aufrufe sind ebenso zahlreich wie die eingehenden Spenden, und die Wehrkreiskommandos bedanken sich Anfang November 1939 bei der Bevölkerung für die bereits zur Verfügung gestellten »Liebesgaben«, die sowohl an die Front als auch in die Lazarette weitergeleitet worden seien. Zugleich veröffentlicht die Wehrmacht eine kleine Wunschliste mit Dingen, über die sich die Kämpfer freuen würden:[1017]

> »An Liebesgaben kommen beispielsweise in Betracht: Süßigkeiten, Obstsäfte, Obst (frisch oder konserviert), Honig, Mineralwasser, Tabakwaren, Tabakspfeifen, Bier, Wein, Spiele, Bücher, Musikinstrumente, Bastelsachen, Hosenträger, Taschenmesser, elektrische Taschenlampen, Geldbeutel, Rasierapparate und -klingen, Rundfunkgeräte usw.«

Angesichts dieser Liste ist es erstaunlich, woran es den Soldaten im Alltag augenscheinlich so mangelt. Hosenträger oder Geldbeutel zählen doch zu den Dingen, die eigentlich selbst nach drei Monaten Krieg durchaus erschwinglich und beschaffbar sein müssten und die sich also auch die Angehörigen der Wehrmacht selbst kaufen können müssten. Unwahrscheinlich erscheint es hingegen, dass tatsächlich in nennenswertem Umfang spendierfreudige Deutsche den Soldaten eines der hier gewünschten Rundfunkgeräte ins Feld schicken …

Die Propaganda feiert mit solchen Aufnahmen die vermeintliche Opferbereitschaft der Deutschen für die Soldaten an der Front. Aufnahme von einer Sammelstelle für Spenden im Herbst 1939.

Fraglos mangelt es einigen Soldaten in diesem November hingegen an familiärer Zuneigung. Aber einsame Menschen passen nicht in das offizielle Bild von der angeblichen »Volksgemeinschaft« und erst recht nicht in das von der »Schicksalsgemeinschaft« an der Front. In diesem Sinne ist auch eine Hilfsaktion der NS-Reichsfrauenführung zu verstehen, bei der sich die Menschen in der Heimat um »einsame Soldaten« an der Front kümmern sollen, die keine Verwandten bei sich zu Hause haben. Ihnen sollen deutsche Mütter als »Ersatzmütter« zumindest per Feldpost zur Seite stehen. Der Appell scheint Erfolg zu haben: Im dritten Kriegsmonat stehen nach offiziellen Berichten schon über 2000 einsame Soldaten mit einer neuen »Mutter« oder einer neuen »Familie« in einem Briefwechsel:[1018]

»Zu manchen fernen Wachposten brachte ein Heimatbrief von unbekannter Hand unerwartete Freude … Hunderte von Mütterbriefen sind darunter. Verschiedene Familien laden verwundete verwaiste Soldaten zur Erholung zu sich ein. Immer wieder liest man den Satz: ›Ich möchte einem Soldaten die Mutter ersetzen.‹«

Gerade im Krieg will niemand allein sein, auch eine »Ersatzmutter« kann da eine emotionale Stütze sein. Und wer von den jungen Männern an der Front schon im Sommer an Heirat gedacht hat, kann nun im Herbst das möglicherweise Versäumte noch rasch nachholen – auch wenn die Verlobte Hunderte von Kilometern entfernt ist. Möglich machen es die seit Monatsbeginn geltenden Bestimmungen für sogenannte »Ferntrauungen«: Zunächst tritt der Bräutigam vor seinen Bataillonskommandeur und bekräftigt ihm gegenüber seinen Willen, die Ehe einzugehen. Anschließend wird die zukünftige Ehefrau bei ihrem örtlichen Standesamt vorstellig und erklärt dort ihre Einwilligung. Damit haben die jungen Leute nach geltendem deutschen Recht auf Distanz eine gültige Ehe geschlossen!

Bei diesen »Ferntrauungen« werden auch die verwundeten Soldaten nicht vergessen. Wer als Bräutigam aufgrund seiner Verletzung nicht vor seinem Kommandanten erscheinen kann und in einem Lazarett gepflegt wird, kann nach einem Antrag auf Eheschließung auch vor dem leitenden Arzt sein Jawort geben. Der Soldat muss allerdings gesundheitlich noch in der Lage sein, seinen Willen zur Eheschließung deutlich zum Ausdruck zu bringen – er muss also bei klarem Bewusstsein sein. Sollte er aber dennoch sterben, ohne den Arzt noch gesprochen zu haben, gilt er posthum dennoch als verheirateter Mann:[1019]

»Die Gültigkeit der Ehe wird nicht dadurch berührt, daß der Mann in dem Zeitpunkt, in dem die Frau ihre Erklärung abgibt, bereits verstorben ist. In diesem Falle gilt die Ehe als an dem

Tage geschlossen, an dem der Mann seinen Willen, die Ehe einzugehen, zur Niederschrift erklärt hat.«

Solche Eheschließungen finden zumindest vorerst ohne familiäre Feierlichkeiten statt, und auch auf den Tausch von Ringen müssen diese Frischvermählten notgedrungen verzichten. Aber goldene Eheringe sind in ganz Deutschland im dritten Kriegsmonat ohnehin nur schwer zu bekommen: Da die Juweliere ihren Goldbestand nicht verringern dürfen, können sie auch keine Eheringe aus diesem Material verkaufen. Eine Ausnahme ist nur möglich, wenn der Käufer dafür die gleiche Menge Gold selbst mitbringt, etwa in Form einer alten Uhrkette oder einer Brosche. Aber das sei nur ein vorübergehender Versorgungsengpass, tröstet die Propaganda die Brautpaare im Land:[1020]

> »Wer nun heiraten will, ohne über Altgold zu verfügen, braucht sich darum keine grauen Haare wachsen zu lassen. Die Schmuckwarenindustrie stellt jetzt Trauringe aus Edelstahl her, … sie ähneln in ihrem glänzenden Äußeren stark den Weißgold- und den Platinringen und sind dabei gegen Kratzer ebenso unempfindlich wie gegen die chemischen Einwirkungen des Alltags. Nach dem Kriegsende wird zudem die Möglichkeit bestehen, sie etwa mit goldenen Rändern zu versehen.«

Nicht verzichten will zumindest die NS-Führung auch in diesem Jahr auf ein zentrales Ereignis in der politischen Choreografie des »Dritten Reichs«: das Gedenken an den gescheiterten Putsch am 9. November 1923 in München, bei dem Hitler schon damals an der Seite des abgehalfterten Weltkriegsgenerals Erich Ludendorff mit Gewalt die Demokratie stürzen wollte. Um die dabei zu Tode gekommenen Mitputschisten haben die Nationalsozialisten seither einen pompösen Totenkult entfaltet, bei dem diese zu »Blutzeugen« der »Bewegung« stilisiert werden. Im ganzen Reich laufen die Vorbereitungen auf diesen Jahrestag, Reichspropagandaminister Goebbels hat alle Deutschen zur Beflaggung ihre Wohnungen und Häuser aufgerufen. Aber zugleich wird vorsorglich daran erinnert, dass trotz der Bedeutung des historischen Datums die Schulen am 9. November 1939 keineswegs geschlossen sind – der Donnerstag ist ein regulärer Schul- und Arbeitstag. Doch ein normaler Tag ist es selbstverständlich nicht, denn dieser 9. November ist zugleich auch der Jahrestag der massenhaften Gewalt gegen die deutschen Juden ein Jahr zuvor. Müssen sie auch in diesem Jahr wieder mit Angriffen rechnen? Werden sie, verleumdet als Drahtzieher des Krieges, wieder Freiwild auf deutschen Straßen werden? »Was wird man diesmal am 9.11. aufführen«, fragt sich in Breslau Walter Tausk. »Ohne Theater wird dieser Tag nicht vorbeigehen«, notiert er in seinem Tagebuch, hofft aber, dass diesmal die Juden verschont bleiben – »die hat man ja schon voriges Jahr erledigt«.[1021]

Der zentrale Ort des Gedenkens ist München, und auch in diesem Jahr soll am traditionellen Verlauf nichts geändert werden: Im Bürgerbräukeller, in dem in Spitzenzeiten fast 2000 Menschen zum Bierkrug greifen können, wird Hitler wieder vor viele der »alten Kämpfer« der frühen NSDAP-Zeit treten und eine seiner langen Reden halten. Denn an diesem Ort hatten viele von ihnen auch schon am Abend des 8. November 1923 zusammengesessen, so manche Maß Bier getrunken und sich schließlich gegenseitig aufgeputscht, um dann am folgenden Tag gegen die Demokratie zu marschieren. Adolf Hitler trifft schon am Morgen des 8. November 1939 in München ein, auch um sich noch auf seine Rede vor den »alten Kämpfern« vorzubereiten. Doch es gibt in Deutschland einen Menschen, der an diesem Tag mit seinem Handeln das Land entscheidend verändern will: der 36-jährige gelernte Schreiner Georg Elser.

Der Handwerker, aufgewachsen in einem Dorf in Württemberg, hat sich schon seit Langem Gedanken über Deutschland gemacht und ist seinem Gewissen folgend zu dem Schluss gekommen, dass er durch persönliches Eingreifen den Lauf der Geschichte im Land

Georg Elser in einer Porträt-
aufnahme von 1938.

verändern muss. Deshalb versucht Georg Elser an diesem 8. November 1939, Adolf Hitler und mit ihm andere führende Vertreter
des Nationalsozialismus mit einer Bombe zu töten.

Die Entscheidung zu diesem Schritt hat Georg Elser ganz alleine
getroffen. Er hat sich nicht mit einer Gruppe von Unterstützern be-
raten, er hat keinen organisatorischen Rückhalt bei politischen oder
religiösen Mitstreitern, und erst recht hat er keine Beziehungen zu
ausländischen Regierungen. Aber Elser ist keineswegs ein Sonderling, sondern ein Mensch mit einem weithin normalen Leben. Er
fühlt sich in Gesellschaft wohl, ist bei den Frauen beliebt und hat oft
gern Musik gemacht – auf dem Akkordeon, der Konzertzither oder
mit dem Kontrabass. Er ist privat ein freundlicher und geselliger
Zeitgenosse, beruflich gilt er als äußerst gewissenhafter Handwerker. Er ist Möbeltischler aus Leidenschaft – er nennt sich ausdrücklich »Kunsttischler« –, ein regelrechter Perfektionist, der gelegentlich noch Tage nach der Anfertigung eines Möbelstücks bei Kunden
zu Hause vorspricht, um nochmals zu überprüfen, ob wirklich alles
fehlerfrei und zur Zufriedenheit des Käufers ist.[1022]

Der freundliche Handwerker Elser ist in den vergangenen Jahren nicht als außergewöhnlicher politischer Vorkämpfer aufgefallen. Gleichwohl war er Ende der Weimarer Republik dem kommunistischen »Roten Frontkämpferbund« beigetreten, der paramilitärischen Organisation der KPD. Allerdings hält sich sein praktisches Engagement wohl sehr in Grenzen, seine Unterstützung der Partei scheint sich mehr auf seine Stimmabgabe bei den Wahlen beschränkt zu haben. Nach 1933 bleibt Georg Elser seiner Ablehnung gegenüber der NSDAP indes treu. Wann immer es geht, meidet er die Pflichten der Diktatur, geht gezielt den Situationen aus dem Weg, die ihn zum Mitmachen zwingen: Wer den großen Aufmärschen fernbleibt, braucht eben nicht permanent den »Hitler-Gruß« zu zeigen, und wer bei öffentlichen Zusammenkünften nicht einer Hitler-Rede lauscht, braucht nicht die Begeisterung der »Volksgenossen« zu teilen. Georg Elser ist und bleibt ein Individualist. So kommt er moralisch vergleichsweise gut durch die Jahre und gibt auch der Nachwelt ein eindrucksvolles Beispiel, »wie sich ein Einzelner den Zumutungen der NS-Herrschaft auch im überschaubaren dörflichen Milieu entziehen konnte«.[1023]

Georg Elser ist also kein besonders auffälliger Zeitgenosse, er ist nicht gewalttätig und auch niemand, der andere Menschen umbringt. Doch das soll sich jetzt ändern. Denn Georg Elser ist schon vor einem Jahr zu der Erkenntnis gekommen, dass es in Deutschland der Arbeiterschaft in der Diktatur nicht gut gehe und dass das Land selbstverschuldet auf einen Krieg zusteuere, der in Zukunft fraglos ungeheures Leid für die Menschen mit sich bringen werde. In dieser Hinsicht zählt Elser angesichts der zahlreichen außenpolitischen Krisen im Grunde nur eins und eins zusammen. Während die allermeisten Deutschen daran glauben wollen, dass ihr »Führer« auch in Zukunft mit seinen riskanten und gefährlichen politischen Manövern ohne einen Krieg davonkommen werde, hält es Elser nun für geboten, der NS-Führung in den Arm zu fallen. Er gelangt zu dem Schluss, dass die Verhältnisse in Deutschland nur »durch eine Beseitigung der augenblicklichen Führung« geändert werden können.[1024] Für diese Tat fasst er schließlich Ort und Datum ins Auge: Am Abend des 8. November 1939 will er im Bürgerbräukeller von München eine Bombe zünden, um so Hitler und seine engsten Gefolgsleute zu töten.

Mit der ihm eigenen Sorgfalt geht Georg Elser ans Werk, besorgt sich Sprengstoff und Zünder für die Bombe und schließt sich zugleich konsequent von seiner Umwelt ab, um niemanden als Mitwisser zu gefährden. Damit nimmt er in Kauf, fortan als Eigenbrötler wahrgenommen zu werden.[1025] Den Bürgerbräukeller kundschaftet er gewissenhaft aus, im Herbst 1939 kommt er schließlich Abend für Abend, um sein Bier zu trinken und mit den Kellnerinnen zu reden. Kurz bevor das Lokal schließt, schleicht sich Elser dann zu einem Lagerraum, wo er einen Werkzeugkoffer deponiert hat. Dort versteckt er sich, bis, abgesehen von einem Nachtwächter, alle Mitarbeiter das Gebäude verlassen haben. Anschließend macht er sich still an einer Säule zu schaffen, neben der Hitler bisher in diesem Saal seine Rede gehalten hat. Deren Holzverkleidung hat er mit einer aufklappbaren Türe präpariert, hinter der er nun so lautlos wie möglich ein Loch in die Säule meißelt. Bis zum 1. November ist diese Arbeit beendet, der Hohlraum ist nun so groß, dass nahezu drei aufeinandergestapelte Bierkästen darin Platz fänden. Elser deponiert hier einen Metallbehälter samt Sprengstoff, den er schließlich am 6. November 1939 mit einem selbst gebauten Zeitzünder versieht. Und er stellt den genauen Zeitpunkt der Detonation ein: Am 8. November 1939, um genau 21.20 Uhr, soll die Bombe explodieren und Adolf Hitler töten.[1026]

Georg Elser hat alles richtig gemacht, und der Zeitpunkt für die geplante Explosion ist perfekt gewählt. Die Nazi-Treffen im Bürgerbräukeller am 8. November folgen in jedem Jahr einem festen Ritual, zu dem auch die Rede Hitlers gehört. In den vergangenen Jahren dauerte diese – der »Führer« spricht bekanntlich gern und ausdauernd – rund anderthalb Stunden, von 20.30 bis 22 Uhr. Die geplante Explosion würde also ziemlich genau in der Mitte der Rede stattfinden. Was Elser nicht weiß: An diesem Donnerstag hat es der Diktator allerdings etwas eilig, denn er muss rasch wieder nach Berlin zurück. Als er am Morgen des Tages mit dem Flugzeug in München angekommen ist, hat ihm sein Chefpilot deutlich gemacht, dass der für den nächsten Morgen geplante Rückflug wegen des zu erwartenden Nebels voraussichtlich nicht wie geplant stattfinden werde. Und so ist bereits vor dem Treffen mit den alten Kameraden im Bürgerbräukeller vereinbart, dass Hitler für seine Rückkehr nach Berlin nicht auf das morgendliche Flugzeug setzt, sondern mit der Bahn fahren wird. Sein Sonderzug wird bereitgestellt und soll um 21.31 Uhr vom Münchner Hauptbahnhof Richtung Berlin abfahren. Will er den Zug noch erreichen, muss er also früher als sonst den Bürgerbräukeller aufsuchen und wieder verlassen. Und so trifft Hitler schon kurz nach 20 Uhr im Bürgerbräukeller ein und beginnt umgehend mit seiner Rede, die er von vornherein auf gut eine Stunde begrenzen will.[1027]

Hitler trifft frühzeitig im Bürgerbräukeller ein und wird von seinen Getreuen stürmisch empfangen.

Die Rede ist die zu erwartende Mischung aus politischer Selbst-bestätigung und aggressiver Kriegsrhetorik: Den gescheiterten Putsch von 1923 schildert Hitler wieder einmal als »Geburt der großen nationalsozialistischen Freiheitsidee«, und er zollt den Kämpfern jener Zeit seinen Respekt, denn es seien »die gleichen alten Nationalsozialisten der ersten Stunde«, die auch heute für Deutschland »diesen Krieg führen«. Leidenschaftlich hetzt Hitler gegen die britische Regierung und präsentiert erneut die Propagandalüge, wonach es vor drei Monaten nur zum Krieg gekommen sei, »weil England ihn gewollt hat«. Immer noch gefangen in seinem persönlichen Trauma von der Kriegsniederlage 1918, erklärt er, dass das heutige Deutschland »seelisch, aber vor allem auch wirtschaftlich gerüstet« in den Krieg ziehen werde und deshalb militärisch ohnehin unbezwingbar sei: »Es kann hier nur einer siegen«, so der Diktator, »und das sind wir!«[1028] Propagandaminister Joseph Goebbels ist mit im Saal und fasst anschließend begeistert den einstündigen Auftritt Hitlers zu-sammen:[1029]

> »Der Führer wird mit unvorstellbarem Jubel empfangen.
> Er hält in seiner Rede eine schneidende Abrechnung mit
> England. Schärfste Angriffe gegen die britische Raubpolitik.
> Wir kapitulieren nie. Vorbereitet auf 5 Jahre Krieg. Und
> England wird unsere Waffen kennenlernen. Tolle Begeisterung
> durchtobt den Saal.«

Mit dieser Begeisterung im Rücken und noch unter den Klängen des Deutschlandlieds verlässt Hitler das Lokal Richtung Haupt-bahnhof, um noch rechtzeitig seinen Sonderzug zu erreichen. Derweil machen es sich die alten Nazis im Bürgerbräukeller schon einmal gemütlich: Man plaudert und lacht, bestellt neues Bier und prostet sich zu, Zigarren werden angezündet und Erinnerungen ausgetauscht – und dazu spielt die Kapelle die wohlbekannten Märsche aus der »Kampfzeit«. Dann ist es 21.20 Uhr, Hitler hat

Gegen 21 Uhr spricht Hitler zu seinen Anhängern – unmittelbar neben der von Elser präparierten Säule.

das Gebäude verlassen, als die von Georg Elser deponierte Bombe explodiert. Was dann geschieht, lässt der *Völkische Beobachter* einen vermeintlichen Augenzeugen berichten:[1030]

> »Da – ein dumpfer Knall, Klirren von Glas, einige erdrückte Schreie – ein Luftstoß preßt mich gegen den Garderobentisch. Bruchteile von Sekunden wird es unheimlich still und dunkel.«

Eine gewaltige Explosion hat das Gebäude erschüttert, die Säule hinter dem Rednerpult zerstört, Teile der Decke und der Dachkonstruktion stürzen ein, Gegenstände und Splitter fliegen umher:[1031]

> »Eine gelblichgraue undurchsichtige Wand – wohl aus Staub und Explosivstoffen – zieht vor uns auf. Der unbeschreibliche Gestank dieses Nebels läßt einen neben mir laut schreien:

›Fliegerangriff – Giftgas – alles weg hier!‹ Ich habe schon die Hand vor Mund und Nase und wühle nach einem Taschentuch.«

Sieben Menschen sind sofort tot (darunter auch eine Kellnerin), über 60 zum Teil schwer verletzt.[1032] Elsers Bombe hat funktioniert, sie ist auch auf die Minute genau explodiert, doch sie hat ihren Zweck verfehlt: Hitler und seine Entourage sind zu diesem Zeitpunkt schon kurz vor dem Hauptbahnhof, sie hören nur noch ein dumpfes Poltern aus der Ferne. Doch sie denken sich nichts dabei, bringen das erst recht nicht mit einem Anschlag in Zusammenhang, sondern besteigen den wartenden Sonderzug. Der fährt pünktlich um 21.31 Uhr ab Richtung Berlin.

Die Zerstörungen im Bürgerbräukeller sind gewaltig, Aufnahme von den ersten Aufräumarbeiten.

Georg Elser sitzt zu diesem Zeitpunkt bereits auf einer Konstanzer Polizeiwache: Er hat am Abend, gut eine halbe Stunde vor der Explosion seines Sprengsatzes, die Grenze zur Schweiz überqueren wollen, wurde dabei aber von einer deutschen Zollstreife festgenommen und der örtlichen Grenzpolizei übergeben. In seinen Taschen findet sich Verdächtiges: eine Ansichtskarte des Bürgerbräukellers und auch Teile des Zeitzünders. Als die Nachricht von dem gescheiterten Attentat in den späten Abendstunden eintrifft, scheint Georg Elser als Täter festzustehen. Schon am 9. November wird er nach München überstellt und dort unter fortgesetzter Folter tagelang verhört. Er gibt schließlich all sein Wissen preis, schildert detailliert seine Vorbereitungen und vor allem seine Konstruktion der Bombe.[1033]

Am Morgen nach der Explosion herrscht in Deutschland zunächst große Unsicherheit über das Geschehen. Überall tauchen Gerüchte auf, berichtet anschließend der Sicherheitsdienst, wonach »der Führer schwer verletzt worden sei; und daß verschiedene führende Männer der Partei und des Staates getötet worden seien«.[1034] München, die »Hauptstadt der Bewegung«, gleicht an diesem Tag einem »aufgeregten Bienenschwarm«, notiert eine 14-jährige Schülerin in ihrem Tagebuch: »Überall begegneten wir Männern der Alten Garde in ihren grauen Uniformen mit Verbänden an Kopf und Händen.«[1035] Fieberhaft sucht die Polizei nach Hinweisen zum Tathergang, Heinrich Himmler als »Reichsführer SS« und Chef der deutschen Polizei ruft die Bevölkerung umgehend zur Mithilfe auf:[1036]

»Volksgenossen und Volksgenossinnen, die am Schluß der durch den Rundfunk übertragenen Münchener Rede des Führers vom 8.11. Äußerungen darüber gehört haben, daß es merkwürdig wäre, daß nichts vorgekommen sei, oder die Zeuge davon waren, wie jemand mit Erstaunen feststellte, daß die Rede des Führers viel zu früh und viel schneller als man erwartet hatte, zu Ende war, wollen diese Wahrnehmungen sofort … mitteilen.«

Adolf Hitler hat einfach unverschämtes Glück, weil er nur 13 Minuten früher den Bürgerbräukeller verlassen hatte. Zugleich hat Georg Elser schlicht Pech gehabt, dass die NS-Führung am Abend noch den Sonderzug erreichen wollte. Doch draußen im Land macht sich jeder so seine Gedanken über mögliche Hintergründe des Geschehens. Stecken die Nazis selbst dahinter? Friedrich Kellner schreibt in seinem Tagebuch über das »angebliche« Bombenattentat Der »geistig regsame Teil der Bevölkerung« glaube wohl nicht an einen Anschlag, sondern »an eine Art Reichstagsbrand-Komödie«, womit er auf die weit verbreitete Ansicht anspielt, die Nazis hätten im Februar 1933 den spektakulären Brand im Berliner Reichstagsgebäude selbst gelegt, um die Verfolgung ihrer Gegner weiter verschärfen zu können. »Ich fürchte«, so schreibt Kellner weiter, »daß irgend ein rücksichtsloser Schachzug in Vorbereitung ist, dessen Ausführung uns neue Gegner bringen wird.«[1037] Und bei vielen Juden macht sich nach dem Anschlag umgehend die Angst breit, wieder Opfer eines Pogroms zu werden, so wie auf den Tag genau ein Jahr zuvor. So rechnet beispielsweise auch Victor Klemperer »mit Verhaftung, Konzentrationslager, auch wohl Kugel«.[1038]

Die Mehrheit der Deutschen ist entsetzt über die Tat und froh darüber, dass der Anschlag gescheitert ist. In vielen Schulen, so weiß zumindest der Sicherheitsdienst zu berichten, wird der Choral »Nun danket alle Gott …« angestimmt.[1039] Überhaupt ist in diesen Tagen in Deutschland viel von Gott und von der Vorsehung die Rede. Nicht nur Joseph Goebbels, der bei der Explosion ja selbst nur knapp dem Tod entkommen ist, sieht seinen »Führer« wundersam errettet und ist sich deshalb sicher, dass er »unter dem Schutz des Allmächtigen« steht.[1040] Der Münchner Erzbischof und Kardinal Michael Faulhaber schickt Hitler ein Glückwunschtelegramm und ordnet in der Münchner Frauenkirche ein Tedeum an, »um im Namen der Erzdiözese der göttlichen Vorsehung zu danken, daß der Führer dem verbrecherischen Anschlag, der auf sein Leben gemacht wurde, glücklich entronnen ist«.[1041]

Doch der katholische Dank für Gottes Schutz geht vielen nicht weit genug. So moniert der Sicherheitsdienst, dass die katholische Geistlichkeit »sich in allen Reichsteilen jeglicher Stellungnahme zu dem Geschehnis« enthalte. Wie es aus Sicht der Nationalsozialisten besser gehen könne, stelle im Gegensatz dazu die evangelische Kirche unter Beweis, die habe nämlich »das Münchener Attentat scharf verurteilt und eindeutig Stellung genommen«. Vorbildlich sei etwa in einer Stuttgarter Kirche von einem »teuflischen Anschlag« und Gottes »schützender Hand« die Rede gewesen, und dass die Gläubigen doch jeden Morgen Gott bitten sollten, dass »er unseren Führer erhalte«.[1042] Und der evangelisch-lutherische Landesbischof von Hamburg Franz Tügel telegrafiert in die Reichskanzlei:[1043]

> »Mein Führer, die Evangelisch-Lutherische Kirche Hamburgs gedenkt Ihrer in heißer Liebe und ehrfürchtiger Treue nach dem fluchwürdigen Anschlag des gestrigen Abends ... Wir danken dem allmächtigen Gott aus tiefstem Herzen, daß er Ihr teures Leben so gnädig bewahrt hat. Unsere Gebete umschirmen Sie Tag und Nacht. Heil Ihnen, mein Führer!«

Wer sich als Einzelner gegen diese Diktatur stellen will, kann von solchen Bischöfen und Landeskirchen keine Unterstützung erwarten. Die vom Landesbischof herausgegebene *Hamburgische Kirchenzeitung* macht erneut deutlich, dass Gott auf der Seite des »Führers« stehe und das feindliche Ausland von »teuflischen Kräften« geführt werde:[1044]

> »Aber diese dunklen Mächte hatten auch hier vergessen, daß Gott mächtiger ist als der Teufel. Die Hölle tobt, aber der Führer lebt! ... Nun soll es jeder ... wissen, daß es keinen ›Hitlerismus‹ in Deutschland gibt, sondern daß Adolf Hitler Deutschland ist! Nur um so mehr wird das deutsche Volk wie eine Mauer um seinen Führer stehen, und unsere Gebete werden ihn umschirmen Tag und Nacht.«

Auch viele Soldaten, die in diesen Tagen und Wochen ja selbst um ihr Leben und ihre Unversehrtheit bangen müssen, zeigen sich dankbar für die göttliche Rettung Hitlers. »Wir können hier nur Gott danken«, so schreibt der in Polen kämpfende Soldat Walter Buhrkamp an seine Schwester, dass »unser geliebter Führer hier mit dem Leben davonkam«,[1045] Und der 25-jährige Rudolf Schmitz, der in diesen Tagen nahe der luxemburgischen Grenze stationiert ist, erklärt am 10. November 1939 in einem Brief an seine Mutter: »Gott hat ihn beschützt!« Und fügt seinem Wunsch hinzu, »er möge uns noch lange erhalten bleiben«.[1046] Die Soldaten haben die Lektionen der vergangenen Jahre erkennbar verinnerlicht: Der von Gott gesandte »Führer« ist für sie unantastbar. Der Soldat Karl Schwegler schreibt in einem Feldpostbrief von der Westfront fünf Tage nach der Bombenexplosion von München:[1047]

> »Mit Empörung sehen wir Soldaten noch auf das ruchlose Attentat in München. Wir werden es diesen Feiglingen aber noch vergelten.«

Allerdings setzt jede Form von Vergeltung ja voraus, dass die Täter auch wirklich ausgemacht sind. Aber es gibt noch kein klares Bild vom Geschehen, die Polizeibehörden scheinen trotz öffentlicher Aufrufe und hoher in Aussicht gestellter Belohnungen das Attentat immer noch nicht endgültig aufklären zu können. Zahllose Denunziationen und Verhaftungen führen ins Leere, bringen aber in diesen Tagen viele Unschuldige ins Gefängnis.[1048] In Elsers Heimatort Königsbronn in Württemberg leben die Einwohner für Wochen in Angst und Schrecken, weil die Gestapo den Ort regelrecht besetzt hat und die allermeisten der über 1700 Einwohner verhört.[1049] Derweil wird Georg Elser in München weiterhin gefoltert. Im wahrsten Sinne des Wortes grün und blau geschlagen und mit geschwollenem Gesicht muss er Rede und Antwort stehen; seine Peiniger dokumentieren detailliert seine Aussagen:[1050]

Frage: »Was haben Sie gedacht, als Sie in der Nacht vom 7. auf den 8. November zum letztenmal Ihr Werk in Augenschein genommen und die Türen verschlossen haben?«
Antwort: »Da kann ich mich nicht mehr daran erinnern.«
Frage: »Wie hatten Sie sich damals die Auswirkungen des Anschlags vorgestellt?«
Antwort: »Das hatte ich mir schon vorher einigemale überlegt.«
Frage: »Dachten Sie daran, daß eine Reihe von Personen getötet werden könnten?«
Antwort: »Ja.«
Frage: »Wollten Sie das? Und wen wollten Sie treffen?«
Antwort: »Ja. Ich wollte die Führung treffen.«

Georg Elser kann nichts anderes gestehen: Er hat als Einzelner gehandelt. Er hat also auch keine Mittäter oder Mitwisser, von denen er berichten kann. Das macht das Geschehen für die NS-Führung noch unerträglicher, als es ohnehin schon ist. Für sie ist es offensichtlich eine gedankliche Zumutung, dass der Sprengstoffanschlag tatsächlich das Werk eines Einzelnen gewesen ist. Sie können und wollen nicht akzeptieren, dass ein einziger Mensch, ohne jedwede organisatorische Unterstützung von oppositionellen Kreisen oder gar aus dem Ausland, dazu in der Lage gewesen sein soll, durch beständige und kluge Planung eine solche Explosion an einem der symbolträchtigsten Orte nationalsozialistischer Politik und an einem so symbolträchtigen Datum herbeizuführen. Die verbissene Verweigerung, dies einzusehen, schlägt sich in der verzweifelten Suche nach den angeblichen »Hintermännern« nieder. Dieser Begriff und die Vorstellung, dass die wirklichen Drahtzieher unerkannt im Hintergrund agieren, nehmen schon fast die Qualität einer Verschwörungstheorie an. Nach dieser sind das verhasste England und der einstige NSDAP-Funktionär Otto Straßer, der 1930 mit Hitler gebrochen hat und seit Jahren im Ausland lebt, die eigentlichen Drahtzieher des Geschehens. »Der Auftraggeber bzw. Geldgeber Elsers ist der britische Geheimdienst«, lässt Hermann Göring verlauten, und Adolf Hitler selbst doziert am 21. November am Mittagstisch der Reichskanzlei: »Der ganze Plan stammt natürlich von England.«[1051] Auch Joseph Goebbels glaubt das, er notiert am 17. November in seinem Tagebuch:[1052]

> »Die Hintergründe des Münchener Attentats liegen nun ziemlich klar: der eigentliche Attentäter ist eine Kreatur von Otto Strasser. Der war während der entscheidenden Tage in der Schweiz. Nach dem Attentat ist er gleich nach England, also offenbar zu seinen Brot- und Auftraggebern. Das Werk des Secret Service. Wir halten alles noch geheim, um die Hintermänner nicht argwöhnisch zu machen.«

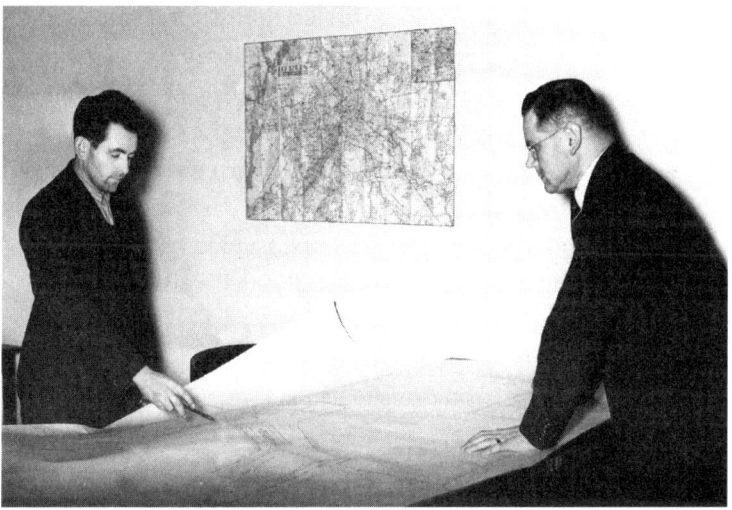

Von Verhören und Folter gezeichnet, muss Georg Elser die Details seines Anschlagsplans offenlegen. Dass es keine »Hintermänner« des Attentats gibt, wollen seine Peiniger nicht glauben.

Die Suche nach den »Hintermännern« muss logischerweise weiterhin erfolglos bleiben, Georg Elser wird weiter verhört und gequält, ehe er für die nächsten Jahre in strenger Isolationshaft in die Konzentrationslager Sachsenhausen und später Dachau gesperrt wird. Am 9. April 1945 – nur vier Wochen vor dem Ende der Diktatur – wird er auf ausdrücklichen Befehl Hitlers erschossen.

Georg Elser hat sich als Einzelner gegen die Diktatur und gegen diesen Krieg gestellt, er wollte allein versuchen, den Dingen eine andere Wendung zu geben. Er stellte sich dem Kampf gegen das Regime, er nahm sozusagen das »Duell« mit dem Unrechtsstaat an, wie Sebastian Haffner seine Konfrontation mit der Diktatur bezeichnet hat. Gegen deren Begehrlichkeiten will Elser seine eigene Persönlichkeit bewahren, sein eigenes Leben und ausdrücklich auch seine eigene Ehre. Er sieht sich in der Rolle eines »Privatmannes«, der permanenten Übergriffen ausgesetzt ist:[1053]

»Unter furchtbaren Drohungen verlangt dieser Staat von diesem Privatmann, daß er seine Freunde aufgibt, seine Freundinnen verläßt, seine Gesinnungen ablegt, vorgeschriebene Gesinnungen annimmt, anders grüßt als er es gewohnt ist, anders ißt und trinkt als er es liebt, seine Freizeit für Beschäftigungen verwendet, die er verabscheut, seine Person für Abenteuer zur Verfügung stellt, die er ablehnt, seine Vergangenheit und sein Ich verleugnet, und vor allem für alles dies ständig äußerste Begeisterung und Dankbarkeit an den Tag legt.«

Welche Optionen bleiben dem einzelnen Deutschen, der das Land nicht verlassen hat, aber »sein Ich« nicht verleugnen will? »Die besten leben wie Einsiedler«, notiert Friedrich Kellner in seinem Tagebuch.[1054] »Der anständige Deutsche«, so glaubt er nach über sechs Jahren Diktatur, »hat kaum mehr den Mut, überhaupt zu denken, geschweige denn etwas zu sprechen.«[1055]

Doch es gibt solche »anständigen« Deutschen, die den Mut haben, zu denken, zu sprechen und zu handeln, weil sie auf sich selbst hören und ihrem inneren moralischen Kompass folgen. Zu ihnen zählen auch die wenigen Kriegsdienstverweigerer, die sich ohne Unterstützung von Verbänden oder Organisationen dem Töten verweigern – wohl wissend, dass sie dafür mit Verfolgung, Lager und Hinrichtung bestraft werden. Zu ihnen zählt Hermann Stöhr, der als Pazifist und Anhänger der Bekennenden Kirche für das »Dritte Reich« nicht in den Krieg ziehen will. Der 41-Jährige hat bereits im Ersten Weltkrieg gedient – damals noch freiwillig –, jetzt lehnt er aus Gewissensgründen einen erneuten Waffengang ab. Als er am 2. März 1939 in seiner Funktion als Reserveoffizier zur Wehrübung einberufen wird, schreibt er dem zuständigen Wehrbezirkskommando in Stettin, weshalb er der Einberufung nicht Folge leisten wird:[1056]

»Den Dienst mit der Waffe muß ich aus Gewissensgründen ablehnen. Mir wie meinem Volk sagt Christus: ›Wer das Schwert nimmt, soll durchs Schwert umkommen.‹ (Matth. 26,53) So halte ich die Waffenrüstungen meines Volkes nicht für einen Schutz, sondern für eine Gefahr. Was meinem Volk gefährlich und verderblich ist, daran vermag ich mich nicht zu beteiligen.«

Als Christ könne er weder eine Waffe in die Hand nehmen, noch als Soldat dem »Führer« den im obligatorischen Fahneneid vorgeschriebenen Gehorsam leisten. Gern wolle er aber als Ersatz für den Kriegsdienst einen entsprechenden Arbeitsdienst ableisten, so Hermann Stöhr – eine solche Lösung würde seine Gewissensbedenken ebenso berücksichtigen wie das Bedürfnis der Obrigkeit zu einem Dienst an Volk und Vaterland.[1057] Auf diesen Vorschlag lassen sich Wehrmacht und Justiz allerdings nicht ein: Im August 1939 erhält Stöhr seinen Einberufungsbefehl, den er indes als »Irrtum« bezeichnet und geflissentlich ignoriert. Daraufhin wird er verhaftet und am 1. November 1939 zu einem Jahr Gefängnis verurteilt. Ein halbes Jahr später spricht ihn das Reichskriegsgericht in Berlin wegen der Verweigerung des Fahneneids auf den »Führer« der »Zersetzung der Wehrkraft« für schuldig und verurteilt ihn zum Tode.[1058] Wenige Wochen später wird Hermann

Stöhr wegen seiner Gewissensentscheidung im Gefängnis Plötzen-see enthauptet.

Das Gewissen eines Menschen ist sein moralisches Selbst – und es fordert ihn als Individuum: Was ist richtig, was darf ich tun, was muss ich unbedingt unterlassen, selbst wenn es erlaubt ist? Solche Fragen muss sich in dieser Zeit jeder einzelne Deutsche selbst be-antworten. Kaum jemand agiert so konsequent gegen die herr-schenden Verhältnisse wie Hermann Stöhr oder auch Georg Elser. Die meisten Deutschen können sich – sofern sie wegen der Vor-gänge im Land überhaupt ihr Gewissen plagt – damit beruhigen, dass sie sich in Deutschland in »bester Gesellschaft« befinden, wie es später Hannah Arendt schreibt. Die Stimme ihres Gewissens ent-spricht weitgehend der Stimme der Gesellschaft, die sie umgibt.[1059] Das moralische Selbst jedes Einzelnen wird eben auch geprägt von der Welt, in der die Menschen leben: Wenn die großen Kirchen die Waffen der Wehrmacht segnen und Adolf Hitler als rechtmäßigen Herrscher oder sogar von Gott gesandten Diktator loben – wie soll dann der einzelne Christ dieser Vorstellung widersprechen?

Fast wie aus ferner Zeit wirken in diesem Herbst 1939 Ikonen der christlichen Tugenden, etwa wenn im November in einigen Regionen Deutschlands wieder einmal das Fest des heiligen Martin gefeiert werden soll. Der Legende nach teilte dieser im 4. Jahrhun-dert mit einem frierenden Bettler seinen Mantel, konvertierte zum Christentum und wurde schließlich Bischof von Tours. In Erinne-rung an sein Leben und seine wundertätigen Werke finden zu Martini, dem 11. November, vor allem Laternenumzüge für die Kinder statt, zudem werden mancherorts Martinsfeuer entzündet, oder ein »Martinsmann« bringt Geschenke für die Kinder. Doch auch der Martinstag 1939 ist anders als in den Jahren zuvor: stiller und dunkler. In einer Zeit, in der schon das abendliche Ausleuch-ten des Fußwegs mit einer Taschenlampe als schwerer Verstoß ge-gen die Verdunkelungsvorschriften gilt, ist an Umzüge mit Laternen schwenkenden Kindern nicht zu denken. Und wer weiß, ob der Darsteller des heiligen Martin, der an einigen Orten seit Jahren dem Zug auf einem stolzen Ross voranreitet, nicht ohnehin zur Wehrmacht einberufen ist …

Der diesjährige Martinstag am 11. November ist stattdessen geprägt von dem offiziellen Gedenken an die Toten des Anschlags von München. Im ganzen Land wehen die Hakenkreuzfahnen auf halbmast, in München marschieren die Kolonnen der Parteiorganisationen an den Särgen vor der Feldherrnhalle vorbei. Adolf Hitler ist mit dem »Führerzug« aus Berlin gekommen, um an diesem Staatsakt teilzunehmen. Sein Stellvertreter Rudolf Heß hält die Rede und nutzt die Gelegenheit, das Sterben der »alten Kämpfer« als Zeichen für den sicheren Sieg Deutschlands im Krieg zu interpretieren.

Rudolf Heß beim Staatsakt für die Toten des Bürgerbräukeller-Anschlags vor der Feldherrnhalle in München.

»Ihr habt uns den Führer nehmen wollen«, so wendet er sich an die »Gegner« des Nationalsozialismus, »und habt ihn uns näher denn sonst gebracht.« Siegesbewusster denn je seien die Deutschen gerade an diesem Tag, und selbst »wenn ihr die Hölle in Bewegung setzt, der Sieg wird doch unser sein«.[1060]

Dass Deutschland für einen solchen Sieg auf möglichst große finanzielle Unterstützung der Menschen angewiesen ist, sagt Rudolf Heß bei dieser Gelegenheit selbstverständlich nicht – wer bettelt schon gern bei einer Beerdigung. Doch die Propaganda nutzt den Anschlag von München auch für den dringenden Appell, noch mehr Geld für das »Kriegswinterhilfswerk« zu spenden. Am folgenden Tag ist wieder einmal »Opfersonntag«, und schon heute werden Zeitungsleser beispielsweise in Freiburg ermahnt, nach dem Ereignis in München ein »wirkliches Opfer« zu bringen:[1061]

»Wir werden den Listensammlern auch diesmal wieder zeigen, wie fest und entschlossen der Wille der inneren Front ist. Und diesmal haben wir einen ganz besonderen Grund dazu, unser Opfer gern und freudig zu geben: die Vorhersehung hat unseren Führer aus dem fluchwürdigen Verbrechen von München unverletzt hervorgehen lassen. Mit heißem Herzen danken wir dem Herrgott, daß er uns den Führer erhielt und wenn wir uns schwören, nun noch fester, treuer und gläubiger hinter Adolf Hitler zu stehen, so benutzen wir auch die uns morgen gegebene Gelegenheit, durch die Opfer einen Teil unserer Dankespflicht abzutragen.«

In dieser Rhetorik werden die Deutschen zur »Opfer«-Gemeinschaft, in der kein Platz sein soll für individuelles und abweichendes Verhalten. Für die einen mag das ein gutes Gefühl sein: In der Not stehen die Deutschen eben fest zusammen – dann werden sie vereint auch diesen Krieg überstehen, komme, was da wolle. Das mündet in den weit verbreiteten Glauben an die deutsche Unbesiegbarkeit: »Das neue Deutschland ist nicht zu schlagen« –

damit trifft die in Bielefeld erscheinende *Westfälische Zeitung* nach dem Anschlag von München durchaus eine weit verbreitete Stimmung, »weder politisch noch militärisch.«[1062]

Doch im Alltag müssen diese »Unbesiegbaren« erst einmal Verzicht üben, denn das Leben in Deutschland hat sich im Laufe des vergangenen Jahres verändert. Im dunklen Monat November ist das fraglos deutlicher zu spüren als noch Monate zuvor. Das Totengedenken zu Allerheiligen ohne abendlichen Kerzenschein, ein ausgefallener Martinsumzug, kein Gold für Eheringe, und selbst der Kölner Karneval ist wegen des Kriegs abgesagt.[1063] Und das zentrale Symbol für den Verzicht steht am Sonntag, dem 12. November, wieder einmal dampfend auf deutschen Esstischen: der Eintopf.

Das öffentliche Eintopfessen zugunsten des »Winterhilfswerks« ist längst eine deutsche Realität geworden. Aufnahme aus dem Winter 1938/39 in Worms.

Erneut so ein Tag, an dem in Deutschland nicht jeder Einzelne frei entscheidet, was er zu Mittag isst, sondern das auslöffelt, was ihm laut offizieller Anweisung serviert wird:[1064]

»Der Leiter der Wirtschaftsgruppe Gaststätten- und Beherbergungsgewerbe hat angeordnet, daß am Eintopf-Sonntag, 12. November 1939, in der Zeit von 10-17 Uhr in allen deutschen Gaststätten keine anderen Gerichte als die nachstehend vorgeschriebenen Eintopfgerichte angeboten und abgegeben werden dürfen:
1. Kartoffeln mit Einlage
2. Wirsingkohl mit Rindfleisch oder Hammelfleisch
3. Gefüllter Weißkohl
4. Gemüsetopf nach Wahl oder vegetarisch«

Was für die Gaststätten vorgeschrieben ist, soll auch daheim praktiziert werden – nicht zuletzt aus Respekt und Dank gegenüber den Soldaten an der Front. Alle sollen gemeinsam aus dem »Opfertopf der inneren Front« essen:[1065]

»In den Wohnungen und Gaststätten wird sich im ganzen Reich die innere Front um den dampfenden Eintopf versammeln. Unsere Gedanken werden bei denen sein, die jetzt an Deutschlands Grenze Wacht halten, um Leben und Eigentum des Volkes zu schützen. Auch sie werden sich zur gleichen Stunde um den großen Eintopf der Kompagnie scharen und ihre Gedanken werden dabei bei uns sein.«

Was für eine traurige Gemeinschaft! Da löffeln die Deutschen am 12. November 1939 mehr oder weniger gemeinsam ihren Eintopf aus Wirsing oder Kartoffeln mit oder ohne Einlage, während die Soldaten von zu Hause fort sind. Draußen herrscht an diesem Sonntag typisches Novemberwetter mit viel Regen und Temperaturen nur knapp über null Grad, die Tage werden kürzer. An vielen

Tischen bleibt der Platz des Vaters, des Ehemanns oder des Sohnes leer – rund fünf Millionen Männer sind im Krieg. Wer jetzt tatsächlich an die Soldaten an der Front denkt, wie es dieser Zeitungsartikel empfiehlt, wird dies wohl mit großem Ernst tun, womöglich auch mit der viel beschworenen Siegesgewissheit. Aber ganz sicher begleiten auch sorgenvolle und traurige Gedanken das Eintopfessen, und fraglos haben einige schlicht Angst um die Familienangehörigen an der Front. Was die Zukunft für sie und die Deutschen bringen wird, ist an diesem »Eintopfsonntag« nicht klar. Sicher ist wenige Tage nach dem gescheiterten Anschlag Georg Elsers auf die NS-Führung im Grunde nur eines: Der Krieg wird weitergehen.

Bilanz: Die eigene Geschichte

Was verbindet die Deutschen von heute eigentlich noch mit dem Leben ihrer Familien im »Dritten Reich«? Sicher, es gibt vergilbte Fotografien von Großvätern in Wehrmachtsuniform oder alte Aufnahmen von Schulklassen, auf denen die Großmutter als Kind allerdings kaum noch von jemandem zweifelsfrei erkannt werden kann. Die Zeit zwischen 1933 und 1945 ist »weit weg« – sie ist eine ferne Geschichte. Dabei ist das »Dritte Reich« heute als Medienereignis eine feste Größe: Fernsehdokumentationen und Kinofilme über jene Zeit, erklärende Sachbücher und spannende Romane sowie neue oder nur vermeintliche »Enthüllungen« über Hitler und sein Umfeld sind nach wie vor gefragt. Doch in der Summe wird damit erstaunlicherweise eines zementiert: die Distanz zum »Dritten Reich«.

Die Grundlegung dafür erfolgte bereits 1945, als die Selbstdistanzierung der Deutschen das vorherrschende Gebot der Stunde war. Die übergroße Mehrheit suchte moralischen Schutz hinter der Behauptung, von den Verbrechen nichts gewusst oder selbst mit den Nazis nie gemeinsame Sache gemacht zu haben. Diese Abgrenzung von »den anderen« machte den Neuanfang im Nachkriegsdeutschland erheblich leichter, auch wenn die Täter und ihre

Millionen Unterstützer noch immer im Land lebten und – im Westen wie durchaus auch im Osten – schon bald wieder einflussreiche Positionen innehaben sollten. Im Großen und Ganzen wollte kaum jemand mehr etwas mit dem »Dritten Reich« zu tun haben, die historischen Aufklärer und Ankläger stießen auf Desinteresse, auf Ablehnung oder offene Feindschaft. Je weiter diese Zeit »weg« war, desto ruhiger erschien das eigene Leben. Die Geschichte des »Dritten Reichs« wurde eine Geschichte der »anderen«, die – gefühlt – vor sehr langer Zeit stattgefunden hat.

Diese Haltung beförderte auch die eingangs erwähnte Spaltung der Wahrnehmung der NS-Geschichte: Während sich die Deutschen in ihren persönlichen Erinnerungen massiv auf das eigene »Familienalbum« der Erinnerungen stützen, in dem ihre Eltern und Großeltern zuvörderst als Opfer von Verzicht und Not im Krieg oder aufgrund von Flucht und Vertreibung erscheinen, haben die wissenschaftliche Forschung und die juristische Aufarbeitung kontinuierlich das Wissen um Struktur und Funktionsweise des »Dritten Reichs« vermehrt und damit das »Lexikon des Wissens« immer weiter gefüllt. Doch was dabei zutage gefördert wird, erreicht die im Familiären gefangenen Erinnerungen immer schwerer. Die Untaten jener Zeit fanden in dieser Wahrnehmung in längst vergangener Geschichte statt: unglaublich, unvorstellbar, heute moralisch und politisch nicht mehr nachvollziehbar – und auch deshalb seltsam fern von der eigenen familiären Erinnerung und Vorstellungskraft. So ist heute zwar die aufrichtige öffentliche Beschäftigung der deutschen Gesellschaft mit dem »Dritten Reich« möglich, aber sie hat mit dem Einzelnen und der Geschichte der Großeltern oder Urgroßeltern in aller Regel wenig zu tun.

Ein Blick auf das »normale Leben« im »Dritten Reich«, wie es bereits Sebastian Haffner thematisiert hat, kann unsere Wahrnehmung dieser Zeit erweitern und die Kluft in der Erinnerung womöglich zu einem Teil überwinden. Zwar fand dieses Leben unter gesellschaftlichen und politischen Rahmenbedingungen statt, die für uns heute eben nicht »normal« sind, die aber letztlich alltäglich wurden: Es gab kein Recht mehr in diesem Land, es gab keine Sicherheit und keine Ordnung, sondern Machtmissbrauch, Korruption, Übergriffe auf Kinder und viele andere Ungeheuerlichkeiten. Es gab keine kollektive Scheu vor Gewalt, sondern eine breite Unterstützung der Bevölkerung für Repressionen. Es gab keinen freien Geist an Schulen und Universitäten, sondern das Geschwätz von der »Tat«, die wichtiger sei als ein kluger und kritischer Gedanke. Es schwand das Gefühl der Zugehörigkeit zu einer christlichen europäischen Tradition zugunsten wirrer Vorstellungen von einer »germanischen« Geschichte, der sich die Deutschen zunehmend verbunden fühlten. Es gab Hass auf Juden oder »Zigeuner«, auf »Asoziale« oder Zeugen Jehovas, aber keine Achtung und erst recht keine Barmherzigkeit für Hilfsbedürftige, wenn sie nicht der selbsterklärten »Volksgemeinschaft« angehörten. Derweil verschwanden die eisernen Gitter aus Vorgärten und Parks, weil das Land aufgrund seiner desaströsen Wirtschaftspolitik das Metall so dringend brauchte, und die Deutschen trennten und sammelten die Abfälle, um möglichst keine Rohstoffe zu verschwenden. Und mancher schaffte sich eine Ziege oder ein Angorakaninchen an, um seinen Teil zum Sieg in der ausgerufenen »Erzeugungsschlacht« beizutragen.

Das »Dritte Reich« war kein permanenter Ausnahmezustand mit Reichsparteitagen und einem hysterisch brüllenden »Führer«, sondern es bestand gerade in dem hier betrachteten Zeitraum 1938/39 – aber auch davor und zu Teilen auch noch danach – für die Menschen in diesem Land eben vor allem aus einem alltäglichen Leben. Und das ist uns über weite Strecken vertraut: Die Deutschen gehen arbeiten, wobei gerade die Frauen die Doppelbelastung von Familie und Beruf zu schultern haben, sie suchen nach einer ausreichend großen und bezahlbaren Wohnung, sie sehnen sich nach einem Sommerurlaub, der sie vielleicht dieses Jahr an die Strände des Mittelmeers führt, sie versuchen beim Winterschlussverkauf die besten Schnäppchen zu machen, sie gehen ins Kino, sie besuchen sonntags die Kirche und beten nicht nur dort zu ihrem barmherzigen Gott, sie machen sich Gedanken über gesunde Ernährung und die eigene körperliche Fitness, sie kochen Marmelade ein und vertrauen bei Krankheiten zuweilen nicht dem Facharzt, sondern einem Heilpraktiker. Auch dies gehört zum »Dritten Reich«.

Wenn wir heute mit einem Abstand von mehr als 80 Jahren über den Alltag der Deutschen in dieser Zeit lesen, so ist er uns nicht fremd. Das macht den Schrecken über das historische Geschehen, von dem wir zugleich so viel wissen, nur noch größer. Das »Dritte Reich« ist nämlich keine Geschichte »der anderen«, es ist mit seinem »normalen Leben« vielmehr auch unsere eigene Geschichte. Muttertag, Vollkornbrot, Weihnachtsgeschenke, ein sonntäglicher Spaziergang mit der Familie oder eine Spritztour mit dem Motorrad: Uns verbindet mit den Deutschen jener Jahre mehr, als uns lieb ist.

Anmerkungen

1 Haffner, *Geschichte eines Deutschen*, S. 151.
2 Vgl. Welzer u. a., *Opa war kein Nazi*, S. 9–11.
3 Echternkamp, *Das Dritte Reich*, S. 154.
4 Ebd.
5 Art. »Weihnachten in Frieden!«, in: *Dortmunder Zeitung*, 24. Dezember 1938, S. 1.
6 Art. »Doch noch weiße Weihnachten. Überall Schneefälle – Teilweise Eisstand auf der Mosel«, in: *Mittelrheinische Landeszeitung*, 23. Dezember 1938, S. 5.
7 Art. »Winterfreuden auf dem toten Rheinarm bei Honnef«, in: *Mittelrheinische Landeszeitung*, 23. Dezember 1938, S. 5.
8 Art. »Die Eisgewinnung hat begonnen«, in: *Mittelrheinische Landeszeitung*, 23. Dezember 1938, S. 5.
9 Art. »Reichsbahn und Winter im Kampf«, in: *Dortmunder Zeitung*, 24. Dezember 1938, S. 14.
10 Art. »Flugzeuge retteten aus Eisnot. Notdienste der Lufthansa – Wackere Rettungstat ostfriesischer Seeleute«, in: *Mittelrheinische Landeszeitung*, 23. Dezember 1938, S. 7.
11 Echternkamp, *Das Dritte Reich*, S. 74.
12 Ebd., S. 71.
13 Deutschland-Berichte der Sozialdemokratischen Partei Deutschlands, Nr. 12, Jg. 5 (12. Januar 1939), S. A 2.
14 Ebd., S. A 3.

15 Distel, »Einleitung«, S. 9, in: Benz/Distel, *Der Ort des Terrors*, Bd. II.

16 Königseder, *Entwicklung des KZ-Systems*, S. 30–33.

17 Ebd., S. 33 f.

18 Brief Rudolf Larsch an Sohn Hans, 11. Dezember 1938, EzG; https://jugend1918-1945.de/portal/ARCHIV/thema.aspx? bereich=archiv&root=8872&id=1819&redir=#prettyPhoto; Zugriff 22. Januar 2020.

19 Ebd.

20 Cohn, *Kein Recht – nirgends*, S. 179 (22. Dezember 1938).

21 Vgl. die entsprechende Anzeige in der *Mittelrheinischen Landeszeitung*, 23. Dezember 1938, S. 10.

22 Vgl. *General-Anzeiger für Bonn und Umgebung* vom 23. Dezember 1938, S. 9.

23 Vgl. *Der Patriot*, 23. Dezember 1938 (1. Blatt), S. 4.

24 Vgl. *Völkischer Beobachter* (Wiener Ausgabe), 23. Dezember 1938, S. 4.

25 Art. »Rundfunkgerät als Weihnachtsgeschenk«, in: *Der Patriot*, 23. Dezember 1938 (2. Blatt), S. 5.

26 Urban, *Konsensfabrik*, S. 189.

27 Ebd.

28 Hachtmann, *Lebenshaltungskosten und Reallöhne*, S. 46.

29 Vgl. Art. »Amtl. Bonner Marktbericht vom 23. Dezember«, in: *General-Anzeiger*, S. 4.

30 Art. »Aachener Printen auf dem Weihnachtszug. Umsatz nahezu verzehnfacht«, in: *Dortmunder Zeitung*, 23. Dezember 1938 (Morgenausgabe), S. 8.

31 Klemperer, *Tagebücher 1933–1941*, S. 448 f. (25. Dezember1938).

32 Art. »Die Betriebsgemeinschaft der I./Flak 4 feierte ein fröhliches Weihnachtsfest«, in: *Dortmunder Zeitung*, 23. Dezember 1938 (Morgenausgabe), S. 6.

33 Zit. n. Deutschbein/Korsten, *Heilige Nacht?*, S. 42.

34 Vgl. Hoffmann, *Der Jahresring*, S. 84 f.

35 Gajek, *Nationalsozialistische Weihnacht*, S. 190, S. 204 f.

36 Ebd., S. 200 f.

37 Deutschbein/Korsten, *Heilige Nacht?*, S. 48.

38 *Deutsche Weihnacht*, S. 4 f.

39 Art. »Fest des deutschen Herzens«, in: *Der Patriot*, 23. Dezember 1938 (1. Blatt), S. 1.

40 *Deutsche Weihnacht*, S. 2 f.

41 Ebd. S. 4.

42 Art. »Winterhilfswerk bereitet Weihnachtsfreude. 300 000 Hilfsbedürftige – 80 000 Kinder werden beschert«, in: *Dortmunder
Zeitung*, 23. Dezember 1938 (Morgenausgabe), S. 8.

43 Art. »Fest des deutschen Herzens«, in: *Der Patriot*, 23. Dezember
1938 (1. Blatt), S. 1.

44 »Jahreslagebericht 1938 des Sicherheitshauptamtes«, in: Boberach,
Meldungen aus dem Reich, Bd. 2, S. 167.

45 *Deutsche Weihnacht*, S. 8 f.

46 Vgl. Berichterstattung in der *Münsterländischen Tageszeitung*,
21. Dezember 1938; zit. n. Deutschbein/Korsten, *Heilige Nacht?*,
S. 46.

47 Gajek, *Hohe Nacht der klaren Sterne*, S. 155.

48 Ebd., S. 148 f.

49 Zit. n. Benzing-Vogt, *Vom Kind in der Krippe zum Kind in der
Wiege*, S. 49 f.

50 Art. »Glückliche Kinder bei ›Onkel Hermann‹«, in: *Dortmunder
Zeitung*, 24. Dezember 1938, S. 2.

51 Ebd.

52 Ebd.

53 Art. »Weihnachten in Frieden. Einigkeit und Opfersinn in
Deutschland/Haß und Zwietracht in andern Ländern«, in:
Dortmunder Zeitung (Weihnachtsausgabe), 24. Dezember 1938,
S. 1.

54 Art. »Ein Fest der Kameradschaft. Die Bauarbeiter der Reichskanzlei feierten mit dem Führer Weihnachten«, in: *Dortmunder
Zeitung*, 23. Dezember 1938 (Morgenausgabe), S. 2.

55 Art. »Weihnachten mit dem Führer«, in: *General-Anzeiger für
Bonn und Umgebung*, 27. Dezember 1938, S. 8.

56 Art. »Weihnacht mit dem Führer«, in: *Völkischer Beobachter*
(Wiener Ausgabe), 25. Dezember 1938, S. 4.

57 Vgl. Foto im *Völkischen Beobachter* (Wiener Ausgabe),
27. Dezember 1938, S. 1.

58 Ullrich, *Hitler*, Bd. 1., S. 727 f.

59 Kershaw, *Hitler 1936–1945*, S. 188.

60 Lüdtke, *Macht der Emotionen*, S. 50 f.

61 Boschwitz, *Der Reisende*, S. 35.

62 Cohn, *Kein Recht – nirgends*, S. 179.

63 Feuchtwanger, *Als Hitler unser Nachbar war*, S. 203.

64 Roth, *Chronist der Verblendung*, S. 7 f.

65 Kellner, *Tagebücher 1939–1945*, S. 16 (1. Oktober 1939).

66 Vgl. *Mittelrheinische Landeszeitung*, 23. Dezember 1938, S. 9.

67 Deutschland-Berichte der Sozialdemokratischen Partei Deutschlands, Nr. 2, Jg. 6 (10. März 1939), S. A 1.

68 Art. »Erhöhte Bereitschaft«, in: *Die Schiffahrt. Organ des Gesamtverbandes der Seeleute, Hafenarbeiter und Binnenschiffer Deutschlands*, Nr. 9/19 (1938), S. 1–6, hier S. 1–3.

69 Art. »17.–19. Januar: Große Luftschutzübung im Regierungsbezirk Köln«, in: *Oberkasseler Zeitung*, 24. Dezember 1938 (1. Blatt), S. 2.

70 Art. »Behaglichkeit im Luftschutzkeller«, in: *Das Blaue Heft. Die Wochenschrift der vielen praktischen Anregungen*, 21. Oktober 1939, S. 2.

71 Art. »Wir sind aufeinander angewiesen«, in: *General-Anzeiger für Bonn und Umgebung. Bonner Nachrichten*, 2. Januar 1939, S. 4.

72 »Polizei-Verordnung betr. Luftschutzvollübung am 6. März 1939 in Dortmund«, in: *Dortmunder Zeitung*, 1. März 1939, S. 5.

73 Art. »›Aus Millionen Höfen bauten wir den großen Hof Deutschlands‹. Auch im neuen Jahre volle Einsatzbereitschaft der Landwirte – Neujahrsaufruf des Landesbauernführers«, in: *General-Anzeiger für Bonn und Umgebung. Bonner Nachrichten*, 2. Januar 1939, S. 5.

74 Art. »Mit gleicher Treue vorwärts! Dr. Goebbels über die Einsatzbereitschaft und Treue des Volkes im Jahre 1938 – ›1938 das glücklichste aller Jahre!‹«, in: *General-Anzeiger für Bonn und Umgebung. Bonner Nachrichten*, 2. Januar 1939, S. 7.

75 Art. »Das große Jahr. Von der Idee zur Erfüllung (von Hauptschriftleiter Wilhelm Weiß)«, in: *Völkischer Beobachter* (Wiener Ausgabe), 31. Dezember 1938, S. 1 f.

76 Bendikowski, *1870/71*, S. 353.

77 Echternkamp, *Das Dritte Reich*, S. 65.

78 Large, *Berlin*, S. 244.

79 Zu Geschichte der Auseinandersetzung um den analytischen Nutzen des Begriffs für die Geschichtswissenschaft: Wildt, *Ambivalenz des Volkes*, S. 23–46.

80 Kahle, *Was hätten Sie getan?*, S. 41.

81 Ebd., S. 34.

82 Large, *Berlin*, S. 247.

83 Klemperer, *Tagebücher 1933–1941*, S. 397 (9. Februar 1938).

84 Ebd.

85 Zit. n. Blaschke, *Kirchen*, S. 91.

86 Zit. n. Morsey, *Ermächtigungsgesetz*, S. 39.

87 Vgl. »Kurzbiographien der am 5. März 1933 gewählten Reichstagsabgeordneten der SPD«, in: Münkel/Steinmeier, *Das Ermächtigungsgesetz 1933*, S. 149–227.

88 Kienast, *Der Deutsche Reichstag 1936*, S. 363.

89 Verhandlungen des Reichstages, Stenographische Berichte, 1939/42, 1, S. 1 (30. Januar 1939).

90 Art. »Aus der Heimat«, in: *Baruther Anzeiger*, 31. Januar 1939, S. 6.

91 Art. »Hilden hört den Führer. Gedanken und Empfindungen eines Sudetendeutschen!., in: *Rheinisches Volksblatt*, 31. Januar 1939, S. 5.

92 Art. »Hamburg hörte den Führer«, in: *Hamburger Nachrichten*, 31. Januar 1939, S. 9.

93 Art. »Der 30. Januar in Rheinsberg«, in: *Rheinsberger Zeitung*, 31. Januar 1933, S. 7.

94 Art. »Die Itterstadt am 30. Januar«, in: *Rheinisches Volksblatt*, 31. Januar 1939, S. 5.

95 Verhandlungen des Reichstages, Stenographische Berichte, 1939/41, 1, S. 8 (30. Januar 1939).

96 Ebd., S. 14.

97 Ebd., S. 12.

98 Ebd., S. 9.

99 Klemperer, *Tagebücher 1933–1941*, S. 461 (5. Februar 1939).

100 Kershaw, *Hitler 1936–1945*, S. 35.

101 Barkai, *Deutsch-jüdische Geschichte*, Bd. 4, S. 196.

102 Mommsen, *NS-Regime*, S. 77 f.

103 Klemperer, *Tagebücher*, S. 442 (6. Dezember 1939).

104 Bauer, *Die dunklen Jahre*, S. 153 f.

105 Kellner, *Tagebücher*, S. 48 (14. November 1939).

106 Cohn, *Kein Recht – nirgends*, S. 225 (25. September 1939).

107 Deutschland-Berichte der Sozialdemokratischen Partei Deutschlands, Nr. 2, Jg. 6 (10. März 1939), S. A 97.

108 Art. »Kenntlichmachung der Gemeinschaft«, in: *Aachener Anzeiger*, 22. März 1939 (Abendausgabe), S. 2.

109 Kershaw, *Hitler 1936–1945*, S. 213.

110 Ebd., S. 213 f.

111 Bienert, Hannes: *Hitlerjugend in Königsberg*, Zeitzeugen-Beitrag LeMO, https://www.dhm.de/lemo/zeitzeugen/hannes-bienert-hitlerjugend-in-koenigsberg.html, Zugriff: 14. Januar 2020.

112 Vgl. Art. »Zeitschriftenschau. Wohin mit den Juden der Welt?«, in: *Dortmunder Zeitung*, 31. Januar 1939 (Morgenausgabe), S. 7.

113 Ullrich, *Hitler*, Bd. 1, S. 752.

114 Verhandlungen des Reichstages, Stenographische Berichte, 1939/41, 1, S. 16 (30. Januar 1939).

115 Ullrich, *Hitler*, Bd. 1, S. 753.

116 Kershaw, *Hitler 1936–1945*, S. 214.

117 Friedländer, *Das Dritte Reich und die Juden*, S. 337.

118 Garbe, *Gesellschaftliches Desinteresse*, S. 302.

119 Verhandlungen des Reichstages, Stenographische Berichte, 1, S. 16 (30. Januar 1939).

120 Ebd., S. 17.

121 Zit. n. Milton, *Zeugen Jehovas*, S. 167.

122 Wachsmann, *KL*, S. 86.

123 Vgl. Ludwig, Walther: *Kindheit während der NS-Zeit*, Zeitzeugen-Beitrag LeMO, https://www.dhm.de/lemo/zeitzeugen/dr-walther-ludwig-kindheit-waehrend-der-ns-zeit.html, Zugriff: 16. Januar 2020.

124 Richter, *Hochverratsprozesse*, S. 92.

125 Wildt, *Ambivalenz des Volkes*, S. 39.

126 Art. »Aus der Binnenschiffahrt«, in: *Die Schiffahrt. Organ des Gesamtverbandes der Seeleute, Hafenarbeiter und Binnenschiffer Deutschlands*, Nr. 9/10 (1938), S. 12–14, hier S. 14.

127 Hering, *Die Bischöfe*, S. 34.

128 Zit. n. Allert, *Der deutsche Gruß*, S. 78 f.

129 Kahle, *Was hätten Sie getan?*, S. 41.

130 Ebd., S. 43 f.

131 Mommsen, *Volkswagenwerk*, S. 139 f.

132 *Im Namen des Deutschen Volkes*, S. 181–183.

133 Vgl. Eichler, *Reichsbürger-Handbuch*, S. 74.

134 Schmiechen-Ackermann, *Der »Blockwart«*, S. 602.

135 Vgl. auch Richter, *Hochverratsprozesse*, S. 64 f.

136 Dams/Stolle, *Die Gestapo*, S. 87.
137 Ebd., S. 85.
138 Dörner, »*Heimtücke*«, S. 313 f.
139 Nolzen, *Der Streifendienst der Hitler-Jugend*, S. 20 f.
140 Ortmeyer, *Schulzeit unterm Hakenkreuz*, S. 95.
141 Ullrich, *Hitler*, Bd. 1, S. 456.
142 Allert, *Der deutsche Gruß*, S. 12.
143 Ebd., S. 16–19.
144 Ebd., S. 14 f.
145 Ebd., S. 16.
146 Beckett, »HH ohne Unterlaß«, in: Lubrich, *Reisen ins Reich*, S. 171 f.
147 Haffner, *Geschichte eines Deutschen*, S. 235.
148 Allert, *Der deutsche Gruß*, S. 16–19.
149 So glaubt auch Rougemont, *Journal aus Deutschland 1935–1936*, S. 92.
150 Dörner, »*Heimtücke*«, S. 203.
151 Art. »Wegen Gattenmordversuches verhaftet. Vergifteten Weizen aufs Butterbrot gestreut«, in: *Münsterländische Volkszeitung/ Rheiner Volksblatt*, 7. August 1939, S. 3.
152 Art. »Ein Streit zwischen Hausbewohnern mit tödlichem Ausgang«, in: *Der Führer*, 6. März 1939, S. 5.
153 Art. »Der Raubüberfall auf den Postwagen in Halle aufgeklärt«, in: *Hamburger Nachrichten*, 31. Januar 1939, S. 8.
154 Art. »Beginn des Winterschlußverkaufs«, in: *Dortmunder Zeitung*, 31. Januar 1939 (Morgenausgabe), S. 5.
155 Art. »›Das alles danken wir Ihnen!‹. Die Schlußrede Hermann Görings zur letzten Reichstagssitzung«, in: *Völkischer Beobachter* (Wiener Ausgabe), 1. Februar 1939, S. 5.
156 Art. »Der Fackelzug am 30. Januar«, in: *Deutsches Nachrichtenbüro*, 31. Januar 1939 (Nr. 7), Morgenausgabe.
157 Art. »Aus der Heimat«, in: *Baruther Anzeiger*, 31. Januar 1939, S. 6.
158 Zit. n. Kudlien, *Fürsorge und Rigorismus*, S. 101.
159 Annonce in *Kladderadatsch*, Nr. 6 (5. Februar 1939), S. 15.
160 Ebd.
161 Ebd., Nr. 7 (12. Februar 1939), S. 15.
162 Vgl. Dinges, *Medizinkritische Bewegungen*.
163 »Gesetz über die berufsmäßige Ausübung der Heilkunde ohne

Bestallung (Heilpraktikergesetz) vom 17. Februar 1939, in: *Reichsgesetzblatt I*, 1939, Nr. 30 (20. Februar 1939), S. 251 f., hier S. 251.

164 Kater, *Ärzte als Hitlers Helfer*, S. 78 f.

165 »Gesetz über die berufsmäßige Ausübung der Heilkunde ohne Bestallung (Heilpraktikergesetz) vom 17. Februar 1939«, in: *Reichsgesetzblatt I*, 1939, Nr. 30 (20. Februar 1939), S. 251 f., hier S. 251.

166 Kater, *Ärzte als Hitlers Helfer*, S. 79.

167 Boberach, *Meldungen aus dem Reich*, Bd. 2, S. 272.

168 Ebd.

169 »Erste Durchführungsverordnung zum Gesetz über die berufs-mäßige Ausübung der Heilkunde ohne Bestallung (Heilpraktiker-gesetz) vom 18. Februar 1939«, in: *Reichsgesetzblatt I*, 1939, Nr. 30 (20. Februar 1939), S. 259–262, hier S. 260.

170 Kater, *Ärzte als Hitlers Helfer*, S. 80.

171 So Klee, *Deutsche Medizin im Dritten Reich*, S. 52.

172 Art. »Keine Kurierfreiheit«, in: *Der Neue Tag*, 21. Februar 1939, S. 1 f., hier S. 2.

173 Ebd., S. 1 f.

174 Kies, *Verhältnis*, S. 22–24.

175 Zit. n. Gruschka, *Eine neue deutsche Heilkunde*, S. 89.

176 Art. »Arzt und Volk in gemeinsamer Arbeit an der Volks-gesundheit« (von Georg Gustav Wegener), in: *Hippokrates*, 15. Juni 1939, S. 625 f.

177 Klee, *Deutsche Medizin im Dritten Reich*, S. 50 f.

178 Haug, *Neue Deutsche Heilkunde*, S. 127 f.

179 Art. »1940 in Köln. 15. Jahreskongreß der Internationalen Homöo-pathischen Liga«, in: *Münsterländische Volkszeitung/Rheiner Volksblatt*, 7. August 1939, S. 3.

180 Art. »Der Führer ehrt deutsche Wissenschaftler«, in: *Völkischer Beobachter (Wiener Ausgabe)*, 31. Januar 1939, S. 6.

181 Art. »Titelverleihungen«, in: *Dortmunder Zeitung* (Morgenaus-gabe), 1. Februar 1939, S. 12.

182 Zit. n. Jacobeit/Kopke, *Die biologisch-dynamische Wirtschafts-weise im KZ*, S. 88 f.

183 Kater, *Ärzte als Hitlers Helfer*, S. 217.

184 Zit. n. Jacobeit/Kopke, *Die biologisch-dynamische Wirtschafts-weise im KZ*, S. 95.

185 Zit. n. Kies, *Verhältnis*, S. 23.
186 Zit. n. Steuwer, *Drittes Reich*, S. 280.
187 Kudlien, *Fürsorge und Rigorismus*, S. 101.
188 Art. »Ewige Jugend des deutschen Volkes«, in: *Der Führer. Hauptorgan der NSDAP Gau Baden*, 3. Juli 1939, S. 5.
189 Ebd.
190 Kudlien, *Fürsorge und Rigorismus*, S. 101.
191 Ebd.
192 Kater, *Ärzte als Hitlers Helfer*, S. 84.
193 *Statistisches Jahrbuch für das Deutsche Reich 1941/42*, S. 617.
194 *Statistisches Jahrbuch für das Deutsche Reich 1932*, S. 407.
195 Art. »Ewige Jugend des deutschen Volkes«, in: *Der Führer. Hauptorgan der NSDAP Gau Baden, 3. Juli 1939*, S. 5.
196 Boberach, *Meldungen aus dem Reich*, Bd. 2, S. 272.
197 Reeg, *Deine Ehre ist die Leistung*, S. 60 f.
198 Kudlien, *Fürsorge und Rigorismus*, S. 105.
199 Merki, *Die nationalsozialistische Tabakpolitik*, S. 20.
200 Art. »1939 das Jahr der Gesundheitspflicht«, in: *Deutsches Nachrichtenbüro*, 31. Dezember 1938 (Erste Mittags-Ausgabe) Nr. 2123.
201 Proctor, *Blitzkrieg gegen den Krebs*, S. 167.
202 Art. »Der möblierte Herr und eine gesunde Ernährung« (Lisa Mar), in: *Gesundes Leben*, vom 15. Januar 1939, S. 14.
203 Art. »Alkoholgegner in Flensburg versammelt. 2000 Teilnehmer der Reichstagung«, in: *Hamburger Neueste Zeitung*, 22. Juli 1939, S. 12.
204 Large, *Hitlers München*, S. 229.
205 Klee, »*Euthanasie*«, S. 41.
206 Kershaw, *Hitler 1936–1945*, S. 229.
207 Art. »Volksgesundheit und Genußgifte«, in: *Dortmunder Zeitung* (Morgenausgabe), 6. März 1939, S. 2.
208 Art. »Trunkenheit ist jetzt eines Deutschen unwürdig«, in: *Rheinisches Volksblatt*, 11. September 1939, S. 3.
209 Proctor, *Blitzkrieg gegen den Krebs*, S. 168–172.
210 *Statistisches Jahrbuch für das Deutsche Reich 1939/40*, S. 400 f.
211 Lotfi, *KZ der Gestapo*, S. 37.
212 Deutschland-Berichte der Sozialdemokratischen Partei Deutschlands, Nr. 2, Jg. 6 (14. April 1939), S. A 76.
213 Art. »Bonner Rosenmontags-Hochbetrieb!«, in: *General-Anzeiger*, 21. Februar 1939, S. 1 f., hier S. 2.

214 Annonce in: *Kladderadatsch* Nr. 7 (12. Februar 1939), S. 15.
215 Proctor, *Blitzkrieg gegen den Krebs*, S. 168.
216 Art. »Sei Kamerad auf der Straße«, in: *Schwerter Zeitung*, 29. Juni 1939, S. 3.
217 Merki, *Die nationalsozialistische Tabakpolitik*, S. 24.
218 Vgl. beispielsweise: Art. »Schadet das Rauchen der Frau?«, in: *Das Blaue Heft. Die Wochenschrift der vielen praktischen Anregungen*, 8. Juli 1939, S. 2.
219 Proctor, *Blitzkrieg gegen den Krebs*, S. 216.
220 Merki, *Die nationalsozialistische Tabakpolitik*, S. 24.
221 *Statistisches Jahrbuch für das Deutsche Reich 1939/40*, S. 400 f.
222 »Anordnung 30/30 Reichsschatzmeister vom 29. April 1939«, in: Heiber, *Rückseite des Hakenkreuzes*, S. 208 f.
223 Zit. n. Proctor, *Blitzkrieg gegen den Krebs*, S. 229.
224 Longerich, *Goebbels*, S. 26.
225 Vgl. »Programm des Reichssenders Köln«, in: *Aachener Anzeiger*, 31. Januar 1939 (Mittagsausgabe), S. 6.
226 Schanetzky, *Kanonen statt Butter*, S. 125.
227 Ebd., S. 125 f.
228 Art. »Ewige Jugend des deutschen Volkes«, in: *Der Führer. Hauptorgan der NSDAP Gau Baden, 3. Juli 1939, S. 5.*
229 Vgl. Kudlin, *Fürsorge und Rigorismus*, S. 101.
230 Zit. n. Mildenberger, *Deutscher Zentralverein*, S. 48.
231 Art. »Ich bin schon wieder erkältet!« (Dr. Fritz Wagner), in: *Gesundes Leben*, 15. Januar 1939) S. 3 f.
232 Art. »Arzt und Volk. Richtlinien zur gesunden Lebensweise im Dienste der Gesundheitsführung und der biologischen Orientierung der Heilkunde«, in: *Hippokrates*, 30. März 1939, S. 313.
233 Art. »Gesunde Ernährung. Ein Wort an die Betriebsküchen!«, in: *Dortmunder Zeitung*, 17. Februar 1939 (Morgenausgabe), S. 11.
234 Ebd.
235 Art. »Gestaltung der Kost für Werkskantinen«, in: *Hippokrates*, 26. Januar 1939, S. 94.
236 Boberach, *Meldungen aus dem Reich*, Bd. 2, S. 271.
237 Vgl. *Statistisches Jahrbuch für das Deutsche Reich 1939/40*, S. 400.
238 Vgl. *Hamburger Neueste Zeitung*, 31. Januar 1939, S. 5.

239 Vgl. *Hippokrates*, 17. August 1939, o. P.

240 Art. »Kampf gegen die Geschlechtskrankheiten«, in: *Rheinisches Volksblatt*, 8. Juni 1939, S. 4.

241 »1. Vierteljahresbericht 1939 des Sicherheitshauptamtes«, in: Boberach, *Meldungen aus dem Reich*, Bd. 2, S. 273.

242 Eichler, *Reichsbürger-Handbuch*, S. 34.

243 Zit. n. Kudlien, *Fursorge und Rigorismus*, S. 101.

244 Ebd.

245 Beddies, *Die deutsche Kinderheilkunde*, S. 222 f.

246 Klee, »*Euthanasie*«, S. 40–44.

247 Ebd., S. 83–85.

248 Vgl. Haverkamp, *Rauschmittel*, S. 67 f.

249 Klee, »*Euthanasie*«, S. 64 f.

250 Ebd., S. 47.

251 Kater, *Ärzte als Hitlers Helfer*, S. 283.

252 Zit. n. ebd., S. 285.

253 Ebd., S. 285–287.

254 Boberach, *Meldungen aus dem Reich*, Bd. 2, S. 271.

255 Art. »Ungelernte Ärzte«, in: *Neuer Vorwärts*, 29. Januar 1939, S. 6.

256 »1. Vierteljahresbericht 1939 des Sicherheitshauptamtes«, in: Boberach, *Meldungen aus dem Reich*, Bd. 2, S. 271.

257 Kümmel, »Die Ausschaltung«, S. 34 f.

258 Vgl. *Börsenblatt für den Deutschen Buchhandel*, 31. Januar 1939, S. 505.

259 Proctor, *Blitzkrieg gegen den Krebs*, S. 288.

260 Art. »Erdstrahlen zaubern Geld aus der Tasche«, in: *General-Anzeiger für Bonn und Umgebung*, 24. Juli 1939 (Morgenausgabe), S. 6.

261 Ebd.

262 Proctor, *Blitzkrieg gegen den Krebs*, S. 288 f.

263 Arnold, *Kirchenkreis Eschwege*, S. 45.

264 Vgl. zur Konzeption dieses Phänomens: Bendikowski, *Glaubenskrieg*.

265 Nipperdey, *Deutsche Geschichte 1866–1918*, Bd. I, S. 529.

266 Seeberg, *Krisis der Kirche*, S. 8.

267 Zit. n. Weber, *Handlungsspielräume*, S. 143 f.

268 Scheuermann, *Stimmen zur religiösen Lage*, S. 6.

269 Weber, *Handlungsspielräume*, S. 151.

270 Schmutzler, *Die Pfarrer Friedrich Bohland und Horst Ficker*.

271 Art. »Nationalsozialismus und Glaube. Eine Rede des Reichs-
ministers Kerrl«, in: *Frankfurter Zeitung*, 17. Oktober 1935
(Pressemappe 20. Jahrhundert; http://webopac.hwwa.de/
PresseMappe20/PM20.cfm?T=P&qt=090923&CFID=31738903
&CFTOKEN=21657200, Zugriff: 26. Oktober 2020).

272 Art. »Nationalsozialismus und Glaube. Eine Rede des Reichs
ministers Kerrl«, in: *Frankfurter Zeitung*, 17. Oktober 1935
(Pressemappe 20. Jahrhundert; http://webopac.hwwa.de/
PresseMappe20/PM20.cfm?T=P&qt=090923&CFID=31738903
&CFTOKEN=21657200, Zugriff: 26. Oktober 2020).

273 Zu den Personen vgl. die entsprechenden Angaben bei Klee,
Personenlexikon.

274 »Godesberger Erklärung vom 25. März 1939«; *Archiv der
Evangelischen Kirche im Rheinland*, Bestand 7NL019 (Nachlass
Goeters) Nr. 59.

275 Ebd.

276 Ebd.

277 Hermle/Thierfelder, *Herausgefordert*, S. 466 f.

278 Vgl. Art. »Gottesdienstordnung«, in: *Mittelrheinische Landeszeitung (Ausgabe Godesberger Volkszeitung)*, 25./26. März 1939,
S. 6.

279 Art. »Beginn des Kreistages«, in: *Durchlacher Tageblatt*,
S. 4.

280 Art. »HJ.-Führertagung des Gebiets Westfalen«, in: *Dortmunder
Zeitung*, 27. März 1939 (Morgenausgabe), S. 5.

281 Art. »Kreislehrgang der Ortsgruppensportleiter der NSDAP«,
in: *Mittelrheinische Landeszeitung*, 27. März 1939, S. 5.

282 Vgl. Hölscher, *Datenatlas*, Bd. 4, S. 696–704.

283 Ebd., Bd. 2, S. 767.

284 »Godesberger Erklärung vom 25. März 1939«; *Archiv der
Evangelischen Kirche im Rheinland*, Bestand 7NL019 (Nachlass
Goeters) Nr. 59.

285 Vgl. Art. »Zur kirchlichen Lage«, in: *Hamburger Kirchenzeitung*, Nr. 5 (1939), S. 107.

286 »Erklärung der Konferenz der Landesbruderräte in der DEK
zu den nationalkirchlichen Grundsätzen«; *Archiv der Evangelischen Kirche im Rheinland*, Bestand 7NL038 (Pfarrer Wolfgang
Scherffig) Nr. 69.

287 Vgl. »DC-Landeskirchenleiter nehmen zustimmend von ›Godesberger Erklärung‹ Kenntnis (4. April 1939)«, in: Hermle/Thier-
felder, *Herausgefordert*, S. 467–269.

288 Forstner, *Braune Priester*, S. 138 f.

289 Ullrich, *Hitler*, Bd. 1, S. 708.

290 Bendikowski, *Der deutsche Glaubenskrieg*, S. 293.

291 Ullrich, *Hitler*, Bd. 1, S. 708.

292 Zit. n. Blaschke, *Die Kirchen und der Nationalsozialismus*,
S. 165.

293 Ebd., S. 163–166.

294 Bauer, *Die dunklen Jahre*, S. 171.

295 Boberach, *Meldungen aus dem Reich*, Bd. 2, S. 215–245, hier
S. 228.

296 Gebhardt, *Die weiße Rose*, S. 67.

297 Urban, *Die Konsensfabrik*, S. 406 f.

298 Burleigh, *Die Zeit des Nationalsozialismus*, S. 303.

299 Brüggemann, *Die Verfolgung*, S. 237.

300 Boberach, *Meldungen aus dem Reich*, Bd. 2, S. 364–371, hier
S. 365.

301 Arnold, *Kirchen in der Region Werra-Meißner*, S. 152.

302 Art. »Das Befinden Niemöllers«, in: *Neue Zürcher Zeitung*,
20. Januar 1939 (Pressemappe 20. Jahrhundert; http://webopac.
hwwa.de/PresseMappe20/PM20.cfm?T=P&qt=121250&
CFID=32275188&CFTOKEN=15317710, Zugriff: 4. November 2020).

303 Art. »Dr. Niemöllers Courage«, in: *The Times*, 16. Januar
1939 (Pressemappe 20. Jahrhundert, http://webopac.hwwa.de/
PresseMappe20/PM20.cfm?T=P&qt=121250&CFID=
32275188&CFTOKEN=15317710, Zugriff: 4. November
2020).

304 Art. »Ds. Niemöller's gevangenschap«, in: *Nieuwe Rotterdam-
sche Courant*, 16. Januar 1939 (Pressemappe 20. Jahrhundert,
http://webopac.hwwa.de/PresseMappe20/PM20.cfm?T=P&qt=
121250&CFID=32275188&CFTOKEN=15317710, Zugriff:
4. November 2020).

305 Meyer, *Judentum und Christentum*, S. 201.

306 Bahr, *Zu meiner Zeit*, S. 18.

307 Garbe, *Zwischen Widerstand und Martyrium*, S. 112.

308 Boberach, *Meldungen aus dem Reich*, Bd. 2, S. 381.

309 Art. »Ein ›Hexenprozeß‹ im 20. Jahrhundert«, in: *Münsterländische Volkszeitung/Rheiner Volksblatt*, 26. März 1939, S. 5.

310 Ebd.

311 Speer, *Habe Dank Lieber Vater*, S. 269.

312 Art. »›Habe-Dank-Vater‹ vor Gericht. Beispiellose sittliche Verfehlungen eines sogenannten Sektenpredigers finden ihre Sühne«, in: *Velberter Zeitung (Neviges Hardenberger Volkszeitung – Neue Heiligenhauser Zeitung)*, 21. April 1939, S. 10.

313 Speer, *Habe Dank Lieber Vater*, S. 269.

314 Art. »… bin bereit, sie zu emfangen«, in: *Das Schwarze Korps*, 3. August 1939, S. 13.

315 Klemperer, *Tagebücher 1933–1941*, S. 400 (30. März 1938).

316 Art. »Der Prophet von Eichstetten. Was der Krämer Kunz Anno 1740 voraussagte«, in: *Der Führer am Sonntag*, 5. März 1939, S. 2.

317 Art. »Die heilige Mutternacht« (Paula Walendy), in: *NS-Frauen-Warte*, Dezember 1938, o. P.

318 Ullrich, *Adolf Hitler*, Bd. 1, S. 720.

319 So die zutreffende Beurteilung bei Grüttner, *Brandstifter*, S. 415.

320 Vgl. Bendikowski, *Glaubenskrieg*, S. 296–300.

321 Zit. n. Arnold, *Kirchenkreis Eschwege*, S. 45.

322 Rougemont, *Journal aus Deutschland 1935–1936*, S. 92.

323 Vgl. beispielsweise für das Konzentrationslager Moringen Abbildung in: Hesse, *Am mutigsten waren immer wieder die Zeugen Jehovas*, S. 103.

324 Art. »Mutter hat Ferien«, in: *Neues Volk. Blätter des Rassenpolitischen Amtes der NSDAP*, Heft 7 (Juli 1939), S. 18–21, hier Abbildung auf S. 20.

325 Art. »Memelland: Erfüllte Sehnsucht«, in: *Hamburger Kirchenzeitung*, Nr. 4 (1939), S. 83.

326 Ebd.

327 Art. »Nur eine Frage«, in: *Völkischer Beobachter* (Wiener Ausgabe), 17. Februar 1939, S. 6.

328 Strübind, *NS-Religionspolitik*, S. 28.

329 Blaschke, *Die Kirchen und der Nationalsozialismus*, S. 189.

330 Nellessen, *Das mühsame Zeugnis*, S. 128.

331 Rougemont, *Journal aus Deutschland 1935–1936*, S. 94.

332 Zit. n. Ullrich, *Adolf Hitler*, Bd. 1, S. 726.

333 Art. »Ein Fest des deutschen Männergesanges. Konzert des Bonner Männergesangsvereins unter Mitwirkung des Stoll-werckschen Männerchores«, in: *Mittelrheinische Landeszeitung*, 28. März 1939, S. 7.

334 Art. »›Ueb Aug‹ und Hand fürs Vaterland!‹. Kreistagung der Schützenvereine des Siegkreises in Siegburg«, in: *Mittelrheinische Landeszeitung*, 28. März 1939, S. 9.

335 Nolzen, *Nationalsozialismus und Christentum*, S. 171 f.

336 Art. »Volksliedsingen zu Ehren des Führers«, in: *General-Anzeiger für Bonn und Umgegend*, 21. April 1939, S. 1.

337 Vgl. zum »Mensch Hitler« Ullrich, *Adolf Hitler*, Bd. I, S. 421–457.

338 Reichsgesetzblatt, *Jahrgang 1939*, Teil I, S. 764.

339 Fröhlich, *Tagebücher Goebbels*, Teil I, Bd. 6, S. 318 (16. April 1939).

340 Art. »Kempen. Der große Tag«, in: *Niederrheinische Volkszeitung*, 21. April 1939, S. 7.

341 Ullrich, *Hitler*, Bd. 1, S. 662 f.

342 Ebd., S. 660.

343 Ebd., S. 672.

344 Fröhlich, *Tagebücher Goebbels*, Teil I, Bd. 6, S. 321 (19. April 1939).

345 Ebd., S. 322.

346 Art. »Die große Parade«, in: *Völkischer Beobachter* (Wiener Ausgabe), 21. April 1939, S. 1.

347 Fröhlich, *Tagebücher Goebbels*, Teil I, Bd. 6, S. 322 (20. April 1939).

348 Ullrich, *Hitler*, Bd. 2, S. 437.

349 Art. »Erster Gratulant: Die Partei. Überreichung von 50 Briefen des großen Preußenkönigs Friedrich II.«, in: *Völkischer Beobachter* (Wiener Ausgabe), 20. April 1939, S. 3.

350 Ullrich, *Hitler*, Bd. 1, S. 835.

351 Fröhlich, *Tagebücher Goebbels*, Teil I, Bd. 6, S. 322 (20. April 1939).

352 Ullrich, *Hitler*, Bd. 1, S. 449.

353 Ebd., S. 699.

354 Art. »Der Wilhelmplatz gratuliert dem Führer«, in: *Riesaer Tageblatt*, 20. April 1939 (abends), S. 7.

355 Ullrich, *Hitler*, Bd. 1, S. 837.

356 Art. »Die große Parade«, in: *Völkischer Beobachter* (Wiener Ausgabe), 21. Juli 1939, S. 1–3.

357 Art. »Die stolzeste Truppenparade Deutschlands«, in: *Hamburger Neueste Zeitung*, 21. April 1939, S. 2.

358 Art. »Wilhelm Ritter von Schramm: ›In ganzer Vollendung‹«, in: *Völkischer Beobachter* (Wiener Ausgabe), 21. April 1939, S. 1.

359 Das Diensttagebuch des NSDAP-Kreisleiters Hermann Oppenländer, S. 29.

360 Fröhlich, *Tagebücher Goebbels*, Teil I, Bd. 6, S. 323 (21. April 1939).

361 Frei, *1945 und wir*, S. 116 f.

362 »Dem Führer!«, in: *Der Neue Tag*, 20. April 1939, S. 5.

363 Deutschland-Berichte der Sozialdemokratischen Partei Deutschlands vom 10. Mai 1939, S. A 37.

364 Ebd., S. A 39 f.

365 Ebd., S. A 38.

366 Art. »Adolf Hitler und Hamburg«, in: *Hamburger Fremdenblatt*, 24. April 1939 (Pressemappe 20. Jahrhundert; http://webopac.hwwa.de/PresseMappe20/DigiView_NxtPrv2.cfm?&at=083511&CFID=35004764&CFTOKEN=67800246, Zugriff: 22. Dezember 2020).

367 Deutschland-Berichte der Sozialdemokratischen Partei Deutschlands vom 10. Mai 1939, S. A 45 f.

368 Art. »Fröhliches Volk auf festlichen Plätzen«, in: *Hamburger Neueste Nachrichten*, 21. April 1939, S. 2 f., hier S. 3.

369 Vgl. »Die Riesenfülle von Geschenken«, in: *Bochumer Anzeiger*, 21. April 1939, S. 2.

370 Art. »Die Friedenstrompete für den Führer«, in: *Bochumer Anzeiger*, 20. April 1939, S. 5 f.

371 Eberle, *Briefe an Hitler*, S. 308 f.

372 Vgl. Art. »Das Modell eines Volkspfluges als Geburtstagsgeschenk für den Führer«, in: *Teltower Kreisblatt*, 22./23. April 1939, S. 2.

373 »Kölns Geschenk an den Führer. Ein goldener Schrein umschließt Stadtpläne der Vergangenheit und Zukunft«, in: *Der Neue Tag*, 20. April 1939, S. 13.

374 Art. »Das Geburtstagsgeschenk einer kinderreichen Stadt«, in: *General-Anzeiger für Bonn und Umgebung*, 21. April 1939, S. 3.

375 Art. »Großdeutschlands Gabentisch. Kleine und große Spenden in überwältigender Fülle«, in: *Niederrheinische Volkszeitung*, S. 10.

376 Burleigh, *Nationalsozialismus*, S. 253.

377 Schreiben Wilhelm Bremer an Martin Bormann vom 15. April 1939, in: Heiber, *Rückseite des Hakenkreuzes*, S. 165.

378 Schreiben Führeradjutantur an den Bürgermeister von Schleswig vom 16. Mai 1939, in: Heiber, *Rückseite des Hakenkreuzes*, S. 167.

379 Vgl. Klee, *Kulturlexikon*, S. 406.

380 Art. »Vorm Bild des Führers (von Herybert Menzel)«, in: *General-Anzeiger für Bonn und Umgebung*, 21. April 1939, S. 6.

381 Art. »Flammenschrift auf Tiroler Bergen«, in: *General-Anzeiger für Bonn und Umgebung*, 21. April 1939, S. 6.

382 Art. »Durlach und seine Umgebung an Führers Geburtstag«, in: *Durlacher Tageblatt*, 21. April 1939, S. 6.

383 Art. »Durlach-Aue am Tage des Führers Geburtstag«, in: *Durlacher Tageblatt*, 21. April 1939, S. 7.

384 Art. »Köln feierte des Führers Geburtstag«, in: *Der Neue Tag*, 21. April 1939, S. 9.

385 Art. »600 Krefelder Kriegsopfer fuhren zur Wehrmachtsparade«, in: *Niederrheinische Volkszeitung*, 21. April 1939, S. 6.

386 Art. »Die Reichskriegsopferfahrt 1939«, in: *Riesaer Tageblatt*, 22. April 1939 (abends), S. 2.

387 So in dem Dorf Droskau in der Niederlausitz; vgl. Art. »Der Kreis Sorau am 20. April«, in: *Sorauer Tageblatt*, 22. April 1939, S. 7.

388 Art. »Fröhliches Volk auf festlichen Plätzen«, in: *Hamburger Neueste Zeitung*, 21. April 1939, S. 2 f., hier S. 3.

389 Art. »Der Kreis Sorau am 20. April«, in: *Sorauer Tageblatt*, 22. April 1939, S. 7.

390 Art. »Dresden am 50. Geburtstag des Führers«, in: *Riesaer Tageblatt*, 21. April 1939 (abends), S. 2.

391 Vgl. Rosemarie Burgstaller, »Der Ewige Jude (Ausstellung, 1937)«, publiziert am 30. Juli 2020; in: *Historisches Lexikon Bayerns* (https://www.historisches-lexikon-bayerns.de/Lexikon/Der_Ewige_Jude_(Ausstellung,_1937), Zugriff: 20. November 2020.

392 Art. »Die einzigartige Schau bis 1. Mai verlängert. An Führer-geburtstag Rekordbesuch in der Schau ›Der ewige Jude‹«, in: *Riesaer Tageblatt*, 21. April 1939 (abends), S. 3.

393 Ullrich, *Hitler*, Bd. 1, S. 834.

394 Art. »Köln feierte des Führers Geburtstag«, in: *Der Neue Tag*, 21. April 1939, S. 9.

395 Ullrich, *Hitler*, Bd. 2, S. 29.

396 Burleigh, *Die Zeit des Nationalsozialismus*, S. 289.

397 Ullrich, *Hitler*, Bd. 1, S. 656.

398 Ullrich, *Hitler*, Bd. 2, S. 656 f.

399 Ebd., S. 451-453.

400 Burleigh, *Nationalsozialismus*, S. 253.

401 Peukert, Detlev, *Alltag unterm Nationalsozialismus*, S. 13.

402 Deutschland-Berichte der Sozialdemokratischen Partei Deutsch-lands vom 10. Mai 1939, S. A 46.

403 Mommsen, Einleitung, in: Ders., *Herrschaftsalltag im Dritten Reich*, S. 22.

404 Klemperer, *Tagebücher 1933–1941*, S. 373 (17. August 1937).

405 Art. »Adolf Hitler«, in: *Der Deutsche Volkswirt*, 21. April 1939 (Pressemappe 20. Jahrhundert; http://webopac.hwwa.de/PresseMappe20/PM20.cfm?T=P&qt=081717&CFID=35004764&CFTOKEN=67800246, Zugriff: 22. Dezember 2020).

406 Art. »Volksliedsingen zu Ehren des Führers«, in: *Riesaer Tage-blatt*, 21. April 1939 (abends), S. 12.

407 Art. »Die Eidesleistung in Wien«, in: *Völkischer Beobachter* (Wiener Ausgabe), 21. April 1939, S. 4.

408 Art. »Fröhliches Volk auf festlichen Plätzen«, in: *Hamburger Neueste Zeitung*, 21. April 1939, S. 2 f., hier S. 3.

409 »Art. »Treue um Treue. Feierliche Vereidigung von 1 600 Politi-schen Leitern in Münster«, in: *Münsterländische Volkszeitung/ Rheiner Volksblatt*, 21. April 1939, S. 5.

410 Art. »Vereidigung auf der Alexanderhöhe«, in: *Iserlohner Kreis-anzeiger und Zeitung*, 21. April 1939, S. 3.

411 Art. »Eine Million legt den Diensteid ab«, in: *Hamburger Neueste Zeitung*, 21. April 1939, S. 2.

412 Zit. n. Art. »Erhebender Ausklang des Führergeburtstages«, in: *Riesaer Tageblatt*, 21. April 1939 (abends), S. 1.

413 Zit. n. Hermle/Thierfelder, *Herausgefordert*, S. 469 f., hier S. 469.

414 Rougemont, *Journal aus Deutschland*, S. 59 f.

415 Schneider, Jutta: *Jungmädchen im BDM*, Zeitzeugen-Beitrag LeMo, https://www.dhm.de/lemo/zeitzeugen/jutta-schneider-jungmaedchen-im-bdm.html, Zugriff: 16. Januar 2020.

416 Burleigh, *Zeit des Nationalsozialismus*, S. 254.

417 Vgl. etwa *Hamburger Neueste Zeitung*, 21. April 1939, S. 1.

418 Art. »Neue Aufgaben für die Zehnjährigen. Feierliche Aufnahme der neuen Pimpfe und Jungmädels«, in: *Riesaer Tageblatt*, 20. April 1939 (abends), S. 3.

419 Art. »Beförderungen im Reichsfinanzministerium«, in: *General-Anzeiger für Bonn und Umgebung*, 21. April 1939, S. 6.

420 Art. »Verleihungen von Treudienst-Ehrenzeichen«, in: *Riesaer Tageblatt*, 20. April 1939 (abends), S. 3.

421 Art. »Beförderungen in der NSDAP zum 20. April im Gau Köln-Aachen«, in: *Der Neue Tag*, 20. April 1939, S. 9.

422 Art. »Der Führer verlieh Prof. von Ostertag den Adlerschild des Deutschen Reiches«, in: *Annener Zeitung*, 21. April 1939, S. 5.

423 Art. »Itzehoe«, in: *Hamburger Neueste Zeitung*, 20. April 1939, S. 6.

424 Art. »Verleihung von Ehrendegen an SS-Führer«, in: *Hamburger Neueste Zeitung*, 20. April 1939, S. 3.

425 Art. »Ernennungen in der Polizei«, in: *Hamburger Neueste Zeitung*, 20. April 1939, S. 4.

426 Art. »Der Führer. Adolf Hitler zum 50. Geburtstag« (von Karl König), in: *Heimatgrüße für das Altenburger Land*, April 1939, S. 2 f., hier S. 3.

427 Klemperer, *LTI*, S. 147.

428 Dörner, *Heimtücke*, S. 189–191.

429 Art. »Die größte Militärmacht, die es je gab!«, in: *Hamburger Neueste Zeitung*, 21. April 1939, S. 1.

430 Klemperer, *Tagebücher 1933–1941*, S. 469 (20. April 1939).

431 Art. »Adolf Hitler eine Freude machen … Das deutsche Volk am 20. April« (Ernst Günther Dickmann), in: *NS-Frauen-Warte*, Heft 21, 2. Aprilheft 1939, S. 666.

432 Art. »Durlach-Aue am Tage des Führers Geburtstag«, in: *Durlacher Tageblatt*, 21. April 1939, S. 7.

433 Fröhlich, *Tagebücher Goebbels*, Teil I, Bd. 6, S. 323 (21. April 1939).

434 *NS-Frauen-Warte*, H. 23, 1. Maiheft 1939, S. 743.

435 Berger, *Reichsfrauenführerin*, S. 20–23.

436 *NS-Frauen-Warte*, H. 23, 1. Maiheft 1939, S. 723.

437 Berger, *Reichsfrauenführerin*, S. 147.

438 Art. »Feiertag der Mütter Großdeutschlands«, in: *Völkischer Beobachter* (Wiener Ausgabe), 22. Mai 1939, S. 2.

439 Art. »Die Mutter«, in: *Niederrheinische Volkszeitung*, 21. Mai 1939, S. 1–2.

440 Werner Höfer: Art. »Muttersprache«, in: *Die Neue Woche* (Sonntagsbeilage *zum Neuen Tag*), 21. Mai 1939, S. 1.

441 Art. »Leonardo liebte nur seine Mutter. Großausstellung in Mailand für den universalsten Geist Italiens«, in: *Die Neue Woche* (Sonntagsbeilage *zum Neuen Tag*), 21. Mai 1938, S. 5.

442 *NS-Frauen-Warte*, H. 23, 1. Maiheft 1939, S. 743.

443 Ebd.

444 Art. »Karlsruhe ehrt kinderreiche Mütter«, in: *Badische Presse*, 22. Mai 1939, S. 4.

445 *Freiburger Zeitung*, 10. Mai 1939 (Abendausgabe), S. 5.

446 Art. »Ehre den Müttern«, in: *Der Führer am Sonntag*, 21. Mai 1939, S. 1.

447 Art. »Die Kraft der mütterlichen Liebe« (Hermann Gerstner), in: *NS-Frauen-Warte*, H. 23, 1. Maiheft 1939, S. 721.

448 Kramer, *Volksgenossinnen*, S. 37.

449 Art. »Gesundheitsführung der deutschen Jugend vom mütterlichen Standpunkt aus. Von einer Mutter und Ärztin«, in: *NS-Frauen-Warte*, 2. Juliheft 1939, S. 42.

450 Art. »Blumenstrauß für die Mutter«, in: *Der Neue Tag*, 26. März 1939, S. 9.

451 Art. »Karlsruhe ehrt kinderreiche Mütter«, in: *Badische Presse*, 22. Mai 1939, S. 4.

452 Art. »Feiertag der Mütter Großdeutschlands«, in: *Völkischer Beobachter* (Wiener Ausgabe), 22. Mai 1939, S. 2.

453 Art. »Ehre der deutschen Mutter!«, in: *Hamburger Anzeiger*, 22. Mai 1939, S. 2.

454 Art. »Karlsruhe ehrt kinderreiche Mütter«, in: *Badische Presse*, 22. Mai 1939, S. 4.

455 Art. »Feiertag der Mütter Großdeutschlands«, in: *Völkischer Beobachter* (Wiener Ausgabe), 22. Mai 1939, S. 2.

456 Art. »Muttertag – Ehrentag!«, in: *Hamburger Anzeiger*, 22. Mai 1939, S. 3.

457 Ebd.
458 Vgl. Art. »Mettmanner Mütter wurden geehrt«, in: *Mettmanner Zeitung*, 22. Mai 1939, S. 7.
459 Art. »Muttertag – Ehrentag!«, in: *Hamburger Anzeiger*, 22. Mai 1939, S. 3.
460 Art. »Karlsruhe ehrt kinderreiche Mütter«, in: *Badische Presse*, 22. Mai 1939, S. 4.
461 Art. »Verleihung des Ehrenkreuzes in Alsdorf«, in: *Aachener Anzeiger/Politisches Tageblatt* (Ausgabe A), 22. Mai 1939 (Mittagsausgabe), S. 4.
462 Art. »Muttertag – Ehrentag!«, in: *Hamburger Anzeiger*, 22. Mai 1939, S. 3.
463 Art. »Wir ehrten die Mütter«, in: *Schwerter Zeitung*, 22. Mai 1939, S. 3.
464 Boberach, *Meldungen aus dem Reich*, Bd. 2, S. 236.
465 Barkai, *Deutsch-jüdische Geschichte*, S. 238.
466 Hauch, *Nationalsozialistische Geschlechterpolitik*, S. 76.
467 Art. »Wer bekommt das Ehrenkreuz der deutschen Mutter?«, in: *Völkischer Beobachter* (Wiener Ausgabe), 2. Februar 1939, S. 2.
468 Bock, *Frauen*, S. 284 f.
469 Berger, *Reichsfrauenführerin*, S. 58.
470 Distel, *Frauen in Konzentrationslagern*, S. 195–197.
471 Bock, *Frauen*, S. 285 f.
472 Bajohr, *Weiblicher Arbeitsdienst*, S. 348.
473 Art. »Zum Muttertag« (von Erna Röpke, Hauptabteilungsleiterin des Deutschen Frauenwerkes, Mütterdienst), in: *NS-Frauen-Warte*, H. 23, 1. Maiheft 1939, S. 722 f.
474 Art. »Der Sonntag ist auch für die Mütter da!«, in: *Der Führer am Sonntag*, 5. März 1939, S. 5.
475 Ebd.
476 Ebd.
477 Vgl. Deutschland-Berichte der Sozialdemokratischen Partei Deutschlands (12. Juni 1939), Nr. 5, S. A 77 f.
478 Hauch, *Nationalsozialistische Geschlechterpolitik*, S. 75.
479 Vgl. *Statistik des Deutschen Reiches 1939/1940*, S. 88.
480 Hauch, *Nationalsozialistische Geschlechterpolitik*, S. 74.
481 Zit. n. ebd.
482 Boberach, *Meldungen aus dem Reich*, Bd. 2, S. 161.

483 Art. »Wie sieht es auf dem Lande aus?«, in: *Das andere Deutschland (periódico mensual alemán)*, 1. August 1939, S. 7.

484 Boberach, *Meldungen aus dem Reich*, Bd. 2, S. 270.

485 Proctor, *Blitzkrieg gegen den Krebs*, S. 247.

486 Vgl. Art. »Gesunde Frau – gesundes Volk. 28 000 besuchten die Wanderausstellung«, in: *Der Neue Tag*, 21. April 1939, S. 5.

487 Art. »Ausgleichsgymnastik für die Frau?«, in: *Der Führer am Sonntag*, 5. März 1939, S. 5.

488 Art. »Schule der Bräute am Niederrhein. Das Lernen wird zur Freude – Anmeldungen für die nächsten Kurse rechtzeitig abgeben«, in: *Rheinisches Volksblatt*, 8. Juni 1939, S. 4.

489 Art. »1,5 Millionen Frauen und Mädchen in der Mütterschule«, in: *Hippokrates*, 7. Juli 1938, o. P.

490 Art. »Der Ehrentitel vorbildlicher Hausfrauen«, in: *Der Führer*, 5. März 1939, S. 5.

491 Zit. n. Art. »Das Kind ist das Maß aller Dinge«, in: *NS-Frauen-Warte*, H. 23, 1. Maiheft 1939, S. 720.

492 *Statistisches Jahrbuch für das Deutsche Reich 1939/40*, S. 42.

493 Art. »Sie ist die Zukunft des Volkes. Zum 20. April 1939«, in: *Neues Volk*, Heft 4 (April 1939), S. 7–10, hier S. 10.

494 Art. »Der erste Schultag«, in: *Velberter Zeitung (Neviges Hardenberger Volkszeitung/Neue Heiligenhauser Zeitung)*, 22./23. April 1939, S. 4.

495 Art. »Ein Aufruf des Gauleiters. Die Kindergruppen der NS-Frauenschaft«, in: *Velberter Zeitung (Neviges Hardenberger Volkszeitung/Neue Heiligenhauser Zeitung)*, 22./23. April 1939, S. 4.

496 Art. »Die Gemeinschaft der NS-Frauenschaft im Gau Düsseldorf«, in: *Velberter Zeitung (Neviges Hardenberger Volkszeitung/Neue Heiligenhauser Zeitung)*, 22./23. April 1939, S. 4.

497 Art. »Die Heinzelmännchen des Führers«, in: *Teltower Kreisblatt*, 22./23. April 1939, S. 2.

498 Art. »›Bomben‹ auf Eimsbüttel. HJ-Feldschere zeigen, was sie können«, in: *Hamburger Anzeiger*, 27. März 1939, S. 3.

499 Art. »Elternabend der Hitlerjugend«, in: *Aachener Anzeiger*, 22. März 1939 (Mittagsausgabe), S. 6.

500 Frevert, *Die kasernierte Nation*, S. 315–318.

501 Grüttner, *Brandstifter und Biedermänner*, S. 382 f.

502 Bienert, Hannes: *Hitlerjugend in Königsberg*, Zeitzeugenbeitrag LeMO, https://www.dhm.de/lemo/zeitzeugen/hannes-bienert-hitlerjugend-in-koenigsberg.html, Zugriff: 14. Januar 2020.

503 Nolzen, *Der Streifendienst der Hitler-Jugend*, S. 37.

504 Burleigh, *Die Zeit des Nationalsozialismus*, S. 278.

505 Zit. n. Klönne, *Jugend im Dritten Reich*, S. 138.

506 Zit. n. Knopp, *Hitlers Kinder*, S. 195.

507 Burleigh, *Die Zeit des Nationalsozialismus*, S. 280.

508 Deutschland-Berichte der Sozialdemokratischen Partei Deutschlands, Nr. 2, Jg. 6 (10. März 1939), S. A 89.

509 Nolzen, *Der Streifendienst der Hitler-Jugend*, S. 38.

510 Cohn, *Kein Recht – nirgends*, S. 191.

511 Ortmeyer, *Schulzeit unterm Hakenkreuz*, S. 93.

512 Vgl. Ortmeyer, *Indoktrination*, S. 144–146.

513 Zit. n. Ortmeyer, *Schulzeit unterm Hakenkreuz*, S. 94.

514 Fligge, *Lübecker Schulen im »Dritten Reich«*, S. 239.

515 Art. »Es marschierten unsere Jugend und das Winterhilfswerk«, in: *Dortmunder Zeitung*, 27. März 1939 (Morgenausgabe), S. 5.

516 Schreiben Bormann an Ley vom 8. Februar 1939, in: Heiber, *Rückseite des Hakenkreuzes*, S. 208.

517 Art. »SS-Standarte 28 gewann den Preis der Gruppe Hansa«, in: *Hamburger Anzeiger*, 24. April 1939, S. 3.

518 Art. »Für die Frau zum Nachdenken«, in: *NS-Frauen-Warte*, H. 23, 1. Maiheft 1939, S. 744.

519 Ebd.

520 Kramer, *Volksgenossinnen*, S. 41.

521 Art. »Arbeit adelt und macht Deutschland frei. Die Kreissieger ›Erde und Steine‹ zum Gauentscheid in Bonn«, in: *Mittelrheinische Landeszeitung (Ausgabe Godesberger Volkszeitung)*, 25./26. März 1939, S. 5.

522 Art. »Schirach ruft die Jugend zum Ernteeinsatz. ›Wir wollen unserem Führer Freude machen!‹«, in: *Völkischer Beobachter* (Wiener Ausgabe), 20. Juni 1939, S. 1.

523 Art. »Schirach ruft die deutsche Jugend. Ernteeinsatz der HJ«, in: *General-Anzeiger für Bonn und Umgebung*, 20. Juni 1939, S. 5.

524 Art. »Ernte-Einsatz der Hitlerjugend«, in: *Salzburger Volksblatt*, 1. Juli 1939, S. 5.

525 Art. »Greuelmärchen über den Ernteeinsatz der deutschen Jugend«, in: *Echo des Siebengebirges*, 1. Juli 1939, S. 2.

526 Ebd.
527 Art. »Wieder Ernteeinsatz der Hitler-Jugend«, in: *Sorauer Tageblatt*, 20. Juni 1939, S. 6.
528 Ebd.
529 Ebd.
530 Art. »Schirach ruft die deutsche Jugend. Ernteeinsatz der HJ«, in: *General-Anzeiger für Bonn und Umgebung*, 20. Juni 1939, S. 5.
531 Art. »Großstadtjugend im Landdienst der HJ. Hinter Pflug und Egge«, in: *General-Anzeiger*, 30. März 1939, S. 8.
532 Schanetzky, *Kanonen statt Butter*, S. 92–95.
533 Art. »Berichte aus unseren Nachbargemeinden/Gochsheim«, in: *Der Pfeiferturm. Beiträge zur Heimatgeschichte & Volkskunde Brettens und seiner Umgebung* (Beilage zum *Brettener Tagblatt*), März 1939, S. 21.
534 Art. »Berichte aus unseren Nachbargemeinden/Kürnbach«, in: *Der Pfeiferturm. Beiträge zur Heimatgeschichte & Volkskunde Brettens und seiner Umgebung* (Beilage zum *Brettener Tagblatt*), März 1939, S. 21 f., hier S. 22.
535 Art. »Landjugend, bleib auf dem Lande!«, in: *Der Neue Tag*, 26. März 1939, S. 10.
536 So Schanetzky, *Kanonen statt Butter*, S. 133.
537 Ebd., S. 133 f.
538 Schreiben Rudolf Ditzen (Hans Fallada) an Elisabeth und Heinrich Hörig vom 30. Juli 1939, in: Fallada, *Ohne Euch*, S. 252.
539 Art. »Gemeinschaftsgeist«, in: *Münsterländische Volkszeitung/ Rheiner Volksblatt*, 26. März 1939, S. 6.
540 Art. »Erhöhte Bereitschaft«, in: *Die Schiffahrt. Organ des Gesamtverbandes der Seeleute, Hafenarbeiter und Binnenschiffer Deutschlands*, Nr. 9/10 (1938), S. 1–6, hier S. 4.
541 Schanetzky, *Kanonen statt Butter*, S. 119.
542 Burleigh, *Die Zeit des Nationalsozialismus*, S. 282 f.
543 Conze, *Arbeit*, S. 214.
544 Brücker, *Arbeit macht frei*, S. 72.
545 Ebd., S. 80.
546 Conze, *Arbeit*, S. 214 f.
547 Brückner, *Arbeit macht frei*, S. 72, S. 78.
548 Dahm, *Die tödliche Utopie*, S. 358.
549 Fings, *Zwangslager für Sinti und Roma*, S. 187 f.

550 Art. »Hilden am Nationalen Feiertag des deutschen Volkes«, in: *Rheinisches Volksblatt*, 2. Mai 1939, S. 7.

551 Art. »Westbefestigung sicherer als der Völkerbund«, in: *Rheinisches Volksblatt*, 2. Mai 1939, S. 1.

552 Eichler, *Reichsbürger-Handbuch*, S. 90.

553 Brückner, *Arbeit macht frei*, S. 73.

554 Art. »Bei den Männern am Westwall«, in: *Oberbergischer Bote*, 1./2. Juli 1939, S. 4.

555 »Meine Dienstzeit im Reichsarbeitsdienst Abtl. 3/280« (Eintrag vom 21. April 1939), in: *Jugend! Deutschland 1918-1945, Editionen zur Geschichte*, https://jugend1918-1945.de/portal/ARCHIV/ thema.aspx?bereich=archiv&root=8873&id=19590&redir= #prettyPhoto, Zugriff: 8. Februar 2021.

556 »Meine Dienstzeit im Reichsarbeitsdienst Abtl. 3/280«, in: *Jugend! Deutschland 1918-1945, Editionen zur Geschichte*, https://jugend1918-1945.de/portal/ARCHIV/thema.aspx? bereich=archiv&root=8873&id=19590&redir=#prettyPhoto, Zugriff: 5. Februar 2021.

557 Reichsarbeitsdienstgesetz vom 26. Juni 1935, in: *Reichsgesetzblatt 1935*, Teil I, S. 769–771, hier S. 769.

558 Bajohr, *Weiblicher Arbeitsdienst*, S. 347.

559 »Meine Dienstzeit im Reichsarbeitsdienst Abtl. 3/280«, in: *Jugend! Deutschland 1918-1945, Editionen zur Geschichte*, https://jugend1918-1945.de/portal/ARCHIV/thema.aspx? bereich=archiv&root=8873&id=19590&redir=#prettyPhoto, Zugriff: 5. Februar 2021.

560 Art. »Das weibliche Pflichtjahr. Das Recht der Hausgehilfin«, in: *Dortmunder Zeitung* (Morgenausgabe), 6. März 1939, S. 5.

561 Art. »Besuch bei einem Pflichtjahrmädel« (Inge Sonntag), in: *Das Blaue Heft*, 7. Januar 1939, S. 11.

562 Zit. n. Stephenson, *Arbeitsdienst*, S. 272.

563 Brendecke, Florentine: *Zum Abschied ein Himbeerbonbon*, Zeitzeugen-Beitrag, LeMo, https://www.dhm.de/lemo/zeitzeugen/ florentine-brendecke-zum-abschied-ein-himbeerbonbon.html, Zugriff: 30. Januar 2021.

564 Art. »Jugend im Feuerlöschdienst«, in: *Oberbergischer Bote*, 1./2. Juli 1939, S. 2.

565 Keller, *Kriegstagebuch*, S. 39.

566 Vgl. Foto »Altmetallsammlung der Hitlerjugend in Worms, 1938«, https://de.wikipedia.org/wiki/Hitlerjugend#/media/ Datei:Bundesarchiv_Bild_133-375,_Worms,_Altmetallsammlung_ der_Hitlerjugend.jpg, Zugriff: 22. Januar 2021.

567 Köstering, *Pioniere*, S. 50.

568 Ebd.

569 Vgl. Vaupel/Preiß, *Kinder, sammelt Knochen!*

570 Art. »Altes Eisen rostet nicht. 1938 über 100000 Tonnen Spinnstoffe aus Lumpen – Ein Drittel des Knochenabfalles wurde gesammelt«, in: *Rheinisches Volksblatt*, 9. Juni 1939, S. 7.

571 Art. »Das Ernährungswerk steht. Aus wertvollem Abfall wird wertvollstes Ernährungsgut«, in: *Rheinisches Volksblatt*, 4. September 1939, S. 3.

572 Art. »Holz verwenden – nicht verschwenden«, in: *Das Blaue Heft*, 21, Januar 1939, S. 2.

573 Art. »Sichert die Freiheit der Nation! Jetzt müssen die letzten Vorgartengitter ›dran‹!«, in: *Wittener Tageblatt*, 2./3. September 1939, S. 4.

574 Deutschland-Berichte der Sozialdemokratischen Partei Deutschlands, 12. Juni 1939, Nr. 5, S. A 73.

575 Ebd., S. A 74.

576 Art. »Angorakaninchen mit Staatszuschüssen«, in: *Freiburger Zeitung*, 24. Juli 1939 (Morgenausgabe), S. 4.

577 Art. »Ist Angora-Kaninchenzucht zu empfehlen?«, in: *Mittelrheinische Landes-Zeitung, Ausgabe Godesberger Volkszeitung*, 25./26. März 1939, S. 16.

578 Art. »Auch die Ziege sichert die deutsche Fettversorgung«, in: *Münsterländische Volkszeitung/Rheiner Volksblatt*, 26. März 1939, S. 10.

579 Vgl. Art. »Neue Steuergutscheine«, in: *Mittelrheinische Landeszeitung* (Ausgabe *Godesberger Volkszeitung*), 25./26. März 1939, S. 1.

580 Art. »Sonderspende der Industrie für das WHW«, in: *Völkischer Beobachter* (Wiener Ausgabe), 25. März 1939, S. 2.

581 Vgl. *Mitterheinische Landeszeitung* (Ausgabe *Godesberger Volkszeitung*), 25./26. März 1939, S. 1.

582 Art. »Opferschießen der Schützen- und Schießsporttreibenden Vereine«, in: *Münsterländische Volkszeitung/Rheiner Volksblatt*, 26. März 1939, S. 11.

583 Vgl. »Dank der Wehrmacht. Hohes Ergebnis am Ehrentag unserer Soldaten«, in: *Münsterländische Volkszeitung/Rheiner Volksblatt*, 26. März 1939, S. 7.

584 »Bekanntgabe Nr. 13/39: Reichssammlung der Hitler-Jugend für das Jugendherbergswerk vom 18. April 1939«, in: *Die Pflicht*, Mai 1939, S. 123 f.

585 Art. »Aus der Stadt Lünen«, in: *Dortmunder Zeitung*, 31. Januar 1939 (Morgenausgabe), S. 8.

586 Fligge, *Lübecker Schulen im »Dritten Reich«*, S. 273 f.

587 Art. »Am nächsten Sonntag Reichsstraßensammlung«, in: *Hamburger Neueste Nachrichten*, 31. Januar 1939, S. 5.

588 Art. »Es marschierten unsere Jugend und das Winterhilfswerk«, in: *Dortmunder Zeitung*, 27. März 1939 (Morgenausgabe), S. 5.

589 Vgl. Art. »Keine Willkür bei Mieterhöhungen!«, in: *Lienzer Zeitung*, 25. März 1939, S. 13.

590 Art. »Ein überragendes Ergebnis. Unser Wunsch zum letzten Eintopfsonntag«, in: *Dortmunder Zeitung*, 7. März 1939 (Morgenausgabe), S. 5.

591 Ebd.

592 Schanetzky, *Kanonen statt Butter*, S. 96.

593 Deutschland-Berichte der Sozialdemokratischen Partei Deutschlands vom 12. Januar 1939, S. A 3.

594 Schanetzky, *Kanonen statt Butter*, S. 102.

595 Hachtmann, *Lebenshaltungskosten*, S. 46.

596 Vgl. Anzeige in: *Freiburger Zeitung*, 11. Mai 1939 (Abendausgabe), S. 10.

597 Vgl. *Der Stürmer*, Nr. 4 (Januar 1939), S. 1.

598 Vgl. *General-Anzeiger für Bonn und Umgebung*, 20. Juni 1939, S. 3.

599 Vgl. Anzeige in: *Freiburger Zeitung*, 12. Mai 1939 (Morgenausgabe), S. 8.

600 Vgl. *Bochumer Anzeiger*, 20. April 1939, S. 5.

601 Vgl. Anzeige in: *Freiburger Zeitung*, 11. Mai 1939 (Abendausgabe), S. 10.

602 Vgl. Anzeige in: »Art. »Verleihung des Ehrenkreuzes in Alsdorf«, *Aachener Anzeiger/Politisches Tageblatt* (Ausgabe A), 22. Mai 1939 (Mittagsausgabe), S. 3.

603 Wert für 1938 (»Altreich«), Hachtmann, *Lebenshaltungskosten*, S. 41.

604 Vgl. Annonce in: *Freiburger Zeitung*, 10. Mai 1939 (Abendausgabe), S. 7.

605 Vgl. *Völkischer Beobachter* (Wiener Ausgabe), 30. April/1. Mai 1939, S. 4.

606 Vgl. *Börsenblatt für den Deutschen Buchhandel*, 20. April 1939, S. 7.

607 Vgl. *Annener Zeitung*, 17. Juni 1939, S. 6.

608 Vgl. Anzeige in: *Hansische Hochschulzeitung*, März 1939, S. 2.

609 Vgl. *Der Neue Tag*, 26. März 1939, S. 12.

610 Vgl. *Oberbergischer Bote*, 1./2. Juli 1939, S. 11.

611 Vgl. *General-Anzeiger für Bonn und Umgebung*, 20. Juni 1939, S. 5.

612 Vgl. *Aachener Anzeiger/Politisches Tageblatt*, 17. Juni 1939 (Ausgabe A), S. 4.

613 Art.»Stimmungsbild aus der deutschen Grossindustrie«, in: *Pariser Tageszeitung*, 15. August 1939, S. 2.

614 Berghoff/Rauh-Kühne, *Fritz K.*, S. 196.

615 Ullrich, *Hitler*, Bd. 1, S. 658.

616 Berghoff/Rauh-Kühne, *Fritz K.*, S. 176.

617 Ebd.

618 Art.»Volksgesundheit und Genußgifte«, in: *Dortmunder Zeitung* (Morgenausgabe), 6. März 1939, S. 2.

619 Art.»Dr. Leys Aufruf zum 1. Mai 1939: Freut euch des Lebens!«, in: *Völkischer Beobachter* (Wiener Ausgabe), 30. April/1. Mai 1939, S. 2.

620 Art.»Nächstes Jahr die ersten 100000 Volkswagen. Über 10 Millionen schaffende Deutsche reisten durch Deutschland und nach dem Süden – Seebad Rügen öffnet 1940 seine Pforten«, in: *Völkischer Beobachter* (Wiener Ausgabe), 22. Juli 1939, S. 4.

621 Anordnung Nr. 128/39: »Verbot für alle Dienststellen der Partei, ihrer Gliederungen und angeschlossenen Verbände, in der Zeit vom 1. Juli bis 15. August grundsätzliche Fragen in Bearbeitung zu nehmen« (Martin Bormann), in: *Die Pflicht*, Juli 1939, S. 190.

622 Art.»KdF-Halle für 8000 auf dem Heiligengeistfeld. Dr. Robert Ley eröffnet die KdF-Leistungsschau«, in: *Hamburger Neueste Zeitung*, 22. Juli 1939, S. 3.

623 Art.»Interessante Lehrgemeinschaft«, in: *Hamburger Neueste Zeitung*, 21. April 1939, S. 4.

624 Vgl. Veranstaltungshinweis »Hier spricht Die Deutsche Arbeitsfront«, in: *Aachener Anzeiger*, 31. Januar 1939 (Mittagsausgabe), S. 6.

625 Howind, *Illusion*, S. 114.

626 Ebd., S. 114 f.

627 Hachtmann, *Tourismus-Geschichte*, S. 126.

628 Ebd., S. 126–128.

629 Reichel, *Der schöne Schein*, S. 245.

630 Schildt, *Jenseits der Politik?*, S. 282.

631 Władysław Ryszanek, polnischer Generalkonsul, »Geheimbericht an die polnische Botschaft in Berlin über die politische Situation, Hamburg, 6. Juli 1939«, in: Bajohr/Strupp, *Fremde Blicke auf das »Dritte Reich«*, S. 534–536, hier S. 534 f.

632 Ebd.

633 Schildt, *Jenseits der Politik?*, S. 286.

634 Lohalm, *Modell Hamburg*, S. 142 f.

635 Art. »Kleiner Führer für unsere KdF-Gäste«, in: *Hamburger Anzeiger*, 20. Juli 1939, S. 5.

636 Vgl. Anzeigen in: *Hamburger Anzeiger*, 20. Juli 1939, S. 4.

637 Vgl. *Hamburger Anzeiger*, 20. Juli 1939, S. 5.

638 Art. »Flaggen heraus!«, in: *Hamburger Anzeiger*, 20. Juli 1939, S. 5.

639 Art. »Den Gästen zum Gruss«, in: *Hamburger Anzeiger*, 20. Juli 1939, S. 5.

640 »Hamburg am Vorabend der Kdf-Reichstagung«, in: *Hamburger Anzeiger*, 20. Juli 1939, S. 1.

641 Art. »Hermann Göring auf dem Rhein«, in: *Hamburger Anzeiger*, 20. Juli 1939, S. 2.

642 Art. »Die Rede des Führers«, in: *Hamburger Nachrichten*, 30. März 1939, S. 5 f.

643 Vgl. Art. »›Robert Ley‹ auf stolzer Probefahrt«, in: *Altonaer Nachrichten/Hamburger neueste Zeitung*, 25. März 1939, S. 2.

644 Howind, *Illusion*, S. 150.

645 Art. »Ausländische Ehrengäste und Volkstumsgruppen«, in: *Hamburger Anzeiger*, 20. Juli 1939, S. 5.

646 Art. »Der kraftvolle deutsche Mann, die anmutige und schöne Frau«, in: *Hamburger Neueste Zeitung*, 21. Juli 1939, S. 1.

647 Ebd.

648 Art. »KdF schafft glückliche Menschen«, in: *Rheiderland Tageszeitung und Anzeiger*, 21. Juli 1939, S. 3.

649 Art. »Triumph der deutschen Lebensfreude«, in: *Dresdner Nachrichten*, 24. Juli 1939 (Morgenausgabe), S. 1.

650 Art. »Schaffendes Volk treibt Leibesübungen«, in: *Hamburger Neueste Zeitung*, 24. Juli 1939, S. 3.

651 Art. »Die feierliche Eröffnung der Reichstagung«, in: *Hamburger Anzeiger*, 21. Juli 1939, S. 1.

652 Art. »Der kraftvolle deutsche Mann, die anmutige und schöne Frau«, in: *Hamburger Neueste Zeitung*, 21. Juli 1939, S. 1.

653 Vgl. Abbildung in: *Hamburger Neueste Zeitung*, 21. Juli 1939, S. 1.

654 Art. »Schaffendes Volk treibt Leibesübungen«, in: *Hamburger Neueste Zeitung*, 24. Juli 1939, S. 3.

655 Art. »Rekordfeuerwerk auf der Binnenalster«, in: *Hamburger Anzeiger*, 20. Juli 1939, S. 5.

656 Reichel, *Der schöne Schein*, S. 247 f.

657 Burleigh, *Die Zeit des Nationalsozialismus*, S. 294.

658 Schallenberg, *KdF*, S. 52 f.

659 Ebd., S. 56.

660 Ebd., S. 66.

661 Deutschland-Berichte der Sozialdemokratischen Partei Deutschlands, Nr. 4, 1939, S. A 69 f.

662 Ebd., S. A 70.

663 Howind, *Die Illusion*, S. 136.

664 Deutschland-Berichte der Sozialdemokratischen Partei Deutschlands, Nr. 4, 1939, S. A 72.

665 Appel, *Reisen im Nationalsozialismus*, S. 59.

666 Hachtmann, *Tourismus-Geschichte*, S. 130 f.

667 Deutschland-Berichte der Sozialdemokratischen Partei Deutschlands, Nr. 4, 1939, S. A 71.

668 Ebd., S. A 68.

669 Schallenberg, *KdF*, S. 89–93.

670 Ebd., S. 92.

671 Ebd., S. 89-91.

672 Deutschland-Berichte der Sozialdemokratischen Partei Deutschlands vom Juli 1936, S. A 882.

673 So Reichel, *Der schöne Schein*.

674 Howind, *Illusion*, S. 185.

675 Bajohr, *Bäder-Antisemitismus*.

676 Ebd., S. 167 f.

677 Hachtmann, *Tourismus-Geschichte*, S. 132.

678 Appel, *Reisen im Nationalsozialismus*, S. 57.

679 Reichel, *Der schöne Schein*, S. 246.

680 Hachtmann, *Tourismus-Geschichte*, S. 125.

681 Art. »Auch in diesem Jahre Feriensonderzüge«, in: *Rheinisches Volksblatt*, 9. Juni 1939, S. 6.

682 Deutschland-Berichte der Sozialdemokratischen Partei Deutschlands, Dezember 1935, S. A 77.

683 Schreiben Margarete und Friedrich Bechert an Rudolf Ditzen (Hans Fallada) vom 5. Juli 1939, in: Fallada, *Ohne Euch*, S. 248 f.

684 Art. »Frohe KdF-Fahrt nach Norderney«, in: *Münsterländische Volkszeitung/Rheiner Volksblatt*, 8. August 1939, S. 6.

685 Howind, *Illusion*, S. 133.

686 Deutschland-Berichte der Sozialdemokratischen Partei Deutschlands, Nr. 4, 1939, S. A 69.

687 Howind, *Illusion*, S. 133 f.

688 Ebd., S. 134.

689 Deutschland-Berichte der Sozialdemokratischen Partei Deutschlands, Dezember 1935, S. A 80.

690 Appel, *Reisen im Nationalsozialismus*, S. 60.

691 Deutschland-Berichte der Sozialdemokratischen Partei Deutschlands, Nr. 4, 1939, S. A 67.

692 Howind, *Illusion*, S. 133 f.

693 Deutschland-Berichte der Sozialdemokratischen Partei Deutschlands, Nr. 4, 1939, S. A 71.

694 Art. »Die feierliche Eröffnung der Reichstagung«, in: *Hamburger Anzeiger*, 21. Juli 1939, S. 1.

695 Deutschland-Berichte der Sozialdemokratischen Partei Deutschlands, Nr. 4, 1939, S. A 71.

696 Howind, *Illusion*, S. 151.

697 Art. »Nächstes Jahr die ersten 100 000 Volkswagen. Über 10 Millionen schaffende Deutsche reisten durch Deutschland und nach dem Süden – Seebad Rügen öffnet 1940 seine Pforten«, in: *Völkischer Beobachter* (Wiener Ausgabe), 22. Juli 1939, S. 4.

698 Appel, *Reisen im Nationalsozialismus*, S. 67.

699 Vgl. *Völkischer Beobachter* (Wiener Ausgabe), 22. Juli 1939, S. 3.

700 Art. »Ostseelager der Altonaer Hitler-Jugend«, in: *Hamburger Neueste Zeitung*, 22. Juli 1939, S. 5.

701 Appel, *Reisen im Nationalsozialismus*, S. 59.

702 Ebd., S. 66.

703 Ebd., S. 106 f.

704 *Statistik des Deutschen Reiches 1939/40*, Berlin 1940, S. 236.

705 Art. »Nächstes Jahr die ersten 100 000 Volkswagen. Über 10 Millionen schaffende Deutsche reisten durch Deutschland und nach dem Süden – Seebad Rügen öffnet 1940 seine Pforten«, in: *Völkischer Beobachter* (Wiener Ausgabe), 22. Juli 1939, S. 4.

706 Ebd.

707 Mommsen, *Volkswagenwerk*, S. 200 f.

708 Ebd., S. 191–197.

709 Art. Zehn KdF-Wagen im Festzug., in: *Hamburger Anzeiger*, 20. Juli 1939, S. 6.

710 Mommsen, *Volkswagenwerk*, S. 56.

711 Art. »Noch ein Thüringen-Film. Mit der Kamera und dem Volkswagen auf Goethes Spuren., in: Jenaer Volksblatt, 15. August 1939, S. 5.

712 Hachtmann, *Tourismus-Geschichte*, S. 129–131.

713 Art. »Feiertag der Mütter Großdeutschlands«, in: *Völkischer Beobachter* (Wiener Ausgabe), 22. Mai 1939, S. 2.

714 Art. »Der große Leistungsbericht«, in: *Völkischer Beobachter* (Wiener Ausgabe), 22. Juli 1939, S. 4.

715 Art. »Dr. Ley gibt die Parole für 1940«, in: *Völkischer Beobachter* (Wiener Ausgabe), 22. Juli 1939, S. 4.

716 Art. »Erfreuliche Nachklänge zur KdF-Tagung: Reiseandenken, Würstchen und Ritterlohn«, in: *Hamburger Fremdenblatt*, 25. Juli 1939; Pressemappe 20. Jahrhundert, http://webopac.hwwa.de/PresseMappe20/Digiview_MENU.cfm?T=S&S=145181&CFID=39047614&CFTOKEN=10209304, Zugriff: 23. Februar 2021.

717 Zit. n.: *Die Verfolgung und Ermordung der europäischen Juden*, Bd. 2, S. 779. Felice Schragenheim unternimmt verschiedene Auswanderungsversuche, taucht 1942 in Berlin unter, wird 1944 verhaftet und in die Konzentrationslager Theresienstadt, Auschwitz und schließlich Bergen-Belsen deportiert, wo sich ihre Spur verliert (ebd., S. 159).

718 Hochstadt, *Shanghai-Geschichten*, S. 71.

719 Art. »Schanghai für Emigranten gesperrt. Und 4000 Flüchtlinge sind unterwegs!«, in: *Pariser Tageszeitung*, 15. August 1939, S. 1.

720 Ebd.

721 Hochstadt, *Flucht in Ungewisse*, S. 32.

722 Widmann, *Politische Flüchtlinge*, S. 854.

723 Benz, *Jüdische Flüchtlinge*, S. 715.

724 Art. »Deutschland in der Verbannung. Weltbedeutung der Emigration – Deutsch ist, der frei ist«, in: *Das Reich. Wochenzeitung für die deutsche Politik*, 5. Januar 1934, S. 4.

725 Ebd.

726 Art. »Asyl oder Schafott?«, in: *Neuer Vorwärts*, 26. Juni 1938, S. 1 f., hier S. 2.

727 Art. »Die Hinrichtung von Weimar. Peter Forsters Tod – die Schande von Europa«, in: *Neuer Vorwärts*, 1. Januar 1939, S. 8.

728 Vgl. Art. »Wieder Menschenraub über die deutsche Grenze«, in: *Pariser Tageszeitung*, 12. August 1939, S. 2.

729 Schreiben Erich Brost an Erich Rinner vom 12. April 1939, in: Brost, *Wider den braunen Terror*, S. 130–132, hier S. 132.

730 Baumbach, *Atmen und halbwegs frei sein*, S. 33 f.

731 »Der Oberstaatsanwalt in Hamburg sichert am 17. August 1939 die Haftentlassung von Norbert Arendt zu, wenn er binnen einer Woche emigriert«, in: *Die Verfolgung und Ermordung der europäischen Juden*, Bd. 2, S. 815.

732 Tausk, *Tagebuch*, S. 226 (17. August 1939).

733 Ebd., S. 222 (6. Mai 1939).

734 Art. »Der letzte Jude abgewandert«, in: *Der Führer*, 6. März 1939, S. 5.

735 Friedländer, *Das Dritte Reich und die Juden*, S. 329.

736 »Oscar Schloss schildert seine Ausreise aus Deutschland am 26. Januar 1939«, *Die Verfolgung und Ermordung der europäischen Juden*, Bd. 2, in: S. 665 f., hier S. 666.

737 Friedländer, *Das Dritte Reich und die Juden*, S. 340.

738 Fittko, *Solidarität unerwünscht*, S. 68.

739 Burleigh, *Nationalsozialismus*, S. 368.

740 Nothdurft, *Lateinamerika*, S. 229–232.

741 »Wie ein Jugendlicher die Fahrt der ›St. Louis‹ erlebte. Die Reiseberichte des Fritz Buff«, in: Schöck-Quinteros, *Keine Zuflucht*, S. 357.

742 Ebd.

743 Art. »Das Schiff von Cuba« (Berthold Viertel), in: *Aufbau.*
Blätter für das Judentum, 15. Juni 1939 (5. Jg., Nr. 11), S. 2.

744 »Die Exil-SPD zählt im Juli 1939 die Flüchtlingsschiffe auf,
denen die Landung verweigert wird«, in: *Die Verfolgung und*
Ermordung der europäischen Juden, Bd. 2, S. 807–810, hier
S. 807.

745 Art. »Verzweiflungsakt auf einem Flüchtlingsschiff«, in: *Pariser*
Tageszeitung, 12. August 1939, S. 3.

746 Zit. n. Nothdurft, *Die Flüchtlingsschiffe*, S. 387.

747 Baumbach, *Flucht nach Shanghai*, S. 28.

748 Stern, *Wartezimmer Shanghai*, S. 134–136.

749 *Philo-Atlas*, S. 170. Der Hinweis auf den *Philo-Atlas* findet sich
bei Hoss, *Abenteurer*, S. 103.

750 Hoss, *Abenteurer*, S. 129.

751 Baumbach, *Atmen und halbwegs frei sein*, S. 26.

752 Tausk, *Tagebuch*, S. 227 (25. August 1939).

753 *Philo-Atlas*, S. 42.

754 Baumbach, *Flucht nach Shanghai*, S. 34.

755 Blumenthal, *Mit 13 Jahren nach Shanghai*, S. 127.

756 Vgl. Baumbach, *Atmen und halbwegs frei sein*, S. 52 f.

757 Ebd., S. 54.

758 Zit. n. ebd., S. 54–56.

759 Schreiben Edith Becker-Jedwab an das Ehepaar Stern (Berlin)
vom 10. Januar 1939, in: Pomerance/Rohland/Schlör, *Heinemann*
Stern, S. 114 f., hier S. 114.

760 Blumenthal, *Mit 13 Jahren nach Shanghai*, S. 127.

761 Baumbach, *Flucht nach Shanghai*, S. 87.

762 Schreiben Edith Becker-Jedwab an das Ehepaar Stern (Berlin)
vom 14. Juli 1939, in: Pomerance/Rohland/Schlör, *Heinemann*
Stern, S. 119–121, hier S. 120.

763 Schreiben Edith Becker-Jedwab an das Ehepaar Stern (Berlin)
vom 10. Januar 1939, in: Pomerance/Rohland/Schlör, *Heinemann*
Stern, S. 114 f.

764 Art. »Paul Komors Lebensregeln fuer Shanghai«, in: *Gelbe Post*,
Heft 3 (1. Juni 1939), S. 49.

765 Baumbach, *Flucht nach Shanghai*, S. 76.

766 Art. »Verstreut im Winde … Ein Brief aus Schanghai«, in: *Auf-*
bau. Blätter für das Judentum, 1. September 1939, S. 16.

767 Vgl. beispielsweise Art. »Japan lehnt die Beiziehung dritter Mächte ab«, in: *Dolomiten*, 23. August 1939, S. 3.

768 Schreiben Edith Becker-Jedwab an das Ehepaar Stern (Berlin) vom 3. Juni 1939, in: Pomerance/Rohland/Schlör, *Heinemann Stern*, S. 117–119, hier S. 118.

769 Art. »Auswandererziele in Übersee. Neufundland und Kanada«, in: *Neuer Vorwärts*, 15. Januar 1939, S. 6.

770 Remarque, *Arc de Triomphe*, S. 60, S. 191.

771 Sternburg, *Remarque*, S. 295.

772 Art. »Einmal«, in: *Neuer Vorwärts*, 15. Januar 1939, S. 7.

773 Benz, *Das Exil der kleinen Leute*, S. 9, S. 12.

774 Irmgard Keun, »Mitteilung an die American Guild für German Cultural Freedom«, in: Keun, *Das Werk*, Bd. 2, S. 527.

775 Keun, »Kind aller Länder«, in: Keun, *Das Werk*, Bd. 2, S. 604.

776 Ebd., S. 606.

777 Ebd., S. 632.

778 Ebd., S. 592.

779 Art. »An den Rand geschrieben: Der Sinn des Lebens«, in: *Aufbau. Blätter für das Judentum*, 15. Juni 1939 (5. Jg., Nr. 11), S. 9 f., hier S. 9.

780 Remarque, *Das unbekannte Werk, Briefe und Tagebücher*, S. 281 (26. April 1938).

781 Art. »Vergässe ich deiner je, St. Louis …«, in: *Aufbau. Blätter für das Judentum*, 15. Juni 1939 (5. Jg., Nr. 11), S. 1 f., hier S. 1.

782 *Die Verfolgung und Ermordung der europäischen Juden*, Bd. 2, S. 822.

783 Schreiben Anuta Sakheim an Ruben Sakheim vom 15. Januar 1939, in: Pennoyer, *Nachrichten*, S. 58–60, hier S. 59.

784 *Neuer Vorwärts*, 5. Februar 1939, S. 4.

785 *Neuer Vorwärts*, 1. Januar 1939, S. 7.

786 Art. »Weitersagen!«, in: *Aufbau. Blätter für das Judentum*, 15. Juni 1939 (5. Jg., Nr. 11), S. 2.

787 Schreiben Anuta Sakheim an Jeanette Sakheim vom 12. Juni 1938, in: Pennoyer, *Nachrichten*, S. 34 f.

788 Pennoyer, *Nachrichten*, S. 68.

789 »Cornelius von Berenberg-Gossler erfährt am 10. August 1939 vom Selbstmord einer jüdischen Bekannten in der Emigration«, in: *Die Verfolgung und Ermordung der europäischen Juden*, Bd. 2, S. 813 f., hier S. 813.

790 Müller, *Juden – Kommunisten – Stalinopfer.*
791 Friedmann-Wolf, *Im roten Eis*, S. 197. Müller (*Juden – Kommunisten – Stalinopfer*, S. 22) datiert den Selbstmord der Mutter dagegen auf März 1940.
792 Schreiben Anna Seghers an Jürgen Kuczynski vom 22. April 1939, in: Seghers, *Briefe*, S. 56 f.
793 Anna Seghers an Bartold Flies vom 18. März 1938, in: Seghers, *Briefe*, S. 44 f.
794 Nieradka-Steiner, *Exil unter Palmen*, S. 19.
795 Ebd., S. 143 f.
796 Sternburg, *Remarque*, S. 19.
797 Hess, *Briefe*, S. 108 (13. August 1938).
798 Nelson, *Die Rote Kapelle*, S. 211.
799 Art. »Benzin-Mangel beim Braunen Band«, in: *Pariser Tageszeitung*, 1. August 1939, S. 1.
800 Curio, *Jüdische Kinder*, S. 722.
801 Barkai, *Deutsch-jüdische Geschichte*, S. 239.
802 Ebd., S. 242.
803 Cohn, *Kein Recht – nirgends*, S. 223 (15. September 1939).
804 Schreiben Anuta Sakheim an Ruben Sakheim vom 15. Januar 1939, in: Pennoyer, *Nachrichten*, S. 58–60, hier S. 59.
805 »Sigmund Geller versucht am 4. Januar 1939 von Paris aus, seinen Söhnen und seiner Frau die Ausreise aus Wien zu ermöglichen«, in: *Die Verfolgung und Ermordung der europäischen Juden*, Bd. 2, S. 642 f., hier S. 642.
806 Schreiben Elfriede Höber an Johannes Höber vom 13. Juni 1939, in: Hoeber, *Deutsche auf der Flucht*, S. 336 f., hier S. 336.
807 »Klaus Jakob Langer schildert am 26. August 1939 die angespannte politische Lage und seine Befürchtung, dass ein Krieg seine Auswanderung verhindern könne«, in: *Die Verfolgung und Ermordung der europäischen Juden*, Bd. 2, S. 819.
808 Postkarte aus dem Bestand Yad Vashem, Internationale Holocaust-Gedenkstätte, https://www.yadvashem.org/yv/de/exhibitions/through-the-lens/postkarten-kindertransporte.asp#gallery, Zugriff: 3. Januar 2021.
809 Tausk, *Breslauer Tagebuch*, S. 227 (26. August 1939).
810 Klemperer, *Tagebücher 1933–1941*, S. 482 f. (3. September 1939).

811 Art. »Ehrentafel der im Kriege gegen Polen 1939 gefallenen Söhne des Kreises Olpe«, in: *Heimatblätter für den Kreis Olpe*, Nr. 9/12 (1939) S. 81–84.

812 Ebd.

813 Wachsmann, *KL*, S. 225 f. Vgl. detailliert zu den Vorgängen in Oberschlesien: Smolorz/Kordecki, *Schauplatz Oberschlesien*, S. 77–92 (»Drei deutsche Grenzprovokationen aus dem Jahre 1939«).

814 Protokoll Reichstag 1939/42,1, S. 47 (1. September 1939).

815 Wachsmann, *KL*, S. 225.

816 Vgl. Art. »Polen überfallen Gleiwitzer Sender«, in: *Der Neue Tag*, 1. September 1939, S. 1.

817 Art. »Angriffe polnischer Banden«, in: *Der Neue Tag*, 1. September 1939, S. 2.

818 Art. »Denkt an unsere toten Helden!«, in: *Münsterländische Volkszeitung/Rheiner Volksblatt*, 3. August 1939, S. 7.

819 »Margarete Korant aus Berlin schreibt am 28. August 1939 an ihre Tochter in den USA über die Angst vor Krieg und Isolation«, in: *Die Verfolgung und Ermordung der europäischen Juden*, Bd. 2, S. 820–822, hier S. 821.

820 Protokoll Reichstag, 1939/42,1, S. 47 (1. September 1939).

821 Ebd., S. 48 (1. September 1939).

822 Art. »Deutschland zu Krieg und Frieden bereit. ›Wir schlafen mit dem Tornister unter dem Kopf‹, Reichsminister Dr. Goebbels in der Kölner Ausstellungshalle«, in: *Völkischer Beobachter* (Wiener Ausgabe), 21. Mai 1939, S. 4.

823 Klemperer, *Tagebücher 1933–1941*, S. 472 f. (7. Juni 1939).

824 Steuwer, *Ein Drittes Reich*, S. 558 f.

825 Bauer, *Die dunklen Jahre*, S. 192.

826 Klemperer, *Tagebücher 1933–1941*, (29. August 1939), S. 479.

827 Tagebuch Sigrid Bogdan (1937–1948) (Projekt »Jugend in Deutschland 1918–1945«), o. P. Eintrag 1939; https://jugend1918-1945.de/portal/ARCHIV/thema.aspx?bereich=archiv&root=8873&id=22976&redir; Zugriff: 6. Januar 2020.

828 Art. »Wehrmachtswagen auf der Autobahn«, in: *Jenaer Volksblatt*, 15. August 1939, S. 4.

829 Kellner, *Tagebücher*, S. 16 f. (30. August 1939).

830 Tausk, *Tagebuch*, S. 227 (25. August 1939).

831 Schreiben Hermann Lenz an Hanne Trautwein vom 28. August 1939, in: Trautwein/Lenz, *Briefwechsel*, S. 214–217, hier S. 215.

832 Ebd., S. 216.

833 Tausk, *Tagebuch*, S. 229 (29. August 1939).

834 Ebd., S. 227 (28. August 1939).

835 Art. »Trunkenheit ist jetzt eines Deutschen unwürdig«, in: *Rheinisches Volksblatt*, 11. September 1939, S. 3.

836 Art. »Bereit sein ist alles. Thüringens Frauen über die Bezugsscheinpflicht«, in: *Jenaer Volksblatt*, 2. September 1939, S. 7.

837 Vgl. »Amt Heepen. Ausweiskarten für Lebensmittel u. Bezugsscheine«, in: *Westfälische Neueste Nachrichten*, 2. September 1939, S. 18.

838 Art. »Auch Seidenstrümpfe bezugsscheinpflichtig«, in: *Bochumer Anzeiger*, 3. Oktober 1939, S. 3.

839 Vgl. Anzeige des Roten Kreuzes für Bielefeld, in: *Westfälische Neueste Nachrichten*, 2. September 1939, S. 4.

840 Art. »An alle Schüler und Schülerinnen Thüringens«, in: *Jenaer Volksblatt*, 2. September 1939, S. 7.

841 Vgl. Abbildungen in: *Die Wehrmacht*, 13. September 1939, S. 7 f.

842 Art. »Besondere Pflichten der Kraftfahrer«, in: *Jenaer Volksblatt*, 2. September 1939, S. 5.

843 Art. »Kriegszuschlag für Bier. Ab Montag, den 11. September 1939«, in: *Rheinisches Volksblatt*, 11. September 1939, S. 3.

844 Art. »Kriegszuschlag auf Bier. Vom 11. September ab je Liter 14 bzw. 10 Pfg.«, in: *Rheinisches Volksblatt*, 11. September 1939, S. 6.

845 »Verordnung über außerordentliche Rundfunkmaßnahmen. Vom 1. September 1939«, in: *Deutsches Reichsgesetzblatt Teil I*, S. 1683.

846 Ebd.

847 Cohn, *Kein Recht – nirgends*, S. 214 (11. August 1939).

848 Art. »Das Rundfunkprogramm«, in: *Dresdner Nachrichten*, 3. September 1939, S. 5.

849 *Die Wehrmacht*, 13. September 1939, S. 9.

850 Art. »Auf unsere Frauen kommt es an«, in: *Der Patriot*, 5. September 1939 (1. Blatt), S. 4.

851 Art. »Was nicht in Feldpostpäckchen gehört«, in: *Bochumer Anzeiger*, 3. Oktober 1939, S. 3 f.

852 Art. »Postsperre für die Truppe wird am 3. September aufgehoben«, in: *Jenaer Volksblatt*, 2. September 1939, S. 5.

853 Vgl. Art. »Verlustziffern in Polen in mäßigen Grenzen«, in: *Der Patriot*, 5. September 1939 (1. Blatt), S. 8.

854 Art. »Laßt sie bei den Bauern«, in: *Westfälische Neueste Nachrichten*, 2. September 1939, S. 14.

855 Vgl. »Polizei-Verordnung betr. Regelung des Verkehrs auf dem öffentlichen Schlachthof« (Bielefeld, 1. September 1939), in: *Westfälische Neueste Nachrichten*, 2. September 1939, S. 15.

856 Vgl. Art. »Verdunkeln – aber richtig!«, in: *Freiburger Zeitung*, 11. November 1939 (Tagesausgabe), S. 5.

857 Art. »Abdunkeln in den Zügen«, in: *Rheinisches Volksblatt*, 11. September 1939, S. 3.

858 Shirer, *Gegenangriff*, S. 221.

859 Vgl. Art. »Mit dem Stocke in der Hand … Kleiner Ratschlag für verdunkelte Nächte«, in: *Westfälische Zeitung*, 11. September 1939, S. 5.

860 Kellner, *Tagebücher*, S. 24 (16. September 1939).

861 Art. »Zuchthaus für Volksschädling«, in: *Bochumer Anzeiger*, 3. Oktober 1939, S. 6.

862 Vgl. beispielsweise in der rheinischen Stadt Hilden: Art. »Noch einmal: Verdunkelung! Es gibt immer noch Nachlässige«, in: *Rheinisches Volksblatt*, 4. September 1939, S. 3.

863 Art. »Unbedingt zu beachten«, in: *Rheinisches Volksblatt*, 11. September 1939, S. 3.

864 Shirer, *Gegenangriff*, S. 221.

865 Ebd.

866 Art. »Aufrufe des Führers! Hilden vernahm am Lautsprecher seine Worte«, in: *Rheinisches Volksblatt*, 4. September 1939, S. 4.

867 Art. »Lohengrin (Ernst Krause), in: *Dresdner Nachrichten*, 4. September 1939 (Frühausgabe), S. 4.

868 Art. »Sonntag Beginn der Punktekämpfe«, in: *Mittelrheinische Landeszeitung* (Ausgabe *Godesberger Volkszeitung*), 22. September 1939, S. 6.

869 So die klärende Argumentation bei Steuwer, *Ein Drittes Reich*, S. 535–557.

870 Ebd., S. 558.

871 Zit. n. Kramer, *Volksgenossinnen*, S. 55 f.

872 Schreiben Erhart Kästner an Margarete Hauptmann vom 26. August 1939; Staatsbibliothek zu Berlin – Preußischer Kulturbesitz, GH Br NL A: Kästner, 3, 36, Bl.; https://digital.staats bibliothek-berlin.de/werkansicht?PPN=PPN771096755&PHY SID=PHYS_0001&DMDID=DMDLOG_0001; Zugriff: 16. Oktober 2020.

873 Schreiben Erhart Kästner an Margarete Hauptmann und Gerhart Hauptmann vom 7. September 1939; Staatsbibliothek zu Berlin – Preußischer Kulturbesitz, GH Br NL A: Kästner, Erhart, 3, 37, Bl.; https://digital.staatsbibliothek-berlin.de/werkansicht?PPN= PPN771096771&PHYSID=PHYS_000; Zugriff: 5. Juli 2021.

874 »Meine Dienstzeit im Reichsarbeitsdienst Abtl. 3/280« (NS-Dokumentationszentrum der Stadt Köln N 1603/200, Projekt »Jugend in Deutschland 1918-1945«); https://jugend1918-1945.de/portal/ARCHIV/thema.aspx?bereich=archiv&root= 8873&id=19590&redir=#prettyPhotoE[gal21254]/3/; Zugriff: 6. Januar 2020, Einträge vom 25. August 1939 und 1. September 1939.

875 Protokoll Reichstag, 1939/42,1, S. 48 (1. September 1939).

876 Stöcker, *Kriegstagebuch Bd. 1*, S. 14 (1. September 1939).

877 Schreiben Annemarie Seifert an ihren Freund Erich vom 2. September 1939; Briefsammlung Museumsstiftung Post und Telekommunikation; https://www.briefsammlung.de/feldpost-zweiter-weltkrieg/brief.html?action=detail&what=letter&id= 1540&date_from_mn_name=09&date_from_yr_name= 1939&date_to_mn_name=09&date_to_yr_name=1939; Zugriff: 27. Oktober 2020.

878 Tagebuch Alexander Glauche, Bd. 1937-1939, S. 128 f.; https:// jugend1918-1945.de/portal/ARCHIV/thema.aspx?bereich= archiv&root=8873&id=21713&redir=; Zugriff: 11. November 2019.

879 Protokoll Reichstag, 1939/42,1, S. 47 (1. September 1939).

880 Goeschel, *Mussolini und Hitler*, S. 193.

881 Schreiben Hugo Zwanger an seine Frau am 2. September 1939; Briefsammlung Museumsstiftung Post und Telekommunikation; https://www.briefsammlung.de/feldpost-zweiter-weltkrieg/brief. html?action=detail&what=letter&id=1462&date_from_mn_name= 09&date_from_yr_name=1939&date_to_mn_name=09&date_ to_yr_name=1939; Zugriff: 27. Oktober 2020.

882 Art. »An die NSDAP! ›Entscheidend ist nur eines, daß Deutschland siegt!‹«, in: *Völkischer Beobachter*, 4. September 1939, S. 3.

883 Cohn, *Kein Recht – nirgends*, S. 220 (4. September 1939).

884 Art. »Zwei polnische Kriegsschiffe versenkt – Im Westen bislang keine Kampfhandlungen«, in: *Hamburger Neueste Zeitung*, 4. September 1939, S. 1.

885 Klemperer, *Tagebücher 1933–1941*, S. 484 (4. September 1939).

886 Hesse, *Briefe*, S. 178–181 (6. September 1939).

887 Klemperer, *Tagebücher 1933–1941*, S. 482 (3. September 1939).

888 Cohn, *Kein Recht – nirgends*, S. 220 (2. September 1939).

889 Ebd., S. 221 (10. September 1939).

890 Vgl. Roberts, *Feuersturm*, S. 48.

891 Jasch, *Völkische Flurbereinigung*, S. 26.

892 Wette, *Die Wehrmacht*, S. 105.

893 Hammerle, *80 Jahre danach*, S. 14 f.

894 Brief Friedrich Spemann an seine Ehefrau am 13. September 1939; https://www.briefsammlung.de/feldpost-zweiter-weltkrieg/brief.html?action=detail&what=letter&id=1343&date_from_mn_name=09&date_from_yr_name=1939&date_to_mn_name=12&date_to_yr_name=1939; Zugriff: 19. März 2021.

895 Böhler, *Die Wehrmacht*, S. 67.

896 Ebd.

897 Nowak, *Widerstand, Zustimmung, Hinnahme*, S. 239.

898 Zit. n. Böhler, *Wehrmacht*, S. 66.

899 Brief Friedrich Spemann an seine Ehefrau am 13. September 1939; https://www.briefsammlung.de/feldpost-zweiter-weltkrieg/brief.html?action=detail&what=letter&id=1343&date_from_mn_name=09&date_from_yr_name=1939&date_to_mn_name=12&date_to_yr_name=1939; Zugriff: 19. März 2021.

900 Brief Günther Schriever-Abeln an seine Eltern vom 29. September 1939; https://www.briefsammlung.de/feldpost-zweiter-weltkrieg/brief.html?action=detail&what=letter&id=1376&le_fulltext=schriever; Zugriff: 11. November 2019.

901 »Gnadenerlaß des Führers und Reichskanzlers vom 4. Oktober 1939«, in: Moll, *Führer-Erlasse*, S. 100.

902 Wildt, *Generation des Unbedingten*, S. 473–476.

903 Art. »Wir kommen von der Ostfront«, in: *Westfälische Neueste Nachrichten* (Ausgabe A), 30. September 1939, S. 5.
904 Schreiben Lisel Braun (Memel) an Hitler vom 8. September 1939, in: Heiber, *Rückseite des Hakenkreuzes*, S. 169.
905 Kellner, *Tagebücher* (30. August 1939), S. 17.
906 Tagebuch Alexander Glauche, Bd. 1937–1939, S. 137.
907 Art. »Deutschland zu Krieg und Frieden bereit. ›Wir schlafen mit dem Tornister unter dem Kopf‹, Reichsminister Dr. Goebbels in der Kölner Ausstellungshalle«, in: *Völkischer Beobachter* (Wiener Ausgabe), 21. Mai 1939, S. 4.
908 Kellner, *Tagebücher 1939–1945*, S. 15–17.
909 Kellner, *Tagebücher*, S. 39 (14. Oktober 1939).
910 Art. »Deutschland zu Krieg und Frieden bereit. ›Wir schlafen mit dem Tornister unter dem Kopf‹, Reichsminister Dr. Goebbels in der Kölner Ausstellungshalle«, in: *Völkischer Beobachter* (Wiener Ausgabe), 21. Mai 1939, S. 4.
911 Art. »An die NSDAP! ›Entscheidend ist nur eines, daß Deutschland siegt!‹«, in: *Völkischer Beobachter* (Wiener Ausgabe), 4. September 1939, S. 3.
912 Ebd.
913 Art. »Hirtenwort zur Lage«, in: *Würzburger Diözesan-Blatt*, Nr. 211939, 4. September 1939, S. 1.
914 Art. »Gen Ostland ging unser Ritt. Ein Brief von der Front« (Martin Braun), in: *Heimatgrüße für das Altenburger Land*, Oktober/November 1939, S. 2.
915 Brief Hans Simon an seine Eltern vom 10. Oktober 1939; https://www.briefsammlung.de/feldpost-zweiter-weltkrieg/brief.html?action=detail&what=letter&id=1072&le_fulltext=Simon; Zugriff: 5. Juli 2021.
916 Art. »Das lebendige Wort« (Franz Tügel), in: *Hamburgische Kirchenzeitung*, Nr. 10 (Oktober 1939), S. 190 f., hier S. 190.
917 Art. »Dr. Goebbels in Köln: Appell an die Welt. ›Die deutsche Nation will keinen Krieg, aber das deutsche Volk ist entschlossen, seine Lebensrechte zu wahren‹«, in: *Niederrheinische Volkszeitung*, 21. Mai 1939, S. 1.
918 Vgl. zur Person Kersting, »Dokumentation ›Schulnot – Volksnot!‹«, S. 78.
919 Ebd., S. 90.
920 Ebd., S. 91.

921 Vgl. »Ablegung der Reifeprüfung an den höheren Schulen im Jahre 1937«, in: *Deutsche Wissenschaft, Erziehung und Volksbildung*, 2. Jg. 1936, S. 525.

922 Kersting, *Militär und Jugend*, S. 51 f.

923 Kersting, »Dokumentation ›Schulnot – Volksnot!‹«, S. 92.

924 Kersting, *Militär und Jugend*, S. 140 f.

925 Kersting, »Dokumentation ›Schulnot – Volksnot!‹«, S. 93.

926 Kersting, *Militär und Jugend*, S. 147.

927 Ebd., S. 143 f.

928 Kersting, »Dokumentation ›Schulnot – Volksnot!‹«, S. 93.

929 Ebd.

930 Kersting, *Militär und Jugend*, S. 142.

931 Boberach, *Meldungen aus dem Reich*, Bd. 2, S. 333.

932 Ebd., S. 432.

933 Ebd.

934 Ebd., S. 415 f.

935 Kersting, *Militär und Jugend*, S. 143–145.

936 Art. »Die Kinder und der Krieg« (Erich Bockemühl), in: *Die deutsche Schule*, Bd. 44, H. 1 (1940), S. 5–7, hier S. 5.

937 Boberach, *Meldungen aus dem Reich*, Bd. 2, S. 359.

938 Ebd., S. 416.

939 Faust, *Studentenbund*, S. 113.

940 Ebd.

941 Boberach, *Meldungen aus dem Reich*, Bd. 2, S. 391 f.

942 Fischer, *Repression*, S. 172.

943 Kahle, *Was hätten Sie getan?*, S. 35.

944 Widmann, *Politische Flüchtlinge*, S. 859.

945 Vgl. Annonce »Deutschland hilft sich selbst!«, in: *Der Führer. Hauptorgan der NSDAP Gau Baden*, 14. Oktober 1939, S. 3.

946 Roelcke, *Fortschritt*, S. 103.

947 Grundmann, *Domagk*, S. 80 f.

948 »Erlaß des Führers und Reichskanzlers über die Stiftung eines Deutschen Nationalpreises für Kunst und Wissenschaft vom 30. Januar 1937«, in: *Reichsgesetzblatt T.1*, 1937, Br. 33, S. 79.

949 Ullrich, *Hitler*, Bd. 1, S. 431 f.

950 Hitler, *Mein Kampf*, S. 430.

951 Ullrich, *Hitler*, Bd. 1, S. 432.

952 Zit. n. Bering, *Epoche der Intellektuellen*, S. 89 f.

953 Herbert, *Intellektuelle*, S. 160.

954 Czapla, »Der schöpferische Mensch«, S. 165.

955 Faust, *Studentenbund*, S. 113.

956 Vgl. auch »Gegen Komiker und Intellektuelle«, in: Longerich, *Goebbels*, S. 403–406.

957 Art. »Dr. Goebbels zum Jahresabschluß«, in: *Deutsches Nachrichtenbüro*, 2. Januar 1939, Nr. 2 (Zweite Morgenausgabe).

958 Ebd.

959 Ebd.

960 Vgl. Czapla, »Der schöpferische Mensch«.

961 Bering, *Epoche der Intellektuellen*, S. 118.

962 Klemperer, *LTI*, S. 137.

963 Ebd.

964 Verhandlungen des Reichstages, Stenographische Berichte, 1930/32,3, S. 2254 (Sitzung vom 23. Februar 1932).

965 Ebd.

966 Kellner, *Tagebücher*, S. 42 (28. Oktober 1939).

967 Ebd., S. 41 (19. Oktober 1939).

968 Ebd., S. 39 (14. Oktober 1939).

969 Ebd., S. 42 (28. Oktober 1939).

970 Art. »Die Führer-Rede in Berlin«, in: *Rheinisches Volksblatt*, 2. Mai 1939, S. 2.

971 Treue, *Hitlers Rede*, S. 188.

972 Czapla, »Der schöpferische Mensch«, S. 166.

973 Vgl. Bering, *Epoche der Intellektuellen*, S. 129.

974 Ebd., S. 126.

975 Klemperer, *Tagebücher 1933–1941*, S. 476 (14. Juli 1939).

976 Zit. n. Bering, *Epoche der Intellektuellen*, S. 125.

977 Ebd., S. 106.

978 Hitler, *Mein Kampf*, S. 258.

979 Ebd., S. 469.

980 Bering, *Epoche der Intellektuellen*, S. 106.

981 Verhandlungen des Reichstages, Stenographische Berichte, 1939/42,1, S. 6 (30. Januar 1939).

982 Nagel, *Dozentenbund*, S. 122.

983 Gillmann/Mommsen, *Carl Friedrich Goerdeler*, Bd. 2, S. 750.

984 »Versetzung von Schülern«, Erlass des Preußischen Ministers für Wissenschaft, Kunst und Volksbildung vom 20. April 1933, in: *Amtliches Schulblatt*, S. 124.

985 Ebd.

986 Ullrich, *Hitler*, Bd. 1, S. 431.

987 Herbert, *Wer waren die Nationalsozialisten?*, S. 24.

988 Echternkamp, *Das Dritte Reich*, S. 189 f.

989 Ebd., S. 187–189.

990 Herbert, *Wer waren die Nationalsozialisten?*, S. 107 f.

991 Friedrich-Wilhelms-Universität zu Berlin: Personal- und Vorlesungsverzeichnis Wintersemester 1939/40, S. 136.

992 Ebd., S. 138.

993 Ebd., S. 147.

994 Herbert, *Intellektuelle*, S. 172, Wildt, *Generation des Unbedingten*, S. 310 f.

995 Wild, *Generation des Unbedingten*, S. 138–140.

996 Vgl. Hans Mommsen, in: Dowe, *Die Deutschen*, S. 73.

997 Sprengstoffanschlag, S. 91.

998 Art. »Frische Blumen auf den Gräbern«, in: *Generalanzeiger für das rheinisch-westfälische Industriegebiet und das westliche Münsterland/Duisburger Generalanzeiger*, 1. November 1939, S. 5.

999 Ebd.

1000 Schulheft Traudl Mayr (Eintrag 6. November 1939), https://www.schweinfurtfuehrer.de/geschichte/1926-1945/schulheft-1939-1940-1941/, Zugriff: 10. Mai 2021.

1001 Art. »Der November hat das Wort«, in: *Münsterländische Volkszeitung*, 4. November 1939, S. 5.

1002 Art »Die ›Kriegsziele‹ der Hitler-Jugend« (von Gerhard Apel), in: *Völkischer Beobachter* (Wiener Ausgabe), 8. November 1939, S. 1 f.

1003 Vgl. stellvertretend Art. »Ein freundliches Wort …«, in: *Münsterländische Volkszeitung*, 4. November 1939, S. 5.

1004 Art. »Jeder Einzelne hält Selbstdisziplin«, in: *Durlacher Tageblatt*, 11./12. November 1939, S. 3.

1005 Fröhlich, *Die Tagebücher von Joseph Goebbels*, Teil I, Bd. 7 (Juli 1939 – März 1940), S. 187.

1006 Rohkrämer, *Die fatale Attraktion*, S. 118 f.

1007 Art. »Empfindliche Strafen wegen Preissteigerungen«, in: *Westfälische Zeitung*, 24. November 1939, S. 3.

1008 Art. »Zuchthaus für eine Schleichhändlerin«, in: *Westfälische Zeitung*, 25. November 1939, S. 3.

1009 Art. »Eine gute Idee: Tauschstellen für Kinderschuhwerk«, in: *Durchlacher Tageblatt*, 11./12. November 1939, S. 6.

1010 Art. »Die Sorge um die warme Stube. Kein Holz verfeuern!«, in: *Durchlacher Tageblatt*, 11./12. November 1939, S. 6.

1011 Art. »Wer bekommt neue Fahrraddecken«, in: *Solinger Tageblatt*, 4./5. November 1939, S. 4.

1012 Schreiben Hermann Lenz an Hanne Trautwein vom 5. Oktober 1939, in: Trautwein/Lenz, *Briefwechsel*, S. 237 f., hier S. 237.

1013 »Ralph C. Getsinger, US-Vizekonsul, Hamburg after Two Months of War, Hamburg, 10. November 1939«, in: Bajohr/ Strupp, *Fremde Blicke auf das »Dritte Reich«*, S. 543 f.

1014 Art. »Wegen tätlichen Widerstandes gegen die Staatsgewalt erschossen«, in: *Völkischer Beobachter* (Wiener Ausgabe), 8. November 1939, S. 2.

1015 Art. »Alles für Führer, Volk und Vaterland!«, in: *Solinger Tageblatt*, 4./5. November 1939, S. 3.

1016 Art. »Eine kleine Mahnung für die Reisenden«, in: *Annener Zeitung*, 3. November 1939, S. 2.

1017 Art. »Aufruf zur Spendung freiwilliger Liebesgaben für die Wehrmacht«, in: *Durchlacher Tageblatt*, 11./12. November 1939, S. 6.

1018 Art. »›Mutter‹ für einsame Soldaten«, in: *Der Deutsche. Thüringer Tageblatt*, 9. November 1939, Zweites Blatt, S. 1.

1019 Art. »Ferntrauungen auch im Lazarett möglich«, in: *Durchlacher Tageblatt*, 11./12. November 1939, S. 7.

1020 Art. »Wer erhält eigentlich Goldwaren?«, in: *Der Deutsche. Thüringer Tageblatt*, 11. November 1939, Zweites Blatt, S. 2.

1021 Tausk, *Breslauer Tagebuch*, S. 242 (12. November 1939).

1022 Renz, *Georg Elser*, S. 11.

1023 Steinbach/Tuchel, *Georg Elser*, S. 47.

1024 »Sprengstoffanschlag«, S. 91.

1025 Renz, *Georg Elser*, S. 11.

1026 Large, *Hitlers München*, S. 378 f.

1027 Ullrich, *Hitler*, Bd. 2, S. 93 f.

1028 Art. »Es kann überhaupt nur einer siegen – und das sind wir!«, in: *Völkischer Beobachter* (Wiener Ausgabe), 9. November 1939, S. 1–3.

1029 Fröhlich, *Die Tagebücher von Joseph Goebbels*, Teil I, Bd. 7 (Juli 1939 – März 1940), S. 187 f.

1030 Art. »Ein Augenzeuge berichtet«, in: *Völkischer Beobachter* (Wiener Ausgabe), 10. November 1939, S. 2.

1031 Ebd.

1032 Large, *Hitlers München*, S. 380.

1033 Steinbach/Tuchel, *Georg Elser*, S. 94 f.

1034 Boberach, *Meldungen aus dem Reich*, Bd. 2, S. 441.

1035 Keller, *Kriegstagebuch*, S. 38.

1036 Art. »Wahrnehmungen mittcilen!«, in: *Bergheimer Zeitung*, 10. November 1939, S. 7.

1037 Kellner, *Tagebücher*, S. 46 f. (10. November 1939).

1038 Klemperer, *Tagebücher*, S. 499 (12. November 1939).

1039 Boberach, *Meldungen aus dem Reich*, Bd. 2, S. 441.

1040 Fröhlich, *Die Tagebücher von Joseph Goebbels*, Teil I, Bd. 7 (Juli 1939 – März 1940), S. 188 (9. November 1939).

1041 Large, *Hitlers München*, S. 382.

1042 Boberach, *Meldungen aus dem Reich*, Bd. 3, S. 459.

1043 Zit. n. Hering, *Die Bischöfe*, S. 82 f.

1044 Art. »Englands Schuld: Der Krieg geht weiter – Gottes Huld: Der Führer lebt!«, in: *Hamburgische Kirchenzeitung*, November 1939, S. 1.

1045 Schreiben Walter Buhrkamp an seine Schwester vom 20. November 1939; Briefsammlung Museumsstiftung Post und Telekommunikation, https://www.briefsammlung.de/feldpost-zweiter-weltkrieg/brief.html?action=detail&what=letter&id=1196&le_fulltext=Attentat#, Zugriff: 27. Oktober 2020.

1046 Schreiben Rudolf Schmitz an seine Mutter Anna vom 10. November 1939, EzG, https://jugend1918-1945.de/portal/ARCHIV/thema.aspx?bereich=archiv&root=8872&id=29180&redir=#prettyPhoto, Zugriff: 22. Mai 2020.

1047 Schreiben Karl Schwegler an sein »Dornröschen« vom 13. November 1939; Briefsammlung Museumsstiftung Post und Telekommunikation, https://www.briefsammlung.de/feldpost-zweiter-weltkrieg/brief.html?action=detail&what=letter&id=10&le_fulltext=Attentat, Zugriff: 27. Oktober 2020.

1048 Renz, *Georg Elser*, S. 57.

1049 Ebd., S. 65.

1050 »Sprengstoffanschlag«, S. 200 f.

1051 Ullrich, *Hitler*, Bd. 2, S. 98 f.

1052 Fröhlich, *Die Tagebücher von Joseph Goebbels*, Teil I, Bd. 7 (Juli 1939 – März 1940), S. 197 f. (17. November 1939).

1053 Haffner, *Geschichte eines Deutschen*, S. 9.
1054 Kellner, *Tagebücher*, S. 23 (14. September 1939).
1055 Ebd. S. 19 (Anfang September 1939).
1056 Zit. n. Röhm, *Sterben für den Frieden*, S. 167.
1057 Bredemeier, *Kriegsdienstverweigerung*, S. 153 f.
1058 Ebd., S. 154–156.
1059 Arendt, *Eichmann in Jerusalem*, S. 232.
1060 Art. »Der Sieg ist der Dank an die Toten«, in: *Völkischer Beobachter* (Wiener Ausgabe), 12. November 1939, S. 1 f., hier S. 2.
1061 Art. »Gutes Freiburger Sammelergebnis. Auch am morgigen Opfersonntag tun wir unsere Pflicht«, in: *Freiburger Zeitung*, 11. November 1939 (Tagesausgabe), S. 5.
1062 Art. »Nun erst recht! Von unserer Berliner Schriftleitung«, in: *Westfälische Zeitung*, 10. November 1939, S. 2.
1063 Art. »Während des Krieges kein Karneval«, in: *Oberkasseler Zeitung*, 11. November 1939, S. 2.
1064 Art. »Eintopf-Gerichte für den Opfer-Sonntag am 12. November 1939«, in: *Durlacher Tageblatt*, 8. November 1939, S. 7.
1065 Art. »Ein Schlag aus der Gulaschkanone«, in: *Bergheimer Zeitung*, 10. November 1939, S. 3.

Literatur

Allert, Tilman: *Der deutsche Gruß. Geschichte einer unheilvollen Geste*, Stuttgart 2010.

Aly, Götz: Ideologie, »Skepsis und Angst«, in: Ders. (Hg.): *Volkes Stimme. Skepsis und Führervertrauen im Nationalsozialismus*, Frankfurt am Main 2006, S. 130–145.

Appel, Susanne: *Reisen im Nationalsozialismus. Eine rechtshistorische Untersuchung*, Baden-Baden 2001.

Arendt, Hannah: *Eichmann in Jerusalem. Ein Bericht von der Banalität des Bösen*, mit einem einleitenden Essay von Hans Mommsen, Leipzig 1990.

Arendt, Hannah: *Was heißt persönliche Verantwortung in einer Diktatur?*, München ³2019.

Armbrüster, Georg/Kohlstruck, Michael/Mühlberger, Sonja (Hgg.): *Exil Shanghai 1938–1947. Jüdisches Leben in der Emigration*, Teetz 2000.

Armbrüster, Georg/Kohlstruck, Michael/Mühlberger, Sonja: »Exil Shanghai. Facetten eines Themas«, in: Armbrüster, *Exil Shanghai 1938–1947*, S. 12–19.

Arnold, Martin: *Kirche in der Region Werra-Meißner. Strukturen von den Anfängen bis zum Jahr 2014*, Darmstadt 2014.

Arnold, Martin: *Der Kirchenkreis Eschwege und der Nationalsozialismus. Einverständnis und Konfliktlinien zwischen Kirche, NSDAP und Staat*, Kassel 2016.

Bade, Klaus J./Emmer, Pieter C./Lucassen, Leo/Oltmer, Jochen (Hgg.): *Enzyklopädie Migration in Europa. Vom 17. Jahrhundert bis zur Gegenwart*, Paderborn/München/Wien/Zürich 2007.

Bajohr, Frank: »Weiblicher Arbeitsdienst im ›Dritten Reich‹. Ein Konflikt zwischen Ideologie und Ökonomie«, in: *Vierteljahrshefte für Zeitgeschichte* (1980), H. 3, S. 331–357.

Bajohr, Frank: *»Unser Hotel ist judenfrei«. Bäder-Antisemitismus im 19. und 20. Jahrhundert*, Frankfurt am Main 2003.

Bajohr, Frank/Strupp, Christoph (Hgg.): *Fremde Blicke auf das »Dritte Reich«. Berichte ausländischer Diplomaten über Herrschaft und Gesellschaft in Deutschland 1933–1945*, Göttingen 2011.

Barkai, Avraham/Mendes-Flohr, Paul: *Deutsch-jüdische Geschichte in der Neuzeit, Band IV: Aufbruch und Zerstörung 1918–1945*, München 1997.

Bauer, Kurt: *Die dunklen Jahre. Politik und Alltag im nationalsozialistischen Österreich 1938 bis 1945*, Frankfurt am Main ²2017.

Baumbach, Sybille/Huckeriede, Jens/Thorn, Claudia (Hgg.): *Atmen und halbwegs frei sein. Flucht nach Shanghai*, Hamburg 2011.

Beddies, Thomas: »Die deutsche Kinderheilkunde im Nationalsozialismus«, in: Krischel, Matthis/Schmidt, Mathias/Groß, Dominik (Hgg.): *Medizinische Fachgesellschaften im Nationalsozialismus. Bestandsaufnahme und Perspektiven*, Münster 2016, S. 219–231.

Bendikowski, Tillmann: *Sommer 1914. Zwischen Begeisterung und Angst – wie Deutsche den Kriegsbeginn erlebten*, München 2014.

Bendikowski, Tillmann: *Der deutsche Glaubenskrieg. Martin Luther, der Papst und die Folgen*, München 2016.

Bendikowski, Tillmann: *1870/71: Der Mythos von der deutschen Einheit*, München 2020.

Benz, Wolfgang (Hg.): *Das Exil der kleinen Leute. Alltagserfahrungen deutscher Juden in der Emigration*, Frankfurt am Main 1994.

Benz, Wolfgang/Distel, Barbara (Hgg.): *Der Ort des Terrors. Geschichte der nationalsozialistischen Konzentrationslager*, Bd. 1: *Die Organisation des Terrors*, München 2005.

Benz, Wolfgang/Distel, Barbara (Hgg.): *Der Ort des Terrors. Geschichte der nationalsozialistischen Konzentrationslager*, Bd. 2: *Frühe Lager, Dachau, Emslandlager*, München 2005.

Benz, Wolfgang/Distel, Barbara (Hgg.): *Der Ort des Terrors. Geschichte der nationalsozialistischen Konzentrationslager*, Bd. 9: *Arbeitserzie-*

hungslager, Ghettos, Jugendschutzlager, Polizeihaftlager, Sonder-lager, Zigeunerlager, Zwangsarbeiterlager, München 2009.

Benz, Wolfgang: Art. »Jüdische Flüchtlinge aus dem nationalsozialistischen Deutschland und dem von Deutschland besetzten Europa seit 1933«, in: Bade, *Enzyklopädie Migration*, S. 715–722.

Benzing-Vogt, Irmgard: »Vom Kind in der Krippe zum Kind in der Wiege. Das Weihnachtslied der NS-Zeit«, in: *Die Neue Musikzeitung*, 46. Jg. 12/1997, S. 49–51.

Berger, Christiane: *Die »Reichsfrauenführerin« Gertrud Scholtz-Klink. Zur Wirkung einer nationalsozialistischen Karriere in Verlauf, Retrospektive und Gegenwart*, Diss. Hamburg 2005.

Berghoff, Hartmut/Rauh-Kühne, Cornelia: *Fritz K. Ein deutsches Leben im zwanzigsten Jahrhundert*, Stuttgart/München 2000.

Bering, Dietz: *Die Epoche der Intellektuellen 1898–2001. Geburt, Begriff, Grabmal*, Berlin ²2011.

Berninger, Frank (Hg.): *Franz Schoenberner, Hermann Kesten, Briefwechsel im Exil 1933–1945*, Göttingen 2008.

Blaschke, Olaf: *Die Kirchen und der Nationalsozialismus*, Bonn 2019.

Bleker, Johanna/Jachertz, Norbert (Hgg.): *Medizin im Dritten Reich*, Köln 1989.

Blumenthal, W. Michael: »Mit 13 Jahren nach Shanghai«, in: *Heimat und Exil. Emigration der deutschen Juden nach 1933* (hg. von der Stiftung Jüdisches Museum Berlin und der Stiftung Haus der Geschichte der Bundesrepublik Deutschland), Frankfurt am Main 2006, S. 127–133.

Boberach, Heinz (Hg.): *Meldungen aus dem Reich 1938–1945. Die geheimen Lageberichte des Sicherheitsdienstes der SS*, 17 Bde., Herrsching 1984.

Bock, Gisela: *Frauen in der europäischen Geschichte. Vom Mittelalter bis zur Gegenwart*, München 2000.

Böhler, Jochen: »Die Wehrmacht und die Verbrechen an der Zivilbevölkerung während des deutschen Überfalls auf Polen 1939«, in: Hammerle, *80 Jahre danach*, S. 59–68.

Boschwitz, Ulrich Alexander: *Der Reisende*, Stuttgart 2018.

Bredemeier, Karsten: *Kriegsdienstverweigerung im Dritten Reich. Ausgewählte Beispiele*, Baden-Baden 1991.

Brost, Erich: *Wider den braunen Terror. Briefe und Aufsätze aus dem Exil*, hg. von der Friedrich-Ebert-Stiftung, Bonn 2004.

Brüggemann, Sigrid: »Die Verfolgung katholischer und evangelischer Geistlicher«, in: Bauz, Ingrid/Brüggemann, Sigrid/Maier, Roland (Hg.): *Die Geheime Staatspolizei in Württemberg und Hohenzollern*, Stuttgart 2013, S. 220–248.

»Wie ein Jugendlicher die Fahrt der ›St. Louis‹ erlebte. Die Reiseberichte des Fritz Buff«, in: Schöck-Quinteros, *Keine Zuflucht*, S. 347–360.

Burleigh, Michael: *Die Zeit des Nationalsozialismus. Eine Gesamtdarstellung*, Frankfurt am Main 2000.

Butter, Michael: »*Nichts ist, wie es scheint.« Über Verschwörungstheorien*, Frankfurt am Main 2018.

Cohn, Willy: *Kein Recht – nirgends. Breslauer Tagebücher 1933–1941. Eine Auswahl*, hg. von Norbert Conrads, Bonn 2009.

Conze, Werner: Art. »Arbeit«, in: *Geschichtliche Grundbegriffe*, Bd. 1, S. 154–215.

Curio, Claudia: Art. »Jüdische Kinder der ›Kindertransporte‹ aus Deutschland und dem von Deutschland besetzten Mitteleuropa in Großbritannien seit 1938/39«, in: Bade, *Enzyklopädie Migration*, S. 722–724.

Czapla, Ralf Georg: »›Der schöpferische Mensch schafft mehr aus der Kraft seiner Phantasie als seines Intellekts‹. Zur Topik des Antiintellektualismus bei Joseph Goebbels«, in: Faber, Richard/Puschner, Uwe (Hgg.): *Intellektuelle und Antiintellektuelle im 20. Jahrhundert*, Frankfurt am Main 2013, S. 165–188.

Dahm, Volker/Feiber, Albert A./Mehringer, Hartmut/Möller, Horst (Hgg.): *Die tödliche Utopie. Bilder, Texte, Dokumente, Daten zum Dritten Reich*, Berlin 2016.

Deutschbein, Christina/Korsten, Nils: *Heilige Nacht? Das Weihnachtsfest im Dienste der NS-Propaganda*, Cloppenburg 2007.

Dinges, Martin: »Einleitung: Medizinkritische Bewegungen zwischen ›Lebenswelt‹ und ›Wissenschaft‹«, in: Ders. (Hg.): *Medizinkritische Bewegungen im Deutschen Reich (ca. 1870 – ca. 1933)*, Stuttgart 1996, S. 7–38.

Distel, Barbara: »Frauen in nationalsozialistischen Konzentrationslagern – Opfer und Täterinnen«, in: Benz/Distel: *Der Ort des Terrors*, Bd. 1, S. 195–209.

Dörner, Bernward: »*Heimtücke«: Das Gesetz als Waffe. Kontrolle*,

Abschreckung und Verfolgung in Deutschland 1933–1945, Paderborn/München/Wien/Zürich 1998.

Dowe, Dieter (Hg.): *Die Deutschen – ein Volk von Tätern? Zur historisch-politischen Debatte um das Buch von Daniel Jonah Goldhagen ›Hitlers willige Vollstrecker. Ganz gewöhnliche Deutsche und der Holocaust‹*, Bonn 1996.

Eberle, Heinrik (Hg.): *Briefe an Hitler. Ein Volk schreibt seinem Führer. Unbekannte Dokumente aus Moskauer Archiven – zum ersten Mal veröffentlicht*, Bergisch Gladbach 2007.

Echternkamp, Jörg: *Das Dritte Reich. Diktatur, Volksgemeinschaft, Krieg*, Berlin/Boston 2018.

Eichler, Max: *Du bist sofort im Bilde. Lebendig-anschauliches Reichsbürger-Handbuch*, Erfurt 1940.

Sprengstoffanschlag im Bürgerbräukeller, München, am 8. November 1939. Vernehmung des Täters Georg Elser; Faksimile der Gestapo-Verhörprotokolle, München 2009.

Faber, Richard/Gajek, Esther (Hgg.): *Politische Weihnacht in Antike und Moderne. Zur Ideologisierung des Fests der Feste*, Würzburg 1997.

Fallada, Hans: *Ohne Euch wäre ich aufgesessen. Geschwisterbriefe*, hg. von Achim Ditzen, Berlin 2018.

Faust, Anselm: »›Überwindung des jüdischen Intellektualismus und der damit verbundenen Verfallserscheinungen im deutschen Geistesleben‹ – Der Nationalsozialistische Deutsche Studentenbund«, in: Scholtyseck/Studt, *Universitäten*, S. 107–114.

Feuchtwanger, Edgar, mit Scali, Bertil: *Als Hitler unser Nachbar war. Erinnerungen an meine Kindheit im Nationalsozialismus*, München 2014.

Fings, Karola: »Zwangslager für Sinti und Roma«, in: Benz/Distel, *Der Ort des Terrors*, Bd. 9, S. 192–217.

Fischer, Klaus: »Repression und Privilegierung: Wissenschaftspolitik im Dritten Reich«, in: Beyrau, Dietrich (Hg.): *Im Dschungel der Macht. Intellektuelle Professionen unter Stalin und Hitler*, Göttingen 2000, S. 170–194.

Fittko, Lisa: *Solidarität unerwünscht. Erinnerungen 1933–1940*, Frankfurt am Main 1994.

Fligge, Jörg: *Lübecker Schulen im »Dritten Reich«. Eine Studie zum*

*Bildungswesen in der NS-Zeit im Kontext der Entwicklung im Reichs-
gebiet*, Lübeck 2014.

Foitzik, Doris: »Kriegsgeschrei und Hungermärsche. Weihnachten
zwischen 1870 und 1933«, in: Faber/Gajek, *Politische Weihnacht*,
S. 217–247.

Frei, Norbert: *Medizin und Gesundheitspolitik in der NS-Zeit*, München 1991.

Frei, Norbert: *1945 und wir. Das Dritte Reich im Bewußtsein der
Deutschen*, München 2005.

Frevert, Ute: *Die kasernierte Nation. Militärdienst und Zivilgesell-
schaft in Deutschland*, München 2001.

Friedländer, Saul: *Das Dritte Reich und die Juden. Erster Band: Die
Jahre der Verfolgung 1933–1939*, München 1998.

Friedmann-Wolf, Sonja: *Im roten Eis. Schicksalswege meiner Familie 1933–1958*, Hg. von Reinhard Müller und Ingo Way, Berlin
2013.

Friedrich-Wilhelms-Universität zu Berlin: Personal- und Vorlesungsverzeichnis Wintersemester 1939/40, Berlin 1939.

Fröhlich, Elke (Hg.): *Die Tagebücher von Joseph Goebbels*, Teil I (Aufzeichnungen 1923–1941), Bd. 6 (August 1938–Juni 1939), bearbeitet
von Jana Richter, München 1998.

Fröhlich, Elke (Hg.): *Die Tagebücher von Joseph Goebbels*, Teil I (Aufzeichnungen 1923–1941), Bd. 7 (Juli 1939–März 1940), bearbeitet
von Elke Fröhlich, München 1998.

Gajek, Esther: »Nationalsozialistische Weihnacht. Die Ideologisierung eines Familienfestes durch Volkskundler«, in: Faber/Gajek,
Politische Weihnacht, S. 184–205.

Gajek, Esther: »›Hohe Nacht der klaren Sterne‹ und andere ›Stille
Nacht‹ der Nationalsozialisten«, in: Faber, Richard: *Säkularisierung
und Resakralisierung. Zur Geschichte des Kirchenlieds und seiner
Rezeption*, Würzburg 2001, S. 145–165.

Garbe, Detlev: *Zwischen Widerstand und Martyrium. Die Zeugen
Jehovas im »Dritten Reich«*, München 1993.

Garbe, Detlef: »Gesellschaftliches Desinteresse, staatliche Desinfor-
mation, erneute Verfolgung und nun Instrumentalisierung der Geschichte?«, In: Hesse, *Zeugen Jehovas*, S. 302–317.

Gebhardt, Miriam: *Die Weiße Rose. Wie aus ganz normalen Deutschen
Widerstandskämpfer wurden*, München 2017.

Gillmann, Sabine/Mommsen, Hans (Hgg.): *Politische Schriften und Briefe Carl Friedrich Goerdelers*, 2 Bde., München 2003.

Tagebuch Alexander Glauche, Bd. 1937–1939, S. 128 f.; https://jugend 1918-1945.de/portal/ARCHIV/thema.aspx?bereich=archiv& root=8873&id=21713&redir=; Zugriff: 11. November 2019.

Goeschel, Christian: *Mussolini und Hitler. Die Inszenierung einer faschistischen Allianz*, Berlin 2019.

Grundmann, Ekkehard: *Gerhard Domagk. Der erste Sieger über die Infektionskrankheiten*, Münster ²2018.

Gruschka, Theodor: »Eine neue deutsche Heilkunde«, in: *Internationales Ärztliches Bulletin, Zentralorgan der Internationalen Vereinigung Sozialistischer Ärzte*, II. Jg., Nr. 7, Prag, September 1935, S. 87–92.

Grüttner, Michael: *Brandstifter und Biedermänner. Deutschland 1933–1939*, Bonn 2015.

Hachtmann, Rüdiger: »Lebenshaltungskosten und Reallöhne während des ›Dritten Reiches‹«, in: *Vierteljahresschrift für Sozial- und Wirtschaftsgeschichte*, 75.1 (1988), S. 32–73.

Hachtmann, Rüdiger: Tourismus-Geschichte, Göttingen 2007.

Haffner, Sebastian: *Geschichte eines Deutschen. Die Erinnerungen 1914–1933*, Stuttgart/München 2000.

Hamburg im »Dritten Reich«, hg. von der Forschungsstelle für Zeitgeschichte in Hamburg, Göttingen 2005.

Hammerle, Svea/Jasch, Hans-Christian/Lehnstaedt, Stephan (Hgg.): *80 Jahre danach. Bilder und Tagebücher deutscher Soldaten vom Überfall auf Polen 1939*, Berlin 2019.

Hauch, Gabriella: »Nationalsozialistische Geschlechterpolitik und bäuerliche Lebenswelten. Frauenspezifische Organisierung – Arbeitsteilungen – Besitzverhältnisse«, in: Gehmacher, Johanna/Hauch, Gabriella (Hgg.): *Frauen- und Geschlechtergeschichte des Nationalsozialismus. Fragestellungen, Perspektiven, neue Forschungen*, Innsbruck/Wien/Bozen 2007, S. 70–86.

Haug, Alfred: »›Neue Deutsche Heilkunde‹. Naturheilkunde und ›Schulmedizin‹ im Nationalsozialismus«, in: Bleker, Johanna/Jachertz, Norbert (Hgg.): *Medizin im Dritten Reich*, Köln 1989, S. 123–131.

Haverkamp, Jan: »Rauschmittel im Nationalsozialismus. Die gesetzliche und therapeutische Entwicklung 1933–1939«, in: *Sozial. Geschichte Online* 7 (2012), S. 40–71.

Heiber, Beatrice und Helmut (Hgg.): *Die Rückseite des Hakenkreuzes. Absonderliches aus den Akten des Dritten Reiches*, München ²1994.

Die Verfolgung und Ermordung der europäischen Juden durch das nationalsozialistische Deutschland 1933–1945, Bd. 2: *Deutsches Reich 1938 – August 1939*, bearbeitet von Susanne Heim, München 2009.

Herbert, Ulrich: »Intellektuelle im ›Dritten Reich‹«, in: Hübinger, Gangolf/Hertfelder, Thomas (Hgg.): *Kritik und Mandat. Intellektuelle in der deutschen Politik*, Stuttgart 2000, S. 160–177.

Herbert, Ulrich: *Wer waren die Nationalsozialisten?*, München 2021.

Hering, Rainer: *Die Bischöfe Simon Schöffel, Franz Tügel*, Hamburg 1995.

Hermle, Siegfried/Thierfelder, Jörg (Hgg.): *Herausgefordert. Dokumente zur Geschichte der Evangelischen Kirche in der Zeit des Nationalsozialismus*, Stuttgart 2008.

Hess, Anna: *Briefe einer jüdischen Hamburgerin an ihre Tochter in Buenos Aires von 1937 bis 1943*, Weilerswist-Metternich 2017.

Hesse, Hans (Hg.): *»Am mutigsten waren immer wieder die Zeugen Jehovas.« Verfolgung und Widerstand der Zeugen Jehovas im Nationalsozialismus*, Bremen 1998.

Hitler, Adolf: *Mein Kampf*, München 1942.

Hochstadt, Steve: »Flucht ins Ungewisse: Die Jüdische Emigration nach Shanghai«, in: Armbrüster u. a., *Exil Shanghai*, S. 27–33.

Hochstadt, Steve: *Shanghai-Geschichten: die jüdische Flucht nach China*, Berlin 2007.

Hoeber, Francis W. (Hg.) unter Mitwirkung von Achim Bonte: *Deutsche auf der Flucht. Ein Briefwechsel zwischen Deutschland und Amerika von 1938 bis 1939*, Berlin 2018.

Hoffmann, Adolf: *Der Jahresring. Alte und neue Weisen im dreistimmigen Chorsatz für die singende Gemeinschaft*, Berlin 1939.

Hölscher, Lucian (Hg.): *Datenatlas zur religiösen Geographie im protestantischen Deutschland. Von der Mitte des 19. Jahrhunderts bis zum Zweiten Weltkrieg*, 4 Bde., Berlin/New York 2001.

Hoss, Christiane: »Abenteurer. Wer waren die Shanghai-Flüchtlinge aus Mitteleuropa?«, in: Armbrüster, *Exil Shanghai 1938–1947*, S. 103–132.

Howind, Sascha: *Die Illusion eines guten Lebens. Kraft durch Freude und nationalsozialistische Sozialpropaganda*, Frankfurt am Main 2013.

Jacobeit, Wolfgang/Kopke, Christoph: *Die biologisch-dynamische Wirtschaftsweise im KZ. Die Güter der »Deutschen Versuchsanstalt für Ernährung und Verpflegung« der SS von 1939 bis 1945*, Berlin 1999.

Jasch, Hans-Christian: »›Völkische Flurbereinigung‹ in den besetzten und annektierten Gebieten Polens«, in: Hammerle, *80 Jahre danach*, S. 21–43.

Im Namen des Deutschen Volkes. Justiz und Nationalsozialismus. Katalog zur Ausstellung des Bundesministeriums der Justiz, Berlin ⁴1996.

Kahle, Marie: *Was hätten Sie getan? Die Flucht der Familie Kahle aus Nazi-Deutschland*/Kahle, Paul: *Die Universität Bonn vor und während der Nazi-Zeit (1923–1939)*, Bonn ²2003.

Kantorowicz, Alfred: *Nachtbücher. Aufzeichnungen im französischen Exil 1935 bis 1939*, hg. von Büttner, Ursula/Voß, Angelika, Hamburg 1995.

Kater, Michael H.: *Ärzte als Hitlers Helfer*, Hamburg/Wien 2000.

Keller, Sven (Hg.): *Kriegstagebuch einer jungen Nationalsozialistin. Die Aufzeichnungen Wolfhilde von Königs 1939–1946*, Berlin/Boston 2015.

Kellner, Friedrich: *»Vernebelt, verdunkelt sind alle Hirne«. Tagebücher 1939–1945*, hg. von Feuert, Sascha/Scott Kellner, Robert Martin/Leibfried, Erwin/Riecke, Jörg/Roth, Markus, Bonn 2011.

Kershaw, Ian: *Hitler 1936–1945*, Stuttgart 2000.

Kersting, Franz-Werner: »Dokumentation ›Schulnot – Volksnot!‹ Eine Denkschrift Hans Frießners vom Oktober 1939«, in: *Militärgeschichtliche Mitteilungen* 2/1984, S. 77–103.

Kersting, Franz-Werner: *Militär und Jugend im NS-Staat. Rüstungs- und Schulpolitik der Wehrmacht*, Wiesbaden 1989.

Keun, Irmgard: *Das Werk*, Bd. 2: *Texte aus NS-Deutschland, Texte aus dem Exil 1933–1940*, Göttingen ³2018.

Kienast, Ernst (Hg.): *Der Deutsche Reichstag 1936, III. Wahlperiode nach dem 30. Januar 1933*.

Kies, Heinrich: *Das Verhältnis von Naturheilkunde und Außenseitermethoden zur naturwissenschaftlichen Medizin. »Schulmedizin« im Spiegel der Münchener Medizinischen Wochenschrift, Deutschen Medizinischen Wochenschrift, Medizinischen Klinik, Medizinischen Welt, Wiener Medizinischen Wochenschrift und der Medizinischen Zeitschrift 1–5 (1945)*, Jahrgänge 1933 bis 1945, Diss. 1996.

Klee, Ernst: *Deutsche Medizin im Dritten Reich. Karrieren vor und nach 1945*, Frankfurt am Main 2001.

Klee, Ernst: *Das Personenlexikon zum Dritten Reich. Wer war was vor und nach 1945*, Frankfurt am Main 2003.

Klee, Ernst: *Das Kulturlexikon zum Dritten Reich. Wer war was vor und nach 1945*, Frankfurt am Main 2007.

Klee, Ernst: *»Euthanasie« im Dritten Reich. Die »Vernichtung lebensunwerten Lebens«*, Frankfurt am Main ³2018.

Klemperer, Victor: *Ich will Zeugnis ablegen bis zum letzten. Tagebücher 1933–1941*, hg. von Walter Nowojski unter Mitarbeit von Hadwig Klemperer, Berlin ³1995.

Klemperer, Victor: *LTI. Notizbuch eines Philologen*, Leipzig ²⁰2005.

Klönne, Arno: *Jugend im Dritten Reich. Die Hitler-Jugend und ihre Gegner*, München 1990.

Knopp, Guido: *Hitlers Kinder*, München 2000.

Königseder, Angelika: »Die Entwicklung des KZ-Systems«, in: Benz/Distel, *Der Ort des Terrors*, Bd. I, S. 30–42.

Köstering, Susanne: »›Pioniere der Rohstoffbeschaffung‹. Lumpensammler im Nationalsozialismus 1934–1939«, in: *Werkstatt Geschichte* 17, Hamburg 1997, S. 45–65.

Kramer, Nicole: *Volksgenossinnen an der Heimatfront. Mobilisierung, Verhalten, Erinnerung*, Göttingen 2011.

Kudlien, Fridolf: »Fürsorge und Rigorismus. Überlegungen zur ärztlichen Normaltätigkeit im Dritten Reich«, in: Frei, *Medizin*, S. 99–111.

Kümmel, Werner Friedrich: »›Die Ausschaltung‹. Wie die Nationalsozialisten die jüdischen und die politisch mißliebigen Ärzte aus dem Berufe verdrängten«, in: Bleker/Jachertz, *Medizin im Dritten Reich*, S. 30–37.

Large, David Clay: *Berlin. Biographie einer Stadt*, München 2002.

Large, David Clay: *Hitlers München. Aufstieg und Fall der Hauptstadt der Bewegung*, München 2018.

Lohalm, Uwe: »›Modell Hamburg‹. Vom Stadtstaat zum Reichsgau«, in: *Hamburg im »Dritten Reich«*, S. 122–153.

Longerich, Peter: *»Davon haben wir nichts gewusst!« Die Deutschen und die Judenverfolgung 1933–1945*, München 2006.

Longerich, Peter: *Joseph Goebbels. Biographie*, München 2010.

Lotfi, Gabriele: *KZ der Gestapo. Arbeitserziehungslager im Dritten Reich*, Suttgart/München 2000.

Lüdtke, Alf: »Macht der Emotionen – Gefühle als Produktivkraft: Bemerkungen zu einer schwierigen Geschichte«, in: Klimó, Árpád/Rolfe, Malte (Hgg.): *Rausch und Diktatur. Inszenierung, Mobilisierung und Kontrolle in totalitären Systemen*, Frankfurt am Main 2006, S. 44–55.

Merki, Christoph Maria: »Die nationalsozialistische Tabakpolitik«, in: *Vierteljahrshefte für Zeitgeschichte*, Jg. 46 (1998), H. 1, S. 19–42.

Meyer, Michael A.: »Judentum und Christentum«, in: Brenner, Michael/Jersch-Wenzel, Stefi/Meyer, Michael A.: *Deutsch-jüdische Geschichte in der Neuzeit*, Bd. II: *Emanzipation und Akkulturation 1780–1871*, München 1996, S. 177–207.

Mildenberger, Florian G.: *Der Deutsche Zentralverein homöopathischer Ärzte im Nationalsozialismus*, Göttingen 2016.

Milton, Sybil: »Die Zeugen Jehovas und die historische Dokumentation«, in: Hesse, *Zeugen Jehovas*, S. 160–176.

Moll, Martin (Hg.): *Führer-Erlasse 1939–1945*, Stuttgart 1997.

Mommsen, Hans (Hg.): *Herrschaftsalltag im Dritten Reich*, Düsseldorf 1988.

Mommsen, Hans: *Das NS-Regime und die Auslöschung des Judentums in Europa*, Göttingen 2014.

Mommsen, Hans, mit Manfred Grieger: *Das Volkswagenwerk und seine Arbeiter im Dritten Reich*, Düsseldorf 1996.

Morsey, Rudolf: *Das »Ermächtigungsgesetz« vom 24. März 1933. Quellen zur Geschichte und Interpretation des »Gesetzes zur Behebung der Not von Volk und Reich«*, Düsseldorf 2010.

Müller, Reinhard: »Juden – Kommunisten – Stalinopfer: Martha Ruben-Wolf und Lothar Wolf im Moskauer Exil«, in: *Exil. Forschung, Erkenntnisse, Ergebnisse*, Nr. 1 (2006), S. 5–26.

Münkel, Daniela/Steinmeier, Frank-Walter (Hgg.): *Das Ermächtigungsgesetz 1933. Eine Dokumentation*, Berlin 2013.

Nagel, Anne Christine: »›Er ist der Schrecken überhaupt der Hochschule‹ – Der Nationalsozialistische Deutsche Dozentenbund in der Wissenschaftspolitik des Dritten Reichs«, in: Scholtyseck/Studt, *Universitäten*, S. 115–132.

Nellessen, Bernd: *Das mühsame Zeugnis. Die katholische Kirche in Hamburg im zwanzigsten Jahrhundert*, Hamburg 1992.

Nelson, Anne: *Die Rote Kapelle. Die Geschichte der legendären Widerstandsgruppe*, München 2010.

Nieradka-Steiner, Magali: *Exil unter Palmen. Deutsche Emigranten in Sanary-sur-Mer*, Darmstadt 2018.

Nipperdey, Thomas: *Deutsche Geschichte 1866–1918*, Erster Band: *Arbeitswelt und Bürgergeist*, München 1990.

Nolzen, Armin: »Der Streifendienst der Hitler-Jugend (HJ) und die ›Überwachung der Jugend‹, 1934–1945. Forschungsprobleme und Fragestellung«, in: *Beiträge zur Geschichte des Nationalsozialismus*, Bd. 16 (2000), S. 13–51.

Nolzen, Armin: »Nationalsozialismus und Christentum. Konfessionsgeschichtliche Befunde zur NSDAP«, in: Gailus, Manfred/ Nolzen, Armin: *Zerstrittene »Volksgemeinschaft«. Glaube, Konfession und Religion im Nationalsozialismus*, Göttingen 2011, S. 151–179.

Nothdurft, Lars: »Die Flüchtlingsschiffe. Fahrten ins Ungewisse«, in: Schöck-Quinteros, *Keine Zuflucht*, S. 381–400.

Nothdurft, Lars: »Lateinamerika. Fluchtziel mit hohen Hürden«, in: Schöck-Quinteros, *Keine Zuflucht*, S. 229–244.

Nowak, Kurt: »Widerstand, Zustimmung, Hinnahme. Das Verhalten der Bevölkerung zur ›Euthanasie‹«, in: Frei, *Medizin und Gesundheitspolitik in der NS-Zeit*, S. 235–251.

Das Diensttagebuch des NSDAP-Kreisleiters Hermann Oppenländer in Schwäbisch Gmünd (1937–1940), Quellen aus dem Stadtarchiv Schwäbisch Gmünd, Digitale Editionen Bd. 1 (Stand: 16.08.2019).

Ortmeyer, Benjamin: *Schulzeit unterm Hakenkreuz*, Frankfurt am Main 1996.

Pennoyer, Katharina und die Initiative 9. November (Hgg.): *Nachrichten aus dem gelobten Land. Die Briefe der Anuta Sakheim*, Frankfurt am Main 2017.

Peukert, Detlev: *Alltag unterm Nationalsozialismus* (Beiträge zum Thema Widerstand 17, Informationszentrum Berlin, Gedenk- und Bildungsstätte Stauffenbergstraße), Berlin 2001.

Philo-Atlas. Handbuch für die jüdische Auswanderung, Berlin 1938.

Pomerance, Aubrey/Rohland, Eva/Schlör, Joachim (Hgg.): *Heinemann Stern. Jüdische Jugend im Umbruch. Briefe nach Berlin und Rio de Janeiro, 1937–1953*, Berlin 2019.

Proctor, Robert N.: *Blitzkrieg gegen den Krieg. Gesundheit und Propaganda im Dritten Reich*, Stuttgart 2002.

Reeg, Peter: »Deine Ehre sei die Leistung … Auslese und Ausmerze durch Arbeits- und Leistungs-Medizin im Nationalsozialismus«, in: Bleker/Jachertz, *Medizin im Dritten Reich*, S. 58–67.

Reichel, Peter: *Der schöne Schein des Dritten Reiches. Faszination und Gewalt des Faschismus*, Frankfurt am Main 1993.

»Meine Dienstzeit im Reichsarbeitsdienst Abtl. 3/280« (NS-Dokumentationszentrum der Stadt Köln N 1603/200); https://jugend1918-1945. de/portal/ARCHIV/thema.aspx?bereich=archiv&root=8873&id= 19590&redir=#prettyPhotoE[gal21254]/3/; Zugriff: 6. Januar 2020.

Deutsche Weihnacht. Beispielvorschläge der Reichspropagandaleitung, Amtsleitung Kultur, zur Gestaltung einer nationalsozialistischen Weihnachtsfeier, München [1937].

Verhandlungen des Reichstages, Stenographische Berichte.

Remarque, Erich Maria: *Das unbekannte Werk. Briefe und Tagebücher*, Köln 1998.

Remarque, Erich Maria: *Arc de Triomphe*, Köln ²2020.

Renz, Ulrich: *Georg Elser. Allein gegen Hitler*, Bonn 2020.

Richter, Isabel: *Hochverratsprozesse als Herrschaftspraxis im Nationalsozialismus. Männer und Frauen vor dem Volksgerichtshof 1934–1939*, Münster 2001.

Roberts, Andrew: *Feuersturm. Eine Geschichte des Zweiten Weltkriegs*, Bonn 2019.

Roelcke, Volker: »Fortschritt ohne Rücksicht. Menschen als Versuchskaninchen bei den Sulfonamid-Experimenten im Konzentrationslager Ravensbrück«, in: Eschebach, Insa/Ley, Astrid (Hgg.): *Geschlecht und »Rasse« in der NS-Medizin*, Berlin 2012, S. 101–114.

Rohkrämer, Thomas: *Die fatale Attraktion des Nationalsozialismus. Zur Popularität eines Unrechtsregimes*, Paderborn/München/Wien/Zürich 2013.

Röhm, Eberhard: *Sterben für den Frieden. Spurensicherung: Hermann Stöhr (1898–1940) und die ökumenische Friedensbewegung*, Stuttgart 1985.

Roth, Markus: *Chronist der Verblendung, Friedrich Kellners Tagebücher 1938/39 bis 1945*, Bonn 2009.

Rougemont, Denis de: *Journal aus Deutschland 1935–1936*, Berlin 2001.

Schanetzky, Tim: »*Kanonen statt Butter«. Wirtschaft und Konsum im Dritten Reich*, Bonn 2016.

Scheuermann, Karl: *Stimmen zur religiösen Lage des Jahres 1939*, Stuttgart 1939.

Schildt, Axel: »Jenseits der Politik? Aspekte des Alltags«, in: *Hamburg im »Dritten Reich«*, S. 249–304.

Schmiechen-Ackermann, Detlef: »Der ›Blockwart‹. Die unteren Parteifunktionäre im nationalsozialistischen Terror- und Überwachungsapparat«, in: *Vierteljahrshefte für Zeitgeschichte*, 48 (2000), H. 4, S. 575–602.

Schmutzler, Nikola. »Die Pfarrer Friedrich Bohland und Horst Ficker: Eine Gemeinde im Kirchenkampf«, in: Hermann, Konstantin/Lindemann, Gerhard (Hgg.): *Zwischen Christuskreuz und Hakenkreuz. Biografien von Theologen der Evangelisch-lutherischen Landeskirche Sachsens im Nationalsozialismus*, Göttingen 2017, S. 103–116.

Schöck-Quinteros, Eva/Loeber, Matthias/Rau, Simon (Hgg.): *Keine Zuflucht. Nirgends. Die Konferenz von Évian und die Fahrt der ST. LOUIS (1938/39)*, Bremen 2019.

Scholtyseck, Joachim/Stuft, Christoph (Hgg.): *Universitäten und Studenten im Dritten Reich. Bejahung, Anpassung, Widerstand. XIX. Königswinterer Tagung vom 17.–19. Februar 2006*, Berlin 2008.

Schuster, Dirk: *Die Lehre vom »arischen« Christentum. Das wissenschaftliche Selbstverständnis im Eisenacher »Entjudungsinstitut«*, Göttingen 2017.

Seeberg, Erich: *Krisis der Kirche und des Christentums heute. Ein Vortrag*, Tübingen 1939.

Seghers, Anna: *Briefe 1924–1952*, hg. von Christiane Zehl Romero und Almut Giesecke, Berlin 2008.

Simms, Brendan: *Hitler. Eine globale Biographie*, München 2020.

Smolorz, Dawid/Kordecki, Marcin: *Schauplatz Oberschlesien. Eine europäische Geschichtsregion neu entdecken*, Göttingen 2019.

Speer, Florian: »»Habe Dank Lieber Vater‹. Der Prediger Karl Großkortenhaus (1875–1941)«, in: Hentzschel-Fröhlings, Jörg/Hitze, Guido/Speer, Florian (Hgg.): *Gesellschaft-Region-Politik, Festschrift für Hermann de Buhr, Heinrich Küppers und Volkmar Wittmütz*, Norderstedt 2006, S. 235–274.

Statistisches Jahrbuch für das Deutsche Reich 1932, Berlin 1932.

Statistisches Jahrbuch für das Deutsche Reich 1939/40, Berlin 1940.

Statistisches Jahrbuch für das Deutsche Reich 1941/42, Berlin 1942.

Steinbach, Peter/Tuchel, Johannes: *Georg Elser. Der Hitler-Attentäter*, Berlin 2010.

Stephenson, Jill: »Der Arbeitsdienst für die weibliche Jugend«, in: Reese, Dagmar (Hg.): *Die BDM-Generation. Weibliche Jugendliche in Deutschland und Österreich im Nationalsozialismus*, Berlin 2007, S. 255–287.

Stern, Frank: »Wartezimmer Shanghai«, in: Benz, *Das Exil der kleinen Leute*, S. 134–147.

Sternburg, Wilhelm von: »*Als wäre alles das letzte Mal*«. *Erich Maria Remarque. Eine Biographie*, Köln ²2009.

Steuwer, Janosch: »*Ein Drittes Reich, wie ich es auffasse*«. *Politik, Gesellschaft und privates Leben in Tagebüchern 1933–1939*, Göttingen 2017.

Stöcker, Paul: *Kriegstagebuch*, Bd. 1 (25.8.1939–3.12.1941); Universitäts- und Landesbibliothek Münster; https://sammlungen.ulb.uni-muenster.de/hdh/content/titleinfo/4072867 ; Zugriff: 22. Mai 2020.

Strübind, Andrea: »Die NS-Religionspolitik gegenüber den Freikirchen«, in: *Kirchliche Zeitgeschichte. Internationale Zeitschrift für Theologie und Geschichtswissenschaft*, 30. Jg. (2017), S. 27–45.

Tausk, Walter: *Breslauer Tagebuch 1933–1940*, Berlin 1988.

Trautwein, Hanne/Lenz, Hermann: »*Das Innere wird durch die äußeren Umstände nicht berührt.*« *Der Briefwechsel 1937–1946*, Berlin 2018.

Treue, Wilhelm: »Rede Hitlers vor der deutschen Presse (10. November 1938)«, in: *Vierteljahrshefte für Zeitgeschichte*, 1958, H. 2, S. 175–191.

Ullrich, Volker: *Adolf Hitler. Biographie*, Band 1: *Die Jahre des Aufstiegs 1889–1939*, Frankfurt am Main 2013.

Ullrich, Volker: *Adolf Hitler. Biographie*, Band 2: *Die Jahre des Untergangs 1939–1945*, Frankfurt am Main 2018.

Urban, Markus: *Die Konsensfabrik. Funktion und Wahrnehmung der NS-Reichsparteitage, 1933–1941*, Göttingen, 2007.

Vaupel, Elisabeth/Preiß, Florian: »Kinder, sammelt Knochen! Lehr- und Propagandamittel zur Behandlung des Themas Knochenverwertung an deutschen Schulen im ›Dritten Reich‹«, in: *NTM Zeitschrift für Geschichte der Wissenschaften, Technik und Medizin*, 26 (Juni 2018), S. 151–183.

Wachsmann, Nikolaus: *KL. Die Geschichte der nationalsozialistischen Konzentrationslager*, München 2015.

Weber, Liesa: *Handlungsspielräume und Handlungsoptionen von Pfarrern und Gemeindegliedern in der Zeit des Nationalsozialismus*, Göttingen 2019.

Welzer, Harald/Moller, Sabine/Tschuggnall, Karoline: »*Opa war kein Nazi.« Nationalsozialismus und Holocaust im Familiengedächtnis*, Frankfurt am Main 2002.

Wette, Wolfram: *Die Wehrmacht, Feindbilder, Vernichtungskrieg, Legenden*, Frankfurt am Main 2002.

Wiborg, Susanne/Wiborg, Jan Peter: *Glaube, Führer, Hoffnung. Der Untergang der Clara S.*, München 2015.

Widmann, Peter: Art. »Politische und intellektuelle Flüchtlinge aus dem nationalsozialistischen Deutschland und aus dem von Deutschland besetzten Europa seit 1933«, in: Bade, *Enzyklopädie Migration*, S. 854–860.

Wildt, Michael. *Generation des Unbedingten. Das Führungskorps des Reichssicherheitshauptamtes*, Hamburg 2002.

Wildt, Michael: *Die Ambivalenz des Volkes. Der Nationalsozialismus als Gesellschaftsgeschichte*, Berlin ²2019.

Zeitungen, Zeitschriften, Periodika

Aachener Anzeiger
Das andere Deutschland (periódico mensual alemán)
Annener Zeitung
Aufbau. Blätter für das Judentum
Badische Presse
Baruther Anzeiger
Bergheimer Zeitung
Das Blaue Heft. Die Wochenschrift der vielen praktischen Anregungen
Börsenblatt für den Deutschen Buchhandel
Der Deutsche. Thüringer Tageblatt
Die Deutsche Schule. Zeitschrift für praktische Volksschularbeit
Der Deutsche Volkswirt
Deutsche Wissenschaft, Erziehung und Volksbildung. Amtsblatt des Reichsministeriums für Wissenschaft, Erziehung und Volksbildung und der Unterrichtsverwaltungen der Länder
Deutsches Nachrichtenbüro
Deutschland-Berichte der Sozialdemokratischen Partei Deutschlands
Dolomiten
Dortmunder Zeitung
Dresdner Nachrichten
Durlacher Tageblatt
Echo des Siebengebirges

Fliegende Blätter
Frankfurter Zeitung
Freiburger Zeitung
Der Führer. Hauptorgan der NSDAP Gau Baden
Der Führer am Sonntag
Gelbe Post
General-Anzeiger für Bonn und Umgebung. Bonner Nachrichten
Generalanzeiger für das rheinisch-westfälische Industriegebiet und das
    westliche Münsterland/Duisburger Generalanzeiger
Gesundes Leben
Hamburger Anzeiger
Hamburger Fremdenblatt
Hamburger Nachrichten
Hamburger Neueste Zeitung
Hamburgische Kirchenzeitung
Hansische Hochschulzeitung. Das Blatt der Hansischen Hochschulen
Heimatblätter für den Kreis Olpe
Heimatglocken. Evangelisches Gemeindeblatt für den Kirchenkreis
    Saalfeld/Gräfenthal
Heimatgrüße für das Altenburger Land (Glaube und Heimat, Monats-
    blatt der Thüringer evangelischen Kirche)
Hippokrates. Organ für die Einheitsbestrebungen in der Medizin. Wo-
    chenzeitschrift für Neue Deutsche Heilkunde
Iserlohner Kreisanzeiger und Zeitung
Kladderadatsch
Lienzer Zeitung
Mittelrheinische Landes-Zeitung
Mittelrheinische Landes-Zeitung, Ausgabe Godesberger Volkszeitung
Münsterländische Volkszeitung/Rheiner Volksblatt
Der Neue Tag
Die Neue Woche (Sonntagsbeilage zum Neuen Tag)
Neuer Vorwärts
Neues Volk. Blätter des Rassenpolitischen Amtes der NSDAP
Niederrheinische Volkszeitung
NS-Frauen-Warte. Die einzige parteiamtliche Frauenzeitschrift
Oberbergischer Bote
Oberkasseler Zeitung
Pariser Tageszeitung
Der Patriot. Bürener Zeitung

Der Pfeiferturm. Beiträge zur Heimatgeschichte & Volkskunde Brettens und seiner Umgebung (Beilage zum *Brettener Tagblatt*)
Die Pflicht. Führer- und Amtsblatt des Gaues Thüringen der NSDAP
Das Reich. Wochenzeitung für die deutsche Politik
Reichsgesetzblatt
Rheinisches Volksblatt
Rheinsberger Zeitung
Riesaer Tageblatt
Salzburger Volksblatt
Die Schiffahrt. Organ des Gesamtverbandes der Seeleute, Hafenarbeiter und Binnenschiffer Deutschlands
Schwerter Zeitung
Solinger Tageblatt
Sorauer Tageblatt
Sozialistische Mitteilungen
Der Stürmer
Velberter Zeitung (Neviges Hardenberger Volkszeitung – Neue Heiligenhauser Zeitung)
Völkischer Beobachter (Wiener Ausgabe)
Die Wehrmacht. Herausgegeben vom Oberkommando der Wehrmacht
Westfälische Neueste Nachrichten
Westfälische Zeitung
Würzburger Diözesan-Blatt

Register

Bildnachweis

akg-images: 17, 62, 110, 118, 311, 377, 390 (Sammlung Berliner Verlag/ Archiv), 84, 187, 322, 387, 449, 457 (N.N.), 97 (mauritius images/ Hansmann), 102 (mauritius images/Kade), 210 (Imagno), 318 (BBWA Holzmann-Bildarchiv/HDB), 333 (Bildarchiv Pisarek), 343 (Pictures From History), 399 (NordicPhotos)

bpk: 123, 215 (Liselotte Purper (Orgel-Köhne)), 140 (Fotoarchiv Ruhr Museum/Peter Kleu), 157, 339 (N.N.), 193, 303 (Bayerische Staats-bibliothek/Heinrich Hoffmann), 219 (Staatsbibliothek zu Berlin/ Dietmar Katz), 231, 295 (Germin), 380, 383 (Fotoarchiv Ruhr Museum/Willy van Heekern), 420 (Hanns Hubmann)

Bundesarchiv: 274 (Bild 133–375, Fotograf/in: o.Ang.) 475 (Bild 133–295, Fotograf/in: o.Ang.)

Getty Images: 30, 38 (Gamma-Rapho/Keystone-France), 42 (Hulton Archive/Keystone), 69 (Archive Photos), 71 (Hulton Archive/ Galerie Bilderwelt)

Landeskirchliches Archiv Stuttgart: 143 (Bildersammlung Nr. 3014, Foto Aeckerle, Esslingen)

Mahn- und Gedenkstätte Ravensbrück: 227 (Foto-Nr. 1697)

New Synagogue Berlin – Centrum Judaicum: 67 (Hannah Reeck)

NS-Dokumentationszentrum der Stadt Köln: 22

picture alliance: 24 (arkivi), 33 (N.N.), 186, 223, 416 (ZB/Sammlung Berliner Verlag/Archiv), 200, 352 (akg-images), 259, 460 (ullstein bild/Heinrich Hoffmann), 403 (ullstein bild), 463 (Everett Collection)

SLUB Dresden/Deutsche Fotothek: 305 (Germin)

Süddeutsche Zeitung Photo: 26, 58, 103, 128, 166, 172, 182, 185, 237, 241, 281, 361, 369, 372, 410, 413, 423, 473 (Scherl), 48, 106, 115, 264, 270, 278, 300, 307, 428, 433 (Sammlung Berliner Verlag/Archiv), 73, 178 (N.N.), 78, 205, 256, 395, 397 (Knorr + Hirth), 131 (Grimm/kpa/United Archives)

ullstein bild: 53 (Max Ehlert), 150 (Heinz Fremke), 154 (Imagno), 164, 235, 245, 249, 276, 286, 329, 469 (N.N.), 304, 445, 462 (Süddeutsche Zeitung Photo), 346, 349 (Wolfgang Weber), 438 (Rene Fosshag), 453 (Heinrich Hoffmann)

Wikimedia Commons: 87 (Sammlung Superikonoskop/Ferdinand Vitzethum)

Yad Vashem: 396

Wissen in Bestform

Inhalt

W0041397

Einleitung

Immer mehr Menschen wollen im eigenen Garten, auf Terrasse, Balkon oder Fensterbrett Heil-, Würz- und Duftpflanzen selbst anbauen. Verständlich, denn wer möchte nicht gerne in unmittelbarer Nähe jeden Tag viele Küchenkräuter auswählen und ernten können, um damit nach Belieben Speisen schmackhaft und bekömmlich wie zu Urgroßmutters Zeiten zu würzen? Außerdem ist heute jeder zweite erwachsene Bundesbürger von den Heilkräften pflanzlicher Wirkstoffe überzeugt. Schließlich werden verschiedene Kräuterarten wegen ihrer besonderen Duftentfaltung geschätzt. Insgesamt gesehen, können wir die wachsende Beliebtheit der heilkräftigen, würzenden und duftenden Kräuter in allen Bevölkerungskreisen mit dem Streben nach gesunder Ernährungs- und Lebensweise, der erfreulichen Aufgeschlossenheit für alle Vorgänge und Zusammenhänge in Natur und Umwelt sowie der zunehmenden Freizeitbeschäftigung mit Pflanzen erklären.

Wer Kräuter im eigenen Garten anbaut, statt sie in der freien Wildbahn zu sammeln, schont nicht nur die bedrohte Artenvielfalt der heimischen Landschaft, sondern schafft damit Lebensräume für Pflanzen und Tiere und leistet somit einen aktiven Beitrag zum Umweltschutz.

Wahrscheinlich wuchsen schon in den Urgärten unserer frühen Vorfahren verschiedene Kräuterarten, verwendet als Medizin oder Zaubermittel gegen Krankheiten bei Mensch und Haustier.

Im so genannten Zaunland der Germanen wurden nachweislich bereits Kümmel, Mohn und Petersilie kultiviert.

Mit den römischen Soldaten kamen deren Gartenkultur und weitere Kräuterarten in die besetzten Provinzen. Vor allem den Mönchen des Benediktinerordens verdanken wir in der Folge die breite Entwicklung der heimischen Kräuterkunde. Berufen, den Kranken und Armen zu helfen, entstanden in den Klöstern Heil- und Würzgärten. Von hier wurde das Kräuterwissen landesweit zum allgemeinen Kulturgut der Volksheilkunde.

Was jeder über Kräuter wissen sollte

In der Pflanzenheil- und Würzkunde hat sich der Begriff „Kräuter" für alle heilkräftigen, würzenden und duftenden Pflanzenarten durchgesetzt. Sie werden unterteilt in ein-, zwei- und mehrjährige Kräuter. Inzwischen sind von etwa 500 näher untersuchten Arten, die fast ausschließlich 20 Pflanzenfamilien zuzurechnen sind, Heileigenschaften und Würzkräfte bekannt. Anhand ihrer äußeren Merkmale, wie Blütenbau, Blattform, Duft, Fruchtausbildung und Standort, lässt sich ihre Familienzugehörigkeit und Art gut bestimmen. Die Botaniker haben allen Pflanzenarten – und damit auch den Kräutern – wissenschaftliche Doppelnamen gegeben. Dabei steht der erste Name für die Gattung, erst durch den Zusatz des zweiten Wortes wird die Art bestimmt. Die wissenschaftlichen Namen sind, im Gegensatz zu den volkstümlichen Bezeichnungen, international einheitlich und damit unverwechselbar. Der Doppelname wird oft noch durch den abgekürzten Namen des Entdeckers oder Beschreibers der Pflanze ergänzt.

Die heilkräftigen, würzenden und duftspendenden Wirkstoffe sind ungleich auf die verschiedenen Pflanzenorgane verteilt. Sie finden sich

vor allem in den stoffwechselaktiven, chlorophyll-haltigen Blättern (Minzen, Melisse) und Blüten (Kamille, Ringelblume), in den Wurzeln (Baldrian) oder Zwiebeln (Knoblauch), in den fleischigen Früchten (Wildbeeren) oder Samen (Kümmel) sowie im Holz und in der Rinde (Faulbaum). Durch Trocknen und Weiterver-arbeiten werden die heilkräftigen Pflanzen zu Drogen, so genannten Pflanzendrogen.

Die Wirksamkeit einer Heilpflanze beruht meist auf dem Zusammenspiel mehrerer Inhaltsstoffe. Sie können sich ergänzen oder ihre Wirkung verstärken. Bei den Würzpflanzen entscheiden geschmacks- und geruchsbildende Stoffe im jeweiligen Verhältnis über scharfen, angenehmen oder faden Geschmack.

Die wichtigsten Wirkstoffe der Heil- und Würzpflanzen sind leicht flüchtige, stark riechende oder scharf schmeckende ätherische Öle. Die häufig enthaltenen Alkaloide gelten als Ausgangsstoffe für wichtige Medikamente. Weitere Bestandteile der Kräuter sind Harze, Bitter-, Gerb- und Schleimstoffe, organische Säuren, Mineralstoffe, Vitamine und andere Vitalstoffe.

Die vielfältigen Düfte der Kräuter entstammen ätherischen Ölen und Harzen, z.B. bei den Spontanduftern kurzzeitig nach dem Aufbrechen der Blütenknospen und bei den Kontaktduftern nach Berühren der aromatischen Pflanzenteile. Über Jahrtausende wurden von Generation zu Generation die Kräuterkenntnisse weitergege-ben; sie sind damit zur Volksheilkunde geworden und dienen heute als Grundlage moderner Pflanzenheilkunde.

Alle Würzkräuter sind auch Heilkräuter mit mehr oder weniger bekannten Heilwirkungen. Weil sie überwiegend frisch und grün geerntet und verzehrt werden, sind diätischer Wert und Heilkräfte besonders hoch zu bewerten.

Chlorophyllhaltige Nahrung aus frischen Kräutern fördert nicht nur Blutbildung und Nervenkräftigung, sondern vermag auch auf natürlichem Wege unser Immunsystem, die Abwehrkräfte gegen Krankheiten, zu stärken.

Mit Samen und Körnerfrüchten vorbeugen und heilen

Für eine gesunde Ernährung sind die Samen und Körnerfrüchte mit ihren energiereichen Inhaltsstoffen, mit wertvollen Proteinen, hoch-ungesättigten Fettsäuren, Kohlehydraten und Ballaststoffen, mit ihren Vitaminen, Mineral-stoffen und Spurenelementen geradezu prädes-tiniert. In den Samen sind die schlafenden späteren Pflanzen eingebettet als Keimlinge in ausgewogenem energiereichem Nährgewebe, z.B. bei Kürbissen, Lein und Senf. Durch die verschieden Früchte werden die Samen schützend umhüllt. Alle Doldenblütler, z.B. Anis, Fenchel und Dill bilden Körnerfrüchte. Auch Nüsse sind Früchte, allerdings jeweils nur mit einem einzigen Samen, z.B. Haselnuss.

Ernährungswissenschaft und medizinische Forschung haben inzwischen altes Wissen über die Bedeutung der Inhaltstoffe von Samen und Körnerfrüchten bestätigt, neue Erkenntnisse hinzugewonnen und verbreitet. Interesse und wachsende Nachfrage sind aber auch dadurch begründet, dass damit auf angenehmste Weise Krankheiten vorgebeugt und vorhandene Leiden gemildert werden können.

Zu einem beliebten Standard-Set auf dem Esstisch gehören z.B. Kürbis- und Sonnenblumenkerne, Leinsamen und Kümmel. Das Programm lässt sich natürlich erweitern mit Mohn, Koriander, Senf und mit exotischen Arten, wie Sesam, Flohsamen und Pinienkernen oder verschiedenen Nussarten. Inzwischen werden zwar vom Handel auch tafelfertige Mischungen angeboten. Mit eigener Note lassen sich dagegen Kombinationen, abgestimmt in Arten und Teilmengen, selbst herstellen.

Wirkungen wichtiger Garten-Heilkräuter

In Haus- und Kleingärten werden Kräuter mit milden Heilwirkungen angebaut, die geeignet sind, Wohlbefinden und Leistungsfähigkeit zu erhalten, Krankheiten vorzubeugen, Leiden zu mildern und Genesungsvorgänge zu unterstützen. Viele Erkrankungen sind allerdings nur vom Arzt richtig zu erkennen.

Besonderer Vorzug vieler Garten-Heilkräuter ist, dass sie bei richtiger Anwendung kaum bedenkliche Nebenwirkungen haben. Trotzdem sollte man bei den jeweiligen Empfehlungen die Dosierung und die Dauer der Anwendung kritisch betrachten.

Wer Heil- und Gewürzpflanzen bzw. daraus gewonnene Erzeugnisse anbieten und in den Handel bringen will, muss die Anforderungen der Arznei-, Lebensmittel- und Weingesetze beachten.

In diesem Heft werden auch Hinweise zur Naturheilkunde und Naturkosmetik gegeben. Die angegebene Verwendung trifft nur auf die beschriebenen Arten zu, ihr Gebrauch setzt daher unbedingt ihre sichere Kenntnis voraus.

Arzneipflanzentees sollten immer nur beschränkte Zeit und nicht länger als nötig eingenommen werden. Richtig ist, die Hausteemischungen öfter zu wechseln. Es dürfen nur leichtere Gesundheitsstörungen behandelt werden, die keine ärztliche Behandlung erfordern. Den Arztbesuch kann dieses Heft auf keinen Fall ersetzen.

Alle Angaben sind sorgfältig geprüft und geben den neuesten Wissensstand bei der Veröffentlichung wieder. Da sich das Wissen aber laufend in rascher Folge weiterentwickelt und vergrößert, muss jeder Anwender prüfen, ob die Angaben nicht durch neuere Erkenntnisse überholt sind.

Anlage eines eigenen Kräutergartens

Kräutergärten sind kleine Anlagen im eigenen Garten. Aber bitte nicht im hintersten Winkel. Ein Kräutergarten kann nicht nach einer Schablone angelegt werden. Zuschnitt des Grundstückes, Standortbesonderheiten, Landschafts-, Dorf- bzw. Hofbild und natürlich die Ansprüche des Gartenbesitzers bestimmen die Gestaltung und Entwicklung eines Kräutergartens. Innerhalb dieser Vorgaben bleibt in jedem Fall für die eigene Fantasie und den Gestaltungsdrang noch ein breiter Spielraum.

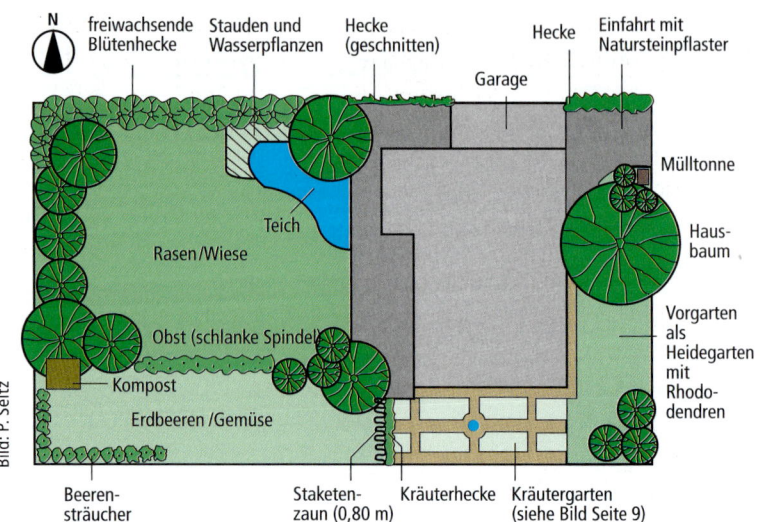

N

freiwachsende Blütenhecke | Stauden und Wasserpflanzen | Hecke (geschnitten) | Hecke | Einfahrt mit Natursteinpflaster

Garage

Mülltonne

Teich

Rasen/Wiese

Haus-baum

Vorgarten als Heidegarten mit Rhodo-dendren

Obst (schlanke Spindel)

Kompost

Erdbeeren/Gemüse

Bild: P. Seitz

Hausgartenskizze mit Kräutergarten

Beeren-sträucher | Staketen-zaun (0,80 m) | Kräuterhecke | Kräutergarten (siehe Bild Seite 9)

Folgende allgemeine Regeln sollten bei der Neuanlage beachtet werden:

Sonnige Standorte wählen!

Die bekannten Würz- und Tee-Kräuterarten sind vorwiegend „Kinder der Sonne" und häufig aus südlichen Ländern zu uns gekommen. Sie erreichen das volle Aroma, die höchste Würz-kraft und die besten Heilkräutereigenschaften bei zufriedenstellendem Wuchs und guter Gesundheit nur mit reichlicher Besonnung.

Möglichst in Hausnähe anlegen!

Kräuter werden oft rasch in Küche und Haus gebraucht. Deshalb sollte der Kräutergarten über kurze, befestigte Wege erreichbar sein.

Wasseranschluss

Eine zusätzliche Regenwasserversorgung über eine Tonne wäre für das Ansetzen von Kräuterbrühen vorteilhaft. In jedem Falle sollte den Insekten und Vögeln eine Wassertränke angeboten werden.

Platz für eine Gartenbank!

Ohne Gartenbank fehlt jedem Kräutergarten ein wichtiges Gestaltungselement. Sie lädt dazu ein, die geernteten Kräuter bereits hier vorzuputzen oder gelegentlich hier zu verweilen, um mit allen Sinnen die besondere Gartenatmosphäre zu erleben.

Geeignetes Material für die Gestaltung verwenden!

Für Wegebau, Umzäunungen und Ausstattungen sollten landschaftstypische, bodenständige Materialien, wie Steine, auch Feldsteine, Holz, Ton, Keramik oder Schmiedeeisen, verwendet werden. Jeder unzweckmäßige Zierat, wie Rondelle aus gebrauchten Schlepperreifen, Einfassungen mit leeren Weinflaschen oder unbrauchbar gewordene Hofgeräteschaften, entsprechen nicht den Grundzügen echter Kräutergärten von Schlichtheit, Zweckmäßigkeit und harmonischer Gestaltung.

Kräutergärten für alle

Diese zuerst vom Land Hessen ergriffene Initiative hat inzwischen bundesweit bei Obst- und Gartenbauvereinen, Kleingärtnerkolonien, Landfrauengruppen, Städten und Gemeinden (vor allem in Kurorten) und einer Vielzahl von privaten Gartenbesitzern erfreuliche Resonanz gefunden. In alten Klosteranlagen und Burgen entstehen nach überlieferten Plänen lehrreiche historische Kräutergärten. Ziel ist es, wertvolles Kulturgut jahrtausendealter Volksheilkunde zu erhalten und mit neuem Leben zu erfüllen.

Beispiele für die Kräutergarten-Anlage

Großes Kräuterbeet für eine Familie

Zur Versorgung einer vierköpfigen Familie mit frischen Kräutern reicht ein großes Kräuterbeet mit Abmessungen von 4 x 3 m. Angegeben sind die Pflanzenarten und die jeweils erforderliche Anzahl (Bild unten).

Bei der Neuanlage des Kräuterbeetes sind die Pflanzenhöhen und das Platzbedürfnis zu berücksichtigen. Grenzt das Kräuterbeet an eine Mauer oder einen Zaun, so stehen die mehrjährigen, hoch wachsenden Pflanzenarten hinten. Bei einem freiliegenden Beet werden sie ungefähr in der Mitte gepflanzt. Die niedrigeren und einjährigen Kräuter sollten vorne angepflanzt werden. Zur leichteren Pflege und Ernte können Trittplatten dienen.

Großes Kräuterbeet für eine vierköpfige Familie. Die Zahlen geben die erforderliche Anzahl Pflanzen an.

Bild: P. Seitz

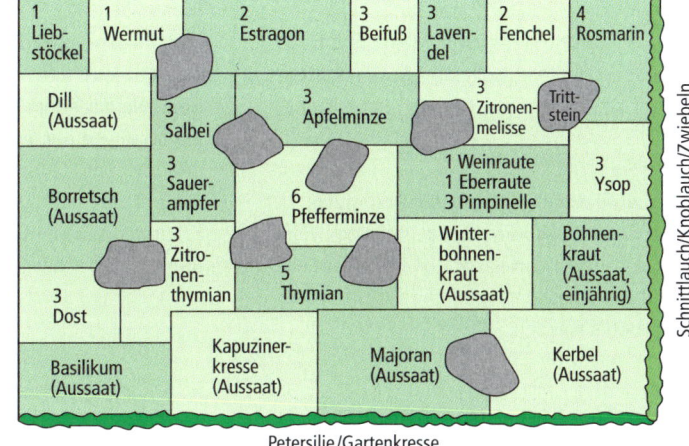

1 Liebstöckel	1 Wermut	2 Estragon	3 Beifuß	3 Lavendel	2 Fenchel	4 Rosmarin
Dill (Aussaat)	3 Salbei	3 Apfelminze		3 Zitronenmelisse	Trittstein	
Borretsch (Aussaat)	3 Sauerampfer	6 Pfefferminze		1 Weinraute 1 Eberraute 3 Pimpinelle		3 Ysop
	3 Zitronenthymian	5 Thymian		Winterbohnenkraut (Aussaat)		Bohnenkraut (Aussaat, einjährig)
3 Dost						
Basilikum (Aussaat)	Kapuzinerkresse (Aussaat)		Majoran (Aussaat)		Kerbel (Aussaat)	

Schnittlauch/Knoblauch/Zwiebeln

Petersilie / Gartenkresse

Kräuterbeetgarten

Beetkulturen sind im Nutzgarten allgemein üblich. Deshalb kann auch der Küchenkräutergarten in Beeten angeordnet werden. Das Standardprogramm mit ein- und zweijährigen Kräutern wird auf vier bis sechs Beete reihenweise verteilt. Dabei sollten die Empfehlungen für Kräutermischkulturen berücksichtigt werden. Durch die jährliche Rotation der Beete mit den bewährten Kräuterkombinationen erfolgt der erwünschte Kulturwechsel. Auf Randbeeten stehen die mehrjährigen, ausdauernden Kräuterarten, weil sie über einen längeren Zeitraum nicht der Umpflanzung bedürfen. Selbstverständlich eignen sich auch Hoch-, Hügel- und Bankbeete für den Kräuterbeetgarten.

Individuelle Kräutergärten

Individuelle Gärten werden teils streng symmetrisch mit Hilfe von Gartenplatten, meist jedoch zwanglos unregelmäßig entsprechend dem Gesamtcharakter des Anwesens gestaltet. Die besondere Prägung kann man dem Kräutergarten durch Wege mit Sand, Kies, Baumrinde, erdgestampft oder grasbewachsen, geben. Weitere Gestaltungsmöglichkeiten sind Vogeltränke, skurrile Wurzelstücke, Habichtskugel, Randbeeteinfassungen und Rundbögen zum Beranken.

Eine beliebte Gestaltungsart für Kräutergärten ist die Kreuzform wie in den alten Klostergärten (Bild unten). Auf dem Mittelbeet stehen hoch wachsende, bestimmende Arten, wie Alant, Baldrian, Königskerze und Fenchel, oder man platziert einen Springbrunnen bzw. ein Wasserbecken ins Zentrum. Die Außenbeete gehören den mehrjährigen Pflanzen, und die häufiger wechselnden, kurzlebigen Kräuter kommen auf die Mittelflächen.

Stilgerecht ist die Einfassung der Wege mit niedrigerem Buchsbaum, der jedoch jährlich mehrmals zurückgeschnitten werden muss.

Steingartenähnliche Kräuterspiralen kommen den unterschiedlichen Standortansprüchen der Kräuterarten, von Feuchtbiotop bis Trockenzone entgegen. Die Größe sollte so bemessen sein, das die Kräuterspirale begangen werden kann. Das Gegenstück sind begehbare Kräuter-Senkgärten.

Kreuzformanlage eines Kräutergartens

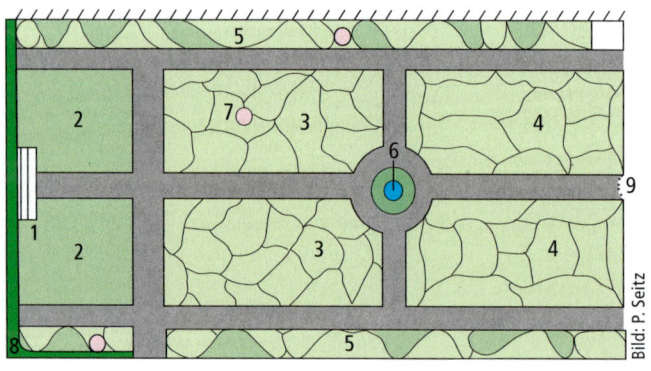

Bild: P. Seitz

1 = Sitzbank
2 = Kräuterrasen
3 = Mehrjährige Kräuterarten
4 = Ein- u. zweijährige und zwiebelartige Arten
5 = Mehrjährige und rankende Arten
6 = Rondell mit Wasserbecken
7 = Habichtskugeln
8 = Kräuterhecken
9 = Rankbogen

Bild: P. Pretscher

Kräuterspirale

Wandelbare mobile Kräutergärten

Mobile Gärten werden auch als Kübelkräutergärten bezeichnet und sind Ersatz für Kräuterfreunde, denen die erforderliche Gartenfläche fehlt. Sehr dekorativ können sie stufenförmig in Haus- oder Hofeingängen, auf Terrassen, Dachgärten, Balkonen und Loggien angelegt werden. Als Gefäße kommen grundsätzlich alle Materialien in Frage, wenn sie in Farben und Formen zum Umfeld passen. Sie dürfen auch in ihrer Größe und dem Fassungsvermögen variieren. Allerdings sollten sie nicht ein Sammelsurium von Behältern darstellen. Zu den mobilen Gärten zählen auch mit Kräutern bepflanzte Mooswände und Moostürme oder Kräuterkulturen in Erdsäcken. Es eignen sich nahezu alle ein- und mehrjährigen Kräuterarten für die Kulturen in Schalen, Balkonkästen, Töpfen und Ampeln. Nur ist stets zu bedenken, dass den Pflanzen in den Gefäßen wenig Raum und damit nur begrenzt Wasser und Nährstoffe zur Verfügung stehen. Durchlässige Erde und Tonscherben oder eine Sandschicht auf den Abzugslöchern sorgen dafür, dass keine Vernässung eintritt. Nach dem Anwachsen benötigen die Kräuter regelmäßig alle drei bis vier Wochen eine zusätzliche, z.B. flüssige Düngung aus Kräuter- bzw. Kompostauszügen oder organischen Dünger.

Zur Bewässerung eignen sich automatische Systeme aus dem Fachhandel oder auch selbst gebastelte Tropfbewässerungsanlagen, die auf den jeweiligen Wasserbedarf eingestellt werden können.

Zimmerkräutergärten

Den geringsten Raum benötigen ganzjährige Zimmerkräutergarten, wobei sich für die Kräutergärtnerei helle Fensterfronten oder Wintergärten anbieten. Zusammen mit Zierpflanzen können die Kräuter in dekorativen Gefäßen schmückende und belebende grüne Oasen in den Wohnungen darstellen. Schnell wachsende Kräuterarten, wie Kresse, Senf, Rucola, Dill, Kerbel oder Portulak werden mehrmals im Jahr in Folgesätzen ausgesät, z.B. ohne große Mühe mit vom Fachhandel angebotenen Kräuter-Saatbändern. Sobald es im Frühjahr die Witterung erlaubt, darf die Kräutergesellschaft auf das gesicherte Außenfensterbrett wechseln.

Kräuterkulturen im Winter

Die ganzjährige Versorgung mit frischen Kräutern wird im Winter durch Keimsprossenkulturen erweitert. In Keimschalen oder speziellen Keimapparaten ausgelegt, entwickeln bei normaler Raumtemperatur die Samen von Kresse, Senf, Soja- und Mungbohne, Luzerne oder Getreide innerhalb kurzer Zeit köstlich schmeckende Keimsprossen. Selbst bei völliger Dunkelheit erfolgen die meisten Keimungsprozesse, allerdings liegen dann die Vitamingehalte wesentlich niedriger.

Ergänzend sei auf die wichtigsten Winterkräuter, Schnittlauch und Knoblauch hingewiesen, die in Töpfen im Zimmerkräutergarten gedeihen.

Anlage und Kulturarbeiten

Die Neuanlage eines Kräutergartens erfolgt am besten im Frühjahr, nachdem eine notwendige Bodenvorbereitung im vorangegangenen Herbst erfolgt ist. Tonigen, schweren und undurchlässigen Böden wird Sand, verrotteter Stallmist und Kompost beigemischt. Reine Sandböden erhalten wenn möglich Lehm und ebenfalls Komposterde. Über Winter wird der so vorbereitete Boden mit einer starken Mulchschicht (mindestens 10 cm) abgedeckt.

Bezugsquellen für Kräutersamen und -pflanzen sind Samenhandlungen, Gartenzentren und Gärtnereien. In vielen Fällen helfen auch Gartenfreunde mit Samen und Pflanzen aus dem eigenen Kräutergarten aus.

Düngung

Eine Bodenuntersuchung gibt Aufschluss über die im Boden vorhandenen Nährstoffe und bildet die Grundlage für eventuelle Düngungsempfehlungen. Der pH-Wert für Kräuterkulturen sollte je nach Boden (Sandboden – lehmiger Sand – sandiger Lehm – Lehm) zwischen 5,5 und 6,5 liegen. Die meisten Gartenböden eignen sich für viele unserer Kräuterarten. Die Düngergaben im Frühjahr – mit normalen Mengen von Kompost, verrottetem Stallmist oder organischem Handelsdünger – können im Sommer bei Bedarf nach dem ersten Schnitt durch zusätzliche schnell wirkende flüssige Kopfdünger aus Brüheansätzen, z.B. von Hornspänen, Kompost und Kräutern, ergänzt werden. Es ist darauf zu achten, dass nicht zu viel verabreicht wird, denn überdüngte Kräuter sind starktriebig, weniger aromatisch und geringwertiger.

Wasserversorgung

Die meisten Kräuterarten mit noch weitgehendem Wildcharakter sind bescheiden in ihren Wasseransprüchen. Dennoch ist eine ausreichende Wasserversorgung anzustreben. In heißen Sommerperioden kann eine zusätzliche Beregnung vorteilhaft sein. Allzu hohe Wassergaben „verwässern" allerdings die Pflanzeninhaltsstoffe. Deshalb gilt für viele an Trockenheit und Sonne gewöhnte Kräuter aus den Fels- und Grassteppen: Je karger und sonnenverwöhnter der Standort, umso intensiver sind Duft und Geschmack. Empfehlenswert ist ein ständiges Bedeckthalten des Bodens mit einer feuchtigkeitshaltenden Mulchschicht. Flächenmulch erspart Hackarbeiten, unterdrückt den Unkrautwuchs und fördert die Entwicklung des Bodenlebens.

Pflanzenschutz

Auch gegen Krankheiten sind Kräuterarten beachtlich widerstandsfähig. Meist reichen mechanische Bekämpfungsmaßnahmen, wie Rückschnitt bei Rost- und Mehltaubefall, Absammeln von Raupen, Aufstellen von Fallen zum Fang von Schnecken und Wühlmäusen, aus. Sollten Blattläuse, Erdflöhe oder Blattkäfer ungewöhnlich stark auftreten, so können ausnahmsweise nützlingsschonende und für Mensch und Tier unbedenkliche Präparate eingesetzt werden. Für alternative Kräutergärten sind Behandlungen mit Schachtelhalmtee gegen Pilzkrankheiten, Brennnesselbrühe gegen Blattläuse und Wermuttee gegen Erdflöhe allgemein gebräuchlich. Richtige Standortwahl und Zusammenstellung von Kräuterarten zu Pflanzengruppen, aus denen in der Folge echte Lebensgemeinschaften erwachsen, können vielen Krankheiten vorbeugen.

Pflegemaßnahmen

Sind die Kräuterbestände zu dicht geworden oder lässt der Wuchs außerordentlich nach, sollte umgepflanzt werden. Pflanzenarten mit schlechter Verträglichkeit untereinander sind auszutauschen. Die Regulierung sperrig gewachsener Kräuter geschieht schon wegen des gepflegten Aussehens durch Rückschneiden im Vorwinter. Der eigentliche Schnitt abgestorbener Pflanzenteile folgt dann im Frühjahr, wenn der Austrieb begonnen hat.

Überwinterung

Der Frostschutz im Kräutergarten erfolgt durch Bedecken mit Fichtenzweigen. Die Abdeckung bewirkt allgemein, dass der Boden nicht zu tief gefrieren kann und schützt zudem bei wechselndem Tau- und Frostwetter vor unerwünschtem Auftauen und erneutem Gefrieren des Wurzelraumes. Wenn im Frühjahr die Schutzdecke wieder entfernt wird, kann sich der Boden rascher erwärmen und beleben. Frostempfindliche Kräuterarten, wie Rosmarin, Aloe, Lorbeer, Myrte und Zitronenstrauch, müssen aus dem Boden genommen und an einen hellen, frostfreien Standort zum Überwintern gebracht werden. Während der winterlichen Ruhezeit sind die Lebensvorgänge dieser Pflanzen weitgehend eingeschränkt. Deshalb braucht nicht gedüngt und nur sparsam gegossen zu werden. In idealer Weise eignen sich Wintergärten zum Überwintern wertvoller Heil- und Duftpflanzen.

Wenn im zeitigen Frühjahr die Kräuterbeete mit gelochten Flachfolien oder Vliesen abgedeckt werden, lässt sich die Zeit bis zur ersten Ernte um zwei bis drei Wochen verkürzen.

Ernte von Kräutern

Kraut, Blatt und Blüten der Kräuter werden am besten am frühen Vormittag, sobald die Pflanzen tautrocken sind, geerntet. Der Rückschnitt darf allerdings nur so tief erfolgen, dass das Pflanzenherz verschont wird und genügend gesunde Blätter an den Trieben verbleiben, um einen erneuten Austrieb zu ermöglichen. Vergilbte, faulende und trockene Pflanzenteile sind aus dem Erntegut zu entfernen.

Der günstigste Zeitpunkt für die Samenernte ist der frühe Morgen, weil die reifen, taufrischen Samenbestände in diesem Zustand weniger Samenkörner verlieren. Wurzelheilkräuter werden im Spätherbst oder zeitigen Frühjahr ausgegraben, gründlich gewaschen, in 2–3 cm lange Stücke geteilt und längs durchgeschnitten, damit sie schneller trocknen.

Das Trocknen darf, abgesehen von den Kräutern, deren Samen geerntet werden sollen, nicht in der Sonne geschehen. Entweder wird das Schnittgut in kleinen Bündeln in einem luftigen Schuppen aufgehängt oder auf Horden gebracht, neuerdings auch in selbst gebastelten Solartrocknern aufbereitet. Durch Wasserentzug verlieren die Pflanzen 80–90 % ihres Gewichts. Im Sommer reicht meist der natürliche Trocknungsvorgang aus. In den Übergangszeiten ist dagegen oft eine zusätzliche Nachtrocknung in Backröhren oder geeigneten elektrischen Kräutertrocknern notwendig. Für Pflanzenteile mit ätherischen Ölen dürfen die Trocknungstemperaturen 35–40 °C nicht übersteigen, um Verflüchtigungen zu vermeiden.

Wenn die Blätter beim Anfassen rascheln und die Stängel leicht brechen, ist der Trocknungsvorgang abgeschlossen. Jetzt erfolgt das Zerkleinern, der Durchrieb durch ein Grobsieb und das Verpacken in luftdichten Dosen oder Schraubgläsern sowie

das Etikettieren mit Angaben über Inhalt und Erntejahr. Sinnvoll ist auch ein Hinweis auf die Verwendung.

Die Wirksamkeit der getrockneten Tee- und Würzkräuter vermindert sich selbst bei sorgfältiger Lagerung. Deshalb sollten nach einem Jahr die Blatt- und Blütendrogen verbraucht und durch neue Ernten ersetzt werden.

Verwertung der Gartenkräuter

Ebenso interessant wie der eigene Anbau der Kräuter ist ihre vielseitige zweckmäßige Verwertung im eigenen Haushalt. Kurzgefasst sollen nachfolgend die wichtigsten Verwertungsmöglichkeiten gezeigt werden.

Kräuter für den Frischverzehr

Gartenkräuter sind gesundheitlich am wertvollsten, wenn sie frisch geerntet und voll im Duft stehend verwendet werden können. Die beste Erntezeit zarter Blätter und Triebe liegt in der Regel vor der Blüte, z.B. bei Oregano, Minzearten, Pimpinelle, Estragon, Kerbel, Kressearten, Senf, Majoran, Basilikum.

Kräuter trocknen

Blühende Pflanzen sind nicht wertlos. Sie sind allerdings meist faseriger, schmecken oft bitter oder beißend scharf. Auch Blüten sind essbar, beispielsweise von Schnittlauch, Kressearten, Borretsch, Thymian, Salbei und Lavendel. Mit vielen blühenden Kräutern können Salate, kalte Platten und Kochgerichte dekorativ garniert werden. Durch richtiges Würzen werden Nahrungsmittel zu Speisen. Würzkräuter haben den Weltruf berühmter nationaler Küchen begründet. Zunehmend sind heute wieder frische Kräuter für den täglichen Bedarf gefragt:

- Kräuter der „Grünen Soße", das sind in Hessen Petersilie, Kerbel, Borretsch, Schnittlauch, Sauerampfer, Kresse und Pimpinelle, die frisch geschnitten vielfältig verwendet werden können
- Kräuter zur Brotzeit als schmackhafte Ergänzung für Kräuterquark, Kräuterbutter, Kräuterschmalz und Kräuterdips sind Schnittlauch und Knoblauchgrün, Petersilie, Borretsch, Kresse, Salbei, Basilikum, Majoran, Sauerampfer, Estragon
- Kräuter-Cocktails aus Gemüsesäften, Jogurt oder Milch und selbst kreierten Kräutermischungen
- Kräuter-Rohkost als Mischungen aus delikaten geschnittenen Würzkräutern, die mit Tomaten- und Radieschenscheiben ergänzt werden können.

Wichtig ist, dass Frischkräuter fein geschnitten, aber auch gut und lange gekaut werden. Die Geruchs- und Geschmacksempfindungen regen eine intensive Speichel- und Magensaftbildung an. So ist auch die verdauungsfördernde Wirkung vieler Kräuter zu erklären.

Bild: P. Seitz

Kräuter für den Winter konservieren

Bei allen Konservierungsverfahren müssen selbst bei schonendster Behandlung Verluste an Inhaltsstoffen, aber auch chemische Veränderungen hingenommen werden. Die jeweilige Methode zum Konservieren der Kräuter wird meist von den vorhandenen Einrichtungen bestimmt.

Haltbarmachen durch Trocknen

wird für alle Teearten und zur Herstellung von Blatt-, Blüten-, Samen- und Wurzeldrogen bevorzugt. Wurzelkräuter verlieren durch das Trocknen an Aroma und Würzkraft. Abgesehen von Kresse und Borretsch lassen sich alle bekannten Küchenwürzkräuter trocknen. Geschickte Kräuterfreunde vermögen eigene Würzmischungen herzustellen, die mit den bekannten Bouquets garni und Fines herbes der französischen Küche konkurrieren können.

Kräuter tiefgefrieren

Kräuter zerkleinern, in Eiswürfelschalen oder portionsweise in Folienbeuteln bzw. Alufolien verpacken und einfrieren. Diese schonende Methode ist für Petersilie, Dill, Basilikum, Thymian, Estragon, Melisse und Schnittlauch zu empfehlen.

Weitere Zubereitungen

Für Kräuteressig

eignen sich kombiniert Estragon, Dill, Pimpinelle, Zitronenmelisse, Minzearten, Lorbeerblätter oder auch Knoblauch und Zwiebeln. Als Einzelkräuter für Spezialessige werden Estragon, Basilikum und Dill verwendet. Zur Herstellung eines eigenen aromatischen Kräuteressigs legt man die Kräuter einige Wochen oder Monate in Glasgefäße mit weißem Weinessig.

Hausgemachte Kräuterweine

werden auf der Basis von guten Weiß- oder Rotweinen hergestellt. Je Liter Wein benötigt man eine Handvoll getrockneter Kräuter, bestehend aus Rosmarin, Minzearten, etwas Salbei, Lavendel, Wermut, Waldmeister, Eberraute, Thymian, Basilikum oder Melisse. Der in Glasgefäßen angesetzte Kräuterwein ist bei Zimmertemperatur bereits nach einigen Wochen trinkfertig.

Flüssige Kräutergeister

Magenbitter und Liköre lassen sich mit Zitronenmelisse, Rosmarin, Minzearten, Johanniskraut, Liebstöckel, Wermut, Eberraute, Bärwurz, Enzianwurzel sowie Kümmel herstellen. In Flaschen mit weiter Halsöffnung wird auf einen Liter klaren Branntwein eine Handvoll des Kräutergemisches gegeben. Für Liköre wird konzentriertes Zuckerwasser beigefügt. Nach 3–4 Wochen Durchziehen und wiederholtem Schütteln ist im Allgemeinen der selbst gemachte Kräutergeist fertig.

Kräutergelee

Die Grundmasse besteht aus Äpfeln und anderen Obstarten. Ihr werden Rosmarin, Majoran, Minze, Thymian, Estragon, Salbei, Waldmeister oder Zweige von Duftpelargonien zum Aromatisieren zugegeben. Kräutergelees schmecken als Beigaben zu verschiedenen Gerichten, z.B. Basilikumgelee zu Hacksteaks, Waldmeistergelee zu Wild, Rosmaringelee zu Truthahn, Estragongelee zu Fisch und Huhn.

Kräuteröle

sind zum Würzen, als Heilmittel zur äußeren Anwendung und zur Schönheitspflege gebräuchlich. Je Liter Qualitätsöl (bevorzugt Olivenöl) wird eine Handvoll ausgesuchter Kräuter zugesetzt, um bereits nach 2–3 Wochen z.B. Lavendel-, Melissen-, Dill-, Thymian-, Rosmarin- oder rot gefärbtes Johanniskrautöl zu erhalten.

Bild: P. Pretscher

Johanniskrautöl

Heilen mit Kräuterdüften

Die Behandlung mit Pflanzendüften ist die sanfteste der alternativen Heilmethoden. Bei der Duftkräuter-Therapie sind im Allgemeinen keine spontanen Heilerfolge zu erzielen. Nicht Aroma-Intensität und Mengen entscheiden, sondern erst durch regelmäßige systematische Anwendungen kann man nachhaltige Wirkungen erwarten. Wer sich einen eigenen Kräutergarten anlegt oder Aromapflanzen als Heildufter im Wohnbereich kultiviert, kann im Selbstversuch durch regelmäßiges Einatmen erproben, wie die Duftbehandlung auf den Organismus wirkt. Grundsätzlich gilt, dass nur dann das Wohlbefinden verbessert werden kann, wenn die Düfte als angenehm empfunden und ganzheitlich akzeptiert werden. Durch geschicktes Berühren der Heildufter wird das verströmte wohltuende Aroma, auch von Blütendüften, bewusst tief eingeatmet. Duftpfade entlang duftspendender Pflanzenarten, die Duftbank mit Heildüften in greifbarer Nähe, ein Sonnenbad inmitten des Duftrasens, Duftlaube und Pergolen mit

Kräutertee und Teegetränke

Arznei- oder medizinischer Tee ist von Haus- oder Familientee zu unterscheiden. Arzneitees bestehen meist nur aus einer oder wenigen Kräuterarten und sind zur Behandlung bestimmter Krankheiten bestimmt. Ihre Anwendung sollte nach genauer Anweisung und zeitlich beschränkt erfolgen.

Haustees sind dagegen beliebige Mischungen milder Heilpflanzen, abgestimmt auf den eigenen Geschmack, zur Steigerung des Wohlbefindens. Sie bestehen zu einem Drittel bis zur Hälfte aus einem Grundtee, z.B. Minze, Melisse, Kamille, Fenchel, Salbei oder Thymian. Zur geschmacklichen und farblichen Verbesserung wird mit anderen Kräuterarten ergänzt. Für eine Tasse reichen im Allgemeinen 1–1,5 Teelöffel der Hausteemischung.

Vorzügliche Durstlöscher sind an heißen Tagen kalte Teegetränke aus selbst hergestelltem Haustee, ergänzt mit Säften, Mineralwasser und zerkleinerten Früchten.

Bild: P. Seitz

Dekorativer und duftender Kräuter-Wandteppich

ausgesuchten aromatischen Rankgewächsen bieten vom Frühjahr bis zum Spätherbst ihre Wohlgerüche für dufttherapeutische Behandlungen an. Angenehm stärkend und beruhigend sind dabei die Düfte der Kamillen- und der Baldrianblüten oder die würzigen Aromen der Küchenkräuterarten. Duftbehandlung ist auch im eigenen Wohnbereich möglich. Für regelrechte Duftkulturen im Winterhalbjahr eignen sich beliebte Heildufter, wie z.b. Salbei, Rosmarin, Minzearten, Thymian, Ysop, Duft-Pelargonien, Zitronenmelisse, in Töpfen, Kübeln oder Schalen für die Zimmer- oder Fensterbankkultur. Zur eigenen Duftbehandlung beugt man sich über die Pflanze und streift mit beiden Händen von unten nach oben über das Laub. Diese Anwendung kann man mehrmals täglich wiederholen.

Die Heilanzeigen entsprechen im Allgemeinen den Indikationen der Aromatherapie der aromatischen Essenzen. Neben der intensiven Aufnahme des Heilduftes ist das zusätzliche bewusste Erlebnis mit der Pflanze fördernd für die Behandlung.

Kräuter in der Naturkosmetik

Auch zur natürlichen Körper- und Schönheitspflege bieten sich Kräuter aus dem eigenen Garten an. Vielseitig ist ihre Verwendung als Badezusätze, für Packungen, Lotionen und Breiumschläge sowie zur Herstellung duftender Kräuteröle, Tinkturen, Cremes und Salben. Bei den Einzeldarstellungen der Kräuter wird auf deren Eigenschaften und Verwendung in der Naturkosmetik jeweils hingewiesen.

Kräuter zur Abwehr von Insekten

Mit selbst gezogenen Kräutern im Haushalt schädliche Insekten abzuwehren ist eine natürliche Maßnahme, ohne bedenkliche Nebenwirkungen. So können einige Zweige der Eberraute, unter den Teppich gelegt, Motten vertreiben und Majoran hilft gegen lästige Ameisenbesuche. Lavendel zwischen Wäsche und Wintersachen wehrt nicht nur Kleidermotten ab, sondern verleiht Textilien zudem einen angenehmen Duft. In Frankreich werden außer Lavendel auch Alant und Eberraute gleichermaßen dafür verwendet. Von den Minzearten wirkt vor allem Poleiminze hilfreich gegen Fliegen und Mückenplagen.

Dekorative Sträuße

Girlanden, Wandteppiche und Kränze lassen sich aus frischen oder getrockneten, auch fruchttragenden Kräutern gut binden. Individuell zusammengestellt, können sie das eigene Heim zu den verschiedenen festlichen Gelegenheiten attraktiv schmücken.

Anbau und Verwendung von Heil- und Gewürzpflanzen

Einjährige Kräuter

Anis

Bild: P. Pretscher

Pimpinella anisum

Familie: Doldenblütler

Herkunft: Mittelmeerländer

Anbau im Garten: sonniger, warmer Standort, durchlässiger Boden

Saat: ab Juni
(30 cm Reihenabstand, 15 cm Abstand in der Reihe), Dunkelkeimer

Allgemeines:
Wuchshöhe: 30–80 cm
Blütezeit: Juli
Erntezeit: Juni–September
Erntegut: junges Kraut (frisch),
reife Früchte (Samen)

Verwendung: zu Gemüsen (Rotkohl), Salaten (Rote Rüben), Backwaren, Tee, Likör

Naturheilkunde: appetitanregend, verdauungsfördernd, gegen Blähungen, schleimlösend bei Husten

Basilikum

Bild: P. Pretscher

Ocimum basilicum

Familie: Lippenblütler

Herkunft: Vorderindien

Anbau im Garten: warmer Standort, humoser, lockerer Boden

Saat: ab Mai
(Reihenabstand und Abstand in der Reihe je 25 cm), Lichtkeimer

Allgemeines:
Wuchshöhe: bis 60 cm
Blütezeit: Juli–September
Erntezeit: Juni–Oktober
Erntegut: Blätter, blühendes Kraut
(frisch, getrocknet, gefrostet)

Verwendung: zu Kräutersoßen, Salaten, Tomaten, Kräuterbutter, Fleisch (nicht mitkochen)

Naturheilkunde: appetitanregend, verdauungsfördernd, wassertreibend, krampflösend, bei Nervosität, Schlaflosigkeit

Naturkosmetik: geruchsbindendes Mundwasser

Einjährige Kräuter

Bohnenkraut (Sommerbohnenkraut)

Bild: P. Pretscher

Satureja hortensis

Familie: Lippenblütler

Herkunft: Mittelmeergebiet

Anbau im Garten: leichter, humoser Boden

Saat: ab April
(Reihenabstand und Abstand in der Reihe je
25 cm), Lichtkeimer

Allgemeines:
Wuchshöhe: bis 40 cm
Blütezeit: Juli–Oktober
Erntezeit: Juni–September
Erntegut: junges und blühendes Kraut
              (frisch, getrocknet, gefrostet)

Verwendung: zu Bohnengerichten,
Fleischspeisen, Kartoffeln, Salzgurken
(stets mitkochen), Tee, als Badezusatz

Naturheilkunde: magenstärkend, gegen
Blähungen, anregend, belebend, lindert
Husten

Naturkosmetik: Badezusatz

Borretsch

Bild: P. Seitz

Borago officinalis

Familie: Raublattgewächse

Herkunft: Orient

Anbau im Garten: nährstoffreicher,
kalkhaltiger Boden

Saat: von April–Juni

Allgemeines:
Wuchshöhe: bis 80 cm
Blütezeit: Juni
Erntezeit: Mai–Oktober
Erntegut: junges Kraut, blühendes Kraut,
              Blüten (frisch)

Verwendung: zu Gurken, Salaten, Fisch,
Eiern, Kartoffeln, Quark, Grüner Soße,
(Blüten essbar und zur Dekoration)

Naturheilkunde: Tee wirkt schweißtreibend,
nervenberuhigend, stimmungsanregend,
harntreibend; auch bei Rheuma, Nieren- und
Herzleiden

Naturkosmetik: Saft erfrischt schlecht
durchblutete Haut

Bei überhöhtem Genuss besteht das
Risiko von Leberschädigungen!

Einjährige Kräuter

Brunnenkresse

Nasturtium officinale

Familie: Kreuzblütler

Herkunft: Europa

Anbau im Garten: feuchter Standort, Trogkultur oder Schlammbecken

Saat: ab Juni

Allgemeines:
Wuchshöhe: bis 80 cm
Blütezeit: Mai–September
Erntezeit: Oktober–Mai
Erntegut: junge Triebe
          Kraut (frisch)

Verwendung: Salate, Würzkraut, Presssaft

Naturheilkunde: Frühjahrskur, stoffwechselanregend, bei Hautleiden, Rheuma, traditionell bei chronischen Harnwegserkrankungen

Naturkosmetik: hautreinigendes Gesichtswasser, bleicht Sommersprossen, zum Spülen von fettigem Haar

Dill

Anethum graveolens

Familie: Doldenblütler

Herkunft: Vorderasien

Anbau im Garten: sonniger, windgeschützter Standort

Saat: ab April
(25 cm Reihenabstand, 30 cm Abstand in der Reihe), nachfolgend auch Selbstaussaat

Allgemeines:
Wuchshöhe: bis 120 cm
Blütezeit: Juni
Erntezeit Mai–November
          (Kraut ab Mai)
Erntegut: Kraut und reife Früchte
          (frisch getrocknet, gefrostet)

Verwendung: zu Mayonnaisen, Salaten, Essig, Tomaten, Fischgerichten, Quark, Rohkost, Dillsuppe (nicht mitkochen), Samen für Tee

Naturheilkunde: nervenberuhigend, appetitanregend, krampflösend, bei Schlafstörungen, gegen Blähungen

Tipp: Die Sorte 'Tetra-Dill' ist besonders wüchsig, die Sorte 'Herkules' sehr blattreich.

Einjährige Kräuter

Gartenkresse

Bild: P. Pretscher

Lepidium sativum

Familie: Kreuzblütler

Herkunft: Vorderer Orient

Anbau im Garten: schattiger Standort

Saat: ab März, mit monatlichen Folgesaaten, Winterkultur in flachen Keimschalen, Lichtkeimer

Allgemeines:
Wuchshöhe: bis 50 cm
Blütezeit: ab Mai
Erntezeit: Mai–Dezember
Erntegut: Kraut, Blüten (frisch)

Verwendung: Salate, Rohkost, zu Wurst, Quark, kaltem Fleisch, Eiern, Kartoffeln, als Brotbelag, Grüne Soße

Naturheilkunde: appetitanregend, verdauungsfördernd, harntreibend (Frühjahrskur)

Tipp: Ausdauernde Kresse (*Lepidium latifolium*) schmeckt nach Meerrettich, neigt zum Verwildern.

Heil-Kürbis (Schalenloser Ölkürbis)

Bild: P. Pretscher

Cucurbita pepo convar. *citrullina* var. *styriaca*

Familie: Kürbisgewächse

Herkunft: Findling aus der Steiermark

Anbau im Garten: warme Lagen, humose Böden, in Trockenperioden bewässern

Saat: ab Mitte Mai, 1–2 Pflanzen/m², Kultur auf Mulchfolien bringt höhere und sichere Erträge

Allgemeines:
Wuchsmerkmale: langtriebig rankend
Blütezeit: ab Juni/Juli
Erntezeit: a = Kürbisverwertung
　　　　　 ab August–September
　　　　　 b = für Samenernte im Oktober
Erntegut: a = junge Kürbisse mit zarter Schale
　　　　　 b = ausgewachsene Kürbisfrüchte
　　　　　 (je Pflanze eine Frucht) zur
　　　　　 Samenernte, Trocknung der
　　　　　 Kerne bei 40–50 °C

Verwendung: junge Kürbisfrüchte für Gemüse, süßsaure Konserven u. Kompott; Samen als Knabberkerne, für Heilkuren und zur Ölgewinnung

Naturheilkunde: Samen wirken normalisierend und kräftigend auf die Muskulatur, bei Blasenschwäche und Prostata-Adenom

Naturkosmetik: hautstraffende Gesichtsmasken

Einjährige Kräuter

Kamille

Bild: P. Pretscher

Matricaria recutita

Familie: Korbblütler

Herkunft: Südosteuropa

Anbau im Garten: keine besonderen Standortansprüche

Saat: ab April, auch Selbstaussaat

Allgemeines:
Wuchshöhe: bis 50 cm
Blütezeit: Mai–August
Erntezeit: Mai–Oktober
Erntegut: Blütenköpfe, blühendes Kraut (frisch, getrocknet)

Verwendung: Tee, Umschläge, Bäder, Inhalationen, Kräuterkissen

Naturheilkunde: schmerzstillend, heilungsfördernd, entzündungshemmend, antibakteriell, bei Ausschlägen, akuten und chronischen Magen- und Darmbeschwerden, Erbrechen, Haut- und Schleimhautentzündungen

Naturkosmetik: Reinigungs- und Gesichtspackungen, Cremes, Pflege blonder Haare

Kapuzinerkresse

Bild: P. Pretscher

Tropaeolum majus

Familie: Kapuzinerkressengewächse

Herkunft: Peru

Anbau im Garten: sonniger bis halbschattiger Standort, frostempfindlich

Saat und Pflanzung: ab April/Mai (20 cm Reihenabstand, 10 cm Abstand in der Reihe)

Allgemeines:
Wuchshöhe: bis 30 cm (kriechend)
Blütezeit: ab Juni–Juli
Erntezeit: Mai–Oktober
Erntegut: Blätter, Blüten, Knospen (frisch)

Verwendung: Frisch zu Salaten, Rohkost, Brotbelag, Quark, sparsam verwenden!

Naturheilkunde: verdauungsfördernd, appetitanregend, antibiotisch, bei Infektionen der Atem- und der Harnwege

Sparsam verwenden!

Tipp: Gefüllt blühende Sorten sind reichblütiger.

Einjährige Kräuter

Kerbel

Anthriscus cerefolium

Familie: Doldenblütler

Herkunft: Südeuropa

Anbau im Garten: halbschattiger Standort, lockerer, mäßig feuchter Boden

Saat: ab März bis September, nachfolgend auch Selbstaussaat

Allgemeines:
Wuchshöhe: bis 70 cm
Blütezeit: Mai–August
Erntezeit: Mai–November
Erntegut: junge Triebe, Blätter, Blüten (frisch, gefrostet)

Verwendung: zu Frühlings- und Kräutersuppen, Kräuterbutter, Tomaten, Käse, Rohkost, Omelett, Grüner Soße und „Fines herbes" (nicht mitkochen)

Naturheilkunde: appetitanregend, stoffwechselfördernd, harntreibend, Frühjahrskur

Naturkosmetik: reinigendes Gesichtswasser

Koriander

Coriandrum sativum

Familie: Doldenblütler

Herkunft: Mittelmeerländer

Anbau im Garten: sonniger, warmer Standort

Saat: im April (30 cm Reihenabstand, 15 cm Abstand in der Reihe), Dunkelkeimer

Allgemeines:
Wuchshöhe: bis 70 cm
Blütezeit: Juni–August
Erntezeit: August (Früchte)
Erntegut: junges Kraut (frisch), Früchte

Verwendung: zu Gemüsen, Salaten, Wurst, Pasteten, Brot, Lebkuchen, Bestandteil von Curry, Einmachgewürzen, Likören

Naturheilkunde: appetitanregend, bei leichten krampfartigen Magen- und Darmleiden, bei Völlegefühl und Blähungen

Einjährige Kräuter

Majoran

Origanum majorana

Familie: Lippenblütler

Herkunft: Mittelmeerländer

Anbau im Garten: sonniger, warmer Standort, leichter, durchlässiger Boden

Saat und Pflanzung: ab Mai (20 cm Reihenabstand, 15 cm Abstand in der Reihe)

Allgemeines:
Wuchshöhe: bis 50 cm
Blütezeit: Juni–September
Erntezeit: Juli–September
Erntegut: junge Triebe,
            blühendes Kraut
            (frisch, getrocknet)

Verwendung: zu Tomatensoße, Geflügel, Schweinefleisch, Wurst, Kartoffeln, Pizza, Rohkost (nur kurz mitkochen)

Naturheilkunde: nervenberuhigend, schleimlösend, appetitanregend, bei Asthma, Schnupfen, Geschwüren, Magenkrämpfen

Naturkosmetik: muskelentspannender Badezusatz

Tipp: Die Art *Origanum* x *majoricum* gilt als winterfest.

Perilla (Shiso)

Perilla frutescens

Familie: Lippenblütler

Herkunft: Himalaya, China, Burma

Anbau im Garten: humoser Gartenboden; warmer, sonniger Standort

Saat: im März bei Zimmertemperatur in Saatschalen mit Anzuchterde; Sämlinge in Töpfe pikieren und bei 12–15 °C weiter kultivieren. Jungpflanzen entspitzen und nicht vor Mitte Mai auspflanzen.

Allgemeines:
Wuchshöhe: 50–100 cm
Blütezeit: September–Oktober
Erntezeit: Juni–Oktober
Erntegut: frische Blätter

Verwendung: als Salat oder Beilage zu Suppen oder Fischspeisen; teilweise mitgekocht oder in Sesamöl frittiert bzw. im Teig herausgebacken; die rotblättrigen Sorten zum Färben von Speisen. Aus den Samen wird ein kostbares, medizinisch bedeutsames Öl gewonnen.

Naturheilkunde: Absud wirkt abführend, krampflösend sowie bei Übelkeit, Erbrechen und Erkältungen

Einjährige Kräuter

Portulak

Bild: P. Pretscher

Portulaca oleracea

Familie: Portulakgewächse

Herkunft: Vorderasien

Anbau im Garten: warmer, sonniger Standort

Saat und Pflanzung: ab Mai, nachfolgend auch Selbstaussaat

Allgemeines:
Wuchshöhe: bis 30 cm
Blütezeit: ab Juni
Erntezeit: Mai–September
Erntegut: Triebspitzen, Blätter (frisch, gefrostet)

Verwendung: Rohkost, zu Salaten, Spinatgemüse, Frühlingssuppen, Kräutersoßen, Quark, Diätkost

Naturheilkunde: magenstärkend, harntreibend, leicht abführend, Verwendung zu kühlenden Umschlägen

Tipp: Der Winter-Portulak *Claytonia perfoliata* kann in milden Wintern durchgehend geerntet werden.

Ringelblume

Bild: P. Pretscher

Calendula officinalis

Familie: Korbblütler

Herkunft: Südeuropa, Asien

Anbau im Garten: keine besonderen Standortansprüche

Saat: ab März (Reihenabstand und Abstand in der Reihe je 20 cm), nachfolgend auch Selbstaussaat

Allgemeines:
Wuchshöhe: bis 50 cm
Blütenfarbe: orange oder gelb
Blütezeit: Juni–November
Erntezeit: Juni–November
Erntegut: Blüten (frisch, getrocknet)

Verwendung: Tee, Salbe, Naturkosmetik

Naturheilkunde: äußere Anwendung bei Geschwüren, Wunden, Verletzungen, Sonnenbrand, Erfrierungen, Tee bei Leber- und Gallenblasenleiden, zum Gurgeln und Spülen bei Entzündungen im Mund- und Rachenraum

Naturkosmetik: Kompressen zur Pflege von rauer, rissiger und entzündeter Haut

Einjährige Kräuter

Rauke, Öl-Rauke

Bild: P. Pretscher

Eruca sativa

Familie: Kreuzblütler

Herkunft: Mittelmeergebiet

Anbau im Garten: sandig-lehmiger Boden in sonnigen bis halbschattigen Lagen

Saat: Anfang April mit Folgesaaten bis Anfang September; Zimmerkultur in Aussaatschalen auch im Winter (wie bei Senf)

Allgemeines:

Wuchshöhe:	nicht geschnitten bis 50 cm
Blütezeit:	nicht geschnitten ab Mai–Juni
Erntezeit:	4–6 Wochen nach der Aussaat; bis zur Blüte mehrmalig möglich
Erntegut:	Frisches Kraut, Blätter; Blattrosette bei 10 cm Blattlänge knapp über dem Boden abschneiden.

Verwendung: wurde bereits bei den Griechen und Römern als Würzkraut genutzt; bei uns seit einigen Jahrzehnten wieder für die Küche entdeckt. Hoher Vitamin-C-Gehalt; für pikante Salate, Rohkost, zu Käse, Quark, Pizza und als delikater Brotbelag.

Naturheilkunde: appetitanregend, harntreibend, stimulierend

Als „Rauke" oder „Rucola" werden auch die Blätter von *Diplotaxis tenuifolia* (siehe S. 53) bezeichnet.

Senf

Bild: P. Pretscher

Sinapis alba

Familie: Kreuzblütler

Herkunft: Mittelmeerraum

Anbau im Garten: keine besonderen Standortansprüche

Saat: ab März, nachfolgend auch Selbstaussaat; Zimmerkultur in Aussaat-Schalen auch im Winter

Allgemeines:

Wuchshöhe:	bis 120 cm
Blütezeit:	ab Juni
Erntezeit:	Mai–November
Erntegut:	junges Kraut (frisch), Samen

Verwendung: junge Triebe wie Kresse, Samen zum Einlegen von Sauergemüse, Senfherstellung, Diätkörner

Naturheilkunde: appetitanregend, verdauungsfördernd

Einjährige Kräuter

Süßblatt (Kaa Hee)

Bild: P. Pretscher

Stevia rebaudiana
Familie: Korbblütler
Herkunft: Paraguay
Anbau im Garten: warme Standorte, volle Sonne, durchlässige, humose Erden (Topfkulturen) oder Böden (Freilandanbau), mäßig gießen und düngen.
Saat: Jungpflanzenzukauf empfohlen, da Eigenvermehrung schwierig!
Allgemeines: Kurztagspflanze; nicht winterhart
Wuchshöhe: 60-80 cm
Blütezeit: Oktober – Februar
Erntezeit: kontinuierlich je nach Zuwachs
Erntegut: Triebspitzen, Blättchen frisch verwenden oder gut belüftet im Schatten trocknen, Überwinterung bei 15–20 °C, bei niedrigeren Temperaturen zieht die Pflanze ein mit Neuaustrieb im Frühjahr
Verwendung: kalorienfreies Süßungsmittel, enthält Steviosid, **Achtung: Kraut in EU nicht als Lebensmittelzusatz zugelassen!**
Naturheilkunde: bakterienhemmend, gegen Zahnfleischbluten, Karies, Ekzeme, Diabetes-Prophylaxe
Naturkosmetik: vermahlene Blätter für Gesichtsmasken

Studentenblume (Winter-Estragon)

Bild: P. Pretscher

Tagetes lucida
Familie: Korbblütler
Herkunft: Mexiko
Anbau im Garten: warmer Standort, mittelschwerer, nicht zu nährstoffreicher Boden
Saat: Mitte April–Mitte Mai an Ort und Stelle. Pflanzabstand 30 cm. Will man bereits im Mai blühende Pflanzen, sollte ab Januar–März in Schalen mit Anzuchterde gesät werden. Sämlinge nach 1–2 Wochen in Anzuchtplatten pikieren.
Überwinterung in Töpfen oder Pflanzkübeln im Wintergarten oder auf der Fensterbank.
Allgemeines:
Wuchshöhe: 40–80 cm.
Blütezeit: August–Oktober
Erntezeit: Juni–Oktober
Erntegut: Blätter (frisch, getrocknet oder gefrostet)
Verwendung: wie Estragon, aber intensiver im Geschmack. Zu Kräutersoßen, Salaten der mexikanischen Küche. Ideal für Fischsuppen und Hähnchengerichte. Das Kraut ergibt einen nach Anis duftenden Tee.
Naturheilkunde: Von den Azteken unter der Bezeichnung „Yauhtli" bei Erkältungen, Koliken oder Malaria genutzt. Das pulverisierte Kraut wurde zur Schmerzlinderung eingesetzt.

Einjährige Kräuter

Tellerkraut

Bild: P. Pretscher

Claytonia (Montia) perfoliata

Familie: Portulakgewächse

Herkunft: Nordamerika, in Kuba und in Europa eingebürgert

Anbau im Garten: normaler, nahrhafter Gartenboden

Saat: winterhartes, aber einjähriges Kraut. Keimung erfolgt unter 12 °C, daher Aussaat von September–März breitwürfig oder in Reihen; anschließend dünn mit Erde bedecken und stets feucht halten

Allgemeines:
Wuchshöhe: 10–25 cm
Blütezeit: April–Juli
Erntezeit: November–April
Erntegut: die zarten Blätterbüschel (ähnlich Feldsalat) nicht zu tief abgeschnitten, ermöglichen von November bis April mehrere Ernten.

Verwendung: vitaminreiche Salate, kann aber auch wie Spinat zubereitet werden

Naturheilkunde: Vitamin-C-reiche-Kost. Enthält viel Magnesium, Calcium und Eisen. Umschläge mit Blätterbrei sollen in Nordamerika bei Rheuma und der Saft bei Augenleiden und Appetitlosigkeit Verwendung finden.

Zweijährige Kräuter

Barbarakraut (Winterkresse)

Bild: P. Seitz

Barbarea vulgaris

Familie: Kreuzblütler

Herkunft: Europa/Asien

Anbau im Garten: halbschattiger Standort, feuchter lehmhaltiger Boden

Saat: im Frühjahr und Herbst

Allgemeines:
Wuchshöhe: 30–80 cm
Blütezeit: ab April im zweiten Jahr
Erntezeit: ganzjährig
Erntegut: Blätter, Kraut (frisch)

Verwendung: Winterwürzkraut, kresseartige Salate, Zugabe zu frischen Salaten (scharf-würzig)

Naturheilkunde: appetitanregend, harntreibend, wundheilend

Tipp: Rechtzeitiges Entfernen der Blütentriebe erhöht den Blattertrag

Zweijährige Kräuter

Engelwurz

Bild: P. Seitz

Angelica archangelica

Familie: Doldenblütler

Herkunft: Europa

Anbau im Garten: nährstoffreiche Böden, feuchte, auch halbschattige Lagen

Saat: im Spätsommer

Allgemeines:

Wuchshöhe: 30–250 cm
Blütezeit: Juli–August
Erntezeit: ab Juni frische Triebe,
            ab Herbst des zweiten Jahres
            Wurzelernte
Erntegut: junge Blätter, Blattstiele,
            Wurzeln

Verwendung: frische Blätter und Blattstiele zum Würzen, Wurzeln als Tee, Likör, Kräutergeist

Naturheilkunde: bei Appetitmangel, zur Beruhigung von Magen und Darm, für Rekonvaleszenz

Kümmel

Bild: P. Pretscher

Carum carvi

Familie: Doldenblütler

Herkunft: Europa

Anbau im Garten: tiefgründiger, feuchter Boden

Saat: ab April (30 cm Reihenabstand, 35 cm Abstand in der Reihe), Lichtkeimer

Allgemeines:

Wuchshöhe: bis 120 cm
Blütezeit: ab Mai
Erntezeit: Juni–September
Erntegut: Früchte (Samen) ganze Dolden
            ernten und nachtrocknen

Verwendung: zu Kohl, Fleisch, Kartoffeln, Käse, Quark, Brot, Gemüse, Suppen, Salaten, Likör, Sauerkraut, Kümmelsuppe

Naturheilkunde: appetitanregend, magenstärkend, krampflösend, stoffwechselanregend, gegen Blähungen

Tipp: Kreuzkümmel *Cuminum cyminum* ist aromatischer, benötigt aber einen vollsonnigen, geschützten Standort.

Zweijährige Kräuter

Löffelkraut

Bild: P. Pretscher

Cochlearia officinalis

Familie: Kreuzblütler

Herkunft: Nordeuropa

Anbau im Garten: anspruchslos an Boden und Standort

Saat: von März–April

Allgemeines:
Wuchshöhe: bis 30 cm
Blütezeit: ab Mai
Erntezeit: ab Sommer bis zur Blüte
Erntegut: Blätter (frisch)

Verwendung: Beigabe zu Salaten, Butterbrotbelag, zum Gurgeln

Naturheilkunde: stoffwechselanregend, verdauungsfördernd (Frühjahrskur)

Tipp: Die Art *Cochlearia glastifolia* ist mehrjährig und weniger bitter.

Petersilie

Bild: P. Pretscher

Petroselinum crispum

Familie: Doldenblütler

Herkunft: Mittelmeerländer

Anbau im Garten: verträgt noch halbschattigen Standort, humoser, nährstoffreicher Boden

Saat und Pflanzung: ab März (30 cm Reihenabstand, 15 cm Abstand in der Reihe)

Allgemeines:
einfach- und krausblättrige Sorten
Wuchshöhe: bis 120 cm
Blütezeit: im zweiten Jahr ab Mai
Erntezeit: Mai–Dezember (erstes Jahr)
Erntegut: Kraut, Blätter (frisch, getrocknet, gefrostet, gesalzen)

Verwendung: zu Suppen, Soßen, Gemüsen, Salaten, Kartoffeln, Grüner Soße (nicht mitkochen)

Naturheilkunde: appetitanregend, verdauungsfördernd, harntreibend

Naturkosmetik: Gesichtswasser gegen unreine Haut, durchblutungsfördernd, gegen Akne und Sommersprossen

Zweijährige Kräuter

Schnitt-Sellerie

Bild: P. Seitz

Apium graveolens var. *secalinum*

Familie: Doldenblütler

Herkunft: Westasien, Vorderindien, Nord- und Südafrika, Südamerika

Anbau im Garten: vorteilhaft sind nährstoffreiche, feuchte Böden und sonnige bis halbschattige Lagen

Saat und Pflanzung: ab April in geschützten Räumen oder Mitte Mai in Reihen ins Freiland

Allgemeines:
Wuchshöhe: bis 40 cm
Blütezeit: im Mai des Folgejahres
Erntezeit: ab Sommer, an geschützten Standorten
Erntegut: Blätter

Verwendung: frisch oder getrocknet für Suppen, Soßen und Kartoffelgerichte, würzend für Gemüsesäfte und salzarme Diäten

Naturheilkunde: harntreibend, stimulierend, appetitanregend und verdauungsfördernd

Zwiebelartige Kräuter

Bär-Lauch

Bild: P. Pretscher

Allium ursinum

Familie: Lauchgewächse

Herkunft: Europa

Anbau im Garten: halbschattige Lagen und humose Böden sind vorteilhaft, geeignet zum Verwildernlassen

Saat und Pflanzung: im Frühjahr

Allgemeines:
Wuchshöhe: 25–50 cm
Blütezeit: April–Juni
Erntezeit: vor und bis zur Blüte
Erntegut: Kraut und Wurzeln

Verwendung: fein gehackt als Brotbelag, zum Würzen von Salaten, Soßen, Quark, Gemüse, Nudel-, Reis- und Kartoffelgerichten

Naturheilkunde: ähnliche Wirkungen wie Knoblauch, bevorzugt bei Verdauungsbeschwerden und Appetitlosigkeit

Tipp: Wächst wild in feuchten Wäldern

Vorsicht: Verwechslungsgefahr mit Maiglöckchen und Herbstzeitlose

Knoblauch

Allium sativum

Familie: Lauchgewächse

Herkunft: Zentralasien, Europa

Anbau im Garten: sonniger Standort

Pflanzung: durch Zehen (10 cm Reihenabstand, 20 cm Abstand in der Reihe), März–April und Juli–August

Allgemeines:
Wuchshöhe: 60–90 cm
Blütezeit: Juli–August
Erntezeit: Juni–September
Erntegut: junge Blätter, Zwiebeln (frisch)

Verwendung: zu Fleisch, Wurst, Fisch, Suppen, Soßen, Gemüsen, Salaten (roh oder gekocht, auch als Presssaft)

Naturheilkunde: darmberuhigend, gärungswidrig, galletreibend, blutdrucksenkend, bei Kreislaufstörungen, Alterserscheinungen, vorbeugend gegen arteriosklerotische Gefäßveränderungen

Tipp: Weinbergs-Lauch *Allium vineale* kann man im Garten dauerhaft verwildern lassen.

Luft- und Etagenzwiebel

Allium cepa – Proliferum Gruppe

Familie: Lauchgewächse

Herkunft: Westasien

Anbau im Garten: sonnige Lagen, alle Gartenböden

Pflanzung: durch Brutzwiebeln im Frühjahr

Allgemeines:
Wuchshöhe: 60–120 cm
Blütezeit: ab Juni
Erntezeit: April (Schlotten)–August (Brutzwiebeln)
Erntegut: Schlotten und Zwiebeln (frisch)

Verwendung: zu Salaten, Quark, Suppen, Fleisch

Naturheilkunde: appetitanregend, verdauungsfördernd, sekretionsanregend, vorbeugend gegen Erkältungskrankheiten und Husten

Naturkosmetik: verdünnte Tinktur gegen Haarausfall und unreine Haut (wie bei Speisezwiebeln)

Zwiebelartige Kräuter

Schnitt-Knoblauch (Chin. Knoblauch)

Bild: P. Seitz

Allium tuberosum

Familie: Lauchgewächse

Herkunft: China, Japan, Indien, Nepal

Anbau im Garten: sonniger Standort, bei uns einjährig angebaut

Saat: ab April in Reihen mit 30 cm Abstand

Allgemeines:
Wuchshöhe: 20–40 cm
Blütezeit: Juli–August
Erntezeit: Juni–November
Erntegut: Blätter und Blüten (frisch)

Verwendung: zu Rohkost- und Kochgerichten (abgeschwächter, feiner Knoblauchgeschmack)

Naturheilkunde: appetitanregend, verdauungsfördernd

Tipp: Für die Kultur im Zimmer eignet sich *Tulbaghia violacea*, der Zimmerknoblauch mit lilafarbenen Blüten, die das ganze Jahr über erscheinen.

Schnittlauch

Bild: P. Pretscher

Allium schoenoprasum

Familie: Lauchgewächse

Herkunft: Europa, Asien

Anbau im Garten: sonniger Standort, kalkhaltiger Boden

Saat: ab April, Teilung im Ruhestadium

Allgemeines:
Wuchshöhe: 20–30 cm
Blütezeit: ab Juli
Erntezeit: April–November
Erntegut: Kraut und Blüten (frisch, gefrostet)

Verwendung: zu Suppen, Soßen, Salaten, Quark, Fleisch, Eiern, Kartoffelgerichten, als Butterbrotbelag

Naturheilkunde: appetitanregend, verdauungsfördernd

Tipp: Die Sorte 'Grolau' ist besonders robust, Alpen-Schnittlauch *Allium schoenoprasum* var. *sibiricum* hat einen milderen Geschmack und bildet Brutzwiebeln.

Winter-Zwiebel

Bild: P. Pretscher

Allium fistulosum

Familie: Lauchgewächse

Herkunft: Westasien

Anbau im Garten: sonniger Standort, alle Gartenböden

Saat: ab April in Reihen, ausdauernd

Allgemeines:
Wuchshöhe: 60–120 cm
Blütezeit: ab Juni
Erntezeit: März–August
Erntegut: Schlotten (frisch)

Verwendung: vielseitige Würzpflanze

Naturheilkunde: appetitanregend, verdauungsfördernd

Tipp: Es gibt auch eine rotstielige Sorte mit mildem Geschmack.

Alant

Bild: P. Pretscher

Inula helenium

Familie: Korbblütler

Herkunft: Zentralasien

Anbau im Garten: sonniger und halbschattiger Standort, nährstoffreicher, lehmhaltiger Boden

Pflanzung: Vermehrung durch Teilung

Allgemeines:
Wuchshöhe: bis 200 cm
Blütezeit: Juli–September
Erntezeit: Oktober–November
Erntegut: Wurzeln

Verwendung: zur Teezubereitung, Tinktur, Badezusatz

Naturheilkunde: schleimlösend, bei Bronchitis und Husten, regt Verdauung und Nierentätigkeit an

Naturkosmetik: Wurzelauszug kräftigt Haarstruktur

Vorsicht: in größeren Gaben Nebenwirkungen und Allergierisiko!

Mehrjährige Kräuter

Aloe, Echte

Bild: P. Pretscher

Aloe vera

Familie: Aloengewächse

Herkunft: Amerika, Asien

Anbau im Garten: pflegeleichte Zimmerpflanze, überwiegend in Töpfen oder Kübeln kultiviert, im Sommer auch im Garten (nach den Eisheiligen bis Frosteintritt); sonnige, warme Standorte, im Winter wenig gießen

Pflanzung: Vermehrung durch Seitensprosse und Ableger

Allgemeines:

Wuchshöhe: bis 60 cm

Blütezeit: April–Mai (blüht bei uns selten)

Erntezeit: ganzjährig

Erntegut: immer die ältesten Blätter abnehmen (sie halten sich einige Tage im Kühlschrank frisch)

Naturheilkunde: begehrte Arzneipflanze; der gelbliche schleimige Saft wirkt schmerzlindernd, entzündungshemmend und wundheilend, zur äußerlichen Anwendung bei Insektenstichen, Verbrennungen und kleineren Hautverletzungen, auch bei Muskelkrämpfen, Gelenkschmerzen und Arthritis

Naturkosmetik: Bestandteil zahlreicher feuchtigkeitsspendender Salben, hautglättend und hautregenerierend, bewährt als Aftershave, für tiefenwirksame, kosmetische Gesichtspflege

Andorn

Bild: P. Pretscher

Marrubium vulgare

Familie: Lippenblütler

Herkunft: Mittel-und Südeuropa, Nordafrika, Zentral-Asien

Anbau im Garten: sonnige, trockene Standorte, auf magerem Gartenboden

Saat: April/Mai oder Vermehrung durch Stecklinge und Teilung

Allgemeines:

Wuchshöhe: 50 bis 60 cm

Blütezeit: Juni–September

Erntezeit: während der Blütezeit (Juni–August).

Erntegut: obere Pflanzenteile (muss möglichst schnell bei mäßiger Temperatur getrocknet werden).

Verwendung: Tee

Naturheilkunde: appetitanregend, verdauungsfördernd, bei Gallebeschwerden, Hustenmittel

Mehrjährige Kräuter

Arnika

Bild: P. Pretscher

Arnica montana

Familie: Korbblütler

Herkunft: Europa

Anbau im Garten: sonnige Lagen, nicht zu feuchte Standorte

Saat und Pflanzung: nach geschützter Vorkultur im Frühjahr

Allgemeines:
Wuchshöhe: 60 cm
Blütezeit: Juni–Juli
Erntezeit: Juni–Juli
Erntegut: Blüten, getrocknet (August),
                     Wurzelstöcke, getrocknet
                     (ab September)

Verwendung: als Tinktur, Extrakt

Naturheilkunde: entzündungshemmend, bei Blutergüssen, Quetschungen, Verstauchungen, Prellungen

Naturkosmetik: Tinktur bei unreiner Haut, Haarkosmetik, fördert Durchblutung

Bei Selbstmedikation nur äußerlich anwenden! Überempfindlichkeitsreaktionen sind möglich!

Baldrian

Bild: P. Seitz

Bild: P. Seitz

Valeriana officinalis

Familie: Baldriangewächse

Herkunft: Mitteleuropa

Anbau im Garten: sonnige Standorte, feuchter, humoser, nährstoffreicher Boden

Saat: ab Mai in Reihen und später vereinzeln

Allgemeines:
Wuchshöhe: 100–150 cm
Blütezeit: Juli–August
Erntezeit: Oktober–November
Erntegut: Wurzeln (getrocknet)

Verwendung: Tee, Tinktur, Badezusatz

Naturheilkunde: nervenberuhigend, schlaffördernd, gegen nervös bedingte Magen-, Darm-, Herz- und Kreislaufbeschwerden

Naturkosmetik: Badezusatz zur Entspannung

Tipp: Die Sorte 'Anthos' hat einen besonders hohen Wirkstoffgehalt.

Mehrjährige Kräuter

Beifuß

Bild: P. Seitz

Artemisia vulgaris

Familie: Korbblütler

Herkunft: Europa

Anbau im Garten: anspruchslos an Standort und Klima (sonnig, trocken)

Saat und Pflanzung: Teilung im Herbst oder Frühjahr oder Aussaat ab April

Allgemeines:
Wuchshöhe: bis 200 cm
Blütezeit: ab August
Erntezeit: Juni–Oktober
Erntegut: Blütenrispen
(kurz vor der Blüte ernten und trocknen – als Büschel ohne Blätter)

Verwendung: zu fettem Braten, Gänse- und Hammelfleisch, Gemüse- und Pilzgerichten (mitkochen)

Naturheilkunde: als Tee bei Verdauungsbeschwerden und Appetitlosigkeit

Tipp: Strand-Beifuß (*Artemisia maritima*) mit feinen, silbergrauem Laub

Beinwell

Bild: P. Seitz

Symphytum officinale

Familie: Raublattgewächse

Herkunft: Europa

Anbau im Garten: möglichst vollsonnige, feuchte Lagen

Pflanzung: mit Wurzelstücken und Teilung im Frühjahr

Allgemeines:
Wuchshöhe: bis 200 cm
Blütezeit: Mai–August
Erntezeit: April–Juni
Erntegut: Wurzeln, junge Blätter (frisch)

Verwendung: Breiumschläge

Naturheilkunde: zur Wundheilung, bei Quetschungen, Verstauchungen, Blutergüssen, Knochenhautreizungen und Sehnenscheidenentzündungen, Rheuma, Venenleiden

Naturkosmetik: Aufguss von Wurzeln bei Akne und rissiger Haut

Nur zur äußerlichen Anwendung!

Mehrjährige Kräuter

Bohnenkraut (Winterbohnenkraut)

Bild: P. Pretscher

Satureja montana

Familie: Lippenblütler

Herkunft: Mittelmeergebiet

Anbau im Garten: anspruchslos an Standort und Boden, auch im Steingarten, Lichtkeimer

Saat und Pflanzung: Teilung oder Aussaat ab April

Allgemeines:
Wuchshöhe: bis 50 cm
Blütezeit: ab Juni
Erntezeit: ganzjährig
Erntegut: krautige Pflanzenteile (frisch, getrocknet)

Verwendung: zu Bohnengerichten, Fleischspeisen, Kartoffeln, Salzgurken (stets mitkochen), als Tee und Badezusatz

Naturheilkunde: magenstärkend, verdauungsfördernd, schleimlösend, anregend, belebend

Tipp: Das Zitronen-Bohnenkraut *Satureja montana* ssp. *citriodora* ist vielseitig verwendbar.

Currystrauch

Bild: P. Pretscher

Helichrysum italicum ssp. *serotinum*

Familie: Korbblütler

Herkunft: Südwesteuropa

Anbau im Garten: warmer, sonniger Standort; windgeschützt; sandiger bis mittelschwerer durchlässiger Boden; Winterschutz vorteilhaft. Überwinterung auch im Blumenkübel im Haus.

Saat und Pflanzung: Aussaat: April–Juni in Töpfchen oder in das Frühbeet, Teilung oder Stecklinge im Frühsommer

Allgemeines:
Wuchshöhe: je nach Sorte 30–60 cm
Blütezeit: Juli–September
Erntezeit: ganzjährig
Erntegut: junge Blätter und Triebe

Verwendung: Zum Würzen (Curryersatz) von Reis, Saucen, und Fleischgerichten werden die Zweigspitzen kurz mitgekocht und vor dem Anrichten entfernt. Auch für Trockensträuße verwendbar.

Naturheilkunde: Das Öl der Pflanze, das sog. Immortellenöl wird als Einreibemittel bei blauen Flecken, Prellungen u. a. genutzt. Es wirkt entzündungs- und bakterienhemmend.

Vorsicht: Das Öl darf nur äußerlich verwendet werden.

Mehrjährige Kräuter

Dost (Oregano)

Bild: P. Pretscher

Origanum vulgare

Familie: Lippenblütler

Herkunft: Europa

Anbau im Garten: warme, trockene Lagen, sonst anspruchslos

Pflanzung: nach Teilung oder Stecklinge im Frühsommer

Allgemeines:
Wuchshöhe: 30–50 cm
Blütezeit: ab Juli
Erntezeit: April–Oktober
Erntegut: Blätter und junge Triebe (frisch, getrocknet)

Verwendung: als Würze zu Tomaten, Kartoffeln, Fleisch, Käse, Suppen, Gemüse, Pizza (stets mitkochen bzw. mitbacken), Tee

Naturheilkunde: magenstärkend, appetitanregend, verdauungsfördernd, krampflösend, nervenstärkend, Tee bei Erkältung, Erkrankungen der Luftwege, Asthma

Naturkosmetik: Zusatz für erholsame Bäder

Tipp: Rot blühende Sorten sind auch für Blumensträuße geeignet.

Eberraute

Bild: P. Pretscher

Artemisia abrotanum

Familie: Korbblütler

Herkunft: Vorderasien

Anbau im Garten: liebt kalkhaltige, humose Böden und trockene, warme Standorte (Winterschutz)

Pflanzung: nach Teilung oder Stecklinge im Sommer

Allgemeines:
Wuchshöhe: bis 100 cm
Blütezeit: August (selten)
Erntezeit: September–Oktober
Erntegut: krautige Pflanzenteile (frisch, getrocknet)

Verwendung: zu Salaten, Soßen, Braten, Tee, Schnittgrün für Sträuße, Riechkraut, Aromatherapie

Naturheilkunde: magenstärkend, verdauungsfördernd

Tipp: Verschiedene Varietäten der Eberraute duften nach Zitronen, Kampfer oder Cola.

Mehrjährige Kräuter

Eibisch

Bild: P. Pretscher

Althaea officinalis

Familie: Malvengewächse

Herkunft: Mittelmeerländer

Anbau im Garten: feuchte Böden und warme Lagen, anspruchslos (verwildert)

Saat und Pflanzung: Aussaat ab April, Teilung und Pflanzung im Frühjahr

Allgemeines:
Wuchshöhe: 60–130 cm
Blütezeit: Juli–September
Erntezeit: Juli–September (Blüten)
             Mai–Juli (Blätter)
             Oktober–April (Wurzeln)
Erntegut: Wurzeln, seltener Blüten und
             Blätter (getrocknet)

Verwendung: als Tee, zum Gurgeln

Naturheilkunde: bei Erkrankungen der Atmungsorgane, reizlindernd bei Husten, Heiserkeit, Zahnfleisch- sowie Mund- und Rachenraumentzündungen

Naturkosmetik: reizmindernde Maske, Salbe hat glättende Wirkung

Enzian, Gelber

Bild: P. Pretscher

Gentiana lutea

Familie: Enziangewächse

Herkunft: Europa

Anbau im Garten: sonniger Standort, kalkhaltiger, fruchtbarer Boden

Saat: im Herbst, Frostkeimer

Allgemeines:
Wuchshöhe: 50–150 cm
Blütezeit: Juni–August
Erntezeit: September–April
Erntegut: Wurzeln (getrocknet), etwa
            fünf Jahre bis zur Wurzelernte

Verwendung: Tee, als Kaltauszug, Kräutergeist

Naturheilkunde: appetitanregend, verdauungsfördernd, kräftigend

Tipp: Der weiß blühende Tibet-Enzian *Gentiana tibetica* ist einfacher zu kultivieren.

Mehrjährige Kräuter

Estragon

Bild: P. Pretscher

Artemisia dracunculus var. *sativa* (Deutscher Estragon)

Artemisia dracunculus var. *inodora* (Russischer Estragon)

Familie: Korbblütler

Herkunft: Mittelasien

Anbau im Garten: liebt warme Lagen, genügend Feuchtigkeit (Winterschutz für Deutschen Estragon)

Saat und Pflanzung: Deutscher Estragon ist nur durch Teilung vermehrbar, Russischer Estragon durch Saat im April

Allgemeines:
Wuchshöhe: 60–150 cm
Blütezeit: Juli–August
Erntezeit: Juni–August
Erntegut: junge Triebspitzen, Blätter
                    (frisch, getrocknet, gefrostet)

Verwendung: zu Salaten, Quark, Suppen, Soßen, Geflügel, Kräuteressig, Kräuterwein, Kräuterbutter, zum Einlegen von Gurken, als Tee (mitkochen), (Deutscher Estragon ist würziger als Russischer Estragon)

Naturheilkunde: verdauungs- und gallenflussfördernd, harntreibend

Fenchel

Bild: P. Seitz

Foeniculum vulgare

Familie: Doldenblütler

Herkunft: Europa, Amerika, Asien

Anbau im Garten: warme, vollsonnige Standorte, nährstoffreiche, kalkhaltige Böden (Winterschutz)

Saat: ab März/April

Allgemeines:
Wuchshöhe: 80–200 cm
Blütezeit: Juli–Oktober
Erntezeit: August–September
Erntegut: junge Triebe (frisch,
                    getrocknet), Samen

Verwendung: Samen für Tee, Backwerk, frisches Grün zum Würzen von Fisch, Salaten, Soßen

Naturheilkunde: krampflösend, auswurffördernd, blähungstreibend, bei Magen- und Darmbeschwerden, Lungenerkrankungen, Asthma und Keuchhusten (Kinderheilmittel)

Naturkosmetik: Hautöl reizmindernd, gegen trockene Haut, Wurzelsud zur Haarspülung, Gesichtsdampfbad bei trockener Haut

Tipp: Es gibt Sorten mit bronzefarbenem Laub.

Mehrjährige Kräuter

Frauenmantel

Bild: P. Pretscher

Alchemilla xanthochlora

Familie: Rosengewächse

Herkunft: Europa, Asien; eingeschleppt in Nordamerika u. Australien

Anbau im Garten: feuchte, nahrhafte Böden, sonniger bis halbschattiger Standort

Pflanzung: Teilung oder Wurzelstücke im Frühjahr, neigt zur Selbstaussaat

Allgemeines:
Wuchshöhe: je nach Standort 20–60 cm
Blütezeit: Mai–August (September)
Erntezeit: Mai–August
Erntegut: frische Pflanze mit Wurzel

Verwendung: zur Teezubereitung / Frischpflanzenverreibung

Naturheilkunde: in der Volksmedizin beliebtes Heilkraut: Wechseljahre der Frau, Menstruationsbeschwerden, starke Monatsblutungen, zur Wundbehandlung, bei Kopfschmerzen, Geschwüren

Naturkosmetik: hautreinigend

Sonstiges: als weitere heilkräftige Arten werden u. a. Alpen-Frauenmantel (*Alchemilla alpina*), Nierenblättriger Frauenmantel (*Alchemilla reniformis*) und Schneetälchen-Frauenmantel (*Alchemilla pentaphyllea*) genannt. Von den etwa 300 in Europa vorkommenden Arten wird ein Großteil für Heilzwecke (Gerb- und Bitterstoffe) genutzt.

Gewöhnliche Goldrute

Bild: P. Pretscher

Solidago virgaurea

Familie: Korbblütler

Herkunft: Europa, Asien, Nordafrika

Anbau im Garten: gedeiht in jedem Gartenboden. Diese heimische Art sollte nicht mit den aus Nordamerika eingeschleppten und inzwischen Wegränder, Brachen und Extensivgrünland besiedelnden Goldrute-Arten verwechselt werden.

Pflanzung: Teilung oder Wurzelstecklinge

Allgemeines:
Wuchshöhe: 30–100 cm
Blütezeit: Juli–September
Erntezeit: Ende Juli–August
Erntegut: Blütentriebe

Verwendung: Tee

Naturheilkunde: appetitanregend; Blasen- und Nierenerkrankungen, Nierengrieß, Magen- u. Darminfekte, Rheuma, Gicht, Keuchhusten, Asthma. Die invasiven Goldrute-Arten (*Solidago canadensis* und *S. gigantea*) sollen in ihrer Wirkung ähnlich sein.

Mehrjährige Kräuter

Herzgespann

Bild: P. Pretscher

Leonurus cardiaca

Familie: Lippenblütler

Herkunft: Europa

Anbau im Garten: Einzelpflanzen im Kräutergarten

Saat: ab April

Allgemeines:
Wuchshöhe: 50–150 cm
Blütezeit: Juni–September
Erntezeit: Juni–September
Erntegut: blühendes Kraut (getrocknet)

Verwendung: Aufguss

Naturheilkunde: krampfstillend, leicht beruhigend, bei nervösem Herzklopfen, Blähungen, Verdauungsstörungen

**Enthält Herzglycoside!
Nur in homöopathischen Dosen anwenden!**

Tipp: Das Chinesische Herzgespann *Leonurus sibiricus* ziert mit langen, rot blühenden Stielen, ist aber nur ein- bis zweijährig.

Holunder

Bild: P. Pretscher

Sambucus nigra

Familie: Geißblattgewächse

Herkunft: Europa

Pflanzung: einzeln oder in Gruppen als ein- bis zweijährige Pflanzen aus Baumschulen, z.B. am Kompostplatz pflanzen

Allgemeines:
Wuchshöhe: bis 7 m
Blütezeit: Juni–August
Erntezeit: Juni–August (Blüten)
    August–September (Früchte)
Erntegut: Blüten (frisch, getrocknet), Früchte

Verwendung: Blüten als Tee, Früchte als Saft

Naturheilkunde: schweißtreibend, (bei fieberhaften Erkältungen), harntreibend, leicht abführend

Naturkosmetik: aus Blüten Gesichtswasser, als Gesichtsdampfbad beruhigend und reinigend

**Früchte nicht roh oder unreif essen!
Sie erzeugen Übelkeit, Erbrechen, Durchfall!**

Tipp: Hohe Erträge bei gleichmäßiger Fruchtreife bieten die Sorten 'Haschberg', 'Mammut', 'Haidegg', 'Samyl' und 'Sambo'.

Mehrjährige Kräuter

Indianernessel

Bild: P. Pretscher

Monarda didyma

Familie: Lippenblütler

Herkunft: Nordamerika

Anbau im Garten: genügend feuchte Böden, sonnige bis halbschattige Lagen

Saat und Pflanzung: Aussaat im Frühjahr möglich, meist Teilung älterer Pflanzen oder Stecklinge

Allgemeines:
Wuchshöhe: bis 100 cm
Blütezeit: Juli bis September mit rosa- bis purpurroten Blüten, ganze Pflanze riecht minzeartig
Erntezeit: frische Blätter vor der Blüte
Erntegut: frisches und getrocknetes Kraut

Verwendung: frische Blätter sommerlang für kühle erfrischende Teegetränke gemischt mit Mineralwasser, Zugabe für Fruchtgetränke, Obstsalate und Tee mit Zitronengeschmack; getrocknete Blätter für aromatischen Tee wie bei Minze- und Melissenarten

Naturheilkunde: blähungstreibend, Tee wirkt mild anregend auf Magen- und Darmtätigkeit

Johanniskraut

Bild: P. Pretscher

Hypericum perforatum

Familie: Johanniskrautgewächse (Clusiaceae)

Herkunft: Europa

Anbau im Garten: sonnige Lage, trockene Böden

Saat: ab April

Allgemeines:
Wuchshöhe: 50–100 cm
Blütezeit: Juni–September
Erntezeit: Juli–August
Erntegut: Blüten, blühendes Kraut (getrocknet)

Verwendung: Tee, Kräuteröl aus Blüten

Naturheilkunde: Tee bei nervöser Unruhe, leichten depressiven Verstimmungen, Schlaflosigkeit, Öl bei kleinen Wunden, Verstauchungen, bei Nerven- und Rheumaschmerzen

Naturkosmetik: Kräuteröl für Schönheitsmilch, Badezusatz bei unreiner Haut, erfrischende Kompressen

Hypericin ist hautsensibilisierend, deshalb nach Anwendung direkte Sonne meiden.

Tipp: Das Zitronen-Johanniskraut *Hypericum hircinum* duftet nach Zitrone, ist aber nicht ganz winterhart.

Mehrjährige Kräuter

Koreanische Minze

Bild: P. Pretscher

Agastache rugosa

Familie: Lippenblütler

Herkunft: Südostasien

Anbau im Garten: sonniger Standort, durchlässiger, nahrhafter, feuchter Gartenboden

Saat und Pflanzung: Direktsaat im Frühjahr möglich, Anzucht in Töpfen oder Teilung älterer Pflanzen. Kauf von Jungpflanzen.

Allgemeines:
Wuchshöhe: 80–150 cm
Blütezeit: Juni–September mit je nach Sorte rosa, violetten, seltener weißen oder gelben Blüten. Je nach Sorten mit Anis-Fenchel- oder Minze-Anis-Aroma.
Erntezeit: Juni–September
Erntegut: Blätter und Blüten (frisch oder getrocknet)

Verwendung: Verfeinern von Tees (kräftiges Minzaroma), in Salaten oder in Süßspeisen. Attraktive Schmetterlingspflanzen

Naturheilkunde: bei Blähungen und Magenbeschwerden

Tipp: Es gibt noch weitere interessante und attraktive Agastache-Arten und -Sorten mit verschiedenen Aromen und Wirkungsweisen.

Lavendel

Bild: P. Seitz

Lavandula angustifolia

Familie: Lippenblütler

Herkunft: Südeuropa

Anbau im Garten: sonnige Standorte, trockene, kalkhaltige Böden

Saat und Pflanzung: Aussaat ab April, Stecklinge ab Frühsommer

Allgemeines:
Wuchshöhe: 30–60 cm
Blütezeit: ab Juli
Erntezeit: Juli–August
Erntegut: junge Triebe, blühendes Kraut, Blüten (frisch, getrocknet)

Verwendung: junge Triebspitzen zum Würzen von Soßen, Eintopf, Fisch (mitkochen), Blüten in Sträußen getrocknet für Duftzwecke, Tee, Kräutergeist, Badezusatz

Naturheilkunde: nervenberuhigend, entspannend, schlaffördernd, bei Migräne und Kopfschmerzen, bei nervösen Magen- und Darmstörungen, gallentreibend, bei Blähungen und Hustenreiz, Lavendelgeist zum Einreiben

Naturkosmetik: Gesichtswasser, anregender und erfrischender Badezusatz und für Packungen

Mehrjährige Kräuter

Liebstöckel

Bild: P. Seitz

Levisticum officinale

Familie: Doldenblütler

Herkunft: Südeuropa, Persien

Anbau im Garten: feuchte Böden, auch halbschattige Lagen, genügend Standraum

Saat und Pflanzung: Aussaat und Teilung im Frühjahr

Allgemeines:
Wuchshöhe: bis 150 cm
Blütezeit: Juni–August
Erntezeit: Mai–Oktober
Erntegut: Blätter, Wurzeln
               (frisch, getrocknet, gefrostet)

Verwendung: zarte Blätter und Wurzeln zum Würzen von Suppen, Eintopf, Soßen, Fleischspeisen (mitkochen)

Naturheilkunde: verdauungsfördernd, harntreibend, bei Magen- und Darmbeschwerden, Sodbrennen, Aufstoßen, Blasenleiden, Tee allgemein anregend

Vorsicht – nierenreizend!
Nicht bei Schwangerschaft!

Echtes Mädesüß

Bild: P. Pretscher

Filipendula ulmaria

Familie: Rosengewächse

Herkunft: Europa; an Gräben, Bachufern und in Feuchtwiesen

Anbau im Garten: feuchte, humusreiche Böden; z. B. Gartenteichufer

Pflanzung: nach Teilung oder Wurzelstücke im Frühjahr

Allgemeines:
Wuchshöhe: bis 160 cm
Blütezeit: Mai–September
Erntezeit: zur Blütezeit
Erntegut: Obere Pflanzenteile in der
               Vollblüte abschneiden, bündeln
               und zum Trocknen aufhängen.
               Blüten sollten nicht abfallen.

Verwendung: Tee, die Blüten und jungen Triebe eignen sich zum Aromatisieren von Desserts und Getränken. Der Blütenduft nach Heliotrop und Mandel diente früher im Zimmer ausgestreut der Verbesserung der Raumluft und für Duftkissen. Aus den Blütenknospen, die Salicylsäure enthalten, wurden milde Schmerz- und Fiebermittel hergestellt (Vorläufer von Aspirin)

Naturheilkunde: bei Gicht, Rheuma, Ischias und Durchfallerkrankungen; harn- und schweißtreibend

Mehrjährige Kräuter

Malve

Bild: P. Pretscher

Malva sylvestris

Familie: Malvengewächse

Herkunft: Europa

Anbau im Garten: anspruchslos an Boden und Standort

Saat: ab April, später vereinzeln

Allgemeines:

Wuchshöhe: 30–100 cm
Blütezeit: Mai–September
Erntezeit: Mai–September
Erntegut: Blüten, Blätter (getrocknet), Samen

Verwendung: Tee, Gurgellösung

Naturheilkunde: Tee ist entzündungshemmend, reizlindernd bei Husten, Spül- und Gurgelmittel bei leichten Entzündungen im Mund- und Rachenraum

Naturkosmetik: Kompressen aus Blüten bei gereizter Haut, Wurzelsud zur Haarspülung

Tipp: Die Mauretanische Malve *Malva sylvestris* ssp. *mauritiana* eignet sich auch als Zierpflanze.

Meerrettich

Bild: P. Pretscher

Armoracia rusticana

Familie: Kreuzblütler

Herkunft: Südosteuropa, Asien

Anbau im Garten: nährstoffreiche, tiefgründige Böden, genügend Bodenfeuchte

Pflanzung: ca. 20 cm lange Fechser (Wurzelstücke) im Frühjahr

Allgemeines:

Wuchshöhe: 120 cm
Blütezeit: Mai–Juni (im zweiten Jahr)
Erntezeit: September–März
Erntegut: Wurzeln (frisch gerieben, gefrostet, getrocknet) Zum Lagern in Sand einschlagen!

Verwendung: geriebene Wurzeln zu Fleisch, Fisch, Wurst, Eiern, Tomaten, Quark, Wurzelstücke zum Einlegen von Gurken

Naturheilkunde: anregend für Magen- und Darmtätigkeit, verdauungsfördernd, harntreibend, antibiotisch, gegen Frühjahrsmüdigkeit, Breiumschläge gegen Rheuma und Ischias

Tipp: Vom Japanischen Meerrettich *Wasabia japonica* können auch die Blätter genutzt werden. Die Wurzel schmeckt noch schärfer als Meerrettich.

Mehrjährige Kräuter

Minze-Arten: Pfefferminze

Bild: P. Pretscher

Mentha-Arten: *Mentha x piperita*

Familie: Lippenblütler

Herkunft: Europa, Asien

Anbau im Garten: feuchte, humusreiche Böden in sonnigen Lagen

Pflanzung: nach Teilung oder mit Ausläufern im Frühjahr

Allgemeines:

Wuchshöhe: 40–80 cm

Blütezeit: ab Juli

Erntezeit: Juni–Oktober

Erntegut: krautige Pflanzenteile (frisch, getrocknet)

Verwendung: frisches Kraut in kleinen Mengen zu Soßen, Suppen, Rohkost, Quark, Eiern, Gelee, Drinks, Kräuteressig, -wein und -geist, Tee, Bademittel, Öl zum Einreiben und Aromatisieren

Naturheilkunde: schmerzlindernd, gärungswidrig, bei Magen- und Darmstörungen, Störungen im Gallenbereich, Erkrankungen der Atemwege, Leiden der Bewegungsorgane

Naturkosmetik: Gesichtsdampfbäder gegen unreine Haut, wirkt erfrischend, Minzöl für Saunaaufgüsse

Parakresse (Prickelblume)

Bild: P. Pretscher

Acmella (Spilanthes) oleracea

Familie: Korbblütler

Herkunft: Brasilien

Anbau im Garten: warmer Standort, mittelschwerer, nährstoffreicher Boden

Pflanzung: Aussaat schwierig, Jungpflanzenzukauf, Pflanzabstand 30 cm

Allgemeines:

Wuchshöhe: 20–40 cm

Blütezeit: Juni–Oktober

Erntezeit: im Topf ganzjährig; im Freiland Juni bis Oktober

Erntegut: frisches Kraut (frisch, getrocknet oder gefrostet)

Verwendung: Für die innovative Küche in Verbindung mit anderen scharfen Gewürzen. Das Kraut und besonders die Blüten bewirken eine rasche, prickelnde Schärfe in Mund und Rachen, die **Blüten** daher **vorsichtig dosieren!** Mit Knoblauch und Chili einzigartige Geschmacksnote für Fischsuppen. Lang gekocht werden die Blätter mild und ergeben ein schmackhaftes Gemüse.

Naturheilkunde: Parakressen-Blätter werden in Südamerika bei Rheuma, Gicht und Entzündungen im Mund- und Rachenraum genutzt. Wegen ihrer schmerzlindernden Wirkung (Betäubung) wird die Parakresse auch als Zahnweh-Pflanze bezeichnet.

Mehrjährige Kräuter

Pimpinelle (Wiesenknopf)

Sanguisorba minor

Familie: Rosengewächse

Herkunft: Mittelmeergebiet

Anbau im Garten: anspruchslos an Standort und Boden, bei Mehltaubefall stark zurückschneiden

Saat und Pflanzung: ab März/April

Allgemeines:
Wuchshöhe: 30–60 cm
Blütezeit: ab Mai
Erntezeit: Mai bis November
Erntegut: krautige Pflanzenteile, junge Triebe (frisch, gefrostet)

Verwendung: junge Triebe und Blätter zu Salaten, Quark, Eiern, Tomaten, Fisch, Kräutersoßen (Grüne Soße) und -suppen (nicht mitkochen)

Naturheilkunde: appetitanregend, verdauungsfördernd

Tipp: Werden die Blütenstände entfernt, bilden die Pflanzen mehr Blätter.

Rosmarin

Rosmarinus officinalis

Familie: Lippenblütler

Herkunft: Mittelmeergebiet

Anbau im Garten: warmer, sonniger Standort, durchlässiger, humoser Boden

Saat und Pflanzung: bewurzelte Stecklinge und Aussaat ab April/Mai

Allgemeines:
Wuchshöhe: 40–70 cm
Blütezeit: Mai–Juni
Erntezeit: April–September
Erntegut: krautige Pflanzenteile (frisch, getrocknet)

Verwendung: Triebspitzen und Blätter zu Fleisch-, Grill-, Kartoffel- und Gemüse-gerichten, auch für Kräuterwein, -geist und -tee, Badezusatz

Naturheilkunde: Beschwerden im Magen-, Darm- sowie Gallenbereich, appetitanregend, gegen chronische Hautausschläge, bei Leiden der Bewegungsorgane, niedrigem Blutdruck; Tee wirkt nervenstärkend, als Wein- und Badezusatz anregend für Herz und Kreislauf

Naturkosmetik: Kräuterbäder kreislauf-fördernd, belebend bei erschlaffender Haut, gegen Haarausfall, Halswickel und Fußbäder

Nicht bei Schwangerschaft!

Mehrjährige Kräuter

Salbei

Bild: P. Seitz

Salvia officinalis

Familie: Lippenblütler

Herkunft: Mittelmeergebiet

Anbau im Garten: liebt sonnige Standorte, durchlässigen, humosen Boden

Saat und Pflanzung: Aussaat und Stecklinge ab April

Allgemeines:
Wuchshöhe: 40–70 cm
Blütezeit: Juni–August
Erntezeit: Mai–Oktober
Erntegut: Blätter, Blüten, krautige Pflanzenteile (frisch, getrocknet)

Verwendung: zum Würzen von Fisch-, Fleisch- und Gemüsegerichten, Suppen, Quark, Tomatensalat, Tee aus jungen, zarten Blättern (auch getrocknet) als Spül- und Gurgelmittel

Naturheilkunde: appetitanregend, verdauungsfördernd, keimtötend, schmerzlindernd, Tee gegen Magen- und Darmbeschwerden, Mundentzündungen, Nachtschweiß, Erkrankungen der Atemwege

Naturkosmetik: Aufguss für Kompressen, Zusatz für Gesichtsdampfbäder und Bäder zur Hautreinigung

Nicht über längere Zeit und in zu hoher Dosis einsetzen!

Sauerampfer

Bild: P. Pretscher

Rumex acetosa

Familie: Knöterichgewächse

Herkunft: Europa

Anbau im Garten: feuchte, humose Böden, gedeiht auch noch im Halbschatten

Saat und Pflanzung: Aussaat und Teilung im Frühjahr

Allgemeines:
Wuchshöhe: 30–80 cm
Blütezeit: ab Mai
Erntezeit: April–November
Erntegut: Blätter, junge Triebe (frisch)

Verwendung: zarte, junge Blätter zu Salaten, Soßen, Suppen, Fisch, Quark

Naturheilkunde: appetitanregend

Naturkosmetik: Blätter und Wurzeln bei Hautunreinheiten

Tipp: Blütenstände ausbrechen, um Blattertrag zu fördern.

Vorsicht bei Herz-, Nieren- und Rheumakranken!
Insgesamt sparsam verwenden!

Mehrjährige Kräuter

Süßdolde (Süßer Kerbel)

Bild: P. Pretscher

Myrrhis odorata
Familie: Doldenblütler
Herkunft: Mittel- bis Nordeuropa
Anbau im Garten: genügend feuchte Böden, sonnige bis halbschattige Lagen, zuverlässig winterfest; auch Selbstaussaat möglich
Saat und Pflanzung: Aussaat im Frühjahr/ Herbst, auch Teilen älterer Pflanzen möglich
Allgemeines: dankbare Duft- und
Insektennährpflanze
Wuchshöhe: 80–100 cm
Blütezeit: April bis Juni mit weißen
Blütendolden
Erntezeit: sommerlang grüne Blätter,
grüne Samen im Frühsommer,
Wurzeln im Herbst
Erntegut: Kraut, Wurzeln, Samen
Verwendung: farnartige frische Blattwedel und grüne Samen zum Würzen von Obstsalaten, Suppen, Süßspeisen, Müsli, aber auch zu Kohl- und Spinatgerichten; reife Samen sind wie Kümmel oder Gewürznelken verwendbar. Beliebt als Duftzugabe für Potpourris.
Naturheilkunde: Teeaufguss von Blättern und Wurzeln wird in der Volksheilkunde bei Erkältungen und Verdauungsbeschwerden empfohlen; ersetzt Zuckerzusätze; wirkt schleimlösend, blähungstreibend und magenstärkend.
Naturkosmetik: Bestandteil von Frucht- und Gemüsesäften für kosmetische Kuren, zusammen mit den Früchten in die Saftpresse geben

Thymian

Bild: P. Seitz

Thymus vulgaris
Familie: Lippenblütler
Herkunft: Südeuropa
Anbau im Garten: trockene, sonnige Standorte, Steingartenpflanze
Saat und Pflanzung: Aussaat, Teilung und Absenker ab April
Allgemeines:
Wuchshöhe: bis 30 cm
Blütezeit: ab Mai
Erntezeit: Mai–September
Erntegut: Triebe, Kraut (frisch,
getrocknet)
Verwendung: junge Triebe zu Quark, Fleisch- und Gemüsegerichten, Pizza, Pilzen, Soßen (mitkochen) Tee, Badezusatz, Mund- und Gurgelwasser, Zitronen-Thymian hat ähnliche Eigenschaften wie Thymian und darüber hinaus noch ein ausgeprägtes Zitronenaroma.
Naturheilkunde: schleimlösend, antibakteriell, bei Husten und Keuchhusten, krampflösend, Tee bei Magen-, Darm- und Gallenleiden, Bronchitis, äußerlich bei schlecht heilenden Wunden
Naturkosmetik: für Kompressen und Gesichtsdampfbäder, besonders bei fettiger Haut, kräftigt Haarwuchs

Mehrjährige Kräuter

Tripmadam

Bild: P. Seitz

Sedum rupestre

Familie: Dickblattgewächse

Herkunft: Mitteleuropa

Anbau im Garten: sonnige Standorte, magerer Boden

Saat und Pflanzung: Pflanzung nach Teilung, auch Aussaat im Frühjahr

Allgemeines:
Wuchshöhe: kriechend
Blütezeit: Juni–August
Erntezeit: April–Dezember
Erntegut: Triebspitzen (frisch)

Verwendung: junge Triebe und Blätter zu Salaten, Diät- und Rohkost, Soßen, Kräuteressig

Naturheilkunde: anregend, harntreibend

Tipp: Tripmadamsorten gibt es mit unterschiedlich gefärbtem Laub.

Waldmeister

Bild: P. Pretscher

Galium odoratum

Familie: Rötegewächse

Herkunft: Europa

Anbau im Garten: schattige Standorte, lockere, feuchte Böden (Bodendecker)

Saat: im Herbst, Frostkeimer

Allgemeines:
Wuchshöhe: bis 30 cm
Blütezeit: Mai
Erntezeit: Mai–Juni
Erntegut: Kraut (kurz vor der Blüte)

Verwendung: zu Maibowle, Fruchtsäften, Apfelgelee, Tee

Naturheilkunde: beruhigend, gegen Nervosität und schlechten Schlaf

Tipp: Der Turiner Waldmeister *Asperula taurina* ist für Duftsträuße geeignet.

Im Übermaß schädlich!
Vorsicht bei Selbstmedikation!

Mehrjährige Kräuter

Weinraute

Bild: P. Seitz

Ruta graveolens

Familie: Rautengewächse

Herkunft: Südeuropa

Anbau im Garten: sonnige Standorte, anspruchslos an Boden

Saat: ab April

Allgemeines:
Wuchshöhe: 50–100 cm
Blütezeit: ab Juni
Erntezeit: Juni–August
Erntegut: junge Triebe, zarte Blätter (frisch)

Verwendung: sparsam zu Fleisch, Soßen, Suppen, Kräuterwein, Kräutergeist

Naturheilkunde: verdauungsfördernd, Antistress-Mittel, kräftigt Nerven, hilft gegen Mundgeruch

Tipp: Die Sorte 'Jackmans Blue' hat schönes, blau-metallisches Laub.

In größeren Mengen schädlich!

Weißdorn

Bild: P. Pretscher

Crataegus monogyna und *Crataegus laevigata*

Familie: Rosengewächse

Herkunft: Europa

Anbau im Garten: sonnige Standorte, anspruchslos, Einzelstrauch oder Heckenpflanzung

Pflanzung: Frühjahr oder Herbst

Allgemeines:
Wuchshöhe: 100–500 cm
Blütezeit: Mai
Erntezeit: Mai–August
Erntegut: Blüten mit Blättern, Früchte, auch Rinde (getrocknet)

Verwendung: Tee aus Blättern und Blüten, Früchte für Gelee und Marmeladen

Naturheilkunde: zur Unterstützung von Herz und Kreislauf, bei nachlassender Leistungsfähigkeit des Herzens, weniger geeignet für akute Krankheitszustände

Naturkosmetik: Lotion aus Blättern und Blüten wirkt beruhigend, Haarspülung reguliert trockenes und fettiges Haar

Mehrjährige Kräuter

Wermut

Bild: P. Seitz

Artemisia absinthium

Familie: Korbblütler

Herkunft: Mittelmeergebiet

Anbau im Garten: sonnige Standorte, anspruchslos an Boden

Pflanzung: bewurzelte Stecklinge oder Teilung im Frühjahr

Allgemeines:
Wuchshöhe: bis 150 cm
Blütezeit: ab Juli
Erntezeit: Mai–August
Erntegut: blühendes Kraut, Blätter
  (frisch, getrocknet)

Verwendung: zu fettem Fleisch, Eintopf (mitkochen), Kräuterwein, -likör und -geist, Tee

Naturheilkunde: appetitanregend, bei Verdauungsbeschwerden, antiseptisch, wurmtreibend, bei Grippe, Fieber

Zum Dauergebrauch ungeeignet, sparsam verwenden! Nicht bei Schwangerschaft!

Tipp: Pontischer Wermut *Artemisa pontica* hat ein feineres Aroma.

Wilde Rauke
(Schmalblättriger Doppelsame, Rucola)

Bild: P. Pretscher

Diplotaxis tenuifolia

Familie: Kreuzblütler

Vorkommen: Mittelmeergebiet (nach Deutschland eingeschleppt und vielerorts verwildert)

Anbau im Garten: im Gegensatz zur Öl-Rauke (Seite 25) ausdauernde Form der Salatrauken; liebt feuchten, lockeren, mageren Boden; anspruchslose Kultur die auch im Balkonkasten möglich ist. Nicht auf überdüngtem Boden anbauen, da die Pflanze Nitrat anreichert.

Saat: ab Ende März, alle zwei bis drei Wochen Folgesaaten

Allgemeines:
Wuchshöhe: 20–60 cm
Blütezeit: Juni–September
Erntezeit: ganzjährig (vor der Blüte)
Erntegut: junge Blätter 2–3 cm über dem
  Boden abschneiden. Pflanze
  treibt danach wieder aus. Auch
  Blüten und Samenkapseln
  sind essbar aber schärfer im
  Geschmack.

Verwendung: Geschmack erinnert an Kresse und an Walnüsse. Auf Pizza gelegt, in Pastagerichten und in Suppen schmackhaft.

Naturheilkunde: harntreibend und verdauungsfördernd

Mehrjährige Kräuter

Ysop

Bild: P. Seitz

Hyssopus officinalis

Familie: Lippenblütler

Herkunft: Mittelmeergebiet und Vorderasien

Anbau im Garten: sehr sonnige Standorte, lockere, trockene Böden

Saat und Pflanzung: Aussaat ab April, bewurzelte Stecklinge, im Frühjahr

Allgemeines:
Wuchshöhe: 40–60 cm
Blütezeit: ab Juli
Erntezeit: Juni–August
Erntegut: krautige Pflanzenteile (frisch, getrocknet)

Verwendung: zu Salaten, Soßen, Bohnengemüse, Kartoffel- und Fleischgerichten, getrocknet zu Kräuterwein, -geist und -likör, Tee und Gurgelmittel

Naturheilkunde: verdauungsfördernd, krampflösend, schweißmindernd, bei Erkrankungen der Atemwege, Husten, Magen- und Darmerkrankungen

Tipp: Es gibt auch weiß und rosa blühende Sorten.

Zitronenmelisse

Bild: P. Meyer, aid

Melissa officinalis

Familie: Lippenblütler

Herkunft: Vorderer Orient

Anbau im Garten: warme, geschützte Standorte, humose, durchlässige Böden

Saat und Pflanzung: Aussaat ab April, Stecklinge ab Frühsommer und Teilung im Frühjahr

Allgemeines:
Wuchshöhe: 50–100 cm
Blütezeit: ab Juli
Erntezeit: Juli–Oktober
Erntegut: frische Triebe, Kraut
                         (frisch, getrocknet, gefrostet)

Verwendung: frische Triebe zu Salat, Quark, Fisch, Leber, Geflügel, Wild (nicht mitkochen), getrocknetes Kraut für Arznei- und Haustee, Salben, Kräuterwein

Naturheilkunde: Tee und Melissengeist sind nervenstärkend, gegen Kopf- und Zahnschmerzen sowie Schlaflosigkeit, nervositätsbedingte Magen- und Darmstörungen, Herz- und Kreislauferkrankungen, Blähungen, krampflösend und beruhigend, antibakteriell

Naturkosmetik: Gesichtskompressen mit milder Wirkung gegen fettige Haut, belebt und strafft, Zusatz für entspannende Bäder

Literatur (Auswahl)

Bickel, G.: Meine Kräuterhexengesundheit; Stuttgart, Kosmos Verlag, 1999

Braun-Bernhart, U.: Kräuter auf Balkon und Terrasse; 1. Aufl., Stuttgart, Kosmos Verlag, 2008

Kreuter, M.-L.: Kräuter und Gewürze aus dem eigenen Garten; 12. Aufl., München, BVL Verlag, 2009

Müller, E.: 100 Heilpflanzen selbst gezogen, 2. Auflage, Graz, Stocker Verlag, 2004

Neuhold, M.: Gewürze aus eigenem Garten; 3., erw. Aufl., Graz, Stocker Verlag, 2003

Seitz, P.: Küchenkräuter; Stuttgart, Kosmos Verlag, 2008

Seitz, P.: Küchen- und Duftkräuter; 2. Aufl., Stuttgart, Kosmos Verlag, 2002

Seitz, P.: Großvaters Kräuterwissen; 2. Aufl., Stuttgart, Kosmos Verlag, 2002

Bild: J. Planer

Verzeichnis der deutschen Kräuternamen

Weitere aid Medien

Nützlinge im Garten

Viele wissen, dass Marienkäfer Gegenspieler von Blattläusen sind. Weniger bekannt ist die Bedeutung anderer Tiere für das Ökosystem Garten. Das Nachschlagewerk hilft, die wichtigsten Nützlinge zu erkennen und gibt Hinweise zu ihrer Schonung und Förderung. Nützlinge sind Tiere, die Kulturpflanzen nützen oder Schädlingen schaden. Über 70 solcher Helfer stellt die Broschüre in Wort und Bild vor, vom Aaskäfer bis zur Zitterspinne. Gartenbesitzer erfahren, wogegen ein Nützling wirksam ist, wie er lebt, woran er zu erkennen ist und unter welchen Umständen er sich besonders wohl fühlt. Gegenspieler zu Schädlingen lassen sich aus einer praktischen Tabelle ablesen. Als hilfreiche Ergänzung gibt es eine Übersicht der Tiergruppen und ein Glossar.

Broschüre, DIN A5 (14,8 x 21 cm), 164 Seiten
Bestell-Nr. 5-1536

Schadschnecken – Biologie, Arten und Bekämpfung

Schnecken sorgen im Kleingarten und auch im professionellen Acker- und Gartenbau für hohe Ertragseinbußen. Eine Bekämpfung ist häufig unumgänglich. Das Heft beschreibt ausführlich die Biologie und Lebensweise der häufigsten Schadschnecken. Hochwertige Bilder helfen, die einzelnen Arten zu unterscheiden. Von der mechanischen Barriere über die Förderung von Nützlingen bis zu chemischen Maßnahmen beschreibt das Heft alle Möglichkeiten, den Schneckenbefall zu begrenzen. Auch vorbeugende Maßnahmen und alternative Mittel zur Schneckenbekämpfung werden ausführlich erläutert. Ein kompakter Ratgeber für Hobbygärtner, Landwirte und Gemüsegärtner.

Heft, 14 x 21 cm, 64 Seiten
Bestell-Nr. 5-1509

Pflanzenschutz im Garten

Schädlinge und Pflanzenkrankheiten können die Freude am Garten auf einen Schlag vernichten. Wie Sie als Hobbygärtner Ihre Nutz- und Zierpflanzen schützen und bereits erkrankte Pflanzen retten können, erfahren Sie in diesem praktischen Ratgeber. Zahlreiche Farbfotos veranschaulichen die Schadbilder der wichtigsten Krankheiten und Schädlinge an Obst, Gemüse, Zierpflanzen und Rasen. So können Sie erkennen, woran Ihre Pflanzen leiden und sich über geeignete Gegenmaßnahmen informieren. Vorbeugende Maßnahmen, wie die richtige Standortwahl, und nichtchemische Verfahren, von Fallen über Kräuterauszüge bis hin zu Pflanzenstärkungsmitteln, stehen dabei im Vordergrund.

Heft, 14 x 21 cm, 92 Seiten
Bestell-Nr. 5-1162

Bestellung

Fax: +49 (0)228 8499-200
Telefon: +49 (0)180 3 849900*
E-Mail: bestellung@aid.de

*Kosten: 9 Cent pro Minute aus dem deutschen Festnetz.
Anrufe aus dem Mobilfunknetz maximal 42 Cent pro Minute.
Bei Anrufen aus dem Ausland können die Kosten für Telefonate höher sein.

MedienShop
www.aid-medienshop.de

aid infodienst e. V.
- Vertrieb -
Postfach 1627
53006 Bonn
Deutschland

Kunden-Nr. (falls vorhanden)

Name / Vorname

Firma / Abteilung

Straße und Hausnummer/Postfach

PLZ / Ort

Telefon / Fax

E-Mail

Ich bestellen zuzüglich einer Versandkostenpauschale von 3,00 € (innerhalb Deutschlands) gegen Rechnung (Angebotsstand: Oktober 2011):

Best.-Nr.	Titel	Medium	Anzahl	Einzelpreis €	Gesamtpreis €
5-1192	Heil- und Gewürzpflanzen aus dem eigenen Garten	Heft		3,00	
5-1536	Nützlinge im Garten	Broschüre		7,00	
5-1509	Schadschnecken – Biologie, Arten und Bekämpfung	Heft		2,50	
5-1162	Pflanzenschutz im Garten	Heft		3,50	
5-3264	aid-Medienkatalog	Heft		0,00	0,00

☐ Ich möchte regelmäßig und kostenlos den aid-Medienkatalog erhalten.
Diese Zusendung kann ich jederzeit widerrufen.

Auftragswert

Bestellungen erfolgen ausschließlich unter Einbeziehung unserer allgemeinen Geschäftsbedingungen, die Sie im Internet unter www.aid-medienshop.de einsehen oder unserem Medienkatalog entnehmen können, den wir Ihnen auf Anforderung kostenlos zusenden. Die Informationen zur Widerrufsbelehrung und den Widerrufsfolgen auf der gegenüberliegenden Seite habe ich zur Kenntnis genommen.

Datum/Unterschrift

aid infodienst Ernährung, Landwirtschaft, Verbraucherschutz e. V. (aid), Heilsbachstraße 16, 53123 Bonn, Telefon: 0228 8499-0, Telefax: 0228 8499-177,
Geschäftsführender Vorstand: Frau Dr. Margareta Büning-Fesel, eingetragen im Vereinsregister (Registernr. 2240) beim Amtsgericht Bonn